Le droit animal

BIBLIOTHÈQUES DE DROIT

COLLECTION FONDÉE ET DIRIGÉE PAR JEAN-PAUL CÉRÉ

Cette collection a pour vocation d'assurer la diffusion d'ouvrages scientifiques sur des thèmes d'actualité ou sur des sujets peu explorés dans le domaine des sciences juridiques. Elle se destine notamment à la publication de travaux de jeunes chercheurs.

Dernières parutions :

J. GOURDOU, O. LECUCQ et J.Y MADEC (dir.), Le principe du contradictoire dans le procès administratif

V. DA SILVA, Réussir son cas pratique en droit de la famille

D. CONNIL et J. DUVIGNAU (dir.), Droit public et cinéma

H. ALCARAZ et O. LECUCQ (dir.), Collectivités territoriales et intégration des étrangers

C. MENABÉ, La criminalité féminine

M. TESSIER, Les procédures de la criminalité organisée devant la cour de cassation

N. NOTTO-JAFFEUX, Le conflit d'intérêt chez les avocats

A. GERMON, Le rôle d'initiative des administrations dans l'action publique

O. LECUCQ (dir.), Etat, collectivités territoriales et droits sociaux

A. AMALFITANO, La responsabilité pénale des personnes morales en Europe

N. LORY, La saisie pénale des biens incorporels

M. PERRIN, Le statut pénal de l'animal

A. TATARINOFF, Génocide et crimes de masse (1933-1946)

P. ROUSSEAU, Autonomie personnelle et droit pénal

A. AZARETE, E. GUERRERO et T. MORETTO (dir.), Fête et droit public

A. BEN GADI, La procédure de libération conditionnelle comme outil de gestion du risque

B. BARRAUD, Le pragmatisme juridique

N. VERON, Le contrôle de l'utilisation des données biométriques au regard du droit au respect de la vie privée

Y. JEANNERET, A. KUHN et B. LAPÉROU-SCHENEIDER (dir.), Droit pénal français et droit pénal suisse. Une mise en parallèle

C. MÉNABÉ et M. MARTINELLE (dir.), L'enfant en prison

BIBLIOTHÈQUES DE DROIT : *MANUEL*

Cathy Morales Frénoy

Le droit animal

L'Harmattan

5-7, rue de l'Ecole-Polytechnique, 75005 Paris

http://www.editions-harmattan.fr

ISBN : 978-2-343-12873-3
EAN : 9782343128733

Principales abréviations

Art	Article
Cass. crim	Chambre criminelle de la Cour de cassation
C. civ	Code civil
Cons. d'Et	Conseil d'Etat
C. pén	Code pénal
C. pr. pén	Code de procédure pénale
Dr. pén	Revue Droit pénal
Ed	Edition
Gaz. Pal	Gazette du Palais
Infra	Ci-dessous
JO	Journal Officiel
JCP	Jurisclasseur, La semaine juridique
Not	Notamment
P, pp	page(s)
Préc	Précité
Rev. sc. crim	Revue de science criminelle et de droit pénal comparé
RFD adm	Revue française de droit administratif
RTD civ	Revue trimestrielle de droit civil
S	suivant
Supra	Supra
V	Voir

Introduction

Un animal est un être sentient[1], doué de capacités intellectuelles, cognitives et émotionnelles. Il est subjectivement conscient, il a des préférences, des désirs, des sentiments, une volonté. Surtout, il ressent la douleur et la souffrance, physique et psychologique. C'est ce que démontre la science, la biologie et plus particulièrement l'éthologie, c'est-à-dire l'étude scientifique du comportement des espèces animales dans leur milieu naturel ou dans un environnement expérimental. On constate aujourd'hui que les animaux sont capables de prouesses affectives, mémorielles, techniques, intellectuelles, sociales ou encore morales[2]. Les recherches menées depuis plusieurs années par les éthologues sur le comportement des animaux et leurs capacités mentales modifient, ou confortent, la perception que nous en avions. Aristote proclamait déjà que d'un point de vue physiologique, les animaux peuvent éprouver les mêmes souffrances que l'homme parce qu'ils sont de constitution similaire[3]. Dès l'Antiquité, des philosophes, tels que Pythagore ou Pyrrhon, condamnent le sacrifice des animaux tout en prônant le végétarisme. Plus tard, Plutarque posera la question primordiale de savoir s'il faut être doué de raison pour se voir reconnaître un statut moral. L'histoire des rapports entre l'homme et l'animal est en effet particulièrement fondée sur la domination, l'exploitation et la cruauté. L'Homme s'est depuis toujours octroyé des droits sur l'animal et cette violence envers les animaux a suscité une inquiétude morale toujours grandissante. La pensée cartésienne, radicalisée par Malebranche, qui assimile l'animal à une machine insensible, est demeurée très longtemps la principale justification de cette domination de l'homme sur l'animal. Ainsi, le Code civil napoléonien de 1804 retiendra cette conception de l'animal-machine en assimilant l'animal à un bien meuble. La loi du 16 février 2015 reviendra enfin sur cette qualification en ajoutant un nouvel article 515-14 au Code civil qui reconnait que *l'animal est un être vivant doué de sensibilité.* L'évolution du statut

---

[1] Qui est sensible, doué de sensation et a la capacité d'éprouver des choses subjectivement. Ce terme est un néologisme de l'anglais *sentient* qui vient du latin *sentiens* : ressentant.

[2] V. ex. : Frans de Waal, *L'âge de l'empathie : leçons de la nature pour une société solidaire*, Poche, 2011 ; Frans de Waal, *Sommes-nous trop bêtes pour comprendre l'intelligence des animaux?* Broché, 2016 ; Anne-Sophie Darmaillacq et Frédéric Levy, *Ethologie animale,* éd. De Boeck, Broché, 2015 ; Matthieu Ricard, Plaidoyer pour les animaux, Pocket, 2014 ; E. Pouydebat, *L'intelligence animale*, Odile Jacob, Essai, 2017.

[3] Aristote, *Les parties des animaux.*

juridique de l'animal marque probablement le début d'un changement des mentalités. Toutefois, la législation relative aux animaux reste imprégnée de la doctrine utilitariste, que l'on oppose souvent à la position abolitionniste. Cette dernière défend l'idée que nous n'avons pas le droit d'utiliser les animaux comme ressources et prône l'abolition de toute forme d'exploitation de l'animal[4]. Elle considère les animaux comme des êtres dotés d'une valeur morale propre, indépendamment de l'utilité qu'ils peuvent avoir pour l'Homme[5]. La thèse utilitariste condamne les souffrances inutiles, mais accepte celles qui peuvent être regardées comme utiles[6]. Dès lors, l'utilisation des animaux peut uniquement être acceptable si le bonheur que leur exploitation génère est plus important que le mal qu'elle cause. Le droit animal, ou le droit animalier, se fonde principalement sur cette thèse. Par conséquent, au sein du droit animal, on retrouve d'un côté, une législation qui réprime les atteintes à la sensibilité de l'animal domestique, apprivoisé ou tenu en captivité et de l'autre, une législation qui légitime certaines pratiques particulièrement cruelles, comme l'abattage, les spectacles de cirque ou l'expérimentation.

Le droit animal, qui est un terme issu de la traduction littérale de l'anglais *Animal law*, se définit comme l'ensemble des règles juridiques existantes qui se rapportent à l'animal et à l'usage que l'on peut en faire. Le droit répartit alors les animaux en différentes catégories juridiques en fonction de l'usage qui en est fait et soumet chacune d'elles à des règles spécifiques. Ce droit est encore loin d'être un corpus structuré et cohérent de normes juridiques dans la mesure où les règles applicables à l'animal sont dispersées dans une multitude de codes et de textes juridiques divers. Cependant, il commence à être reconnu comme une nouvelle matière du droit, indépendante des autres branches du droit existantes. Cette reconnaissance se traduit notamment par l'existence d'une revue spécialisée, la *Revue semestrielle de droit animalier*[7] et d'un ouvrage consacré au droit animalier qui a été publié en 2016[8]. Par ailleurs, il commence à être enseigné dans certaines universités, telles que l'université de Strasbourg qui propose depuis septembre 2015 deux unités d'enseignement spécifiques consacrées au Droit de l'animal et à l'Éthique animale et la faculté de Droit de l'université de Limoges qui a créé en 2016 le premier Diplôme Universitaire de droit animalier en France. De nombreux colloques et tables rondes consacrés au droit animal

---

[4] Boris Cyrulnik, Elisabeth de Fontenay, Peter Singer, Karine Lou Matignon, *Les animaux aussi ont des droits*, Essais, 2013 ; Florence Burgat, *Les animaux ont-ils des droits ?*, 01/03/2006, La moralisation du monde, Grands Dossiers N° 2 - Mars - Avril - Mai 2006.

[5] Tom Regan, *Les Droits des animaux*, Hermann, coll. L'Avocat du diable, 2013.

[6] Jeremy Bentham, *Introduction aux principes de morale et de législation*, 1780 ; Peter Singer, *La libération animale* (1975), Paris, Payot, coll. "Petite Bibliothèque Payot", 2012.

[7] Revue fondée par Jean-Pierre Marguénaud, professeur de droit privé à l'université de Limoges. Publication mise en ligne sur le site de l'OMIJ (Observatoire des mutations institutionnelles et juridiques) de l'université de Limoges et sur le site de l'IDEHD (Institut de droit européen et des droits de l'Homme) de l'université de Montpellier.

[8] Jean-Pierre Marguénaud, Florence Burgat, Jacques Leroy, *LE DROIT ANIMALIER*, Puf, 2016.

sont également fréquemment organisés. Au niveau politique, le premier parti animaliste a vu le jour en France en 2016[9] et s'est présenté pour la première fois aux élections législatives de 2017, en totalisant près de 1,1% des suffrages dans les 142 circonscriptions où il présentait un candidat.

Cet ouvrage présente l'ensemble des dispositions légales et réglementaires portant sur les animaux actuellement en vigueur en France. La première partie portera sur l'étude de la réglementation relative à la protection des animaux domestiques, apprivoisés ou détenus en captivité. Une seconde partie sera consacrée à l'étude des dispositions applicables aux animaux domestiques et de compagnie et une troisième partie sur les animaux apprivoisés ou détenus en captivité. Les deux dernières parties porteront respectivement sur les animaux d'élevage et les animaux appartenant à la faune sauvage.

---

[9] https://parti-animaliste.fr/

On peut juger de la grandeur d'une nation
par la façon dont les animaux y sont traités.
Gandhi
Homme politique, philosophe (1869 - 1948)

PREMIÈRE PARTIE

LA PROTECTION GÉNÉRALE DES ANIMAUX DOMESTIQUES, APPRIVOISÉS OU TENUS EN CAPTIVITÉ

Chapitre 1. Qu'est-ce qu'un animal ?

Section 1. Définition juridique de l'animal

Il n'existe pas, à proprement parler, de définition juridique de l'animal. En droit européen plusieurs définitions sont certes données par divers textes, mais elles dépendent toujours de l'objet des dispositions concernées. Il n'y a donc pas de cohérence entre ces définitions et aucune définition générale de l'animal n'est donnée. En droit européen, l'animal est ainsi défini comme les animaux vertébrés et invertébrés[1], ou comme les vertébrés à l'exclusion des reptiles et amphibiens[2], ou encore comme les vertébrés vivants[3].

En droit français, l'article 515-14 du Code civil et l'article L. 214-1 de Code rural et de la pêche maritime définissent l'animal comme un être vivant doué de sensibilité. La notion d'être sensible n'est toutefois pas définie par les textes. Le Code pénal qui ne protège que l'animal domestique, apprivoisé, ou tenu en captivité ne donne aucune définition de l'animal. Enfin, le Code de l'environnement ne fait référence qu'aux espèces animales, terme qu'il ne définit pas.

Une des raisons pour lesquelles il n'existe pas de définition générale de l'animal est que sur le plan international et régional ainsi que dans l'ordre national, il n'existe pas un régime juridique uniforme pour l'ensemble des animaux. Le droit répartit en effet les animaux en différentes catégories juridiques en fonction de l'usage qu'on en fait et soumet chacune d'elles à des règles spécifiques. Les animaux sont alors définis en fonction de la catégorie à laquelle ils appartiennent. En règle générale, on distingue trois grandes catégories d'animaux, qui dépendent de l'usage et de l'intérêt que porte

---

[1] Règl., n° 1069/2009 du Parlement européen et du Conseil, 21 oct. 2009, établissant des règles sanitaires applicables aux sous-produits animaux et produits dérivés non destinés à la consommation humaine et abrogeant le règlement (CE) n° 1774/2002 (règlement relatif aux sous-produits animaux) ; art. 3.

[2] Règl., n° 1099/2009 du Conseil, 24 sept. 2009, sur la protection des animaux au moment de leur mise à mort ; art. 2.

[3] Règl. (CE) n° 1/2005 du Conseil, 22 déc. 2004, relatif à la protection des animaux pendant le transport et les opérations annexes et modifiant les directives 64/432/CEE et 93/119/CE et le règlement (CE) n° 1255/97 ; art. 2.

l'homme sur l'animal. La première grande catégorie correspond aux animaux qui sont les plus proches de l'homme, à savoir les animaux de compagnie et plus largement les animaux domestiques. Ces derniers sont définis comme les animaux qui sont placés sous la main de l'homme, qui vivent, se reproduisent, sont nourris et élevés sous son toit et par ses soins. La deuxième catégorie rassemble les animaux considérés comme utiles à l'homme, comme les animaux d'élevage et les animaux utilisés à des fins expérimentales ou à d'autres fins scientifiques. Ces animaux peuvent légalement être utilisés par l'homme, y compris mis à mort, sous réserve du respect de règles minimales. La troisième grande catégorie concerne les animaux sauvages, c'est-à-dire tous ceux qui vivent, se reproduisent et se nourrissent en dehors de toute intervention humaine. Les animaux qui relèvent de cette catégorie sont juridiquement des *res nullius*, c'est-à-dire des choses sans maîtres. La réglementation qui leur est applicable ne les appréhende pas comme des individus, mais s'applique en fonction de l'espèce à laquelle ils appartiennent. Soit l'espèce est considérée comme nuisible et la loi autorise sous certaines conditions leur prélèvement, soit l'espèce est menacée d'extinction et la loi les protège.

Section 2. La place de l'animal en droit international et européen

À l'heure actuelle, il n'existe aucun traité international sur la protection de l'animal. Toutefois, un certain nombre de traités qui ont pour objet l'animal ont été conclus par les États, à l'échelle internationale. Ils sont essentiellement destinés à protéger la biodiversité des espèces et leurs habitats naturels. Il s'agit essentiellement de la Convention de Washington dite CITES relatif au commerce international des espèces de faune et de flore sauvages menacées d'extinction, de la Convention baleinière internationale de 1946 sur la réglementation de la chasse à la baleine ou encore de la Convention sur la diversité biologique de 1992 et de la Convention de Bonn sur la conservation les espèces migratrices de 1979. Par ailleurs, l'Organisation mondiale de la Santé animale, seule organisation mondiale en charge de l'élaboration de normes intergouvernementales en matière de bien-être animal, a décidé d'élaborer dès le début des années 2000 des normes internationales non contraignantes en la matière[4].

À l'échelon européen, des conventions visant directement l'animal en tant qu'être sensible ont été adoptées. Outre la Déclaration universelle des Droits de l'Animal lue à la Maison de l'UNESCO en 1978, dépourvue de force juridique, un certain nombre de textes relatifs au bien-être des animaux ont été adoptés par le Conseil de l'Europe, sur le transport, l'abattage,

[4] http://www.oie.int/fr/bien-etre-animal/themes-principaux/

l'expérimentation, l'élevage ou encore sur la protection des animaux de compagnie.

Au sein de l'Union européenne, la protection du bien-être animal est un des objectifs de l'Union. Outre la Déclaration relative à la protection des animaux annexée au Traité de Maastricht du 7 février 1992, dépourvue de caractère obligatoire, le Protocole n° 33 annexé au traité d'Amsterdam le 10 novembre 1997 a évoqué en premier la nécessité de veiller au bien-être des animaux. La préoccupation du bien-être des animaux a été réaffirmée de façon plus vigoureuse par l'Union européenne en l'incluant directement dans le corps du Traité sur le Fonctionnement de l'Union européenne du 13 décembre 2007 entré en vigueur le 1er décembre 2009. Ce traité dispose en effet en son article 13 que « *Lorsqu'ils formulent et mettent en œuvre la politique de l'Union dans les domaines de l'agriculture, de la pêche, des transports, du marché intérieur, de la recherche et développement technologique et de l'espace, l'Union et les États membres tiennent pleinement compte des exigences du bien-être des animaux en tant qu'êtres sensibles, tout en respectant les dispositions législatives ou administratives et les usages des États membres en matière notamment de rites religieux, de traditions culturelles et de patrimoines régionaux* ».

Par ailleurs, les directives, les règlements européens et les recommandations influencent les législations internes de chaque État membre, notamment en matière de transports, d'expérimentation, d'élevage et de police sanitaire.

Section 3. L'animal en droit français

En droit français, on fait référence au droit animal ou droit animalier, pour se référer à l'ensemble des règles juridiques existantes qui se rapportent à l'animal et qui se trouvent dispersées dans une multitude de codes et de textes juridiques divers. De très nombreuses dispositions régissent en effet les relations entre l'homme et l'animal. Elles se rapportent à la protection de l'animal, aux responsabilités encourues en cas de dommage causé à ou par un animal, elles définissent les conditions de garde ou de vente et elles sanctionnent pénalement des comportements portant atteinte à l'intégrité physique des animaux, ou autorisent des pratiques peu compatibles avec le bien-être des animaux au nom de traditions locales ou de pratiques religieuses.

Le niveau de protection d'un animal dépendra de la catégorie à laquelle il appartient. De façon générale, les animaux domestiques, tenus en captivité ou apprivoisés sont protégés en tant qu'individus par les codes civil, pénal et rural, alors que les animaux sauvages ne sont protégés, le cas échéant, qu'en tant qu'espèces par les dispositions du Code de l'environnement. Seuls les premiers ont acquis un statut juridique reconnaissant leur caractère d'être vivant doué de sensibilité. Les seconds sont appréhendés par le droit comme *res nullius* et ne reçoivent aucune protection en tant qu'individus.

Chapitre 2. L'animal, un être vivant doué de sensibilité

Depuis la loi n° 2015-177 du 16 février 2015, l'animal est considéré comme un être vivant doué de sensibilité soumis au régime juridique des biens. Il n'est donc plus appréhendé comme un simple bien, objet ou chose.

Cette réforme consacre la fin de la conception de l'animal-machine de René Descartes qui avait été transposée dès le XIXe siècle dans le Code civil de 1804. Avant la réforme instaurée par la loi du 16 février 2015, les animaux devenaient par la domestication, la naissance ou l'acquisition, un bien meuble sur lequel le propriétaire exerçait un droit de propriété. Cette conception de l'animal-chose dans le droit civil a longtemps poussé les associations de défense des animaux à réclamer un statut juridique propre aux animaux domestiques. Le législateur français avait amorcé une certaine revalorisation du statut juridique des animaux, en 1994, avec l'adoption du nouveau Code pénal, en séparant les infractions commises contre les animaux de celles commises à l'encontre des biens. Ce mouvement continua avec la modification, par la loi n° 99-5 du 6 janvier 1999 relative aux animaux dangereux et errants et à la protection des animaux, des articles 524 et 528 du Code civil pour distinguer les animaux des choses inanimées. Toutefois, cette loi n'avait pas sorti l'animal de la catégorie juridique des biens et elle ne consacrait pas encore l'animal comme un être sensible.

Le législateur français a choisi d'offrir à l'animal un nouveau statut juridique par la loi du 16 février 2015 relative à la modernisation et à la simplification du droit et des procédures dans le domaine de la justice et des affaires intérieures. L'article 2 de cette loi dispose notamment que « *les animaux sont des êtres vivants doués de sensibilité. Sous réserve des lois qui les protègent, les animaux sont soumis au régime des biens* »[1]. L'animal se trouve donc extrait de la catégorie juridique des biens. Cette nouvelle attention au profit de l'animal se trouve codifiée dans le nouvel article 515-14 du Code civil.

---

[1] Loi n°2015-177, 16 févr. 2015 relative à la modernisation et à la simplification du droit des procédures dans les domaines de la justice et des affaires intérieures.

Section 1. Le statut juridique de l'animal

Le nouvel article 515-14 du Code civil dispose que *« Les animaux sont des êtres vivants doués de sensibilité. Sous réserve des lois qui les protègent, les animaux sont soumis au régime des biens*[2] *»*.

Cette réforme harmonise le Code civil avec les différents textes juridiques déjà existants qui reconnaissaient le caractère d'être sensible aux animaux, et notamment le Code rural et de la pêche maritime et le Code pénal qui plaçaient déjà l'animal à part au sein des biens corporels. Dès lors, depuis la réforme instaurée par la loi du 16 février 2015, il n'existe plus aucune loi proclamant que les animaux domestiques, tenus en captivité ou apprivoisés, sont des meubles ou des immeubles par destination.

L'article L. 214-1 du Code rural et de la pêche maritime dispose en effet, depuis 1976 que *« (t)out animal étant un être sensible doit être placé par son propriétaire dans des conditions compatibles avec les impératifs biologiques de son espèce »*. Le Code rural, qui est devenu un véritable code des animaux, ne s'applique qu'aux animaux domestiques, apprivoisés ou tenus en captivité. Il comporte des dispositions relatives à l'élevage, la détention, l'utilisation à des fins scientifiques, au transport et à la mise à mort des animaux ainsi qu'aux mauvais traitements commis dans l'exercice d'activités liées aux animaux de compagnie.

Le Code pénal ne reconnaît pas de façon explicite le caractère sensible de l'animal, mais le fait implicitement. En effet, le législateur a reconnu la singularité des animaux en leur consacrant un Livre intitulé « Des autres crimes et délits », au côté du Livre sur les crimes et délits contre les personnes et de celui relatif aux crimes et délits contre les biens.

Aussi, cette réforme s'aligne avec la jurisprudence qui tenait déjà compte, dans certaines affaires, de la nature d'être vivant sensible de l'animal. Ainsi, dans une affaire récente, le tribunal correctionnel de Marseille a, le 3 février 2014[3], pu rappeler que « *(l)es animaux ne sont pas de vulgaires objets, ce sont des êtres vivants dotés de sensibilité* », avant de condamner à une peine d'un an d'emprisonnement ferme et une interdiction de posséder un animal domestique, celui qui avait lancé à plusieurs reprises un chat contre un mur.

Cependant, le caractère d'être sensible n'est reconnu qu'aux animaux domestiques, tenus en captivités ou apprivoisés. Il semblerait que les animaux sauvages ne soient pas concernés par ces articles. Ils conservent alors leur statut de *res nullius*, c'est-à-dire de choses sans maitre.

Aussi, si les animaux, excepté les animaux sauvages, ont désormais acquis un statut juridique distinct des autres biens, ils restent soumis au régime juridique des biens. Tout animal domestique, apprivoisé ou en captivité, est, du

---

[2] C. civ., art. 515-14, créé par LOI n°2015-177 du 16 février 2015 - art. 2.
[3] T. corr. Marseille, 3 févr. 2014, n° 14/801.

seul fait de son appropriation ou de sa possession, soumis au droit commun des biens, sous réserve des lois assurant leur protection[4].

Section 2. Le régime juridique de l'animal

Dans un souci de cohérence, les articles 522, 524, 528, 533, 564 et 2501 du Code civil ont été modifiés par la loi du 16 février 2015, traquant et éradiquant toutes les tournures directes ou indirectes affirmant ou laissant sous-entendre que les animaux sont des meubles, des immeubles ou des objets[5]. Les animaux ont ainsi été chassés de l'ancien article 528 du Code civil qui affirmait que « (s)ont meubles par leur nature les animaux et les corps qui peuvent de transporter d'un lieu à un autre, soit qu'ils se meuvent par eux-mêmes, soit qu'ils ne puissent changer de place que par l'effet d'une force étrangère ». Désormais, l'article 528 du Code civil dispose que « [s]ont meubles par leur nature les biens qui peuvent se transporter d'un lieu à un autre ». Les animaux ont donc été retirés de la sous-catégorie des meubles par nature et il sera désormais difficile de les assimiler à des chaises ou autres biens.

L'article 524 du Code civil, qui disposait en son premier alinéa que « Les animaux et les objets que le propriétaire d'un fonds y a placés pour le service et l'exploitation de ce fonds sont immeubles par destination » a également été modifié. Désormais, ce premier alinéa a été scindé en deux alinéas qui distinguent les objets que le propriétaire d'un fonds y a placés pour le service et l'exploitation de ce fonds qui sont immeubles par destination et les animaux que le propriétaire d'un fonds y a placés aux mêmes fonds qui sont « soumis au régime des immeubles par destination ». La liste que dressait ce même article 524 du Code civil a également été modifiée. La liste comprend toujours les ustensiles aratoires, les alambics, les pailles, les cuves ou encore les pressoirs, mais la référence aux animaux attachés à la culture, aux poissons, aux pigeons et aux lapins a été supprimée. S'ils peuvent encore être soumis au régime des immeubles par destination, ils ne sont plus immeubles par destination. Sont également soumis au régime des immeubles par destination les animaux que le propriétaire du fonds livre au fermier ou au métayer pour la culture, estimés ou non, tant qu'ils demeurent attachés au fonds par l'effet de la convention[6].

Cependant, parce qu'ils restent soumis au régime juridique des biens, les animaux sont appropriables, ils peuvent faire l'objet d'une possession et être revendiqués en cas de dépossession.

---

[4] C. civ., art. 515-14.

[5] Jean-Pierre MARGUENAUD, *L'entrée en vigueur de « l'amendement Glavany » : un grand pas de plus vers la personnalité juridique des animaux*, RSDA, 2/2014, p.15 (http://www.unilim.fr/omij/files/2015/04/RSDA-2-2014.pdf).

[6] C. civ., art. 522.

Chapitre 3. La protection pénale des animaux domestiques, apprivoisés ou tenus en captivité

L'origine de la protection individuelle de l'animal fondée sur sa sensibilité se trouve essentiellement dans la loi Grammont du 2 juillet 1850[1]. Cette loi comportait un article unique disposant que seront punis d'une amende de cinq à quinze francs et pourront l'être d'un à cinq jours de prison ceux qui auront exercé publiquement et abusivement de mauvais traitements envers les animaux domestiques. La portée de cette disposition était limitée puisqu'il fallait que les mauvais traitements aux animaux domestiques soient cumulativement abusifs et publics.

Le décret du 7 septembre 1959 a ensuite fait disparaître les conditions de publicité et d'abus auxquelles la répression des mauvais traitements était jusqu'alors subordonnée. La loi réprimait les mauvais traitements effectués sans nécessité sur les animaux domestiques et, depuis la loi n° 63-1143 du 19 novembre 1963, sur les animaux apprivoisés ou tenus en captivité. Par ailleurs, ce texte introduisit la possibilité de placer l'animal maltraité à une œuvre de protection animale. Le délit d'actes de cruauté, commis publiquement ou non, envers les animaux domestiques apprivoisés ou tenus en captivité a été créé par la loi n° 63-1143 du 19 novembre 1963. La notion d'animal - être sensible n'a cependant été consacrée qu'en 1976, par la loi n° 76-629 du 10 juillet 1976 qui, après avoir qualifié l'animal d'« être sensible », a assimilé les sévices graves et l'abandon volontaire aux actes de cruauté. Cette loi a également permis aux associations de protection animale reconnues d'utilité publique « d'exercer les droits reconnus à la partie civile en ce qui concerne les infractions à l'article 453 Code pénal et portant un préjudice direct ou indirect aux intérêts qu'elles ont pour objet de défendre ». Cette dernière condition n'est plus requise depuis la loi n° 94-89 du 1er février 1994 qui a ajouté au Code de procédure pénale un article 2-13, ouvrant l'exercice des droits reconnus à la partie civile à toute association de défense et de protection des animaux régulièrement déclarée depuis au moins cinq ans en ce qui concerne non seulement le délit réprimant les sévices graves ou actes de cruauté, mais également les contraventions de mauvais traitements et d'atteintes volontaires à la vie d'un animal sans exiger

---

[1] Avant la loi Grammont, l'article 454 du code pénal de 1810 condamnait ceux qui sans nécessité avaient tué un animal domestique appartenant à autrui. C'était donc la propriété d'autrui qui était protégé et non l'animal.
Aussi, sous l'Ancien Régime, l'animal pouvait être poursuivi en justice. V. sur ce sujet : David Chauvet, *La personnalité juridique des animaux jugés au Moyen Age*, Paris, l'Harmattan, 2012.

l'existence d'un préjudice direct ou indirect aux intérêts défendus par l'association concernée.

Enfin, en 1994, lors de la réforme du Code pénal, la plupart des infractions à l'encontre des animaux domestiques, apprivoisés ou tenus en captivité ont été placées en dehors de la catégorie des infractions contre les biens. Ces infractions trouvent ainsi leur place dans le Livre Cinquième du Code pénal intitulé *Des autres crimes et délits* et du livre VI sur les contraventions.

L'évolution du droit pénal de la protection des animaux a donc été essentiellement marquée par des avancées significatives. Seule la loi du 24 avril 1951, qui crée une cause de non-responsabilité pour les combats de taureaux et les combats de coqs relevant d'une tradition locale ininterrompue, a marqué un recul de cette protection.

Le Code pénal et le Code rural et de la pêche maritime incriminent un certain nombre de comportements constitutifs de mauvais traitements, de sévices graves, d'actes de cruauté ou d'atteintes à la vie ou à l'intégrité commis à l'encontre des animaux domestiques, apprivoisés ou tenus en captivité. Seuls les courses de taureaux et les combats de coqs sont exemptés de poursuites pénales lorsqu'existe une tradition locale ininterrompue.

Section 1. Délits commis à l'encontre des animaux

§ 1. Les sévices graves ou de nature sexuelle ou les actes de cruauté envers les animaux

L'article 521-1 du Code pénal incrimine le fait d'exercer des sévices graves ou de nature sexuelle, ou de commettre un acte de cruauté envers un animal. Cette incrimination est la plus grave. Il s'agit d'un délit puni de deux ans d'emprisonnement et de 30 000 euros d'amende. Dans la pratique, ces peines maximales sont très peu prononcées par les magistrats, qui se contentent souvent d'une simple amende. Toutefois, l'affaire très médiatisée du chat Oscar, qui avait été lancé contre un mur par un jeune homme qui se filmait, marque un tournant dans la jurisprudence relative à la maltraitance animale. En effet, le tribunal correctionnel de Marseille avait prononcé, le 3 février 2014, une condamnation d'une année d'emprisonnement ferme. Reste à espérer que cette condamnation, qualifiée d'exemplaire, ne reste pas isolée et exceptionnelle.

L'auteur de tels faits encourt également les peines complémentaires d'interdiction, à titre définitif ou non, de détenir un animal et d'exercer, pour une durée de cinq ans ou plus, une activité professionnelle ou sociale dès lors que cette activité aura facilité la préparation ou la commission de l'infraction.

Cette interdiction n'est pas applicable à l'exercice d'un mandat électif ou de responsabilités syndicales[2].

Les personnes morales encourent, outre l'amende dont le montant peut être égal au quintuple de celle prévue pour les personnes physiques, certaines peines de l'article 131-39 du Code pénal telles que l'interdiction, à titre définitif ou pour une durée de cinq ans au plus, d'exercer directement ou indirectement une ou plusieurs activités professionnelles ou sociales, ou la fermeture définitive ou pour une durée de cinq ans au plus des établissements de l'entreprise ayant servi à commettre les faits incriminés.

Par ailleurs, le tribunal, qui devra statuer sur le sort de l'animal, pourra prononcer la confiscation de l'animal et le remettre à une fondation ou à une association de protection animale.

Il n'existe pas de définition précise de l'acte de cruauté. Toutefois, l'analyse de la jurisprudence permet de préciser que l'acte de cruauté nécessite un acte volontaire et conscient, en vue de faire souffrir un animal ou en vue de provoquer sa mort. Cette qualification est généralement retenue lorsque l'auteur de l'acte a manifesté un instinct pervers et une cruauté proche de la barbarie et du sadisme[3]. L'acte de cruauté se distingue de la simple brutalité en ce qu'il est inspiré par une méchanceté réfléchie et qu'il traduit l'intention d'infliger une souffrance[4], dénotant une volonté perverse ou un instinct de perversité[5]. Par conséquent, le délit d'acte de cruauté ou de sévices grave sera qualifié lorsque ces actes seront accomplis intentionnellement dans le dessein de provoquer la souffrance ou la mort d'un animal[6]. Il faut donc un élément intentionnel. En effet, « *Il n'y a point (…) de délit sans intention de le commettre* »[7].

Il appartient au juge répressif de relever tous les éléments constitutifs du délit. Par conséquent, ne justifie pas sa décision la Cour d'appel qui, pour déclarer le prévenu coupable de sévices graves et actes de cruauté envers un animal, énonce que la pouliche se trouvait dans un état lamentable et que le certificat du vétérinaire qui lui a prodigué des soins est éloquent. Pour la Cour de cassation, ces énonciations ne caractérisent pas l'existence de sévices ou actes de cruauté accomplis intentionnellement dans le dessein de provoquer la souffrance ou la mort, éléments constitutifs de l'infraction prévue à l'article 521-1, alinéa 1er du Code pénal[8]. De même, la Cour de cassation a jugé que le seul fait de laisser des animaux dans un pré sans nourriture ni abreuvement ne

---

[2] C. pén, art. 521-1.
[3] Paris, 9 oct. 1971: Gaz. Pal. 1972. 1. 410.
[4] Paris, 2 févr. 1977: JCP 1978. II. 18843, note R. de L.; Gaz. Pal. 1977. 1. 317.
[5] T. corr. Nîmes, 29 juin 1973: Gaz. Pal. 1973. 2. 879.
[6] Crim., 30 mai 2006, n° 05-81525 ; Crim., 13 janv. 2004, n° 03-82045.
[7] C. pén., art. 121-3.
[8] Crim. 13 janv. 2004, n°03-82045.

constituait pas le délit de sévices graves ou d'actes de cruauté, en l'absence d'actes accomplis dans le but de provoquer la souffrance ou la mort[9].
Si l'élément intentionnel n'est pas prouvé, c'est à dire, à défaut de prouver que l'auteur des faits avait l'intention de provoquer des souffrances ou la mort de l'animal, la qualification contraventionnelle de mauvais traitement peut être retenue[10].

Constitue un acte de cruauté le fait d'organiser un concours de chiens ratiers qui, dans une cage, mettent à mort des rats capturés auxquels aucune chance de salut par la fuite n'est donnée[11]. Il en sera de même pour le fait d'attacher des chiens méchants et de les abattre avec une carabine[12]. A également été condamné pour cruauté envers un animal domestique le prévenu qui a trainé son poney derrière son véhicule sur une longue distance et qui l'a abandonné pendant plusieurs heures, alors qu'il était grièvement blessé, avant de revenir pour l'achever[13].

Depuis la loi n° 2004-204 du 9 mars 2004 portant adaptation de la justice aux évolutions de la criminalité, les actes de nature sexuelle commis sur un animal constituent également un délit. Ces actes sont répréhensibles, qu'ils aient été commis publiquement ou non, et que l'animal soit un animal domestique, apprivoisé ou tenu en captivité. Toutefois, ici, seuls les actes de pénétration sexuelle commis par une personne sur un animal constituent des sévices sans qu'il soit besoin de caractériser la violence, la brutalité ou les mauvais traitements[14].

Enfin, notons qu'en application de l'article 2-13 du Code de procédure pénale, toute association régulièrement déclarée depuis au moins cinq ans à la date des faits et dont l'objet statutaire est la défense et la protection des animaux et toute fondation reconnue d'utilité publique peut exercer les droits reconnus à la partie civile en ce qui concerne les infractions réprimant les sévices graves ou de nature sexuelle et les actes de cruauté envers les animaux.

§ 2. Le délit d'abandon d'un animal

L'abandon d'un animal domestique, apprivoisé ou tenu en captivité est qualifié de délit au même titre que les sévices graves ou actes de cruauté par l'article 521-1, al. 7 du Code pénal. Le délit d'abandon d'un animal sera ainsi puni des peines maximales de deux ans d'emprisonnement et de 30 000 euros

---

[9] Crim., 23 janv. 1989, Bull. Crim., n°23.
[10] Crim., 27 janv. 2015, n°14-81723.
[11] Douai, 5 juill. 1983 : Gaz. Pal. 1983, 2, 540.
[12] Metz, 13 juin 1990, JurisData n°045281.
[13] Paris, 13° Ch., 28 mars 1990 : JurisData n°046275.
[14] Crim. 4 sept. 2007, n° 06-82785.

d'amende. Les animaux destinés au repeuplement ne sont pas concernés par cette disposition.

Le délit d'abandon d'animaux est constitué sans que soit exigée l'existence de sévices ou d'actes de cruauté accomplis volontairement dans le but de provoquer la souffrance ou la mort[15]. Par ailleurs, si l'existence de sévices ou d'actes de cruauté accomplis intentionnellement dans le but de provoquer la souffrance ou la mort n'était pas établie, il appartient aux juges du fond de rechercher si les faits ne pouvaient constituer le délit d'abandon d'animal domestique[16].

Constitue un abandon le fait de se désintéresser volontairement et consciemment de ses animaux en très mauvais état de santé, confiés à une personne dépourvue de la capacité et de la compétence pour les soigner[17]. En l'espèce, le délit d'abandon était d'autant plus caractérisé que le prévenu, avant même de les confier à une tierce personne, n'avait pas fourni à ses animaux une nourriture correspondant en qualité et en quantité à leurs besoins et que par la suite il s'était rendu chez cette personne à deux reprises. Par conséquent, il ne pouvait prétendre ne pas s'être rendu compte de l'état de ses animaux, cachectiques, et du danger mortel que couraient les deux ânesses. Pour la Cour de cassation, le fait d'avoir confié les animaux à une personne dépourvue de la capacité et de la compétence pour les soigner constituait une preuve supplémentaire d'abandon en ce qu'il s'était désintéressé volontairement et consciemment du sort de ses ânes sans prendre aucune mesure efficace pour les soigner.

Toute association régulièrement déclarée depuis au moins cinq ans à la date des faits et dont l'objet statutaire est la défense et la protection des animaux et toute fondation reconnue d'utilité publique peut exercer les droits reconnus à la partie civile en ce qui concerne le délit d'abandon d'un animal[18].

Section 2. Les mauvais traitements envers les animaux

Le Code pénal et le Code rural et de la pêche maritime font référence aux mauvais traitements sans les définir[19].

L'article R. 654-1 du Code pénal incrimine le fait, sans nécessité, publiquement ou non, d'exercer volontairement des mauvais traitements envers un animal domestique, apprivoisé ou tenu en captivité. L'article L. 214-3 du Code rural interdit le fait d'exercer des mauvais traitements envers les animaux

---

[15] Crim. 16 juin 2015, n° 14-86387.

[16] Crim. 4 mai 2010, préc.

[17] Crim., 4 mai 2010, n° 09-88.095 : Dr. pén. 2010, comm. 88, obs. M. Véron.

[18] C. proc. pén., art. 2-13.

[19] C. pén., art. R. 654-1 ; C. rur., art. L. 214-3, R. 214-85, R. 215-4 et R. 215-9.

domestiques ainsi qu'envers les animaux sauvages apprivoisés ou tenus en captivité. La peine encourue en cas de mauvais traitement est celle prévue pour les contraventions de la quatrième classe, faisant encourir à son auteur la peine maximale de 750 euros d'amende[20].

Les mauvais traitements envers les animaux sont d'une gravité moindre que les sévices graves et actes de cruauté précédemment détaillés. Surtout, la contravention de mauvais traitement ne requiert pas, de la part de l'auteur des faits, l'intention de provoquer la souffrance ou la mort d'un animal. C'est l'absence de preuve de cette intention qui amène parfois le juge à requalifier des actes poursuivis initialement sous la qualification de sévices graves en mauvais traitement[21]. Comme pour la contravention d'atteinte volontaire à la vie d'un animal, la contravention de mauvais traitement n'est pas constituée en cas de nécessité. Toutefois, l'article R. 654-1 du Code pénal dispose que les mauvais traitements doivent être commis *volontairement*. L'intention d'agir de l'auteur de l'acte devra donc être prouvée, en plus de la matérialité des faits.

Constitue la contravention de mauvais traitements exercés envers des animaux domestiques, le fait de laisser des vaches sans soins et sans nourriture suffisante[22] ou le fait de laisser son chien sur un balcon en pleine chaleur sans qu'il puisse s'alimenter en raison de sa muselière[23]. Les mauvais traitements peuvent également résulter d'abstentions dès lors que l'auteur ne justifie d'aucun empêchement légitime. Ainsi, il y a mauvais traitement dans le fait de laisser des chevaux parqués dans des landes, sans surveillance, sans eau propre et sans soins vétérinaires dès lors que leur auteur ne justifie d'aucun empêchement légitime[24], ou encore dans le fait, pour un vétérinaire de s'abstenir de soigner une pouliche malade morte peu après prétextant un échange vif entre son épouse et l'épouse du propriétaire de l'animal[25].

La qualification de la contravention de mauvais traitements peut aussi être retenue pour les animaux participant à des spectacles publics et à des jeux. L'article R. 214-85 du Code rural prohibe la participation d'animaux à des jeux et attractions pouvant donner lieu à mauvais traitements. L'article R. 214-84 du Code rural interdit de faire participer à un spectacle un animal dont les caractéristiques ont été modifiées par l'emploi de substances médicamenteuses ou qui a subi une intervention chirurgicale qui n'a pas été effectuée pour des raisons sanitaires. Sont également interdits tous les jeux où un animal vivant sert de cible à des projectiles vulnérants ou mortels, à l'exception des activités

---

[20] C. rur., art. R. 215-9 ; C. pén., art. R. 654-1.
[21] Crim., 7 oct. 2008, n° 07-88349.
[22] Crim. 12 mars 1992, n°89-80866 ; Bull. crim. n°111.
[23] Crim., 7 oct. 2008, n° 07-88349.
[24] Crim. 4 déc. 2001, n°01-81763.
[25] Crim., 26 nov. 2002, n°02-80186.

relevant du droit de la chasse[26]. L'inobservation de ces dispositions constitue une contravention de la quatrième classe[27].

La contravention de mauvais traitements est également à différencier de la contravention de mauvais traitement infligé par négligence à un animal domestique ou sauvage apprivoisé ou tenu en captivité, prévue à l'article R. 214-17 du Code rural. Cet article incrimine divers comportements constitutifs de mauvais traitements ou de défaut de soins tels que la privation d'eau ou de nourriture, l'absence de soins en cas de blessure ou de maladie ou encore le placement de l'animal dans des conditions de vie inacceptables. Ainsi, les juges du fond ont souverainement apprécié qu'un éleveur, qui ne fait pas parer les sabots de ses chevaux durant plus d'un an, commet la contravention de défaut de soins à animaux domestiques prévue aux articles R. 214-17 et R. 215-17 du Code rural, et non pas celle de mauvais traitements à animaux[28]. De même que si les faits ne constituent pas la contravention de mauvais traitement, la cour d'appel doit rechercher s'ils ne peuvent constituer la contravention de défaut de soins à animaux domestiques prévue aux articles R. 214-17 et R. 215-4 du Code rural[29]. Les mauvais traitements qui ne résultent que de la négligence sont ainsi sanctionnés au titre de l'article R. 214-17 du Code rural, dont la violation est punie de la peine d'amende prévue pour les contraventions de la quatrième classe[30].

En cas de condamnation du propriétaire, l'animal pourra être confié à une œuvre de protection animale et les associations de protection animale pourront, dans les mêmes conditions que précédemment, exercer les droits reconnus à la partie civile.

Section 3. Les contraventions d'atteinte à la vie de l'animal

L'atteinte à la vie de l'animal peut être intentionnelle ou involontaire.

§ 1. Les atteintes volontaires à la vie d'un animal

L'atteinte à la vie d'un animal peut être intentionnelle. Aux termes de l'article R. 655-1 du Code pénal, le fait, sans nécessité, publiquement ou non, de donner volontairement la mort à un animal domestique ou apprivoisé ou tenu en captivité est puni de l'amende prévue pour les contraventions de la

---

[26] C. rur., art. R. 214-86.
[27] C. rur., art. R. 215-9.
[28] Crim., 22 mai 2007, n°06-86339.
[29] Crim., 11 janv. 2011, n° 10-85.506.
[30] C. rur., art. R. 215-4, I.

cinquième classe, soit une amende de 1 500 euros, portée à 3 000 euros en cas de récidive[31]. Il y a récidive lorsqu'une personne physique qui a déjà été condamnée définitivement pour cette contravention commet, dans le délai d'un an à compter de l'expiration ou de la prescription de la précédente peine, la même contravention[32]. Il s'agit ici de la même peine que pour la destruction, la dégradation ou la détérioration volontaire d'un bien appartenant à autrui[33]. Pour le Code pénal, porter atteinte à l'intégrité d'un animal n'est pas considéré comme un acte d'une plus forte gravité que le fait de détruire un bien. La destruction volontaire d'un bien peut même être punie plus sévèrement lorsqu'il en résulte un dommage qui n'est pas léger[34].

Pour que l'infraction d'atteinte volontaire à la vie d'un animal soit retenue, l'acte ne doit pas avoir été commis par nécessité. Pour que l'état de nécessité soit retenu, il faut que le danger soit actuel ou imminent et qu'il n'y ait pas d'autre moyen d'éviter le danger. Aussi, la réaction face au danger doit être nécessaire et proportionnée et l'état de nécessité ne doit pas être causé par la faute de l'auteur de l'acte[35]. Ainsi, face à un danger actuel menaçant son animal, le prévenu qui a abattu un autre chien qui le mordait a agi par nécessité, le moyen de défense n'ayant pas été jugé disproportionné[36]. La responsabilité civile de l'auteur des faits pourra être recherchée, puisque l'état de nécessité ne fait pas obstacle à la responsabilité civile de l'auteur de l'infraction[37].

Toutefois, l'état de nécessité ne sera pas retenu si le prévenu s'est volontairement placé dans une situation de devoir commettre une infraction en cas de survenance prévisible du danger. Ainsi, ne peut invoquer l'état de nécessité le chasseur expérimenté qui a tué une ourse, animal inscrit sur la liste des espèces protégées, au cours d'une partie de chasse alors qu'il s'était placé lui-même dans une situation de danger par son comportement antérieur fautif[38].

En cas de condamnation du propriétaire de l'animal ou si le propriétaire est inconnu, le tribunal peut décider de remettre l'animal à une œuvre de protection animale reconnue d'utilité publique ou déclarée, laquelle pourra librement en disposer. Les associations de protection animale déclarées depuis au moins cinq années et les fondations reconnues d'utilité publique peuvent se constituer partie civile en ce qui concerne les infractions réprimant les atteintes volontaires à la vie d'un animal.

---

[31] C. pén., art. R. 655-1 ; C. pén., art. 131-13.
[32] C. pén., art. 132-11.
[33] C. pén., art. R. 635-1.
[34] C. pén., art. 322-1.
[35] C. pén., art. 122-7.
[36] Crim., 8 mars 2011, n°10-82078.
[37] Crim., 27 oct. 1884 : DP 85, 1, 219.
[38] Crim., 1er juin 2010, n° 09-87159 : Bull. crim, 2010, n° 96

§ 2. Les atteintes involontaires à la vie d'un animal

L'article R. 653-1 du Code pénal incrimine le fait par maladresse, imprudence, inattention, négligence ou manquement à une obligation de sécurité ou de prudence imposée par la loi ou les règlements, d'occasionner la mort ou la blessure d'un animal domestique, apprivoisé ou tenu en captivité. La personne physique reconnue coupable de tels actes encourt l'amende prévue pour les contraventions de la troisième classe, soit une amende maximale de 450 euros[39]. L'animal, dont le propriétaire est condamné ou inconnu, pourra être remis à une œuvre de protection animale.

Lorsqu'une faute d'imprudence ou de négligence est exigée, les dispositions des troisième et quatrième alinéas de l'article 121-3 du Code pénal sont applicables[40]. Aux termes de cet article, soit l'acte est la cause directe du dommage et dans ce cas il doit être établi que l'auteur des faits n'a pas accompli les diligences normales compte tenu de la nature de ses missions ou de ses fonctions, de ses compétences ainsi que du pouvoir et des moyens dont il disposait, soit l'acte est la cause indirecte du dommage et dans ce cas l'auteur des faits sera responsable pénalement s'il est établi qu'il a violé de façon manifestement délibérée une obligation particulière de prudence ou de sécurité ou qu'il a commis une faute caractérisée. L'atteinte involontaire à la vie d'un animal peut donc consister en le non-respect d'un texte ou en un écart de conduite dans le non-accomplissement des diligences attendues de toute personne placée dans les mêmes circonstances. Le juge opère alors une comparaison entre les actes ou les abstentions de l'auteur des faits et le comportement d'une personne prudente. Par ailleurs, un lien de causalité entre le comportement de l'auteur des faits et la mort ou les blessures de l'animal doit être démontré.

L'atteinte involontaire à la vie d'un animal peut prendre la forme d'une abstention. Ainsi, le fait de laisser des animaux sans soins occasionnant involontairement la mort de l'un d'eux constitue la contravention d'atteinte involontaire à la vie d'un animal[41].

L'article 2-13 du Code de procédure pénale ne prévoit pas la possibilité, pour les associations de protection animale d'exercer les droits reconnus à la partie civile en ce qui concerne les infractions réprimant les atteintes involontaires à la vie d'un animal.

---

[39] C. pén., art. 131-13.
[40] C. pén., art. R. 610-2.
[41] Crim., 22 mai 2007, n° 06-86339 : Bull. crim. 2007, n° 133.

Chapitre 4. La responsabilité civile du fait des animaux

Depuis l'ordonnance n° 2016-131 du 10 février 2016, l'ancien article 1385 du Code civil est désormais codifié, dans sa même rédaction, à l'article 1243 du Code civil. La jurisprudence citée ci-après a été rendue au visa de l'ancien article 1385 du Code civil.

L'article 1243 du Code civil dispose que *« Le propriétaire d'un animal, ou celui qui s'en sert, pendant qu'il est à son usage, est responsable du dommage que l'animal a causé, soit que l'animal fût sous sa garde, soit qu'il fût égaré ou échappé »*.

La responsabilité du fait des animaux requiert la réunion de trois conditions : un animal approprié, une personne qui a la garde de l'animal ayant causé le dommage et un lien de causalité. Cette responsabilité étant une responsabilité civile délictuelle de plein droit, la victime d'un dommage causé par un animal n'a pas à établir l'existence d'une faute pour obtenir réparation. Une fois ces trois conditions réunies, le propriétaire de l'animal, ou celui qui s'en sert, est responsable envers la victime et ne pourra échapper à cette responsabilité que s'il apporte la preuve d'un cas de force majeure ou le fait d'un tiers ou de la victime présentant les caractères d'imprévisibilité et d'irrésistibilité[1]. S'il n'est pas exonéré de sa responsabilité, le propriétaire de l'animal ou celui qui s'en sert, devra réparer le préjudice subi par la victime. Au-delà de ce régime général, il faut relever un certain nombre de régimes particuliers.

Section 1. Les conditions de la responsabilité civile du fait des animaux

L'article 1243 du Code civil requiert trois conditions afin d'entraîner une obligation de réparation. Il faut tout d'abord être en présence d'un animal, dont seulement certains permettront d'entraîner l'application du texte. Il faut ensuite que soit identifiée une personne responsable. Il faut enfin que soit établi, lorsque cela n'est pas présumé, un lien de causalité entre le fait de l'animal et le préjudice subi.

---

[1] Civ. 1re, 9 juill. 2003, no 00-15.975 ; « *Vu l'article 1385 du Code civil, Attendu que la présomption de responsabilité du fait des animaux dont on a la garde ne cède que devant la preuve d'un cas de force majeure ou le fait d'un tiers ou de la victime présentant les caractères d'imprévisibilité et d'irrésistibilité* ».

§ 1. Un animal approprié

L'article 1243 du Code civil vise l'animal en général. Toutefois, cet article ne retient la responsabilité que du propriétaire ou de l'utilisateur de l'animal. Il faut donc que l'animal soit approprié pour que cette responsabilité s'applique.

Certains animaux sont donc concernés par cette responsabilité alors que d'autres en sont exclus et relèvent d'autres régimes de responsabilités délictuelles.

A. Les animaux concernés

Les animaux concernés par l'article 1243 du Code civil sont uniquement ceux qui sont appropriés, en d'autres termes, ceux qui font l'objet d'un droit de propriété. Par conséquent, tout animal qui n'est pas *res nullius* peut engager la responsabilité de son gardien, que l'animal soit domestique ou non. La condition d'appropriation est alors nécessaire et suffisante, le texte précisant que la responsabilité s'applique également aux animaux égarés ou échappés.

Par exception, l'article 1243 du Code civil ne peut être appliqué au gibier, même s'il est approprié[2]. La responsabilité d'un dommage causé par le gibier est soumise à un régime de responsabilité indépendant.

Il en résulte que, de manière générale, les animaux répondant aux critères de l'article 1243 du Code civil peuvent être regroupés en trois catégories : les animaux domestiques, les animaux immeubles par destination et les animaux sauvages appropriés, peu importe qu'ils se soient égarés ou échappés.

1. Les animaux domestiques

Depuis les arrêts rendus par la chambre criminelle de la Cour de cassation des 14 mars 1861 et 16 février 1895, sont qualifiés d'animaux domestiques « *les êtres animés qui vivent, s'élèvent, sont nourris, se reproduisent sous le toit de l'homme et par ses soins* »[3]. Sont inclus dans cette catégorie les animaux de compagnie, définis par l'article L. 214-6 du Code rural comme « *ceux qui sont détenus ou destinés à être détenus par l'homme pour son agrément* ».

L'arrêté du 11 août 2006 fixe également la liste des espèces, races ou variétés d'animaux considérés comme domestiques[4]. Aux termes de l'article 1er de cet arrêté, « *sont considérés comme des animaux domestiques les animaux appartenant à des populations animales sélectionnées ou dont les deux parents appartiennent à des*

---

[2] Civ. 2e, 9 janv. 1991, Bull. civ. II, n°3 p.2.

[3] Crim. 14 mars 1861, DP 1861. 1. 184 ; Crim. 16 février 1895 (2 arrêts), DP 1895. 1. 269.

[4] Arr., 11 août 2006 fixant la liste des espèces, races ou variétés d'animaux domestiques, NOR : DEVN0650509A, JO 7 oct. 2006.

populations animales sélectionnées ». L'arrêté énumère ensuite les espèces, races et variétés domestiques.

Ont ainsi été considérés comme des animaux domestiques soumis au régime de l'article 1243 du Code civil par la jurisprudence, un chien[5], des volailles[6], un cheval[7] et même une abeille[8]. D'une manière générale, il peut s'agir de tous les animaux, du moment qu'ils sont appropriés, tels que les animaux de la ferme, de l'élevage, de compagnie, de trait, de boucherie et d'agrément.

2. Les animaux immeubles par destination

Sont également inclus, pour l'application de l'article 1243 du Code civil, les animaux qui sont considérés comme immeuble par destination, c'est-à-dire ceux que le propriétaire d'un fonds y a placés pour le service et l'exploitation de ce fonds[9]. Sont ainsi considérés comme immeuble par destination, les animaux attachés à la culture, les pigeons des colombiers[10], les abeilles des ruches à miel[11], les poissons des étangs et les lapins des garennes[12]. Lorsque ces animaux changent de colombier, de garenne ou de plan d'eau, ils changent de propriétaire sauf s'ils ont été attirés sur le nouveau territoire par fraude[13].

3. Les animaux sauvages appropriés

En principe, les animaux sauvages n'entrent pas dans le champ d'application de l'article 1243 du Code civil car ils sont considérés comme *res nullius*. Toutefois, l'article 1243 du Code civil repose sur la garde de l'animal, c'est-à-dire sur son appropriation. L'application de cet article à n'importe quel animal, domestique ou sauvage, a toujours été admise dès lors que l'animal a été approprié.

Ainsi, les dommages causés par des animaux exotiques de toute espèce appartenant à des particuliers pourront être réparés sur le fondement de l'article 1243 du Code civil, de même que les dommages causés par un ours ou un lion à condition qu'ils aient été causés à un tiers et non à un visiteur. En effet, en application de la règle du non-cumul de responsabilités contractuelle et délictuelle, si le dommage se produit lors d'une représentation et que la victime

---

[5] Civ. 2e, 15 mars 2001, n° 98-22.078 ; Civ. 2e, 22 fevrier 1984, n° 82-17061 .
[6] CA Dijon, 1re ch., 16 octobre 1930 (pour une oie) ; Civ. 2e, 11 mai 1970 (pour une poule).
[7] Civ. 2e, 15 févr. 2007, n° 05-21287 ; Civ. 2e, 12 févr. 2009, n° 08-15.366.
[8] Civ. 2e, 2 nov. 1955.
[9] C. civ., art. 524.
[10] Civ. 2e, 24 mai 1991, n° 90-12.912 , Bull. civ. II, no 164, D. 1991. IR. 181.
[11] Civ. 2e, 6 mai 1970, n° 69-11.121, Bull. civ. II, no 153, D. 1970. 528.
[12] Civ. 2e, 2 juin 2005, n° 04-13.149.
[13] C. civ., art. 564 ; C. rur., art. L.211-4.

est un spectateur, les règles de la responsabilité contractuelle doivent s'appliquer[14].

S'agissant d'animaux provenant d'une propriété privée, l'application de l'article 1243 du Code civil suppose de rechercher si les animaux vivent à l'état sauvage ou si, tenus en captivité, ils se sont égarés ou échappés. C'est ce principe qu'a rappelé la Cour de cassation par un arrêt du 4 juin 1997 à propos de cerfs qui avaient endommagé une exploitation agricole[15].

La jurisprudence a également considéré que des faisans nés et élevés en captivité étaient des animaux appropriés, et qu'ils conservaient leur qualité d'animaux domestiques même s'ils s'étaient libérés fortuitement[16]. La Cour de cassation avait retenu dans cette affaire que le faisan d'élevage échappé n'était pas devenu un gibier au sens de la loi sur la chasse, malgré son appartenance à une espèce sauvage.

4. Cas de l'animal égaré ou échappé

Si l'appropriation est une condition nécessaire et suffisante à l'application de l'article 1243 du Code civil, le fait que l'animal se soit égaré ou échappé au moment du dommage n'a aucune incidence sur la responsabilité du gardien. La Cour de cassation a ainsi pu retenir que le passage d'un animal dans l'herbage du voisin à l'insu du gardien n'est pas un fait de nature à le décharger de son obligation de garde[17].

Lorsque le dommage est causé par des volailles ou autres animaux de basse-cour il faut se référer au Code rural et de la pêche maritime, qui prévoit que lorsque ces animaux s'enfuient dans des propriétés voisines, ils ne cessent d'appartenir à leur maitre quoiqu'il les ait perdus de vue, «*pourvu qu'ils n'y aient point été attirés par fraude et artifice*»[18]. L'article L. 211-4, I du Code rural et de la pêche maritime dispose en effet que «*Les volailles et autres animaux de basse-cour qui s'enfuient dans les propriétés voisines ne cessent pas d'appartenir à leur maître quoi qu'il les ait perdus de vue. Néanmoins, celui-ci ne peut plus les réclamer un mois après la déclaration qui doit être faite à la mairie par les personnes chez lesquelles ces animaux se sont enfuis.* »

---

[14] Crim. 11 janv. 1967, n° 66-91194.

[15] Civ. 2e, 4 juin 1997, n° 95-13151 : «*Qu'en statuant ainsi, sans rechercher si les cerfs vivaient à l'état sauvage ou si, tenus en captivité, ils s'étaient égarés ou échappés, la cour d'appel n'a pas donné de base légale à sa décision*» .

[16] Civ. 2e, 12 nov. 1986, n° 84-13748 : «*Et attendu qu'après avoir relevé que les faisans étaient nés et avaient été élevés en captivité, l'arrêt retient exactement que ceux-ci n'avaient pas perdu leur qualité d'animaux domestiques par le seul fait de leur libération fortuite et, bien qu'appartenant à une espèce sauvage, n'étaient pas devenus un gibier au sens de la loi sur la chasse, c'est-à-dire des animaux sans maître vivant à l'état sauvage, qu'en conséquence, l'acte consistant à les reprendre sur le terrain du propriétaire n'était pas un acte de chasse*».

[17] Civ. 2e, 5 mai 1977, n° 76-10210.

[18] C. rur. , art. L.211-4 II.

L'article L. 211-5 de ce même code en tire la conséquence, en énonçant que « *Celui dont les volailles passent sur les propriétés voisines et y causent des dommages est tenu de réparer ces dommages. Celui qui les a soufferts peut même tuer les volailles, mais seulement sur le lieu, au moment du dégât, et sans pouvoir se les approprier. Si, après un délai de vingt-quatre heures, celui auquel appartiennent les volailles tuées ne les a pas enlevées, le propriétaire, fermier ou métayer du champ envahi, est tenu de les enfouir sur place* ».

De même, le propriétaire d'un essaim a le droit de le réclamer et de s'en ressaisir, tant qu'il n'a pas cessé de le suivre. À défaut, l'essaim appartient au propriétaire du terrain sur lequel il s'est fixé[19]. Aussi, le Code rural et de la pêche maritime permet aux personnes victimes d'un dommage commis par des animaux non gardés ou dont le gardien est inconnu de les conduire au lieu de dépôt désigné par le maire. Si les animaux ne sont pas réclamés et si le dommage n'est pas réparé sous huitaine, ils sont vendus afin d'indemniser la victime[20].

B. Les animaux exclus du champ d'application de l'article 1243 du Code civil

Il résulte de ce qui précède que les animaux qui ne peuvent faire ou qui ne font pas l'objet d'une appropriation sont exclus du champ d'application de l'article 1243 du Code civil. Il s'agit essentiellement des animaux sauvages, considérés comme des *res nullius* et, par exception, de certains animaux appropriés.

1. Les animaux non appropriés

Si une action en responsabilité est intentée par une personne ayant subi un dommage occasionné par un animal sauvage, autre qu'un dommage causé aux récoltes, la demande en réparation doit être fondée sur la responsabilité pour faute, prévue aux nouveaux articles 1240[21] et suivants du Code civil.

Ainsi, la jurisprudence a retenu la responsabilité pour faute d'un propriétaire de chiens, dont il avait perdu le contrôle et dont les aboiements avaient effrayé un

---

[19] C. rur., art. L211-9.

[20] C. rur., art. L211-1 : «*Lorsque des animaux non gardés ou dont le gardien est inconnu ont causé du dommage, le propriétaire lésé a le droit de les conduire sans retard au lieu de dépôt désigné par le maire, qui, s'il connaît la personne responsable du dommage aux termes de l'article 1385 du code civil, lui en donne immédiatement avis.*
Si les animaux ne sont pas réclamés, et si le dommage n'est pas réparé dans la huitaine du jour où il a été commis, il est procédé à la vente sur ordonnance du juge compétent de l'ordre judiciaire qui évalue les dommages.
En ce qui concerne la fixation du dommage, l'ordonnance ne devient définitive à l'égard du propriétaire de l'animal, que s'il n'a pas formé opposition par simple avertissement dans la huitaine de la vente ».

[21] ancien article 1382 du Code civil .

cerf franchissant la route, causant un dommage à l'automobiliste qui a voulu l'éviter[22].

Parmi ces animaux sauvages, il a été créé une catégorie spécifique, notamment pour le gibier, pour laquelle des modes particuliers d'indemnisation ont été mis en place. La victime de dommages causés par le gibier peut demander réparation sur le fondement de l'article 1240 du Code civil.

Ici, la difficulté réside dans la détermination du caractère sauvage ou pas de l'animal. La question s'est posée notamment à propos de lapins, pour lesquels la distinction n'est pas toujours aisée. Ainsi, les juges du fond et parfois la Cour de cassation, ne font pas de distinction entre lapins de garenne et lapins sauvages, alors même que dans le premier cas, l'article 1243 du Code civil doit trouver à s'appliquer et pas dans le second[23].

2. Certains animaux appropriés

Bien qu'étant appropriés, certains animaux ne relèvent pas de la responsabilité du fait des animaux de l'article 1243 du Code civil, mais sont exceptionnellement soumis aux conditions d'autres responsabilités délictuelles. Il s'agit des animaux causant un trouble anormal de voisinage et ceux appartenant à l'État.

a) Les animaux causant un trouble anormal de voisinage

La théorie des troubles anormaux de voisinage a été créée par la jurisprudence, sur le fondement de l'article 544 du Code civil. Si cet article énonce que le droit de propriété est absolu, son usage ne doit pas créer des troubles excessifs à des tiers, à défaut de quoi le propriétaire, auteur des troubles, pourra voir sa responsabilité engagée. La Cour de cassation rappelle souvent que « *nul ne doit créer à autrui de trouble anormal de voisinage* »[24]. Cette théorie permet donc de rechercher la responsabilité d'un voisin, même en l'absence de faute, dès lors que sont établis l'anormalité du trouble, un dommage et un lien de causalité entre ces deux éléments.

Les animaux peuvent être à la source de troubles de voisinage. Il faut cependant que ce trouble excède les inconvénients normaux du voisinage. Le trouble anormal peut être sonore ou olfactif[25]. La jurisprudence connaît notamment des gloussements et caquètements de volailles ainsi que d'aboiements de chiens. Ainsi, il a pu être considéré que le voisinage d'un poulailler ne subit pas un trouble anormal de voisinage dès lors que ces volailles ne sont pas anormalement bruyantes[26]. Par contre, un coq qui coquerique toutes les dix à vingt secondes cause un trouble anormal de voisinage[27]. De la

---

[22] CA Dijon, 1ère ch., 1er dec. 1995, JurisData n°1995-049784.

[23] Civ. 1re, 5 juill. 1989, n° 88-13.010 ; Civ. 2e, 14 oct. 1992, n° 91-14.211, Bull. civ. II, no 238.

même façon, les aboiements répétés et intempestifs d'un chien, encouragé par son maître, peuvent constituer un trouble anormal de voisinage[28].

b) Les animaux appartenant à l'État

En application du principe de l'autonomie des responsabilités civile et administrative[29], la responsabilité civile du fait des animaux de l'article 1243 du Code civil est inapplicable lorsque la responsabilité administrative l'est. La responsabilité administrative est une responsabilité qui ne peut être engagée que pour faute. Le Conseil d'État a ainsi décidé, dans un arrêt relatif à des dommages causés à des passants par certains chevaux appartenant à l'État, que la responsabilité de l'État ne pouvait être engagée dans la mesure où aucune imprudence ou négligence n'avait été commise par les militaires cavaliers desdits chevaux[30]. Aussi, l'État peut se voir conférer la garde d'un animal, notamment lorsque des animaux ont été placés sous le séquestre de l'administration[31]. Dans ce cas, c'est l'État qui se verra responsable des dommages causés par les animaux concernés.

§ 2. Une personne responsable

Selon l'article 1243 du Code civil, est présumé responsable du dommage causé par un animal, « *le propriétaire (...), ou celui qui s'en sert, pendant qu'il est à son usage* ». La jurisprudence en a déduit que la responsabilité repose non sur la propriété, mais sur la garde des animaux. La jurisprudence a été amenée à forger la définition du gardien de l'animal qui supporte la présomption de responsabilité. Elle a dû également examiner la question de transfert de la garde de l'animal.

A. La garde de l'animal

1. Les critères de la garde

La notion de garde de l'animal, sur laquelle repose la responsabilité du fait des animaux de l'article 1243 du Code civil, est analysée comme en matière de responsabilité générale du fait des choses. Par conséquent, est responsable de

---

24 Civ. 2e, 28 juin 1995, n°93-12681.
25 Civ. 2e, 11 sept. 2014, n° 13-23049.
26 CA Riom, 7 sept. 1995, JCP G 1996, II, 22625.
27 CA Dijon, 2 avril 1987, JurisData n° 1987-045393.
28 Civ. 2e, 6 dec. 1995, n°93-21720.
29 Trib. Confl., 8 Fév. 1873, *Blanco*.
30 CE, 24 mars 1901 : DP 1902, 2, p.72.
31 Civ. 2e, 15 mars 1953, D. 1953, p. 473.

l'animal son gardien, c'est-à-dire celui qui, au moment du dommage, avait les pouvoirs d'usage, de direction et de contrôle[32]. La Cour de cassation a ainsi décidé que la responsabilité prévue par l'article 1243 du Code civil « à l'encontre du propriétaire de l'animal ou de celui qui s'en sert est fondée sur l'obligation de garde, corrélative aux pouvoirs de direction, de contrôle et d'usage qui caractérisent la garde »[33].

La notion de garde est une question de droit soumise au contrôle de la Cour de cassation. Dès lors, il appartient aux juges du fond de préciser avec soin les trois éléments constitutifs de la garde, à savoir le pouvoir de direction, de contrôle et d'usage, afin que le juge de cassation puisse exercer utilement son contrôle. La Cour de cassation a ainsi pu décider que les juges du fond n'avaient pas caractérisé ces trois éléments en retenant la responsabilité d'une personne en raison des dommages causés par des chevaux dont elle s'était occupée entre le décès de leur propriétaire et leur remise à certains héritiers sans justifier en quoi l'intéressé exerçait les éléments caractéristiques de la garde[34]. En revanche, la cour d'appel qui a relevé que le propriétaire d'un cheval avait l'usage, le contrôle et la direction de l'opération d'embarquement dans le van et qu'un autre cavalier ami ne lui avait apporté qu'une aide-bénévole, « *en a justement déduit* » que le premier était gardien du cheval et devait réparation à la victime sur le fondement de l'article 1243 du Code civil[35].

Le critère de la garde s'applique à toutes les espèces d'animaux. Le propriétaire d'un pigeonnier dont les pigeons avaient endommagé la récolte de tournesols d'un voisin a ainsi été reconnu responsable des dégâts causés en tant que gardien des pigeons[36].

2. Qualité de gardien

Le gardien est donc celui qui, au moment du dommage, exerce les pouvoirs d'usage, de direction et de contrôle sur l'animal. Il pèse sur le propriétaire une présomption de responsabilité, à moins qu'il ne démontre un transfert de garde.

La garde peut être commune à plusieurs personnes. Dans ce cas, il faut que ces différentes personnes aient toutes, au même titre, les pouvoirs d'usage, de direction et de contrôle sur l'animal, sans qu'aucune n'ait de rôle

---

[32] Cass., ch. réun., 2 déc. 1941, Franck, DC 1942. 25.
[33] Cass. 2e civ., 5 mars 1953, arrêt Jousselin : D. 1953, p. 473.
[34] Cass. 2e civ., 11 avr. 1986 : D. 1986, inf. rap. p. 264 ; Gaz. Pal. 1986, 2, pan. jurispr. p. 159.
[35] Cass. 1re civ., 20 janv. 1987, n° 85-15.746 : JurisData n° 1987-000220 ; Bull. civ. 1987, I, n° 14.
[36] Cass. 2e civ., 24 mai 1991, n° 90-12.912 : JurisData n° 1991-001795.

prépondérant[37]. Par exemple, les époux sont co-gardiens du chien qui est soigné à leur domicile et qui fait l'objet de leur possession commune[38]. Lorsque les deux époux ont la possession commune d'un chien, l'absence momentanée de l'un deux ne lui fait pas perdre la garde de l'animal et les deux sont tenus à réparation du dommage causé par l'animal. De même, dix-huit villageois sont les copropriétaires du paon d'abord « accueilli » sur la commune, de la paonne acquise collectivement par la suite et de leur descendance[39]. Ils sont condamnés *in solidum* à supporter les diverses réparations prononcées par le juge.

À l'inverse, n'exercent pas de garde commune le propriétaire et un ami qui l'aidait à embarquer un cheval dans un van dès lors que le propriétaire exerçait les pouvoirs d'usage, de direction et de contrôle lors de l'opération[40]. De même, le propriétaire d'une exploitation agricole acquise avant le mariage est présumé être le seul gardien de la vache ayant blessé sa conjointe qui, inscrite à la MSA en qualité de conjoint d'exploitant, apporte une simple assistance ponctuelle qui exclut que la garde du troupeau soit conjointe[41].

La garde peut aussi être alternative entre différentes personnes. Ainsi, lorsqu'un ensemble d'animaux est sous la garde du propriétaire d'un camion, seule la responsabilité de celui-ci peut être engagée et non celle des propriétaires[42]. Lorsqu'un animal est confié à un hôtelier, la garde incombe soit au maître soit à l'hôtelier, mais on ne peut rechercher la responsabilité des deux à la fois[43].

Une personne morale peut avoir la garde d'un animal. Dans un arrêt du 22 février 1984, un chien avait provoqué la chute d'un cycliste en faisant irruption sur la chaussée. La victime demandait réparation à une société, en sa qualité de gardien de l'animal. La Cour de cassation a estimé que la cour d'appel de Lyon avait pu déduire du fait de la présence de l'animal depuis plusieurs mois à l'intérieur de l'enceinte des établissements de la société, où le chien avait été aperçu à plusieurs reprises à l'attache dans la cour, que la société en avait la garde[44].

Il a également été rappelé que seules les tierces victimes d'un dommage peuvent invoquer et bénéficier de l'article 1243 du Code civil[45]. Dans cette

---

[37] Civ. 2e, 15 mars 2001, n° 98-22.078.

[38] CA Bordeaux, 5e ch., 25 mars 2003, n° 01/03708, Ramos c/ Vincent : JurisData n° 2003-208254.

[39] TGI Draguignan, 3e ch., 11 juill. 2000 : JurisData n° 2000-156481.

[40] Cass. 1re civ., 20 janv. 1987, n° 85-15.746 , Bull. civ. 1987, I, n° 14 (préc.).

[41] CA Besançon, 1re ch. civ., sect. A, 15 nov. 2006, n° 05/01339, CPAM du Jura c/ Groupama Grand Est : JurisData n° 2006-324037.

[42] CA Angers, 23 mai 1960 : D. 1960, p. 459.

[43] Cass. 1re civ., 4 janv. 1949 : Bull. civ. 1949, I, n° 5.

[44] Cass. 2e civ., 22 févr. 1984 : Bull. civ. 1984, II, n° 34 ; D. 1985, p. 19.

[45] Cass. 2e civ., 2 déc. 1982 ; JCP 1984, II, 20136.

affaire, la Cour de cassation rappelle que le gardien blessé par son propre animal ne peut invoquer l'article 1243 du Code civil.

Enfin, la garde de l'animal n'étant pas liée à une quelconque capacité de discernement, il importe peu que le gardien soit un mineur ou un dément pour l'application de l'article 1243 du Code civil. Lorsqu'il s'agit d'un mineur, la victime peut agir à l'encontre des parents en tant que responsables du fait de leur enfant mineur et du mineur lui-même en tant que gardien de l'animal[46].

3. Cas de l'animal égaré ou échappé

Selon l'article 1243 du Code civil, le propriétaire ou celui qui s'en sert est responsable « *soit que l'animal fût sous sa garde, soit qu'il fût égaré ou échappé* ». Dès lors, lorsqu'aucun transfert de garde n'est intervenu, la présomption de garde pesant sur le propriétaire continue à s'appliquer. En effet, la responsabilité du propriétaire ou de celui qui s'en sert n'est pas liée à la surveillance de l'animal, mais bien à sa garde[47]. Ainsi le propriétaire d'un chien qui divaguait sur la route est responsable de la collision entre deux véhicules[48]. Le propriétaire d'oies qui les laisse divaguer est responsable de la sortie de route de l'automobiliste qui a voulu les éviter[49]. La responsabilité du propriétaire d'un animal égaré ou échappé a également été retenue lors d'un dommage causé par une vache[50] ou encore par un troupeau de lamas[51]. L'apiculteur répond également des dommages causés par l'une de ses abeilles qui a quitté sa ruche pour piquer un conducteur de camion qui a endommagé son véhicule[52].

Le propriétaire de l'animal est le premier responsable désigné et il ne peut échapper à cette responsabilité qu'en établissant un transfert de garde.

4. Règles propres à certains animaux

a) Les animaux domestiques

En vertu de l'article L. 211-1 du Code rural, lorsque des animaux non gardés ou dont le gardien est inconnu ont causé un dommage, le propriétaire lésé a le droit de les conduire sans retard au lieu de dépôt désigné par le maire qui, s'il connaît la personne responsable des dommages aux termes de l'article 1243 du Code civil, lui en donne immédiatement avis. Si les animaux ne

---

[46] Cass. 2e civ., 10 févr. 1966 : D. 1966, p. 332.

[47] Aix-en-Provence, 28 févr. 2006, Juris-Data, n° 310 156, Chambéry, 18 avr. 2006, Juris-Data, n° 301 593; Rennes, 30 janv. 2008, Juris-Data, n° 358 999; Besançon, 28 janv. 2009, Juris-Data, n° 375 379.

[48] Cass. 2e civ., 15 mars 1973 : Gaz. Pal. 1973, 1, somm. p. 125.

[49] CA Nîmes, 1re ch. A, 7 avr. 2009, n° 08/03924, JurisData n° 2009-003157.

[50] CA Nancy, 3e ch. civ., 29 févr. 2008, n° 05/00354, JurisData n° 2008-364663.

[51] CA Montpellier, 1re ch., 24 oct. 2000, n° 98/04038, JurisData n° 2000-142131.

[52] Cass. 2e civ., 6 mai 1970 : Bull. civ. 1970, II, n° 153 ; JCP G 1970, IV, p. 168 ; D. 1970, p. 528.

sont pas réclamés et si les dommages ne sont pas réparés dans un délai de huit jours, le juge du tribunal d'instance compétent procède à la vente de l'animal et évalue les dommages[53]. Cet article a pour objet de faciliter la mise en œuvre de la responsabilité du gardien de l'animal, en application de l'article 1243 du Code civil et ne constitue pas un fondement légal de pouvoirs de police du maire[54]. Notons également que si l'animal est un chien, l'identification est facilité par l'article R. 211-3 du Code rural qui impose que tout chien circulant sur la voie publique, en liberté ou même tenu en laisse, soit muni d'un collier portant, gravés sur une plaque de métal, les nom et adresse de son propriétaire. Sont exceptés de cette prescription les chiens courants portant la marque de leur maître.

b) Les chèvres

L'article L. 211-2 du Code rural est pour sa part relatif aux chèvres. Le texte prévoit que les préfets peuvent, après avis des conseils généraux, déterminer par des arrêtés les conditions dans lesquelles les chèvres peuvent être conduites et tenues en pâturage. Le texte poursuit en disposant que les propriétaires des chèvres conduites en commun sont solidairement responsables des dommages qu'elles causent.

c) Les animaux de basse-cour

Pour les animaux de basse-cour, le Code rural prévoit que les volailles et autres animaux de basse-cour qui s'enfuient dans les propriétés voisines ne cessent pas d'appartenir à leur maître quoiqu'il les ait perdus de vue. Il dispose d'une action en revendication à leur égard. Toutefois, ce droit s'éteint un mois après que la personne chez qui l'animal s'est enfui en a fait déclaration à la mairie. Par conséquent, celui dont les volailles passent sur les propriétés voisines et y causent des dommages est tenu de les réparer en vertu de l'article L. 211-5 du Code rural, sauf si un transfert de garde est établi, en application de l'article 1243 du Code civil, c'est à dire, si le propriétaire du fonds sur lequel se sont enfuies les volailles se les est appropriées. Si tel n'est pas le cas, l'article L. 211-5 du Code rural prévoit que celui qui a souffert les dommages causés par les volailles peut les tuer « *mais seulement sur le lieu, au moment du dégât, et sans pouvoir se les approprier* ». Cet article précise que si, après un délai de vingt-quatre heures, celui auquel appartiennent les volailles tuées ne les a pas enlevées, le propriétaire, fermier ou métayer du champ envahi, est tenu de les enfouir sur place.

---

[53] C. rur., art. R. 211-1.

[54] CE 25 juill. 2007, req. n° 293882.

d) Les abeilles

Le Code rural contient aux articles L.211-6 à L. 211-9 un certain nombre de dispositions relatives aux abeilles des ruches, également considérées par le Code civil comme des immeubles par destination. Les règles relatives à la réparation des dommages suivent ici le droit commun, le Code rural fixant seulement quelques principes de nature à les prévenir.

Ainsi, en vertu de l'article L. 211-6 du Code rural, « *Les préfets déterminent, après avis des conseils généraux, la distance à observer entre les ruches d'abeilles et les propriétés voisines ou la voie publique, sans préjudice de l'action en réparation, s'il y a lieu* ». À défaut, c'est le maire qui y pourvoit, en application de l'article L. 211-7 du Code rural. En vertu de cet article, il appartient aux maires de prescrire aux propriétaires de ruches, toutes les mesures qui peuvent assurer la sécurité des personnes, des animaux, et aussi la préservation des récoltes et des fruits. Par exception, les ruches isolées des propriétés voisines ou des chemins publics par un mur, une palissade en planches jointes, une haie vive ou sèche, sans solution de continuité ne sont assujetties à aucune prescription de distance[55]. Ces murs, palissades, haies vives ou sèches, doivent avoir une hauteur de deux mètres au-dessus du sol et s'étendre sur au moins deux mètres de chaque côté de la ruche[56]. En outre, le code rural prévoit une possibilité de revendication de l'essaim, à condition toutefois que le propriétaire n'ait pas cessé de le suivre. Autrement, l'essaim appartient au propriétaire du terrain sur lequel il s'est fixé[57].

B. Le transfert de la garde

Le propriétaire de l'animal est présumé responsable, sauf s'il établit que ses pouvoirs d'usage, de direction et de contrôle sur l'animal ont été transférés, avant la survenance du dommage, à une autre personne.

En d'autres termes, lorsqu'un transfert de garde a eu lieu, il faut alors déterminer qui du propriétaire ou du gardien avait, au moment du dommage, les pouvoirs d'usage, de direction et de contrôle sur l'animal. La preuve d'un tel transfert appartient à celui qui invoque le transfert de la garde, bien souvent, le propriétaire de l'animal. Par conséquent, le propriétaire qui ne peut pas prouver le transfert de la garde de l'animal à un tiers demeure responsable des dommages provoqués par l'animal. Il a ainsi été décidé que la personne désignée comme propriétaire du chien par un document de la SPA doit démontrer qu'elle a transféré la garde à autrui au moment de l'accident si elle veut échapper à la responsabilité édictée par l'article 1243 du Code civil .

---

[55] C. rur., art. L. 211-7 al. 3.

[56] C. rur., art. R. 211-2.

[57] C. rur., L. 211-9.

Lorsque la victime agit dans l'intérêt du propriétaire, la jurisprudence considère qu'il n'y a pas de transfert de garde. La Cour de cassation a ainsi décidé que la victime qui montait le cheval dans l'intérêt du propriétaire n'exerçait pas les pouvoirs caractéristiques de la garde[58].

S'il a été décidé qu'il y avait transfert de garde dans le fait de confier un animal à des voisins pour quelques jours[59], celui qui accepte bénévolement de garder un chien le temps d'un déjeuner n'acquiert pas la garde de l'animal[60]. Il faut en effet que le transfert de la garde porte sur les trois pouvoirs caractérisant la garde, qui sont, rappelons-les, les pouvoirs d'usage, de contrôle et de direction. Par conséquent, un éventuel acquéreur qui monte un cheval dans le but d'en faire l'essai, sous le contrôle de son propriétaire, n'en acquiert pas la garde[61]. De même, une personne qui avait confié son chien à un parent depuis plusieurs années, en demeurait le gardien, au seul motif qu'il venait tous les jours le voir et le nourrir[62], ou bien encore qu'une personne, handicapée et propriétaire de chevaux, en était restée seule gardienne malgré le fait que ses enfants s'occupaient matériellement d'eux, et étaient les seuls à les monter, le propriétaire en ayant ainsi conservé la « garde juridique »[63]. Enfin, le transfert de la garde d'un chien a pu être refusé dès lors qu'aucune information concernant la dangerosité de l'animal n'avait été donnée à la personne ayant bénévolement accepté de le prendre en charge[64].

Le transfert de la garde d'un animal peut être involontaire ou volontaire. Il y a transfert involontaire de la garde d'un animal lorsque l'animal a été dérobé, le voleur devenant alors gardien de la chose. Il y a transfert volontaire de garde lorsqu'une convention unissant deux personnes, et conférant à la seconde la garde de l'animal, a été conclue. Il peut s'agir, entre autres, d'un contrat de prêt. L'emprunteur devenant alors gardien est considéré comme responsable du dommage causé par l'animal prêté[65]. Cependant, le prêteur est responsable s'il connaît les défauts de la chose prêtée sans en avoir averti l'emprunteur[66]. Il peut également s'agir d'un contrat de transport. Un professionnel venu chercher des taureaux pour les emmener à l'abattoir a été

---

[58] Cass. 2e civ., 1er juin 1983 : JurisData n° 1983-701130 ; Cass. 2e civ., 15 févr. 2007, n°05-21-287, JurisData n° 2007-037397.

[59] Versailles, 13 févr. 1998, D. 1998. IR. 125.

[60] Cass. civ. 2e, 7 juin 1967, D. 1967, 694.

[61] Versailles, 19 mai 2000, D. 2000. IR. 178.

[62] Bordeaux, 9 mars 2006, Juris-Data, n° 306 140.

[63] Chambéry, 4 oct. 2005, Juris-Data, n° 282 953.

[64] Rouen, 23 nov. 2005, Juris-Data, n° 289 299.

Un parallèle a ici été fait avec la responsabilité du fait des choses. La Cour de cassation, en application de l'article 1384, alinéa 1er, du code civil a pu admettre que le transfert de la garde d'une chose dangereuse pouvait être conditionnée par la correcte information donnée à ce propos.

[65] Nîmes, 15 janv. 2008, Juris-Data, n° 360 967.

[66] Cass. crim., 17 sept. 2002, n° 01-83.510.

considéré comme le gardien des taureaux, y compris pour le chargement dans le camion, dès lors que cette opération faisait partie de ses obligations contractuelles[67].

Lors d'un contrat de vente, le transfert de la garde, du vendeur à l'acheteur, ne se réalise que par la livraison effective de l'animal[68], par dérogation à l'article 1583 du Code civil qui prévoit que l'acheteur d'un bien est propriétaire dès l'échange des consentements.

Cependant, deux personnes propriétaires chacune d'un cheval qui, par convention tacite, utilisent en commun une écurie et sont amenées en l'absence de l'une d'elles à s'occuper de l'animal de l'autre ne constitue qu'un simple échange de services occasionnels qui n'emporte pas transfert alternatif de la garde de chaque cheval. En conséquence, le propriétaire du cheval en fuite reste responsable des dommages causés même si c'est l'autre qui s'est fortuitement aperçu de son absence et qui l'a poursuivi pour tenter d'éviter un accident sans avoir l'intention de prendre en charge la garde de l'animal[69].

C. Situations particulières

1. L'animal confié à un préposé

La situation de l'animal confié à un préposé suit ici le droit commun de la responsabilité générale du fait des choses. En la matière, la jurisprudence est constante, il y a incompatibilité entre les qualités de gardien et de préposé. Ainsi que le rappelle la Cour de cassation, le propriétaire « *demeure responsable lorsque celui qui se sert de l'animal est son préposé* »[70].

Le berger est également considéré comme préposé et lorsque celui-ci garde des animaux appartenant à plusieurs personnes, la Cour de cassation a pu considérer qu'il y avait ici une pluralité de commettants[71]. Il en est également de même d'une personne ayant pour mission de traire des vaches[72]. Dans ces circonstances, la victime doit agir directement à l'encontre du propriétaire/commettant en tant que gardien de l'animal. Cependant, les commettants ne sont pas responsables des dommages causés par leurs préposés lorsqu'ils abusent de leurs fonctions. Il y a abus lorsque le préposé agit en

[67] Nancy, 8 juin 2004, Juris-Data, n° 251 712.

[68] Civ. 2e, 27 sept. 2001, n° 00-10.208 , D. 2001. IR. 2948.

[69] CA Besançon, 1re ch. civ., sect. A, 15 mai 2008, n° 06/00100, AGF IART c/ Carrey : JurisData n° 2008-368662.

[70] Cass. 2e civ., 26 nov. 1941 : DA 1942, p. 65 ; CA Paris, 26 juin 1963 : Gaz. Pal. 1963, 2, p. 382.

[71] Civ. 2e, 9 févr. 1967, Bull. civ. II, no 63.

[72] Civ. 2e, 15 déc. 1976, no 75-11.258 , Bull. civ. II, no 331.

dehors de ses fonctions, sans y avoir été autorisé par le commettant et à des fins étrangères à ses attributions[73].

Le préposé peut être occasionnel. Ainsi, le propriétaire d'un ranch est responsable en sa qualité de gardien du cheval de l'accident mortel subi par l'un de ses parents venu l'aider bénévolement pour accompagner ses clients lors des promenades. L'accident étant survenu au cours de l'une d'elles dans le cadre d'une activité d'accompagnateur bénévole, la victime avait la qualité de préposé occasionnel. Le propriétaire du cheval en avait donc conservé la garde[74].

Le jockey est souvent considéré comme le préposé du propriétaire, car il doit obéir aux ordres de ce dernier. Il n'est donc pas responsable du dommage que le cheval cause pendant l'épreuve[75]. La chambre sociale de la Cour de cassation a considéré que le contrat de monte[76] était un contrat de travail, le jockey étant sous la subordination de son employeur[77] et ne pouvait donc être considéré comme gardien du cheval.

La solution est la même s'agissant du driver ou du jockey dit de grande cravache. Ainsi le driver rémunéré par le propriétaire du cheval, courant pour le compte de ce dernier qui pouvait lui donner toutes instructions utiles, a été considéré comme son préposé[78]. En l'espèce, le driver avait laissé tomber sa cravache devant un autre cheval qui, effrayé, avait galopé lors du Grand Prix d'Amérique de trot attelé et avait été disqualifié.

Le cascadeur peut également être assimilé au régime juridique du préposé. En effet, lors de l'exécution d'une scène de cascade dans le cadre du tournage d'un film, la garde du cheval n'est pas transférée au cascadeur dès lors que la société qui a fourni le cheval n'a pas joué le rôle d'un simple loueur de chevaux seulement obligé de fournir des montures exemptes de défaut et d'en transférer la garde. En effet le gérant de celle-ci, professionnel particulièrement qualifié, était présent sur les lieux du tournage accompagné du cascadeur recruté par ses soins, dont il avait lui-même assuré la formation, qui devait, sous sa direction, exécuter une cascade sur un cheval choisi par lui, dressé par ses soins et appartenant à la société Cavalcade qu'il dirige. Pendant tout le déroulement de la cascade, le cascadeur se trouvait sous l'autorité du gérant de

---

[73] Cass. ass. plén., 19 mai 1988, n° 87-82.654.
[74] CA Nancy, 1re ch., 28 sept. 1989 : JurisData n° 1989-051250.
[75] Cass. 2e civ., 7 mars 1973 : Bull. civ. 1973, II, n° 88.
[76] Le contrat dit « de monte » est celui par lequel le jockey s'engage à monter des chevaux à l'occasion de courses, pour le compte de son employeur et moyennant rémunération.
[77] Soc. 11 oct. 2006, n° 05-41.503 , inédit.
[78] Civ. 2e, 26 oct. 2000, n° 98-19.387.

la société et obéissait à ses directives. Le cascadeur n'avait pas le libre usage de sa monture. La garde ne lui a donc pas été transférée[79].

2. L'animal confié à un professionnel

Il faut ici déterminer si, lors du dommage, le professionnel était effectivement le gardien de l'animal. La question est essentiellement une question de fait qui relève de l'appréciation souveraine des juges du fond. En règle général, le principe est celui d'un transfert de la garde de l'animal durant le temps du travail réalisé par le professionnel[80].

Le vétérinaire se voit confier la garde de l'animal par le propriétaire pour effectuer des soins. Il ressort de la jurisprudence que si ce professionnel est blessé, il ne peut agir contre le propriétaire sur le fondement de l'article 1243 du Code civil[81]. Dans cette affaire, le vétérinaire a été reconnu responsable du dommage causé par un cheval auquel il faisait une piqûre. Lorsque l'animal est soigné dans le cabinet du vétérinaire, la jurisprudence considère que le vétérinaire est toujours gardien de l'animal qu'il vient de traiter même lorsque les soins sont terminés. Dans une affaire où le maître avait pris son chien dans ses bras pour le descendre de la table d'opération et s'était fait mordre, la Cour de cassation a considéré que le vétérinaire était responsable sur le fondement de l'article 1243 du Code civil en tant que gardien[82].

À l'égard des maréchaux-ferrants, il semble que la jurisprudence considère que la garde de l'animal est transférée aux maréchaux-ferrants dès lors que celui-ci agit dans l'exercice de sa profession et donne des directives concernant l'animal. Ainsi le maréchal-ferrant blessé par le coup de pied d'un cheval alors qu'il procédait à la taille de ses sabots, était gardien de l'animal, bien que celui-ci ait été aidé par un lad-jockey et un ouvrier agricole pendant que le directeur des haras passait les outils nécessaires et ne pouvait donc demander réparation. En l'espèce, les juges ont souligné que le maréchal-ferrant était expérimenté et pouvait donner toutes instructions utiles aux personnes qui l'assistaient[83]. De même, est gardien de l'animal, donc responsable du dommage qu'il avait causé à un tiers pendant les soins, le maréchal-ferrant qui opérait une vache d'un abcès, alors que les soins étaient donnés dans l'étable appartenant au propriétaire de la bête. Pendant la période de soins, la garde a été transférée au maréchal-ferrant à qui il appartenait de donner des ordres aux personnes qui

---

[79] Cass. 2e civ., 20 juin 2002, n° 00-17.081, Sté Axa Conseils IARD c/ Sachse et a. : JurisData n° 2002-014857 ; Bull. civ. 2002, II, n° 143, p. 114.
[80] Civ. 2e, 13 juin 1985, n° 84-10.664.
[81] Rouen, 28 juin 2005, Juris-Data, n° 278 497.
[82] Civ. 2e, 4 oct. 1972, n° 70-12.954 , Bull. civ. II, no 235.
[83] Cass. 2e civ., 13 juin 1985 : Bull. civ. 1985, II, n° 118 ; Gaz. Pal. 1985, 2.

l'assistaient[84]. Il en va également ainsi du maréchal-ferrant qui avait pris livraison d'un cheval pour le conduire de l'écurie à son atelier, afin d'accomplir un acte de son métier. La garde de l'animal lui est transférée et il doit réparer les dommages causés à un passant en sa qualité de gardien[85]. Mais, lorsque le déplacement du cheval d'un lieu à un autre est effectué par le propriétaire à la demande du maréchal-ferrant, le propriétaire est responsable du dommage causé à un passant par la ruade de l'animal, car il exerçait la direction et le contrôle au moment de l'accident[86].

3. Le cas particulier de l'acquéreur

Lors d'une vente, la propriété de l'animal est transférée à l'acquéreur qui supporte alors la présomption de responsabilité de l'article 1243 du Code civil.

Toutefois, le moment du transfert de propriété ne correspond pas toujours avec le moment de la prise en possession de l'animal par l'acheteur. Si ce dernier commet un dommage, il faut alors rechercher qui en avait la garde au moment de l'accident. Pour la Cour de cassation, le transfert de la garde s'effectue avec la remise matérielle de l'animal à l'acquéreur[87]. Le vendeur d'un animal en conserve donc la garde jusqu'à sa remise matérielle et effective à l'acheteur. Par exemple, dans un arrêt du 27 septembre 2001, un veau destiné à l'engraissement s'était échappé avant d'avoir pu être livré par le préposé de la société chargée de sa livraison, causant un dommage au propriétaire voisin qui a été blessé par la charge d'un taureau. La Cour de cassation a décidé que la Cour d'appel avait légalement justifié sa décision en retenant que la société avait conservé la garde du veau[88].

Lorsque l'accident survient, après la vente, au moment où l'on charge l'animal dans un camion afin de le conduire chez l'acheteur, ce dernier ne peut pas encore en avoir la garde faute de remise matérielle[89].

La jurisprudence précise également qu'une éventuelle résolution ultérieure de la vente ne saurait mettre à néant la situation relative à la garde au moment de l'accident. Dans cet arrêt, la victime avait été piétinée par un taureau acheté la veille qui lui avait été livré l'après-midi du même jour. Elle ne pouvait

---

[84] Cass. 2e civ., 17 juill. 1967 : Bull. civ. 1967, II, n° 262 ; D. 1967, p. 650 ; JCP G 1967, IV, p. 134.

[85] Cass. 2e civ., 4 oct. 1962 : Bull. civ. 1962, II, n° 628 ; JCP G 1962, IV, p. 142 ; Gaz. Pal. 1962, 2, p. 275.

[86] Cass. 2e civ., 6 juin 1965 : Bull. civ. 1965, II, n° 6 ; D. 1965, p. 199.

[87] Cass. 2e civ., 3 févr. 1966 : Bull. civ. 1966, II, n° 154 ; JCP G 1966, IV, p. 39 ; Cass. 2e civ., 24 févr. 1971 ; JCP G 1971, IV, p. 86.

[88] Cass. 2e civ., 27 sept. 2001, n° 00-10.208, Cie Gerling Konzern et a. c/ Michelotti et a

[89] Cass. 2e civ., 3 févr. 1966, préc.

contester la réalité d'une vente parfaite ni la remise matérielle et effective de la chose à cette même date[90].

Lorsque l'acheteur laisse l'animal en dépôt chez le vendeur avant de venir le chercher et que l'animal cause un dommage durant cette période, le juge décide souvent que l'acquéreur est gardien lorsque le vendeur n'est qu'un dépositaire gratuit rendant à l'acquéreur un service de pure courtoisie[91].

Concernant les opérations de débarquement, la Cour d'appel d'Agen a décidé qu'à la suite d'une vente puis du déchargement d'une vache du camion du vendeur, « *la garde de l'animal a été entièrement transférée du vendeur à l'acheteur ; ce dernier a reçu délivrance de l'animal en prenant le licol — la livraison étant réalisée à ce moment-là et en le menant à la place qui lui était dévolue dans la stabulation ; il en avait dès cet instant la garde matérielle pour exercer sur celui-ci les pouvoirs de direction, de contrôle et d'usage* »[92]. L'acheteur a été déclaré responsable des dommages subis par le vendeur par la suite.

Enfin, dans l'hypothèse où une personne souhaite acquérir un animal et qui désire l'examiner ou le monter avant de prendre sa décision, la question est de savoir si le gardien d'un cheval pendant l'essai est le propriétaire ou l'acquéreur éventuel. La détermination de la garde de l'animal au moment du dommage est une question de fait qui dépend de l'appréciation des circonstances et de l'interprétation de conventions intervenues entre les parties. Ainsi, si l'acquéreur potentiel a accepté la surveillance du cheval et a conservé la direction de l'animal pendant l'essai, il en est devenu le gardien[93]. Mais lorsque l'animal a été simplement examiné par l'acquéreur éventuel, les solutions varient suivant les circonstances de fait. En général, le seul fait pour un négociant en bestiaux de pénétrer dans une pâture dans l'intention d'examiner un animal n'est pas de nature à lui en transférer la garde et donc, s'il est blessé par un animal, le propriétaire est responsable du dommage[94]. Mais le marchand de bestiaux qui s'était rendu dans une pâture, et, pendant que l'agriculteur s'occupait d'un autre animal, avait pris l'initiative de procéder lui-même à l'examen de l'animal dans l'exercice normal de sa profession, en saisissant la chaîne qui retenait la vache à un pieu, en devient le gardien[95].

---

[90] CA Poitiers, 3e ch. civ., 14 janv. 2009, n° 06/01198 : JurisData n° 2009-001752.

[91] Cass. 2e civ., 25 avr. 1968 : Bull. civ. 1968, II, n° 115.

[92] CA Agen, 1re ch., 15 janv. 2003, n°01/268.

[93] Cass. civ., 9 mai 1892 : DP 1892, 1, p. 226.

[94] Cass. 2e civ., 20 juill. 1957 : Bull. civ. 1957, II, n° 567 ; Cass. 2e civ., 11 déc. 1968 : Bull. civ. 1968, II, n° 303 ; D. 1969.

[95] Cass. 2e civ., 17 mars 1965 : Bull. civ. 1965, II, n° 282.

4. Les personnes accueillant un animal

Un animal peut être confié par son propriétaire de manière temporaire à un tiers. Différents cas de figure peuvent alors se présenter.

La garde temporaire peut être confiée à la suite d'un contrat conclu entre les parties. Par exemple, le cultivateur qui prend en pension une génisse, qui accepte de la surveiller, de la soigner et de la nourrir, en devient le gardien, car il existe alors un contrat impliquant, par sa nature même, la transmission de la garde[96].

De même, le centre équestre qui reçoit des chevaux en pension en a en principe la garde. Toutefois, la personne qui a mis à la disposition du propriétaire d'un cheval un enclos n'est pas devenue pour autant le gardien de l'animal, en l'absence d'autres éléments qui pourraient caractériser un transfert de garde[97].De même que le contrat de vente d'herbe sous forme de pâturage pour un prix très modique n'opère pas transfert de la garde des animaux qui paissent sur les prés. Le propriétaire de l'animal à l'origine de l'accident de circulation reste donc responsable sur le fondement de l'article 1243 du Code civil[98].

Dans l'hypothèse où un animal est recueilli par une personne, des époux ont été déclarés gardiens d'un chien, bien qu'ils n'en soient pas propriétaires, aux motifs que, depuis plusieurs mois, ils recevaient l'animal chez eux, lui donnaient à manger, le laissaient jouer avec leurs enfants et coucher dans le local commercial[99]. La chambre criminelle de la Cour de cassation a adopté la même solution à propos d'un chien qui avait décimé un troupeau de brebis, le prévenu l'avait recueilli trois mois auparavant, l'avait nourri, il exerçait les pouvoirs de direction, de contrôle et d'usage sur l'animal[100]. En revanche, la personne qui recueille un chien errant et le conduit à la mairie en laisse n'en devient pas le gardien et n'est pas responsable du dommage causé à la personne qui l'accompagnait[101].

---

[96] Cass. 2e civ., 18 déc. 1964 : Bull. civ. 1964, II, n° 835.

[97] Cass. 2e civ., 25 nov. 1992, n° 91-15.459 : JurisData n° 1992-002993.

[98] Cass. 2e civ., 7 oct. 1999, n° 97-21.526, Flippe c/ Libessart : JurisData n° 1999-003558.

[99] Cass. 2e civ., 20 nov. 1970, n° 69-13434 ; Bull. civ. 1970, II, n° 316.

[100] Cass. crim., 19 janv. 1971, n° 69-91908 ; Bull. crim. 1971, n°. 15.

[101] CA Orléans, ch.civ., 7 janv. 2008, Kaiser Beorchia c/ Axa Assurances : JurisData n° 2008-372509.

§ 3. Un lien de causalité

Pour la mise en œuvre de la responsabilité du fait des animaux de l'article 1243 du Code civil, outre l'existence d'un animal approprié et l'identification de son gardien, la victime doit apporter la preuve du rôle causal.

Pour établir le lien de causalité, la victime doit apporter la preuve de l'intervention matérielle de l'animal dans l'accident ainsi que son rôle actif dans la survenance du dommage.

A. L'intervention matérielle de l'animal dans l'accident

L'intervention matérielle de l'animal est un fait juridique qui se prouve par tous moyen. Il doit être démontré que le dommage a été causé par le fait de l'animal. Ainsi, si le dommage est causé, par exemple, par le fait personnel du gardien, le droit commun de la responsabilité trouvera à s'appliquer. Afin d'établir l'intervention matérielle de l'animal, un contact physique avec le siège du dommage n'est pas exigé. L'article 1243 du Code civil s'applique ainsi aux accidents provoqués par la frayeur de la victime, ou encore à la contagion d'une maladie dont l'animal était porteur[102].

Selon un principe posé depuis longtemps par la jurisprudence, la personne qui invoque la présomption de responsabilité doit démontrer que c'est l'animal du défendeur qui a provoqué le dommage[103]. Ainsi, un jugement qui rejette la demande en réparation du dommage subi par une personne à la suite d'un choc entre son véhicule et un chien au motif que le demandeur n'apporte pas la preuve d'une faute ayant causé le dommage, a inversé la charge de la preuve et est censuré par la Cour de cassation au visa de l'(*ancien*) article 1385 du Code civil[104].

La responsabilité d'un dommage survenu à l'occasion de l'action commune de deux ou plusieurs animaux incombe au propriétaire de chacun d'eux à moins qu'il ne rapporte la preuve que le sien n'a pas participé à la réalisation de ce dommage, ou qu'il ne s'exonère de sa responsabilité par la preuve d'un fait extérieur imprévisible et irrésistible. Ainsi, un arrêt avait statué sur la responsabilité du dommage subi par une victime qui avait été mordue à la suite d'une bagarre entre deux chiens, l'un appartenant à un propriétaire connu et l'autre de propriétaire inconnu. L'arrêt qui avait énoncé, pour refuser de déclarer le propriétaire connu responsable du dommage par application de l'article 1243 du Code civil, que la preuve n'était pas rapportée de l'intervention de son chien, ni que la bagarre entre les deux chiens avait été la cause exclusive de la morsure, a encouru la cassation[105]. Une solution identique a été retenue à

---

[102] Cass. 2e civ., 21 juill. 1992, n° 91-12.843 : Bull. civ. II, n°220, p. 109 : maladie (brucellose) transmise par un troupeau de moutons.

[103] Cass. req. 11 mai 1908 : DP 1911, 1, p. 399 .

[104] Cass., 2e civ., 2 avril 1997, n°95-20735, Bull. civ. 1997 II N° 101 p. 58.

[105] Cass. 2e civ., 14 déc. 1983, n°82-16776, Bull. civ. 1983 II n°197, p. 139.

propos d'une victime mordue par un des chiens qui se battaient, dont le sien et celui d'une autre personne alors qu'elle essayait de les séparer. Le chien à l'origine de la morsure n'avait pas pu être identifié et le tiers n'avait pas démontré que son chien n'avait pas participé au dommage[106].

Enfin, l'auteur d'un dommage condamné en raison de sa faute à des réparations envers la victime ne peut, à l'appui d'une action récursoire, invoquer contre un co-responsable la responsabilité édictée par l'article 1243 du Code civil[107]. En l'espèce, le propriétaire d'un chien avait été condamné pénalement pour l'avoir laissé divaguer. Il ne pouvait se retourner contre le propriétaire de l'autre chien qui avait participé au massacre d'un troupeau de moutons.

Une fois l'intervention matérielle de l'animal dans la réalisation du dommage, la victime doit démontrer le rôle causal de l'animal.

B. Le rôle causal de l'animal

Il faut ici distinguer les hypothèses où le rôle causal est présumé et celles où la victime doit démontrer le rôle causal de l'animal.

1. La présomption de causalité

La causalité est présumée lorsque l'animal est en mouvement au moment de la réalisation du dommage et que ce dernier entre en contact avec la victime. En d'autres termes, la responsabilité du fait des animaux trouve à s'appliquer quand celui qui se prévaut de l'article 1243 du Code civil rapporte la preuve que l'animal a été ne fût-ce que pour partie, l'instrument du dommage[108]. Ainsi, le rôle causal de l'animal est présumé lorsqu'il y a eu collision entre un motocycliste et deux vaches qui appartenaient à un troupeau venant en sens inverse qui empêchait tout conducteur d'effectuer un croisement dans des conditions satisfaisantes. Par conséquent, s'il y a eu mobilité de la chose et contact avec la victime, alors le rôle actif est présumé et la victime ne doit établir que la participation matérielle de l'animal au dommage.

2. Le rôle causal non présumé

Il y a présomption de causalité lorsqu'il y a eu mouvement de l'animal et contact avec la victime. Si l'un de ces éléments fait défaut, la présomption disparaît. La victime devra alors démontrer la causalité, dans l'hypothèse d'une

---

[106] Cass. 2e civ., 15 mars 2001, n° 98-22.078 ;; Bull. civ. II, n°55, p. 37.

[107] Cass. 2e civ., 24 avril 1981, n° 78-16.553.

[108] Cass. 2e civ., 19 février 1975 , n° 74-14.035.

absence de contact entre elle-même et l'animal ou dans celle de l'immobilité de l'animal lors de la réalisation du dommage.

a) L'absence de contact entre la victime et l'animal

La présomption de causalité ne joue pas en l'absence de contact entre le siège du dommage et l'animal. Il incombe alors à la victime de démontrer que l'animal a été l'instrument du dommage.

Il a ainsi été décidé qu'une telle preuve n'était pas rapportée par l'agriculteur qui prétend avoir été chargé par le taureau du voisin sans disposer de témoin[109]. La Cour d'appel rappelle en l'espèce que « *(L)a présomption de responsabilité posée par ce texte* (ancien article 1385) *ne doit pas être confondue avec une présomption d'imputabilité du dommage à l'animal* » et que *« (I)l appartient donc à celui qui invoque, au soutien d'une action en responsabilité, le texte précité de démontrer que le dommage dont il demande réparation est bien le fait de l'animal* ». En l'espèce, le demandeur ne fournissait que des attestations qui ne faisaient état que de la présence d'un taureau dans sa pâture et de la récupération de l'animal par un groupe de personnes. Aucun des auteurs de ces attestations n'avait vu l'accident.

L'existence du rôle causal de l'animal a également été admise dans une affaire où l'employé d'une société de télécommunication était tombé du poteau sur lequel il travaillait suite à l'agression d'un chien[110]. De même, il a été jugé que la chute d'un éleveur, entraînant la fracture d'une épaule, en pourchassant deux chiens introduits dans son poulailler afin d'arrêter le massacre de ses poules, est en relation directe et certaine avec l'intrusion de ces animaux[111].

La preuve du lien de causalité est également apportée lorsqu'il résulte des éléments versés aux débats que la frayeur causée à un poney, entraînant sa fuite, puis sa chute et son abattage suite à une fracture, résulte de la brusque survenue d'un chien en laisse sortant d'un sous-bois[112]. En l'espèce, la fracture du membre antérieur du poney et son euthanasie sont en relation directe avec la frayeur provoquée par la vue du chien. Le propriétaire du chien a été reconnu responsable du dommage causé. Ou encore, un veau joue un rôle actif lorsque, s'étant échappé au moment de sa livraison, il a fait intrusion dans un troupeau

---

[109] CA Amiens CH. 01 SECT. 01, 15 mars 2007, n° 06/00737.

[110] CA Aix-en-Provence CH. 10 B, 24 janvier 2007, n° 05/02696.

[111] CA Aix-en-Provence CH. 10, 11 septembre 2007, n° 05/22821 : *Attendu que c'est en intervenant ainsi que M. Roger C. a perdu l'équilibre et a chuté au sol, se fracturant l'épaule gauche, que cette chute est bien en relation de causalité directe et certaine avec l'introduction des chiens de M. Guy B. dans son poulailler, qu'il n'est nullement prouvé que cette chute résulterait exclusivement d'un comportement fautif de M. Roger C. constitutif d'un cas de force majeure, seul de nature à pouvoir exonérer M. Guy B. de sa présomption de responsabilité, les intimés ne procédant dans leurs conclusions d'appel sur ce point, que par affirmations péremptoires quant à une prétendue négligence de la victime.*

[112] CA Versailles, 27 avril 2004, n° 2003-00215, JurisData n°2004-255625.

voisin et a provoqué la charge d'un taureau dont a été victime le propriétaire du troupeau[113].

Lorsque la victime subit un préjudice autre que corporel, la règle applicable est identique à celle qui vient d'être exposée, elle doit démontrer que son dommage résulte de l'action de l'animal. Ce principe trouve notamment application en matière d'accidents de la circulation provoqués par un animal sur la chaussée, et notamment lorsqu'un ou plusieurs animaux traversent une chaussée, imposant à une conductrice une manœuvre d'évitement finalement dommageable. Ainsi, des oies traversant une route et imposant à un conducteur une manœuvre d'évitement ont joué un rôle déterminant dans le dommage subi par ce dernier[114].

b) L'animal immobile

Lorsque l'animal est inerte au moment du dommage, il faut qu'il puisse être considéré comme l'instrument du dommage. La Cour de cassation a posé ce principe à propos des choses en général en ces termes, « une chose inerte ne peut être l'instrument d'un dommage si la preuve qu'elle occupait une position anormale ou qu'elle était en mauvais état n'est pas rapportée »[115].

Les animaux étant doués de motricité, les exemples concernant des dommages causés par des animaux inertes sont rares. Cependant, on peut citer un arrêt qui en a décidé ainsi dans un cas où le demandeur, âgé de 73 ans, qui promenait son chien est tombé et s'est blessé, son chien ayant tiré violemment sur sa laisse. Il imputait le comportement de son chien à celui du défendeur qui se trouvait à ses pieds au moment de l'accident et n'était donc pas en mouvement. La Cour d'appel a ainsi décidé que le chien du défendeur a bien eu un rôle causal dans l'accident dont a été victime le demandeur, quand bien même il aurait été immobile au moment de la chute et n'a pas touché la victime ou son chien[116]. En l'espèce, notons également que la Cour d'appel a relevé que la victime avait commis une faute en ne s'équipant pas d'un matériel de nature à empêcher son propre chien de le faire tomber en tirant sur sa laisse, alors que son âge pouvait limiter sa capacité à résister à la traction exercée par son chien et pouvait rendre les risques de chute plus importants.

Dans une affaire où la présence d'un chien sur le bord de la chaussée avait causé un dommage à un motocycliste qui avait essayé de l'éviter, la Cour d'appel de Pau a également retenu que « *la position de l'animal, dans le virage et sur*

---

[113] Cass. 2e Civ., 27 septembre 2001 n° 00-10.208.
[114] CA Nîmes, chbre. 1ere, 7 avril 2009 ; n° 08/03924.
[115] Cass., 2e civ., 11 janvier 1995, n° 92-20.162.
[116] CA Aix en Provence, 04 Déc. 2013, n° 2013/495 ; Rôle n° 12/04735.

la chaussée, qu'il soit immobile ou qu'il ait entamé la traversée du chemin est suffisante pour établir le lien causal direct et certain entre le dommage survenu et l'attitude de l'animal»[117].

C. Concours du fait de l'animal avec d'autres circonstances

Il arrive que le dommage causé résulte à la fois du fait d'un animal et d'autres circonstances, telles que la faute d'une personne, le fait d'une chose ou d'un autre animal, ou l'implication d'un véhicule dans un accident de la circulation.

1. Concours du fait de l'animal et de la faute d'une personne

Lorsqu'un dommage est causé à la fois par le fait d'un animal et par la faute d'une personne, la jurisprudence admet que la victime puisse cumuler les actions en responsabilité. Elle peut alors invoquer à la fois l'article 1243 et l'article 1240 du Code civil. La Cour de cassation affirme de manière générale que « la responsabilité du fait personnel et celle du fait des choses ont leur propre domaine, qu'elles peuvent dès lors être invoquées cumulativement »[118].

Lorsque la même personne cumule la qualité de gardien et est l'auteur d'une faute, sa responsabilité peut être doublement engagée sur le fondement de la responsabilité pour faute et sur celui de la responsabilité du fait des animaux. Ainsi, à propos d'une collision provoquée par l'irruption d'un chien sur la chaussée et par le comportement fautif du maître que l'animal, tenu en laisse, avait entraîné sur la chaussée, le juge a condamné en réparation *in solidum* le propriétaire du chien sur la base de l'article 1240 du Code civil et la compagnie assurant l'animal sur la base de l'article 1243 de ce même code[119].

La victime peut également choisir entre l'un ou l'autre des fondements. La victime peut alors se placer uniquement sur le terrain de l'article 1240 du Code civil ou sur celui de l'article 1243. Lorsque tel est le cas, le juge du fond est autorisé à requalifier les faits et à substituer un cas de responsabilité à un autre sous certaines conditions[120].

Enfin, en cas de pluralités de responsables, le cumul de responsabilités est également possible. Par exemple, la Cour de cassation a jugé que le propriétaire d'un autocar, entré en collision avec une charrette attelée à deux chevaux,

---

[117] CA Pau, 11 déc. 2003, N° 02/00337.

[118] Cass. 2e civ., 17 juin 1970, n° 69-12114 : Bull. civ. 1970, II, n° 210.

[119] Cass. 2e civ., 25 janv. 1967 : Bull. civ. 1967, II, n° 34.

[120] Art. 12 NCPC : « *(…) Il (le juge) doit donner ou restituer leur exacte qualification aux faits et actes litigieux sans s'arrêter à la dénomination que les parties en auraient proposée* ».
Cass. Ass. Plé. ; 21 déc. 2007, n° 06-11.343 ; « *Mais attendu que si, parmi les principes directeurs du procès, l'article 12 du nouveau code de procédure civile oblige le juge à donner ou restituer leur exacte qualification aux faits et actes litigieux invoqués par les parties au soutien de leurs prétentions, il ne lui fait pas obligation, sauf règles particulières, de changer la dénomination ou le fondement juridique de leurs demandes ; (…)* ».

pouvait agir en réparation, contre le propriétaire des chevaux sur le fondement de l'article 1243 du Code civil et contre le préposé du propriétaire qui conduisait l'attelage sur le fondement de l'article 1240 du Code civil[121].

2. Concours du fait de l'animal avec d'autres présomptions de responsabilité

Le fait de l'animal peut se conjuguer avec le fait d'une chose et dans ce cas les présomptions des articles 1243 du Code civil sur la responsabilité du fait des animaux et 1242 du Code civil sur la responsabilité du fait d'autrui, se cumulent. Il peut aussi se conjuguer avec le fait d'un autre animal.

3. Concours du fait de l'animal et du fait d'une chose

Le dommage peut être dû à la fois au fait d'un animal et à celui d'une chose. Dans cette hypothèse, le cumul des articles 1243 et 1242, alinéa 1er du Code civil est admis. La victime a alors le choix de prouver que le dommage est dû plutôt au fait de la chose ou à celui de l'animal. Elle peut toujours invoquer les deux textes, soit à l'encontre du même gardien soit à l'encontre du gardien de l'animal et de celui de la chose.

Chaque gardien doit alors réparer le dommage subi par l'autre. Lorsque les causes de l'accident n'ont pas pu être déterminées, chacun doit réparer le dommage subi par l'autre à moins que l'un des gardiens ne puisse invoquer une cause d'exonération en sa faveur. Telle fut la solution retenue par la Cour de cassation dans une action en réparation intentée par le propriétaire de moutons dont plusieurs d'entre eux furent écrasés en franchissant un passage à niveau. La SNCF avait également subi un préjudice du fait de la désorganisation temporaire du trafic et des dégâts causés au matériel. Les circonstances de l'accident n'avaient pas pu être établies et aucune des parties ne s'était exonérée de la responsabilité de plein droit pesant sur elle en vertu des articles 1242 al. 1 et 1243 du Code civil. En conséquence, chacune des parties a dû réparer le dommage causé à l'autre[122].

4. Le dommage causé à un animal par un autre animal

Lorsque le dommage est causé à un animal par un autre, les solutions énoncées précédemment sont en principe les mêmes. Dès lors, si un animal a été victime d'une agression de la part d'un autre animal, le propriétaire de l'animal victime peut évoquer l'article 1243 du Code civil à l'encontre du gardien de l'animal agresseur pour obtenir réparation du dommage subi.

---

[121] Cass. 2e civ. ; 5 avr. 1962 ; Bull. civ. 1962, II, n° 382.

[122] Cass. 2e civ., 14 févr. 1962 : Bull. civ. 1962, II, n° 195.

Constitue également un dommage unilatéral l'acte de reproduction qui n'a pas été désiré par le propriétaire de l'animal femelle. À ainsi légalement justifié sa décision condamnant le propriétaire d'un taureau s'étant échappé d'un herbage, à réparer le préjudice subi par le propriétaire de deux génisses saillies par cet animal, le juge qui, compte tenu de l'époque à laquelle le fait s'était produit et des dates de mises à bas, constate que le taureau avait bel et bien été l'instrument du dommage dû à une fécondation précoce ayant provoqué un arrêt de croissance[123]. Lorsque des animaux se blessent réciproquement au cours d'une bataille, il n'est pas toujours aisé de déterminer le fait de chacun d'eux. Dans ce cas, le gardien de chaque animal devra en principe réparer le dommage occasionné par son animal aux autres et réciproquement.

5. Concours entre le fait de l'animal et l'implication d'un véhicule

Lorsqu'on est en présence d'un accident de la circulation, il faut, en principe, se référer à la loi n° 85-677 du 5 juillet 1985 qui a vocation à s'appliquer aux victimes d'un accident de la circulation dans lequel est impliqué un véhicule terrestre à moteur ainsi que ses remorques ou semi-remorques, à l'exception des chemins de fer et des tramways circulant sur des voies qui leur sont propres[124]. En effet, la jurisprudence s'est prononcée dans le sens de l'application exclusive de la loi du 5 juillet 1985 en admettant que « *l'indemnisation de la victime d'un accident de la circulation dans lequel est impliqué un véhicule terrestre à moteur ne peut être fondée que sur les dispositions de la loi du 5 juillet 1985, à l'exclusion de celles des (anciens) articles 1382 et suivants du Code civil* »[125].

La Cour d'appel d'Aix-en-Provence a également rappelé ce principe en disposant que « *S'agissant d'un accident de la circulation, dans lequel sont impliqués deux véhicules l'un ayant heurté l'autre, le litige ne peut être examiné qu'au regard des règles résultant de la loi du 5 juillet 1985, loi d'ordre public, qui exclut l'application d'autres régimes de responsabilité fondée sur le Code civil, notamment celui prévu par l'article 1385 du Code civil. À ce titre, la faute du conducteur a pour effet de limiter ou d'exclure l'indemnisation des dommages qu'il a subis (article 4)* »[126].

Lorsque la personne à l'origine de l'accident cumule les qualités de conducteur et de gardien de l'animal, la solution reste identique, la loi du 5 juillet 1985 s'applique. Dans une espèce où une personne ayant loué un véhicule provoqua un accident en raison de son chien qui lui avait sauté sur les genoux alors qu'elle conduisait, les juges du fond déclarèrent recevable l'action

---

[123] Cass. 2e civ., 13 janv. 1971 ; n° 70-11666.

[124] L. n° 85-677, 5 juill. 1985 tendant à l'amélioration de la situation des victimes d'accidents de la circulation et à l'accélération des procédures d'indemnisation ;JO 23 Nov. 1985.

[125] Cass. 2e civ., 4 févr. 1987, n° 85-18.530 ; Cass. 2e civ., 4 déc. 2008, nos 08-10.155 et 07-18.339 ; Cass. 2e civ., 4 mai 1987, n° 85-17.051 ; Cass. 2e civ., 7 mai 2002, n° 00-20.649; Cass. 2e civ., 23 janv. 2003, n° 01-16.067.

[126] CA Aix en Provence, 25 sept. 2014, n°13/07122.

de l'assureur de la société de location de véhicules, fondée sur les dispositions de l'(ancien) article 1385 du Code civil, contre l'assureur. La Cour de cassation censura l'arrêt aux motifs d'une part, que les juges du fond n'avaient pas caractérisé une faute du conducteur alors que selon la loi du 5 juillet 1985 le propriétaire d'un véhicule terrestre à moteur dispose d'un recours contre le conducteur de son véhicule qui a commis une faute pour obtenir la réparation du dommage causé à son bien. Et d'autre part, l'indemnisation de la victime d'un accident de la circulation dans lequel est impliqué un véhicule terrestre à moteur ne peut être fondée que sur les dispositions d'ordre public de la loi du 5 juillet 1985. Par conséquent, le conducteur était responsable en sa seule qualité de conducteur d'un véhicule impliqué et sa responsabilité ne pouvait être recherchée sur le fondement des dispositions de l'*ancien* article 1385 du Code civil[127].

En revanche, lorsque le responsable n'est que le gardien de l'animal à l'origine du dommage subi à l'occasion d'un accident de la circulation, l'article 1243 du Code civil doit s'appliquer. Ainsi, dans une affaire où un automobiliste a été blessé lors du heurt de trois chevaux divaguant sur la chaussée sur une route départementale alors qu'il conduisait son véhicule, le propriétaire des chevaux a été déclaré responsable de cet accident en sa qualité de gardien des trois chevaux[128]. Aussi, si la victime est le conducteur de l'automobile, seul l'article 1243 du Code civil peut être invoqué à l'exclusion de la loi du 5 juillet 1985.

Un arrêt de la Cour de cassation précise davantage les rapports entre la loi de 1985 et l'*ancien* article 1385 du Code civil dans une affaire où un mineur effrayé et poursuivi par un chien a traversé la chaussée en courant sur un passage protégé et est renversé par une automobile. Le conducteur indemnise la victime et se retourne ensuite contre le propriétaire du chien. Dans un premier temps, la Cour de cassation énonce que « *l'obligation de réparation incombant au conducteur d'un véhicule terrestre à moteur impliqué dans un accident de la circulation n'exclut pas la responsabilité du gardien de l'animal définie par l'article 1385 du Code civil* ». Ensuite, elle précise les conditions du recours que le conducteur peut intenter à l'encontre du propriétaire de l'animal. En l'espèce, la victime n'avait pas commis de faute et l'irruption de l'enfant avait été, pour l'automobiliste, inévitable et imprévisible. En revanche, le gardien de l'animal en état de divagation qui importunait les passants avait commis une faute. La Cour de cassation approuve les juges du fond d'avoir accueilli le recours de l'automobiliste contre le gardien de l'animal entièrement responsable du dommage[129].

---

127 Cass. 2e civ., 11 juin 2009, n° 08-14.224.
128 Cass. 2e civ., 17 sept. 2009, n° 08-19.323.
129 Cass. 2e civ., 9 déc. 1992, n° 91-13843.

Le gardien d'un animal condamné à ce titre à indemniser les dommages causés à un tiers ne peut exercer de recours à l'encontre du conducteur du véhicule impliqué dans le même accident que sur le fondement du droit commun, des articles 1240 et 1243 du Code civil. La contribution à la dette a lieu en proportion des fautes respectives. En l'absence de faute prouvée à la charge des responsables, la contribution se fait entre eux par parts égales[130].

Le Fonds de garantie des assurances obligatoires de dommages est chargé d'indemniser la victime d'un accident de la circulation publique lorsque le responsable demeure inconnu ou n'est pas assuré. La Cour de cassation a appliqué ce texte dans des affaires où un chien a été heurté par des cyclomoteurs ou des cyclistes. Le fonds doit prendre en charge l'indemnisation de la victime lorsque le propriétaire de l'animal qui a causé le dommage n'est pas assuré dans la mesure de sa responsabilité. En l'occurrence le propriétaire du chien avait été condamné du chef de blessures involontaires et déclaré entièrement responsable[131]. Mais l'indemnisation est limitée au dommage résultant d'une atteinte à la personne[132]. Les dommages aux biens ne sont pris en charge par le Fonds que lorsqu'ils résultent d'un accident dans lequel est impliqué un véhicule terrestre à moteur ainsi que des remorques et semi-remorques[133].

Enfin, rappelons que si l'accident de la circulation est provoqué par du gibier, l'article 1243 du Code civil ne s'applique pas. C'est ainsi que l'a rappelé une réponse ministérielle, précisant que le Fonds de garantie ne saurait intervenir au motif que la responsabilité d'un auteur connu ou inconnu ne peut être retenue puisque le gros gibier est *res nullius* et n'a pas de gardien dont la responsabilité peut être mise en cause.

Section 2. Les causes d'exonération de la responsabilité du gardien

La présomption de responsabilité pesant sur le gardien de l'animal n'est pas irréfragable et le responsable peut toujours invoquer les causes générales d'exonération que sont la force majeure, le fait d'un tiers ou le fait de la victime. S'agissant du comportement de la victime, une place particulière devra être faite à l'application de la théorie de l'acception des risques. Il appartient au propriétaire de l'animal ou au gardien de s'exonérer de leur responsabilité en démontrant l'existence d'une cause étrangère.

---

[130] Cass. 2e civ., 13 juill. 2000, n° 98-21530.

[131] Cass. ch. mixte, 28 mai 1990, nos 88-86030 et 89-80655.

[132] C. des assurances, art. L. 421-1 al. 3 ; Cass. 1re civ., 27 juin 1995, n° 92-13.004.

[133] C. des assurances, art. R. 421-18.

§ 1. La force majeure

La force majeure se caractérise par la réunion de trois éléments, l'extériorité, l'imprévisibilité et l'irrésistibilité. Le gardien de l'animal sera donc exonéré de sa responsabilité s'il peut démontrer que le fait de l'animal est dû à une circonstance extérieure à ce dernier, irrésistible et imprévisible.

A. Un caractère extérieur

La jurisprudence, en matière de responsabilité du fait des animaux, semble maintenir cette condition. Les juges du fond doivent expliquer en quoi un événement a été extérieur à l'animal pour conclure à l'existence d'un cas de force majeure.

Ainsi, manque de base légale l'arrêt qui, pour débouter une partie de sa demande en réparation de dommages causés à l'intérieur de sa maison par des pigeons, appartenant à un voisin, relève, d'une part, qu'aux termes d'une attestation du président d'une société colombophile il n'est pas dans les mœurs des pigeons d'entrer dans les cheminées et que cela ne peut être que le fait d'un accident extrêmement rare et, d'autre part, que l'expérience commune confirme la rareté de ce fait, et retient que ces faits avaient le caractère de la force majeure, sans rechercher s'ils constituaient une cause extérieure aux animaux dont le voisin avait la garde[134].

D'une manière générale, le vice inhérent à la chose qui a causé le dommage ne constitue pas, au regard du gardien, un cas de force majeure de nature à l'exonérer de sa responsabilité envers les tiers[135]. Le « vice interne » de l'animal, même indécelable pour le gardien, n'est pas non plus un cas de force majeure. En la matière, les décisions jurisprudentielles concernent essentiellement les maladies contagieuses. Ainsi, le propriétaire du troupeau contaminé est déclaré responsable de la transmission de la maladie sur le fondement de l'article 1243 du Code civil[136].

B. Un caractère irrésistible

L'événement doit encore présenter un caractère d'irrésistibilité. La Cour de cassation exerce également son contrôle sur ce point. Ainsi, il ne saurait être fait grief à un arrêt d'avoir condamné le propriétaire d'un cheval, *in solidum* avec le cavalier, à réparer le dommage subi par le conducteur d'une automobile heurtée par l'animal, dès lors que l'arrêt, qui a retenu que rien ne démontre que le propriétaire ait été dans l'impossibilité de le rattraper ou de le faire rattraper par une des personnes qui l'accompagnaient, avant qu'il ne risque

---

[134] Cass. 2e civ., 8 nov. 1984, n° 83-12.643.

[135] Cass. civ 2e, 20 novembre 1968, Bull. 1968, II, n°275.

[136] Cass. 2e civ., 21 juill. 1992, n° 91-12.843.

de provoquer un dommage, a pu déduire que le propriétaire n'établissait pas l'existence d'un événement imprévisible et irrésistible l'exonérant de sa responsabilité découlant de l'article 1243 du Code civil[137].

C. Un caractère imprévisible

L'événement doit être imprévisible. La Cour de cassation a rappelé que l'imprévisibilité de l'événement invoqué comme cause exonératoire est exigée au titre des éléments constitutifs de la force majeure. La jurisprudence est abondante dans le domaine des dommages provoqués parce que l'animal a été effrayé d'une façon quelconque. La solution jurisprudentielle repose sur la nature de l'événement qui a causé la frayeur. S'il s'inscrit dans un contexte de la vie courante, il est alors prévisible et ne peut constituer un cas de force majeure.

Ainsi deux chevaux qui devaient participer à un spectacle sons et lumières ont été affolés par le système d'alarme d'un véhicule qui s'est déclenché en même temps que le feu d'artifice. Partis au galop sur la route et ramenés au trot par un cycliste, ils sont à nouveau partis au galop lorsqu'ils ont été dépassés par un véhicule de pompiers utilisant ses avertisseurs avant de percuter une voiture blessant ses passagers, dont l'un mortellement. Les interventions des services de secours ainsi que le déclenchement intempestif des systèmes d'alarme ne sont pas des événements imprévisibles dans une ville fréquentée en période estivale. L'Association organisatrice du spectacle ne peut donc invoquer la force majeure pour s'exonérer de sa responsabilité[138].

L'existence d'un cas de force majeure a également été retenue, dans une affaire où, au moment d'un dépassement entre automobiles, un cheval avait été effrayé par la chute de bagages placés sur le toit de l'un des véhicules[139]. La Cour de cassation relève que le cheval n'était pas plus peureux qu'un autre ni plus effrayé par l'importance de la circulation, ce qui permet de conclure que l'événement, en l'espèce la chute des bagages, avait été imprévisible et irrésistible pour le gardien de l'animal, l'exonérant ainsi de sa responsabilité.

Lorsque la force majeure est établie, l'exonération du gardien de l'animal ayant causé un dommage est totale.

§ 2. Le fait d'un tiers

Lorsque le dommage résulte de l'action d'un animal et de celle d'un tiers, le gardien de l'animal peut tenter de s'exonérer de sa responsabilité en démontrant que c'est le fait du tiers qui est à l'origine du dommage.

Pour que l'exonération soit envisageable, le fait du tiers doit avoir véritablement concouru à la réalisation du dommage. La preuve incombe au

---

[137] Cass. 2e civ., 6 nov. 1985, n° 84-14.971.
[138] Cass. 2e civ., 13 juill. 2000, n° 98-21.530.
[139] Cass. 2e civ., 24 mai 1971, n° 70-11365.

gardien qui invoque cette cause d'exonération. Si la preuve du concours à la réalisation du dommage n'est pas rapportée, le gardien reste le seul responsable. Par exemple, les juges du fond, saisis d'une demande en réparation de blessures occasionnées par un bélier qui s'était échappé de son enclos, ont pu admettre la responsabilité exclusive du propriétaire, même si ce dernier en avait confié la garde à un tiers auquel il avait signalé le comportement de l'animal. Suivant les ordres qu'il avait reçus, ce tiers avait placé les moutons dans un enclos dont les clôtures étaient insuffisantes et d'où le bélier s'était échappé. En l'espèce, le propriétaire n'avait pas rapporté la preuve de la faute du tiers de nature à l'exonérer de la responsabilité encourue sur le fondement de l'article 1243 du Code civil[140].

Le fait d'un tiers peut exonérer totalement le gardien de sa responsabilité ou seulement partiellement, selon que le fait du tiers présente les caractéristiques de la force majeure ou non.

A. Le fait du tiers exonérant totalement le gardien

L'exonération du gardien est totale si le fait du tiers est irrésistible et imprévisible.

Le fait du tiers n'est ni irrésistible ni imprévisible lorsque le gardien de l'animal se trouve dans l'impossibilité d'empêcher le dommage subi par la victime. Ainsi, la Cour de cassation a décidé qu'il ne saurait être fait grief à un arrêt d'avoir condamné le propriétaire d'un cheval, *in solidum* avec le cavalier, à réparer le dommage subi par le conducteur d'une automobile heurtée par l'animal, dès lors que l'arrêt, qui a retenu que rien ne démontre que le propriétaire, qui ne contestait pas avoir la garde du cheval, ait été dans l'impossibilité de le rattraper ou de le faire rattraper par une des personnes qui l'accompagnaient, avant qu'il ne risque de provoquer un dommage, a pu déduire que le propriétaire n'établissait pas l'existence d'un événement imprévisible et irrésistible l'exonérant de sa responsabilité découlant de l'ancien article 1385 du Code civil[141].

Ces caractères d'imprévisibilité ou d'irrésistibilité dépendent le plus souvent des faits propres à chaque espèce et de l'appréciation des juges. La Cour de cassation a décidé que le gardien de l'animal peut être partiellement exonéré de sa responsabilité si la preuve est rapportée que le dommage a été causé par le fait, même prévisible, d'un tiers. Dès lors, si le propriétaire de chiens, lesquels ont causé la chute de motocyclistes lors d'une promenade que leur faisait faire, en l'absence de leur maitre, une personne hébergée par lui, mais qui n'était pas sa préposée, doit être considéré comme ayant conservé la garde de l'animal. Il ne peut cependant avoir la charge de l'entière responsabilité

[140] Cass. 2e civ., 6 mars 1963, Bull. 1963, II, n°216.
[141] Cass. 2e civ., 6 nov. 1985 ; 84-14971 ; Bull. civ. 1985, II, n° 168, p.113.

du dommage. En effet, le fait qui a contribué à causer le dommage, fait consistant à laisser errer les chiens sur une voie fréquentée, étant imputable à un tiers, est de nature à décharger le gardien de l'animal au moins d'une part de responsabilité[142].

De même, dans une affaire où un spectateur avait été blessé par un cheval qui avait désarçonné son jockey, la Cour de cassation énonce que manque à son obligation de prudence et de diligence, la société de courses qui, organisant une compétition de chevaux, installe devant les spectateurs, sur une certaine partie du parcours, une simple corde fixée par des piquets. Cette faute a été considérée comme n'ayant concouru que pour partie à la réalisation du dommage, dès lors qu'il est relevé que le fait de cette société et ses conséquences pouvaient être prévus et que la fragilité de cette protection était connue de tous les propriétaires de chevaux et de leurs jockeys. C'est donc à bon droit que les juges du fond ont refusé d'exonérer le propriétaire du cheval de la responsabilité de l'article 1243 du Code civil[143].

L'appréciation de la prévisibilité d'un événement peut parfois paraître assez stricte. Au cours de festivités nocturnes, deux bœufs attelés ont été effrayés par la mise à feu de fusées qu'un des participants à la manifestation transportait à proximité de l'attelage sans précaution particulière. Un tiers resté inconnu réussit à s'approcher, à les allumer sans rencontrer d'obstacle et sans en avoir été empêché. Les bœufs s'emballent sous l'effet de la déflagration et renversent une personne. L'existence d'un cas de force majeure a été refusée, le fait du tiers qui avait allumé les fusées n'était ni imprévisible ni insurmontable. Par conséquent, l'association ne pouvait s'exonérer de la responsabilité de plein droit prévue à l'article 1243 du Code civil[144].

En revanche, la Cour de cassation censure les décisions trop rigoureuses. Ainsi, deux motocyclistes avaient été mortellement blessés la nuit à la suite d'une collision avec des vaches échappées de leur pâture dont un véhicule appartenant à un tiers demeuré inconnu avait brisé la clôture. La cour d'appel avait considéré que le bris de la clôture ne constituait pas un événement imprévisible et irrésistible pour l'agriculteur qui aurait dû prévoir un second enclos pour la nuit. La Cour de cassation casse cette décision aux motifs que les juges du fond n'ont pas expliqué comment l'agriculteur aurait eu la possibilité de pallier les conséquences de la destruction de la clôture[145]. Il incombe au propriétaire de démontrer que l'enclos a été endommagé, par accident ou malveillance, par un tiers afin de s'exonérer de sa responsabilité. Il a également été décidé que le propriétaire d'un poney échappé de son enclos, qui divaguait

---

[142] Cass. 2e civ., 15 janv. 1960, Bull. civ. 1960, II, n°46.
[143] Cass. 2e civ., 7 mars 1973, n° 71-14447 : Bull. civ. 1973, II, n° 88.
[144] Cass. 2e civ., 16 mars 1964, Nos 62-10.506 et 62-11.101: Bull. civ. 1964, II, n° 245.
[145] Cass. 2e civ., 22 févr. 1989, n° 87-14.457.

de nuit sur une voie de circulation, était tenu de réparer les conséquences de l'accident, dès lors qu'aucune constatation matérielle indiscutable n'établit la réalité de l'ouverture malveillante de l'enclos par un tiers[146].

La chambre criminelle de la Cour de cassation retient la même solution en la matière. À titre d'exemple, le propriétaire de chevaux qui se sont enfuis suite à des effractions commises par un tiers de nuit et qui ont causé un accident mortel sur une autoroute a été exonéré de la responsabilité fondée sur l'article 1243 du Code civil aux motifs que le bris de la clôture de nuit et à l'insu du propriétaire, qui ne pouvait en parer les conséquences, a revêtu pour celui-ci un caractère imprévisible et irrésistible qui l'exonère de la présomption de responsabilité édictée par l'article 1243 du Code civil. En outre, la chambre criminelle relève qu'il résulte de l'arrêt que le fait d'enfermer les chevaux dans leurs boxes, eux-mêmes objets d'effractions depuis l'accident, n'aurait pas permis d'éviter le dommage[147].

Il résulte de ce qui précède que lorsque le fait d'un tiers revêt un caractère imprévisible et irrésistible et est la cause exclusive du dommage, le gardien est alors totalement exonéré de la présomption de responsabilité posée à l'article 1243 du Code civil.

B. Le fait du tiers exonérant partiellement le gardien

La Cour de cassation avait admis une exonération partielle de la responsabilité du gardien lorsque le fait du tiers ayant contribué au dommage était prévisible ou évitable[148]. Il semble cependant qu'elle soit revenue à sa jurisprudence traditionnelle, en décidant, dans des arrêts postérieurs, que si le gardien d'un animal qui a causé un dommage prouve que le fait d'un tiers, quoique ni imprévisible ni irrésistible, a cependant concouru à la production du dommage, reste tenu du tout envers la victime. Le gardien peut néanmoins recourir contre le tiers au cas où la responsabilité de ce dernier se trouve engagée[149].

Le fait du tiers est cependant inopposable à la victime, qui peut agir soit contre le gardien, soit contre le tiers et le gardien en demandant leur condamnation *in solidum*[150].

Lorsque le fait d'un tiers a concouru partiellement à la réalisation du dommage, la responsabilité sera partagée entre le tiers et le gardien de l'animal.

---

[146] CA Grenoble, 2e ch. civ., 24 oct. 2006, ct0044 ; n° 05/01373.

[147] Cass. crim., 1er oct. 1997, n° 95-83.471, Bull. crim. 1997, n° 316.

[148] Cass. 2e civ., 15 janv. 1960, Bull. civ. 1960, II, n°46, préc.

[149] Cass. 2e civ., 12 mars 1970 ; n° 68-13748 : Bull. civ. 1970, II, n° 97. ; V. aussi Cass. 2e civ., 7 mars 1973 ; n° 71-14447: Bull. civ. 1973, II, n° 88.

[150] Cass. 2e civ., 6 nov. 1985, n° 84-14.971, Bull. civ. 1985, II, n° 168.

Le gardien est tenu pour le tout envers la victime, mais il pourra exercer une action récursoire à l'encontre du tiers dont le fait n'est pas la cause exclusive du dommage[151].

C. Le comportement de la victime

La troisième cause possible d'exonération tient au comportement de la victime qui a pu concourir à son propre dommage. Après avoir précisé la notion de fait de la victime en général, il faudra envisager le sort des victimes qui ont adopté un comportement particulier parce qu'elles ont participé à l'activité dommageable soit en acceptant les risques, soit de manière bénévole.

La faute de la victime n'exonère totalement le gardien qu'à la condition de présenter les caractères d'un événement de force majeure, cette exigence est satisfaite lorsque cette faute présente, lors de l'accident, un caractère imprévisible et irrésistible[152]. La faute de la victime exonère partiellement le gardien de l'animal de sa responsabilité si elle a commis une faute ayant contribué au dommage. Il en va ainsi dans l'hypothèse d'une collision entre un cheval et une automobile lorsque le choc a eu lieu au milieu de la chaussée alors que les automobilistes doivent maintenir leur véhicule près du bord droit de la chaussée[153].

1. Le fait de la victime

Pendant longtemps, le gardien d'un animal ou d'une chose pouvait être exonéré totalement ou partiellement dès lors que, par son fait, la victime avait concouru à la réalisation de son propre dommage. Par un arrêt du 21 juillet 1982, connu comme l'arrêt Desmares, la Cour de cassation supprime toute possibilité de partage de responsabilité. Elle décide en effet que « seul un évènement constituant un cas de force majeure exonère le gardien de la chose, instrument du dommage, de la responsabilité par lui encourue par application de l'(*ancien*) article 1384, alinéa 1, du Code civil ; que, dès lors, le comportement de la victime, s'il n'a pas été pour le gardien imprévisible et irrésistible, ne peut l'en exonérer, même partiellement » [154] . Cette jurisprudence s'appliquait également à la responsabilité du fait des animaux[155].

En 1987, la jurisprudence Desmares a été abandonnée à propos de la responsabilité du fait des choses[156]. Ce revirement de jurisprudence a été étendu

---

[151] Cass. 2e civ., 12 mars 1970 ; n° 68-13748, préc.

[152] Cass. ass. plén., 14 avr. 2006, n° 04-18.902.

[153] Cass. 2e civ., 8 févr. 1989, n° 87-20272 .

[154] Cass. 2e civ., 21 juill. 1982, n° 81-12850.

[155] Cass. 2e civ., 18 janv. 1984, n° 82-15.259 Bull. civ. 1984, II, n° 6 ; Cass. crim., 15 sept. 1986, n° 85-95.718 , Bull. crim. 1986, n° 257.

[156] Cass. 2e civ., 6 avr. 1987, n° 85-12833.

à la responsabilité du fait des animaux[157]. Dès lors, en ce qui concerne le fait fautif, lorsqu'un animal a causé un dommage en concours avec le fait de la victime, le gardien peut être exonéré totalement ou partiellement.

2. L'exonération totale : le fait fautif de la victime

L'exonération du gardien n'est envisageable que si la victime a concouru à la production du dommage par son fait de manière incontestable. La Cour de cassation est exigeante, les juges du fond doivent expliquer clairement en quoi la victime a concouru à la réalisation du dommage.

Par conséquent, lorsque les circonstances de l'accident ne peuvent être établies avec certitude, le gardien de l'animal ne peut pas être exonéré. Pour bénéficier d'une exonération totale, le gardien doit démontrer le caractère fautif du comportement de la victime et, en même temps, son caractère imprévisible et irrésistible. Par exemple, le cultivateur qui traverse sans droit un pré clos pour aller dans son champ et qui est blessé par un bovin a commis « *une faute génératrice de l'accident* » et son fait est « *normalement imprévisible et insurmontable* » pour le propriétaire du pré qui est donc exonéré de toute responsabilité[158].

De même, la victime, décédée des suites des morsures d'un chien, a commis une faute qui est la cause unique de son dommage et qui présente un caractère imprévisible et irrésistible pour le gardien en s'approchant de l'animal qu'elle voulait caresser dont elle connaissait la férocité alors que ce dernier était attaché de telle manière qu'il ne pouvait évoluer sur le chemin et que la victime connaissait l'état des lieux depuis des années[159].

Est également exonéré de sa responsabilité le propriétaire d'un chien lorsque le colporteur à qui le propriétaire n'a pas voulu ouvrir, a pénétré dans le jardin en profitant d'une inattention du maître des lieux malgré un écriteau « *chien méchant* »[160].

Toutefois, dans une affaire où un enfant de trois ans a eu l'index de la main droite sectionné par un poney lors de la visite d'un poney club avec ses parents, le poney club n'a pas rapporté pas la preuve d'une faute de la victime l'exonérant de sa responsabilité dès lors que, si les panneaux d'interdiction de donner à manger aux animaux étaient lisibles pour les parents, il n'est pas établi que l'enfant a effectué un geste pour donner de la paille au poney par suite d'un défaut de surveillance des parents. En outre, il ne peut être invoqué à l'encontre de la victime une faute volontaire ou une acceptation du risque, s'agissant d'un enfant de trois ans non encore doté du discernement nécessaire. Enfin, aucun fait d'un tiers n'est établi par le poney club dont les portes étaient ouvertes à un

---

157 Cass. 2e civ., 1er juill. 1987, n° 86-11439 : Bull. civ. 1987, II, n° 143 p. 83.
158 Cass. 2e civ., 12 mars 1965, n°62-12437.
159 Cass. 2e civ., 19 févr. 1992, n° 90-14.470.
160 Cass. 2e civ., 25 janv. 1978, n° 77-10.106.

public non forcément bien averti, pouvant être accompagné de très jeunes enfants, dont le contact avec des animaux était susceptible de s'avérer dangereux de façon prévisible pour des professionnels du monde hippique[161].

La faute normalement imprévisible et irrésistible est nécessaire pour aboutir à une exonération totale du gardien. Une faute ne présentant pas ces caractères peut justifier une exonération partielle. Ainsi, dans un accident de la circulation impliquant un chien et un cycliste, les juges du fond avaient refusé d'exonérer le gardien du chien de sa responsabilité fondée sur l'article 1243 du Code civil aux motifs que ce dernier ne rapportait pas la preuve d'un comportement imprévisible et irrésistible de la victime. La décision est cassée, la victime a pu commettre des fautes qui ont contribué à la réalisation de son dommage et qui entraînent un partage de responsabilité[162]. Commet également une faute ayant concouru partiellement à son propre dommage, la victime qui, en s'accroupissant et se mettant ainsi en position instable à portée d'un animal, en l'espèce un jeune boxer plein de fougue, a manqué de prudence et a pris un risque délibéré[163].

3. Le fait non fautif de la victime

Si le fait non fautif de la victime répond aux caractères de la force majeure, le gardien est totalement exonéré en ce qu'il constitue la cause exclusive du dommage. Si le fait de la victime ne revêt pas les caractères de la force majeure, il semble que ce fait ne puisse plus conduire à une exonération partielle. En effet, si la deuxième chambre civile a déjà décidé que le gardien pouvait être partiellement déchargé de sa responsabilité en rapportant la preuve que le fait de la victime, quoique non imprévisible ni irrésistible, n'a pas été étranger à la production du dommage[164], les arrêts rendus le 6 avril 1987, qui ont renversé la jurisprudence Desmares, n'autorisent désormais l'exonération du gardien que si la victime a commis une faute. Aujourd'hui, seule la faute de la victime exonère partiellement le défendeur et non plus son simple fait non fautif.

Les arrêts postérieurs ne font plus état que de la faute de la victime. Ainsi, un pourvoi en cassation soutenait que le fait de la victime qui a concouru à la production du dommage devait conduire à une exonération partielle du gardien, peu importe qu'il revête ou non un caractère fautif. En l'occurrence, le cavalier d'une jument lui avait donné un coup de cravache en plein effort. Ce dernier avait été blessé par la jument qui l'avait entraîné dans sa chute et demandait réparation au propriétaire de l'animal. Le pourvoi est rejeté aux motifs que *« la présomption de responsabilité de l'(ancien) article 1385 du Code civil ne cède que devant la preuve d'une faute de la victime »*. Or le cavalier n'avait pas commis de faute, il

---

[161] Cass. 2e civ., 1er avr. 1999, n° 97-16.283.

[162] Cass. 2e civ., 8 févr. 1989, n° 87-20.272.

[163] Cass. 2e civ., 20 mars 1989, n° 88-11.015.

[164] Cass. 2e civ., 5 mai 1976, n° 74-14954 , Bull. civ. 1976, II, n° 144.

s'agissait d'une course d'entraînement et d'un jeune animal en début de dressage[165].

Il a également été décidé que la réaction d'un piéton, qui, surpris par les brusques aboiements d'un chien alors qu'il longeait la grille d'une propriété, fait un écart sur la chaussée et est renversé par un autobus, est une réaction instinctive et naturelle qui ne constitue pas une faute de sa part[166].

4. Les comportements particuliers de la victime

Deux hypothèses peuvent être distinguées. La victime peut avoir subi des dommages de la part d'un animal au cours d'un jeu auquel elle participe, en acceptant les risques ou au cours d'un acte d'assistance.

a) L'acceptation des risques

La jurisprudence écarte toute indemnisation fondée sur l'article 1243 du Code civil lorsque la victime a accepté de prendre certains risques venant d'un animal. Par son comportement elle s'est exposée au dommage.

La théorie de l'acceptation des risques ne s'applique que lorsque les risques encourus sont normaux et est essentiellement appliquée aux affaires relatives à la compétition sportive. Il ressort de la jurisprudence en la matière que les tribunaux ne sont pas insensibles à la connaissance que la victime peut avoir des règles du jeu. Ainsi la course de vaches étant un jeu traditionnel dans le sud de la France, la victime native de cette partie de la France et habituée à ces jeux en a accepté plus facilement les risques inhérents[167]. Dans cette affaire, la Cour de cassation a décidé qu'était légalement justifiée « *la décision rejetant la demande de dommages-intérêts formée contre les organisateurs d'une course de vaches par un participant à ce jeu, blessé au cours d'une bousculade causée par la charge d'une bête* », dès lors que les juges du fond ont constaté que « *la victime, originaire de Bayonne, connaissant parfaitement les conditions du jeu et son déroulement traditionnel, avait accepté en toute connaissance de cause les risques inhérents à ce jeu, et que s'y étant de surcroit exposé avec une imprudente précipitation il ne pouvait rendre responsables de son dommage les organisateurs de la course* ».

L'acceptation des risques a également été retenue en matière de courses hippiques pour exonérer la responsabilité des propriétaires d'un cheval qui, au cours d'une compétition de trot attelé entra en collision avec un autre cheval compétiteur, entrainant la mort de ce dernier[168]. La même solution s'applique au jockey qui se blesse dans la chute de sa monture provoquée par un autre cheval lors d'une course de trot attelé. La Cour de cassation a ainsi cassé l'arrêt

---

[165] Cass. 2e civ., 18 oct. 1995, n° 93-17.277, Bull. civ. 1995, II, n° 242.
[166] Cass. 2e civ., 24 févr. 1982, non publié.
[167] Cass. 1re civ., 26 juin 1963, Bull. civ., I, n°348.
[168] Cass. 2e civ., 16 juin 1976 n° 74-14.022 ; Bull. civ., II, n° 471 ; prec.

de la cour d'appel qui subordonnait l'exonération du gardien de l'animal à la preuve d'un comportement fautif de la victime, « *sans avoir égard aux risques normaux inhérents à la course à laquelle cette victime participait en connaissance de cause* »[169].

La réglementation des concours hippiques fournit une autre illustration de la théorie de l'acceptation des risques. Les concurrents doivent, avant le départ, se retrouver sur la carrière de détente où ils échauffent leurs montures et où trois d'entre eux doivent être prêts à partir à l'appel de leur nom. Cette phase de préparation et d'attente collective précède obligatoirement l'épreuve et entre dans le cadre de la compétition. Les participants acceptent donc les risques inhérents à la compétition, y compris ceux qui existent lors de la phase collective. L'application de l'article 1243 du Code civil doit alors être écartée[170]. Toutefois, lorsque le cavalier a fini son épreuve, il n'est plus un compétiteur et la théorie de l'acceptation des risques ne trouve plus à s'appliquer[171]. En effet, ce dernier ne doit pas se mêler à ceux qui, en phase d'échauffement, attendent leur passage. En l'espèce, le cavalier ayant achevé son parcours de saut d'obstacles a quitté l'enceinte en longeant au pas l'enclos de la piste d'entraînement. Sa monture a alors porté un coup de sabot qui a blessé un cheval s'apprêtant à concourir. L'accident ne s'étant pas produit dans des circonstances impliquant une acceptation des risques inhérente à la compétition ou à l'entraînement, la responsabilité du cavalier a été retenue sur le fondement de l'article 1243 du Code civil.

La théorie de l'acceptation des risques a également été retenue à propos d'une activité sportive de loisir en dehors de toute compétition et en l'absence de concurrents. En l'espèce, le cavalier, habitué d'une manade où il se promenait régulièrement et où vivaient en liberté des taureaux, a « *accepté par avance le risque normal de voir un taureau effrayer sa monture et provoquer sa chute* ». La responsabilité du propriétaire du taureau à l'origine du dommage ne pouvait donc être retenue sur le fondement de l'article 1243 du Code civil[172].

Notons cependant que la Cour de cassation a dans un arrêt ultérieur refusé l'application de la théorie de l'acceptation des risques sur le fondement de l'article 1242 al. 1er du Code civil, à propos d'un dommage survenu au cours d'un jeu improvisé de base-ball et non dans le cadre d'une compétition sportive[173]. À ce propos, la deuxième Chambre de la Cour de cassation énonce dans son rapport annuel qu'elle maintient « *sa jurisprudence sur l'application de la théorie de l'acceptation des risques sportifs, qui ne peut constituer une cause d'exonération de la responsabilité que dans le seul cas où le dommage s'est produit à l'occasion ou au cours*

---

[169] Cass. 2e civ., 8 nov. 1976, n° 75-11046: Bull. civ. 1976, II, n° 293.

[170] Cass. 2e civ., 5 juin 1985 , n° 84-11786 : Bull. civ. 1985, II, n° 114, p. 76 ; V. Cass. 2e civ., 10 avr. 1991, n° 90-10523: Bull. civ. 1991, II, n° 121 p.65.

[171] Cass. 2e civ., 8 févr. 2006, n° 05-13.707, non publié.

[172] Cass. 2e civ., 15 avr. 1999, n° 97-15.071; Bull. civ. 1999, II, n° 76, p.56.

[173] Cass. 2e civ., 28 mars 2002, n° 00-10.628 ; Bull. civ. 2002, II, n° 67 p.54.

d'une compétition. C'est dans ce cas, en effet, que la victime a pu consentir valablement aux risques normaux d'une activité sportive réglementée à laquelle elle a décidé de participer»[174].

En revanche, la théorie de l'acceptation des risques n'a pas été appliquée à la randonnée équestre en groupe, qui n'est pas considéré comme une activité sportive mouvementée ou violente exposant les chevaux à un stress susceptible de conduire à des réactions dangereuses pour les cavaliers. Dès lors, le fait pour un cavalier de recevoir un coup de sabot dans le genou n'est pas un risque inhérent à cette pratique, la victime n'a donc pas accepté ce risque. En l'espèce, le cavalier du cheval ayant causé le dommage a été déclaré responsable en tant que gardien du cheval dont la garde lui a été transférée[175].

b) L'aide-bénévole

Lorsque la victime agit par dévouement et subit un dommage du fait d'un animal, elle peut invoquer l'article 1243 du Code civil à l'encontre du gardien de l'animal. En effet, son intervention bénévole ne lui fait pas perdre, en principe, son droit à réparation. Ce principe peut être illustré par une affaire dans laquelle une personne poursuivie par un taureau furieux s'était réfugiée sur un arbre. À l'appel du propriétaire de l'animal, un voisin avait pris l'initiative de détourner la bête et tenter de la maîtriser, mais, après avoir été piétiné par celle-ci, il avait succombé à ses blessures. Le droit de demander des dommages-intérêts au propriétaire du taureau sur le fondement de l'article 1243 du Code civil fut reconnu aux héritiers de la victime, tant par les juridictions du fond que par la Cour de cassation[176]. Les arrêts s'attachent essentiellement au comportement de la victime qui agit volontairement, mais avec nécessité. Le juge est plus réticent à retenir la faute de la victime comme cause d'exonération lorsque son intervention était nécessaire pour prévenir un danger immédiat. En revanche, lorsque la victime intervient de son propre chef et sans nécessité, elle commet une faute qui peut conduire à un partage de responsabilité voire à une exonération totale du gardien.

Section 3. La responsabilité du fait des animaux errants

Le principe général est celui de l'interdiction de laisser divaguer les animaux domestiques et les animaux sauvages apprivoisés ou tenus en captivité[177]. Lorsque des animaux errants sans détenteur, ou dont le détenteur refuse de se faire connaître, sont trouvés pacageant sur des terrains appartenant à autrui, sur les accotements ou dépendances des routes, canaux, chemins ou

---

[174] Rapp. C. cass. 2002 : La documentation française 2003, p. 478.
[175] CA Aix-en-Provence, 3 oct. 2006, ct0023, n° 03/17107.
[176] Cass. req., 24 janv. 1934 : Gaz. Pal. 1934, 1, p. 708.

sur des terrains communaux, le propriétaire lésé, ou son représentant, a le droit de les conduire ou de les faire conduire immédiatement au lieu de dépôt désigné par l'autorité municipale. Un avis est alors donné à leur propriétaire s'il est connu.

Si les animaux ne sont pas réclamés, ils sont alors considérés comme abandonnés et le maire peut alors prescrire leur vente conformément aux dispositions de l'article L. 211-1 du Code rural, leur cession à titre gratuit à une fondation ou à une association de protection animale ou encore leur euthanasie[178].

Lorsque les animaux errants sont des animaux sauvages apprivoisés ou tenus en captivité, le maire peut les faire saisir s'ils se trouvent sur le territoire de la commune et les conduire à un lieu de dépôt désigné par eux. Ces animaux y sont maintenus aux frais du propriétaire ou du détenteur de l'animal[179]. Cette même prérogative est offerte aux personnes privées pour les animaux trouvés sur leur propriété échappés à leur détenteur ou qu'il laisse divaguer. Les particuliers peuvent requérir pour ce faire la force publique. L'article L. 211-21 du Code rural est relatif à la durée de la rétention de l'animal qui est de huit jours ouvrés. Si l'animal n'est pas réclamé à l'issue de ce délai, il est considéré comme abandonné, et le maire peut alors le céder ou, après avis d'un vétérinaire, le faire euthanasier[180].

Lorsque les animaux errants sont des chiens ou des chats, le code rural contient des dispositions spécifiques. Aux termes de l'article L. 211-23 du Code rural, est considéré comme en état de divagation, tout chien qui, en dehors d'une action de chasse ou de la garde ou de la protection du troupeau, n'est plus sous la surveillance effective de son maître, se trouve hors de portée de voix de celui-ci ou de tout instrument sonore permettant son rappel, ou qui est éloigné de son propriétaire ou de la personne qui en est responsable d'une distance dépassant cent mètres.
Est également considéré comme en état de divagation tout chien abandonné, livré à son seul instinct, sauf s'il participait à une action de chasse et qu'il est démontré que son propriétaire ne s'est pas abstenu de tout entreprendre pour le retrouver et le récupérer, y compris après la fin de l'action de chasse[181].

Tout chat non identifié trouvé à plus de deux cents mètres des habitations ou tout chat trouvé à plus de mille mètres du domicile de son maître et qui n'est pas sous la surveillance immédiate de celui-ci, ainsi que tout chat

---

177 C. rur., art. L. 211-19-1.

178 C. rur., art. L. 211-20.

179 C. rur., art. L. 211-21.

180 Pour Paris, V. C. rur. Art. L. 211-28 : « *Conformément à l'article L. 2512-13 du code général des collectivités territoriales, les compétences dévolues au maire en application des articles L. 211-11, L. 211-13-1, L. 211-14, L. 211-14-1, L. 211-14-2, L. 211-21, L. 211-22 et L. 211-27 sont, à Paris, exercées par le préfet de police et les formalités devant être accomplies en mairie doivent l'être à la préfecture de police.* ».

181 C. rur., art. L. 211-23.

dont le propriétaire n'est pas connu et qui est saisi sur la voie publique ou sur la propriété d'autrui, est considéré comme en état de divagation[182].

Afin d'empêcher la divagation des chiens et des chats, l'article L. 211-22 du Code rural donne aux maires autorité pour prendre toutes les dispositions nécessaires. Ils peuvent notamment ordonner que ces animaux soient tenus en laisse et que les chiens soient muselés. Ils peuvent également prescrire que les chiens et les chats errants et tous ceux qui seraient saisis sur le territoire de la commune soient conduits à la fourrière, où ils pourront être gardés pendant les délais fixés aux articles L.211 25 et L. 211-26 du Code rural. Cette même prérogative est ici aussi accordée aux propriétaires, locataires, fermiers ou métayers, qui peuvent saisir ou faire saisir par un agent de la force publique, dans les propriétés dont ils ont l'usage, les chiens et les chats que leurs maîtres laissent divaguer.

Le Conseil d'État a décidé qu'en matière de divagation d'animaux errants, la responsabilité de la commune ne saurait être engagée sans faute. Ainsi, il a été jugé que le maire qui n'a pas été averti de la présence de chiens errants à proximité du lieu d'un accident provoqué par ces animaux n'avait pas commis de faute lourde dans l'exercice de ses pouvoirs de police. De même, il ne peut lui être reproché de ne pas avoir pris des mesures d'organisation d'un service public destiné à faire face aux dangers que présentent les animaux errants quand aucun élément ne démontre l'importance particulière de ce phénomène dans la commune[183].

Il a également été décidé que le Premier ministre, usant de son pouvoir de police sanitaire[184], peut prendre des mesures réglementaires plus rigoureuses dans les zones atteintes par la rage et prescrire l'abattage dans les deux jours des chiens errants et l'abattage immédiat des chats errants[185].

Enfin, précisons qu'aux termes de l'article R. 622-2 du Code pénal, le fait, pour le gardien d'un animal susceptible de présenter un danger pour les personnes, de le laisser divaguer est puni de l'amende prévue pour les contraventions de la deuxième classe.

---

[182] C. rur., art. L. 211-23.

[183] CE 16 oct. 1987, *Cts Piallat c/ Cne d'Uzès*, n° 58465.

[184] C. rur., art. L. 223-13 « *Sous réserve des dispositions des premier et deuxième alinéas de l'article L. 221-1, le ministre compétent fixe, par arrêté, des mesures de prophylaxie et de police sanitaire nécessaires en vue de prévenir l'apparition, de limiter l'extension ou de permettre l'extinction de la rage* ».

[185] CE Ass. 7 oct. 1977, *Nungesser*, n° 05064.

Chapitre 5. La responsabilité civile en matière de chasse

La responsabilité de l'auteur d'un dommage causé à la personne ou aux biens d'autrui à l'occasion de l'action de chasse ou de l'exercice de son droit de chasse peut être recherchée conformément au droit commun de la responsabilité civile. Par conséquent, la responsabilité civile peut être recherchée sur le fondement de la responsabilité du fait personnel de son auteur, du fait d'autrui, du fait des mineurs ou des préposés ou encore sur le fondement du fait des animaux dont il est le maître ou sur celui du fait des choses. Par ailleurs, un régime particulier d'indemnisation des victimes d'accidents de chasse a été mis en place par le législateur.

Section 1. La responsabilité civile délictuelle

L'accident de chasse constitue un fait dommageable susceptible de mettre en œuvre les principes de la responsabilité civile. Sont également applicables les causes d'exonération de responsabilité du droit commun.

§ 1. Mise en œuvre de la responsabilité

A. La responsabilité du fait personnel

L'article 1240 du Code civil dispose que *« Tout fait quelconque de l'homme, qui cause à autrui un dommage, oblige celui par la faute duquel il est arrivé à le réparer ».* L'article 1241 du Code civil, dispose que *« Chacun est responsable du dommage qu'il a causé non seulement par son fait, mais encore par sa négligence ou par son imprudence. »*

Il s'agit là des deux fondements de la responsabilité civile personnelle, qui sera mise en œuvre lorsqu'un chasseur aura lui-même commis une erreur à l'origine d'un accident. Pour que la responsabilité personnelle du chasseur puisse être retenue, il devra être démontré une faute, un dommage et un lien de causalité[1]. Les accidents liés à l'exercice de la chasse étant malheureusement nombreux, l'article L. 423-16 du Code de l'environnement oblige tout chasseur à souscrire une assurance qui garantisse sa responsabilité civile pour une somme

[1] V. Civ. 2e, 1er juin 1972, n° 71-12493.

illimitée en raison des accidents corporels occasionnés par tout acte de chasse ou tout acte de destruction d'animaux nuisibles, afin que la victime puisse obtenir réparation.

Appliquée au domaine de la chasse, la faute visée aux articles 1240 et 1241 du Code civil consiste en un manquement aux règles de la pratique de la chasse. Ce manquement est apprécié au regard du comportement attendu d'un chasseur normalement prudent et respectueux des usages et règles de sécurité adoptés par l'ensemble des chasseurs. L'obligation de respecter les règles de sécurité est énoncée à l'article L. 424-15 du Code de l'environnement qui dispose que les « *règles garantissant la sécurité des chasseurs et des tiers dans le déroulement de toute action de chasse ou de destruction d'animaux nuisibles doivent être observées, particulièrement lorsqu'il est recouru au tir à balles* ». Le manquement à cette exigence de sécurité est constitutif d'une faute. Par ailleurs, la police de la chasse peut édicter certaines règles de sécurité, telles que l'interdiction de chasser à moins de 150 mètres d'une habitation ou sur les terrains enclos attenants à une habitation. Dans le cadre de leurs pouvoirs de police, le maire et le préfet peuvent, par arrêté, interdire ou réglementer la chasse dans certains lieux pour des motifs tenant à la sécurité publique. Ainsi a été engagée la responsabilité pour faute du chasseur qui a pénétré dans une propriété avec un fusil ni cassé ni désarmé et sans prévenir la victime qui s'emparant de son arme s'est blessée accidentellement[2]. La faute peut également résulter du comportement du chasseur qui, sans se préoccuper de ses compagnons marchant derrière lui, se jette soudain dans un fourré en négligeant de retenir une branche épineuse qui vient fouetter violemment le visage du chasseur qui le suit[3].

Lorsque le dommage est causé par l'action de plusieurs chasseurs, la responsabilité collective peut être retenue. Ainsi, la responsabilité collective d'un groupe de chasseurs ayant tiré simultanément sur une biche en blessant un autre chasseur d'une balle unique a été retenue[4]. Il en est de même pour deux tireurs qui tirent en même temps, leurs armes produisant alors une gerbe de plombs unique blessant un troisième chasseur[5].

Pour échapper à une responsabilité *in solidum*, le chasseur peut démontrer qu'il n'utilise pas le type de projectile qui a réalisé le dommage[6].

La responsabilité de l'organisateur de la chasse peut également être recherchée si une faute a été commise dans la direction et l'organisation de la partie de chasse. Un organisateur a ainsi été reconnu responsable du dommage

---

[2] Civ. 2e, 17 juill. 1991, n° 90-16.421.
[3] Civ. 2e, 24 mars 1971, n° 70-13263.
[4] Civ. 2e, 19 mai 1976, n° 74-15.063.
[5] Civ. 2e, 13 mars 1975, n° 73-13.961.
[6] Civ. 2e, 19 mai 1976, n° 75-10.300.

causé par un chasseur novice qui n'était pas titulaire du permis de chasser et qu'il avait invité à une partie de chasse, aux motifs que la règle de prudence qu'il avait violée et qui constituait la seule cause directe de la mort de la victime, était de celles qu'aucun homme raisonnable ne pouvait ignorer[7]. Aussi, concernant la réparation du dommage causé à une fédération de chasseurs par des chasseurs membres d'une association qui n'ont pas respecté le nombre maximum de prélèvements prévu au plan de chasse, il a été jugé que l'inobservation du plan de chasse suffit à établir la faute des organisateurs de la battue litigieuse[8].

La responsabilité de l'organisateur de la chasse peut également être recherché sur le fondement de l'article 1242, alinéa 1er, du Code civil.

B. La responsabilité du fait d'autrui

Une association de chasse organisant, dirigeant et contrôlant l'activité de chasse de ses membres, peut voir sa responsabilité engagée sur le fondement de l'article 1242, alinéa 1er, du Code civil qui dispose qu'*« On est responsable non seulement du dommage que l'on cause par son propre fait, mais encore de celui qui est causé par le fait des personnes dont on doit répondre, ou des choses que l'on a sous sa garde. »*

En principe, les associations communales de chasse agréées (ACCA) n'ont pas pour missions d'organiser, de diriger et de contrôler l'activité de chasse de leurs membres[9]. Par conséquent, elles ne peuvent, en principe, être déclarées de plein droit responsables des dommages causés par les chasseurs sur le fondement de cet article[10]. Toutefois, si l'association a organisé, dirigé et contrôlé l'activité de ses membres au cours de la partie de chasse, la responsabilité de l'ACCA pourra être retenue. Ainsi, une ACCA a été reconnue responsable de la blessure infligée involontairement par un de ses membres à un autre lors du dépeçage du gibier effectué sous la direction de l'association qui en répartissait les pièces du gibier entre les chasseurs[11].

La responsabilité des parents du fait de leur enfant peut également être recherchée sur le fondement de l'article 1242 alinéa 4 du Code civil. La validation du permis de chasser des mineurs de plus de 16 ans non émancipés ne peut être demandée pour eux que par leur père, mère ou tuteur[12]. Cette disposition engage, en cas de dommage, la responsabilité du parent qui a fait cette démarche. Pour retenir la responsabilité des parents, il faut que le mineur

---

[7] Civ. 2e, 11 juin 1965, Bull. civ. II, no 505.
[8] Civ. 2e, 8 juill. 2010, n° 09-68.915.
[9] C. env., art. L. 422-2.
[10] Civ. 2e, 11 sept. 2008, n° 07-15.842.
[11] Civ. 2e, 27 nov. 1991, n° 90-17.969.
[12] C. env., art. L. 423-15.

ait commis un acte qui soit la cause directe du dommage, sans qu'il soit nécessaire de vérifier son discernement, dès lors que le mineur a la direction, le contrôle et l'usage de la chose qui a causé le dommage[13]. Ainsi, les parents du mineur sont civilement responsables du dommage causé à une fédération de chasseurs par une violation des règles concernant le baguage du gibier tué en exécution d'un plan de chasse[14].

C. La responsabilité du fait des animaux

Le régime de la responsabilité du fait des animaux du propriétaire ou du détenteur d'animaux utilisés lors de l'action de chasse est celui de droit commun institué par l'article 1243 du Code civil. Sont généralement utilisés pour la chasse les chiens, mais aussi le furet, le faucon et le cheval pour la chasse à courre.

Une association communale ou intercommunale de chasse agréée (ACCA) est recevable sur le fondement de l'article 1243 du Code civil à rechercher la responsabilité du propriétaire de chiens qui ont tué un gibier en dehors de la période de chasse, peu important qu'il ait lui-même été relaxé du chef d'infractions à la police de la chasse[15]. En cas d'action commune de plusieurs animaux, hypothèse fréquente dans les chasses en battue, la responsabilité incombe au gardien de chacun d'eux, sauf si l'un des chasseurs rapporte la preuve, soit que son animal n'a pas participé à la réalisation du dommage soit d'un fait extérieur, imprévisible et irrésistible[16].

Si le dommage est causé par un gibier, qui est *res nullius*, la responsabilité du fait des animaux de l'article 1243 du Code civil est en principe exclue et il faudra appliquer la responsabilité du fait des dégâts causés par le gibier que nous verrons ci-après. En effet, le détenteur du droit de chasse n'est pas gardien au sens de l'article 1243 du Code civil du gibier vivant à l'état sauvage[17].

D. La responsabilité du fait des choses

En matière de chasse, la chose dont le chasseur est le gardien est généralement son arme de chasse et ses munitions. Le régime de la responsabilité du fait des choses inanimées est celui du droit commun de l'article 1242, alinéa 1er, du Code civil. La garde s'entend de l'exercice des pouvoirs de surveillance et de contrôle sur la chose par son détenteur[18].

---

[13] Cass., ass. plén., 9 mai 1984, n° 80-14994.
[14] Civ. 2e, 14 juin 2007, n° 06-15.352.
[15] Civ. 2e, 7 déc. 2006, n° 05-20.297.
[16] Civ. 2e, 15 mars 2001, n° 98-22.078.
[17] Civ. 2e, 9 janv. 1991, n° 89-15.489.
[18] Cass., ch. réun., 2 déc. 1941, arrêt *Franck*.

En principe, lorsqu'il est établi qu'un seul des chasseurs présents a causé un dommage lors de son tir, il est l'unique responsable. En effet, le gardien de l'arme de chasse est également le gardien des munitions et de tous les plombs contenus dans la cartouche et il demeure donc gardien du plomb dont la retombée naturelle blesse accidentellement une personne. Mais lorsque le dommage est causé par une personne autre que le propriétaire de l'arme, la question du transfert de garde de la chose qui a causé le dommage se pose. De façon générale, il a été admis que ne constitue pas un transfert de garde le fait de laisser son arme à un tiers et de lui remettre des cartouches, sachant qu'il va l'utiliser immédiatement[19] ou dans le fait de laisser un tiers manipuler l'arme du détenteur[20]. Il y a, au contraire, transfert de la garde si un chasseur prête son arme à un invité à la partie de chasse, à laquelle tous deux participent mais se trouvent affectés par l'organisateur à des postes ou secteurs distincts, ce qui rend impossible tout contrôle du maniement de l'arme[21].

La responsabilité *in solidum* de plusieurs chasseurs peut être retenue, notamment quand la garde de la totalité des fusils utilisés est collective. Ainsi, lorsque plusieurs chasseurs tirent ensemble et simultanément une salve, ils participent à une action commune avec les armes dont ils ont la garde et exécutent des actes connexes et inséparables participant à la réalisation du dommage[22]. Aussi, lorsque le dommage résulte de l'impact d'une gerbe unique de plombs produite par le tir simultané de plusieurs fusils, il faut retenir la responsabilité *in solidum* de tous les chasseurs[23].

Notons également que le guide de chasse n'a pas la garde de l'arme de son client. En effet, son rôle se limite à l'approche du gibier, à la sélection des animaux à tirer en vue d'éviter toute infraction à la réglementation locale et à donner l'autorisation de tir. Sa tutelle ne s'exerce donc pas sur le maniement de l'arme et sa responsabilité ne saurait être engagée[24].

§ 2. Les causes d'exonération

A. Le fait de la victime

La victime, qui ne respecte pas elle-même les usages et les règles de sécurité et de prudence en vigueur dans la pratique de la chasse, commet une faute qui peut être exonératoire sous les conditions générales du droit commun de la responsabilité. L'exonération peut être soit partielle soit totale. Pour que

[19] Civ. 2e, 28 mars 1994, n° 92-10.743.
[20] Civ. 2e, 28 févr. 1996, n° 93-20.817.
[21] Civ. 2e, 11 juin 1965, Bull. civ. II, no 505.
[22] Civ. 2e, 15 déc. 1980, n° 79-11.314.
[23] Civ. 2e, 5 févr. 1960, Bull. civ. II, no 101.
[24] Civ. 2e, 12 juill. 1984, n° 82-14.570.

l'exonération soit totale, la faute de la victime doit présenter les caractères de la force majeure, c'est-à-dire résider dans une cause étrangère imprévisible et irrésistible. Ainsi, lors d'un accident survenu au cours d'une partie de chasse au bois blessant le directeur de la chasse par le tir d'un chasseur effectué lorsque le gibier franchissait l'allée dite « ligne séparative » située entre la parcelle boisée où se déroulait la traque et celle en bordure de laquelle il devait être tiré, c'est-à-dire « au rembucher » les juges du fond qui, après avoir relevé que la victime avait été blessée en limite de « rembucher » retiennent qu'elle se trouvait, au moment de l'accident, irrégulièrement postée dans une zone de tir qu'elle avait elle-même délimitée et où elle avait en outre, au mépris de la plus élémentaire prudence, omis de signaler sa présence par des cris ou des coups de sifflet, ont pu en déduire que le comportement de la victime avait été imprévisible et irrésistible pour le chasseur[25]. À l'inverse, le chasseur qui rejoint son équipier en marchant normalement sur une ligne de crête, quoique peu visible du fait du terrain touffu et accidenté, ne commet aucune faute de nature à exonérer l'auteur de l'accident[26].

B. La force majeure

Pour la jurisprudence, le ricochet d'un projectile est très rarement un événement imprévisible. Il incombe à un chasseur d'évaluer les conséquences de son tir en tenant compte du milieu environnant, notamment de la présence de poteaux de ciment, d'arbres ou d'un sol durci qui favorisent les ricochets[27]. De même, l'impossibilité d'expliquer le ricochet d'une munition qui blesse un promeneur se trouvant dans la direction opposée du tir ne suffit pas à caractériser la force majeure[28].

Section 2. L'indemnisation des victimes d'accidents de chasse

Le législateur a institué un régime particulier d'indemnisation permettant l'intervention d'un fonds de garantie dont la mise en œuvre est soumise à des règles précises.

§ 1. Le fonds de garantie : objectifs et missions

Le fonds de garantie contre les accidents de chasse a pour charge « *d'indemniser les dommages corporels occasionnés par tous actes de chasse ou de destruction*

---

[25] Civ. 2e, 29 mars 1984, n° 83-10.583.
[26] Civ. 2e, 20 déc. 1972, n° 71-13973.
[27] Civ. 2e, 29 avr. 1966, Bull. civ. II, no 503.
[28] Civ. 2e, 17 mars 1982, n° 81-10.423.

des animaux susceptibles d'occasionner des dégâts dans les parties du territoire où l'assurance instituée par l'article L. 223-13 du code rural et de la pêche maritime est obligatoire, même si ces actes ne sont pas compris dans l'obligation d'assurance, dès lors qu'ils sont le fait d'un auteur demeuré inconnu, ou non assuré, ou que son assureur est totalement ou partiellement insolvable»[29]. Le fonds est alimenté par les contributions des sociétés d'assurances, des chasseurs assurés et des responsables d'accidents corporels de chasse non bénéficiaires d'une assurance, ainsi que par la majoration de 50 % des amendes, y compris celles qu'une mesure de grâce aurait substituées à l'emprisonnement, prononcées pour un acte de chasse effectué sans permis ou dans un lieu, un temps ou au moyen d'engins prohibés[30]. Les dispositions relatives à l'indemnisation par le fonds ne sont applicables qu'aux accidents de chasse survenus en France métropolitaine et dans les départements d'outre-mer, à l'exception du département de la Guyane[31]. Le fonds de garantie n'intervient pour indemniser la victime qu'à défaut de toute autre personne. Le fonds doit alors être mis hors de cause dès lors que la responsabilité collective de plusieurs chasseurs a été retenue[32]. Rappelons que l'assurance des chasseurs est obligatoire[33]. Le permis de chasser ne peut être validé par l'autorité administrative que s'il est présenté une attestation d'assurance délivrée par une entreprise admise à pratiquer en France l'assurance des risques liés à l'exercice de la chasse. Cette assurance doit garantir la responsabilité civile du chasseur pour une somme illimitée et sans qu'aucune déchéance soit opposable aux victimes ou à leurs ayants droit, en raison des accidents corporels occasionnés par tout acte de chasse ou tout acte de destruction d'animaux nuisibles. L'assurance doit également couvrir, dans les mêmes conditions, la responsabilité civile encourue par le chasseur du fait de ses chiens[34]. Le permis cesse d'être valable si le contrat d'assurance est résilié ou si la garantie prévue au contrat est suspendue pour quelque cause que ce soit. La compagnie d'assurance doit alors notifier la résiliation ou la suspension de l'assurance à l'Office national de la chasse et de la faune sauvage[35].

§ 2. La mise en œuvre de l'intervention du fonds

Sont bénéficiaires de l'intervention du fonds, toutes les victimes, ou leurs ayants droit, ayant subi des dommages corporels du fait d'un acte de chasse ou de destruction d'animaux nuisibles. Pour rappel, l'acte de chasse s'entend de la recherche, de la poursuite, de la capture ou de la mise à mort d'un gibier. Toutefois, la jurisprudence a pu inclure dans cette définition les

[29] C. assur., art. L. 421-8.
[30] C. assur., art. L. 421-8 al. 2.
[31] C. assur., art. R. 421-21.
[32] Civ. 2e, 19 mai 1976, n°74-15063, Bull. civ. II, n° 163.
[33] C. env., art. L. 423-16.
[34] C. env., art. L. 423-16.
[35] C. env., art. L. 423-18.

actes préparatoires à la chasse, comme ceux liés au regroupement des chasseurs ou les actes de partage du gibier[36]. L'auteur de l'accident de chasse est en principe exclu du bénéfice du fonds, à moins qu'il rapporte la preuve que la responsabilité d'un autre est engagée et, en ce cas, la garantie lui est acquise dans la mesure de cette responsabilité[37]. Enfin, pour bénéficier de la garantie du fonds d'indemnisation, la victime de l'accident de chasse doit être de nationalité française ou avoir sa résidence principale sur le territoire de la République française ou encore être ressortissant d'un État ayant conclu avec la France un accord de réciprocité dont elle remplit les conditions[38].

La demande d'indemnité doit être adressée par lettre recommandée avec avis de réception, contenant diverses justifications de nationalité et de résidence. Le demandeur doit justifier qu'il n'est pas indemnisé à un autre titre même partiellement et que soit l'auteur de l'accident n'est pas identifié soit il n'est pas assuré ou son assureur est totalement ou partiellement insolvable[39]. À défaut d'accord du fonds sur la transaction intervenue ou quand la décision judiciaire invoquée par la victime lui est inopposable, l'article R. 421-14 du Code des assurances ouvre à la victime ou ses ayants droit la possibilité de saisir la juridiction civile d'une action directe contre le fonds.

Si l'auteur de l'accident est connu, la demande d'indemnisation doit être adressée au fonds dans le délai d'un an à compter de la date de la transaction ou de la décision de justice passée en force de chose jugée. Si l'auteur de l'accident est inconnu, cette demande doit être adressée au fonds dans le délai de trois ans à compter de l'accident[40]. En outre, les victimes ou leurs ayants droit doivent, dans le délai de cinq ans à compter de l'accident, si le responsable est inconnu, avoir réalisé un accord avec le fonds de garantie ou exercé contre celui-ci une action directe[41] et si le responsable est connu, avoir conclu une transaction avec celui-ci ou intenté contre lui une action en justice. Si l'indemnité consiste dans le service d'une rente ou le paiement échelonné d'un capital, la demande d'indemnité doit être adressée au fonds de garantie dans le délai d'un an à compter de la date de l'échéance pour laquelle le débiteur n'a pas fait face à ses obligations. Ces différents délais sont impartis sous peine de forclusion, à moins que les intéressés ne prouvent qu'ils aient été dans l'impossibilité d'agir avant l'expiration desdits délais[42].

---

[36] V. Civ. 2e, 17 juill. 1991, n° 90-16.421, préc.

[37] C. assur., art. R. 421-22.

[38] C. assur., art. R. 421-24, al. 3.

[39] C. assur., art. R. 421-13.

[40] C. assur., art. R. 421-12 ; Civ. 2e, 25 janv. 2007, n° 05-20.841.

[41] C. assur., art. R. 421-14.

[42] C. assur., art. R. 421-12.

Chapitre 6. L'indemnisation des dégâts causés par le gibier

Les dégâts causés aux cultures et aux récoltes agricoles par les espèces de gibiers soumises à un plan de chasse ne sont en principe pas indemnisés par le propriétaire du terrain sur lequel se trouvait le gibier, mais par la fédération départementale ou interdépartementale de chasseurs sur la base de barèmes départementaux. Toutefois, ce régime spécial d'indemnisation des dégâts causés par un gibier n'exclut pas une action judiciaire en responsabilité, qui suppose alors de relever une faute conformément à l'article 1240 du Code civil. En effet, l'article L. 426-4 du Code de l'environnement dispose que la «*possibilité d'une indemnisation par la fédération départementale des chasseurs laisse subsister le droit d'exercer contre le responsable des dommages une action fondée sur l'article 1240 du Code civil*»[1]. Le système d'indemnisation mis en place repose donc sur la coexistence de deux procédures, l'une de type administratif et l'autre de type judiciaire.

Section 1. La procédure d'indemnisation administrative des dommages causés par le grand gibier

Les premières règles d'indemnisation des dommages causés par le gibier remontent à la loi du 19 avril 1901. Modifié à de nombreuses reprises, le système est à présent codifié aux articles L. 426-1 et suivants du Code de l'environnement. Le grand gibier regroupe les animaux des espèces de sanglier, de chevreuil, de cerf élaphe, de cerf sika, de daim, de chamois, de mouflon et d'isard[2]. Il appartient à la fédération départementale des chasseurs d'instruire les demandes d'indemnisation et de proposer une indemnité aux réclamants selon un barème départemental d'indemnisation fixé par la commission départementale compétente en matière de chasse et de faune sauvage[3].

§ 1. Les conditions de l'indemnisation

En cas de dégâts causés aux cultures, aux inter-bandes de cultures pérennes, aux filets de récoltes agricoles ou aux récoltes agricoles soit par les

---

[1] V. Civ. 2e, 11 sept. 2014, n° 13-18.136.

[2] C. envir., art. R. 426-10.

[3] C. envir., art. L. 426-5.

sangliers, soit par les autres espèces de grand gibier soumises à plan de chasse, l'exploitant qui a subi un dommage nécessitant une remise en état, une remise en place des filets de récolte, ou entraînant un préjudice de perte de récoltes peut réclamer une indemnisation à la fédération départementale ou interdépartementale des chasseurs sur la base de barèmes départementaux [4]. L'indemnisation est exclue pour les dégradations causées aux clôtures, non comprises dans l'énumération de l'article L. 426-1 du Code de l'environnement[5].

Aussi, afin d'obtenir une indemnisation, le propriétaire victime de dégâts est tenu d'établir que les dommages subis sont le fait d'animaux provenant de fonds voisins. En effet, si les dommages subis sont causés par des gibiers provenant de son propre fonds, le propriétaire victime ne peut prétendre à une indemnité[6]. Par ailleurs, le fonds d'où provient le gibier doit avoir le statut de réserve ou de fonds soumis à un plan de chasse[7]. Il appartient alors à la victime de rapporter la double preuve que le gibier provient d'un secteur soumis au plan de chasse et qu'aucun gibier n'a pour origine le fonds endommagé. Lorsque la provenance du grand gibier ne peut être précisée de façon certaine, cette double preuve est pratiquement impossible à rapporter.

Avant le décret n° 2013-1221 du 23 décembre 2013, l'article R. 426-10 al. 4 du Code de l'environnement prévoyait que si la provenance des animaux ne pouvait être déterminée de façon certaine, les indemnisations étaient prises en charge par la fédération comme si les animaux provenaient d'un fonds où le plan de chasse est applicable. Cette présomption en faveur de la victime de dommages causés par le grand gibier n'a pas été reprise lors de la réforme instituée par le décret de 2013 susvisé. La fédération pouvait écarter cette présomption en démontrant que le gibier dévastateur provenait exclusivement du fonds endommagé[8].

§ 2. La procédure d'indemnisation

La procédure débute par une déclaration de la victime qui doit être adressée sans délai au président de la Fédération départementale des chasseurs du département de la parcelle endommagée[9]. La déclaration doit indiquer, sous peine d'irrecevabilité, la date d'observation des premières manifestations des dégâts, la nature, l'étendue et la localisation des dégâts ainsi que l'évaluation des quantités détruites et le montant de l'indemnité sollicitée, compte tenu du

---

[4] C. envir., art. L. 426-1 et R. 426-3 à R. 426-19.
[5] Civ. 2e, 18 mars 2010, n° 09-13.629.
[6] C. envir., art. L. 426-2.
[7] C. envir., art. L. 426-1.
[8] Cass. 12 mai 2010 ; n°08-20.558.
[9] C. envir., art. R. 426-12, II.

dernier barème départemental publié au recueil des actes administratifs du département. L'espèce des animaux responsables des dégâts et le fonds de provenance présumée de ceux-ci doivent également, si possible, être indiqués dans la déclaration. Enfin, le réclamant doit déclarer l'étendue des terres qu'il possède ou exploite dans le département et les cantons limitrophes, ainsi que la position des parcelles touchées par rapport à l'ensemble de ces terres[10].

Un estimateur, choisi sur une liste établie par la Commission départementale de la chasse et de la faune sauvage est ensuite désigné afin de procéder à l'expertise des dégâts[11]. La Fédération départementale des chasseurs propose alors une indemnité au réclamant, selon un barème départemental d'indemnisation. Ce barème est fixé par la Commission départementale de la chasse et de la faune sauvage[12]. Les articles R. 426-13 à R. 426-17 du Code de l'environnement précisent le régime de l'expertise conduite par l'estimateur ainsi que les modalités selon lesquelles est fixée l'indemnité proposée au réclamant par la Fédération départementale des chasseurs. Aux termes de ces articles, après avoir convoqué l'auteur de la déclaration, l'estimateur constate sur place l'état des lieux et des récoltes, estime la date des premiers dégâts, l'importance des dommages subis eu égard au rendement de la parcelle tel qu'il l'évalue, la cause des dégâts, les espèces de gibier qui en sont responsables et, si possible, leur provenance. Il recherche, éventuellement, si l'exploitant a une part de responsabilité dans la commission des dégâts et il le consigne dans son rapport. Cette expertise doit avoir lieu dans les huit jours ouvrés à compter de la date de la réception de la demande. L'estimateur peut établir un constat définitif chaque fois qu'il est en mesure de quantifier une perte, en accord avec l'exploitant, ou, dans le cas contraire, un constat provisoire consignant ses observations, mais seul le constat définitif peut servir de base à l'indemnisation. L'estimateur doit tenir compte, dans son évaluation définitive, des déclarations intermédiaires transmises par l'exploitant agricole à la fédération départementale ou interdépartementale des chasseurs. En dehors de la période des récoltes, lorsque les dégâts se poursuivent, et qu'ils ont déjà fait l'objet d'un constat provisoire par l'estimateur, la fédération départementale ou interdépartementale des chasseurs n'est pas tenue de missionner un estimateur à chaque nouvelle déclaration de l'exploitant. Lorsque des travaux de remise en état, replantation, ressemis ou taille sont nécessaires, l'estimateur les consigne dans un constat provisoire et informe l'exploitant qu'il doit signaler la réalisation de ces travaux à la fédération départementale ou interdépartementale des chasseurs après les avoir effectués. La fédération peut alors missionner un estimateur chargé de vérifier leur réalisation partielle ou totale.

---

[10] C. envir., art. R. 426-12.
[11] C. envir., art. R. 426-13.
[12] C. envir., art. R. 426-6 à R. 426-8.

En cas de dégâts occasionnés à des semis, l'estimateur doit établir, sans délai, en accord avec l'exploitant soit un constat provisoire des dégâts de nature à justifier leur lien avec la perte qui sera évaluée au moment de la récolte, soit un constat provisoire pour évaluer les surfaces détruites à ressemer que la fédération indemnise sur la base des frais de premier ensemencement, à condition que des travaux de réimplantation soient effectués. Le choix d'une telle indemnisation ne fait pas obstacle à une indemnisation ultérieure pour perte s'il est constaté, au moment de la récolte, une différence de rendement pour la même culture entre les zones ainsi ressemées et celles qui sont indemnes de dégâts ou si les zones ressemées subissent, avant la récolte, de nouveaux dégâts.

En cas de dégâts occasionnés à des vergers ou à des vignes ayant entraîné un remplacement de plants, l'estimateur procède, à la demande de l'exploitant qui doit réitérer sa réclamation chaque année, à l'évaluation annuelle de la perte de récolte jusqu'à ce que les nouvelles plantations aient retrouvé un potentiel de production équivalent à celui de plants de même nature indemnes de dégâts.

Le réclamant peut se faire assister ou représenter, à ses frais, par toute personne de son choix. La parcelle objet des dommages ne doit pas être récoltée avant l'expertise ou l'expiration du délai prévu pour celle-ci. Si l'estimateur ne s'est pas présenté dans ce délai pour constater les dégâts, son estimation est réputée conforme à celle du demandeur. L'estimateur donne, le cas échéant, son appréciation sur les raisons pour lesquelles le stade optimal de développement de la culture et les dates extrêmes habituelles d'enlèvement des récoltes, fixées par la commission départementale de la chasse et de la faune sauvage dans sa formation spécialisée pour l'indemnisation des dégâts de gibier aux cultures et aux récoltes agricoles, ont été dépassés. Il transmet son rapport au président de la fédération dans le délai de quinze jours suivant son estimation.

Les frais d'estimation sont intégralement à la charge du réclamant lorsque les quantités déclarées détruites sont plus de dix fois supérieures aux dommages réels et pour moitié lorsque cette surévaluation atteint 5 à 10 fois[13].

Si le réclamant accepte les conclusions de l'expertise, l'indemnité est réglée par la fédération au réclamant dans les quinze jours qui suivent la notification des barèmes par le secrétariat de la commission départementale chargée de les fixer[14]. En cas de contestation de l'expertise par le réclamant, le dossier chiffré est transmis par la fédération départementale ou interdépartementale des chasseurs à la commission départementale de la chasse et de la faune sauvage. En cas de refus de l'offre par le réclamant, la Commission départementale de la chasse et de la faune, qui doit être saisie dans un délai de trente jours par courrier recommandé avec demande d'avis de réception[15], statue sur le montant de l'indemnité dans un délai de quatre-vingt-

---

[13] C. env., art. R. 426-11.
[14] C. env., art. R. 426-14.
[15] C. env., art. R. 426-14.

dix jours, au vu du dossier d'expertise et, le cas échéant, des observations produites par le réclamant et la fédération départementale[16]. La décision de la Commission départementale peut être contestée par le réclamant ou le président de la fédération départementale devant la commission nationale d'indemnisation des dégâts de gibier, par courrier recommandé avec demande d'avis de réception, dans un délai de trente jours à compter de la notification de cette décision[17].

§ 3. La réparation du dommage

L'article L. 426-1 du Code de l'environnement vise la réparation des dégâts causés aux cultures ou aux récoltes agricoles. Les préjudices indemnisables se limitent aux dommages nécessitant une remise en état, une remise en place des filets de récolte ou entraînant un préjudice de perte de récolte. La Cour de cassation a pu en déduire que la perte des primes agricoles compensatoires ne pouvait être indemnisée, car elle ne constitue ni une « remise en état » ni « une perte agricole », au sens de cet article[18].

L'indemnisation n'est due que si le montant des dommages est supérieur à seuil minimal fixé à 3 % de la surface ou du nombre de plants de la parcelle culturale détruite. Toutefois, les dégâts sont indemnisés lorsque leur montant, avant l'abattement, y est supérieur à 230 € [19]. Cet abattement proportionnel est fixé à 2 % du montant des dommages retenus[20]. Toutefois, l'indemnisation peut être réduite s'il est constaté que la victime a une part de responsabilité dans la commission des dégâts.

Par ailleurs, le bénéficiaire du plan de chasse peut voir sa responsabilité financière engagée pour la prise en charge de tout ou partie des frais liés à l'indemnisation, lorsqu'il ne prélève pas le nombre minimum d'animaux qui lui sont attribués[21]. Ainsi, les fédérations départementales des chasseurs, chargées d'indemniser les dégâts causés par le grand gibier aux cultures et aux récoltes, peuvent désormais se retourner contre le bénéficiaire du plan de chasse qui n'a pas rempli ses quotas de prélèvement de gibier.

La victime conserve pour sa part le droit de conclure un accord amiable avec le responsable des dégâts, ou d'exercer contre lui une action en justice sur le fondement de l'article 1240 du Code civil[22]. Elle est toutefois tenue de déclarer, le cas échéant, le montant de l'indemnité obtenue à la Fédération départementale des chasseurs dans les huit jours de sa perception et, si la fédération a procédé au règlement de l'indemnité, celle-ci doit lui être reversée à

---

[16] C. env., art. R. 426-15.
[17] C. env., art. R. 426-16.
[18] Civ. 2e, 14 juin 2007, n° 06-16952.
[19] C. env., art. L. 426-3.
[20] C. env., art. R. 426-11.
[21] C. envir., art. L. 425-11.
[22] C. envir., art. L. 426-4 ; Civ. 2e, 5 avr. 2007, n° 05-21.762.

concurrence des sommes reçues du responsable du dommage[23]. Si la victime a obtenu, sans l'accord de la fédération départementale des chasseurs, un règlement amiable de la part du responsable du dommage, elle perd le droit de réclamer à la fédération une indemnité et doit lui rembourser l'intégralité de celle qui lui aurait déjà été versée. Par ailleurs, la fédération départementale des chasseurs a toujours la possibilité de demander elle-même au responsable, par voie judiciaire ou à l'amiable, de lui verser le montant de l'indemnité qu'elle a elle-même accordée[24].

L'action judiciaire en réparation du préjudice matériel engagée sur le fondement de l'article 1240 du Code civil est soumise au délai de prescription de six mois institué en matière d'indemnisation des dommages causés aux cultures par le gibier. Ce délai court à partir du jour où les dégâts ont été commis[25].

Section 2. La procédure d'indemnisation judiciaire des dommages causés par le gibier

La procédure d'indemnisation judiciaire peut être menée en parallèle avec la demande d'indemnisation auprès de la Fédération départementale ou interdépartementale des chasseurs. La procédure judiciaire est fondée sur l'article 1240 du Code civil qui dispose que « *tout fait quelconque de l'homme, qui cause à autrui un dommage, oblige celui par la faute duquel il est arrivé à le réparer* ». L'action ouverte à la victime de dommages causés par le gibier par l'article L. 426-4 du Code de l'environnement est alors une action en responsabilité pour faute, ce qui exclut le recours à une responsabilité sans faute, fondée par exemple sur le trouble anormal de voisinage. La preuve d'une faute de la part de la fédération des chasseurs en cause est alors indispensable[26].

§ 1. Les conditions de l'action judiciaire

L'action judiciaire sera recevable si des dégâts ont été occasionnés aux cultures ou aux récoltes et si la faute du propriétaire ou détenteur du droit de chasse sur le fonds duquel proviennent les gibiers est prouvée, la responsabilité sans faute étant exclue.

---

[23] C. envir., art. R. 426-18.
[24] C. envir., art. L. 426-4.
[25] C. env., art. L. 426-7 ; Civ. 2e, 13 déc. 2012, n°11-27538.
[26] Civ. 2e, 5 avr. 2007, n° 05-21.762.

A. Un dommage aux cultures ou aux récoltes

Aux termes de l'article L. 426-7 du Code de l'environnement, la procédure judiciaire concerne les dommages causés par le gibier aux cultures et aux récoltes. Il faut entendre par récoltes au sens de l'article L. 426-1 du Code de l'environnement, les récoltes sur pied, ce qui exclut celles stockées sous des bâches dans un champ après avoir été moissonnées[27]. Constitue un dommage aux récoltes, les dommages causés aux champs, aux plantations et aux fruits dans le sens le plus large, sans considération de leur mode de culture et de leur nature[28]. Cependant, ne constituent pas une récolte au sens de l'article L. 426-1 du Code de l'environnement, les composts produits par la lombriculture, bien que destinés à procurer un revenu[29], pas plus qu'une aire de jeu engazonnée[30]. Par ailleurs, la prévention des dommages futurs n'est pas indemnisable[31].

B. L'exigence d'une faute

Pour la mise en œuvre de la responsabilité civile fondée sur l'article 1240 du Code civil, la victime de dommages causés par le gibier doit prouver une faute du propriétaire ou détenteur du droit de chasse sur le fonds duquel proviennent les gibiers.

Pour la jurisprudence, le propriétaire d'un fonds sur lequel vit du gibier n'est responsable des dommages causés par celui-ci que si ce gibier est en nombre excessif et s'il a par sa faute ou sa négligence, soit favorisé sa multiplication, soit omis de prendre les mesures propres à en assurer la destruction[32]. Le caractère excessif de la multiplication du gibier et l'insuffisance des mesures de régulation sont laissés à la libre appréciation des juges du fond[33]. Ces derniers doivent démontrer le caractère anormal de la prolifération et vérifier que cette prolifération est due à une faute ou une négligence[34]. Par conséquent, il ne suffit pas de constater le nombre élevé de traces d'animaux, ni la nature et l'importance des dégâts aux récoltes, pour en déduire le caractère anormal de la multiplication du gibier ou l'existence d'une faute ou négligence[35]. Ainsi, la constatation que les dégâts à des jeunes plants de vigne sont le fait de lapins trouvant refuge dans le bois voisin ne suffit pas à elle seule à caractériser leur nombre excessif ni la faute ou la négligence du propriétaire du bois[36]. Il a également été décidé qu'une fédération départementale de chasseurs n'a pas l'obligation légale de placer à ses frais une clôture autour d'une parcelle cultivée à protéger, son inaction face aux demandes de l'exploitant ne pouvant être

---

[27] Civ. 2e, 4 oct. 1995, n° 93-17.638 , Bull. civ. II, no 228.

[28] Civ. 2e, 7 févr. 2008, n° 07-11.272.

[29] Civ. 2e, 24 juin 1999, n° 98-10.343.

[30] Civ. 2e, 17 sept. 2009, n° 08-19.864.

[31] Civ. 2e, 25 mars 1991, n° 89-21.190 ; V. également : Civ. 2e, 11 sept. 2008, n° 07-18.252 ; Civ. 2e, 27 févr. 1991, n° 89-21.073 ; Civ. 2e, 25 mars 1991, n° 89-21.190.

considérée comme fautive[37]. De même, c'est à tort qu'une cour d'appel a accueilli la demande d'indemnisation pour des dégâts causés à des vergers limitrophes par des lapins de garenne, en mettant une partie de l'indemnisation à la charge de la SNCF, propriétaire d'un talus, sans avoir recherché si un défaut d'entretien de la voie ferrée favorisant la prolifération anormale des lapins pouvait lui être reproché[38].

Par contre, la faute ou la négligence sont établies à l'encontre d'une ACCA qui a procédé à un lâcher de lièvres, quoiqu'en petit nombre, mais dans une période de froid intense et de sécheresse exceptionnelle et à une époque de neige prévisible, ce qui a eu pour conséquence de rapprocher ces animaux des régions habitées pour y chercher de la nourriture et de provoquer une surpopulation concentrée en un point de la commune[39].

Il y a également faute d'un parc national qui, en interdisant la chasse dans une zone, est directement à l'origine d'une prolifération du gibier rendu plus sédentaire[40].

Lorsque la faute est établie, le détenteur du droit de chasse sur le fonds doit être tenu pour responsable des dommages causés. En cas de bail de chasse comportant une clause de réserve du droit de chasser au profit du bailleur, le locataire reste tenu des dégâts de gibiers, tant envers les tiers qu'envers le bailleur lui-même sur le fonds loué. D'ailleurs, est réputée non écrite toute clause d'un bail à ferme ayant pour effet de rendre le détenteur du droit de chasse irresponsable des dégâts de gibiers.

C. Une responsabilité sans faute exclue

Un arrêt de la deuxième chambre civile de la Cour de cassation avait pu semer le doute sur le fondement de l'action en responsabilité à l'encontre de la fédération des chasseurs lorsque la victime refuse l'indemnisation proposée. En effet, elle avait énoncé « *que le régime spécial de responsabilité et d'indemnisation des dégâts matériels causés aux cultures et aux récoltes par un gibier quelconque et aux dommages qui en découlent, institué et organisé par les textes susvisés [du code de l'environnement], a une*

---

[32] V. par ex., Civ. 2e, 29 avr. 1964, Bull. civ. II, no 332.

[33] Civ. 2e, 21 avr. 2005, n° 02-11.266.

[34] Civ. 2e, 28 juin 2012, n° 11-18.415.

[35] Civ. 2e, 25 juin 1964, Bull. civ. II, n° 512.

[36] Civ. 2e, 25 juin 1975, n° 73-11826, Bull. civ. II, n° 193.

[37] Civ. 2e, 22 nov. 2012, n° 11-25.847.

[38] Civ. 2e, 6 févr. 2014, n° 13-13.264 ; Sur l'absence de faute ou négligence : Civ. 2e, 10 mai 1991, n° 90-10.277, Bull. civ. II, n° 139 ; Civ. 2e, 14 oct. 1992, n° 91-14.211, Bull. civ. II, no 238 ; Civ. 2e, 12 avr. 2012, n° 10-28.329.

[39] Civ. 2e, 26 avr. 1990, no 89-13.089, Bull. civ. II, no 73.

[40] Civ. 3e, 8 nov. 2005, no 04-70.195 ; Sur la faute ou négligence: Civ. 2e, 10 mai 1991, n° 90-10.277 ; Civ. 2e, 18 sept. 2003, n° 02-10.843 ; Civ. 2e, 8 mars 2012, n° 08-11.353 ; Civ. 2e, 5 févr. 2015, n° 13-28.276.

portée générale et s'applique à toute action en réparation des dommages de toute nature, y compris celle fondée sur les (anciens) articles 1382 et 1383 du Code civil et celle fondée sur l'article 544 du même code et sur le principe selon lequel nul ne doit causer à autrui un trouble excédant les inconvénients normaux du voisinage»[41]. La cour semblait admettre qu'une action en responsabilité sans faute, fondée sur un trouble anormal du voisinage, puisse être retenue.

Cependant, la Cour de cassation est revenue sur cet arrêt en excluant explicitement le recours à une responsabilité sans faute. Dès lors, si la victime n'entend pas se satisfaire de l'action administrative en indemnisation dirigée contre la fédération départementale ou interdépartementale des chasseurs, elle dispose certes d'une action judiciaire sur le fondement de l'article 1240 du Code civil, mais doit en respecter les conditions, notamment la preuve d'une faute[42]. En l'espèce, la question soulevée par la cour d'appel concernait les liens qu'entretient une telle action avec d'autres régimes de responsabilité. Outre le cumul visé par le code de l'environnement lui-même avec l'article 1240 du Code civil, une cour d'appel avait considéré que l'action administrative ne pouvait également exclure une indemnisation fondée sur un trouble anormal du voisinage. La Cour de cassation casse l'arrêt et refuse un tel cumul, considérant que seule l'hypothèse visée par le code de l'environnement doit être retenue. À défaut d'une faute, condition indispensable au titre de l'article 1240 du Code civil, la responsabilité de la fédération départementale des chasseurs ne peut être retenue.

§ 2. La procédure d'indemnisation

Les actions en réparation des dommages causés aux récoltes par tout gibier sont de la compétence des juridictions de l'ordre judiciaire, et plus particulièrement du tribunal d'instance du lieu du dommage[43]. Il est saisi par déclaration au greffe, dont il est délivré récépissé[44]. Le greffier convoque ensuite les parties à comparaitre en conciliation[45].

À défaut de conciliation et dans le cas où l'action est dirigée contre la fédération départementale ou interdépartementale des chasseurs, le juge désigne un expert chargé de définir le montant du dommage en faisant application des dispositions des articles L. 426-1 à L. 426-6 du Code de l'environnement. À défaut de conciliation et dans les autres cas, le juge nomme un expert chargé de constater l'état des récoltes, l'importance des dommages causés aux récoltes par le gibier, d'indiquer d'où ce gibier provient, de préciser la cause des dommages,

---

[41] Civ. 2e, 13 déc. 2012, n° 11-27.538.
[42] Civ. 2e, 11 sept. 2014, n° 13-18.136.
[43] C. env., art. L. 426-6 ; et art. R. 426-21.
[44] C. env., art. R. 426-22.
[45] C. env., art. R. 426-23.

de rechercher si le gibier est en nombre excessif et pour quelle raison[46]. La désignation par le tribunal d'instance d'un expert est impérative[47]. À la demande d'une des parties, le dommage peut être évalué à l'époque de la récolte[48]. Toutes les décisions du tribunal d'instance sont exécutoires par provision, mais l'exécution peut être subordonnée à la constitution d'une garantie selon les dispositions des articles 517 à 522 du Code de procédure civile[49].

A. La prescription de l'action judiciaire

L'article L. 426-7 du Code de l'environnement prévoit que les actions en réparation du dommage causé aux cultures et aux récoltes par le gibier se prescrivent par six mois à compter du jour où les dégâts ont été commis. Ce délai s'applique à toutes les actions relatives aux dégâts de gibiers, y compris ceux causés par les sangliers et grands gibiers visés à l'article L. 426-1 du Code de l'environnement[50]. En cas de dégâts successifs, le délai légal court à compter du premier jour où les dégâts ont été constatés. Il appartient à la victime, en application de l'art. 1315, al 1er du Code civil de prouver par tous moyens la date du premier jour de constatation des dégâts. Il a été décidé qu'un constat d'huissier faisant état d'éraflures récentes sur de jeunes plants ne suffit pas à dater exactement le jour où les dégâts ont été commis[51].

Les règles générales du droit commun relatives à la suspension et l'interruption de délai de prescription s'appliquent aux actions en réparation de dommages causés aux récoltes par le gibier. Ainsi, ni l'expertise diligentée à la requête de l'assureur ni les pourparlers en cours sont de nature à suspendre le délai de prescription [52]. La mise en œuvre de la procédure amiable d'indemnisation administrative des dégâts de gibiers n'est pas constitutive d'une reconnaissance de responsabilité interruptive de la prescription de six mois[53]. Toutefois, la proposition d'indemnisation faite après l'expiration du délai est un acte manifestant la volonté de renoncer tacitement à se prévaloir de la prescription[54]. De même, le fait de solliciter de la victime la fourniture de pièces complémentaires en vue d'évaluer le montant des dégâts vaut reconnaissance du principe de la responsabilité et interrompt la prescription[55].

---

[46] C. env., art. R. 426-24.
[47] Civ. 2e, 14 juin 2007, n° 06-15.860.
[48] C. env., art. R. 426-26.
[49] C. env., art. R. 426-29.
[50] Civ. 2e, 18 déc. 1996, n° 94-12.917 ; Civ. 2e, 13 déc. 2012, n°11-27538.
[51] Civ. 2e, 18 déc. 1996, n° 94-20.262.
[52] Civ. 2e, 5 oct. 1988, n° 87-16.371.
[53] Civ. 2e, 4 déc. 1996, n° 94-17.525 ; Civ. 2e, 26 mars 2015, n° 14-15.675.
[54] Civ. 2e, 5 nov. 1998, n° 96-22.221.
[55] Civ. 2e, 12 déc. 2002, n° 01-14.009.

Une fois écoulé le délai de six mois imparti à la victime pour agir sur le fondement de l'article L. 426-7 du Code de l'environnement, aucune action en indemnisation n'est recevable, quel que soit le fondement juridique proposé[56].

Précisions également que lorsque la juridiction administrative a compétence pour connaître des recours contre les décisions des commissions administratives d'indemnisation des dégâts, seule la juridiction judiciaire a compétence pour se prononcer sur le montant d'une indemnité[57]. Aussi, lorsque la responsabilité de l'État est recherchée du fait des dégâts causés par du gros gibier provenant d'un terrain militaire, la juridiction administrative devient compétente, sans qu'il y ait lieu de distinguer suivant que l'action est exercée par la victime des dommages ou par une fédération de chasseurs qui entend appeler l'État en garantie[58].

---

[56] Civ. 3e, 27 nov. 1996, n° 94-19.983.

[57] CE 18 mai 2005, n° 262478.

[58] T. confl., 13 mai 2013, n° 13-03899 ; V. aussi Civ. 1re, 19 févr. 2014, n° 13-10.311 ; Civ. 1re, 10 juill. 2013, n° 11-27.789.

On n'a pas deux cœurs,
un pour les animaux et un pour les humains.
On a un cœur ou on n'en a pas.

Lamartine
Artiste, écrivain, homme politique, poète (1790 - 1869)

DEUXIÈME PARTIE

LES ANIMAUX DOMESTIQUES ET DE COMPAGNIE

La Convention européenne pour la protection des animaux de compagnie du 13 novembre 1987, ratifiée par la France le 3 octobre 2003 et ayant fait l'objet du décret de publication n° 2004-416 du 11 mai 2004, vise de façon générale le bien-être des animaux, en particulier des animaux détenus par l'homme. La Convention couvre les animaux qui vivent en compagnie de l'homme et notamment dans son foyer, les animaux élevés à cette fin, les animaux détenus pour la reproduction des animaux élevés à cette fin et les animaux errants. Sont exclus de cette définition les animaux élevés pour la production de denrées alimentaires, de laine, de peaux, de fourrures ou à d'autres fins agricoles, ainsi que les animaux détenus dans des zoos et des cirques à des fins de spectacle et les animaux détenus à des fins expérimentales. Par ailleurs, certaines dispositions de la Convention s'appliquent à la détention d'animaux sauvages capturés dans la nature. Sont également exclus de cette définition les animaux appartenant aux espèces menacées qui sont protégés par d'autres conventions, notamment celles de Washington[1] et de Berne[2]. La Convention pose plusieurs principes de base relatifs notamment au bien-être de ces animaux et aux conditions de leur détention.

En droit français, les règles relatives aux animaux de compagnie sont essentiellement visées aux articles L. 214-6 à L. 214-8 et R. 214-19-1 à R. 214-34 du Code rural. L'animal de compagnie y est défini comme l'animal détenu ou destiné à être détenu par l'homme pour son agrément[3]. Il est donc défini selon sa destination et non pas selon l'espèce d'appartenance. Sont ainsi visés par cette définition les carnivores domestiques et tout autre animal vivant quotidiennement aux côtés de son détenteur au sein de la maison. Sont expressément exclus les équidés, les volailles d'ornements, les races de lapins élevées pour leur consommation, les animaux présentés dans des fermes pédagogiques ou les camélidés utilisés pour des promenades[4].

Les bienfaits sociaux, éducatifs, affectifs, thérapeutiques ou encore psychologiques de la présence d'animaux de compagnie aux côtés des humains ne sont plus à démontrer[5], et les Français semblent l'avoir bien compris. La population des chiens, chats, poissons et rongeurs français serait en effet la plus

---

[1] Convention sur le commerce international des espèces sauvages de flore et de faune menacées d'extinction, 3 mars 1973.

[2] Convention de Berne relative à la conservation de la vie sauvage et du milieu naturel de l'Europe, 19 septembre 1979.

[3] C. rur., art. L. 214-6, I.

[4] Instruction pour l'application de l'arrêté ministériel du 3 avril 2014 fixant les règles sanitaires et de protection animale auxquelles doivent satisfaire les activités liées aux animaux de compagnie d'espèces domestiques relevant du IV de l'article L214-6 du code rural et de la pêche maritime ; 24/12/2014 ; Instruction technique, DGAL/SDSPA/2014-1057.

[5] V. notamment le site de l'IAHAIO, l' *international association of human-animal interaction organisations* ; www.iahaio.org.

importante de toute l'Union européenne [6]. Aussi, selon une enquête commandée par la FACCO, la Chambre syndicale des Fabricants d'Aliments préparés pour Chiens, Chats, Oiseaux et autres animaux familiers, près d'un foyer sur deux possède un animal de compagnie et il y aurait en France 63 millions d'animaux de compagnie, dont près de 35 millions de poissons[7]. La plupart de ces animaux proviennent d'établissements d'élevage dont l'activité est encadrée par la réglementation. La cession d'animaux de compagnie et la détention de certains animaux sont également soumises à une réglementation stricte. Depuis le 1er janvier 2016, les règles du commerce de chiens et chats ont d'ailleurs été renforcées pour garantir leur santé, leur bien-être et assurer une traçabilité dans la filière.

---

[6] notre-planete.info, http://www.notre-planete.info/actualites/3751-nombre-animaux-compagnie-France.

[7] enquête FACCO/TNS SOFRES, *La chat poursuit sa progression au sein des foyers français*, communiqué de presse, mai 2015 , http://www.facco.fr/L-enquete-2010.

Chapitre 1. Les établissements d'élevage d'animaux de compagnie

Les établissements d'élevage d'animaux domestiques doivent s'immatriculer préalablement à l'exercice de leur activité. Une personne au moins doit être titulaire d'un certificat de capacité et les personnes exerçant cette activité doivent se conformer aux règles sanitaires et de protection animale. Parallèlement aux normes posées par le Code rural, la réglementation des installations classées pour la protection de l'environnement s'applique dans certains cas aux élevages de chiens.

Section 1. La déclaration ou l'autorisation des établissements d'élevage d'animaux domestiques

La nomenclature des installations classées ne vise explicitement que l'élevage de chiens. Celle-ci soumet les structures hébergeant plus de neuf chiens de plus de quatre mois à la réglementation relative aux installations classées pour la protection de l'environnement. Par ailleurs, le Code rural soumet certains établissements d'élevage d'animaux domestiques à déclaration auprès du préfet.

§ 1. La déclaration ou l'autorisation de l'activité au titre de la réglementation ICPE

Le dispositif législatif et réglementaire relatif aux installations classées et fixant les procédures administratives régissant la création, l'extension et le fonctionnement des élevages de chiens, diffère en fonction du nombre d'animaux présents dans l'élevage. Aussi, ce dispositif s'applique aux établissements d'élevage, de vente, de transit, de garde et de fourrières, à l'exclusion des établissements de soins et de toilettage et des rassemblements occasionnels tels que les foires, les expositions et les démonstrations canines.

En vertu de cette réglementation relative aux installations classées pour la protection de l'environnement, les élevages de chiens sont soumis à la rubrique 2120 de la nomenclature des installations, qui soumet les élevages hébergeant de 10 à 50 chiens au régime de la déclaration et les élevages de plus de 50 chiens au régime de l'autorisation[1]. Pour ce calcul du nombre de chiens, ne sont pris en compte que les chiens âgés de plus de 4 mois.

Les élevages soumis à déclaration, c'est-à-dire ceux comprenant entre 10 et 49 chiens sevrés, doivent respecter les normes contenues dans le règlement sanitaire départemental et les prescriptions mentionnées dans un arrêté préfectoral type. L'élevage doit par ailleurs être implanté à au moins 100 mètres de la première habitation. Les élevages de plus de 49 chiens sevrés doivent, comme pour toute installation classée soumise à autorisation, présenter une étude d'impact et sont soumis à enquête publique. L'arrêté préfectoral d'autorisation fixe les conditions relatives à l'implantation et à l'éloignement de l'installation.

Par ailleurs, précisions que lorsqu'un établissement d'élevage de chiens relève des dispositions des articles L. 512-1, L. 512-7 ou L. 512-8 du Code de l'environnement, la demande d'autorisation ou d'enregistrement ou la déclaration prévue par ces articles vaut déclaration au titre du Code rural[2].

§ 2. La déclaration de l'activité d'élevage au titre du Code rural

Le Code rural soumet la gestion d'une fourrière ou d'un refuge, l'exercice à titre commercial des activités de transit ou de garde, d'éducation, de dressage et de présentation au public de chiens et de chats ainsi que l'exercice de l'activité d'élevage de chiens ou de chats à déclaration auprès du préfet selon les modalités définies par l'article R. 214-28 du Code rural[3]. En vertu de cet article, la déclaration doit être déposée auprès du préfet du département où sont situés les lieux, locaux ou installations utilisés en vue de l'exercice de l'activité au moins trente jours avant le début de celle-ci et donne lieu à la délivrance d'un récépissé de déclaration.

Toutefois, sont dispensés d'effectuer cette déclaration les éleveurs de chats et de chiens lorsqu'ils ne cèdent, à titre onéreux, pas plus d'une portée de chiens ou de chats par an et par foyer fiscal[4]. Les éleveurs produisant uniquement des chiens et chats inscrits au livre généalogique reconnu par le ministre chargé de l'Agriculture sont également dispensés d'effectuer cette déclaration lorsqu'ils cèdent les chiens et les chats à titre onéreux, à condition de ne pas vendre plus d'une portée de chiens ou de chats par an et par foyer fiscal et de déclarer au livre généalogique l'ensemble des portées issues des chiens ou chats qu'ils détiennent.

---

[1] C. env., art. R. 511-9, annexe 3.
[2] C. rur., art. R. 214-28.
[3] C. rur., art. L. 214-6-1.
[4] C. rur., art. L. 214-6-2.

Section 2. L'immatriculation de l'établissement d'élevage d'animaux de compagnie

L'ordonnance n° 2015-1243 du 7 octobre 2015 relative au commerce et à la protection des animaux de compagnie a renforcé la réglementation concernant la protection des animaux de compagnie en créant notamment de nouvelles obligations pour encadrer la vente et l'élevage de chiens et de chats[5]. Désormais, l'élevage de chiens ou de chats est défini comme l'activité consistant à détenir au moins une femelle reproductrice dont au moins un des petits est cédé à titre onéreux[6]. Cette nouvelle définition de l'élevage de chats et de chiens fixe ainsi le seuil d'élevage dès le premier chat ou chien vendu. Afin d'assurer la traçabilité au sein de la filière, il est également ajouté aux articles L. 214-6-2 et L. 214-6-3 du Code rural une obligation d'immatriculation, se traduisant par l'obtention d'un numéro SIREN pour tous les éleveurs et les personnes exerçant une activité de vente à titre commercial. En effet, aux termes de l'article L. 214-6-2 du Code rural, les personnes exerçant l'activité d'élevage de chiens ou de chats sont tenues de s'immatriculer. L'immatriculation de ces personnes doit respecter les conditions prévues à l'article L. 311-2-1 du Code rural, à savoir, déposer un dossier complet de déclaration de création d'une entreprise agricole. La chambre d'agriculture délivre ensuite un récépissé de dépôt de dossier de création d'entreprise à toute personne exerçant à titre habituel des activités réputées agricoles au sens de l'article L. 311-1 du Code rural.

L'exercice à titre commercial d'activités de vente d'animaux de compagnie est également subordonné à l'immatriculation prévue à l'article L. 123-1 du Code de commerce[7]. Les personnes exerçant l'activité de vente d'animaux de compagnie sont ici considérées comme des commerçants et doivent, par conséquent, s'immatriculer au registre du commerce et des sociétés.

Une dérogation à l'obligation d'immatriculation a été introduite pour les éleveurs produisant des animaux inscrits aux livres généalogiques dans la limite d'une portée par an par foyer fiscal. Toutefois, les éleveurs bénéficiant de cette dérogation se voient attribuer un numéro de portée par les livres généalogiques. En effet, les éleveurs produisant uniquement des chiens et chats inscrits au livre généalogique reconnu par le ministre chargé de l'Agriculture sont dispensés d'immatriculation lorsqu'ils cèdent les chiens et les chats à titre onéreux, à condition qu'ils ne vendent pas plus d'une portée par an et par foyer fiscal et qu'ils déclarent au livre généalogique reconnu par le ministre chargé de

---

[5] Ord., n° 2015-1243, 7 oct. 2015 relative au commerce et à la protection des animaux de compagnie, NOR: AGRG1518009R.

[6] C. rur., art. L. 214-6.

[7] C. rur., art. L. 214-6-3.

l'agriculture, pour l'obtention d'un numéro spécifique à la portée, l'ensemble des portées issues des chiens ou chats qu'ils détiennent et qui sont inscrits au livre généalogique[8].

Section 3. Les règles générales de fonctionnement des établissements d'élevage

L'arrêté du 3 avril 2014 précise les conditions dans lesquelles doivent s'exercer les activités en lien avec les animaux de compagnie d'espèces domestiques, en tenant compte des besoins biologiques et comportementaux des animaux selon les espèces animales détenues ainsi que de l'importance des caractéristiques et des impératifs sanitaires des activités en lien avec les animaux de compagnie d'espèces domestiques[9]. Ce texte précise le contenu du règlement sanitaire qui doit être établi par les responsables de ces activités en collaboration avec leur vétérinaire sanitaire et les conditions d'élaboration des guides de bonnes pratiques, élaborés par et pour les professionnels.

§ 1. Le règlement sanitaire et le registre d'entrée et de sortie des animaux

Un règlement sanitaire régissant les conditions d'exercice de l'activité doit être établi par les responsables de ces locaux en collaboration avec un vétérinaire. L'objectif de ce règlement est de préserver la santé et le bien-être des animaux en fonction de leur espèce, ainsi que la santé et l'hygiène du personnel. Il doit comprendre, au minimum, un plan de nettoyage et de désinfection des locaux et du matériel, les règles d'hygiène à respecter par le personnel ou le public et les procédures d'entretien et de soins des animaux incluant la surveillance sanitaire, la prophylaxie et les mesures à prendre en cas de survenue d'un événement sanitaire ainsi que la durée des périodes d'isolement pendant lesquelles les animaux nouvellement introduits sont isolés afin de s'acclimater et d'être observés[10].

Un vétérinaire sanitaire doit procéder au moins deux fois par an à une visite des locaux et informer sans délai de toute mortalité anormale ou de toute morbidité répétée des animaux. Il propose, le cas échéant, lors de ses visites annuelles, la modification du règlement sanitaire[11]. Les établissements d'élevage, de garde et de pension détenant moins de neuf chiens de plus de quatre mois ou moins de neuf chats de plus de dix mois peuvent ne programmer qu'une

---

[8] C. rur., art. L. 214-6-2, III.

[9] Arr., 3 avr. 2014, fixant les règles sanitaires et de protection animale auxquelles doivent satisfaire les activités liées aux animaux de compagnie d'espèces domestiques relevant des articles L. 214-6-1, L. 214-6-2 et L. 214-6-3 du code rural et de la pêche maritime; NOR: AGRG1407261A.

[10] Arr. du 3 avr. 2014 ; préc., Annexe I, chap. III.

[11] C. rur., art. R. 214-30.

seule visite sanitaire par an, dans la mesure où celle-ci ne révèle pas de dysfonctionnement de nature à nuire aux animaux[12].

Par ailleurs, les responsables de ces locaux doivent être en mesure de présenter à toute réquisition des agents de contrôle le registre d'entrée et de sortie des animaux indiquant le nom et l'adresse des propriétaires, ainsi qu'un registre de suivi sanitaire et de santé des animaux comportant des informations sur les animaux malades ou blessés, les comptes rendus des visites et les propositions du vétérinaire sanitaire en charge du règlement sanitaire[13].

§ 2. La qualification professionnelle

La gestion d'une fourrière ou d'un refuge, ainsi que l'exercice à titre commercial des activités de transit ou de garde, d'éducation, de dressage et de présentation au public de chiens et de chats ne peuvent s'exercer que si au moins une personne, en contact direct avec les animaux, peut justifier soit être en possession d'une certification professionnelle dont la liste est établie par le ministre chargé de l'agriculture soit avoir suivi une formation dans un établissement habilité par le ministre chargé de l'agriculture afin d'acquérir les connaissances relatives aux besoins biologiques, physiologiques, comportementaux et à l'entretien des animaux de compagnie et disposer d'une attestation de connaissance établie par l'autorité administrative ou posséder un certificat de capacité délivré par l'autorité administrative en application des dispositions du paragraphe IV de l'article L. 214-6 du code rural dans sa rédaction en vigueur antérieurement à la publication de l'ordonnance n° 2015-1243 du 7 octobre 2015 relative au commerce et à la protection des animaux de compagnie[14]. Le contenu, les modalités d'évaluation des connaissances ainsi que la liste des établissements habilités à délivrer l'ancien certificat de capacité étaient définis par l'arrêté du 31 juillet 2012, aujourd'hui abrogé[15].

L'ordonnance du 7 octobre 2015 a en effet supprimé l'étape de la délivrance du certificat de capacité pour les animaux de compagnies d'espèces domestiques. Le dispositif de formation a été actualisé et renforcé par l'arrêté du 4 février 2016[16]. La formation réglementaire initiale pour les activités en lien avec les animaux de compagnie est désormais sanctionnée par une évaluation nationale en ligne et débouche sur la délivrance d'une attestation de

---

[12] Arr., 3 avril 2014 ; préc., Annexe I, chap. III.

[13] C. rur., art. R. 214-30-3.

[14] C. rur., art. L. 214-6-1.

[15] C. rur., art. R. 214-25 et s.; Arr., 31 juil. 2012, relatif aux modalités de demande et de délivrance du certificat de capacité destiné à l'exercice des activités liées aux animaux de compagnie d'espèces domestiques ainsi qu'aux modalités d'actualisation des connaissances du titulaire de ce certificat, abrogé ; NOR: AGRG1231227A.

[16] Arr., 4 févr. 2016 relatif à l'action de formation et à l'actualisation des connaissances nécessaires aux personnes exerçant des activités liées aux animaux de compagnie d'espèces domestiques et à l'habilitation des organismes de formation ; NOR: AGRE1604336A.

connaissances par les Directions Régionales de l'Alimentation, de l'Agriculture et de la Forêt (DRAAF) de la région où sont situés les établissements habilités à dispenser ces formations. Les conditions d'actualisation des connaissances ont également été renforcées par l'arrêté du 4 février 2016. Le délai d'actualisation des connaissances a été fixé à dix ans.

À titre dérogatoire, les éleveurs de chats et chiens ainsi que les éleveurs produisant uniquement des chiens et chats inscrits au livre généalogique reconnu par le ministre chargé de l'agriculture sont dispensés de la qualification professionnelle lorsqu'ils ne cèdent à titre onéreux pas plus d'une portée par an et par foyer fiscal et qu'ils déclarent au livre généalogique reconnu par le ministre chargé de l'agriculture, pour l'obtention d'un numéro spécifique à la portée, l'ensemble des portées issues des chiens ou chats qu'ils détiennent et qui sont inscrits au livre généalogique[17].

Section 4. Les règles de protection des animaux détenus par ces établissements

Les activités de gestion d'une fourrière ou d'un refuge, de transit ou de garde, d'éducation, de dressage et de présentation au public de chiens et de chats exercées à titre commercial[18] ainsi que l'activité de toilettage des chiens et des chats[19] et la détention par toute personne de plus de neuf chiens sevrés[20], doivent s'exercer dans des locaux adaptés aux besoins biologiques et comportementaux des animaux[21] et être conformes aux règles applicables à l'aménagement et à l'utilisation de l'ensemble de ces locaux édictées par l'arrêté du 3 avril 2014[22].

§ 1. Les normes sanitaires et de protection animale

A. Les règles sanitaires des installations

Les activités d'élevage de chiens ou de chats doivent s'exercer dans des locaux, à l'aide d'installations et d'équipements adaptés, selon les espèces concernées, aux besoins biologiques et comportementaux des animaux ainsi

---

[17] C. rur., art. L. 214-6-2.

[18] C. rur., art. L. 214-6-1, I, 2°.

[19] C. rur., art. L. 214-6-1, IV.

[20] C. rur., art. L. 214-6-1, II.

[21] C. rur., art. R. 214-29.

[22] Arr., 3 avr. 2014, fixant les règles sanitaires et de protection animale auxquelles doivent satisfaire les activités liées aux animaux de compagnie d'espèces domestiques relevant des articles L. 214-6-1, L. 214-6-2 et L. 214-6-3 du code rural et de la pêche maritime; NOR: AGRG1407261A.

qu'aux impératifs sanitaires de l'activité [23]. Les règles applicables à l'aménagement et à l'utilisation de ces locaux, installations et équipements ont été précisées par les annexes de l'arrêté du 3 avril 2014 susvisé.

Aux termes de ces annexes, les locaux d'hébergement doivent notamment avoir des murs, des plafonds et des sols étanches, facilement nettoyables et désinfectables, permettant l'évacuation des déjections et eaux de lavage. L'aération des locaux, l'éclairage et l'isolation thermique doivent être suffisants et un local sanitaire séparé pour les animaux malades ou blessés doit être prévu. Aussi, les locaux doivent être pourvus d'enclos appropriés à la taille des animaux, avec au minimum 5 m² par animal, des clôtures d'au moins 2 mètres de hauteur et d'espaces ombragés.

Notons également que s'agissant des règles relatives à la législation des installations classées, les conditions d'aménagement et de fonctionnement des locaux sont également régies par deux arrêtés d'application, à savoir, l'arrêté du 8 décembre 2006 relatif aux prescriptions générales applicables aux installations classées soumises à déclaration sous la rubrique n° 2120 [24] et l'arrêté du 8 décembre 2006 fixant les règles techniques auxquelles doivent satisfaire les installations renfermant des chiens soumises à autorisation au titre du livre V du code de l'environnement [25]. En vertu de ces arrêtés, les installations des établissements soumis à la réglementation des installations classées, c'est-à-dire détenant plus de neuf chiens, doivent notamment respecter des règles de distance, soit être à plus de 100 mètres des habitations et à plus de 35 mètres des puits, forages et cours d'eau, avoir des installations électriques conformes, disposer de moyens de lutte contre l'incendie, respecter des règles de collecte et de traitement des effluents et prendre des dispositions pour atténuer les odeurs et les bruits pouvant créer des nuisances de voisinage.

B. Les règles de protection animale

Concernant les règles de protection animale, le Code rural pose certaines interdictions relatives à l'élevage des animaux de compagnie. Ainsi, les opérations chirurgicales à des fins non curatives, autres que la coupe de la queue, sont interdites. Cependant, un vétérinaire peut procéder à des interventions chirurgicales réalisées soit dans l'intérêt propre de l'animal, soit pour empêcher sa reproduction[26]. La sélection des animaux de compagnie sur des critères de nature à compromettre leur santé et leur bien-être ainsi que ceux

---

[23] C. rur., art. R. 214-29.

[24] Arr., 8 déc. 2006, relatif aux prescriptions générales applicables aux installations classées soumises à déclaration sous la rubrique n° 2120 ; NOR: DEVP0700016A.

[25] Arr., 8 déc. 2006, fixant les règles techniques auxquelles doivent satisfaire les installations renfermant des chiens soumises à autorisation au titre du livre V du code de l'environnement ; NOR: DEVP0700015A.

[26] C. rur., art. R. 214-21.

de leurs descendants est interdite[27]. Les activités d'éducation et de dressage dans des conditions susceptibles d'infliger des souffrances ou des blessures sont également interdites[28].

Il est rappelé que seules les associations de protection des animaux reconnues d'utilité publique ou les fondations ayant pour objet la protection des animaux peuvent gérer des établissements dans lesquels les actes vétérinaires sont dispensés gratuitement aux animaux des personnes dépourvues de ressources suffisantes. La gestion de ces établissements est subordonnée à une déclaration préalable à l'autorité préfectorale[29].

Enfin, l'incinération des cadavres d'animaux à l'air libre est interdite. Les animaux morts doivent être entreposés et enlevés par l'équarrisseur ou détruits selon les modalités prévues par le Code rural et qui seront étudiées dans le chapitre consacré à l'équarrissage.

§ 2. Les règles spécifiques applicables en fonction de l'activité et de l'espèce concernée

L'annexe II de l'arrêté du 3 avril 2014 précise les dispositions complémentaires applicables en fonction, d'une part, de l'espèce et, d'autre part, de l'activité concernée.

A. Les dispositions complémentaires par espèces

Les dispositions de l'annexe II de l'arrêté du 3 avril 2014 s'appliquent en fonction de l'espèce concernée et visent les chiens, les chats, les furets, les lapins, les rongeurs, les oiseaux et les poissons. Elles sont relatives à l'hébergement, aux contacts sociaux et au mouvement de chacune de ces espèces. En règle générale, ces animaux doivent être hébergés dans des locaux ou installations étanches et isolés thermiquement pour les protéger des intempéries et des conditions climatiques excessives.

Pour les chiens et les chats, ces locaux doivent être adaptés à leur taille et équipés d'une aire de couchage sèche et isolée du sol. Pour les autres, le sol doit être plein et continu recouvert d'une litière appropriée.

Pour les chiens et les chats, la surface minimale dont ils doivent disposer est règlementée. Ainsi, pour les chiens, la surface minimale de l'hébergement est de 5m² par chien et la hauteur de 2 mètres. Toutefois, pour les chiens dont la taille est supérieure à 70 cm au garrot, cette surface

[27] C. rur., art. R. 214-23.
[28] C. rur., art. R. 214-24.
[29] C. rur., art. L. 214-6, III.

d'hébergement ne doit pas être inférieure à 10m², étant précisé que cette surface peut accueillir deux chiens.

Il est également précisé que les chiots non sevrés peuvent être hébergés sur ces surfaces minimales avec leur mère. Cependant, à titre dérogatoire et uniquement pour les établissements de vente, les chiots de plus de huit semaines peuvent être détenus, sans leur mère dans un compartiment dans la surface minimale dépend du poids du chiot. À titre d'exemple, pour un chiot dont le poids est inférieur à 1,5 kg, la surface minimale est de 0,3 m², la surface minimale du compartiment est de 1,5 m² et la hauteur minimale de 1,2 mètre. Les chiots de 20 kg ou plus doivent être hébergés sur une surface minimale de 3m² avec un compartiment d'une surface minimale de 5m² et d'une hauteur minimale de 1,5 mètre[30].

Pour les chats, cet espace minimal requis est de 2m² par chat et cet espace inclut les plates-formes permettant leur couchage. Les chatons non sevrés peuvent être hébergés sur cette surface minimale avec leur mère et dans les établissements de vente, à titre dérogatoire, les chatons de plus de huit semaines peuvent être détenus, sans leur mère dans un compartiment dont la surface minimale requise est de 0,25 m² pour l'espace au sol par chaton, 1,5 m² pour la surface du compartiment et 1,5 mètre pour la hauteur.

Tous les animaux doivent également être hébergés en groupes sociaux harmonieux, sauf lorsque des raisons sanitaires ou comportementales exigent leur isolement. Les chiens, les chats et les furets doivent aussi avoir des contacts interactifs positifs et quotidiens avec des êtres humains et pour les chiens, avec d'autres chiens.

Ils doivent pouvoir se mouvoir librement, sans entrave et sans gêne et doivent pouvoir se dépenser et jouer quotidiennement selon leur besoin.

D'autres normes sont spécifiques à chaque espèce. Par exemple, les oiseaux ne doivent pas être exposés aux courants d'air et doivent tous avoir une place sur les perchoirs. Quant aux chiens, ils doivent disposer d'une aire d'exercice en plein air et ils doivent être sortis en extérieur tous les jours. Même dans les établissements de vente ne disposant pas d'une aire d'exercice en plein air, les chiens doivent être sortis en extérieur tous les jours. Enfin, ils doivent pouvoir se mouvoir librement et ne peuvent être tenus attachés que ponctuellement et conformément à l'arrêté du 25 octobre 1982 relatif à l'élevage, la garde et à la détention des animaux. Cet arrêté dispose que les chiens de garde et d'une manière générale tous les animaux de compagnie et assimilés que leurs maîtres tiennent à l'attache ou enferment dans un enclos doivent pouvoir accéder en permanence à une niche ou abri destiné à les protéger des intempéries, le collier et la chaîne doivent être proportionnés à la taille et à la force de l'animal, ne pas avoir un poids excessif et ne pas entraver ses mouvements. Les animaux ne peuvent être mis à l'attache qu'à l'aide d'une

---

[30] Pour plus de données voir, Arr., 3 avr. 2014, susmentionné, Annexe II, Section I, chap. I.

chaîne assurant la sécurité de l'attache pour les visiteurs et coulissant sur un câble horizontal, ou à défaut, fixée à tout autre point d'attache selon un dispositif tel qu'il empêche l'enroulement, la torsion anormale et par conséquent, l'immobilisation de l'animal. En aucun cas, le collier ne doit être constitué par la chaîne d'attache elle-même ni par un collier de force ou étrangleur. La longueur de la chaîne ne peut être inférieure à 2,50 mètres pour les chaînes coulissantes et 3 mètres pour les chaînes insérées à tout autre dispositif d'attache. Aussi, la hauteur du câble porteur de la chaîne coulissante doit toujours permettre à l'animal d'évoluer librement et de pouvoir se coucher. Enfin, l'attache est interdite pour les animaux n'ayant pas atteint leur taille adulte[31].

Concernant l'hébergement des poissons, il est prévu que le nombre de poissons par aquariums doit être adapté au volume d'eau et aux capacités de filtration et d'aération de l'aquarium. Les paramètres de la qualité de l'eau et la concentration d'oxygène doivent être maintenus dans des limites acceptables pour les espèces détenues. Aussi, les aquariums doivent être couverts ou disposer de tous autres moyens afin d'éviter le saut des poissons. En principe, les espèces vivant naturellement en banc, comme le poisson rouge, doivent être détenus en groupe, sauf quand il est justifié de les isoler pour des raisons sanitaires ou comportementales, auquel cas, le durée de cet isolement doit être limité.

B. Les dispositions complémentaires par activités

1. Les dispositions applicables aux établissements de vente et opérateurs commerciaux

La notion de vente présuppose l'existence d'un but lucratif par la création de bénéfices. Par conséquent, les refuges qui demandent des prises en charge financières des frais engagés pour l'animal mis à l'adoption ne sont pas considérés comme des établissements de vente, mais restent des opérateurs commerciaux notamment au titre des échanges[32]. De même que les élevages de chiens et de chats qui vendent à des particuliers ou qui fournissent des animaleries ne sont pas considérés comme des établissements de vente. Enfin,

---

[31] Arr., 25 oct. 1982, relatif à l'élevage, à la garde et à la détention des animaux, Annexe I, chap. II.

[32] Modification de l'instruction technique DGAL/SDSPA/2014-1057 du 24 décembre 2014 pour l'application de l'arrêté ministériel du 03 avril 2014 fixant les règles sanitaires et de protection animale auxquelles doivent satisfaire les activités liées aux animaux de compagnie d'espèces domestiques relevant des articles L. 214-6-1, L. 214-6-2 et L. 214-6-3 du code rural et de la pêche maritime (élevages de chats et de chiens, refuges, fourrières, pensions, activités de garde ou de dressage de chiens et de chats, activités de vente et de présentation au public d'animaux de compagnie) ; 29 août 2016, Instruction technique, DGAL/SDSPA/2016-685.

les élevages d'animaux de compagnie autres que les chiens et chats qui vendent à des particuliers ou à des animaleries ne sont pas concernés par l'arrêté du 3 avril 2014[33].

Pour les établissements de vente et les opérateurs commerciaux concernés par ces dispositions spécifiques, l'annexe II de l'arrêté du 3 avril 2014 dispose notamment que le temps de séjour des animaux ne doit pas être prolongé, ce qui implique une gestion raisonnée des flux entrants. Il est estimé que la durée de séjour raisonnable en animalerie est de trois mois environ.

Il est également précisé qu'aucun animal ne peut être vendu en libre-service, de même que la vente d'animaux errants, perdus ou abandonnés et des animaux sevrés prématurément est interdite.

2. Les dispositions applicables aux élevages de chiens et de chats

Un éleveur ne peut commercialiser que les *produits* issus de son propre élevage. On entend par *produit,* les chiots et chatons issus des reproductrices. L'éleveur doit être détenteur des femelles reproductrices et des portées qu'il élève dans son établissement. Par conséquent, les chiots et chatons issus de reproductrices qui seraient élevées dans d'autres lieux ne peuvent être considérés comme des *produits* de son élevage et l'information doit être clairement donnée aux futurs acquéreurs.

Concernant les femelles, elles ne peuvent être mises à reproduction que si elles sont en bonne santé, ont fini leur croissance et ont atteint leur deuxième cycle sexuel. Par ailleurs, elles ne doivent pas mettre bas plus de trois fois par période de deux ans et les méthodes de reproduction employées ne doivent pas être source de souffrance.

Aussi, la séparation entre les chiots et les chatons et leurs mères, qui doit se faire progressivement, ne peut se pratiquer avant l'âge de six semaines, sauf nécessité exceptionnelle dans le seul intérêt propre des animaux concernés et dans des conditions précises décrites dans le règlement sanitaire. Enfin, il est précisé que lors des inspections, le devenir des reproducteurs et reproductrices réformés devra être évoqué et l'éleveur doit présenter les débouchés offerts à ces animaux.

---

[33] Modification de l'instruction technique DGAL/SDSPA/2014-1057 du 24 décembre 2014 pour l'application de l'arrêté ministériel du 03 avril 2014 fixant les règles sanitaires et de protection animale auxquelles doivent satisfaire les activités liées aux animaux de compagnie d'espèces domestiques relevant des articles L. 214-6-1, L. 214-6-2 et L. 214-6-3 du code rural et de la pêche maritime (élevages de chats et de chiens, refuges, fourrières, pensions, activités de garde ou de dressage de chiens et de chats, activités de vente et de présentation au public d'animaux de compagnie) ; 29 août 2016, Instruction technique, DGAL/SDSPA/2016-685.

3. Les dispositions applicables aux pensions ou gardes de chiens et chats

Au sens de l'arrêté du 3 avril 2014 susvisé, on entend par activité de garde ou de pension de chiens ou de chats l'activité consistant à héberger ou entretenir des chiens ou des chats, qui n'appartiennent pas à leur gardien. Lorsqu'un animal est accueilli dans une pension, le responsable doit conclure avec le propriétaire un contrat où doivent figurer plusieurs mentions telles que le numéro d'identification de l'animal et l'engagement du responsable de la pension concernant l'hébergement, seul ou en groupe, de l'animal, son alimentation telle que préalablement convenue et le vétérinaire à consulter, si nécessaire. À noter que tous les chats doivent être identifiés avant d'être confiés à une pension ou à une garde à titre commercial par un tiers.

4. Les dispositions applicables aux refuges

Au sens de l'arrêté du 3 avril 2014 susvisé, on entend par l'activité de gestion de refuge, l'activité d'un établissement, à but non lucratif, consistant, pour une fondation ou une association de protection des animaux désignée à cet effet par le préfet, à accueillir dans un établissement et à prendre en charge des animaux en provenance d'une fourrière, abandonnés par leur propriétaire, ou encore confiés ou cédés par l'autorité administrative ou judiciaire[34].

Le gestionnaire du refuge doit décrire sa politique d'adoption, en mettant en évidence les actions qu'il conduit pour placer les animaux et éviter leur séjour prolongé ou leur euthanasie. Par ailleurs, tous les moyens doivent être mis en œuvre pour éviter la reproduction des animaux dans un refuge.

L'annexe II de l'arrêté du 3 avril 2014 précise également que lorsqu'un animal est cédé par son propriétaire à un refuge, une déclaration de cession doit être établie par le cédant et les informations sur les antécédents d'environnement, de santé et de comportement doivent être consignées dans un document.

Les refuges peuvent également déroger, dans des circonstances exceptionnelles de surpopulation, aux normes minimales d'hébergement fixées à l'annexe II et vues précédemment. Cette période ne doit toutefois pas dépasser deux mois par an.

5. Les dispositions applicables aux fourrières

Aux termes de l'arrêté du 3 avril 2014, on entend par activité de gestion de fourrière l'activité consistant à héberger et entretenir des animaux trouvés sur la voie publique ou conduits sur décision de l'autorité administrative ou judiciaire.

---

[34] V. C. rur., art. L. 214-6-II.

Les fourrières ne peuvent pas mettre directement les animaux à l'adoption, mais doivent passer par un refuge. À cet égard, les délais réglementaires de garde doivent être respectés. Rappelons que les animaux errants ne peuvent être saisis sur le territoire d'une commune qu'à la demande du maire ou, dans les propriétés, dans les conditions prévues à l'article L. 211-22 du Code rural.

Une fois l'animal confié à la fourrière et identifié, le responsable doit entreprendre immédiatement les démarches nécessaires pour retrouver ses propriétaires. Ici, comme pour les refuges, le responsable d'une fourrière doit rédiger un document décrivant les actions conduites pour retrouver les propriétaires, les liens pris avec des refuges pour leur confier les animaux dont les propriétaires n'ont pas pu être contactés et les actions qu'il conduit visant à éviter leur séjour prolongé en fourrière ou leur euthanasie.

Les animaux non récupérés par leurs propriétaires sont, dans les départements indemnes de rage et à l'issue du délai légal de huit jours ouvrés, considérés comme abandonnés et deviennent la propriété du gestionnaire de la fourrière, qui peut soit garder les animaux dans la limite de la capacité d'accueil de la fourrière, soit, après avis d'un vétérinaire, céder les animaux à titre gratuit à des fondations ou des associations de protection des animaux disposant d'un refuge qui, seules, sont habilitées à proposer les animaux à l'adoption à un nouveau propriétaire. Après l'expiration du délai de garde, si le vétérinaire en constate la nécessité, il est procédé à l'euthanasie de l'animal abandonné[35].

Les fourrières sont également autorisées, compte tenu de leurs contraintes spécifiques, à déroger à la norme de surface minimale de 10 m² pour un chien dont la taille est supérieure à 70 cm au garrot. Enfin, tous les moyens doivent être mis en œuvre pour éviter la reproduction des animaux dans une fourrière.

6. Les dispositions applicables à l'éducation, au dressage et à la présentation au public

Au sens de l'arrêté du 3 avril 2014 susvisé, on entend par activité d'éducation canine, l'activité consistant à apprendre au chien un comportement adapté aux règles de vie dans un foyer, en présence de son maître. L'activité de dressage canin est l'activité consistant, au cours d'un processus d'apprentissage en présence ou non de son maître, à développer chez un chien des aptitudes particulières, dans un cadre sportif, de loisir, d'utilisation professionnelle ou autre. Enfin, l'activité de présentation au public d'animaux est l'activité consistant à présenter des animaux au sein de structures permanentes fixes ou mobiles ouvertes au public dans le cadre d'un spectacle, d'une exposition ou de toute autre prestation au cours de laquelle les animaux sont utilisés.

[35] C. rur., art. L. 211-25.

L'exercice de ces trois activités doit respecter certaines conditions spécifiques. Ainsi, l'usage de méthodes ou d'accessoires pouvant occasionner des blessures, des souffrances, du stress ou de la peur est interdit et la tranquillité et le repos des animaux doivent être respectés. La sécurité du public, du personnel et des animaux doit également être préservée. Aussi, seuls les animaux aptes au dressage et à la présentation au public peuvent être utilisés.

L'annexe II de l'arrêté du 3 avril 2014 précise également que pour les activités itinérantes, le transport des animaux doit s'effectuer dans le respect des prescriptions du règlement (CE) n° 1/2005 du Conseil du 22 décembre 2004 relatif à la protection des animaux pendant le transport et les opérations annexes, qui sera étudié sous le chapitre consacré au transport des animaux. Notons qu'en principe, les animaux ne peuvent séjourner dans les véhicules de transport, sauf si ces véhicules sont conformes aux prescriptions de l'arrêté du 3 avril 2014 et de ses annexes, avec les adaptions rendues nécessaires par le caractère mobile des installations. Cependant, en dehors des périodes itinérantes, les animaux doivent être hébergés dans des installations fixes dûment déclarées. Enfin, le devenir et l'entretien des animaux inaptes doivent être assurés.

Précisons ici que les établissements de dressage et de présentation au public ne peuvent être assimilés à un refuge et ne sont donc pas habilités à proposer à l'adoption des animaux[36].

Section 5. Dispositions pénales

§1. Les sanctions et les mesures administratives

En cas de manquement aux dispositions de l'article L. 214-6 du Code rural et aux règlements pris pour son application, et sauf urgence, le préfet du département met l'intéressé en demeure de satisfaire à ces obligations dans le délai qu'il détermine, en l'invitant à présenter ses observations dans ce même délai en se faisant assister, le cas échéant, par un conseil de son choix ou en se faisant représenter. Si, à l'expiration du délai, l'intéressé n'a pas obtempéré à cette injonction, ou sans délai en cas d'urgence, le préfet peut ordonner la suspension de l'activité en cause jusqu'à sa régularisation.

L'autorité administrative peut aussi, dans les mêmes conditions, suspendre ou retirer provisoirement ou définitivement le certificat de capacité ou l'agrément permettant l'activité en cause, pour une durée de trois mois à l'issue de laquelle est engagée la procédure de retrait. Pendant la période de

---

[36] C. rur., art. L. 211-25.

suspension de l'activité, l'intéressé est tenu de l'entretien des animaux qu'il détient[37]. À Paris, ces attributions sont exercées par le préfet de police.

Il est également prévu que lorsque les locaux où se pratique de façon habituelle l'élevage en vue de la vente, la commercialisation, le transit, la garde ou le toilettage de chiens ou de chats sont utilisés en violation des dispositions prévues aux articles R. 214-29 à R. 214-33 et D. 212-63 à D. 212-71 du Code rural relatifs au marquage, au tatouage et à l'identification des chiens, chats et autres carnivores domestiques, ou lorsqu'ils abritent des animaux atteints d'une des maladies transmissibles mentionnées à l'article L. 213-3 du Code rural, le préfet du département peut prescrire toute mesure de nature à faire cesser les conditions d'insalubrité. Si ces locaux abritent des animaux destinés à être cédés, le préfet peut prononcer une interdiction de cession et dans ce cas, il précise la destination des animaux. En cas de suspension d'activité, si le responsable n'est pas en mesure d'assurer l'entretien des animaux, il doit procéder à leur placement auprès d'une association de protection des animaux ou d'un autre établissement pouvant les prendre en charge[38].

§ 2. Les sanctions pénales

A. Les délits

Est puni d'une amende de 7 500 €, le fait, pour toute personne gérant un refuge ou une fourrière ou une activité d'élevage, de vente, de transit ou de garde, d'éducation, de dressage ou de présentation au public, en méconnaissance d'une mise en demeure prononcée en application de l'article L. 206-2 du Code rural, de ne pas avoir procédé à la déclaration ou à l'immatriculation de son activité ou de ne pas utiliser ou disposer d'installations conformes aux règles sanitaires et de protection animale pour les animaux et de ne pas s'assurer qu'au moins une personne en contact avec les animaux, dans les lieux où s'exercent les activités, dispose d'un certificat de capacité[39].

Est également puni de 7 500 € d'amende, le fait, pour tout détenteur de plus de neuf chiens sevrés de ne pas disposer d'installations conformes aux règles sanitaires et de protection animale pour ces animaux, malgré la mise en demeure prononcée en application de l'article L. 206-2 du Code rural[40]. Les personnes physiques coupables de l'une de ces infractions encourent également la peine complémentaire de l'affichage et la diffusion de la décision prononcée dans les conditions prévues par l'article 131-35 du Code pénal.

---

[37] C. rur., art. L. 206-2 et R. 206-1 à R. 206-3.

[38] C. rur., art. R. 214-33.

[39] C. rur., art. L. 215-10.

[40] C. rur., art. L. 215-10.

Les personnes morales déclarées responsables pénalement, dans les conditions prévues par l'article 121-2 du Code pénal, de ces infractions encourent, outre l'amende suivant les modalités prévues par l'article 131-38 du Code pénal, la peine prévue par le 9 ° de l'article 131-39 du même code, c'est-à-dire l'affichage de la décision prononcée ou la diffusion de celle-ci soit par la presse écrite, soit par tout moyen de communication au public par voie électronique[41].

Le fait pour toute personne exploitant un établissement de vente, de toilettage, de transit, de garde, d'éducation, de dressage ou de présentation au public d'animaux de compagnie, une fourrière, un refuge ou un élevage d'exercer ou de laisser exercer sans nécessité des mauvais traitements envers les animaux placés sous sa garde, est puni de six mois d'emprisonnement et de 7 500 € d'amende[42].

En cas de condamnation du propriétaire de l'animal ou si le propriétaire est inconnu, le tribunal statue sur le sort de l'animal, qu'il ait été ou non placé au cours de la procédure judiciaire. Le tribunal peut prononcer la confiscation de l'animal et prévoir qu'il sera remis à une fondation ou à une association de protection animale reconnue d'utilité publique ou déclarée, qui pourra librement en disposer.

Les personnes physiques coupables encourent également les peines complémentaires d'interdiction, à titre définitif ou non, de détenir un animal et d'exercer, pour une durée de cinq ans au plus, une activité professionnelle ou sociale dès lors que les facilités que procure cette activité ont été sciemment utilisées pour préparer ou commettre l'infraction. Cette interdiction n'est toutefois pas applicable à l'exercice d'un mandat électif ou de responsabilités syndicales.

Les personnes morales déclarées responsables pénalement, dans les conditions prévues par l'article 121-2 du Code pénal, de ces infractions encourent, outre l'amende suivant les modalités prévues par l'article 131-38 du Code pénal, les peines prévues par les 4 °, 10 ° et 11 ° de l'article 131-39 du même code, c'est-à-dire, la fermeture définitive ou pour une durée de cinq ans au plus des établissements ou de l'un ou de plusieurs des établissements de l'entreprise ayant servi à commettre les faits incriminés, la confiscation de l'animal ayant été utilisé pour commettre l'infraction ou à l'encontre duquel l'infraction a été commise et l'interdiction, à titre définitif ou pour une durée de cinq ans au plus, de détenir un animal[43].

---

[41] C. rur., art. L. 215-10.
[42] C. rur., art. L. 215-11.
[43] C. rur., art. L. 215-11.

B. Les contraventions

En vertu de l'article R. 215-4 du Code rural, constitue une contravention de la quatrième classe, le fait pour toute personne qui élève, garde ou détient des animaux domestiques de les priver de la nourriture ou de l'abreuvement nécessaires à la satisfaction des besoins physiologiques propres à leur espèce et à leur degré de développement, d'adaptation ou de domestication, de les laisser sans soins en cas de maladie ou de blessure, de les placer et de les maintenir dans un habitat ou un environnement susceptible d'être, en raison de son exiguïté, de sa situation inappropriée aux conditions climatiques supportables par l'espèce considérée ou de l'inadaptation des matériels, installations ou agencements utilisés, une cause de souffrances, de blessures ou d'accidents ou encore d'utiliser, sauf en cas de nécessité absolue, des dispositifs d'attache ou de contention ainsi que de clôtures, des cages ou plus généralement tout mode de détention inadapté à l'espèce considérée ou de nature à provoquer des blessures ou des souffrances.

Constitue également une contravention de la quatrième classe, le fait, pour toute personne exerçant une activité de vente, de transit ou de garde, d'éducation, de dressage ou de présentation au public de chiens et de chats ou organisant une exposition ou une manifestation consacrée à des animaux de compagnie, de ne pas présenter aux services de contrôle le récépissé de déclaration de l'activité, de placer les animaux dans des locaux ou installations non conformes aux règles de l'article R. 214-29 du Code rural ou de contrevenir aux règles de l'article R. 214-30 du Code rural relatives à l'organisation de l'activité, au suivi sanitaire des animaux et aux soins qui leur sont prodigués[44].

Le fait de contrevenir aux dispositions de l'article R. 214-30-1 du Code rural relatif aux délais de vente, de ne pas tenir ou ne pas présenter aux contrôles le registre d'entrée et de sortie des animaux ou le registre de suivi sanitaire et de santé des animaux, de présenter à la vente des animaux de compagnie sans respecter les règles prévues aux articles R. 214-31 et R. 214-31-1 du même code et de faire obstacle aux prélèvements et analyses prévus à l'article R. 214-34 de ce code constitue une amende de la quatrième classe[45].

---

[44] C. rur., art. R. 215-5.

[45] C. rur., art. R. 215-5.

Chapitre 2. La vente des animaux domestiques

Depuis le 1er janvier 2016, les règles du commerce de chiens et de chats ont été renforcées pour garantir leur santé, leur bien-être et assurer une traçabilité dans la filière. Le Code rural prescrit diverses conditions relatives à leur identification, à l'offre de cession et à la vente d'un animal domestique ainsi qu'aux causes de nullité de la vente.

Section 1. L'identification obligatoire avant cession

§1. Les animaux concernés par l'identification

Préalablement à leur cession, qu'elle soit à titre gratuit ou onéreux, tous les chiens et chats doivent être identifiés par un procédé agréé par le ministre de l'Agriculture et mis en œuvre par des personnes habilitées à cet effet[1]. L'identification se fait aux frais du cédant.

Même en dehors de toute cession, l'identification est obligatoire pour les chiens âgés de plus de quatre mois et nés après le 6 janvier 1999 et pour les chats de plus de sept mois nés après le 1er janvier 2012. De même, l'identification de tous les carnivores domestiques est obligatoire dans les départements déclarés infectés de rage. Ces dispositions peuvent être étendues et adaptées aux espèces animales non domestiques protégées au titre des articles L. 411-1 et L. 412-1 du Code de l'environnement[2].

A. Les modalités de l'identification

L'article D. 212-63 du Code rural précise que l'identification se fait, d'une part, par le marquage de l'animal par tatouage ou tout autre procédé agréé par arrêté ministériel et, d'autre part, par l'inscription sur le ou les fichiers nationaux des indications permettant d'identifier l'animal et de connaître le nom et l'adresse de leur propriétaire[3]. Ces techniques de marquage agréées et les

---

[1] C. rur., art. L. 212-10.

[2] pour l'identification des loups tenus en captivité, V. Arr., 19 mai 2000 soumettant à autorisation la détention de loups ; NOR: ATEN0090033A et Arr., 19 juill. 2000 fixant les modalités de fonctionnement du fichier national d'identification des loups tenus en captivité ; NOR: ATEN0090301A.

[3] C. rur., art. D. 212-66.

conditions sanitaires de leur mise en œuvre sont définies par arrêté ministériel[4]. L'identification des carnivores domestiques comporte ainsi le marquage par l'attribution à l'animal d'un numéro d'identification exclusif et non réutilisable, l'établissement d'une carte d'identification et l'enregistrement de l'identification de l'animal sur un fichier national. Le marquage par l'attribution d'un numéro d'identification exclusif sur l'animal peut être effectué soit par tatouage, soit par radiofréquence, c'est-à-dire par l'implantation d'un insert à enrobage biocompatible contenant un transpondeur[5].

B. Les personnes habilitées à effectuer l'identification

Le marquage des chiens et des chats ne peut être fait que par des personnes habilitées par le ministre de l'Agriculture[6]. Les vétérinaires sont habilités de plein droit. Pour les personnes souhaitant mettre en œuvre des techniques de marquage qui ne relèvent pas de la médecine vétérinaire doivent en faire la demande dans les conditions de l'article D. 212-65 du Code rural. Une fois dûment habilitée, la personne procédant au marquage doit fournir un document attestant le marquage au propriétaire de l'animal et dans les huit jours, au gestionnaire du fichier national[7].

Notons qu'en cas de cession, le vendeur ou le donateur est tenu d'adresser dans les huit jours au gestionnaire du fichier national le document attestant de la mutation et de délivrer immédiatement au propriétaire le document attestant de l'identification. En cas de changement d'adresse, le propriétaire doit signaler celle-ci au fichier national[8].

C. Dispositions pénales

Constitue une contravention de la quatrième classe le fait de céder un animal sans procéder à son identification obligatoire, de ne pas procéder à l'identification des animaux dans les départements infestés par la rage, de procéder ou faire procéder au marquage des animaux par une technique non agréée ou par une personne non habilitée, de procéder au marquage sans respecter les formalités de l'article D. 212-68 du Code rural ou de vendre ou

---

[4] C. rur., art. D. 212-64 ; V. Arr., 14 août 2001 modifiant l'arrêté du 2 juillet 2001 relatif à l'identification par radiofréquence des carnivores domestiques ; NOR: AGRG0101646A ; Arr., 2 juillet 2001 modifiant l'arrêté du 30 juin 1992 relatif à l'identification par tatouage des chiens et des chats. ; NOR: AGRG0101248A.

[5] V. Arr., 1er août 2012, relatif à l'identification des carnivores domestiques et fixant les modalités de mise en œuvre du fichier national d'identification des carnivores domestiques ; NOR: AGRG1228993A.

[6] C. rur., art. D. 212-65.

[7] C. rur., art. D. 212-68.

[8] C. rur., art. D. 212-68.

donner un animal sans respecter ces mêmes formalités et de détenir un chien né après le 6 janvier 1989 non identifié par un procédé agréé par le ministre[9].

§ 2. L'offre de cession

Au titre de l'article L. 214-8-1 du Code rural, plusieurs informations doivent figurer sur une offre de cession de chats ou de chiens. Ainsi, toute publication d'une offre de cession doit mentionner l'âge de l'animal et l'existence ou l'absence d'inscription de celui-ci à un livre généalogique reconnu par le ministre chargé de l'agriculture et, le cas échéant, le numéro d'identification de chaque animal ou celui de la femelle ayant donné naissance aux animaux ainsi que le nombre d'animaux de la portée. Lorsque l'offre de cession est à titre onéreux et quel que soit le support utilisé, la publication doit faire figurer le numéro d'immatriculation du professionnel exerçant soit l'activité d'élevage de chiens ou de chats soit l'activité, à titre commercial, de vente d'animaux de compagnie. Les éleveurs de chiens ou de chats inscrits au livre généalogique reconnu par le ministre de l'Agriculture doivent faire figurer le numéro de portée attribué par le livre généalogique. Lorsque l'offre de cession est à titre gratuit, la publication doit mentionner le caractère de don ou de gratuité. Par ailleurs, lorsque le chat ou le chien en question est inscrit sur un livre généalogique, la mention « race » doit apparaître dans la publication de l'offre. Au cas contraire, la mention « n'appartient pas à une race » doit clairement être indiquée. Cependant, dans ce dernier cas, la mention « d'apparence » suivie du nom d'une race peut être utilisée à condition que le vendeur puisse garantir l'apparence morphologique de cette race à l'âge adulte[10].

§ 3. Les conditions de la vente

A. La cession par des professionnels

Toute vente d'animaux de compagnie qui est réalisée dans le cadre des activités visées aux articles L. 214-6-1 à L. 214-6-3 du Code rural, à savoir la gestion d'une fourrière ou d'un refuge, l'élevage de chiens et de chats, l'exercice à titre commercial des activités de vente, de transit ou de garde, d'éducation, de dressage et de présentation au public, doit être accompagnée, au moment de la livraison de l'animal à l'acquéreur, de la délivrance de plusieurs documents. Il s'agit, d'une part, de l'attestation de cession et, d'autre part, d'un document comprenant des informations sur les caractéristiques et les besoins de l'animal

---

[9] C. rur., art. R. 215-15.
[10] C. rur., art. R. 214-32-1.

et, si nécessaire, des conseils d'éducation[11]. Lorsque la vente est réalisée entre professionnels, la facture tient lieu d'attestation de cession. Toute personne qui cède un chien ou un chat, à titre gratuit ou onéreux, doit aussi faire établir un certificat vétérinaire, délivré par un vétérinaire et établi en fonction des informations portées à sa connaissance, tel que l'identité et l'adresse du cédant, et d'un examen de l'état de santé apparent de l'animal[12]. Les établissements de présentation à la vente d'animaux domestiques doivent également faire figurer sur les équipements utilisés pour la présentation des animaux certaines mentions, telles que l'espèce d'appartenance, le prix de vente ou encore une estimation du coût d'entretien moyen annuel de l'animal, hors frais de santé[13]. Toutes ces dispositions s'appliquent également aux cessions à titre gratuit ou onéreux faites par une association ou une fondation consacrée à la protection des animaux.

De façon à limiter les conséquences d'un déplacement et d'un changement de milieu sur le bien-être de l'animal, l'article R. 214-30-1 du Code rural dispose qu'un arrêté du ministre de l'Agriculture doit préciser la durée minimale durant laquelle l'animal doit être maintenu dans les locaux de présentation à la vente. Le chapitre IV de l'annexe 1 de l'arrêté du 3 avril 2014 dispose que la durée de cette période doit être définie en collaboration avec le vétérinaire sanitaire, qui doit tenir compte du statut sanitaire des animaux introduits et de la période d'incubation des principales maladies pouvant affecter les espèces introduites. Il est ajouté que si les animaux nouvellement introduits font l'objet d'une vente, la livraison ne peut avoir lieu qu'à l'expiration d'une période dont la durée minimale est fixée à cinq jours pour les chiens et chats et de deux jours pour les autres espèces non aquatiques[14].

B. La cession entre particuliers

Toute cession à titre onéreux d'un chat ou d'un chien, en dehors des activités visées aux articles L. 214-6-1 à L. 214-6-3 du Code rural, doit être accompagnée d'un certificat vétérinaire, établi dans les mêmes conditions que pour une cession par un professionnel[15].

---

[11] C. rur., art. L. 214-8.

[12] C. rur., art. D. 214-32-2.

[13] Arr. du 31 juill. 2012 relatif aux mentions essentielles devant figurer sur les équipements utilisés pour la présentation des animaux de compagnie d'espèces domestiques en vue de leur cession ainsi qu'au contenu du document d'information et de l'attestation de cession mentionnés au I de l'article L. 214-8 du code rural et de la pêche maritime, NOR: AGRG1231259A ; modif., arr., 7 juill. 2016.

[14] Arr., 3 avr. 2014, fixant les règles sanitaires et de protection animale auxquelles doivent satisfaire les activités liées aux animaux de compagnie d'espèces domestiques relevant des articles L. 214-6-1, L. 214-6-2 et L. 214-6-3 du code rural et de la pêche maritime; NOR: AGRG1407261A; Annexe I, chap. IV.

[15] C. rur., art. L. 214-8, IV.

§ 4. Les interdictions d'acquisitions ou de cession

A. Les interdictions générales

À titre général, la vente en libre-service d'un animal vertébré est interdite[16]. Par ailleurs, seuls les chiens et les chats âgés de plus de huit semaines peuvent faire l'objet d'une cession, à titre gratuit ou onéreux[17] et aucun animal de compagnie ne peut être vendu à un mineur de moins de 16 ans sans le consentement de ses parents ou des personnes exerçant l'autorité parentale[18]. L'article L. 214-4 du Code rural interdit l'attribution en lot ou prime de tout animal vivant, à l'exception des animaux d'élevage dans le cadre de fêtes, foires, manifestations sportives, folkloriques et locales traditionnelles, concours et manifestations agricoles. Il est également interdit d'acquérir ou de céder, à titre gratuit ou onéreux, des chiens appartenant à la première catégorie, c'est-à-dire les chiens d'attaque, sauf exception prévue par la loi[19]. Enfin, en dehors des manifestations régulièrement déclarées, la présentation des animaux de compagnie en vue d'une cession à titre gratuit ou onéreux ne peut avoir lieu ni sur le trottoir, ni sur la voie publique. Cette présentation peut avoir lieu dans des véhicules, à condition que ceux-ci soient spécifiquement aménagés pour se conformer aux exigences en matière d'installation[20].

B. L'interdiction de cession des animaux de compagnie dans le cadre de certaines manifestations

La présentation d'animaux malades ou blessés est interdite lors de manifestation destinée à la présentation à la vente d'animaux de compagnie ou d'une exposition ou de toute autre manifestation consacrée à des animaux de compagnie[21]. Par ailleurs, la cession, à titre gratuit ou onéreux, d'animaux de compagnie est interdite dans les foires, marchés, brocantes, salons, expositions ou toutes autres manifestations non spécifiquement consacrés aux animaux[22]. À titre dérogatoire, le préfet peut autoriser la vente d'animaux de compagnie autres que les chiens et chats pendant une période prédéfinie par des professionnels exerçant des activités de vente dans des foires et marchés non spécifiquement consacrés aux animaux.

[16] C. rur., art. L. 214-8.
[17] C. rur., art. L. 214-8, II.
[18] C. rur., art. R. 214-20.
[19] C. rur., art. L. 211-15.
[20] C. rur., art. R. 214-31-1.
[21] C. rur., art. R. 214-31-1.
[22] C. rur., art. L. 214-7.

C. L'interdiction de la vente d'animaux contagieux

L'exposition, la vente ou la mise en vente d'animaux atteints ou soupçonnés d'être atteints d'une maladie contagieuse sont interdites par l'article L. 223-7 du Code rural. La vente d'un animal atteint d'une maladie contagieuse est nulle de droit, que le vendeur ait connu ou ignoré l'existence de cette maladie dont l'animal était atteint. Aucune réclamation de la part de l'acheteur pour raison de nullité ne sera recevable lorsqu'il se sera écoulé plus de quarante-cinq jours depuis le jour de la livraison, s'il n'y a poursuites du ministère public. Si l'animal a été abattu, ce délai est réduit à dix jours à compter du jour de l'abattage[23]. Une fois que la nullité de la vente d'animaux atteints d'une maladie contagieuse est prononcée, la restitution du prix de vente et celle des animaux survivants devront en principe être ordonnées, sans rechercher si la mort des animaux survenus avant l'annulation était bien due à la maladie contagieuse, car, par l'effet rétroactif de la nullité prononcée, le vendeur est censé être resté propriétaire du troupeau et doit donc en supporter les risques tant qu'il ne prouve pas que la mort est due à une faute de l'acheteur[24].

§ 5. Dispositions pénales

Est puni de l'amende prévue pour les contraventions de la quatrième classe le fait d'attribuer un animal vivant à titre de lot ou prime, de vendre un animal de compagnie à un mineur de moins de 16 ans sans s'assurer du consentement des parents, de proposer à la cession des chiens et chats âgés de huit semaines ou moins, de céder à titre onéreux ou gratuit un chat ou un chien sans délivrer le certificat vétérinaire ou encore de publier ou de faire publier une offre de cession portant sur un chien ou un chat, ne comportant pas les mentions obligatoires[25]. Constitue également une contravention de la quatrième classe le fait de vendre des animaux de compagnie ayant subi une intervention chirurgicale en méconnaissance des dispositions de l'article R. 214-21 du Code rural ou de présenter de tels animaux lors d'une manifestation destinée à la présentation à la vente d'animaux de compagnie ou lors d'une exposition ou de toute autre manifestation consacrée à des animaux de compagnie[26]. Est puni de l'amende prévue pour les contraventions de la troisième classe le fait de céder à titre gratuit, de proposer à la vente ou de vendre des animaux de compagnie sans respecter les prescriptions relatives à la remise des documents d'accompagnement et à la publication des offres de cession[27].

---

[23] C. rur., art. L. 223-7.
[24] Civ. 1ère, 6 déc. 1967, n° 65.14237.
[25] C. rur., art. R. 215-5-1.
[26] C. rur., art. R. 215-5-1.
[27] C. rur., art. R. 215-5-2.

Chapitre 3. La nullité de la vente pour vice du consentement

La vente d'un animal domestique est un contrat civil bilatéral par lequel l'acheteur s'engage à prendre livraison de l'animal et à en payer le prix et le vendeur s'engage à livrer l'animal et à le garantir. Pour que le contrat soit légal, il faut que son contenu soit licite et certain, que les parties aient la capacité de contracter et que leur consentement soit valide[1]. Ainsi, pour qu'un contrat soit valablement formé, le consentement doit exister et il doit être exempt de vices. Il existe trois vices du consentement que sont l'erreur, le dol et la violence. L'ordonnance n° 2016-131 du 10 février 2016 portant réforme du droit des contrats, du régime général et de la preuve des obligations, publiée au Journal officiel le 11 février 2016, entré en vigueur le 1er octobre 2016 et s'appliquant aux contrats conclus après cette date, a conservé ces trois vices.

Section 1. La validité du consentement pour les contrats conclus avant le 1er octobre 2016

L'ancien article 1109 du Code civil prévoit trois vices du consentement. En effet, le consentement n'est pas valable s'il n'a été donné que par erreur ou s'il a été extorqué par violence ou surpris par dol. Lorsque le consentement n'est pas valable, la partie qui l'a donné peut obtenir la nullité du contrat, qui sera alors réputé n'avoir jamais existé et les parties seront replacées dans la situation dans laquelle elles se trouvaient avant la vente. Cette action en nullité doit être intentée dans un délai de cinq ans. Ce temps ne court dans le cas de violence que du jour où elle a cessé, dans le cas d'erreur ou de dol, du jour où ils ont été découverts[2].

§ 1. L'erreur

L'erreur implique une appréciation inexacte de la réalité. Les dispositions du Code civil applicable pour les contrats conclus avant le 1er octobre 2016 prévoient deux types d'erreurs, celle qui porte sur la substance ou les qualités substantielles et celle portant sur la personne[3]. La qualité substantielle est celle dont l'absence, si elle avait été connue, aurait empêché la conclusion du contrat.

---

[1] C. civ., art. 1128.
[2] C. civ., art. 1304.
[3] C. civ., art. 1110.

L'erreur sur la personne est une cause de nullité dans les contrats conclus *intuitu personae*, c'est à dire en considération de la personne.

Cependant, plusieurs types d'erreurs ne permettront pas d'obtenir la nullité du contrat. Ainsi en est-il de l'erreur portant sur une qualité non substantielle, de l'erreur sur la personne pour les contrats qui ne sont pas conclus *intuitu personae*, de l'erreur sur la valeur dans le cas où un objet est estimé plus cher qu'il ne vaut sans qu'il y ait erreur sur les qualités de cet objet et de l'erreur sur les motifs étrangers à la chose objet du contrat.

Pour que l'erreur soit cause de nullité, elle ne doit pas être inexcusable. Le caractère excusable ou non de l'erreur s'apprécie *in concreto*, en fonction de l'aptitude de la personne. L'erreur doit porter sur un élément connu de l'autre partie. Ainsi, lorsque l'erreur porte sur la qualité substantielle, le contractant doit avoir eu connaissance que la qualité était substantielle aux yeux de l'autre. L'erreur doit également avoir été déterminante. En général, lorsque la qualité est objectivement substantielle, c'est-à-dire qu'elle est substantielle aux yeux de tous, il y a présomption d'erreur commune.

L'erreur doit être prouvée par la partie qui l'invoque et elle peut être prouvée par tout moyen. Elle s'apprécie au moment de la conclusion du contrat. La nullité sanctionnant l'erreur vice du consentement est une nullité relative qui doit être intentée dans les cinq ans à compter de la découverte du vice. En principe, le contrat est annulé en son entier.

§ 2. Le dol

Le dol est une manœuvre de l'une des parties destinées à induire l'autre en erreur et l'amener à contracter[4]. Le dol cause de nullité doit réunir deux éléments. Il faut un élément matériel qui peut résider dans des manœuvres, un mensonge ou une omission. Il faut également un élément intentionnel. Le dol est une manœuvre qui doit être commise dans l'intention de tromper l'autre partie.

Pour que le dol soit cause de nullité, il doit avoir été déterminant et doit émaner du cocontractant. Pour que le dol soit déterminant, il faut que l'erreur qu'il a engendrée ait été elle-même déterminante pour contracter.

Conformément à l'ancien article 1116 alinéa 2 du Code civil, *« le dol ne se présume pas et doit être prouvé »*. La preuve du dol se fait par tout moyen. Comme pour l'erreur, le dol permet à la victime d'obtenir la nullité relative du contrat. Le contrat disparaît rétroactivement et est censé n'avoir jamais existé. Précisions que la victime du dol peut choisir de demander réparation du préjudice sur le fondement de la responsabilité contractuelle sans demander la nullité du contrat.

---

[4] C. civ. art., 1116.

§ 3. La violence

La violence est définie comme une contrainte exercée sur la volonté d'une personne pour l'amener à donner son consentement. Selon l'ancien article 1112 du Code civil, « *il y a violence lorsqu'elle est de nature à faire impression sur une personne raisonnable, et qu'elle peut lui inspirer la crainte d'exposer sa personne ou sa fortune à un mal considérable et présent. On a égard, en cette matière, à l'âge, au sexe et à la condition des personnes* ».

La violence peut être physique, morale ou elle peut concerner le patrimoine de la victime. La contrainte économique est ainsi une forme de violence lorsqu'il y a une situation de dépendance économique et une exploitation abusive de cette situation de dépendance.

Pour que la violence soit cause de nullité, il faut que le danger soit imminent, c'est-à-dire que la crainte doit exister au moment de l'acceptation du contrat. La violence doit avoir un caractère imminent et elle doit être illégitime. L'auteur de la violence peut être le cocontractant ou un tiers[5] et la victime peut être le cocontractant ou un membre de sa famille ou un proche[6].

La sanction de la violence est la nullité relative. Ici encore la victime dispose d'un délai de cinq ans à compter du moment où la violence a cessé pour entamer une procédure pour vice du consentement et obtenir l'annulation de la vente.

Section 2. La validité du consentement pour les contrats conclus après le 1er octobre 2016

L'ordonnance n° 2016-131 du 10 février 2016 portant réforme du droit des contrats, du régime général et de la preuve des obligations, a été publiée au Journal officiel le 11 février 2016 et ses dispositions sont entrées en vigueur le 1er octobre 2016.

Les nouveaux articles 1130 et suivants du Code civil reprennent ces trois vices du consentement, mais en y ajoutant des solutions déjà consacrées par la jurisprudence.

En ce qui concerne l'erreur, la réforme intègre les solutions jurisprudentielles qui refusaient d'admettre l'erreur comme cause de nullité lorsqu'elle porte sur les motifs, à moins que les parties en aient fait

---

[5] C. civ., art. 1111.

[6] C. civ., art. 1113.

expressément un élément déterminant de leur consentement [7] ou bien lorsqu'elle porte sur la valeur[8]. De même, si la partie victime de l'erreur avait accepté un aléa sur la qualité de la prestation, cette erreur ne sera pas une cause de nullité[9].

Concernant le dol, l'ordonnance consacre les solutions jurisprudentielles relatives à la réticence dolosive comme cause de nullité. Cette réticence dolosive est désormais définie par le nouvel article 1137 du Code civil comme étant « *la dissimulation intentionnelle par l'un des contractants d'une information dont il sait le caractère déterminant pour l'autre partie* ». Constitue également une cause de nullité l'erreur provoquée par un dol, même si elle porte sur les motifs ou la valeur[10].

Enfin, s'agissant de la violence, l'ordonnance consacre la notion de violence économique que la jurisprudence avait déjà reconnue, mais à des conditions plus strictes[11]. Pour qu'un contrat soit annulé sur ce fondement, il faut que la partie victime de la violence se trouve dans un état de dépendance, qu'elle ait consenti un engagement qu'elle n'aurait pas souscrit en l'absence d'une telle contrainte et il faut que l'autre partie en tire un avantage manifestement excessif.

Concernant le délai de cinq ans de l'action en nullité, il ne court, en cas d'erreur ou de dol, que du jour où ils ont été découverts et, en cas de violence, que du jour où elle a cessé[12].

---

[7] C. civ. nouv., art. 1135.
[8] C. civ. nouv., art. 1136.
[9] C. civ., nouv., art. 1133.
[10] C. civ. nouv., art. 1139.
[11] C. civ. nouv., art. 1143.
[12] C. civ. nouv., art. 1144.

Chapitre 4. Les actions en garantie

L'action en garantie dans les cessions d'animaux ou produits d'animaux donnant lieu à application des articles 1641 à 1649 du Code civil est régie par le Code rural. En effet, aux termes de l'article L. 213-1 du Code rural, « *l'action en garantie, dans les ventes ou échanges d'animaux domestiques est régie, à défaut de conventions contraires, par les dispositions de la présente section, sans préjudice ni de l'application des articles L. 211-1 à L. 211-15, L. 211-17 et L. 211-18 du code de la consommation ni des dommages et intérêts qui peuvent être dus, s'il y a dol* ».

Trois actions en garantie peuvent alors être intentées. En effet, le Code rural prévoit la possibilité d'introduire une action fondée sur la garantie des vices rédhibitoires. En raison des conditions strictes d'application de cette garantie, la garantie des vices cachés prévue par le Code civil pourra, dans certains cas seulement, être invoquée. Par ailleurs, depuis l'ordonnance du 17 février 2005 transposant la directive n° 99/44/CE du 25 mai 1999 relative à certains aspects de la vente et des garanties des biens de consommation, la garantie légale de conformité s'applique à la vente des animaux domestiques.

Section 1. L'action en garantie pour vices rédhibitoires

La vente et l'échange d'animaux domestiques sont soumis à un régime de garantie spécifique prévu par le Code rural selon des conditions plus strictes que celles du droit commun. En effet, le code rural prévoit, d'une part, une liste des vices rédhibitoires par catégorie d'animaux ouvrant droit à la garantie et, d'autre part, des délais de mise en œuvre particulièrement brefs. En outre, pour certains vices, un diagnostic de suspicion doit être établi par un vétérinaire dans le délai imparti par le Code rural pour chaque maladie, préalablement à l'action en justice et un expert chargé de dresser procès-verbal doit être désigné.

§ 1. La liste des vices rédhibitoires

L'article R. 213-2 du Code rural fixe la liste des vices rédhibitoires ouvrant droit à l'action en garantie dans les ventes ou échanges d'animaux permettant la résolution de la vente. Il incombe à l'acheteur de démontrer l'existence de ce vice dans un certain délai afin que l'antériorité du vice soit présumée et d'engager l'action dans un autre délai.

Pour les chiens, sont réputés vices rédhibitoires la maladie de Carré, l'hépatite contagieuse (maladie de Rubarth), la parvovirose canine, la dysplasie coxofémorale, l'ectopie testiculaire pour les animaux âgés de plus de six mois et l'atrophie rétinienne[1].

Pour l'espèce féline, sont réputés vices rédhibitoires, la leucopénie infectieuse, la péritonite infectieuse féline, l'infection par le virus leucémogène félin et l'infection par le virus de l'immunodépression[2].

Pour le cheval, l'âne et le mulet, les maladies et défauts ouvrant droit à l'action en garantie des défauts de la chose vendue sont l'immobilité, l'emphysème pulmonaire, le cornage chronique, le tic proprement dit avec ou sans usure des dents, les boiteries anciennes intermittentes, l'uvéite isolée et l'anémie infectieuse des équidés. Pour que cette dernière maladie ouvre droit à rédhibition, les animaux doivent avoir fait l'objet d'une recherche de la maladie par des épreuves effectuées selon les procédés et critères approuvés par le Conseil national d'orientation de la politique sanitaire animale et végétale et le résultat doit avoir été reconnu positif par un laboratoire agréé par le ministre chargé de l'agriculture.

Pour l'espèce porcine, seule la ladrerie est réputée vices rédhibitoires ouvrant droit à l'action en garantie. Pour l'espèce bovine, les maladies ouvrant droit à cette action sont, sous conditions précisées par l'article, la tuberculose, la rhino-trachéite infectieuse et la leucose enzootique. Enfin, pour les espèces bovine, ovine et caprine, il s'agit de la brucellose[3].

L'article L. 213-6 du Code rural précise par ailleurs que pour les animaux vendus pour la boucherie et reconnus tuberculeux après abattage, le vendeur est tenu au remboursement de la valeur des viandes saisies. Pour ce faire, l'acheteur doit établir l'identité de l'animal qui a fait l'objet de la saisie et produire, à l'appui de sa demande, un certificat délivré par l'agent ayant la qualité de vétérinaire officiel. En cas de saisie totale, l'acheteur pourra obtenir le remboursement du prix de la vente diminué de la valeur de la dépouille. En cas de saisie partielle de la viande, le remboursement mis à la charge du vendeur sera égal à la valeur de la partie saisie, calculée sur le prix effectivement reçu par le vendeur et compte tenu de la catégorie de la viande saisie.

§ 2. Les délais d'action prescrits par le code rural

L'acheteur d'un animal dispose d'un délai de trente jours pour introduire l'une des actions ouvertes par l'existence d'un vice rédhibitoire et provoquer la nomination d'experts chargés de dresser un procès-verbal.

---

[1] C. rur., art. R. 213-2.
[2] C. rur., art. R. 213-2.
[3] C. rur., art. R. 213-1.

§ 3. Le diagnostic de suspicion

Pour certaines maladies transmissibles du chien et du chat, les dispositions de l'article 1647 du Code civil ne s'appliquent que si un diagnostic de suspicion a été établi par un vétérinaire dans le délai imparti par l'article R. 213-6 du Code rural.

L'article 1647 du Code civil dispose que « *Si la chose qui avait des vices a péri par suite de sa mauvaise qualité, la perte est pour le vendeur, qui sera tenu envers l'acheteur à la restitution du prix et aux autres dédommagements expliqués dans les deux articles précédents. Mais la perte arrivée par cas fortuit sera pour le compte de l'acheteur* ».

Le délai pour établir ce diagnostic est de cinq jours pour la parvovirose, cinq jours pour la leucopénie infectieuse féline, de huit jours pour la maladie de Carré, six jours pour l'hépatite contagieuse canine, quinze jours pour l'infection par le virus leucémogène félin et vingt et un jours pour la péritonite infectieuse féline[4]. Ces délais courent à compter de la livraison de l'animal[5].

§ 4. La nomination d'experts

Sous peine d'irrecevabilité de l'action, l'acheteur doit solliciter, dans un délai de trente jours, la nomination d'experts chargés de dresser procès-verbal. Cette requête doit être présentée au juge du tribunal d'instance du lieu où se trouve l'animal afin que celui-ci nomme un ou trois experts. Le rôle des experts est de vérifier l'état de l'animal, de recueillir tous les renseignements utiles, de donner leur avis et d'affirmer par serment la sincérité de leurs opérations[6].

Concernant la dysplasie coxofémorale, si le chien a été vendu avant l'âge d'un an, les radiographies pratiquées avant sa cession seront prises en compte en cas d'action résultant des vices rédhibitoires[7].

Section 2. La garantie des vices cachés : une garantie contractuelle

En principe, les dispositions du Code civil relatives à la garantie des vices cachés sont inapplicables en matière de vente d'animaux domestiques. Toutefois, les parties peuvent convenir contractuellement de faire jouer la garantie civile des vices cachés. En effet, si jusqu'en 2001 les tribunaux admettaient le recours aux articles 1641 et suivants du Code civil dans le cadre de l'action en garantie, la Cour de cassation a, depuis cette date, précisé que

---

[4] C. rur., art. R. 213-6.
[5] C. rur., art. R. 213-7.
[6] C. rur., art. R. 213-3.
[7] C. rur., art. R. 213-2.

« *l'action en garantie (...) est régie à défaut de conventions contraires, par les dispositions du code rural* »[8].

§ 1. La convention dérogatoire

La loi permet aux parties de déroger au système de garantie du code rural par des dispositions conventionnelles. Si en principe cette dérogation doit être expresse, la jurisprudence admet qu'elle soit tacite sous réserve que l'intention des parties apparaisse clairement.

Ainsi, il a été jugé que la convention dérogatoire implicite résultait de la vente aux enchères spécialisées du cheval contre un prix substantiel et les courriers établissant l'usage sportif prévu pour l'animal[9]. La convention dérogatoire peut résulter de la nature de l'animal et de sa destination. Ainsi en est-il pour un cheval destiné à la compétition de saut d'obstacles[10].

Pareillement, lorsque le vendeur est un éleveur spécialisé dans la race de chien considérée, l'acheteur est en droit d'attendre que l'animal possède les qualités physiques de cette race, recherché par l'acquéreur et le Tribunal peut retenir que le vendeur professionnel est réputé connaître les vices de l'animal vendu[11].

§ 2. La mise en œuvre de la garantie des vices cachés

Les articles 1641 et suivants du Code civil s'appliquent à la garantie des vices cachés. Pour que cette garantie puisse être mise en œuvre, il faut que le vice soit caché, grave, c'est-à-dire qu'il doit rendre l'animal impropre à l'usage auquel il est destiné et il doit être antérieur à la vente.

L'article 1648 du Code civil dispose que « *l'action résultant des vices rédhibitoires doit être intentée par l'acquéreur dans un délai de deux ans à compter de la découverte du vice* ». L'action est donc prescrite par un délai de deux ans à compter de la découverte du vice.

Dès lors qu'il est démontré que l'animal vendu est porteur d'un défaut caché, que celui-ci existait au jour de la vente et qu'il est de nature à compromettre l'usage pour lequel l'animal a été acheté, l'acheteur peut soit demander la restitution d'une partie du prix du produit soit rendre la chose et en obtenir son remboursement[12]. Enfin, si le vendeur connaissait l'existence du

---

[8] Civ. 1ère, 6 mars 2001, n° 98-16332.
[9] Civ. 1ère, 1er juill. 2015, n° 13-25489.
[10] Civ. 1ère, 17 oct. 2012, n° 11-10577.
[11] Civ. 1ère, 9 janv. 1996, n° 94-11434.
[12] C. civ., art. 1644.

vice de la chose il pourra également être condamné à verser des dommages et intérêts à l'acheteur[13].

§ 3. La garantie légale de conformité

L'article L. 213-1 du Code rural renvoie aux dispositions du Code de la consommation pour la mise en œuvre la garantie légale de conformité. Cette garantie impose au vendeur professionnel de livrer un bien conforme au contrat et de répondre des défauts de conformité existant lors de la délivrance[14]. Elle s'applique aux contrats de ventes et d'échanges d'animaux domestiques conclus entre un vendeur professionnel et un consommateur. La Cour de cassation a été amenée à rappeler que, dès lors qu'une vente a été conclue entre un vendeur agissant au titre de son activité professionnelle et un acheteur agissant en qualité de consommateur, il incombe aux juges du fond de faire application, au besoin d'office, des dispositions d'ordre public relatives à la garantie légale de conformité[15].

A. Mise en œuvre de la garantie

La garantie légale de conformité est régie par les dispositions du Code de la consommation et vise à assurer la correcte exécution du contrat de vente par le vendeur professionnel. L'article L. 211-4 du Code de la consommation dispose effectivement que « le vendeur est tenu de livrer un bien conforme au contrat et répond des défauts de conformité existant lors de la délivrance ».

En matière de vente d'animaux domestiques, le Code rural renvoie expressément au Code de la consommation. L'article L. 213-1 du Code rural dispose en effet en son premier alinéa que « l'action en garantie, dans les ventes ou échanges d'animaux domestiques est régie, à défaut de conventions contraires, par les dispositions de la présente section, sans préjudice ni de l'application des articles (…) du code de la consommation (…) ».

Toutefois, cette garantie ne joue que lorsqu'un contrat de vente est passé entre un vendeur professionnel et un acheteur considéré comme consommateur au sens du droit de la consommation.

---

[13] C. civ., art. 1645.

[14] C. conso., art. L. 217-4.

[15] Civ. 1ère, 19 février 2014 n° 12-23519 ; Civ. 1ère, 10 juillet 2014, n°13-15690 : *« Attendu qu'il résulte du premier des textes susvisés que les dispositions qui régissent la garantie légale de conformité sont applicables aux ventes d'animaux domestiques conclues entre un vendeur agissant au titre de son activité professionnelle ou commerciale et un acheteur agissant en qualité de consommateur ; que, selon le dernier, les conventions qui écartent ou limitent directement ou indirectement les droits reconnus par ces dispositions, conclues entre le vendeur et l'acheteur avant que ce dernier n'ait formulé de réclamations, sont réputées non écrites ».*

Aussi, le consommateur bénéficie d'un délai de deux ans à compter de la délivrance du bien pour introduire une action en garantie légale de conformité[16].

Depuis la réforme introduite par la loi n° 2014-1170 du 13 octobre 2014, la présomption posée à l'article L. 217-7 du Code de la consommation ne s'applique plus au contrat de vente d'animaux. Cette présomption prévoit que si le défaut de conformité est apparu dans un délai de deux ans suivant l'achat pour les biens achetés neufs à partir du 18 mars 2016 ou dans un délai de six mois pour les biens achetés avant cette date[17], il est présumé exister au jour de l'acquisition. Désormais, l'article L. 213-1 du Code rural modifié dispose que la présomption prévue à l'article L. 217-7 du Code de la consommation n'est pas applicable aux ventes ou échanges d'animaux domestiques. Il appartient alors au consommateur de démontrer que le défaut de conformité qu'il invoque existait déjà au moment de la vente.

B. La réparation du dommage

En principe, une fois que le défaut de conformité a été établi, le consommateur aura le choix entre la réparation et le remplacement du bien[18], sauf si l'option choisie par l'acheteur entraine un coût manifestement disproportionné pour le vendeur par rapport à l'autre option, compte tenu de la valeur du bien ou de l'importance du défaut.

Lorsque la réparation et le remplacement du bien sont impossibles, l'acheteur a la possibilité de rendre le bien et se faire restituer le prix ou de garder le bien et se faire rembourser une partie du prix. Cette même faculté lui est ouverte si la réparation ou le remboursement ne peut être mise en œuvre dans le délai d'un mois suivant la réclamation de l'acheteur ou si cette solution ne peut l'être sans inconvénient majeur pour celui-ci compte tenu de la nature du bien et de l'usage qu'il recherche[19].

Concernant le remplacement d'un animal domestique la Cour de cassation a eu l'occasion de se prononcer dans une affaire où l'acheteur qui avait acquis un chiot de race bichon frisé atteint d'une cataracte héréditaire entraînant de graves troubles de la vision, réclamait au vendeur, éleveur professionnel, la prise en charge du coût de l'intervention chirurgicale nécessaire pour éviter que le chien ne devienne aveugle. L'éleveur, quant à lui, faisait valoir que la loi lui permettait d'imposer le remplacement du bien plutôt que la réparation, estimée à 2 400 euros lorsque celle-ci avait un coût disproportionné par rapport à la valeur de l'animal vendu à 800 euros. Il proposait donc de rembourser au

---

[16] C. conso., art. L. 217-12.
[17] C. conso., art. L. 217-7.
[18] C. conso., art. L. 217-9.
[19] C. conso., art. L. 217-10.

consommateur le prix d'achat du chiot. Dans un arrêt en date du 9 décembre 2015, la Cour de cassation a considéré que le chien « était un être vivant, unique et irremplaçable, et un animal de compagnie destiné à recevoir l'affection de son maître, sans aucune vocation économique » et que, par conséquent, l'attachement de l'acheteur pour son chien rendait son remplacement impossible, au sens de l'(ancien) article L. 211-9 du code de la consommation[20]. Concernant le préjudice moral, la Cour de cassation retient que, le vendeur, agissant à titre professionnel, était présumé connaitre le défaut de conformité du bien vendu et avait donc commis une faute dont il devait réparation auprès de son acheteuse. La Cour de cassation pose ainsi une exception à la règle du remplacement du bien en cas de défaut de conformité, concernant les animaux de compagnie.

Enfin, notons que le consommateur peut saisir, soit l'une des juridictions territorialement compétentes en vertu du code de procédure civile, soit la juridiction du lieu où il demeurait au moment de la conclusion du contrat ou de la survenance du fait dommageable[21].

---

[20] Civ. 1ère, 9 décembre 2015, n°14-25910.
[21] C. conso., art. R. 631-3.

Chapitre 5. La détention de certains animaux

Section 1. La détention de chiens considérés comme dangereux

Le législateur a élaboré une réglementation assez précise concernant les chiens dangereux. Les premières réformes remontent à la loi n° 99-5 du 6 janvier 1999 relative aux animaux dangereux et errants[1], suivie des lois n° 2001-1062 du 15 novembre 2001[2] et n° 2007-297 du 5 mars 2007[3]. Le dispositif actuel résulte de la loi n° 2008-582 du 20 juin 2008[4] renforçant les pouvoirs préventifs du maire à l'égard de tout propriétaire ou détenteur d'animaux susceptibles d'être dangereux, en rendant obligatoire le permis de détention sous condition d'une évaluation comportementale pour certains chiens et d'une attestation d'aptitude pour tout propriétaire ou détenteur de chien visé à l'article L. 211-12 du Code rural. Cette attestation est délivrée suite à une formation sur l'éducation du chien et sur la prévention des accidents dispensée par un formateur agréé. À défaut de permis ou en cas de danger, le maire peut faire placer le chien en fourrière, et sous certaines conditions, le faire euthanasier. Les sanctions pénales pour les propriétaires ou détenteurs de chiens s'étant révélés dangereux ont été aggravées par cette loi. Ces dispositions se retrouvent codifiées aux articles L. 211-11 et suivants du Code rural.

§ 1. Catégories des chiens dangereux

Les chiens réputés dangereux par la loi font l'objet d'un régime particulier et sont répartis en deux catégories. La première comprend les chiens d'attaque

---

[1] Loi n° 99-5 du 6 janvier 1999 relative aux animaux dangereux et errants et à la protection des animaux ; NOR: AGRX9800014L ; JORF n°5 du 7 janvier 1999 page 327.

[2] Loi n° 2001-1062 du 15 novembre 2001 relative à la sécurité quotidienne; NOR: INTX0100032L ; JORF n°266 du 16 novembre 2001 page 18215 ; consolidée au 21 janvier 2016.

[3] Loi n° 2007-297 du 5 mars 2007 relative à la prévention de la délinquance ; NOR: INTX0600091L ; JORF n°0056 du 7 mars 2007 page 4297 ; consolidée au 21 janvier 2016

[4] Loi n° 2008-582 du 20 juin 2008 renforçant les mesures de prévention et de protection des personnes contre les chiens dangereux; NOR: IOCX0766959L ; Version consolidée au 21 janvier 2016.

et la seconde les chiens de garde et de défense[5]. Un arrêté du 27 avril 1999 apporte des précisions sur le contenu de ces deux catégories[6].

Relèvent de la première catégorie de chiens, les chiens assimilables par leurs caractéristiques morphologiques aux chiens de race Staffordshire terrier, sans être inscrits à un livre généalogique reconnu par le ministre de l'Agriculture et de la Pêche, les chiens assimilables par leurs caractéristiques morphologiques aux chiens de race American Staffordshire terrier, sans être inscrits à un livre généalogique reconnu par le ministre de l'Agriculture et de la Pêche, les chiens assimilables par leurs caractéristiques morphologiques aux chiens de race Mastiff, sans être inscrits à un livre généalogique reconnu par le ministre de l'Agriculture et de la Pêche ainsi que les chiens assimilables par leurs caractéristiques morphologiques aux chiens de race Tosa, sans être inscrits à un livre généalogique reconnu par le ministre de l'Agriculture et de la Pêche.

Sont compris dans la deuxième catégorie les chiens de garde et de défense et notamment les chiens de race Staffordshire terrier, les chiens de race American Staffordshire terrier, les chiens de race Rottweiler, les chiens de race Tosa, ainsi que les chiens assimilables par leurs caractéristiques morphologiques aux chiens de race Rottweiler, sans être inscrits à un livre généalogique reconnu par le ministre de l'Agriculture et de la Pêche.

§ 2. Les conditions de détention

La détention d'un chien appartenant à l'une de ces deux catégories est soumise à des mesures spécifiques et à certaines interdictions et obligations, essentiellement relatives aux personnes non autorisées à détenir un chien considéré par la loi comme dangereux, à l'attestation d'aptitude nécessaire à la détention d'un chien dangereux, à l'évaluation comportementale dudit chien et à l'obtention d'un permis.

A. Les personnes non habilitées à détenir des chiens dangereux

Aux termes de l'article L. 211-13 du Code rural, ne peuvent détenir les chiens mentionnés à l'article L. 211-12 du même code, les personnes âgées de moins de dix-huit ans, les majeurs en tutelle à moins qu'ils n'y aient été autorisés par le juge des tutelles, les personnes condamnées pour crime ou à une peine d'emprisonnement avec ou sans sursis pour délit inscrit au bulletin n° 2 du casier judiciaire ou, pour les ressortissants étrangers, dans un document équivalent et les personnes auxquelles la propriété ou la garde d'un chien a été

---

[5] C. rur., art. L. 211-12.

[6] Arrêté du 27 avril 1999 pris pour l'application de l'article 211-1 du code rural et établissant la liste des types de chiens susceptibles d'être dangereux, faisant l'objet des mesures prévues aux articles 211-1 à 211-5 du même code ; NOR: AGRG9900639A ; JORF n°101 du 30 avril 1999 page 6499; consolidée au 21 janvier 2016.

retirée en application de l'article L. 211-11 du Code rural. Le maire peut accorder une dérogation à l'interdiction en considération du comportement du demandeur depuis la décision de retrait, à condition que celle-ci ait été prononcée plus de dix ans avant le dépôt de la déclaration visée à l'article L. 211-14 du Code rural.

B. L'attestation d'aptitude

Tout propriétaire ou possesseur de l'un de ces chiens doit être titulaire d'une attestation d'aptitude, laquelle sanctionne une formation portant sur l'éducation et le comportement canins, ainsi que sur la prévention des accidents[7].

Aux termes de l'article R. 211-5-3 du Code rural, la formation permettant d'obtenir l'attestation d'aptitude dure une journée et comporte une partie théorique, relative à la connaissance des chiens et de la relation entre le maître et le chien, aux comportements agressifs et à leur prévention, ainsi qu'une partie pratique consistant en des démonstrations et des mises en situation. Le programme est fixé par arrêté conjoint des ministres chargés de l'agriculture et de l'intérieur[8]. La formation doit être dispensée par un formateur agréé par le préfet du département dans les conditions mentionnées à l'article R. 211-5-5 du Code rural. À l'issue de la journée de formation, le formateur agréé délivre aux personnes l'ayant suivie l'attestation d'aptitude[9].

C. L'évaluation comportementale

Lorsque le chien est âgé de plus de 8 mois et de moins de 12 mois, il doit faire l'objet d'une évaluation comportementale réalisée dans le cadre d'une consultation vétérinaire. Conformément aux dispositions de l'article L. 212-10 du Code rural, l'évaluation comportementale est effectuée sur des chiens préalablement identifiés, par un vétérinaire inscrit sur une liste départementale établie par le représentant de l'État dans le département[10]. Cette évaluation a pour objet d'apprécier le danger potentiel que peut représenter un chien. À l'issue de l'évaluation comportementale, le vétérinaire classe le chien dans l'un des quatre niveaux de risque de dangerosité[11]. Au niveau 1 si le chien ne présente pas de risque particulier de dangerosité en dehors de ceux inhérents à l'espèce canine, au niveau 2 si le chien présente un risque de dangerosité faible pour certaines personnes ou dans certaines situations, au niveau 3 lorsque le

---

[7] C. rur., art. L. 211-13-1.

[8] Arr., 8 avr. 2009, fixant les conditions de qualification et les capacités matérielles d'accueil requises pour dispenser la formation et délivrer l'attestation d'aptitude prévues à l'article L. 211-13-1 du code rural ; NOR: AGRE0824245A.

[9] C. rur., art. R. 211-5-4.

[10] C. rur., art. D. 211-3-1.

[11] C. rur., art. D. 211-3-2.

chien présente un risque de dangerosité critique pour certaines personnes ou dans certaines situations ou au niveau 4 si le chien présente un risque de dangerosité élevé pour certaines personnes ou dans certaines situations.

Selon le niveau de classement du chien, le vétérinaire propose des mesures préventives visant à diminuer la dangerosité du chien évalué et émet des recommandations afin de limiter les contacts avec certaines personnes et les situations pouvant générer des risques. En cas de classement du chien au niveau 4, le vétérinaire conseille son détenteur ou son propriétaire de placer l'animal dans un lieu de détention adapté ou de faire procéder à son euthanasie. Un lieu de détention adapté est un lieu dans lequel, sous la responsabilité du propriétaire ou du détenteur, l'animal ne peut pas causer d'accident.

À l'issue de la visite, le vétérinaire en charge de l'évaluation communique les conclusions de l'évaluation comportementale au maire de la commune de résidence du propriétaire ou du détenteur du chien et, le cas échéant, au maire qui a demandé l'évaluation comportementale en application de l'article L. 211-11 du Code rural ainsi qu'au fichier national canin[12].

L'article D. 211-3-3 du Code rural prévoit que le propriétaire ou le détenteur d'un chien dangereux est tenu de renouveler l'évaluation comportementale dans un délai maximum de trois ans si l'évaluation comportementale a classé le chien au niveau de risque 2, dans un délai maximum de deux ans si l'évaluation comportementale conclut que le chien est classé au niveau de risque 3, et enfin, dans le délai maximum d'un an si le chien a été classé au niveau de risque 4. En outre, le maire peut demander à tout moment une nouvelle évaluation comportementale en application de l'article L. 211-14-1 du Code rural.

Lorsque le chien n'a pas atteint l'âge auquel cette évaluation comportementale doit être réalisée, le maire de la commune où réside le propriétaire ou le détenteur de l'animal délivre à son propriétaire ou son détenteur un permis provisoire de détention[13].

À noter également que le ministre chargé de l'agriculture publie chaque année un rapport sur les résultats des évaluations comportementales des chiens qu'il établit à partir des données du fichier national canin[14].

D. Le permis de détention

La détention de ces chiens est subordonnée à la délivrance d'un permis par le maire de la commune où le propriétaire ou le détenteur de l'animal réside.

---

[12] V. Arr. du 19 août 2013 relatif à la teneur et aux modalités de transmission au fichier national d'identification des carnivores domestiques des informations relatives à l'évaluation comportementale canine en application de l'art. D. 211-3-2 (JO 27 août).

[13] C. rur., art. L. 211-14-II ; art. D. 211-5-2.

[14] C. rur., art. D. 211-3-4.

La délivrance du permis de détention est subordonnée à la production de l'évaluation comportementale et de pièces justifiant de l'identification du chien dans les conditions prévues à l'article L. 212-10 du Code rural, de la vaccination antirabique du chien en cours de validité, d'une assurance garantissant la responsabilité civile du propriétaire du chien ou de la personne qui le détient pour les dommages causés aux tiers par l'animal et pour les chiens de la première catégorie, de la stérilisation de l'animal ainsi que de l'obtention, par le propriétaire ou le détenteur de l'animal, de l'attestation d'aptitude[15].

Si les résultats de l'évaluation le justifient, le maire peut refuser la délivrance du permis de détention. Si le propriétaire ou le détenteur d'un chien dangereux n'a pas le permis de détention, il incombe au maire ou, à défaut, au préfet, de mettre en demeure le propriétaire ou le détenteur du chien de procéder à la régularisation dans le délai d'un mois au plus. En l'absence de régularisation dans le délai prescrit, le maire ou, à défaut, le préfet peut ordonner que l'animal soit placé dans un lieu de dépôt adapté à l'accueil ou à la garde de celui-ci et peut faire procéder sans délai et sans nouvelle mise en demeure à son euthanasie[16].

E. Les conditions de circulation

Une fois toutes ces conditions remplies, la détention d'un chien considéré comme dangereux est autorisée, mais la circulation de ces chiens est encadrée, notamment par l'article L.211-16 du Code rural. En effet, s'agissant des chiens de première catégorie, l'accès aux transports en commun, aux lieux publics à l'exception de la voie publique et aux locaux ouverts au public leur est interdit. Leur stationnement dans les parties communes des immeubles collectifs est également interdit. Lorsqu'ils circulent sur la voie publique, les chiens de la première catégorie doivent être muselés et tenus en laisse par une personne majeure.

Pour les chiens de seconde catégorie, ils peuvent circuler sur la voie publique, dans les parties communes des immeubles collectifs, dans les lieux publics, les locaux ouverts au public et les transports en commun, dès lors qu'ils sont muselés et tenus en laisse par une personne majeure.

Un bailleur ou un copropriétaire peut saisir le maire en cas de dangerosité d'un chien résidant dans un des logements dont il est propriétaire. Le maire peut alors procéder, s'il le juge nécessaire, à l'application des mesures prévues à l'article L. 211-11 du Code rural[17].

---

[15] C. rur., art. L. 211-14-II.

[16] C. rur., art. L. 211-14-IV.

[17] C. rur., art. L. 211-11.

§ 3. La responsabilité du propriétaire/détenteur d'un chien de première ou deuxième catégorie

Si le chien de première ou deuxième catégorie a un comportement agressif envers l'homme ou d'autres animaux domestiques, le propriétaire ou le détenteur est responsable des dommages causés.

Aussi, si l'animal est susceptible, compte tenu des modalités de sa garde, de présenter un danger pour les personnes ou les animaux domestiques, le maire ou, à défaut, le préfet peut prescrire à son propriétaire ou à son détenteur de prendre des mesures de nature à prévenir le danger. Il peut à ce titre, à la suite de l'évaluation comportementale du chien imposer à son propriétaire ou à son détenteur de suivre la formation et d'obtenir l'attestation d'aptitude[18]. En cas d'inexécution, par le propriétaire ou le détenteur de l'animal, des mesures prescrites, le maire peut, par arrêté, placer l'animal dans un lieu de dépôt adapté à l'accueil et à la garde de celui-ci[19]. Si, à l'issue d'un délai franc de garde de huit jours ouvrés, le propriétaire ou le détenteur ne présente pas toutes les garanties quant à l'application des mesures prescrites, le maire peut autoriser le gestionnaire du lieu de dépôt, après avis d'un vétérinaire désigné par le préfet, soit à faire procéder à l'euthanasie de l'animal, soit à en disposer[20].

En cas de danger grave et immédiat pour les personnes ou les animaux domestiques, le maire ou à défaut le préfet peut ordonner par arrêté que l'animal soit placé dans un lieu de dépôt adapté à la garde de celui-ci et, le cas échéant, faire procéder, après avis d'un vétérinaire désigné par le préfet, à son euthanasie[21].

§ 4. Les règles spécifiques à la cession/acquisition de chiens dangereux

L'acquisition et la cession de chiens de la première catégorie sont interdites par l'article L. 211-15, I du Code rural, qu'elles soient réalisées à titre gratuit ou onéreux. Leur importation et leur introduction sur le territoire métropolitain, dans les départements d'outre-mer, à Mayotte, à Saint-Barthélemy, à Saint-Martin, en Polynésie française, en Nouvelle-Calédonie, dans les îles Wallis-et-Futuna et dans la collectivité territoriale de Saint-Pierre-et-Miquelon sont également interdites.

§ 5. Dispositions pénales

Des sanctions pénales sont prévues en cas de contrariété à ces dispositions aux articles L. 215-1 et suivants du Code rural.

---

[18] C. rur., art. L. 211-11-I.

[19] C. rur., art. L. 211-11-I.

[20] C . rur., art. L. 211-25- II.

[21] C. rur., art. L. 211-11-II.

A. Dispositions pénales générales

En ce qui concerne les dispositions pénales s'appliquant aux chiens dangereux, l'article L. 215-1 du Code rural prévoit que le fait de détenir un chien de première ou deuxième catégorie en violation avec l'interdiction mentionnée à l'article L. 211-13 du même code est puni d'une peine de six mois d'emprisonnement et de 7 500 € d'amende. En outre, ce texte prévoit comme peines complémentaires, la confiscation du ou des chiens et l'interdiction pour une durée de cinq ans au plus de détenir un chien des première ou deuxième catégories.

L'article L. 215-2 du Code rural sanctionne de six mois d'emprisonnement et de 15 000 € d'amende le fait d'acquérir, de céder à titre gratuit ou onéreux, d'importer ou d'introduire des chiens de première catégorie. La même peine est prévue pour la détention d'un chien de première catégorie sans avoir fait procéder à sa stérilisation. L'article L. 215-2 prévoit à titre de peines complémentaires, la confiscation du ou des chiens concernés, l'interdiction pour une durée de cinq ans au plus de détenir un chien des première ou deuxième catégories et l'interdiction, pour une durée de cinq ans au plus, d'exercer une activité professionnelle ou sociale, dès lors que les facilités que procure cette activité ont été sciemment utilisées pour préparer ou commettre l'infraction.

L'article 131-21-1 du Code pénal vient préciser les modalités d'application de cette peine, en disposant que lorsqu'elle est encourue comme peine complémentaire, la confiscation d'un animal ou d'une catégorie d'animal concerne l'animal qui a été utilisé pour commettre ou tenter de commettre l'infraction ou à l'encontre duquel l'infraction a été commise. Elle concerne également les animaux dont le condamné est propriétaire ou dont il a la libre disposition, si ces animaux étaient susceptibles d'être utilisés pour commettre l'infraction ou si l'infraction avait pu être commise à leur encontre. La juridiction qui prononce la confiscation de l'animal prévoit qu'il sera remis à une fondation ou à une association de protection animale reconnue d'utilité publique ou déclarée, qui pourra librement en disposer. Toutefois, lorsqu'il s'agit d'un animal dangereux, la juridiction peut ordonner qu'il soit procédé à son euthanasie, le cas échéant aux frais du condamné.

Aussi, aux termes de l'article L. 215-2-1 du Code rural, le fait pour le propriétaire ou le détenteur d'un animal mis en demeure par l'autorité administrative d'obtenir le permis de détention de ne pas procéder à la régularisation requise dans le délai prescrit est puni de trois mois d'emprisonnement et de 3 750 € d'amende. Les personnes physiques encourent en outre les peines complémentaires de la confiscation du ou des chiens dans le cas où l'euthanasie n'a pas été prononcée et l'interdiction de détenir un animal, à titre définitif ou non.

Le fait de dresser ou faire dresser des chiens au mordant ou bien de les utiliser en dehors des activités mentionnées à l'article L. 211-17 du Code rural, est puni d'une peine de six mois d'emprisonnement et de 7 500 € d'amende[22]. Les mêmes peines complémentaires de confiscation des chiens et du matériel, d'interdiction pour une durée de cinq ans au plus d'exercer une activité professionnelle ou sociale et d'interdiction, pour une durée de cinq ans au plus, de détenir un chien de la première ou deuxième catégorie s'appliquent.

Les infractions aux dispositions relatives à l'obligation de posséder un permis de détention et à la circulation des chiens dans les lieux publics peuvent, selon l'article L. 215-3-1 du Code rural, être constatées par les gardes champêtres et les agents de police municipale.

Les délits prévus par le code rural en matière de garde et de circulation des animaux sont de la compétence du juge unique[23].

Les infractions aux autres obligations mises à la charge des propriétaires ou détenteurs des chiens de première et deuxième catégorie sont des contraventions, prévues par l'article R. 215-2 du Code rural. Ainsi, constitue une contravention de la deuxième classe le fait de détenir un chien de la première catégorie dans des transports en commun, des lieux publics, à l'exception de la voie publique, et des locaux ouverts au public, de laisser stationner un tel chien dans les parties communes des immeubles collectifs et pour le propriétaire ou le détenteur d'un chien de la première ou deuxième catégorie, de laisser son chien non muselé et non tenu en laisse par une personne majeure, sur la voie publique, dans les lieux publics, locaux ouverts au public ou transports en commun.

Constitue une contravention de la troisième classe le fait, pour le propriétaire ou le détenteur d'un chien de la première ou deuxième catégorie de ne pas être couvert par une assurance, pour le propriétaire ou le détenteur de tels chiens de ne pas avoir fait procéder à la vaccination contre la rage de l'animal, pour le propriétaire, le détenteur ou le détenteur à titre temporaire de tels chiens de ne pas présenter à toute réquisition des forces de police ou de gendarmerie le permis de détention et pour la même personne de ne pas avoir fait procéder à l'identification de son chien.

Constitue une contravention de la quatrième classe le fait pour le propriétaire ou le détenteur d'un chien de la première ou deuxième catégorie de ne pas posséder le permis de détention ou, le cas échéant, du permis provisoire et le fait de ne pas soumettre son chien à l'évaluation comportementale.

L'excitation des animaux dangereux est également considérée comme étant une contravention de troisième classe prévue par l'article R. 623-3 du Code pénal. Elle est définie comme le fait, pour le propriétaire ou gardien de tout

---

[22] C. rur., art. L. 215-3.

[23] C. pr. pén., art. 398-1, 9°

animal susceptible de présenter un danger pour les personnes, de ne pas le retenir ou de l'exciter contre autrui, lorsqu'il attaque ou poursuit un passant, qu'il en soit résulté ou non un dommage. Dans ce cas, le tribunal peut décider de remettre l'animal à une œuvre de protection animale qui pourra librement en disposer. Par ailleurs, l'article 132-75 du Code pénal assimile à une arme l'animal utilisé pour tuer, blesser ou menacer autrui.

B. Incriminations spéciales en cas d'agression commise par un chien

Les articles 226-1-2, 222-19-2 et 222-20-2 du Code pénal sont relatifs aux délits d'homicide involontaire et de blessures involontaires résultant de l'agression commise par un chien. Ces textes ne s'appliquent pas uniquement aux chiens dangereux visés à l'article L. 212-12 du Code rural, mais s'appliquent de façon générale aux agressions commises par tout chien.

Ces infractions connaissent un régime commun de circonstances aggravantes lorsque la propriété ou la détention du chien est illicite en application de dispositions législatives ou règlementaires ou en en vertu d'une décision judiciaire ou administrative, si le propriétaire ou le détenteur se trouvait en état d'ivresse manifeste ou sous l'emprise manifeste de stupéfiants, s'il n'avait pas exécuté les mesures prescrites par le maire pour prévenir le danger, s'il n'était pas titulaire du permis de détention, s'il ne justifie d'une vaccination antirabique en cours de validité lorsque celle-ci est obligatoire, s'il s'agissait d'un chien de la première ou de la deuxième catégorie qui n'était pas muselé ou tenu en laisse par une personne majeure ou encore s'il s'agissait d'un chien ayant fait l'objet de mauvais traitements de la part de son propriétaire ou détenteur. Selon l'article 221-6-2 du Code pénal, en cas d'homicide involontaire résultant de l'agression commise par un chien, le propriétaire ou celui qui le détient est puni de cinq ans d'emprisonnement et de 75 000 € d'amende. Ces peines sont portées à sept ans d'emprisonnement et à 100 000 € d'amende en cas d'une circonstance aggravante et à dix ans d'emprisonnement et à 150 000 € d'amende si l'homicide involontaire est commis avec deux ou plusieurs de ces circonstances aggravantes.

En cas de blessures involontaires ayant entraîné une incapacité totale de travail de plus de trois mois, résultant de l'agression commise par un chien, il est prévu une peine de trois ans d'emprisonnement et de 45 000 € d'amende. Ces peines sont portées à cinq ans et à 75 000 € en cas d'une circonstance aggravante et à sept ans et 100 000 € d'amende si les faits sont commis avec deux ou plusieurs de ces circonstances[24].

---

[24] C. pén., art. 222-19-2.

Aux termes de l'article 222-20-2 du Code pénal en cas de blessures involontaires ayant entraîné une incapacité totale de travail inférieure à trois mois, commise par un chien, la peine encourue est de deux ans d'emprisonnement et de 30 000 € d'amende. Ces peines sont portées à trois ans d'emprisonnement et à 45 000 € d'amende en cas d'une circonstance aggravante et à cinq ans et 75 000 € en cas de deux ou plusieurs circonstances aggravantes.

Section 2. La détention de nouveaux animaux de compagnie (NAC)

La détention d'un « nouvel animal de compagnie » (NAC) est soumise à autorisation si l'animal appartient à la liste des animaux non domestiques. À l'inverse, aucune autorisation de détention n'est requise si l'animal est considéré comme domestique.

§ 1. La détention des nouveaux animaux de compagnie domestiques

La liste des animaux domestiques pouvant être détenus par des particuliers sans autorisation est fixée par arrêté. Outre le chien et le chat, cette liste comporte les nouveaux animaux de compagnie (NAC). Sont par exemple considérés comme NAC domestiques, le furet, certains putois, le porc, le chinchilla, certaines races de souris, de rats, de hamsters et de gerbilles, le lapin, le cheval, le cochon d'Inde, certains gallinacés, certaines variétés de perruches ou encore le poisson rouge. C'est l'arrêté du 11 août 2006 qui fixe la liste des espèces, races ou variétés d'animaux domestiques dont la détention n'est soumise à aucune autorisation administrative, sauf à se livrer à des activités d'élevage ou de vente à titre commercial[25].

Pour ces nouveaux animaux de compagnie il n'existe aucune réglementation spécifique, autre que les dispositions générales prévues aux articles L.214-1 et suivants et R.214-17 et suivants du Code rural sur la protection des animaux et les dispositions de l'arrêté du 25 octobre 1982 relatif à l'élevage, la garde et la détention des animaux de compagnie.

La Convention européenne pour la Protection des Animaux de Compagnie s'applique également à ces nouveaux animaux de compagnie dits domestiques. Ainsi, conformément à l'article 4 de cette Convention, toute personne qui détient un animal de compagnie ou qui a accepté de s'en occuper doit être responsable de sa santé et de son bien-être. Les animaux doivent recevoir de la

---

[25] Arr., 11 août 2006, fixant la liste des espèces, races ou variétés d'animaux domestiques ; NOR: DEVN0650509A, JO 7 oct. 2006.

nourriture et de l'eau en quantité suffisante, des possibilités d'exercice adéquates et toutes les mesures raisonnables doivent être prises pour ne pas le laisser s'échapper[26].

§ 2. La détention des nouveaux animaux de compagnie d'espèces non domestiques

La détention de tout animal d'espèces non domestiques est soumise, suivant la gravité de leurs effets sur l'état de conservation des espèces concernées et des risques qu'ils présentent pour la santé, la sécurité et la salubrité publiques, à déclaration ou à autorisation de l'autorité administrative[27].

Les NAC non domestiques sont ceux qui figurent à l'annexe 1 de l'arrêté du 10 août 2004 fixant les règles générales de fonctionnement des installations d'élevage d'agrément d'animaux d'espèces non domestiques, qui fixe la liste des espèces non domestiques dont la détention est soumise à autorisation préfectorale et dont le marquage est obligatoire, au sein des élevages d'agrément.

La réglementation distingue les établissements d'élevage de l'élevage d'agrément. Un élevage d'animaux d'espèces non domestiques constitue un établissement d'élevage d'animaux d'espèces non domestiques lorsque l'élevage porte sur des animaux d'espèces ou groupes d'espèces inscrits à l'annexe 2 du présent arrêté, l'élevage est pratiqué dans un but lucratif, et notamment la reproduction d'animaux a pour objectif la production habituelle de spécimens destinés à la vente ou le nombre de spécimens cédés à titre gratuit ou onéreux au cours d'une année excède le nombre de spécimens produits ou le nombre d'animaux hébergés excède les effectifs maximum fixés en annexe A du présent arrêté[28]. On entend par élevage d'agrément le fait de détenir au moins un animal[29]. Les installations et le mode de fonctionnement de l'élevage d'agrément doivent garantir la satisfaction des besoins biologiques de l'animal, de son bien-être et le respect des dispositions réglementaires applicables au respect de la faune sauvage.

---

[26] Convention européenne pour la protection des animaux de compagnie, Strasbourg, 13/11/1987 ; publiée en France par : D. n° 2004-416, 11 mai 2004, portant publication de la convention européenne pour la protection des animaux de compagnie, Strasbourg 13 nov. 1987 ; signée par la France le 18 déc. 1996 ; NOR: MAEJ0430027D.

[27] C. env., art. L. 412-1.

[28] Arr., 10 août 2004 fixant les règles générales de fonctionnement des installations d'élevage d'agrément d'animaux d'espèces non domestiques ; NOR: DEVN0430297A ; art. 1.
V. Arr., 10 août 2004, fixant les conditions d'autorisation de détention d'animaux de certaines espèces non domestiques dans les établissements d'élevage, de vente, de location, de transit ou de présentation au public d'animaux d'espèces non domestiques ; NOR: DEVN0430298A.

[29] Arr., 10 août 2004 fixant les règles générales de fonctionnement des installations d'élevage d'agrément d'animaux d'espèces non domestiques ; NOR: DEVN0430297A ; art. 2.

Dans un élevage d'agrément, la détention d'animaux appartenant aux espèces ou groupes d'espèces non domestiques inscrits à l'annexe 1 du présent arrêté est donc soumise à autorisation préfectorale préalable. La demande d'autorisation doit être adressée, par lettre recommandée avec avis de réception, au préfet du département du lieu de détention des animaux. Celle-ci ne sera accordée que si le lieu d'hébergement est conçu et équipé pour satisfaire aux besoins biologiques des animaux, le demandeur détient les compétences requises pour que les animaux soient traités avec soin et la prévention des risques afférents à la sécurité du demandeur, à la sécurité et à la tranquillité des tiers, à l'introduction des animaux dans le milieu naturel et à la transmission de pathologies humaines ou animales est assurée. Le demandeur s'engage également à permettre aux agents compétents de visiter son élevage[30].

La délivrance et le maintien de l'autorisation sont subordonnés à l'origine licite des animaux, à la tenue, par l'éleveur d'un registre d'entrée et sortie et le demandeur doit assurer le marquage des animaux listés en annexe 1. Ce marquage est individuel, unique et permanent. Il doit être effectué selon les procédés et modalités techniques définis en annexe B dudit arrêté, dans le délai d'un mois suivant la naissance de l'animal[31].

Le fait de détenir des animaux non domestiques sans autorisation est puni de deux ans d'emprisonnement et de 150 000 € d'amende[32].

[30] Arr., 10 août 2004 fixant les règles générales de fonctionnement des installations d'élevage d'agrément d'animaux d'espèces non domestiques ; NOR: DEVN0430297A ; art. 5.
[31] Arr., 10 août 2004 fixant les règles générales de fonctionnement des installations d'élevage d'agrément d'animaux d'espèces non domestiques ; NOR: DEVN0430297A ; art. 6 et s.
[32] C. env., art. L. 415-3.

Juste pour le plaisir de quelques pauvres bouchées de chair, nous privons une âme du soleil et de la lumière, et de la vie et du temps qui lui revenaient, et dont elle était née en ce monde pour jouir.

Plutarque (46-125)
Philosophe grec

TROISIÈME PARTIE

LES ANIMAUX D'ÉLEVAGE

Préalablement à l'étude du droit applicable aux animaux d'élevage, il convient d'évoquer les questions environnementales et sanitaires que soulève le secteur de l'élevage. En effet, l'élevage n'est pas sans conséquence sur la santé humaine et le changement climatique. On estime qu'au niveau mondial, il est responsable de 14,5 % des émissions de gaz à effet de serre, dont 9,3 % pour les seuls bovins[1]. Produire 1 kg de protéines sous forme de viande de bœuf émet en moyenne 300 kg d'équivalent C02. 45 % de ces émissions de GES sont attribuables à la production et au transport des aliments, dont 9 % sont imputables à la déforestation liée à l'extension des cultures et des pâturages, 39 % proviennent de la fermentation gastrique des ruminants, 10 % résultent du stockage et de l'utilisation du lisier et 6 % sont causés par le transport, l'abattage des animaux et le stockage des produits animaux. L'élevage extensif et le soja exporté comme aliment du bétail sont également la première cause de la déforestation au Brésil[2].

Le secteur de l'élevage est aussi responsable de la surconsommation mondiale et de la pollution des ressources en eau potable. En effet, il faut environ 5 000 litres d'eau pour produire 1 000 kcal d'aliments d'origine animale contre 1 000 litres si l'origine est végétale[3]. Aussi, l'élevage, y compris la pisciculture, est la plus grande source sectorielle de polluants de l'eau, principalement par les déchets animaux, les antibiotiques, les hormones, les produits chimiques des tanneries, les engrais et les pesticides utilisés pour les cultures fourragères et les sédiments des pâturages érodés[4]. Enfin, l'élevage est largement responsable des pluies acides. On estime en effet que les émissions d'ammoniac (NH3) sont à 95 % d'origine agricole, dont 80 % proviennent de l'élevage[5].

Pourtant, d'un point de vue sanitaire, la consommation de produits animaux n'est nullement nécessaire et est même néfaste pour la santé humaine. Pour l'Association des diététiciens américains, les alimentations végétariennes bien conçues, y compris végétaliennes, sont bonnes pour la santé, adéquates sur

---

[1] FAO. 2013. *Tackling Climate Change through Livestock: A Global Assessment of Emissions and Mitigation Opportunities*, Rome : Food and agriculture organisation of the United Nations ; V. IPCC, 2014. Climate Change 2014: Mitigation of Climate Change. *Contribution of Working Group III to the Fifth Assessment Report of the Intergovernmental Panel on Climate Change* [Edenhofer, O., R. Pichs-Madruga, Y. Sokona, E. Farahani, S. Kadner, K. Seyboth, A. Adler, I. Baum, S. Brunner, P. Eickemeier, B. Kriemann, J. Savolainen, S. Schlömer, C. von Stechow, T. Zwickel and J.C. Minx (eds.)]. Cambridge University Press, Cambridge, United Kingdom and New York, NY, USA.

[2] Margulis, Sérgio, *Causes of deforestation of the Brazilian Amazon. World Bank working paper*, no. 22. Washington, D.C: World Bank. 2004 ; V. *Le massacre de l'Amazonie: L'élevage bovin, premier criminel en pleine expansion,* Communiqués de presse, 21 juillet 2009, http://www.greenpeace.org/luxembourg/fr/press/releases/le-massacre-de-l-amazonie-l-e/

[3] Ces chiffres incluent l'eau de pluie, l'eau d'irrigation et l'eau du robinet ; Renault D. (FAO), *Value of virtual water in food, principles and virtues*, Rome, Food and agriculture organisation of the United Nations, 2002.

[4] FAO, *Livestock long shadow*, Rome : Food and agriculture organisation of the United Nations, 2006.

[5] Portejoie S., Martinez J., Landmann G., "*L'ammoniac d'origine agricole : impacts sur la santé humaine et animale et sur le milieu naturel*", 2002, INRA Productions animales 15 (3), 151-160.

le plan nutritionnel et peuvent être bénéfiques pour la prévention et le traitement de certaines maladies, et ce, à tous les âges de la vie[6]. Même l'Organisation mondiale de la Santé a officiellement classé la viande rouge parmi les cancérigènes probables chez l'humain et les viandes transformées, comme les charcuteries, parmi les cancérigènes certains chez l'humain[7]. L'Agence nationale française de sécurité sanitaire de l'alimentation, de l'environnement et du travail (Anses) recommande aussi de manger moins de viande et de réduire considérablement la consommation de charcuteries[8].

En France, 18,7 millions de bovins, 7,6 millions d'ovins, 14 millions de porcins, 142 millions de volailles et 1,4 million de caprins sont élevés par an[9]. La pisciculture, qui regroupe trois secteurs d'élevage, à savoir, la salmoniculture, la pisciculture marine et la pisciculture d'étangs, représentait en 2010 une production totale de 50 000 tonnes pour un chiffre d'affaires d'environ 202 millions d'euros[10].

Dès la seconde moitié du XXe siècle, et notamment dans les années soixante-dix sous l'impulsion du Conseil de l'Europe, un encadrement réglementaire relatif à la protection animale a été mis en place aux plans européen et national[11]. Ce cadre réglementaire vise à concilier la protection des animaux de ferme et les nécessités de leur élevage. L'objectif premier de la réglementation européenne reste toutefois économique et vise à harmoniser le commerce, réguler les marchés internes et inciter le développement rationnel de la production. L'évolution de la réglementation relative aux élevages est cependant allée de pair avec la reconnaissance du statut d'être sensible des animaux. Depuis la loi relative à la protection de la nature de 1976[12] et la loi du 16 février 2015[13], la sensibilité des animaux est entrée dans le cadre législatif. L'animal est un être sensible qui doit être placé par son propriétaire dans des conditions compatibles avec les impératifs biologiques de son espèce[14]. La

---

[6] ADA, Craig, Winston J., Ann Reed Mangels, et American Dietetic Association, « *Position of the American Dietetic Association: Vegetarian Diets* », Journal of the American Dietetic Association 109 (7): 1266 82, july 2009.

[7] OMS, Le Centre international de Recherche sur le Cancer évalue la consommation de la viande rouge et des produits carnés transformés, communiqué de presse, 2015.

[8] Anses, Avis et Rapports, Actualisation des repères de consommations alimentaires pour la population française adulte, 23 janvier 2017, https://www.anses.fr/fr/content/l%E2%80%99anses-actualise-les-rep%C3%A8res-de-consommations-alimentaires-pour-la-population-fran%C3%A7aise.

[9] http://agriculture.gouv.fr/lelevage-en-chiffres.

[10] http://www.developpement-durable.gouv.fr/La-filiere-piscicole-en-France-et.html .

[11] V. ex. Convention européenne sur la protection des animaux dans les élevages, 10 mars 1976 ; Arrêté du 25 oct. 1982 relatif à l'élevage, à la garde et à la détention d'animaux.

[12] Loi, n° 76-629, 10 juill. 1976 relative à la protection de la nature.

[13] Loi, n° 2015-177, 16 févr. 2015 relative à la modernisation et à la simplification du droit et des procédures dans les domaines de la justice et des affaires intérieures.

[14] C. rur., art. L. 214-1.

reconnaissance de la qualité d'être sensible de l'animal s'étend aux animaux d'élevage. Les mesures propres à assurer leur protection contre les mauvais traitements ou les utilisations abusives ainsi que les mesures visant à leur éviter des souffrances lors des manipulations inhérentes aux diverses techniques d'élevage, de parcage, de transport et d'abattage sont déterminées par décrets en Conseil d'État[15].

Malgré cette évolution de la réglementation et la prise en compte du caractère d'être sensible de l'animal, peut-on réellement parler de bien-être animal dans le secteur de l'élevage ? Les enquêtes révélées par plusieurs associations, et notamment par l'association L214, ont montré que la réglementation est très insuffisante pour garantir une protection minimale des animaux dans les élevages, dans les transports et dans les abattoirs. C'est ainsi que l'association de défense des animaux L214 a diffusé plusieurs vidéos dénonçant d'une part, les conditions intolérables d'élevages de dindes, de canards pour la production de foie gras, de poules, de lapins ou encore de plusieurs élevages de poules pondeuses en batterie de cages et, d'autre part, des conditions d'abattage des animaux[16].

---

[15] C. rur., art. L. 214-3.

[16] http://www.l214.com/video

Chapitre 1. L'élevage agricole et la réglementation ICPE

Conformément à l'article L. 311-1 du Code rural, sont réputées agricoles toutes les activités correspondant à la maîtrise et à l'exploitation d'un cycle biologique de caractère végétal ou animal et constituant une ou plusieurs étapes nécessaires au déroulement de ce cycle ainsi que les activités exercées par un exploitant agricole qui sont dans le prolongement de l'acte de production ou qui ont pour support l'exploitation. Les activités de cultures marines et les activités de préparation et d'entraînement des équidés domestiques en vue de leur exploitation, à l'exclusion des activités de spectacle, sont également réputées agricoles. Ces activités agricoles ont un caractère civil.

Les exploitations agricoles étant source de risque, de pollutions et de nuisances, la législation française les soumet à la réglementation des installations classées pour la protection de l'environnement. En fonction de la nature, de la taille de l'exploitation et de l'impact des risques, les activités agricoles relèvent soit du règlement sanitaire départemental soit de la législation sur les Installations classées pour la Protection de l'Environnement (ICPE).

Section 1. Les élevages non classés

La catégorie des élevages non classés englobe ceux dont la nature n'est pas visée par la nomenclature des installations classées et ceux qui, du fait de l'effet de seuil, ne détiennent pas suffisamment d'animaux pour être soumis à cette réglementation. Ces élevages entrent dans le champ d'application des règlements sanitaires départementaux ou municipaux, lesquels, sans imposer de formalités liées à leur autorisation, contiennent des prescriptions relatives à leur implantation et à leur activité.

Le titre VIII du règlement sanitaire départemental type [1] soumet à déclaration préalable la création ou l'extension des bâtiments d'élevage ou d'engraissement. Il est en effet prévu que toute création, extension ou réaffectation d'un bâtiment d'élevage ou d'engraissement doit faire l'objet, de la part du maître d'ouvrage, d'un dossier de déclaration préalable. Cette

---

[1] Circ., 9 août 1978 relative à la révision du règlement sanitaire départemental type modifié, JONC, 13 sept. 1978 ; circ., 10 août 1984, relative au titre VIII du règlement sanitaire départemental type : prescriptions applicables aux activités d'élevage et autres activités agricoles, JONC 2 sept. 1984.

déclaration doit inclure un plan de masse à l'échelle du cadastre sur lequel doivent figurer le ou les points de prélèvements d'eau destinés à l'alimentation humaine ou animale ou encore à l'arrosage des cultures maraîchères, situés dans un rayon de 100 mètres autour de l'installation. L'emplacement des immeubles habités ou occupés par des tiers ainsi que la position des zones de loisirs et de tout établissement recevant du public situés dans un rayon de 100 mètres doivent également y figurer. Doivent être joint à la déclaration un plan détaillé de l'installation d'élevage précisant l'emplacement des stockages de déjections et des installations de traitement, une note explicative précisant la capacité maximale instantanée de l'établissement d'élevage, les volumes de stockage des déjections, les moyens utilisés pour réduire les odeurs et, éventuellement, le lieu de rejet de l'effluent traité dans le milieu naturel et, le cas échéant, le plan d'épandage des eaux résiduaires et des déjections. Ce dossier de déclaration doit être adressé au maire de la commune, en quatre exemplaires, en même temps que le dossier de demande de permis de construire, le cas échéant[2]. Toutefois, par dérogation, les bâtiments d'élevage de lapins et de volailles comprenant moins de cinquante animaux de plus de trente jours et les bâtiments consacrés à un élevage de type familial ne sont pas concernés par les prescriptions relatives à la déclaration préalable.

L'implantation aux abords de certains lieux est également prohibée ou assujettie à des distances d'isolement. De multiples règles d'exploitation sont également édictées concernant, notamment, l'agencement des installations, l'évacuation et le stockage des déchets ainsi que l'épandage des fumiers et du lisier.

Par ailleurs, les élevages non classés pourront, le cas échéant, engendrer des activités entrant dans le champ d'application de la nomenclature des opérations soumises à autorisation ou à déclaration en application de la législation sur l'eau, comme celles visant les épandages (rubrique 2.1.4.0), les stations d'épuration (rubrique 2.1.1.0) ou les rejets d'effluents sur le sol ou dans le sous-sol (rubrique 2.3.1.0).

Section 2. Les élevages soumis au droit des installations classées

Les élevages entrent dans le champ d'application de la réglementation des installations classées pour la protection de l'environnement (ICPE). Sont classées les installations « *qui peuvent présenter des dangers ou des inconvénients soit pour*

---

[2] Bien que la procédure instaurée par le règlement sanitaire départemental soit indépendante de celle du permis de construire en raison de son objet sensiblement différent, une coordination entre ces deux procédures est assurée afin de faciliter les démarches des administrés et dans la mesure où, dans de nombreux cas, l'opération envisagée relève des deux.

la commodité du voisinage, soit pour la santé, la sécurité, la salubrité publiques, soit pour l'agriculture, soit pour la protection de la nature, de l'environnement et des paysages, soit pour l'utilisation rationnelle de l'énergie, soit pour la conservation des sites et des monuments ainsi que des éléments du patrimoine archéologique »[3].

Les élevages soumis à la réglementation des installations classées figurent à la nomenclature codifiée à l'annexe de l'article R. 511-9 du Code de l'environnement. Des distinctions sont alors opérées en fonction des espèces animales détenues et des seuils de classement fixés par la nomenclature. Un décret du 6 décembre 2016 a relevé les seuils à partir desquels un élevage est soumis à autorisation[4]. Avec l'arrêté du 7 décembre 2016[5], ces deux textes introduisent un régime d'enregistrement pour les élevages de bovins et les élevages de vaches laitières. Ces textes suppriment par ailleurs le régime de déclaration avec contrôles périodiques ainsi que la procédure de regroupement. En outre, l'ordonnance du 26 janvier 2017 instaure l'autorisation environnementale qui remplace le régime de l'autorisation[6].

§ 1. Les espèces animales concernées par la nomenclature

Les principaux élevages soumis au régime des installations classées sont les élevages de bovins, comprenant les veaux de boucherie, les bovins à l'engraissement, les vaches laitières et les vaches allaitantes (nomenclature, n° 2101), les élevages de porcs en stabulation ou en plein air (nomenclature, n° 2102) ainsi que les élevages de volailles ou de gibiers à plumes (nomenclature, n° 2111). L'élevage intensif de volailles et de porcs relève de la Directive IED[7] (nomenclature, n° 3660).

D'autres catégories d'élevages sont soumises à la réglementation des installations classées. Il s'agit des piscicultures d'eau douce à l'exclusion des étangs empoissonnés où l'élevage est extensif, sans nourrissage ou avec apport de nourriture exceptionnel (nomenclature, n° 2130)[8] et des piscicultures d'eau douce soumises à la loi sur l'eau et les milieux aquatiques (nomenclature, n° 3270)[9], des élevages de chiens (nomenclature, n° 2120)[10] et des élevages de lapins (nomenclature, 2110) [11]. Enfin, relèvent également de cette réglementation les élevages de carnassiers à fourrure (nomenclature n° 2113),

---

[3] C. env., art. L. 511-1.

[4] Décret n° 2016-1661 du 5 décembre 2016 modifiant le code de l'environnement et la nomenclature des installations classées pour la protection de l'environnement ; NOR: DEVP1614717D.

[5] Arr., 7 déc. 2016 portant modification des prescriptions générales applicables aux installations relevant du régime de l'enregistrement au titre des rubriques n° 2101-2, 2102 et 2111 de la nomenclature des installations classées pour la protection de l'environnement ; NOR: DEVP1620864A.

[6] Ordonnance n° 2017-80 du 26 janvier 2017 relative à l'autorisation environnementale ; NOR: DEVP1621456R.

des couvoirs (nomenclature, n° 2112), des animaux d'espèces non domestiques (nomenclature, n° 2140) et des verminières[12] (nomenclature, n° 2150).

Peuvent également être concernées par la législation des ICPE les activités de vente, de transit ainsi que celles liées la préparation de produits alimentaires dérivés qui peuvent faire l'objet d'un classement au titre des installations classées. Une même exploitation peut ainsi relever de plusieurs rubriques de la nomenclature.

A. Seuils de classement

La nomenclature des ICPE fixe des seuils déterminant le régime de classement de chacun des élevages concernés au regard du nombre d'animaux détenus. En fonction de ces seuils, les installations classées seront soumises à autorisation, à enregistrement ou à déclaration. La dernière modification de la nomenclature des installations classée est intervenue par le décret n° 2016-1661 du 5 décembre 2016[13]. En effet, au sein de la rubrique 2101, les régimes de déclaration et d'autorisation ont été modifiés pour les élevages de vaches laitières, de veaux de boucherie et/ou de bovins à l'engraissement et le régime de l'enregistrement a été créé pour les élevages de veaux de boucherie et/ou de bovins à l'engraissement. Au sein de la rubrique 2111, le régime de la déclaration a été modifié pour les élevages de volailles et de gibier à plumes.

Ainsi, les élevages de veaux de boucherie et/ou de bovins à l'engraissement relèvent désormais du régime de l'autorisation à partir de plus de 800 animaux, de celui de l'enregistrement lorsque l'exploitation compte entre 401 et 800 animaux et de la déclaration entre 50 et 400 animaux [14]. Un régime

[7] Directive 2010/75/UE du Parlement européen et du Conseil du 24 novembre 2010 relative aux émissions industrielles (prévention et réduction intégrées de la pollution).

[8] Arr., 1er avril 2008 fixant les règles techniques auxquelles doivent satisfaire les piscicultures d'eau douce soumises à autorisation au titre du livre V du code de l'environnement (rubrique 2130 de la nomenclature des installations classées) ; NOR:DEVP0802292A ; Version consolidée au 27 mars 2016.

[9] Nomenclature annexée au tableau de l'article R. 214-1 du code de l'environnement (piscicultures d'eau douce mentionnées à l'article L. 431-6).

[10] Arr., 8 décembre 2006 fixant les règles techniques auxquelles doivent satisfaire les installations renfermant des chiens soumises à autorisation au titre du livre V du code de l'environnement ; NOR:DEVP0700015A , Version consolidée au 27 mars 2016.

[11] Arr., 30 octobre 2006 fixant les règles techniques auxquelles doivent satisfaire les élevages de lapins soumis à déclaration au titre du livre V du code de l'environnement ; NOR : DEVP0630182A.

[12] élevages de larves de mouches et d'asticots.

[13] Décret n° 2016-1661, 5 déc. 2016 modifiant le code de l'environnement et la nomenclature des installations classées pour la protection de l'environnement ; NOR: DEVP1614717D ; JORF n°0283 du 6 décembre 2016.

[14] Sous l'ancienne réglementation, les élevages de veaux de boucherie et/ou de bovins à l'engraissement étaient soumis à autorisation à partir de plus de 400 animaux, de celui de la déclaration avec contrôle périodique entre 201 et 400 animaux et de celui de la simple déclaration entre 50 et 200 animaux.

d'enregistrement a donc été créé pour les élevages comprenant entre 401 et 800 animaux et le régime de déclaration avec contrôle périodique a été supprimé. Pour les élevages de vaches laitières, c'est-à-dire dont le lait est, au moins en partie, destiné à la consommation humaine, ces seuils sont de plus de 400 vaches pour le régime de l'autorisation, de 151 à 400 pour le régime de l'enregistrement et de 50 à 150 pour le régime de la déclaration[15]. Le régime de déclaration avec contrôle périodique a également été supprimé. Les élevages de vaches allaitantes, c'est-à-dire dont le lait est exclusivement destiné à l'alimentation des veaux, relèvent du régime de la déclaration à partir de 100 animaux.

Les élevages de volailles et de gibiers à plumes dont les activités sont classées au titre de la rubrique 3660 relèvent du régime de l'autorisation lorsqu'ils comptent plus de 40 000 emplacements[16]. Les élevages de volailles et de gibiers à plumes relèvent du régime de l'enregistrement au-delà de 30 000 animaux et de celui de la déclaration pour les installations détenant un nombre d'animaux-équivalents supérieur à 5 000 et n'entrant pas dans la catégorie des installations soumises à enregistrement ou à autorisation. Pour les élevages soumis au régime de l'autorisation et de l'enregistrement, les volailles et le gibier à plumes sont comptés en emplacement, c'est-à-dire qu'un animal équivaut à un emplacement. Pour les élevages soumis à déclaration, les volailles et le gibier à plumes sont comptés en animaux-équivalents. Par exemple, une caille équivaut à 0,125 animal-équivalent, un palmipède gras en gavage équivaut à 7 animaux-équivalents, un pigeon ou une perdrix à 0,25, un coquelet à 0,75 ou encore un poulet léger à 0,85 animal-équivalent.
Il a été jugé que le système français d'animaux-équivalents, qui consiste à pondérer le nombre d'animaux par emplacement selon les espèces afin de prendre en compte la teneur en azote effectivement excrétée par les différentes espèces, ne pouvait être utilisé pour les élevages intensifs de volailles qui sont

---

[15] Sous l'ancienne réglementation ces seuils étaient de plus de 200 vaches pour le régime de l'autorisation, de 151 à 200 pour le régime de l'enregistrement, de 101 à 150 pour le régime de la déclaration avec contrôle périodique et de 50 à 100 pour celui de la simple déclaration.

[16] Sont inclus dans le terme « volailles », les poulets, poules, dindes, pintades, canards, oies, cailles, pigeons, faisans et perdrix, élevés ou détenus en captivité en vue de leur reproduction, de la production de viande ou d'œufs de consommation ou de la fourniture de gibier de repeuplement.

soumis à la Directive européenne n° 2010/75/UE, du 24 novembre 2010 relative aux émissions industrielles (IED)[17].

Quant aux élevages de porcs, ils relèvent du régime de l'enregistrement à partir de plus de 450 animaux-équivalents et de celui de la déclaration entre 50 et 450 animaux-équivalents[18]. Les élevages intensifs de porcs sont soumis à autorisation lorsqu'ils comptent plus de 2 000 emplacements pour les porcs de production de plus de 30 kg et de plus de 750 emplacements pour les truies.

L'activité d'élevage, de transit et de vente de lapins est soumise à autorisation lorsqu'il y a plus de 20 000 animaux sevrés et à déclaration lorsqu'il y a entre 3 000 et 20 000 animaux. En 2012 il y avait en France 1 125 élevages de lapin déclarés et 11 élevages autorisés hébergeant plus de 20 000 lapins sevrés[19].

Les couvoirs d'une capacité logeable d'au moins 100 000 œufs sont soumis à déclaration. En 2012, la France comptait 77 établissements de couvoirs déclarés[20].

Les établissements d'élevage, de vente et de transit d'animaux carnassiers à fourrure ayant plus de 2 000 animaux sont soumis à autorisation et à déclaration lorsqu'il y a entre 100 et 2 000 animaux. Les élevages de larves de mouches et d'asticots sont toujours soumis à autorisation, quel que soit le nombre d'animaux détenus. Les verminières sont des élevages d'insectes ou de larves d'insectes dans le but de servir d'appâts pour les pêcheurs ou de nourriture pour des animaux de compagnie tels que les oiseaux, les reptiles ou les mygales.

---

[17] CE, 23 avr. 2009, n° 286103 ; « Dans l'arrêt du 22 janvier 2009 par lequel elle s'est prononcée sur les questions dont le Conseil d'Etat l'avait saisie à titre préjudiciel, la Cour de justice des Communautés européennes a dit pour droit d'une part que la notion de volaille, qui figure au point 6.6.a) de l'annexe I de la directive 96/61/CE, doit être interprétée en ce sens qu'elle englobe les cailles, les perdrix et les pigeons et d'autre part que le point 6.6.a), de l'annexe I de la directive 96/61 s'oppose à une réglementation nationale, telle que celle en cause au principal, conduisant à calculer les seuils d'autorisation d'installation d'élevage intensif à partir du système d'animaux-équivalents reposant sur une pondération d'animaux par emplacement selon les espèces afin de prendre en compte la teneur en azote réellement excrétée par les différents volatiles. Il résulte de cette interprétation que la rubrique 2111 de la nomenclature des installations classées résultant du décret n° 2005-989 du 10 août 2005, qui se fonde sur un système d'animaux-équivalents, doit être annulée ».

[18] Les porcs à l'engrais, jeunes femelles avant la première saillie et animaux en élevage de multiplication ou sélection comptent pour un animal-équivalent. Les reproducteurs, truies (femelle saillie ou ayant mis bas) et verrats (mâles utilisés pour la reproduction) comptent pour trois animaux-équivalents et les porcelets sevrés de moins de trente kilogrammes avant mise en engraissement ou sélection comptent pour 0,2 animal-équivalent.

[19] http://www.developpement-durable.gouv.fr/IMG/pdf/5-BBA_MARDIS_DGPR_Les_autres_elevages.pdf.

[20] http://www.developpement-durable.gouv.fr/IMG/pdf/5-BBA_MARDIS_DGPR_Les_autres_elevages.pdf.

Les installations fixes et permanentes de présentation au public d'animaux d'espèces non domestiques sont également toujours soumises à autorisation. Sont visées les installations présentes sur un même site au moins 90 jours par an consécutifs ou non et dont l'activité de présentation au public est d'au moins 7 jours par an sur ce site. Sont exclus de cette rubrique les magasins de vente au détail et des installations présentant au public des poissons et des invertébrés aquatiques lorsque les capacités cumulées des aquariums et des bassins présentés au public sont inférieures à 10 000 litres de volume total brut ou présentant au public des animaux dont les espèces figurent dans la liste prévue par l'article R. 413-6 du Code de l'environnement ou encore présentant au public des arthropodes.

Enfin, pour les activités de piscicultures, on distingue les piscicultures d'eau de mer, qui relèvent de l'autorisation lorsque la capacité de production est supérieure à 20 t/an et de la déclaration lorsque la capacité de production est supérieure à 5 t/an, mais inférieure ou égale à 20 t/an, et les piscicultures d'eau douce, à l'exclusion des étangs empoissonnés, où l'élevage est extensif, sans nourrissage ou avec apport de nourriture exceptionnel, qui seront soumis à autorisation lorsque la capacité de production est supérieure à 20 t/an[21]. Lorsque la capacité de production des piscicultures d'eau douce est inférieure à 20 t/an, l'exploitation relève de la loi sur l'eau et les milieux aquatiques et est soumise à déclaration[22]. Ces exploitations ont pour objet l'élevage de poissons destinés à la consommation, au repeuplement, à l'ornement ou encore à des fins expérimentales ou scientifiques et à la valorisation touristique[23].

Notons que l'exploitant est tenu de déclarer les modifications entraînant des changements notables des éléments du dossier initial, par exemple, l'augmentation du nombre d'animaux, que l'installation soit soumise à autorisation, à enregistrement ou à déclaration[24]. Le préfet pourra alors exiger le dépôt d'une nouvelle demande d'autorisation, d'enregistrement ou de déclaration.

---

[21] Arr., 1er avr. 2008 fixant les règles techniques auxquelles doivent satisfaire les piscicultures d'eau douce soumises à autorisation au titre du livre V du code de l'environnement (rubrique 2130 de la nomenclature des installations classées) ; NOR: DEVP0802292A .

[22] Arr., 1er avr. 2008 fixant les prescriptions générales applicables aux installations, ouvrages, travaux ou activités soumis à déclaration en application des articles L. 214-1 à L. 214-6 du code de l'environnement et relevant de la rubrique 3.2.7.0 de la nomenclature annexée au tableau de l'article R. 214-1 du code de l'environnement (piscicultures d'eau douce mentionnées à l'article L. 431-6) et abrogeant l'arrêté du 14 juin 2000 ; NOR: DEVO0772024A.

[23] C. env., art. L. 431-6.

[24] C. env., art. R. 512-33 ; C. env., art. R. 512-54.

B. Le classement des installations classées agricoles

Le droit applicable aux installations classées agricoles est le même que pour toutes les installations classées, à quelques particularités près. Il conviendra alors de se reporter à un ouvrage traitant du droit des installations classées pour plus d'informations. Il s'agit ici d'introduire, de façon générale, le droit des installations classées soumises au régime de l'autorisation, de l'enregistrement ou de la déclaration tout en mettant en avant les quelques particularités applicables uniquement aux installations d'élevage. Rappelons que l'obligation du contrôle périodique pour les élevages ainsi que la procédure de regroupement ont été supprimées.

Aussi, avec l'entrée en vigueur de l'ordonnance n° 2017-80 du 26 janvier 2017 relative à l'autorisation environnementale, les procédures d'autorisation ICPE et IOTA ont disparu. Sont concernés par cette nouvelle réglementation les installations, ouvrages, travaux et activités (IOTA) soumis à la législation sur l'eau et les installations classées pour la protection de l'environnement (ICPE) lorsqu'ils relèvent du régime d'autorisation. Dans le cas des élevages ICPE, les dispositions particulières concernant la procédure d'autorisation des élevages ont été supprimées. Toutefois, les projets pour lesquels une demande d'autorisation a été déposée avant le 1er mars 2017 continuent à être instruits suivant les anciennes procédures. Aussi, le porteur du projet pouvait choisir, jusqu'au 30 juin 2017, entre déposer des demandes conformes aux anciennes législations ou déposer une demande d'autorisation environnementale.

1. Les installations classées agricoles soumises à autorisation

Sont soumises à autorisation préfectorale les installations qui présentent de graves dangers ou inconvénients pour les intérêts visés à l'article L. 511-1 du Code de l'environnement[25]. Depuis l'ordonnance n° 2017-80 du 26 janvier 2017 l'autorisation, dénommée autorisation environnementale, est délivrée dans les conditions prévues au chapitre unique du titre VIII du livre Ier du Code de l'environnement[26].

L'évaluation environnementale et l'étude d'impact des projets ont également été réformées par l'ordonnance n° 2016-1058 du 3 août 2016 et du décret n° 2016-1110 du 11 août 2016[27]. D'une manière générale, cette réforme a

---

[25] C. env., art. L. 512-1.

[26] C. env., art. L. 181-1 et s.

[27] Ordonnance n° 2016-1058 du 3 août 2016 relative à la modification des règles applicables à l'évaluation environnementale des projets, plans et programmes ; NOR: DEVD1614708R.
Décret n° 2016-1110 du 11 août 2016 relatif à la modification des règles applicables à l'évaluation environnementale des projets, plans et programmes ; NOR: DEVD1614839D.

pour but principal d'achever la transposition de la directive du 13 décembre 2011 modifiée en 2014[28].

Les projets qui, par leur nature, leur dimension ou leur localisation, sont susceptibles d'avoir des incidences notables sur l'environnement ou la santé humaine doivent faire l'objet d'une évaluation environnementale en fonction de critères et de seuils définis par voie réglementaire et, pour certains d'entre eux, après un examen au cas par cas effectué par l'autorité environnementale. Les élevages bovins soumis à autorisation mentionnés à la rubrique 2101 (élevages de veaux de boucherie ou bovins à l'engraissement, vaches laitières) de la nomenclature des installations classées pour la protection de l'environnement demeurent soumis à une évaluation environnementale systématique[29]. Les autres installations classées pour la protection de l'environnement soumises à autorisation ainsi que les autres installations classées pour la protection de l'environnement soumises à enregistrement feront l'objet d'un examen au cas par cas. Pour ces dernières, l'examen au cas par cas est réalisé dans les conditions et formes prévues à l'article L. 512-7-2 du Code de l'environnement.

L'article L. 122-1 du code de l'environnement indique désormais que l'évaluation environnementale doit permettre de décrire et d'apprécier les incidences notables d'un projet sur divers facteurs qu'il énumère, tels que les populations, la biodiversité, les paysages ou encore le sol. L'article R. 122-5 du Code de l'environnement définit le contenu de l'étude d'impact. Parmi les innovations apportées par les réformes récentes, on retiendra l'obligation de décrire l'évolution de l'environnement en cas de réalisation du projet (« scénario de référence ») et en l'absence de celui-ci, une description plus ciblée de l'état initial de l'environnement ou encore la description des incidences du projet sur le climat, mais également, à l'inverse, de la vulnérabilité du projet au changement climatique.

Avant l'entrée en vigueur de l'ordonnance précitée, l'autorisation des installations d'élevage soumises à autorisation, pouvait être accordée ou non par le représentant de l'État dans le département après une procédure encadrée par des délais fixés à l'article L. 512-2-1 du Code de l'environnement aujourd'hui abrogé. Les installations classées soumises à autorisation devaient obligatoirement présenter une étude d'impact avec leur demande d'autorisation. Sur ce point, l'insuffisance de l'étude d'impact produite par les éleveurs a été pendant longtemps un problème récurrent. En effet, afin de faciliter les implantations de porcheries, l'administration acceptait, à la place de l'étude d'impact, une simple *fiche de renseignements* dont le modèle figurait en annexe de la

[28] Directive 2014/52/UE du Parlement européen et du Conseil du 16 avril 2014 modifiant la directive 2011/92/UE concernant l'évaluation des incidences de certains projets publics et privés sur l'environnement.

[29] C. env., Annexe à l'article R122-2.

circulaire du 21 mars 1978[30]. Or, le juge administratif a systématiquement sanctionné cette pratique, au motif que cette fiche ne pouvait constituer une étude d'impact satisfaisant aux prescriptions réglementaires. Il précisait par ailleurs le contenu de l'étude d'impact des élevages, notamment quant à l'analyse de l'état initial du site[31] ou encore l'impact des opérations d'épandage sur les eaux souterraines et superficielles[32]. Une circulaire du 19 octobre 2006 a alors proposé un *document d'aide à l'analyse*[33]. Il s'agit d'un texte particulièrement détaillé qui reprend par exemple les principes régissant les études d'impact, qui sont le caractère intégré de l'étude, la spécificité et la proportionnalité de l'étude d'impact. Ce texte reprend également les différents volets que doit contenir l'étude d'impact, telle que la présentation du projet, la motivation du choix du projet ou encore les impacts sur le milieu naturel et notamment sur la faune et la flore, sur les sites et les paysages ainsi que les mesures proposées pour y remédier. La circulaire est accompagnée de 23 annexes portant par exemple sur les textes réglementaires, les dispositions spécifiques en cas de zonage lié à la directive « nitrates » ou encore sur les conditions de l'épandage.

2. Les installations classées agricoles soumises à enregistrement

Sont soumises à autorisation simplifiée, sous la dénomination d'enregistrement, les installations qui présentent des dangers ou inconvénients graves pour les intérêts mentionnés à l'article L. 511-1 du Code de l'environnement et lorsque ces dangers et inconvénients peuvent, eu égard aux caractéristiques des installations et de leur impact potentiel, être prévenus par le respect de prescriptions générales édictées par le ministre chargé des installations classées[34].

3. Les installations classées agricoles soumises à déclaration

Les installations soumises à déclaration sont celles qui, ne présentant pas de graves dangers ou inconvénients pour les intérêts visés à l'article L. 511-1 de Code de l'environnement, doivent néanmoins respecter les prescriptions générales édictées par le préfet en vue d'assurer dans le département la protection desdits intérêts[35].

---

30 Circ., 21 mars 1978 relative à l'application aux porcheries des réglementations concernant l'urbanisme et la protection de l'environnement, non publiée.

31 CE, 22 oct. 1999, n° 189214, Scte Arrow : JurisData n° 1999-051139.

32 CAA Nantes, 10 avr. 1996, n° 93NT00978, David. – TA Caen, 26 janv. 1993, n° 911520, Rivières et bocages.

33 Circ., 19 oct. 2006, concernant l'analyse des études d'impact pour les installations classées d'élevage, non publiée.

34 C. env., art. L. 512-7.

35 C. env., art. L. 512-8.

La délivrance du récépissé de déclaration s'accompagne de celle d'une copie des prescriptions générales applicables au sein du département, qui contient en principe des règles d'implantation et d'aménagement des installations. Ces prescriptions générales sont édictées par arrêtés préfectoraux, pris après avis de la commission départementale consultative compétente et, pour les ateliers hors sol, de la commission départementale d'orientation de l'agriculture. Elles s'appliquent automatiquement à toute installation nouvelle ou soumise à nouvelle déclaration[36].

C. Le délai de recours des tiers de quatre mois

Aux termes de l'article L. 181-17 du Code de l'environnement, la décision d'octroi d'une autorisation unique fait l'objet d'un contentieux de pleine juridiction.

Le nouvel article R. 181-47 du Code de l'environnement précise que le délai de recours administratif contre l'autorisation environnementale est de 2 mois pour le pétitionnaire et de 4 mois pour les tiers. Ces délais sont interruptibles 2 mois en cas de recours administratif.

Ce délai pendant lequel les décisions concernant les autorisations d'exploitation au titre des installations classées pour la protection de l'environnement peuvent être déférées à la juridiction administrative par les tiers, avait déjà été réduit en 2015 à quatre mois pour les décisions concernant les installations d'élevage[37].

§ 2. Le contrôle de l'activité des installations classées d'élevage

Comme pour toutes les installations classées, les établissements d'élevage sont soumis à des prescriptions techniques accompagnant l'arrêté d'autorisation. Leur inspection relève des inspecteurs des installations classées des directions départementales de la protection des populations (DDPP).

A. L'inspection des installations classées agricoles

Ce sont les inspecteurs des installations classées des directions départementales de la Protection des Populations (DDPP) qui assurent le suivi des élevages, en termes d'instruction de dossiers et de contrôles sur place. Les DDPP sont le résultat du regroupement, au 1er janvier 2010, de la direction

---

[36] C. env., art. L. 512-9.

[37] C. env., art. L. 515-27, abrogé ; L. n° 2015-990, 6 août 2015 pour la croissance, l'activité et l'égalité des chances économiques (1) ; NOR: EINX1426821L ; art. 104.

départementale des services vétérinaires (DDSV) et de l'unité départementale de la concurrence, de la consommation et de la répression des fraudes (UDCCRF). La DDPP constitue une Direction départementale interministérielle placée sous l'autorité du Préfet de département[38].

Elles sont compétentes en matière de politiques de protection de la population. À ce titre, elles mettent en œuvre, dans le département, les politiques relatives à la protection et à la sécurité des consommateurs, en veillant à la conformité, à la qualité et à la sécurité des produits et des prestations, à l'hygiène et à la sécurité des produits alimentaires, à la santé et à l'alimentation animales, à la traçabilité des animaux et des produits animaux dont elles assurent la certification, à la protection des animaux domestiques et de la faune sauvage captive, aux conditions sanitaires d'élimination des cadavres et des déchets animaux. Elles assurent également l'inspection des installations classées pour la protection de l'environnement exerçant des activités agricoles et une partie des activités agroalimentaires[39].

Par ailleurs, les articles D. 615-52 et suivants du Code rural et de la pêche maritime détaillent les conditions du contrôle administratif permettant de vérifier le respect des exigences réglementaires en matière de gestion des exploitations. Il appartient aux directions départementales de la protection des populations de contrôler le respect des exigences réglementaires en matière de gestion relevant du domaine « bien-être des animaux » et du domaine « santé publique, santé animale et santé végétale » [40]. Toutefois, ces contrôles administratifs sont encadrés et doivent être aussi limités que possible. En effet, aux termes de l'article D. 615-56 du Code rural, le directeur départemental des territoires, le directeur départemental des territoires et de la mer ou, dans les départements d'outre-mer, le directeur de l'alimentation, de l'agriculture et de la forêt veille à la coordination dans le temps des contrôles effectués, de manière à ce que le nombre de missions de contrôle sur une même exploitation soit aussi limité que possible.

Le service de protection et de surveillance sanitaire des animaux et des végétaux (PSSAV) est quant à lui chargé de lutter contre les maladies animales transmissibles à l'homme, de lutter contre les maladies à fort impact économique, de veiller au respect des règles de protection des animaux, au respect des règles d'utilisation et de prescription des médicaments vétérinaires et au respect des règles de fabrication de l'aliment du bétail et des animaux de compagnie.

---

[38] D., 3 déc. 2009 relatif aux directions départementales interministérielles, n° 2009-1484 ; NOR: PRMX0925639D.

[39] D., 3 déc. 2009, relatif aux directions départementales interministérielles, art. 5 ; n° 2009-1484 ; NOR: PRMX0925639D.

[40] C. rur., art. D. 615-52.

B. Prescriptions techniques applicables aux établissements d'élevage

Comme pour toutes les installations classées, les établissements d'élevage sont soumis à des prescriptions techniques accompagnant l'arrêté d'autorisation. De manière générale, les règles et prescriptions techniques s'appliquant aux ICPE soumises à autorisation « *déterminent les mesures propres à prévenir et à réduire les risques d'accident ou de pollution de toute nature susceptibles d'intervenir ainsi que les conditions d'insertion dans l'environnement de l'installation et de remise en état du site après arrêt de l'exploitation* »[41]. Les prescriptions générales auxquelles les installations soumises à déclaration doivent être conformes sont édictées par arrêtés préfectoraux, pris après avis de la commission départementale consultative compétente et, pour les ateliers hors sol, de la commission départementale d'orientation de l'agriculture[42]. Le ministre chargé des installations classées peut fixer par arrêté, après consultation des ministres intéressés et du Conseil supérieur des installations classées, les prescriptions générales applicables à certaines catégories d'installations soumises à déclaration[43].

Ces prescriptions techniques applicables aux élevages relèvent d'arrêtés spécifiques s'appliquant à chaque catégorie d'élevage. Ainsi, un arrêté du 27 décembre 2013 fixe les règles techniques auxquelles doivent satisfaire les élevages de bovins, de volailles et/ou de gibier à plumes et de porcs soumis à autorisation[44]. Concernant les élevages soumis à déclaration, c'est un arrêté du 4 août 2009 qui fixe les règles techniques auxquelles doivent satisfaire les élevages de bovins, de volailles et/ou de gibier à plumes et de porcs[45]. Pour les élevages de lapins, ce sont les arrêtés des 30 et 31 octobre 2006 qui fixe les prescriptions techniques applicables aux élevages soumis à autorisation et à déclaration[46]. Les couvoirs sont soumis aux prescriptions fixées par l'arrêté du 10 février 2005[47] et

---

[41] C. env., art. L. 512-5.

[42] C. env., art. L. 512-9.

[43] C. env., art. L. 512-10.

[44] Arr., 27 déc. 2013 relatif aux prescriptions générales applicables aux installations relevant du régime de l'autorisation au titre des rubriques nos 2101, 2102, 2111 et 3660 de la nomenclature des installations classées pour la protection de l'environnement ; NOR: DEVP1329742A.

[45] Arr., 4 août 2009 modifiant l'arrêté du 7 février 2005 modifié fixant les règles techniques auxquelles doivent satisfaire les élevages de bovins, de volailles et/ou de gibier à plume et de porcs soumis à déclaration au titre du livre V du code de l'environnement ; NOR: DEVP0913562A.

[46] Arr., 30 oct. 2006 fixant les règles techniques auxquelles doivent satisfaire les élevages de lapins soumis à déclaration au titre du livre V du code de l'environnement ; NOR: DEVP0630182A ; Arr., 31 oct. 2006 fixant les règles techniques auxquelles doivent satisfaire les élevages de lapins soumis à autorisation au titre du livre V du code de l'environnement ; NOR: DEVP0630181A.

[47] Arr., 10 févr. 2005 ; relatif aux prescriptions générales applicables aux installations classées pour la protection de l'environnement soumises à déclaration sous la rubrique n° 2112 (activité « couvoirs ») ; NOR: DEVP0540081A.

les élevages de carnassiers à fourrure doivent satisfaire les règles fixées par l'arrêté du 15 septembre 1986[48]. Enfin, les activités de piscicultures sont réglementées par l'arrêté du 1er avril 2008[49].

Ces arrêtés édictent, d'une part, des règles relatives à l'implantation des élevages en imposant des distances vis-à-vis des habitations et des points sensibles à la pollution des eaux. Enfin, d'autres réglementations s'appliquent à ces installations, telles que les règles d'urbanisme et d'hygiène et de sécurité.

1. Distances d'isolement

L'instauration de distances d'isolement entre les bâtiments d'exploitation et le voisinage constitue une des règles d'implantation essentielle qui concerne aussi bien les installations autorisées que les installations déclarées. En la matière, les règles applicables aux catégories d'élevages concernées mentionnent des périmètres précis qui s'appliquent tant aux bâtiments eux-mêmes qu'aux ouvrages de stockage et de traitement des lisiers. Les distances minimales les plus souvent préconisées sont de 100 mètres par rapport aux habitations ou aux lieux publics, 35 mètres par rapport aux points d'eau de tout ordre, 200 mètres par rapport aux lieux de baignade et aux plages et 500 mètres par rapport aux piscicultures et aux zones conchylicoles[50].

Par ailleurs, l'article L. 111-3 du Code rural et de la pêche maritime pose la règle selon laquelle « lorsque des dispositions législatives ou réglementaires soumettent à des conditions de distance l'implantation ou l'extension de bâtiments agricoles vis-à-vis des habitations et immeubles habituellement occupés par des tiers, la même exigence d'éloignement doit être imposée à ces derniers à toute nouvelle construction et à tout changement de destination précités à usage non agricole nécessitant un permis de construire, à l'exception des extensions de constructions existantes ». L'administration peut ainsi refuser un permis de construire d'une habitation à proximité d'un élevage[51]. L'application de cette règle de réciprocité a ainsi validé le refus de délivrer un permis de construire visant la construction d'une habitation à moins de 100 mètres d'un élevage soumis à déclaration au titre des installations classées[52].

Des dérogations aux distances d'éloignement imposées peuvent être accordées pour tenir compte des spécificités locales, dans les parties urbanisées

---

[48] Arr., 15 sept. 1986 fixant les règles techniques auxquelles doivent satisfaire au titre de la protection de l'environnement les élevages d'animaux carnassiers à fourrure.

[49] Arr., 1er avr. 2008 fixant les règles techniques auxquelles doivent satisfaire les piscicultures d'eau douce soumises à autorisation au titre du livre V du code de l'environnement (rubrique 2130 de la nomenclature des installations classées) ; NOR: DEVP0802292A.

[50] Arr., 27 déc. 2013 relatif aux prescriptions générales applicables aux installations relevant du régime de l'autorisation au titre des rubriques nos 2101, 2102, 2111 et 3660 de la nomenclature des installations classées pour la protection de l'environnement ; NOR: DEVP1329742A.

[51] V. CE, 21 mars 1980, Peyrusque, Rec., p. 157 ; AJDA, 1981, p. 108.

[52] CAA Lyon, 17 févr. 2015, no 13LY03466 ; CAA Douai, 5 mars 2015, no 13DA01446.

des communes et dans les conditions prévues par l'alinéa 2 de l'article L. 111-3 du Code rural. Une distance d'éloignement inférieure peut alors être autorisée par l'autorité qui délivre le permis de construire, après avis de la chambre d'agriculture. Il a ainsi été jugé qu'un préfet a pu permettre l'implantation de bâtiments d'élevage à 32 mètres d'une habitation au lieu des 100 mètres requis[53]. Une telle dérogation doit cependant être précisément justifiée et un maire ne pourra invoquer, au titre d'une spécificité locale, l'engagement pris par l'exploitant d'un silo céréalier de le déplacer à l'avenir[54]. Ces dérogations doivent également respecter l'exigence de salubrité qui est posée par l'article R. 111-2 du Code de l'urbanisme.

Enfin, précisons qu'aux termes de l'article L. 112-16 du Code de la construction et de l'habitation, la victime de dommages causés par des nuisances dues à des activités agricoles n'a pas droit à réparation « *lorsque le permis de construire afférent au bâtiment exposé à ces nuisances a été demandé ou l'acte authentique constatant l'aliénation ou la prise de bail établi postérieurement à l'existence des activités les occasionnant dès lors que ces activités s'exercent en conformité avec les dispositions législatives ou réglementaires en vigueur et qu'elles se sont poursuivies dans les mêmes conditions* ».

2. Prévention de la pollution des eaux et conditions d'épandage des effluents

Les élevages produisent des résidus susceptibles de polluer les ressources d'eau. Il s'agira principalement des effluents provenant de l'exploitation ou des matières destinées à être épandues ainsi que du fumier, lisier et purin dont il convient d'assurer l'élimination. L'exploitant doit inclure dans l'étude d'impact les mesures qu'il prévoit de mettre en œuvre pour limiter la pollution des eaux. De ce fait, sera jugée insuffisante l'étude d'impact qui ne comporte pas « d'indications précises caractérisant l'état initial du site au regard de l'hydrogéologie des terrains retenus pour l'épandage des lisiers », et ne contient « aucun plan faisant apparaître la délimitation du périmètre d'épandage ni de classification des parcelles suivant leur aptitude plus ou moins grande à absorber les épandages »[55]. En général, les arrêtés préfectoraux et les arrêtés ministériels envisagent une option entre les divers modes de traitement. Ces modes de traitement sont principalement l'apport en station d'épuration, le dépôt sur un site spécialisé et autorisé au titre de la réglementation des installations classées et l'épandage sur des terres agricoles. La technique de l'épandage sur terres agricoles, fréquemment utilisée, doit respecter des règles strictement définies par les arrêtés ministériels de prescriptions en application de la réglementation générale des épandages. L'épandage d'effluents d'élevage

---

[53] CE, 4 mars 2011, n° 326128.

[54] CAA Douai, 5 mars 2015, n° 13DA01446.

[55] CE, 22 oct. 1999, n° 189214, Sté Arrow.

est ainsi subordonné à la production d'un plan d'épandage permettant d'identifier les surfaces concernées et d'évaluer l'adéquation entre les quantités d'azote à épandre et les surfaces disponibles. Des distances minimales sont par ailleurs imposées entre les parcelles d'épandage et les sites dont la protection sanitaire doit être assurée, comme les habitations, les lieux publics et les points d'eau. Par ailleurs, il existe certaines interdictions, comme celles interdisant les épandages sur sol gelé, abondamment enneigé, ou réalisés en période de grande pluviosité. Enfin, les exploitants ont l'obligation de tenir un cahier d'épandage indiquant l'état des pratiques, qu'il s'agisse notamment du bilan global de fertilisation azotée, des volumes épandus et des dates de réalisation.

La protection des ressources en eau contre les pollutions d'origine agricole fait également l'objet d'un ensemble de règles particulièrement complexes. Ces dispositions particulières applicables aux élevages viennent en complément des règles générales de la gestion équilibrée et durable de la ressource en eau, édictées par les articles L. 211-1 et L. 211-2 du Code de l'environnement. Le dispositif réglementaire de lutte contre les pollutions d'origine agricole se fonde plus précisément sur l'article L. 211-3 du même code, lequel dispose que des prescriptions nationales ou particulières à certaines parties du territoire sont fixées par décret en Conseil d'État afin d'assurer la protection des principes relatifs à la gestion de la ressource en eau.

Les règles relatives à ces zones dites soumises à contraintes environnementales sont codifiées aux articles R. 211-66 à R. 211-110 du Code de l'environnement. Parmi ces dispositions figurent celles relatives aux « zones vulnérables » [56]. D'autres dispositifs de protection des ressources en eau concernent les zones d'érosion, certaines zones humides et les aires d'alimentation des captages d'eau destinée à la consommation humaine[57].

Le classement en zone vulnérable peut se traduire par la restriction des autorisations d'exploiter des élevages dans le cadre de la police des installations classées, en raison de l'impossibilité de prévenir les risques de pollution résultant d'une augmentation des apports en azote. Ainsi, a été confirmée la légalité d'un refus concernant une demande d'autorisation d'un élevage de plus de 3 000 porcs aux motifs que « ce projet était situé en "zone vulnérable" (...), que toute nouvelle installation risquerait d'aggraver la pollution des eaux souterraines et superficielles déjà fortement nitratées, que l'extrême vulnérabilité et la forte perméabilité de l'aquifère peuvent entraîner une

---

[56] C. env., art. R. 211-75 à R. 211-85 ; V. Directive 91/676/CEE du Conseil, du 12 décembre 1991, concernant la protection des eaux contre la pollution par les nitrates à partir de sources agricoles.
[57] C. rur., art. L. 114-1 à L. 114-3 et R. 114-1 à R. 114-10.
D. 2000/60/CE, 23 oct. 2000 établissant un cadre pour une politique communautaire dans le domaine de l'eau .

augmentation de la dégradation des eaux et que, dans ces conditions, le principe de précaution ne permettait pas de respecter les dispositions »[58].

La création ou l'extension d'élevages en zones d'excédent structurel peuvent également être interdites. En effet, certaines parties du territoire présentent une forte concentration d'élevages, ce qui conduit à une production d'azote excédentaire au regard des possibilités d'épandage. Dès lors, afin de respecter les quantités maximales d'azote pouvant être épandues par hectare en application de la directive « nitrates »[59], certaines zones sont dites excédentaires en azote et font à ce titre l'objet de mesures renforcées. Les actions renforcées comprennent la fixation de l'étendue maximale des surfaces d'épandage autorisées pour chaque exploitation. Les effluents ne pouvant être épandus dans la limite de ces maxima devront alors être obligatoirement traités ou transférés pour être épandus dans des zones non excédentaires. Si nécessaire, il peut également être institué une obligation de traitement ou de transfert pour les effluents ne pouvant être épandus sur les terres exploitées par l'éleveur. Cette obligation ne peut toutefois concerner que les plus grosses exploitations, dont le seuil est fixé par le programme d'action[60].

Par ailleurs, les déchets, résidus ou effluents issus des installations classées et destinés à être épandus sur les terres agricoles ne relèvent pas de la réglementation des matières fertilisantes prévue par les articles L. 255-1 et suivants du Code rural et de la pêche maritime. Il faut toutefois qu'ils fassent l'objet d'un plan d'épandage « garantissant l'absence d'effet nocif sur la santé humaine et animale et sur l'environnement »[61]. Aussi, les matières fertilisantes fabriquées à partir de tels déchets perdent le statut de déchet lorsqu'elles bénéficient de l'autorisation de mise sur le marché prévue par l'article L. 255-2 du code rural et de la pêche maritime.

3. Règles d'urbanisme applicables aux installations classées agricoles

Les documents d'urbanisme interfèrent directement ou indirectement dans l'implantation territoriale des installations classées. En effet, l'implantation d'un bâtiment d'élevage est soumise aux règles du droit de l'urbanisme. Un refus d'autorisation de construire pourra notamment être fondé sur l'article R. 111-2 du Code de l'urbanisme qui dispose que « Le projet peut être refusé ou n'être accepté que sous réserve de l'observation de prescriptions spéciales s'il est de nature à porter atteinte à la salubrité ou à la sécurité publique du fait de sa situation, de ses caractéristiques, de son importance ou de son implantation à proximité d'autres installations ».

---

[58] CAA Bordeaux, 7 févr. 2006, n° 02BX01458.

[59] Directive 91/676/CEE du Conseil, du 12 décembre 1991, concernant la protection des eaux contre la pollution par les nitrates à partir de sources agricoles.

[60] C. env., art. R. 211-82, II.

[61] C. rur., art. L. 255-5.

4. Règles d'hygiène et sécurité applicables aux installations classées agricoles

Ces règles sont généralement relatives à l'instauration de mesures visant à la préservation de l'hygiène et de la sécurité de l'élevage et traitent ainsi d'impératifs relatifs à la ventilation des locaux, à la lutte contre les nuisibles, comme les insectes et les rongeurs, au stockage des déchets et à l'épuration des rejets. Lorsque les effluents sont traités dans une station d'épuration, des normes maximales d'émission dans les milieux naturels sont fixées. En principe, compte tenu des bruits qu'engendrent l'exploitation et la présence d'animaux en son sein, des normes acoustiques peuvent également être imposées.

Chapitre 2. L'identification et l'enregistrement des animaux d'élevage

Afin d'assurer la traçabilité de la viande et de contrôler la santé animale pour améliorer la détection puis l'éradication des maladies, un système d'identification et d'enregistrement des animaux a été mis en place.

Pour chaque département, groupe de départements, région ou groupe de régions, l'autorité administrative agrée un établissement de l'élevage constitué soit sous la forme d'un service au sein d'une chambre d'agriculture, soit par la création d'un organisme doté de la personnalité morale[1]. Il appartient à ces établissements d'élevage agréés de mettre en œuvre les règles d'identification des animaux des espèces bovine, ovine, caprine et porcine[2]. Ces établissements d'élevage doivent tenir à jour un fichier des animaux qu'ils identifient et le communiquer aux services vétérinaires départementaux[3]. Ils assurent également l'immatriculation des cheptels ou ensembles de cheptels auxquels appartiennent les animaux qu'ils identifient et établissent un répertoire des cheptels immatriculés[4]. Les contrôles de l'identification et de l'enregistrement des animaux des espèces bovine, ovine et caprine prévus par les règlements européens[5] sont effectués par les agents de l'Agence de services et de paiement, dont les constatations sont transmises au préfet afin que ce dernier décide des suites à leur donner[6]. L'enregistrement des équidés est assuré par l'Institut français du cheval et de l'équitation[7]. Ce dernier est chargé de tenir un fichier national des équidés et de délivrer aux propriétaires les documents d'identification obligatoires[8].

Section 1. L'identification des animaux d'élevage

Les règles relatives à l'identification des animaux d'élevage diffèrent selon l'espèce concernée.

---

[1] C. rur., art. L. 653-7.

[2] C. rur., art. L. 212-7.

[3] C. rur., art. R. 212-15.

[4] C. rur., art. R. 212-16.

[5] Règl. (UE) n° 1034/2010 de la Commission, 15 nov. 2010, modifiant le règlement (CE) n° 1082/2003 en ce qui concerne les contrôles relatifs aux exigences en matière d'identification et d'enregistrement des bovins ;
Règl. (CE) n°1505/2006 de la Commission, 11 oct. 2006 portant application du règlement (CE) n°21/2004 du Conseil en ce qui concerne les contrôles minimaux à effectuer en rapport avec l'identification et l'enregistrement des animaux des espèces ovine et caprine.

[6] C. rur., art. D. 212-16-1.

[7] C. rur., art. L. 653-12.

[8] C. rur., art. L. 212-9.

§ 1. L'identification des bovins

Les règles relatives à l'identification des bovins sont essentiellement issues de la réglementation européenne[9]. En vertu de cette réglementation, une base de données nationale d'identification et de traçage des bovins et de leurs produits a été créée. Elle comporte des informations relatives aux exploitants et aux exploitations, aux animaux qui y sont élevés ou détenus, à leurs mouvements et à leur statut sanitaire[10].

Tout détenteur d'un ou de plusieurs bovins et tout collecteur de cadavres de bovins est tenu de se déclarer auprès de l'établissement de l'élevage compétent afin que celui-ci l'enregistre et lui attribue un numéro national. Il est alors tenu d'identifier ou de faire identifier chaque animal né sur son exploitation d'élevage[11].

L'identification des bovins se fait par l'apposition aux deux oreilles de l'animal d'une boucle plastique agréée de couleur saumon comportant 10 chiffres précédés du code pays. Chaque bovin doit être titulaire d'un passeport comportant les références de l'élevage et de l'animal. L'identification des bovins doit être maintenue en permanence, de sorte que tout détenteur doit signaler la perte d'une ou plusieurs marques auriculaires de l'animal ou la perte des documents d'identification[12]. Il est également tenu de notifier, au gestionnaire de la base de données d'identification ou à l'établissement de l'élevage, les naissances, les déplacements à destination et en provenance de l'exploitation et la mort d'animaux[13]. Tout animal provenant d'un État membre de l'Union européenne doit conserver sa marque auriculaire d'origine et lorsqu'il n'est pas destiné à un séjour temporaire, le détenteur doit demander un passeport pour ledit animal[14].

Le passeport de chaque bovin doit être remis à l'exploitant de l'établissement en cas d'introduction de l'animal dans un abattoir ou à l'exploitant de l'établissement d'équarrissage en cas d'enlèvement du cadavre. En cas d'exportation vers un pays tiers, le passeport doit être remis au préfet du département où a été délivré le certificat sanitaire[15]. Des arrêtés ministériels précisent également l'ensemble de ces dispositions[16].

---

[9] Règl. (CE) n° 1760/2000 du Parlement européen et du Conseil, 17 juillet 2000, établissant un système d'identification et d'enregistrement des bovins et concernant l'étiquetage de la viande bovine et des produits à base de viande bovine.

[10] C. rur., art. D. 212-18.

[11] C. rur., art. D. 212-19, I.

[12] C. rur., art. D. 212-19, V.

[13] C. rur., art. D. 212-19, IV.

[14] C. rur., art. D. 212-19, II.

[15] C. rur., art. D. 212-23.

[16] V. Arr., 24 sept. 2015 modifiant l'arrêté du 6 août 2013 relatif à l'identification des animaux de l'espèce bovine ; NOR: AGRG1522710A.

§ 2. L'identification des ovins et des caprins

Les dispositions relatives à l'identification des ovins et des caprins sont codifiées aux articles D. 212-24 et suivants du Code rural. Comme pour les bovins, il existe une base de données nationale d'identification des ovins et des caprins comportant des informations relatives aux détenteurs, aux exploitations, aux animaux qui y sont détenus et à leurs mouvements[17]. Les détenteurs d'un ou de plusieurs ovins ou caprins sont également tenus de se déclarer auprès de l'établissement de l'élevage afin de se voir attribuer un numéro national d'exploitation[18]. Ils doivent identifier ou faire identifier chaque animal né sur leur exploitation[19] et tout animal déplacé sur le territoire national entre deux exploitations distinctes doit être identifié et être accompagné du document de circulation[20].

Il incombe également au détenteur d'un ou de plusieurs ovins ou caprins de s'assurer que les animaux qu'il introduit sur son exploitation ou qu'il transporte sont identifiés et qu'ils sont accompagnés du document de circulation ou, dans le cas d'introduction en provenance d'un État membre de l'Union européenne ou d'un pays tiers, des documents sanitaires prévus à l'article L. 236-1 du Code rural[21].

§ 3. L'identification des porcins

On entend par porcin tout animal de la famille des suidés et du genre *Sus*, de l'espèce *Sus scrofa* et qui comprend notamment le sanglier *Sus scrofa scrofa* et le porc domestique *Sus scrofa domesticus* ainsi que leurs croisements[22].

Ici encore, tout détenteur de porcins ainsi que tout collecteur de cadavres de porcins sont tenus de se déclarer auprès de l'établissement de l'élevage afin que celui-ci l'enregistre et lui attribue un numéro national d'exploitation qui lui est propre[23]. Une base de données nationale d'identification des porcins a également été créée. Cette base comporte des informations relatives aux détenteurs, aux exploitations et à leurs différents sites d'élevage, aux animaux qui y sont élevés ou détenus, à leurs mouvements ainsi que, le cas échéant, à leur statut sanitaire[24].

Tout détenteur de porcins est tenu d'identifier ou de faire identifier les porcins détenus dans son exploitation avant toute sortie d'un site de l'exploitation par apposition du numéro national d'identification du site d'élevage. Pour les porcins reproducteurs, ce numéro est complété par un

---

[17] C. rur., art. D. 212-25.
[18] C. rur., art. D. 212-26.
[19] C. rur., art. D. 212-27.
[20] C. rur., art. D. 212-30.
[21] C. rur., art. D. 212-31.
[22] C. rur., art. D. 212-34.
[23] C. rur., art. D. 212-35.
[24] C. rur., art. D. 212-39.

numéro individuel[25]. Cette identification doit être réalisée au moyen de marques auriculaires ou de tatouages infalsifiables, lisibles pendant toute la vie de l'animal et insusceptibles d'être réutilisés ou modifiés[26].

Lors de tout mouvement, y compris entre deux sites d'une même exploitation, les porcins doivent être accompagnés d'un document d'accompagnement permettant d'assurer leur traçabilité ou d'un certificat sanitaire établi par un vétérinaire officiel pour les porcins à destination d'un État membre ou d'un pays tiers ou d'un certificat sanitaire établi par un vétérinaire officiel du pays de provenance pour les porcins en provenance d'un État membre ou d'un pays tiers[27].

Tout détenteur de porcins est tenu de notifier au gestionnaire de la base de données nationale d'identification les déplacements de porcins à destination et en provenance de son exploitation et les déplacements de porcins à destination et en provenance de chacun des sites d'élevage au plus tard dans les sept jours qui suivent[28].

Lors de la collecte d'un cadavre ou d'un lot de cadavres de porcins, le collecteur doit notifier au gestionnaire de la base de données nationale d'identification les informations relatives à l'exploitation dans laquelle est réalisée cette collecte ainsi qu'aux cadavres collectés[29].

Les documents d'accompagnement et les certificats sanitaires relatifs aux échanges, aux exportations ou aux importations ou, le cas échéant, une copie de ces documents, doivent être conservés dans le registre d'élevage pendant au moins cinq ans et être tenus à la disposition des agents et fonctionnaires compétents[30].

§ 4. L'identification des équidés et camélidés

Les propriétaires d'équidés et de camélidés sont tenus de les faire identifier selon un procédé agréé[31]. Ce procédé d'identification comporte, d'une part, la pose d'un dispositif d'identification agréé par arrêté du ministre chargé de l'agriculture et, d'autre part, l'inscription sur les fichiers zootechniques des indications permettant d'identifier l'animal.

L'établissement public Institut français du cheval et de l'équitation établit et gère le fichier central zootechnique des équidés et le fichier central zootechnique des camélidés, qui regroupent les informations relatives à la propriété, à la détention et à l'identification des équidés et des camélidés nés ou détenus en France[32].

---

[25] C. rur., art. D. 212-37.
[26] C. rur., art. D. 212-38.
[27] C. rur., art. D. 212-41.
[28] C. rur., art. D. 212-42.
[29] C. rur., art. D. 212-43.
[30] C. rur., art. D. 212-44.
[31] C. rur., art. L. 212-9.
[32] C. rur., art. D. 212-46.

Tout détenteur d'un ou plusieurs équidés domestiques et tout détenteur d'un ou plusieurs camélidés est tenu de se déclarer auprès de l'Institut français du cheval et de l'équitation[33]. Sur demande du propriétaire de l'équidé, une carte d'immatriculation contenant son nom et son adresse, ainsi que le nom et, le cas échéant, le numéro d'identification de l'équidé lui est transmise par l'Institut français du cheval et de l'équitation. En cas de changement de propriétaire de l'équidé, le gestionnaire du fichier central en est informé et doit modifier ou établir la carte d'immatriculation au nom du nouveau propriétaire. Toute modification des informations déclarées est portée à la connaissance de l'Institut français du cheval et de l'équitation dans un délai de deux mois. Enfin, dans les deux mois suivants la mort d'un équidé, le propriétaire doit transmettre la carte d'immatriculation au gestionnaire du fichier central[34].

Depuis le 1er juillet 2016, les camélidés détenus en France doivent être identifiés par une personne habilitée avant tout mouvement et au plus tard dans les douze mois suivants leur naissance par l'implantation sous-cutanée d'un transpondeur agréé ou par la pose de deux repères auriculaires agréés, dont un électronique[35].

Section 2. Les dispositions pénales

§ 1. La recherche et la constatation des infractions

Ont qualité pour rechercher et constater les infractions relatives aux règles d'identification des animaux les fonctionnaires et agents mentionnés à l'article L. 205-1 du Code rural ainsi que les agents des douanes[36]. Il s'agit des inspecteurs de la santé publique vétérinaire, des ingénieurs ayant la qualité d'agent du ministère chargé de l'agriculture, des techniciens supérieurs du ministère chargé de l'agriculture, des vétérinaires et préposés sanitaires contractuels de l'État et des agents du ministère chargé de l'agriculture compétents en matière sanitaire ou phytosanitaire figurant sur une liste établie par arrêté du ministre chargé de l'agriculture[37].

Les agents de l'Institut français du cheval et de l'équitation ont qualité pour rechercher et constater les infractions relatives à l'identification des équidés et des camélidés[38].

Pour l'exercice de leurs missions, ces agents ont libre accès dans tous les lieux où se trouvent les animaux, à l'exclusion des locaux à usage de domicile, entre 8 heures et 20 heures ou en-dehors de ces heures lorsque l'accès au public

[33] C. rur., art. D. 212-47 et D. 212-50-1.
[34] C. rur., art. D. 212-49.
[35] C. rur., art. D. 212-57-1.
[36] C. rur., art. L. 212-13.
[37] C. rur., art. L. 205-1.
[38] C. rur., art. L. 212-13.

est autorisé ou lorsqu'une activité est en cours. Ils peuvent, sous certaines conditions, visiter tous les véhicules transportant les animaux. Ils peuvent également se faire remettre copie des documents professionnels de toute nature, quel que soit leur support et en quelques mains qu'ils se trouvent, propres à faciliter l'accomplissement de leur mission. Enfin, ils peuvent procéder à des prélèvements aux fins d'analyse sur des produits ou des animaux soumis à leur contrôle[39].

Le fait de faire obstacle de quelque manière que ce soit à l'exercice des leurs fonctions est puni de l'amende prévue pour les contraventions de la cinquième classe[40].

§ 2. Les infractions aux règles d'identification

Est puni de l'amende prévue pour les contraventions de la troisième classe le fait pour le détenteur de bovin de contrevenir aux règles de déclaration ou aux règles d'identification des bovins, de contrevenir aux règles de notification des naissances, déplacements et morts et de contrevenir aux règles de maintien de l'identification[41].

De même, constitue une contravention de la troisième classe le fait, pour le détenteur de bovin de ne pas compléter le passeport, d'exposer, mettre en vente, vendre, prêter, donner ou mettre en pension un bovin non identifié ou non accompagné de son passeport, de faire circuler un bovin non identifié ou non accompagné de son passeport, d'omettre de signaler les différences éventuelles entre les mentions portées sur le passeport et le numéro national d'identification de l'animal, son sexe et son type racial, et de ne pas remettre le passeport ou de ne pas respecter la restriction de mouvement lorsqu'elle est prononcée par le préfet[42].

Pour le détenteur d'ovins ou de caprins, est puni de l'amende prévue pour la contravention de la troisième classe le fait de ne pas se déclarer auprès de l'établissement de l'élevage, de contrevenir aux règles d'identification des ovins et des caprins, de ne pas faire réidentifier un ou plusieurs ovins ou caprins importés d'un pays tiers, de faire circuler entre deux exploitations distinctes un ou plusieurs ovins ou caprins non identifiés ou non accompagnés du document de circulation, de ne pas respecter la restriction partielle ou totale de mouvement lorsqu'elle décidée par le préfet ou de ne pas s'assurer de la conformité de l'identification et des documents accompagnant le ou les animaux qu'il introduit dans son exploitation ou qu'il transporte.

Constitue également une contravention de la troisième classe le fait de ne pas signaler toute anomalie d'identification au préfet de son département

---

[39] C. rur., art. L. 212-14.
[40] C. rur., art. R. 671-9.
[41] C. rur., art. R. 215-11.
[42] C. rur., art. R. 215-11.

d'implantation et de ne pas procéder ou de ne pas être en mesure de justifier qu'il a été procédé à la notification de déplacements d'ovins ou de caprins[43].

Est également puni de l'amende prévue par la contravention de la troisième classe le fait pour un exploitant d'un établissement d'équarrissage de ne pas signaler toute anomalie d'identification constatée et de ne pas respecter les dispositions relatives au document d'enlèvement et enfin, le fait pour la personne chargée de notifier des déplacements d'ovins ou de caprins, de ne pas procéder à cette notification, ou de ne pas justifier y avoir procédé[44].

Pour un détenteur de porcins, constitue une contravention de la troisième classe le fait de ne pas se déclarer et de ne pas déclarer le ou les sites d'élevage constituant son exploitation auprès de l'établissement de l'élevage, le fait de contrevenir aux règles d'identification des porcins, d'introduire dans une exploitation ou de faire circuler un porcin non identifié, d'introduire dans une exploitation ou de faire circuler un porcin sans le document d'accompagnement nécessaire et de ne pas notifier au gestionnaire de la base nationale d'identification des porcins les déplacements d'animaux[45]. Est également puni de l'amende prévue pour les contraventions de la troisième classe le fait pour un collecteur de cadavres de porcins de ne pas se déclarer auprès de l'établissement de l'élevage et de ne pas notifier au gestionnaire de la base nationale d'identification des porcins les informations concernant la collecte de cadavres d'animaux[46].

Aux termes de l'article R. 215-14 du Code rural, est puni de la peine d'amende prévue pour les contraventions de la troisième classe le fait de procéder à l'identification d'un équidé sans être habilité à cet effet, de céder à titre onéreux ou gratuit un équidé jusqu'alors non identifié, sans avoir fait procéder au préalable à son identification, de vendre ou de donner un équidé sans avoir délivré immédiatement au nouveau propriétaire le document d'identification ou, dès le paiement intégral, la carte d'immatriculation régulièrement endossée et pour tout nouveau propriétaire d'équidé, de ne pas avoir adressé au gestionnaire du fichier central, dans les huit jours suivant la mutation, la carte d'immatriculation endossée par le cédant.

Constitue également une contravention de la troisième classe le fait, pour tout propriétaire ou détenteur d'équidé identifié, de n'avoir pas remis au gestionnaire du fichier central le document d'identification de l'équidé, immédiatement après la mort de l'animal et de n'avoir pas remis à l'exploitant ou au gestionnaire de l'abattoir, lorsqu'il est exigible, le document

[43] C. rur., art. R. 215-12.
[44] C. rur., art. R. 215-12.
[45] C. rur., art. R. 215-13.
[46] C. rur., art. R. 215-13.

d'identification de l'équidé ou son attestation d'identification, pour tout exploitant ou gestionnaire d'abattoir d'abattre un équidé non identifié, sauf si son abattage est autorisé, de détenir un équidé sevré non identifié, de faire attribuer une nouvelle identité à un équidé déjà identifié et immatriculé au fichier central, de retenir le document d'accompagnement d'un équidé ou encore, pour tout détenteur de faire circuler un équidé non identifié et pour toute personne détenant un ou plusieurs équidés domestiques, de ne pas se déclarer conformément aux dispositions de l'article D. 212-47 du Code rural ou de ne pas signaler, conformément aux dispositions de l'article D. 212-48 du Code rural, toute modification des informations déclarées et, enfin, pour toute personne responsable d'un établissement d'équarrissage, de ne pas avoir respecté ses obligations prévues en application des a, b et c du paragraphe 1 de l'article 19 du règlement (CE) n° 504/2008 de la Commission du 6 juin 2008.

§ 3. Les sanctions administratives

En cas de manquement aux règles et missions relatives à l'identification, l'agrément des établissements de l'élevage peut être suspendu ou retiré après avis de la Commission nationale d'identification. Cette décision de suspension ou de retrait d'agrément ne peut intervenir qu'après que l'établissement intéressé ait été informé des motifs et de la nature des mesures envisagées et à l'expiration d'un délai qui ne peut être inférieur à un mois[47].

---

[47] C. rur., art. R. 653-43.

Chapitre 3. Parcage et stabulation des animaux

Un parc est un enclos dans lequel on garde ou on fait pâturer des animaux. C'est ce qu'on appelle le parcage. La stabulation correspond au séjour ou au mode d'entretien du bétail en local fermé, et plus particulièrement des bovins à l'étable ou dans un espace limité à l'air libre.

Section 1. Dispositions générales

§ 1. Les conditions générales du parcage et de la stabulation

De façon générale, l'article R. 214-17 du Code rural pose certaines interdictions visant à assurer la protection des animaux. En effet, il dispose qu'« *Il est interdit à toute personne qui, à quelque fin que ce soit, élève, garde ou détient des animaux domestiques ou des animaux sauvages apprivoisés ou tenus en captivité :*

1 ° De priver ces animaux de la nourriture ou de l'abreuvement nécessaires à la satisfaction des besoins physiologiques propres à leur espèce et à leur degré de développement, d'adaptation ou de domestication ;

2 ° De les laisser sans soins en cas de maladie ou de blessure ;

3 ° De les placer et de les maintenir dans un habitat ou un environnement susceptible d'être, en raison de son exiguïté, de sa situation inappropriée aux conditions climatiques supportables par l'espèce considérée ou de l'inadaptation des matériels, installations ou agencements utilisés, une cause de souffrances, de blessures ou d'accidents ;

4 ° D'utiliser, sauf en cas de nécessité absolue, des dispositifs d'attache ou de contention ainsi que de clôtures, des cages ou plus généralement tout mode de détention inadaptés à l'espèce considérée ou de nature à provoquer des blessures ou des souffrances ».

Lorsque des animaux domestiques ou des animaux sauvages apprivoisés ou tenus en captivité sont trouvés gravement malades ou blessés ou en état de misère physiologique, du fait de mauvais traitements ou d'absence de soins, il incombe au préfet de prendre les mesures nécessaires pour que la souffrance des animaux soit réduite au minimum. Par ailleurs, il peut ordonner l'abattage ou la mise à mort de ces animaux, même sur place, aux frais du propriétaire[1].

---

[1] C. rur., art. R. 214-17.

En outre, le préfet de département peut mandater des vétérinaires pour établir un bilan clinique de l'état des animaux et de leurs conditions de vie[2].

Le maire n'a pas la compétence de prendre un arrêté visant à mettre fin aux maltraitances constatées sur des animaux en ordonnant leur enlèvement et placement[3]. En effet, pour la Cour administrative d'Appel de Nancy, si le maire est chargé de la police municipale et de la police rurale en vertu de l'article L. 2212-1 du Code général des collectivités territoriales et qu'aux termes de l'article L. 2212-2 du même code, la police municipale a pour objet d'assurer le bon ordre, la sûreté, la sécurité et la salubrité publiques, les mauvais traitements envers les animaux ne relèvent ni du bon ordre ni de la sécurité ou de la salubrité publiques.

Concernant les conditions de parcage en plein air des animaux des espèces bovine, ovine, caprine et des équidés, l'article R. 214-18 du Code rural interdit des les garder en plein air, « *lorsqu'il n'existe pas de dispositifs et d'installations destinés à éviter les souffrances qui pourraient résulter des variations climatiques* » ou « *lorsque l'absence de clôtures, d'obstacles naturels ou de dispositifs d'attache ou de contention en nombre suffisant est de nature à leur faire courir un risque d'accident* ». Ces dispositions ne n'appliquent aux animaux gardés, élevés ou engraissés dans les parcages d'altitude qu'en dehors des périodes normales d'estivage.

Ces dispositions sont complétées par l'arrêté ministériel du 25 octobre 1982 modifié[4] qui prévoit que les animaux élevés ou détenus pour la production d'aliments, de laine, de peau ou de fourrure ou à d'autres fins agricoles doivent être maintenus en bon état de santé et d'entretien conformément à l'annexe I de l'arrêté. Cette annexe contient des dispositions relatives aux bâtiments, locaux de stabulation et aux équipements ainsi que des dispositions relatives à l'élevage en plein air et des dispositions relatives à la conduite de l'élevage des animaux en plein air ou en bâtiments.

En outre, l'article L. 243-2 du Code rural autorise « *les propriétaires ou détenteurs professionnels d'animaux relevant d'espèces dont la chair ou les produits sont destinés à la consommation humaine, ou leurs salariés* », à pratiquer, « *sur les animaux de leur élevage ou sur ceux dont la garde leur a été confiée dans le cadre de leur exploitation, dans le respect des dispositions relatives à la protection des animaux, certains actes de médecine ou de chirurgie dont la liste est fixée, selon les espèces, par arrêté du ministre chargé de l'agriculture* ». Cette liste est fixée à l'arrêté du 5 octobre 2011[5]. Ainsi, ils sont autorisés à pratiquer certains actes, tels que la castration des animaux des

---

[2] C rur., art. R. 214-17-1.

[3] CAA Nancy, 15 nov. 2010, req. n° 09NC01433: AJDA 2011. 1446.

[4] Arr. 25 oct. 1982, relatif à l'élevage, à la garde et à la détention des animaux.

[5] Arr., 5 oct. 2011, fixant la liste des actes de médecine ou de chirurgie des animaux que peuvent réaliser certaines personnes n'ayant pas la qualité de vétérinaire ; NOR: AGRG1121105A.

espèces bovine, ovine, caprine, aviaire et porcine, la caudectomie de certaines espèces, l'écornage ou encore l'encochage.

Par ailleurs, un décret du 5 octobre 2011 fixe les conditions dans lesquelles certaines personnes peuvent réaliser des actes de médecine et de chirurgie vétérinaires[6]. Ce décret a été codifié aux articles D. 243-1 à D. 243-3 du Code rural.

Sont ainsi compétents les propriétaires ou détenteurs professionnels d'animaux appartenant à des espèces dont la chair ou les produits sont destinés à la consommation humaine, ou leurs salariés s'ils disposent d'une attestation de formation délivrée par un organisme de formation continue, ou s'ils sont titulaires d'un diplôme ou d'un titre homologué de niveau égal ou supérieur au brevet professionnel agricole ou s'ils disposent d'une expérience professionnelle d'au moins un an dans le domaine de l'élevage[7]. Sont également compétents pour pratiquer de tels actes, d'une part, les techniciens qui détiennent une attestation délivrée par un vétérinaire certifiant qu'ils maîtrisent les techniques de contention et les gestes d'intervention applicables à l'espèce et au type d'élevage concernés[8] et, d'autre part, les techniciens salariés d'un vétérinaire ou d'une société de vétérinaires habilités à exercer[9].

La directive du Conseil n°98/58/CE du 20 juillet 1998 prévoit également des mesures minimales de protection des animaux dans les élevages. Cette directive impose aux États membres de prendre des dispositions pour que les propriétaires ou détenteurs prennent toutes les mesures appropriées en vue de garantir le bien-être de leurs animaux et d'assurer que lesdits animaux ne subissent aucune douleur, souffrance ou dommage inutiles. Les États membres doivent veiller à ce que les conditions dans lesquelles les animaux, autres que les poissons, les reptiles et les amphibiens, sont élevés ou détenus, compte tenu de leur espèce et de leur degré de développement, d'adaptation et de domestication, ainsi que de leurs besoins physiologiques et éthologiques conformément à l'expérience acquise et aux connaissances scientifiques, soient conformes aux dispositions prévues en annexe. L'annexe de la directive prévoit plusieurs dispositions visant à assurer le bien-être des animaux d'élevage, allant de la construction des bâtiments et des locaux de stabulation, à l'inspection de tous les animaux maintenus dans des systèmes d'élevage qui doit avoir lieu au moins une fois par jour ainsi qu'à la liberté de mouvement propre à l'animal qui, compte tenu de son espèce et conformément à l'expérience acquise et aux

---

[6] D. n° 2011-1244, 5 oct. 2011, relatif aux conditions dans lesquelles certaines personnes peuvent réaliser des actes de médecine et de chirurgie vétérinaires ; NOR: AGRG1121095D.

[7] C. rur., art. D. 243-1.

[8] C. rur., art. D. 243-2.

[9] C. rur., art. D. 243-3.

connaissances scientifiques, ne doit pas être entravée de telle manière que cela lui cause des souffrances ou des dommages inutiles.

§ 2. Dispositions pénales

La violation des dispositions des articles R. 214-17 et R. 214-18 du Code rural constitue une contravention de la quatrième classe, sans préjudice de l'application des peines prévues en cas de mauvais traitements, sévices graves ou actes de cruauté[10]. Il est par ailleurs prévu que, pour les contraventions à l'article R. 214-17 du Code rural, les peines complémentaires prévues par l'article R. 654-1 du Code pénal, telle que la remise de l'animal à une œuvre de protection animale reconnue d'utilité publique ou déclarée, s'appliquent.

Section 2. Les dispositions spécifiques à certaines espèces

§ 1. Les normes relatives aux veaux

Les normes relatives à la protection des veaux sont prévues par la directive européenne du 19 novembre 1991[11] et par l'arrêté du 20 janvier 1994[12]. L'arrêté s'applique aux veaux entretenus à des fins d'élevage et d'engraissement. Le veau est défini comme un animal de l'espèce bovine âgé de moins de six mois.

En règle générale, et sauf pour les exploitations de moins de six veaux et sauf pour les veaux maintenus auprès de leur mère en vue de leur allaitement, aucun veau ne doit être enfermé dans une case individuelle après l'âge de huit semaines. La largeur de la case individuelle doit être au moins égale à la taille du veau au garrot, mesurée en position debout, et la longueur doit être au moins égale à la longueur du veau mesurée entre la pointe du nez et la pointe des fesses, multipliée par 1,1.

Toutefois, le veau pourra être enfermé dans une case individuelle si un vétérinaire certifie que son état de santé ou son comportement exige qu'il soit isolé en vue de soins spécifiques. Toutes les cases individuelles pour veaux, à l'exception de celles destinées à l'isolement d'animaux malades, doivent être pourvues de parois ajourées permettant un contact visuel et tactile direct entre les veaux.

---

[10] C. rur., art. R. 215-4.

[11] Directive (C.E.E.) n° 91-629 du Conseil des communautés européennes du 19 novembre 1991 établissant les normes minimales relatives à la protection des veaux.

[12] Arr., 20 janv. 1994, établissant les normes minimales relatives à la protection des veaux ; NOR: AGRG9400036A.

Lorsque les veaux sont élevés en groupe, il est prévu que l'espace pour chaque veau doit être au moins égal à 1,5 m^2 pour chaque veau d'un poids vif inférieur à 150 kilogrammes, à au moins 1,7 m^2 pour chaque veau d'un poids vif supérieur à 150 kilogrammes, mais inférieur à 220 kilogrammes et à au moins 1,8 m^2 pour chaque veau d'un poids vif supérieur à 220 kilogrammes.

L'arrêté prévoit également à son annexe les conditions auxquelles l'élevage de veaux doit se conformer. Les dispositions de l'annexe sont relatives aux matériaux de construction des locaux de stabulation, au bien-être des veaux et à leur alimentation.

Concernant les matériaux de construction, ils doivent pouvoir être nettoyés et désinfectés de manière approfondie et ne doivent pas être préjudiciables aux veaux. L'isolation, le chauffage et la ventilation du bâtiment doivent être tels que la circulation de l'air, le niveau de poussière, la température, l'humidité et les concentrations de gaz soient maintenus dans des limites non nuisibles aux veaux. Il est également prévu que l'équipement automatique ou mécanique indispensable à la santé et au bien-être des veaux doit être inspecté au moins une fois par jour et que les veaux ne doivent pas être maintenus en permanence dans l'obscurité. À cet effet, un éclairage approprié naturel ou artificiel doit être prévu. Les sols doivent être non glissants, mais sans aspérités pour empêcher que les veaux se blessent et être conçus de manière à ne pas provoquer de blessure ni de souffrance chez les veaux debout ou étendus. Ils doivent être appropriés à la taille et au poids des veaux et constituer une surface rigide, plane et stable. L'aire de couchage doit être confortable, propre et convenablement drainée et ne doit pas porter préjudice aux veaux. Une litière appropriée doit être prévue pour tous les veaux de moins de deux semaines.

Concernant plus spécifiquement le bien-être des veaux, les locaux de stabulation doivent permettre à chaque veau de s'étendre, de se reposer, de se relever et de faire sa toilette sans difficulté. En outre, les veaux élevés en stabulation doivent être inspectés par le propriétaire ou la personne responsable des animaux au moins deux fois par jour et en principe, les veaux ne doivent être ni muselés ni attachés. À titre d'exception, les veaux logés en groupe peuvent être attachés durant des périodes d'une heure au maximum au moment de la distribution de lait ou d'un lactoremplaceur. Lorsque les veaux sont attachés, leur attache ne doit pas les blesser et doit être inspectée régulièrement et ajustée si nécessaire pour leur confort. Toute attache doit être conçue de manière à éviter un risque de strangulation ou de blessure et permettre à l'animal de se déplacer.

Concernant leur alimentation, les veaux doivent recevoir une alimentation appropriée à leur âge et à leur poids, en tenant compte de leurs besoins comportementaux et physiologiques pour favoriser un bon état de santé ainsi que leur bien-être. Il est spécifiquement prévu que leur alimentation doit contenir suffisamment de fer pour assurer un niveau moyen d'hémoglobine sanguine d'au moins 4,5 mmol/litre de sang et qu'ils doivent être nourris au moins deux fois par jour.

Les veaux âgés de plus de deux semaines doivent avoir accès à de l'eau fraîche adéquate, fournie en quantité suffisante, ou pouvoir satisfaire leur besoin en liquide en buvant d'autres boissons. Toutefois, lorsque le temps est très chaud ou lorsque les veaux sont malades, de l'eau potable fraîche doit être disponible à tout moment.

Rappelons que l'arrêté du 5 octobre 2011 susvisé autorise les propriétaires ou détenteurs professionnels d'animaux relevant d'espèces dont la chair ou les produits sont destinés à la consommation humaine, ou leurs salariés, de procéder eux-mêmes à certains actes de médecine ou de chirurgie sur les animaux, tels que la castration des animaux dans les espèces bovines ou certains actes de dentisterie ou relevant de la reproduction.

§ 2. Les normes relatives aux porcs

Les normes minimales relatives à la protection des porcs entretenus à des fins d'élevage et d'engraissement sont prévues par l'arrêté du 16 janvier 2003[13].

L'arrêté s'applique au porc, définit comme un animal de l'espèce porcine élevé pour la reproduction ou l'engraissement, au verrat qui est un porc mâle pubère destiné à la reproduction, aux cochettes qui est un porc femelle pubère qui n'a pas encore mis bas, aux truies définit comme un porc femelle après la première mise bas, aux truies allaitantes, c'est-à-dire un porc femelle de la période périnatale jusqu'au sevrage des porcelets, aux truies sèches et gravides qui est une truie entre le moment du sevrage et la période périnatale, au porcelet définit comme un porc de la naissance au sevrage, au porc sevré, c'est à dire un porcelet sevré jusqu'à l'âge de dix semaines et enfin au porc de production qui est un porc depuis l'âge de dix semaines jusqu'au moment de l'abattage ou de la saillie.

Chaque porc sevré ou chaque porc de production élevé en groupe doit disposer d'une superficie d'espace libre qui dépend de son poids[14]. Par exemple, un porc jusqu'à 10 kilogrammes doit disposer d'une superficie de 0,15 m^2 et un

---

[13] Arr., 16 janv. 2003, établissant les normes minimales relatives à la protection des porcs ; NOR: AGRG0300007A.
V. aussi : Directive 98/58/CE du Conseil, 20 juil. 1998 concernant la protection des animaux dans les élevages ; Directive 2001/88/CE du Conseil, 23 oct. 2001 modifiant la directive 91/630/CEE établissant les normes minimales relatives à la protection des porcs ; Directive 2001/93/CE de la Commission, 9 nov. 2001 modifiant la directive 91/630/CEE établissant les normes minimales relatives à la protection des porcs.

[14] Notons que l'arrêté ne précise pas l'unité de surface à prendre en compte. Toutefois, il ressort du texte de l'arrêté que ces surfaces minimales sont en mètres carrés.

porc de plus de 110 kilogrammes doit disposer d'une surface de 1 m². En règle générale et sauf cas particulier, les cochettes après la saillie et les truies doivent disposer, respectivement, d'une superficie d'au moins 1,64 m² et de 2,25 m².

Outre ces exigences concernant la superficie d'espace libre dont doit disposer chaque animal, l'arrêté contient des exigences relatives aux revêtements des sols. Par ailleurs, l'annexe de l'arrêté prévoit des dispositions relatives au bruit, qui ne doit pas dépasser 85db, à la lumière dont l'intensité doit être au moins égale à 40 lux pendant un minimum de huit heures par jour, au logement des porcs qui doit leur permettre d'avoir accès à une aire de couchage confortable, asséchée et propre, de se reposer et de se lever normalement et de voir, sauf exception, d'autres porcs. Des dispositions concernant l'accès à la nourriture et à l'eau fraiche sont également prévues.

Dans le cadre de l'élevage, certains actes sont autorisés, tels que la réduction uniforme des coins des porcelets par une technique appropriée telle que le meulage au cours des sept jours suivant la naissance, la réduction des défenses des verrats dans leur longueur si nécessaire pour prévenir toute blessure causée aux autres animaux ou pour des raisons de sécurité, la section partielle de la queue, la castration des porcs mâles par d'autres moyens que le déchirement des tissus et, uniquement dans les systèmes d'élevage en plein air, la pose d'anneaux dans le nez.

Cependant, il est précisé que la section partielle de la queue et la réduction des coins ne peuvent être réalisées que lorsqu'il existe des preuves que des blessures causées aux mamelles des truies, aux oreilles ou aux queues d'autres porcs ont eu lieu.

Toutes ces procédures doivent faire appel à des techniques de nature à réduire au minimum toute douleur ou stress pour les animaux et si la castration ou la section partielle de la queue sont pratiquées plus de sept jours après la naissance, une anesthésie complétée par une analgésie prolongée doit être réalisée par un vétérinaire.

Enfin, l'annexe contient des dispositions particulières relatives aux différentes catégories de porcs. Par exemple, pour les porcelets, il est prévu que lorsqu'une loge de mise à bas est utilisée, les porcelets doivent pouvoir disposer d'un espace suffisant pour pouvoir être allaités sans difficulté. Par ailleurs, aucun porcelet ne doit être séparé de sa mère avant d'avoir atteint l'âge de 28 jours, sauf si le bien-être et la santé de la truie ou du porcelet exigent de les séparer plus tôt.

§ 3. Les normes relatives aux poules pondeuses

En France, soixante-huit pour cent des quarante-sept millions de poules pondeuses sont élevés en cage, contre 25 % en bâtiments avec accès au plein air et 7 % au sol sans accès au plein air[15]. L'élevage en cages non aménagées est interdit[16].

Les normes relatives à la protection des poules pondeuses sont fixées d'une part, par l'arrêté du 1er février 2002[17] et d'autre part, par la réglementation relative à la commercialisation des œufs. Les poules pondeuses concernées sont les poules de l'espèce Gallus gallus ayant atteint la maturité de ponte et élevées pour la production d'œufs non destinés à la couvaison. Toutefois, l'arrêté du 1er février 2002 relatif à la protection des poules pondeuses ne s'applique ni aux établissements de moins de 350 poules pondeuses ni aux établissements d'élevage de poules pondeuses reproductrices.

A. Les dispositions générales applicables à tout élevage de poules pondeuses

L'annexe de l'arrêté du 1er février 2002 établissant les normes minimales relatives à la protection des poules pondeuses contient des dispositions générales s'appliquant à tout élevage de poules pondeuses. Ces dispositions ont trait à la conception des installations et des équipements, à l'entretien et à la surveillance des installations, des équipements et des animaux ainsi qu'aux interventions sur les animaux.

Concernant la conception des installations, l'annexe de l'arrêté susvisé prévoit notamment des exigences relatives à l'isolation, à la ventilation, au niveau sonore et à l'éclairage du bâtiment. Sur ce dernier point, il est prévu que le régime d'éclairage doit suivre un rythme de vingt-quatre heures et comprendre une période d'obscurité suffisante et ininterrompue pour permettre aux poules de se reposer.

Concernant l'entretien et la surveillance des installations, des équipements et des animaux, l'annexe dispose que toutes les poules doivent être inspectées par le propriétaire ou le responsable des poules au moins une fois par jour et que les poules mortes doivent être éliminées tous les jours. Lorsque des poules ne paraissent pas en bonne santé, des mesures nécessaires doivent être prises, telles que l'isolement, le traitement, l'abattage ou la modification de l'environnement. Par ailleurs, le propriétaire ou le détenteur des animaux doit tenir un registre indiquant tout traitement médical apporté ainsi que le nombre

---

[15] http://www.lemonde.fr/biodiversite/article/2017/01/09/l-industrie-alimentaire-se-detourne-massivement-des-ufs-de-poules-en-cage_5059785_1652692.html#3zyElAjjHgjKK1p6.99.

[16] Direc., 1999/74/CE du Conseil, 19 juill. 1999, établissant les normes minimales relatives à la protection des poules pondeuses, transposée par l'arrêté du 1er février 2002 susmentionné.

[17] Arr., 1 févr. 2002, établissant les normes minimales relatives à la protection des poules pondeuses ; NOR: AGRG0200019A.

d'animaux morts découverts à chaque inspection. Aussi, les locaux, les équipements et les ustensiles qui sont en contact avec les poules doivent être dans un état de propreté satisfaisant.

Concernant les interventions sur les animaux, il est précisé que toute mutilation est en principe interdite. L'épointage du bec peut toutefois être autorisé lorsqu'il apparaît nécessaire pour préserver la santé et le bien-être des animaux. Lorsque l'épointage du bec est utilisé, il ne doit être pratiqué que par un personnel qualifié sur les poussins de moins de dix jours destinés à la ponte. Ces dispositions s'appliquent à tout élevage détenant des animaux âgés de moins de dix jours.

B. L'élevage de poules pondeuses dans les systèmes alternatifs

Les systèmes alternatifs sont définis à l'article 2 de l'arrêté du 1er février 2002 précité comme *« toute installation d'élevage de poules pondeuses, à l'exception des cages, notamment les volières et les élevages au sol, avec ou sans parcours extérieur »*.

Dans ces installations, toutes les poules pondeuses doivent pouvoir disposer de mangeoires soit longitudinales offrant au moins 10 centimètres de longueur par poule, soit circulaires offrant au moins 4 centimètres de longueur par poule, d'abreuvoirs de 2,5 centimètres de longueur par poule lorsqu'ils sont continus ou de 1 centimètre de longueur par poule s'ils sont circulaires et d'au moins un nid pour 7 poules. Si les nids sont collectifs, une superficie d'au moins 1 m^2 doit être prévue pour un maximum de 120 poules. Des perchoirs appropriés d'au moins 15 centimètres par poule doivent être prévus et ne doivent pas être installés au-dessus de la litière. Les poules pondeuses doivent également disposer d'au moins 250 cm^2 de la surface de la litière par poule, la litière occupant au moins un tiers de la surface au sol.

Concernant la construction des installations, l'arrêté susvisé dispose que le sol doit être construit de manière à supporter adéquatement chacune des serres antérieures de chaque patte.

En outre, pour les systèmes d'élevage qui permettent aux poules pondeuses de se déplacer librement entre différents niveaux, il ne doit pas y avoir plus de 4 niveaux superposés, la hauteur libre entre les niveaux doit être de 45 centimètres au moins, les équipements d'alimentation et d'abreuvement doivent être répartis de manière à ce que toutes les poules y aient pareillement accès et les niveaux doivent être installés de manière à empêcher les fientes de tomber sur les niveaux inférieurs.

Lorsque les poules pondeuses ont accès à des espaces extérieurs, il est notamment prévu que plusieurs trappes de sorties doivent donner directement accès à l'espace extérieur et avoir au moins une hauteur de 35 centimètres et une largeur de 40 centimètres. Les espaces extérieurs doivent avoir une superficie appropriée à la densité de poules détenues et à la nature du sol et être pourvus d'abris contre les intempéries et les prédateurs.

Enfin, l'arrêté dispose que la densité animale dans les bâtiments d'élevage ne doit pas comporter plus de neuf poules pondeuses par mètre carré de surface utilisable. La surface utilisable correspond à une surface large d'au moins 30 centimètres, inclinée au maximum à 14 %, surmontée d'un espace libre haut d'au moins 45 centimètres. Les surfaces du nid ne font pas partie de la surface utilisable.

C. L'élevage de poules pondeuses en cages aménagées

Lorsque les poules pondeuses sont élevées en cages aménagées, les poules pondeuses doivent disposer d'au moins 750 cm^2 de la superficie de la cage par poule, dont 600 cm^2 de surface utilisable. La hauteur de la cage, autre que celle au-dessus de la surface utilisable, doit faire au moins 20 centimètres en tout point et la superficie totale de toute cage ne peut être inférieure à 2 000 cm^2.

Les poules pondeuses doivent également disposer d'un nid, d'une litière permettant le picotage et le grattage, de perchoirs appropriés offrant au moins 15 centimètres par poule, d'une mangeoire utilisable sans restriction et offrant au moins 12 centimètres par animal présent dans la cage, d'un système d'abreuvement approprié dans chaque cage et de dispositifs appropriés prévenant la pousse excessive des griffes des poules.

Enfin, l'arrêté précise que pour faciliter l'inspection, l'installation et le retrait des animaux, les rangées de cages doivent être séparées par des allées d'une largeur minimale de 90 centimètres et d'un espace d'au moins 35 centimètres entre le sol du bâtiment et les cages des rangées inférieures.

D. La commercialisation des œufs

Sur chaque emballage, le mode d'élevage doit être précisé et sur chaque œuf est inscrit un code qui indique le mode d'élevage de la poule qui l'a pondu. Ainsi, devant les lettres du pays d'origine (FR pour France par exemple), un chiffre allant de 0 à 3 permet de savoir le mode d'élevage de la poule pondeuse. L'annexe I du règlement européen du 23 juin 2008 prévoit que le code 1 correspond aux *« œufs de poules élevés en plein air »*, le code 2 aux *« œufs de poules élevées au sol »* et le code 3 pour les *« œufs de poules élevées en cage »*[18].

L'annexe II du règlement est relative aux exigences minimales à remplir par les systèmes de production des différents modes d'élevages des poules pondeuses. Ainsi, pour les « œufs de poules élevées en plein air », les poules doivent avoir pendant la journée un accès ininterrompu à des espaces extérieurs, même si cet accès peut être restreint par le producteur dans certains cas. Par ailleurs, cet espace extérieur doit être en majeure partie recouvert de végétation et la densité de peuplement de cet espace extérieur ne peut à aucun moment excéder 2 500 poules par hectare de terrain, soit une poule par 4 m^2.

Les « œufs de poules élevées au sol » doivent répondre aux conditions fixées à l'article 4 de la directive 1999/74/CE, c'est-à-dire aux dispositions applicables à l'élevage de poules pondeuses dans les systèmes alternatifs vus précédemment.

Enfin, les œufs de poules élevées en cage doivent remplir les conditions fixées à l'article 6 de la directive 1999/74/CE, c'est-à-dire aux dispositions applicables à l'élevage de poules pondeuses en cages aménagées vues précédemment.

§ 4. Les normes relatives aux poules de chair

L'arrêté du 28 juin 2010 établissant les normes minimales relatives à la protection des poules destinées à la production de viande[19] transpose en droit français, la directive européenne 2007/43/CE qui vise à assurer un niveau minimum de bien-être pour les poulets de chair produit en Europe.

Cette réglementation s'applique aux élevages de plus de 500 poulets de chair classiques, aux exploitations ayant à la fois un troupeau reproducteur et un troupeau d'élevage. Elle ne s'applique pas aux exploitations où sont élevés uniquement des poulets reproducteurs, aux couvoirs, aux poulets élevés à l'intérieur en système extensif ou aux poulets sortant à l'extérieur ou élevés en plein air ou en liberté ni aux poulets d'élevage biologique.

Ce dispositif réglementaire comporte des éléments de base communs à toutes les exploitations ainsi que des exigences croissantes en fonction de trois niveaux de densité maximum. En effet, la densité d'élevage maximale dans une exploitation est en principe de 33 kg/m^2. Par dérogation, une densité d'élevage

---

[18] Règl. (CE) n°589/2008 de la Commission, 23 juin 2008, portant modalités d'application du règlement (CE) n°1234/2007 du Conseil en ce qui concerne les normes de commercialisation applicables aux œufs.

[19] Arr., 28 juin 2010, établissant les normes minimales relatives à la protection des poulets destinés à la production de viande ; NOR: AGRG1016905A.

plus élevée peut être autorisée, sous certaines conditions. En ce cas, la densité d'élevage maximale ne doit à aucun moment dépasser 39 kg/m². Cependant, lorsque certains critères sont remplis, cette densité d'élevage maximale peut être augmentée, tout en ne dépassant pas les 42 kg/m². La densité d'élevage correspond au poids vif total de poules se trouvant simultanément dans un poulailler par mètre carré de surface utilisable.

A. Les dispositions générales s'appliquant à toutes les exploitations de poules de chair

Quelle que soit la densité d'élevage, les exigences sont relatives à la formation professionnelle, à la luminosité, au bâtiment et à la conduite d'élevage.

Concernant la formation, tous les éleveurs doivent être titulaires d'un certificat professionnel individuel d'éleveur de poulets de chair délivré par le préfet du département, à l'issue d'une formation agréée par le ministère en charge de l'agriculture sur le bien-être des poulets de chair.

L'éclairage doit suivre un rythme de vingt-quatre heures et comprendre des périodes d'obscurité d'au moins six heures au total. L'intensité lumineuse doit être de 20 lux minimum, selon une mesure prise au niveau de l'œil de l'oiseau, sur 80 % de la surface du poulailler. Par dérogation, une réduction temporaire du niveau d'éclairage peut toutefois être autorisée, soit suite à une visite du vétérinaire, soit en cas de survenue d'un syndrome de mortalité brutale, de picage ou de cannibalisme pour lequel une action immédiate de l'éleveur visant à réduire la luminosité peut être nécessaire.

Concernant le bâtiment et la conduite de l'élevage, les animaux doivent disposer de litières sèches et friables et ne peuvent être privés de nourriture plus de 12 heures avant l'heure d'abattage prévue. La ventilation et le chauffage du bâtiment doivent être gérés de façon à limiter les températures trop élevées et l'excès d'humidité. Le niveau sonore doit également être réduit au minimum.

Les animaux doivent être inspectés au minimum deux fois par jour. Les poules qui sont gravement blessées ou qui présentent des signes visibles de troubles de la santé, notamment celles qui se déplacent avec difficulté, qui souffrent d'ascite ou de malformations graves, et celles qui sont susceptibles de souffrir doivent recevoir un traitement adapté ou doivent être immédiatement mis à mort.

Il est également prévu que toutes les interventions chirurgicales pratiquées à d'autres fins que thérapeutiques ou de diagnostic et provoquant des dommages ou la perte d'une partie sensible du corps ou une altération de la structure osseuse sont interdites.

Toutefois, « *l'épointage du bec peut être autorisé si toutes les autres mesures visant à prévenir le picage des plumes et le cannibalisme ont échoué. Dans ce cas, il n'est effectué qu'après consultation d'un vétérinaire et sur conseil de celui-ci, et cette opération est pratiquée par un personnel qualifié sur les poussins de moins de dix jours*»[20]. La castration des poulets mâles est également autorisée et elle doit être pratiquée sous le contrôle d'un vétérinaire par du personnel ayant reçu une formation spéciale.

Enfin, l'arrêté du 28 juin 2010 susmentionné met la responsabilité première en matière de bien-être des animaux à la charge du propriétaire ou de l'éleveur des animaux.

B. Les dispositions s'appliquant aux exploitations dépassant une densité de 33 kg vif/m2

En plus des normes de base vues ci-dessus, d'autres exigences s'appliquent aux exploitations dépassant une densité de 33 kg vif/m2.

Quelle que soit la densité de l'exploitation, la tenue d'un registre pour chaque poulailler est obligatoire. Dans ce registre, doivent figurer les informations relatives à la surface utilisable, à la souche de poulets, au nombre de poulets introduits, à la mortalité et au nombre de poulets restants suite à un enlèvement pour la vente directe ou l'abattage. Lorsque l'exploitation à une densité supérieure à 33 kg vif/m2, trois types d'exigences documentaires s'appliquent en plus du registre. D'une part, avant d'augmenter la densité de son élevage, le propriétaire ou l'éleveur doit communiquer son intention à l'autorité vétérinaire du département du lieu de son élevage en indiquant la valeur maximale qu'il s'engage à respecter. Il doit en outre informer l'autorité vétérinaire départementale de toute modification de cette densité d'élevage dans un délai d'au moins quinze jours avant l'installation du troupeau dans le poulailler. D'autre part, le propriétaire ou l'éleveur doit conserver et rendre accessible dans le poulailler une documentation décrivant en détail les systèmes de production. Cette documentation comprend en particulier des informations sur les modalités techniques relatives au poulailler et à son équipement par exemple un plan du poulailler précisant les dimensions des surfaces occupées par les poulets. Enfin, le nombre d'animaux trouvés morts et éliminés doit être noté tous les jours, puis divisé par le nombre de poulets présent dans le poulailler ce jour-là et multiplié par 100, afin d'obtenir le taux de mortalité journalier. Ces informations doivent être transmises à l'abattoir le moment venu. Aussi, lors de l'inspection post mortem des lots à l'abattoir, les éventuelles carences en matière de bien-être des animaux doivent être détectées en fonction de l'importance de certaines lésions observables. Si le taux de mortalité ou les résultats de l'inspection post mortem correspondent à une carence en matière de bien-être des animaux, le vétérinaire officiel communique les données au propriétaire ou à l'éleveur des animaux et à l'autorité vétérinaire

[20] Arr., 28 juin 2010, établissant les normes minimales relatives à la protection des poulets destinés à la production de viande ; NOR: AGRG1016905A ; Annexe I, point 10.

départementale du lieu d'élevage des animaux afin qu'ils prennent des mesures appropriées.

C. Les dispositions s'appliquant aux exploitations d'une densité comprise entre 39 et 42 kg vif/m2

Afin de pouvoir augmenter la densité de l'exploitation, il faut que le contrôle de l'exploitation réalisé par l'autorité vétérinaire départementale au cours des deux dernières années n'ait révélé aucune irrégularité à l'égard des exigences de l'arrêté et que la gestion de l'exploitation soit réalisée conformément aux guides de bonnes pratiques lorsqu'ils existent.

Il faut également que le taux de mortalité journalier cumulé soit inférieur à l'équation 1 % + (0,06 % multipliés par l'âge d'abattage du troupeau exprimé en jours) dans au moins sept troupeaux consécutifs d'un bâtiment contrôlés ultérieurement.

Toutefois, par dérogation à cette équation, l'autorité vétérinaire peut autoriser l'augmentation de la densité d'élevage lorsque le propriétaire ou l'éleveur a fourni des explications suffisantes sur le caractère exceptionnel du taux de mortalité journalier cumulé ou a montré que les causes étaient indépendantes de sa volonté.

Enfin, si aucun contrôle n'a été réalisé par l'autorité vétérinaire au cours des deux dernières années, un contrôle est effectué pour vérifier si cette exigence est respectée.

§ 5. Les normes relatives à l'élevage de ratites et de bisons

Le bison et les ratites sont classés comme animaux non domestiques. À ce titre, l'éleveur doit être titulaire d'un certificat de capacité[21] et obtenir une autorisation d'ouverture préalable[22]. Les règles générales de fonctionnement et les caractéristiques des installations des établissements d'élevage de ratites et de bisons sont fixées par arrêtés[23].

A. L'arrêté du 2 avril 2001 relatif à l'élevage de ratites

Concernant les établissements d'élevage de ratites des espèces autruche (Struthio camelus), émeu (Dromaius novaehollandiae) et nandou (Rhea americana), l'arrêté dispose qu'ils doivent permettre d'assurer le bien-être des

---

[21] C. env., art. L. 413-2.

[22] C. env., art. L. 413-3.

[23] Arr., 2 avr. 2001, fixant les règles générales de fonctionnement et les caractéristiques des installations des établissements d'élevage de ratites ; NOR: ATEN0100104A ; et
Arr., 2 avr. 2001, fixant les règles générales de fonctionnement et les caractéristiques des installations des établissements d'élevage de bisons ; NOR: ATEN0100103A.

animaux hébergés en respectant leurs besoins physiologiques et comportementaux. Ils ne doivent présenter aucun danger pour la sécurité et la santé des personnes et des animaux. Il est précisé que même lorsque les conditions de détention fixées par l'arrêté sont remplies, si l'animal ne peut pas s'adapter à la captivité il ne doit pas être détenu.

Les annexes de l'arrêté précisent les conditions que doivent remplir les installations des établissements d'élevage de ratites ainsi que les règles générales de fonctionnement des établissements d'élevage de ratites.

Les dispositions relatives aux installations des établissements d'élevage de ratites, contenues à l'annexe I, concernent les bâtiments d'élevage et les abris de plein air, les parcours extérieurs qui sont obligatoires pour l'entretien des animaux de plus de trois semaines et les clôtures.

L'annexe II de l'arrêté dispose que les oiseaux doivent être traités avec précautions, que les oiseaux de plus de trois mois doivent avoir accès chaque jour à des parcours extérieurs sauf si les conditions climatiques l'interdisent, que ces oiseaux ne doivent pas être détenus individuellement à l'exception des individus très agressifs, malades, blessés ou malmenés et qu'un soin particulier doit être apporté au maintien d'une structure sociale stable au sein du groupe. L'annexe II contient aussi des dispositions relatives à l'alimentation que doivent recevoir ces oiseaux, au troupeau choisi pour la reproduction, qui doit être vigoureux, en bonne santé et ne doit pas présenter d'anomalie physique ou comportementale ainsi qu'aux soins à apporter aux jeunes.

Par ailleurs, les oiseaux doivent être observés minutieusement au moins deux fois par jour et au moins une fois par an un contrôle de l'état de santé des animaux doit être effectué par un vétérinaire titulaire du mandat sanitaire.

Les interventions chirurgicales ou mutilantes ne doivent être pratiquées que pour des besoins vétérinaires et uniquement par un vétérinaire. À cet égard, il est précisé que la cautérisation de la racine de la griffe chez les très jeunes émeus par électrochirurgie peut être réalisée pour éviter les blessures entre animaux. Aussi, seul un vétérinaire peut décider et procéder à une euthanasie.

Enfin, l'annexe II contient des dispositions relatives à la contention et au transport de ces animaux ainsi que des règles relatives à la sécurité des personnes. L'immobilisation doit ainsi être pratiquée avec douceur et jamais précipitamment et l'utilisation de l'aiguillon électrique est prohibée. L'établissement doit également disposer d'un moyen propre à arrêter, capturer ou abattre tout oiseau qui se serait échappé.

B. L'arrêté du 2 avril 2001 relatif à l'élevage des bisons

L'arrêté du 2 avril 2001 fixe les règles générales de fonctionnement et les caractéristiques des installations des établissements d'élevage pour les espèces de bisons d'Europe (Bison bonasus) et de bisons américains des plaines (Bison bison bison)[24].

Comme pour les ratites, l'arrêté dispose que les installations des établissements d'élevage de bisons, leur équipement ainsi que leur fonctionnement doivent permettre d'assurer le bien-être des animaux hébergés en respectant leurs besoins physiologiques et comportementaux et ne doivent présenter aucun danger pour la sécurité et la santé des personnes et des animaux. De même, si l'animal ne peut s'adapter à la captivité sans problème pour son bien-être et sans risque pour la sécurité des personnes, il ne peut être détenu au sein de ces établissements.

Les dispositions relatives aux installations des établissements d'élevage de bisons sont énoncées à l'annexe I de l'arrêté et l'annexe II fixe les règles générales de fonctionnement des établissements d'élevage de bisons.

Les dispositions relatives aux installations de ces établissements de l'annexe I concernent les pâtures, les clôtures, les installations de contention des animaux ainsi que les autres installations et équipements.

Ainsi, à titre non exhaustif, tout bison, quel que soit son âge, doit avoir accès à une pâture. La surface d'un établissement hébergeant un troupeau de bisons doit être supérieure à quatre hectares et le rapport entre le nombre de bisons âgés de trois ans et plus et la surface des pâtures doit être inférieur ou égal à 1 hectare.

Aussi, les clôtures doivent posséder une hauteur minimale de 1,80 mètre, elles doivent être conçues de manière à prévenir toute évasion des bisons ou toute pénétration non contrôlée d'animaux ou de personnes et être suffisamment solides pour supporter des chocs avec des bisons tout en étant construites de façon à éviter que les bisons n'y restent piégés ou ne se blessent.

L'annexe II, relative aux règles générales de fonctionnement concerne l'alimentation des bisons, leur reproduction, la surveillance de leur état de santé et la sécurité des personnes. Il est ainsi prévu, par exemple, que les bisons ne doivent pas être détenus individuellement, sauf exception, et que les manipulations brutales des bisons, en groupe ou isolés, sont interdites. Comme pour les ratites, les bisons doivent faire l'objet d'une surveillance quotidienne et seul un vétérinaire peut procéder, d'une part, aux interventions chirurgicales ou mutilantes qui ne peuvent être pratiquées que pour des besoins vétérinaires, et d'autre part, à l'euthanasie, si besoin. L'établissement doit ici aussi disposer d'un moyen propre à arrêter, capturer ou abattre tout bison qui se serait échappé.

---

[24] Arr., 2 avr. 2001, fixant les règles générales de fonctionnement et les caractéristiques des installations des établissements d'élevage de bisons ; NOR: ATEN0100103A.

§ 6. Les normes relatives aux palmipèdes destinés à la production de foie gras

La production de foie gras est obtenue par gavage des oies qui intervient entre les âges de 9 et 25 semaines et dont la durée s'échelonne entre 14 et 21 jours. Le gavage intervient 5 à 6 fois par jour. Les oies sont, avec les canards mulards et les canards de Barbarie, les oiseaux les plus utilisés pour la production de foie gras. En France, plus de 30 millions de canards et d'oies sont élevés chaque année par la filière foie gras. Cette dernière fait l'objet de débats et de polémiques soutenus quant aux répercussions des méthodes de gavage sur le bien-être des animaux.

Le Comité permanent de la Convention européenne sur la protection des animaux dans les élevages a ainsi adopté, le 22 juin 1999, une recommandation concernant les canards de Barbarie et les hybrides de canards de Barbarie et de canards domestiques.

À titre non exhaustif, le comité recommande que les enclos, bâtiments et équipements pour canards soient conçus, construits et entretenus de manière à permettre la satisfaction des exigences biologiques essentielles des canards, en particulier vis-à-vis de l'eau, et leur maintien en bonne santé ou ne pas causer de lésions traumatiques aux oiseaux. Un accès à un parcours extérieur et à de l'eau pour se baigner est également considéré par le Comité comme nécessaire pour que les canards, animaux aquatiques, puissent satisfaire leurs exigences biologiques. Lorsque cet accès n'est pas possible, les canards doivent disposer d'installations en nombre suffisant et conçues de façon à leur permettre de couvrir leur tête avec de l'eau et, avec le bec, de projeter de l'eau sur leur corps sans difficulté[25].

L'article 16 de la recommandation dispose que « les méthodes d'alimentation et les additifs alimentaires qui sont source de lésions, d'angoisse ou de maladie pour les canards ou qui peuvent aboutir au développement de conditions physiques ou physiologiques portant atteinte à leur santé et au bien-être ne doivent pas être autorisés ».

Aussi, l'article 24 incite les pays autorisant la production de foie gras à encourager les études portant sur les aspects de bien-être et la recherche de méthodes alternatives n'impliquant pas la prise forcée d'aliments.

[25] Recommandation concernant les canards de Barbarie (Cairina moschata) et les hybrides de canards de Barbarie et de canards domestiques (Anas platyrhynchos), 22 juin 1999, art. 10.

Les Recommandations adoptées par le Comité permanent ont une force juridique contraignante à l'égard des Parties[26].

Plus généralement, la directive 98/58/CE du 20 juillet 1998 concernant la protection des animaux dans les élevages stipule au point 14 de l'annexe qu'« *aucun animal n'est alimenté ou abreuvé de telle sorte qu'il en résulte des souffrances ou des dommages inutiles* ». Précisons enfin que le gavage de palmipèdes a été interdit dans certains pays européens, comme l'Italie et la Pologne.

En France, l'Assemblée nationale a déclaré le foie gras patrimoine culturel et gastronomique français afin de sécuriser et de pérenniser sa production[27]. L'article L. 654-27-1 du Code rural dispose désormais que le foie gras fait partie du patrimoine culturel et gastronomique protégé en France. Le foie gras y est défini comme le foie d'un canard ou d'une oie spécialement engraissée par gavage.

Par ailleurs, comparé aux arrêtés applicables aux autres espèces, les prescriptions visant à assurer la protection des palmipèdes destinés à la production de foie gras sont quasi-inexistantes. En effet, ces prescriptions sont énoncées dans un seul article, l'article 2, relativement court, de l'arrêté du 21 avril 2015 relatif aux normes minimales relatives à l'hébergement des palmipèdes destinés à la production de foie gras[28].

Cet article dispose :

« 1. Le nombre minimum de palmipèdes par logement ne peut être inférieur à 3 ;

---

[26] L'article 9 de la Convention européenne sur la protection des animaux dans les élevages du 10 mars 1976 dispose « **1** Le Comité permanent est chargé d'élaborer et d'adopter des recommandations aux Parties contractantes contenant des dispositions détaillées en vue de l'application des principes énoncés au titre I de la présente Convention; ces dispositions doivent se fonder sur les connaissances scientifiques concernant les différentes espèces. ; **2** Aux fins de l'accomplissement de ses tâches telles que visées au paragraphe 1 du présent article, le Comité permanent suit l'évolution de la recherche scientifique et des nouvelles méthodes en matière d'élevage. ; **3** Sauf si un délai plus long est fixé par le Comité permanent, toute recommandation prend effet en tant que telle six mois après la date de son adoption par le comité. A partir de la date à laquelle une recommandation prend effet, toute Partie contractante doit, soit la mettre en œuvre, soit informer le Comité permanent par notification adressée au Secrétaire Général du Conseil de l'Europe des raisons pour lesquelles elle a décidé qu'elle n'est pas ou n'est plus en mesure de la mettre en œuvre. ; **4** Si deux ou plusieurs Parties contractantes ou la Communauté économique européenne, elle-même Partie contractante, ont notifié, conformément au paragraphe 3 du présent article, leur décision de ne pas mettre ou de ne plus mettre en œuvre une recommandation, cette recommandation cesse d'avoir effet.

[27] Amendement voté dans le cadre de l'adoption de la loi n° 2006-11 du 5 janvier 2006 d'orientation agricole ; NOR: AGRX0500091L

Article 23 bis du rapport n° 45 (2005-2006) relatif au projet de loi d'orientation agricole de M. Gérard CÉSAR, fait au nom de la commission des affaires économiques et déposé le 25 octobre 2005 : « les débats récurrents, au niveau européen, sur l'acceptabilité de ces pratiques a conduit les auteurs de l'amendement à proposer d'insérer dans le code rural un article L. 654-27-1 visant à le sécuriser et le pérenniser ».

[28] Arr., 21 avr. 2015, établissant des normes minimales relatives à l'hébergement des palmipèdes destinés à la production de foie gras ; NOR: AGRG1505346A.

2. Sans préjudice des périodes de contention ponctuelles par le propriétaire ou toute personne habilitée par celui-ci à manipuler les animaux, le logement ne doit pas présenter d'entrave au déploiement des ailes et à la réalisation des mouvements verticaux des palmipèdes ;

3. Abreuvoirs :

La présence d'abreuvoirs longitudinaux est requise et doit permettre aux palmipèdes de couvrir leur tête avec de l'eau et, avec le bec, de projeter de l'eau sur leur corps sans difficulté ;

Ils doivent être maintenus dans un état de propreté satisfaisant ;

4. Le sol doit être dépourvu d'éléments saillants. Les fientes ne doivent pas y rester accumulées ».

L'arrêté s'applique depuis le 1er janvier 2016, à toutes les installations. Les palmipèdes sont définis par l'arrêté comme « les oies domestiques des espèces Anser anser f. domesticus ou Anser cygnoides f. domesticus et leurs croisements, les canards des espèces Cairina moschata (canard de Barbarie) ou Cairina moschata x Anas platyrhynchos (hybride de canard de Barbarie et de canard domestique), détenus pour la production de foie gras[29].

[29] Arr., 21 avr. 2015, établissant des normes minimales relatives à l'hébergement des palmipèdes destinés à la production de foie gras ; NOR: AGRG1505346A ; art. 1.

Chapitre 4. Reproduction et amélioration génétique des animaux d'élevage

Dans un but d'*amélioration de la qualité des animaux* des espèces équine, asine, bovine, ovine, caprine, porcine ainsi que des lapins, des volailles, des espèces aquacoles et des carnivores domestiques, des règles relatives à la reproduction et à l'amélioration génétique ont été fixées[1]. Ces règles ont trait à la monte privée et à la monte publique naturelle et artificielle. Elles concernent également la création de nouvelles races, le croisement de certaines espèces et les techniques de reproduction artificielle. La réglementation impose le respect de garanties pour la mise sur le marché, d'une part, des animaux reproducteurs et de leur matériel de reproduction et, d'autre part d'une race, d'une population animale sélectionnée ou d'un type génétique hybride[2]. Il appartient aux organismes de sélection agréés de définir les objectifs de sélection ou de croisement et d'assurer la tenue des livres généalogiques ou des registres zootechniques des races, des populations animales sélectionnées ou des types génétiques hybrides des différentes espèces[3].

Par ailleurs, pour chaque espèce ou filière de production, un système national d'information génétique a été mis en place afin d'assurer l'enregistrement, la validation, la gestion, le stockage, l'échange et la valorisation des données zootechniques et généalogiques des animaux d'élevage des espèces bovine, ovine, caprine, porcine, équine et asine[4]. Selon l'espèce concernée, les règles relatives à la reproduction et à l'amélioration génétique diffèrent.

Section 1. Les dispositions relatives à la reproduction des ruminants

Aux termes de l'article L. 653-5 du Code rural, un service universel de distribution et de mise en place de la semence des ruminants en monte publique est institué, « *afin de contribuer à l'aménagement du territoire et de préserver la diversité génétique* ». Ce service universel doit être assuré dans le respect des principes d'égalité, de continuité et d'adaptabilité au bénéfice de tous les éleveurs qui en

[1] C. rur., art. L. 653-1.

[2] C. rur., art. L. 653-2.

[3] C. rur., art. L. 653-3 ; V. C. rur., art. L. 222-1 et R.222-1 et s. sur les agréments sanitaires.

[4] C. rur., art. D. 653-6.

font la demande. Ce service est assuré par des opérateurs agréés par le ministre chargé de l'agriculture pour une ou plusieurs zones géographiques. Ils doivent être titulaires d'un agrément sanitaire en qualité de centre de collecte de sperme ou de centre de stockage de semence, sauf lorsqu'il s'agit d'éleveurs pratiquant l'insémination de leur troupeau[5].

§ 1. La reproduction par monte publique naturelle

On entend par monte naturelle l'accouplement des animaux reproducteurs et par monte artificielle toute opération tendant à assurer la reproduction par des moyens différents de l'accouplement des animaux reproducteurs. Il y a monte publique naturelle lorsque l'opération de monte naturelle nécessite le transport d'un des reproducteurs en dehors de l'exploitation où il est détenu et monte publique artificielle lorsque l'opération de monte artificielle nécessite le transport de matériel génétique en dehors de son lieu de production[6]. Des arrêtés fixent pour chaque espèce et chaque catégorie de monte les normes applicables au choix et à l'utilisation des animaux reproducteurs mâles ainsi que les méthodes d'identification de matériel génétique de reproduction et les modalités d'évaluation génétique des animaux[7].

Concernant la monte publique naturelle, seuls peuvent être livrés les reproducteurs mâles des espèces bovine, ovine, caprine et porcine inscrits au livre généalogique ou au registre zootechnique tenu par l'organisme de sélection agréé ou établi dans l'Union européenne et agréé par l'autorité compétente d'un État membre[8].

Pour la monte publique artificielle, seuls peuvent être livrés les reproducteurs mâles des espèces bovine, ovine, caprine et porcine inscrits dans la section principale d'un livre généalogique ou dans un registre zootechnique, tenu par un organisme de sélection agréé ou inscrit dans la section principale d'un livre généalogique ou dans un registre zootechnique, agréé par l'autorité compétente d'un État membre et accepté à l'insémination dans un État membre[9].

---

[5] C. rur., art. L. 653-4 ; Pour l'agrément sanitaire, V. C. rur., art. R. 222-6.

[6] C. rur., art. R. 653-75.

[7] V. Arr., 28 déc. 2006, relatif à la pratique de l'insémination dans le cadre de la monte publique dans les espèces bovine, ovine et caprine ; NOR: AGRP0602549A ;
Arr., 12 décembre 2013, relatif à l'enregistrement et à la certification de la parenté des bovins ; NOR: AGRT1327574A ;
Arr., 12 avr. 2011, relatif aux conditions d'admission des ruminants à la monte publique artificielle et à la mise à disposition du public des informations caractérisant la valeur génétique des ruminants admis à la monte publique artificielle ; NOR: AGRT1109601A ;
Arr., 5 mars 2008, relatif aux conditions zootechniques exigées pour la production, la collecte et la transplantation d'embryons de l'espèce bovine ; NOR: AGRP0805662A ;
Arr., 26 juin 2013, relatif à l'admission des verrats à la monte publique artificielle ; NOR: AGRT1314867A.

[8] C. rur., art. R. 653-77.

[9] C. rur., art. R. 653-78.

Ces reproducteurs doivent être déclarés auprès de l'institut technique national compétent avant l'évaluation de leur valeur génétique ou avant leur mise sur le marché. Pour l'espèce porcine, toute population animale sélectionnée ou tout type génétique hybride doit être déclaré auprès de l'institut technique national compétent avant l'évaluation de sa valeur génétique. Cependant, des reproducteurs ne répondant pas à ces conditions peuvent être admis à la monte publique artificielle ou naturelle à des fins d'amélioration des performances zootechniques ou de conservation de la race ou encore de conservation de la population animale sélectionnée dans des conditions fixées par arrêté du ministre chargé de l'agriculture pris après avis de la Commission nationale d'amélioration génétique.

§ 2. La reproduction par insémination artificielle

Selon l'article R. 653-85 du Code rural, on entend par entreprise de mise en place de semence toute entité juridique exerçant une activité de service de mise en place de semence et par centre de collecte de sperme l'établissement dans lequel est produit du sperme destiné à l'insémination animale. Le dépôt de semence est défini comme un stock, fixe ou mobile, de doses de semence congelée détenues en vue de leur mise en place soit par un technicien d'insémination, soit par un éleveur pratiquant l'insémination au sein de son troupeau.

L'insémination artificielle doit être réalisée soit par une personne physique responsable d'une entreprise de mise en place de semence, soit par un technicien d'insémination placé sous la responsabilité directe d'une telle entreprise, soit par un éleveur répondant aux mêmes conditions[10]. Tout dépôt de semence détenu par un technicien d'insémination est déclaré auprès de l'institut technique en charge des ruminants et tout dépôt de semence détenu par un éleveur pratiquant l'insémination au sein de son troupeau doit être déclaré auprès de l'établissement de l'élevage territorialement compétent.

Les doses d'un dépôt de semence ne peuvent provenir que d'un centre de collecte ou de stockage agréé. Par ailleurs, un inventaire des doses est tenu pour chaque dépôt de semence et les centres de collecte ou de stockage tiennent à jour un inventaire des doses produites, reçues et livrées[11]. Afin de garantir la traçabilité du matériel de reproduction, l'article R. 653-91 du Code rural précise quels sont les déplacements de semences qui sont autorisés.

---

[10] C. rur., art. R. 653-86.
[11] C. rur., art. R. 653-90.

Section 2. Les dispositions relatives à la reproduction des équidés

Le service universel susmentionné s'applique également à la distribution et à la mise en place de la semence des équins et asines[12]. L'enregistrement zootechnique des équidés relève de la compétence de l'Institut français du cheval et de l'équitation[13].

Pour la reproduction des équidés, seuls les reproducteurs bénéficiant de l'approbation peuvent être cédés en qualité de reproducteurs et être utilisés pour la reproduction artificielle. Cette approbation est délivrée par l'Institut français du cheval et de l'équitation et peut être délivrée pour une durée limitée, une aire géographique ou un mode de reproduction déterminé. L'approbation peut également prévoir, pour des raisons zootechniques ou sanitaires, des restrictions d'utilisation du reproducteur[14]. Depuis le 1er janvier 2016, toutes les personnes qui exercent des activités de mise en place, de collecte et de conditionnement du sperme des équidés doivent se déclarer auprès de l'autorité administrative. Celle-ci procède alors à leur enregistrement au vu de la présentation d'un diplôme, d'un titre ou d'un certificat exigé pour l'exercice de cette activité[15].

Au titre de la lutte contre les maladies des animaux, les activités professionnelles de reproduction des équidés sont soumises à l'agrément sanitaire de l'article L. 222-1 du Code rural[16].

Section 3. Dispositions pénales

§ 1. La recherche et la constatation des infractions

Les mêmes agents que ceux habilités à rechercher et constater les infractions aux règles d'identification sont habilités à rechercher les infractions aux dispositions relatives à la reproduction et à l'amélioration génétique des animaux[17].

Il s'agit des agents des douanes, des inspecteurs de la santé publique vétérinaire, des ingénieurs ayant la qualité d'agent du ministère chargé de l'agriculture, des techniciens supérieurs du ministère chargé de l'agriculture, des vétérinaires et préposés sanitaires contractuels de l'État et des agents du ministère chargé de l'agriculture compétents en matière sanitaire ou

---

[12] C. rur., art. L. 653-13-1.
[13] C. rur., art. L. 653-12.
[14] C. rur., art. R. 653-82.
[15] C. rur., art. L. 653-13.
[16] V. C. rur., art. R. 222-11.
[17] C. rur., art. L. 653-15.

phytosanitaire figurant sur une liste établie par arrêté du ministre chargé de l'agriculture[18].

Ces agents ont libre accès à tous les lieux où se trouvent des animaux ou leur matériel de reproduction, à l'exclusion des locaux à usage de domicile, entre 8 heures et 20 heures ou en dehors de ces heures lorsque l'accès au public est autorisé ou lorsqu'une activité est en cours. Ils peuvent, sous certaines conditions, visiter tous les véhicules transportant des animaux[19].

§ 2. Les infractions aux règles de reproduction et d'amélioration génétique

Est puni de deux ans d'emprisonnement et de 300 000 euros d'amende le fait de tromper un cocontractant sur un élément quelconque permettant d'apprécier la valeur zootechnique d'un animal présenté à la vente, vendu ou utilisé pour toute technique de reproduction naturelle ou artificielle, ou sur la valeur technique du matériel de reproduction. Est puni des mêmes peines le fait, en usant de manœuvres frauduleuses, de vendre ou d'utiliser pour la monte des reproducteurs ne répondant pas aux normes alléguées ou de vendre ou d'utiliser du matériel de reproduction ne répondant pas, en raison de son origine ou de son conditionnement, à la valeur technique qui lui est prêtée[20].

Est puni d'une amende de 4 500 euros le fait d'exercer les activités de stockage ou de mise en place de la semence des ruminants sans les avoir préalablement déclarées ou sans respecter les dispositions réglementaires permettant de garantir la traçabilité de la semence et le fait d'exercer les activités de collecte, de conditionnement ou de mise en place de la semence des équidés sans respecter les conditions de diplôme, titre ou certificat.

Les personnes reconnues pénalement responsables de ces infractions encourent également la peine complémentaire de confiscation de l'animal reproducteur, du matériel de reproduction et du matériel utilisé pour la collecte, le conditionnement et la conservation du matériel de reproduction, la peine complémentaire de fermeture définitive ou pour une durée de cinq ans au plus de l'établissement ayant servi à commettre l'infraction et celle de l'affichage de la décision prononcée ou la diffusion de celle-ci soit par la presse écrite soit par tout moyen de communication au public par voie électronique[21].

Est puni de l'amende prévue pour les contraventions de la troisième classe le fait pour une entreprise de mise en place de semence ou un éleveur de ne pas effectuer la déclaration d'un dépôt de semence.

Le fait de livrer à la monte publique naturelle un reproducteur mâle en méconnaissance des dispositions de l'article R. 653-77 du Code rural, c'est-à-dire non inscrit dans la section principale d'un livre généalogique ou dans un

---

[18] C. rur., art. L. 205-1.

[19] C. rur., art. L. 653-16.

[20] C. rur., art. L. 671-9.

[21] C. rur., art. L. 671-10.

registre zootechnique, est puni de l'amende prévue pour les contraventions de la quatrième classe. Le fait de livrer à la monte publique artificielle un reproducteur mâle en méconnaissance des dispositions de l'article R. 653-78 du Code rural, c'est-à-dire non inscrit dans la section principale d'un livre généalogique ou dans un registre zootechnique, est puni de l'amende prévue pour les contraventions de la cinquième classe[22].

L'importation sur le territoire national, en provenance d'un pays tiers, des animaux reproducteurs, du sperme, des ovules ou des embryons des espèces bovine, ovine, caprine, porcine et équine est puni de l'amende prévue pour les contraventions de la troisième classe lorsque l'animal reproducteur n'est pas inscrit ou enregistré dans un livre généalogique ou un registre ou lorsque que le sperme, l'ovule ou l'embryon provient d'un mâle ou d'une femelle non-inscrit ou enregistré dans un tel livre ou registre ainsi que lorsque le sperme, l'ovule ou l'embryon ou l'animal reproducteur n'est pas accompagné d'un certificat généalogique et zootechnique[23]. Le tribunal peut, en outre, prononcer la confiscation du sperme, des ovules et des embryons en cause.

§ 3. Les sanctions administratives

Les infractions aux règles relatives à la monte, aux essais de nouvelles races, de croisements ou de techniques de reproduction artificielle, à l'utilisation des animaux reproducteurs employés et à la mise sur le marché de ces animaux et de leur matériel de reproduction, exposent les intéressés à la saisie conservatoire, sans mise en demeure préalable, des animaux reproducteurs et du matériel de reproduction ainsi que des instruments ayant servi à la collecte, au conditionnement, à la conservation et à l'utilisation du matériel de reproduction[24].

La saisie est ordonnée par l'autorité administrative pour la durée strictement nécessaire à la vérification et à la mise en conformité de ces animaux, du matériel et des instruments.

Faute d'une mise en conformité dans le délai imparti par cette autorité ou en cas d'impossibilité de mise en conformité, il est procédé, aux frais du propriétaire, à la vente, à l'abattage ou à la castration de l'animal saisi ou à la destruction du matériel de reproduction.

La radiation d'une entreprise de mise en place de la semence ou de l'éleveur pratiquant l'insémination de son troupeau peut également être prononcée par l'autorité administrative du système national d'information génétique de l'espèce, race ou filière de production[25].

---

22 C. rur., art. R. 671-6.

23 C. rur., art., R. 671-8.

24 C. rur., art. L. 653-14.

25 C. rur., art. L. 653-14.

Section 4. Le clonage d'animaux destinés à l'alimentation humaine

Le clonage animal consiste à produire un animal qui est essentiellement une copie de l'original. Ce processus fait généralement intervenir une technique appelée transfert de noyau de cellule somatique. Une copie génétique d'un animal est produite en remplaçant le noyau d'un ovule non fécondé par celui d'une cellule du corps de l'animal pour former un embryon. L'embryon est ensuite transféré dans l'utérus d'une mère porteuse, où il se développe jusqu'à la naissance. Le clonage est utilisé depuis de nombreuses années pour produire des végétaux, et depuis peu, il a été appliqué aux animaux. On se rappelle tous en effet la naissance, le 5 juillet 1996, du premier mammifère cloné à partir d'un noyau de cellule somatique adulte, la brebis Dolly. Depuis, le clonage des animaux s'est largement développé. Cependant, il n'y a aucun recensement obligatoire au niveau mondial. Dès lors, il n'existe pas de chiffre fiable, ni sur le nombre d'animaux clonés, développés principalement aux États-Unis, au Canada, en Argentine, au Brésil ou en Nouvelle-Zélande, ni sur le nombre de descendants ou de produits qui en sont issus. Si l'Union européenne importe chaque année 300 000 tonnes de viande bovine, aucune donnée ne permet, à l'heure actuelle, de connaître la part provenant du clonage[26].

La pratique du clonage des animaux pose de nombreux problèmes éthiques et de bien-être animal. Les études réalisées par l'EFSA[27] précisent que, dans une proportion significative d'animaux clonés, la santé et le bien-être étaient sévèrement altérés, souvent avec des conséquences graves, voire fatales[28]. Toutefois, l'EFSA estime qu'en ce qui concerne la sécurité des aliments, rien n'indique qu'il existe, pour les bovins et les porcins, de différences entre la viande et les produits laitiers dérivés de clones en bonne santé ou de leur progéniture et ceux dérivés d'animaux en bonne santé conçus de manière traditionnelle[29].

D'un point de vue éthique, le Groupe européen d'éthique des sciences et des nouvelles technologies (GEE) a considéré, dans un avis sur les aspects éthiques du clonage animal à des fins alimentaires de janvier 2008 que les niveaux actuels de souffrance, ainsi que les problèmes de santé des mères porteuses et des animaux clonés, rendent le clonage d'animaux à des fins alimentaires difficilement justifiables[30].

---

26 http://www.lemonde.fr/planete/article/2015/09/08/le-parlement-europeen-interdit-l-usage-d-animaux-clones_4749196_3244.html#KhQQts4kWTvU5MLj.99.

27 *European Food Safety Authority*.

28 V., EFSA, *Avis scientifique sur l'impact du clonage animal sur la sécurité des aliments, sur la santé et le bien-être des animaux et sur l'environnement*, juillet 2008.

29 https://www.efsa.europa.eu/en/node/877146.

30 https://www.euractiv.fr/section/innovation-entreprises/news/le-groupe-europeen-d-ethique-deconseille-le-clonage-d-animaux-fr/.

Actuellement, la commercialisation en Europe de produits alimentaires issus d'animaux clonés est soumise au Règlement (CE) n° 258/97 du 27 janvier 1997 relatif aux nouveaux aliments et aux nouveaux ingrédients alimentaires[31]. Tout nouvel aliment doit, à ce titre, faire l'objet d'une autorisation de mise sur le marché à la suite d'une évaluation scientifique des risques sanitaires. Les États membres conservent toutefois le droit d'importer depuis des pays tiers du matériel reproducteur d'animaux clonés et des descendants clonés.

Un nouveau règlement relatif au clonage des animaux devrait bientôt voir le jour. En effet, la Commission européenne a entrepris de réviser le règlement précité devenu obsolète par l'apparition de nouveaux types d'aliments et d'amélioration des techniques de production. Toutefois, lors de sa révision, le Conseil européen, la Commission et le Parlement ne partageaient pas le même avis concernant la mise sur le marché de viande et de lait issus des animaux nés de parents clonés. Après de nombreuses discussions, le texte n'a pas abouti et a été rejeté en 2011. Finalement, en 2013, la Commission européenne a décidé d'élaborer deux textes, l'un portant sur la sécurité des nouveaux aliments, qui rentrera en vigueur le 1er janvier 2018[32] et l'autre sur le clonage, qui n'a pas encore été élaboré.

---

[31] Règlement (CE) n° 258/97 du Parlement européen et du Conseil du 27 janvier 1997 relatif aux nouveaux aliments et aux nouveaux ingrédients alimentaires.

[32] Règlement (UE) 2015/2283 du Parlement européen et du Conseil du 25 novembre 2015 relatif aux nouveaux aliments, modifiant le règlement (UE) n° 1169/2011 du Parlement européen et du Conseil et abrogeant le règlement (CE) n° 258/97 du Parlement européen et du Conseil et le règlement (CE) n° 1852/2001 de la Commission ; JO L 327 du 11.12.2015, p. 1-22.

Chapitre 5. Les dangers zoosanitaires

Les dangers zoosanitaires sont ceux de nature à porter atteinte à la santé des animaux et des végétaux ainsi qu'à la sécurité sanitaire des aliments. Sont également incluses les maladies d'origine animale ou végétale qui sont transmissibles à l'homme.

Les dangers sanitaires sont classés en trois catégories. Les dangers sanitaires de première catégorie sont ceux qui, étant de nature à porter une atteinte grave à la santé publique ou à la santé des végétaux et des animaux à l'état sauvage ou domestique ou à mettre gravement en cause les capacités de production d'une filière animale ou végétale, requièrent, dans un but d'intérêt général, des mesures de prévention, de surveillance ou de lutte rendues obligatoires par l'autorité administrative. Les dangers sanitaires de deuxième catégorie sont ceux pour lesquels il peut être nécessaire, dans un but d'intérêt collectif, de mettre en œuvre des mesures de prévention, de surveillance ou de lutte. Enfin, les dangers sanitaires de troisième catégorie sont ceux pour lesquels les mesures de prévention, de surveillance ou de lutte relèvent de l'initiative privée[1]. Les maladies réglementées sont les maladies classées parmi les dangers zoosanitaires de première catégorie ou parmi les dangers zoosanitaires de deuxième catégorie faisant l'objet d'une réglementation[2]. La liste des dangers sanitaires de première et de deuxième catégorie pour les espèces animales est fixée à l'annexe I et II de l'arrêté du 29 juillet 2013[3].

Les cas de dangers sanitaires sont nombreux dans la pratique et aboutissent très souvent à l'abattage massif d'animaux appartenant à l'espèce touchée par la maladie. Tel est le cas notamment de l'influenza aviaire, la grippe aviaire, qui fait partie des dangers sanitaires de première catégorie. Ainsi, depuis la fin de l'année 2016, plus d'un million et demi de volailles ont été abattues en Europe à cause la grippe aviaire due au virus H5N8 transmis par des oiseaux migrateurs, a déclaré l'Organisation mondiale de la santé animale (OIE). Le nombre de canards, poules, dindes, et autres volailles qui pourraient être abattus pour endiguer l'épidémie s'élèverait à 3,72 millions en Europe[4]. En France, pour contrer la propagation de la grippe aviaire, les autorités sanitaires ont ordonné, début janvier 2017, une nouvelle campagne d'abattage préventif dans les

---

[1] C. rur., art. L. 201-1.

[2] C. rur., art. D. 221-2.

[3] Arr., 29 juill. 2013, relatif à la définition des dangers sanitaires de première et deuxième catégorie ; NOR: AGRG1320208A.

[4] http://www.lemonde.fr/planete/article/2017/01/11/grippe-aviaire-1-5-million-de-volailles-abattues-en-europe_5061218_3244.html#EFARqG2OSjDPAyXx.99.

élevages de plus de 150 communes françaises[5]. L'abattage préventif est systématique pour tous les palmipèdes en parcours extérieur d'une zone définie par le ministère de l'Agriculture[6].

Section 1. Les règles générales du contrôle sanitaire

À des fins de prévention, des plates-formes d'épidémiosurveillance, dotées ou non de la personnalité morale, sont constituées en vue d'apporter aux services compétents de l'État un appui méthodologique et opérationnel pour la conception, le déploiement, l'animation, la valorisation et l'évaluation des dispositifs de surveillance sanitaire et biologique du territoire[7]. En outre, pour prévenir des dangers sanitaires faisant l'objet d'une réglementation, l'autorité administrative peut ordonner, sur toute propriété, des chasses et battues destinées à réduire les populations de la faune sauvage. Elle peut interdire sur les territoires et pour la durée qu'elle détermine le nourrissage d'animaux de la faune sauvage, en prenant en compte les dispositions des schémas départementaux de gestion cynégétique. Enfin, elle peut imposer à toute personne qui constate la mort d'animaux de la faune sauvage dans des conditions anormales laissant suspecter l'apparition de maladies de le déclarer sans délai au maire ou à un vétérinaire sanitaire[8].

En principe, le ministre chargé de l'agriculture détermine par arrêté les mesures qui sont applicables aux maladies classées parmi les dangers sanitaires de première catégorie ou parmi les dangers sanitaires de deuxième catégorie faisant l'objet d'une réglementation[9]. Ces mesures doivent être destinées à prévenir l'apparition, à enrayer le développement et à poursuivre l'extinction des maladies classées parmi les dangers sanitaires de première et deuxième catégories[10]. Il n'a cependant pas compétence ni pour étendre ces mesures aux maladies non réputées contagieuses ni pour prescrire les mesures qui ne peuvent être prises que par un règlement d'administration publique. Ces dernières sont les mesures à l'intérieur des périmètres déclarés infectés, et notamment les mesures destinées à la désinfection des étables et bergeries, à

[5] Arr., 4 janv. 2017 définissant les zones géographiques dans lesquelles un abattage préventif est ordonné en application de l'arrêté du 4 janvier 2017 relatif aux mesures complémentaires techniques et financières pour la maîtrise de l'épizootie d'influenza aviaire due au virus H5N8 dans certains départements ; NOR: AGRG1700297A.

[6] Arr. 4 janv. 2017 relatif aux mesures complémentaires techniques et financières pour la maîtrise de l'épizootie d'influenza aviaire due au virus H5N8 dans certains départements ; NOR: AGRG1700293A.

[7] C. rur., art. L. 201-14.

[8] C. rur., art. L. 223-6-2.

[9] V. Arr., 24 oct. 2005 pris pour l'application de l'article L. 221-1 du code rural ; NOR: AGRG0502384A.

[10] C. rur., art. L. 221-1.

l'interdiction momentanée de la circulation du bétail et à l'interdiction de la vente et de l'exposition des animaux infectés[11].

Par dérogation, le préfet peut, sans attendre la constatation de la maladie et sur instruction du ministre chargé de l'agriculture, prendre un arrêté portant déclaration d'infection et prescrivant l'application de tout ou partie des mesures listées à l'article L. 223-8 du Code rural. Le préfet pourra prendre un tel arrêté lorsque les symptômes ou lésions observés sur les animaux de l'exploitation suspecte entraînent une forte présomption de survenue d'une maladie classée parmi les dangers sanitaires de première catégorie. Il pourra également prendre un arrêté lorsqu'un lien est établi entre l'exploitation suspecte et un pays, une zone ou une exploitation infectée par une maladie classée parmi les dangers sanitaires de première catégorie. Enfin, il appartiendra au préfet de prendre un arrêté lorsque des résultats d'analyses de laboratoire permettent de suspecter l'infection par une maladie classée parmi les dangers sanitaires de première catégorie[12].

Après la constatation d'une maladie classée parmi les dangers sanitaires de première catégorie ou parmi les dangers sanitaires de deuxième catégorie faisant l'objet d'une réglementation, il appartient au préfet de statuer sur les mesures à mettre en exécution dans le cas particulier[13]. Ces mesures peuvent entrainer, par exemple, l'isolement, la séquestration, la visite, le recensement et la marque des animaux et troupeaux dans le périmètre concerné, l'abattage des animaux malades ou contaminés ou des animaux ayant été exposés à la contagion, ainsi que des animaux suspectés d'être infectés ou en lien avec des animaux infectés, l'obligation de détruire les cadavres ou encore l'interdiction de vendre ou de céder les animaux[14]. Il est précisé que lorsque des animaux sont abattus pour des raisons sanitaires en dehors d'un abattoir, toute mesure utile doit être prise pour réduire au minimum leur souffrance et le risque de diffusion de l'agent pathogène. Il appartient au ministre chargé de l'agriculture de définir par instruction les procédés d'abattage utilisables[15].

Lorsqu'il y a un cas de suspicion de la présence d'un animal atteint de l'une des maladies listées, le préfet peut prendre un arrêté de mise sous surveillance de l'exploitation hébergeant cet animal qui entraîne l'application de tout ou partie des mesures prévues à l'article L. 223-8 du Code rural[16]. Si la suspicion est infirmée, le préfet lève les arrêtés de mise sous surveillance[17], mais si le laboratoire agréé pour le diagnostic confirme la suspicion, le préfet doit

---

[11] CE, 2 mars 1973, req. n°79733.

[12] C. rur., art. L. 223-8.

[13] C. rur., art. L. 201-4 et R. 201-5.

[14] C. rur., art. L. 223-8.

[15] C. rur., art. D. 223-22-6.

[16] C. rur., art. D. 223-22-7.

[17] C. rur., art. D. 223-22-9.

prendre, en application des arrêtés du ministre chargé de l'agriculture fixant les mesures de lutte contre ces maladies réglementées, un arrêté portant déclaration d'infection[18].

Par ailleurs, certains dangers sanitaires de première catégorie donnent lieu à l'établissement d'un plan national d'intervention sanitaire d'urgence qui permet de prendre des mesures de réquisition, de restriction de la circulation et de délimitation de périmètres au sein desquels la circulation des personnes et des biens est restreinte et soumise à des conditions sanitaires destinées à éviter la contagion, la contamination ou l'infestation [19]. Lorsqu'une des maladies soumises à un plan national d'intervention sanitaire d'urgence est suspectée ou signalée dans une commune, le maire en informe immédiatement le préfet du département et le sous-préfet de l'arrondissement et leur fait connaître les mesures et les arrêtés qu'il a pris pour empêcher l'extension de la contagion[20].

Tout détenteur d'animaux ou tout professionnel exerçant ses activités en relation avec des animaux, qui détecte ou suspecte l'apparition d'un danger sanitaire de première ou deuxième catégorie doit en informer immédiatement l'autorité administrative[21] et doit en faire la déclaration à un vétérinaire sanitaire. L'animal atteint ou soupçonné d'être atteint d'une de ces maladies doit être immédiatement séquestré, séparé et maintenu isolé des autres animaux susceptibles de contracter cette maladie[22]. Pour les espèces de gibier dont la chasse est autorisée, cette déclaration incombe au titulaire du droit de chasser ou à l'organisateur de la chasse. Pour les espèces de la faune sauvage dans des espaces naturels protégés, cette déclaration est effectuée par le propriétaire ou le gestionnaire des territoires concernés.

Des mesures spécifiques sont applicables lors de la tenue des foires et des marchés [23]. Ainsi, lorsque la peste bovine est constatée par le vétérinaire sanitaire chargé de l'inspection sanitaire des animaux exposés aux foires et marchés, tous les animaux des espèces bovine, ovine et caprine présents sur le marché sont immédiatement séquestrés. De même, lorsque la péri-pneumonie est constatée, tous les animaux malades et contaminés sont séquestrés pour être abattus. Dans le même sens, les transporteurs qui transportent des animaux sont tenus de respecter certaines obligations, telles que celle de désinfecter les véhicules, les étables, les écuries, quais et cours où

[18] C. rur., art. D. 223-22-11.
[19] C. rur., art. L. 201-5.
[20] C. rur., art. R. 223-3.
[21] C. rur., art. L. 201-7.
[22] C. rur., art. L. 223-5.
[23] C. rur., art. R. 223-12 et s.

les animaux ont séjourné[24]. Enfin, des mesures spécifiques s'appliquent pour la rage[25], la fièvre aphteuse[26] et la peste équine[27].

Section 2. Dispositions pénales

§ 1. Les délits

Aux termes de l'article L. 228-1 du Code rural, est puni de six mois d'emprisonnement et de 3 750 euros d'amende, le fait pour un détenteur d'animaux infectés de les laisser communiquer avec d'autres animaux en méconnaissance d'un arrêté de surveillance ou de déclaration. Est puni des mêmes peines le fait de vendre ou de mettre en vente des animaux que leur propriétaire sait atteints ou soupçonnés d'être atteints de maladies classées parmi les dangers sanitaires de première catégorie ou parmi les dangers sanitaires de deuxième catégorie faisant l'objet d'une réglementation, ou encore le fait, sans permission de l'autorité administrative, de déterrer ou d'acheter sciemment des cadavres ou débris des animaux morts de maladies classées parmi les dangers sanitaires de première ou deuxième catégorie l'objet d'une réglementation ou abattus comme atteints de la peste bovine, du charbon, de la morve et de la rage. Enfin, le fait pour une personne, même avant l'arrêté d'interdiction, d'importer en France des animaux qu'elle sait atteints de maladies classées parmi les dangers sanitaires de première ou deuxième catégorie ou d'avoir été exposés à la contagion est puni des mêmes peines.

Le fait de se rendre coupable de l'une de ces infractions prévues à l'article L. 228-1 du Code rural est puni d'un emprisonnement de trois ans et d'une amende de 3 750 euros s'il est résulté de cette infraction une contagion parmi les autres animaux. Est également puni d'un emprisonnement de trois ans et d'une amende de 3 750 euros le fait pour une personne de vendre ou de mettre en vente de la viande provenant d'animaux qu'elle sait morts de maladies classées parmi les dangers sanitaires de première catégorie ou parmi les dangers sanitaires de deuxième catégorie faisant l'objet d'une réglementation quelles qu'elles soient, ou abattus comme atteints de la peste bovine, du charbon, de la morve et de la rage[28].

Aux termes de l'article L. 228-3 du Code rural, « le fait de faire naître ou de contribuer volontairement à répandre une épizootie chez les vertébrés

---

[24] C. rur., art. L. 221-3.

[25] C. rur., art. L. 223-9 à L. 223-17 et D. 223-23 et s.

[26] C. rur., art. L. 223-18, L. 223-19 et R. 223-40.

[27] C. rur., art. R. 223-99 et s.

[28] C. rur., art. L. 228-2.

domestiques ou sauvages, ou chez les insectes, les crustacés ou les mollusques d'élevage est puni d'un emprisonnement de cinq ans et d'une amende de 75 000 €. La tentative est punie comme le délit consommé. Le fait, par inobservation des règlements, de faire naître ou de contribuer à répandre involontairement une épizootie dans une espèce appartenant à l'un des groupes définis à l'alinéa précédent est puni d'une amende de 15 000 € et d'un emprisonnement de deux ans et s'il s'agit de la fièvre aphteuse, la peine d'amende encourue en vertu du premier alinéa est de 150 000 € et celle encourue en vertu du deuxième alinéa est de 30 000 € ».

Des circonstances aggravantes s'appliquent lorsque l'auteur d'un de ces délits susmentionnés a été condamné pour une de ces infractions dans un délai inférieur à une année, ou si l'infraction est commise par des vétérinaires sanitaires, des gardes champêtres, des gardes forestiers, des officiers de police à quelque titre que ce soit. Dans ces cas, les peines peuvent être portées au double du maximum fixé par les articles L. 228-1 à L. 228-3 du Code rural[29].

§ 2. Les contraventions

Aux termes de l'article R. 228-1 du Code rural, « *le fait de contrevenir aux dispositions des textes réglementaires pris en application de l'article L. 221-1 prescrivant des mesures d'abattage en cas de maladie réglementée, est puni de la peine d'amende prévue pour les contraventions de la 5e classe* » et « *le fait de contrevenir aux autres dispositions réglementaires prises en application des articles L. 201-4 et L. 221-1 est puni de la peine d'amende prévue pour les contraventions de la 4e classe* ».

De même, le fait d'exposer des animaux atteints ou soupçonnés d'être atteints de maladies réglementées et le fait, pour un entrepreneur de transport d'animaux, de ne pas procéder à la désinfection de son matériel, est puni de la peine d'amende prévue pour les contraventions de la cinquième classe[30].

Constitue également une contravention de la cinquième classe le fait de ne pas respecter, en cas de maladies réglementées, les obligations de déclaration, d'isolement, de séparation ou de séquestre, de ne pas respecter les mesures prescrites par le vétérinaire sanitaire, ou les mesures prescrites par l'arrêté préfectoral de mise sous surveillance ou de déclaration d'infection, ou encore de ne pas respecter, en cas de maladie réglementée faisant l'objet d'un plan national d'intervention sanitaire d'urgence, les mesures relatives à la circulation des personnes et des véhicules[31].

---

[29] C. rur., art. L. 228-4.
[30] C. rur., art. R. 228-2 et R. 228-5.
[31] C. rur., art. R. 228-6.

Est puni de la peine d'amende prévue pour les contraventions de la quatrième classe le fait, en cas de maladie réglementée faisant l'objet d'un plan national d'intervention sanitaire d'urgence de ne pas respecter les règles d'abattage des animaux[32]. Le fait de dissimuler des informations de nature épidémiologique utiles à l'enquête et aux recherches ordonnées dans le cadre d'un plan national d'intervention sanitaire d'urgence est quant à lui puni de la peine d'amende prévue pour les contraventions de la cinquième classe[33].

---

[32] C. rur., art. R. 228-9.
[33] C. rur., art. R. 228-10.

Chapitre 6. Le transport des animaux

Le transport comprend, d'une part, le déplacement des animaux effectué par un moyen de transport et, d'autre part, leur chargement et déchargement[1]. On entend par « lieu de départ » le lieu où les animaux sont chargés pour la première fois dans un moyen de transport, ainsi que tout lieu où ils ont été nourris et abreuvés et ont profité d'une période de repos d'au moins vingt-quatre heures. Doit aussi être tenu pour lieu de départ, tout centre de rassemblement agréé à la condition que, s'il est distant de plus de 50 km du premier lieu de chargement, les animaux y aient profité d'un repos suffisant et y aient été, au besoin, nourris et abreuvés. Le « lieu de destination » est l'endroit où les animaux sont déchargés pour la dernière fois à l'exclusion de tout point d'arrêt ou de transfert. Le voyage est défini comme tout déplacement d'animaux du lieu de départ vers le lieu de destination. On entend par point d'arrêt le lieu où le voyage est interrompu pour abreuver, nourrir, faire reposer les animaux pendant au moins vingt-quatre heures.

La réglementation du transport des animaux est fixée par les articles R. 214-49 à R. 214-62 du Code rural, par l'arrêté du 5 novembre 1996 relatif à la protection des animaux en cours de transport[2] et par le règlement (CE) n° 1/2005 du 22 décembre 2004, relatif à la protection des animaux pendant le transport et les opérations annexes[3].

Section 1. Champ d'application de la réglementation

Les dispositions relatives au transport des animaux sont applicables à tout transport d'animaux vertébrés vivants, à caractère commercial et effectué dans un but lucratif. Elles ne s'appliquent pas s'il s'agit du transport d'un animal accompagnant une personne physique qui en a la responsabilité ou s'il s'agit du transport d'animaux familiers ou de compagnie accompagnant leur propriétaire ou leur gardien durant un voyage privé. Dans ces deux cas, le transport d'animaux dans les voitures particulières et lorsqu'il est autorisé, dans les véhicules de transport en commun, doit être effectué de telle sorte que les animaux disposent d'un espace et d'une aération répondant à leurs besoins vitaux.

---

[1] C. rur., art. R. 214-49.

[2] Arr., 5 nov. 1996 relatif à la protection des animaux en cours de transport ; NOR: AGRG9600976A.

[3] Règl. (CE) n° 1/2005 du conseil, 22 déc. 2004, relatif à la protection des animaux pendant le transport et les opérations annexes et modifiant les directives 64/432/CEE et 93/119/CE et le règlement (CE) no 1255/97.

Les dispositions relatives au transport ne s'appliquent pas non plus aux transports privés sans but lucratif en vue de la transhumance saisonnière et aux transports d'animaux vivants effectués sans but lucratif, pour compte propre ou le compte de tiers, sur une distance inférieure à 50 km[4].

Toutefois, lorsque les éleveurs transportent à bord de leurs propres véhicules des animaux en vue de la transhumance ou leurs propres animaux sur une distance inférieure à 50 km, l'article 3 du règlement (CE) n° 1/2005 leur est applicable. Cet article dispose que « nul ne transporte ou ne fait transporter des animaux dans des conditions telles qu'ils risquent d'être blessés ou de subir des souffrances inutiles ». L'article R. 214-52 du Code rural qui interdit le transport d'animaux non identifiés et non enregistrés leur est également applicable. L'article 521-1 du Code pénal qui condamne à deux ans d'emprisonnement et à 30 000 euros d'amende le fait d'exercer des sévices graves, ou de nature sexuelle ou de commettre un acte de cruauté envers un animal domestique, apprivoisé ou tenu en captivité s'applique également.

Section 2. Les conditions relatives au transport des animaux

§ 1. Les autorisations et les documents officiels

Tout transporteur doit être titulaire d'un agrément, d'un certificat de compétence et tenir un registre, dénommé carnet de route pour les transports de longue durée et transfrontaliers[5].

Lorsque le transporteur est établi sur le territoire national, cet agrément est délivré par le préfet du département de lieu du siège social ou du principal établissement[6]. Si le transporteur est établi dans un pays tiers effectuant des transports sur le territoire de l'Union européenne et a choisi d'être agréé par les autorités françaises, l'agrément est attribué par le préfet du département d'un point d'entrée ou de sortie du territoire national ou, le cas échéant, par les services vétérinaires du département dans lequel des animaux importés ou exportés doivent être respectivement déchargés ou chargés.

Cet agrément est accordé pour cinq ans et est renouvelable sur demande de son titulaire. Le dossier de demande d'agrément doit notamment contenir un document par lequel le transporteur s'engage à respecter les exigences en matière de santé et de protection animales et à garantir en permanence la qualification du personnel assurant la fonction de convoyeur au sein de

---

[4] C. rur., art. R. 214-50.

[5] C. rur., art. L. 214-12.

[6] V. Arr., 5 nov. 1996, relatif à la protection des animaux en cours de transport ; NOR: AGRG9600976A.

l'entreprise, pour manipuler et transporter les animaux, ainsi que pour donner, en cas de nécessité, les soins appropriés aux animaux transportés[7].

Il est interdit à tout propriétaire, expéditeur, commissionnaire, mandataire, destinataire ou tout autre donneur d'ordre d'effectuer ou de faire effectuer un transport d'animaux vivants si le transporteur n'est pas titulaire de l'agrément[8].

Aussi, pour les échanges entre les États membres de l'Union européenne, les exportations ou transits vers des pays non membres de l'Union européenne et pour les importations ou transits en provenance de pays non membres de l'Union européenne, chaque transporteur doit établir un plan de marche conforme au modèle figurant en annexe III de l'arrêté précité du 5 novembre 1996.

Chaque convoyeur doit également être titulaire d'un certificat d'aptitude ou de compétence délivré par le préfet du département du domicile du convoyeur à l'issue d'une formation[9].

§ 2. Les dispositions relatives aux animaux

A. Les animaux inaptes au transport

Les animaux malades ou blessés ainsi que les femelles prêtes à mettre bas sont considérés comme inaptes au déplacement et ne peuvent donc pas être transportés. En effet, l'article 2 de l'arrêté du 5 novembre 1996 relatif à la protection des animaux en cours de transport considère comme inaptes au voyage les animaux malades ou blessés, les animaux gravides qui doivent mettre bas dans la période correspondant à la durée du transport, les animaux ayant mis bas depuis moins de quarante-huit heures et les animaux nouveau-nés dont l'ombilic n'est pas encore complètement cicatrisé.

Le règlement européen susvisé relatif à la protection des animaux pendant le transport considère comme inapte à être transportés les animaux qui sont incapables de bouger par eux-mêmes sans souffrir ou de se déplacer sans assistance. Sont également considérés comme inaptes au transport les animaux qui présentent une blessure ouverte grave ou un prolapsus ainsi que les femelles gravides qui ont passé au moins 90 % de la période de gestation prévue ou qui ont mis bas au cours de la semaine précédente. Sont également inaptes au transport les mammifères nouveau-nés chez qui l'ombilic n'est pas encore complètement cicatrisé, les porcelets de moins de trois semaines, les agneaux de

---

[7] C. rur., art. R. 214-51.

[8] C. rur., art. R. 214-52.

[9] C. rur., art. R. 214-57.

V. Arr., 12 nov. 2015, relatif aux habilitations ou enregistrements des organismes de formation mettant en œuvre les formations requises pour les personnes exerçant une fonction de convoyeur d'animaux vivants ; NOR: AGRE1522528A.

moins d'une semaine et les veaux de moins de dix jours, sauf si la distance de transport est inférieure à 100 km, les chiens et les chats de moins de huit semaines sauf lorsqu'ils sont accompagnés de leur mère et les cervidés en période de bois de velours[10].

Par dérogation, le transport d'animaux malades ou blessés peut être autorisé pour un traitement vétérinaire ou pour un abattage d'urgence vers l'abattoir autorisé le plus proche, pour autant que cela n'entraîne pas de souffrances supplémentaires aux animaux. La Cour de cassation a ainsi pu juger que la condamnation d'un transporteur était injustifiée dans le cas du transport d'une vache inapte au déplacement, mais devant faire l'objet d'un abattage d'urgence selon l'avis du vétérinaire[11].

B. Les conditions à respecter lors du transport

Les animaux transportés doivent être préalablement enregistrés et identifiés selon les modalités propres à chaque espèce étudiées précédemment.

En cours de transport, des dispositions convenables doivent être prises pour assurer la nourriture, l'abreuvement et le repos des animaux, ainsi que les soins qui pourraient leur être nécessaires. Ces mêmes dispositions doivent être prévues en cas de retard dans l'accomplissement du voyage[12]. À cet effet, un convoyeur qualifié et exclusivement chargé de la garde et du bien-être des animaux doit être présent pendant toute la durée du transport afin d'assurer leur abreuvement, leur alimentation et prodiguer les premiers soins aux animaux qui se blessent ou tombent malades en cours de transport. À défaut, ces différentes tâches seront assurées par le donneur d'ordre sur le lieu de départ jusqu'au chargement inclus, par le destinataire sur le lieu de destination depuis le déchargement, par le responsable du point d'arrêt dans les points d'arrêt, chargement et déchargement inclus et par le transporteur à tout autre moment du voyage[13].

En cas de nécessité, le convoyeur doit faire appel à un vétérinaire qui pourra soit prodiguer des soins aux animaux blessés ou malades pendant le transport, soit procéder ou faire procéder à l'abattage d'urgence ou à l'euthanasie des animaux concernés[14].

---

[10] Règl. (CE) n° 1/2005 du conseil, 22 déc. 2004, relatif à la protection des animaux pendant le transport et les opérations annexes ; chap. I.
[11] Crim., 19 déc. 2006, n° 06-83.998.
[12] C. rur., art. R. 214-52.
[13] C. rur., art. R. 214-55.
[14] C. rur., art. R. 214-56.

Enfin, il incombe au préfet de veiller à la protection des animaux en cours de transport. En effet, d'une part, il peut mandater des vétérinaires pour la réalisation de l'inspection des navires de transport du bétail lors du chargement et du déchargement, et de contrôles aux points de sortie de l'Union européenne[15]. D'autre part, le préfet doit prendre les mesures nécessaires pour que toute souffrance soit épargnée aux animaux ou qu'elle soit réduite au minimum lorsque l'acheminement des animaux est interrompu ou retardé, ou lorsqu'il est constaté par l'autorité compétente que les dispositions relatives à leur protection en cours de transport ne sont pas respectées. Il peut également ordonner leur mise à mort, éventuellement sur place, dans les cas où des soins appropriés ne pourraient être utilement donnés.

C. Les normes relatives aux conditions et à la manipulation des animaux

Certaines normes sont relatives aux conditions de transport et à la manipulation des animaux pendant le transport ainsi que pendant les phases de chargement et de déchargement.

Ainsi, les animaux ne doivent pas être attachés par les cornes, les bois ou les boucles nasales ni avoir les pattes liées ensemble. Lorsqu'ils sont attachés, les animaux doivent pouvoir se coucher, se nourrir et s'abreuver. Les animaux appartenant à des espèces différentes, les mâles reproducteurs et les animaux à cornes ainsi que les chevaux doivent être transportés séparément. Concernant spécifiquement les équidés, ils ne doivent pas être transportés dans des véhicules à étages sauf lorsqu'ils sont chargés au pont inférieur et que les étages supérieurs sont vides[16].

Aussi, lors de la manipulation des animaux, il est interdit de les frapper ou de leur donner des coups de pieds, d'exercer des pressions à des endroits particulièrement sensibles, de les suspendre, de les soulever ou de les trainer. Il est également interdit d'utiliser des aiguillons ou d'autres instruments pointus ou contondants. L'usage de la pile électrique n'est pas interdit. Toutefois, elle ne peut être utilisée que sur des bovins et des porcins adultes et uniquement sur les muscles de l'arrière-train sur une durée n'excédant pas une seconde, lorsque l'animal refuse d'avancer et dans la mesure où il y a de l'espace devant lui[17].

---

[15] C. rur., art. D. 214-61.

[16] Arr., 5 nov. 1996 relatif à la protection des animaux en cours de transport ; NOR: AGRG9600976A, Annexe 1.

[17] Arr., 5 nov. 1996 relatif à la protection des animaux en cours de transport ; NOR: AGRG9600976A, Annexe 1.

§ 3. Les moyens de transport

Le transport des animaux peut se faire par voie routière, ferroviaire, maritime ou aérienne.

En règle générale, le transport des animaux ne peut s'effectuer que par des véhicules de transport conçus ou aménagés conformément à des exigences de confort et de salubrité, de telle sorte que les animaux y disposent d'un espace et d'une aération suffisants. Ils doivent également être protégés contre les intempéries, les écarts climatiques plus graves et les chocs possibles[18]. Il est ainsi interdit d'effectuer un transport d'animaux vivants si les dispositions convenables n'ont pas été prises pour que soient éliminés les risques de blessures et de souffrances des animaux. Aussi, il est interdit de transporter des animaux si ces derniers doivent rester entravés pendant le transport, hors le cas de nécessité absolue[19].

Le règlement européen et l'arrêté précités relatifs à la protection des animaux pendant le transport prévoient les normes techniques qui doivent être respectées. Ces prescriptions concernent notamment les normes d'éclairage, d'étanchéité et sont relatives aux cloisons, aux conditions météorologiques ou encore à la litière qui est obligatoire pour tout transport de longue durée.

§ 4. Les conditions relatives à la durée du transport

L'arrêté du 5 novembre 1996 relatif à la protection des animaux en cours de transport prévoit les conditions relatives à la durée maximale du transport[20].

Ainsi, pour les équidés domestiques et les animaux des espèces bovine, porcine, ovine et caprine, la durée de transport ne doit pas dépasser huit heures. Une fois ce délai passé, les animaux doivent être déchargés, alimentés et abreuvés. Ils doivent également bénéficier d'une période de repos d'au moins vingt-quatre heures dans un point d'arrêt agréé avant d'effectuer une nouvelle période de transport de huit heures. Cette durée de transport ne s'applique pas au transport aérien.

Cette durée peut être prolongée dans certains cas pour les transports par route, par train ou maritime. Dans ce cas, les intervalles d'abreuvement, d'alimentation et la durée maximale de voyage spécifiques à l'espèce et à l'âge des animaux transportés qui sont fixés à l'annexe VII de l'arrêté du 5 novembre 1996 précité doivent être respectés.

---

[18] C. rur., art. R. 214-53.

[19] C. rur., art. R. 214-53.

[20] Arr., 5 nov. 1996 relatif à la protection des animaux en cours de transport ; NOR: AGRG9600976A.

Pour les animaux non sevrés, la durée du transport peut être de neuf heures maximum, à l'issue de laquelle les animaux doivent se reposer pendant une durée d'au moins une heure pour être abreuvés et si nécessaire alimentés, avant de pouvoir reprendre le voyage pour une deuxième période de transport d'une durée maximale de neuf heures.

Les porcs peuvent voyager pendant une période maximale de vingt-quatre heures pendant laquelle ils doivent disposer d'eau en permanence dans le véhicule. Les équidés domestiques peuvent voyager pendant une période maximale de vingt-quatre heures en recevant un abreuvement et si nécessaire une alimentation chaque huit heures. Enfin, les bovins, les ovins et les caprins peuvent voyager pendant une période maximale de quatorze heures, à l'issue de laquelle les animaux doivent bénéficier d'un repos d'au moins une heure, notamment pour être abreuvés et si nécessaire alimentés, avant de reprendre le voyage pour une deuxième période de transport d'une durée maximale de quatorze heures.

Par ailleurs, ces durées maximales de transport peuvent être prolongées de deux heures dans l'intérêt des animaux et compte tenu de la proximité du lieu de destination dans le cadre d'un transport maritime reliant de manière régulière et directe deux points géographiques de l'Union européenne, au moyen de véhicules chargés dans des ferries[21].

Toutefois, lorsqu'un voyage dépasse la durée totale de huit heures, des normes d'équipement des véhicules ferroviaires et maritimes utilisés pour le transport des animaux s'appliquent[22]. En effet, ces véhicules doivent remplir des conditions supplémentaires telles que la présence d'une quantité suffisante de litière étendue sur le sol du véhicule, d'une quantité appropriée de fourrage à bord du véhicule en fonction des espèces d'animaux transportés et en fonction de la durée du voyage et d'un accès direct aux animaux. Ils doivent également être équipés d'une ventilation adéquate pouvant être adaptée en fonction de la température, de cloisons mobiles pour la création de compartiments, d'un dispositif permettant une adduction d'eau lors des arrêts et d'une quantité suffisante d'eau pour l'abreuvement des animaux pendant le voyage.

Notons également que la réglementation relative au temps de trajet des animaux et la réglementation concernant les temps de conduite maximaux et les

---

[21] Arr., 5 nov. 1996 relatif à la protection des animaux en cours de transport ; NOR: AGRG9600976A ; Art. 2 quater.

[22] Arr., 5 nov. 1996 relatif à la protection des animaux en cours de transport ; NOR: AGRG9600976A ; Annexe VIII.

périodes de repos minimales pour les conducteurs des véhicules routiers sont similaires[23].

§ 5. La densité de chargement

Le règlement européen du 22 décembre 2004 relatif à la protection des animaux pendant le transport [24] réglemente, entre autres, la densité de chargement lors du transport routier, ferroviaire, maritime et aérien des animaux. Cet espace minimum disponible pour les animaux diffère selon leur espèce et selon le mode de transport.

Ainsi, d'après le Règlement, un cheval adulte doit disposer d'un espace de 1,75 m^2 (0,7 × 2,5 m) lorsqu'il est transporté par voie ferroviaire ou par route. Lorsqu'il est transporté par air, la densité de chargement du cheval adulte par rapport à la surface au sol doit être de 0,42 m^2. Enfin, lors d'un transport par mer, un cheval d'un poids vif compris entre 200 et 300 kg doit disposer entre 0,90 et 1,175 m^2.

Autre exemple, un veau d'élevage d'environ 50-55 kg doit disposer d'une surface de 0,30 à 0,40 m^2 lorsqu'il est transporté par voie ferroviaire et par route. Lors d'un transport par air, un veau de 50 kg doit disposer d'une surface de 0,23 m^2. Enfin, s'il est transporté par mer, un poids vif en kg doit disposer de 0,81-10 575 m^2/animal.

Aussi, à titre d'exemple, le règlement dispose que pour le transport par voie ferroviaire et le transport par route, tous les porcs doivent au minimum pouvoir se coucher et se tenir debout dans leur position naturelle et que pour permettre de remplir ces exigences minimales, la densité de chargement des porcs d'environ 100 kg en transport ne devrait pas dépasser 235 kg/m^2. La race, la taille et l'état physique des porcs peuvent rendre nécessaire l'augmentation de la surface au sol minimale requise ci-dessus. Celle-ci peut aussi être augmentée jusqu'à 20 % en fonction des conditions météorologiques et de la durée du voyage. Pour le transport par air, la densité de chargement doit être assez élevée pour éviter les blessures au décollage, lors de turbulences ou à l'atterrissage, et elle doit permettre à chaque animal de se coucher. Le climat, la durée totale du voyage et l'heure d'arrivée doivent être pris en considération dans le choix de la densité de chargement.

[23] V. Règl. (CEE) no 3820/85 du Conseil, 20 déc. 1985, relatif à l'harmonisation de certaines dispositions en matière sociale dans le domaine des transports par route.

[24] Règl. (CE) n° 1/2005 du conseil, 22 déc. 2004, relatif à la protection des animaux pendant le transport et les opérations annexes et modifiant les directives 64/432/CEE et 93/119/CE et le règlement (CE) no 1255/97.

Quant aux densités dont doivent disposer les volailles, elles sont applicables au transport de volailles en conteneurs. Pour les poussins d'un jour, la surface doit être de 21 à 25 cm² par poussin.

Section 3. Dispositions pénales

Les règles relatives à la protection des animaux pendant le transport s'appliquent à tout transporteur ainsi qu'à tout propriétaire, expéditeur, commissionnaire, mandataire, destinataire ou tout autre donneur d'ordre d'effectuer ou de faire effectuer le transport.

Le fait de contrevenir aux dispositions relatives à l'agrément du transporteur, à l'enregistrement et à l'identification des animaux ou aux dispositions touchant à l'organisation du voyage, ou encore aux prescriptions relatives aux véhicules et conditions de transport ou à la présence d'un convoyeur qualifié, ainsi que le fait pour le convoyeur de ne pas s'acquitter de ses obligations de soins et d'entretien des animaux est puni de l'amende prévue pour les contraventions de la quatrième classe[25].

Est également puni de l'amende prévue pour les contraventions de la 3e classe le fait, pour toute personne exerçant les fonctions de convoyeur, de ne pas être en mesure de présenter aux agents chargés du contrôle, pendant le voyage d'animaux vivants, les documents nécessaires, désignés à l'article R. 214-59 du code rural[26].

Aussi, est puni d'une peine de six mois d'emprisonnement et de 7 500 euros d'amende le fait de transporter des animaux sans être titulaire de l'autorisation prévue à l'article 6 du règlement (CE) n° 1/2005 du Conseil du 22 décembre 2004 sur la protection des animaux pendant le transport et les opérations annexes, pour l'espèce transportée et pour la durée du voyage.

Lorsqu'il s'agit d'un transport d'animaux familiers ou de compagnie ou de tout animal accompagnant son propriétaire ou son gardien, dans des voitures particulières ou s'il est autorisé, dans des véhicules de transport en commun, l'article R. 214-50 du Code rural prévoit que celui-ci est effectué sous la responsabilité de l'accompagnateur qui doit veiller à ce que les animaux disposent d'un espace et d'une aération répondant à leurs besoins vitaux, sous peine d'une contravention de la quatrième classe prévue par l'article R. 215-7 du même code.

---

[25] C. rur., art. R. 215-6, I.

[26] C. rur., art. R. 215-6, II.

Chapitre 7. Les foires et marchés

La réglementation relative aux lieux de vente, d'hébergement et de stationnement des animaux s'applique à tous les marchés, halles, stations d'embarquement ou de débarquement ainsi qu'aux auberges, écuries, vacheries, bergeries, chenils et autres lieux ouverts au public, gratuitement ou non, pour la vente, l'hébergement, le stationnement ou le transport des animaux domestiques.

La tenue des manifestations destinées à la vente d'animaux est subordonnée à la surveillance par un vétérinaire sanitaire, désigné et rémunéré par l'organisateur. Le vétérinaire est chargé de vérifier les documents d'accompagnement des animaux, et notamment de leur origine, leur identification et leur état sanitaire[1]. À cet effet, tous les lieux destinés à la vente, au stationnement, à l'hébergement ou au transport des animaux sont soumis à l'inspection du vétérinaire sanitaire qui doit pouvoir y pénétrer librement. Il doit être accompagné du maire ou du représentant de la police locale si la visite a lieu après le coucher du soleil[2].

Si les locaux sont insalubres, il incombe au vétérinaire sanitaire d'indiquer les mesures à prendre et en cas d'inexécution, d'adresser au maire et au préfet un rapport dans lequel il fait connaître les mesures de désinfection et de nettoyage qu'il a recommandées. Le maire doit alors prescrire l'exécution des mesures de nettoyage et de désinfection indiquées. À défaut, le préfet peut ordonner l'interdiction du champ de foire, ou prescrire, aux frais de la commune, les mesures indispensables à faire cesser les causes d'insalubrité pour les animaux domestiques[3].

Concernant les animaux, l'arrêté du 25 octobre 1982 interdit la présentation, sur les foires et les marchés, d'animaux reconnus gravement malades, blessés, accidentés ou en état de misère physiologique[4]. Il interdit également d'y abattre un animal, sauf en cas d'extrême urgence[5].

L'annexe II de l'arrêté définit les normes requises pour les aménagements et les conditions de fonctionnement des lieux où sont exposés ou vendus des animaux[6]. Selon les dispositions contenues à l'annexe II, les animaux des

---

[1] C. rur., art. D. 214-19.

[2] C. rur., art. L. 214-15.

[3] C. rur., art. L. 214-16 et L. 214-17.

[4] Arr., 25 oct. 1982, relatif à l'élevage, à la garde et à la détention des animaux, art. 3.

[5] Arr., 25 oct. 1982, relatif à l'élevage, à la garde et à la détention des animaux, art. 3-1.

[6] Arr., 25 oct. 1982, relatif à l'élevage, à la garde et à la détention des animaux, art. 4.

espèces bovines ou des espèces équines, asines et leurs croisements doivent disposer de barres d'attache ou d'anneaux de contention à hauteur normale, adaptés à chaque espèce.

Les animaux des espèces ovine, caprine et porcine doivent quant à eux être entièrement clos, sauf dans les cas où ces animaux sont attachés individuellement. En tout état de cause, tous les animaux doivent pouvoir se coucher dans leur emplacement.

Chapitre 8. Les sous-produit animaux

Les sous-produits animaux apparaissent principalement lors de l'abattage des animaux destinés à la consommation humaine, lors de la fabrication de produits d'origine animale comme les produits laitiers, au moment de l'élimination des animaux morts et dans le cadre des mesures de lutte contre les maladies. Ces sous-produits animaux constituent une source de risques potentiels pour la santé publique et animale ainsi que pour l'environnement. Dès lors, des règles spécifiques relatives à leur élimination ont été adoptées, visant essentiellement à maitriser de manière adéquate ces risques potentiels qu'ils présentent, notamment par l'acheminement des produits concernés vers des moyens sûrs d'élimination. Ces sous-produits animaux peuvent également être utilisés à diverses fins, à condition que certains critères stricts permettant de limiter les risques sanitaires soient respectés.

Section 1. L'élimination des sous-produits animaux : l'équarrissage

L'activité d'équarrissage consiste en la collecte, la manipulation, l'entreposage après collecte, le traitement ou l'élimination d'un ou plusieurs cadavres ou de parties de cadavres d'animaux ou d'autres matières animales[1].

La collecte, la manipulation, l'entreposage après collecte, le traitement ou l'élimination d'un ou plusieurs cadavres ou parties de cadavres d'animaux d'élevage de plus de 40 kilogrammes morts en exploitation agricole ainsi que, en tous lieux, des catégories de cadavres d'animaux et de matières animales pour lesquelles l'intervention de l'État est nécessaire dans l'intérêt général, constituent une mission de service public relevant de la compétence de l'État[2]. La gestion de tout ou partie de ce service peut toutefois être confiée par décret

---

[1] C. rur., art. L. 226-2 ; Règl. (CE) n°1069/2009 du Parlement européen et du Conseil, 21 oct. 2009, établissant des règles sanitaires applicables aux sous-produits animaux et produits dérivés non destinés à la consommation humaine ; V. aussi Règl. (UE) N°142/2011 de la Commission, 25 févr. 2011 portant application du règlement (CE) n°1069/2009 du Parlement européen et du Conseil établissant des règles sanitaires applicables aux sous-produits animaux et produits dérivés non destinés à la consommation humaine.

[2] C. rur., art. L. 226-1.

à l'établissement national des produits de l'agriculture et de la mer, FranceAgriMer[3].

Les propriétaires ou détenteurs des cadavres d'animaux et des matières animales ont l'obligation de les mettre à disposition de la personne chargée de l'exécution du service public de l'équarrissage. Par conséquent, les sous-produits animaux ne peuvent être jetés en quelque lieu que ce soit. Les détenteurs ou propriétaires d'animaux d'élevage, à l'exception des détenteurs ou propriétaires non professionnels d'équidés, doivent d'ailleurs être en mesure de présenter à tout moment les documents attestant qu'ils ont conclu un contrat ou cotisent à une structure ayant conclu un contrat leur garantissant, pendant une période d'au moins un an, l'enlèvement et le traitement des animaux morts dans leur exploitation ou de justifier qu'ils disposent d'un outil de traitement agréé[4].

La personne chargée de l'équarrissage doit être informée dans un délai maximum de quarante-huit heures par le propriétaire ou détenteur de cadavres ou parties de cadavres d'animaux. Cette personne dispose alors d'un délai maximum de deux jours francs pour procéder à leur enlèvement.
Lorsque ces délais ne sont pas respectés, l'autorité administrative doit en être avertie. Dans ce cas, ou lorsque le propriétaire des cadavres d'animaux reste inconnu à l'expiration d'un délai de douze heures après leur découverte, le maire de la commune sur le territoire de laquelle se trouve ce cadavre en avise le titulaire du marché chargé de la collecte et l'invite à procéder à l'enlèvement du cadavre dans un délai de deux jours francs[5]. Ces délais peuvent toutefois être prolongés lorsque leur entreposage répond aux conditions sanitaires définies par l'article R. 226-13 du Code rural.

Les établissements qui assurent l'activité d'équarrissage doivent respecter les normes sanitaires et les règles de fonctionnement codifiées aux articles R. 226-1 à R. 226-3 du Code rural et prévues par le règlement (CE) n° 1069/2009 du parlement européen et du conseil du 21 octobre 2009 établissant des règles sanitaires applicables aux sous-produits animaux et produits dérivés non destinés à la consommation humaine.

Enfin, tous les opérateurs de la filière des sous-produits animaux doivent au moins être enregistrés, y compris les établissements du secteur de l'alimentation humaine. Les établissements pratiquant certaines activités, comme la transformation, l'entreposage des sous-produits, la conversion en compost ou

---

[3] C. rur., art. L. 226-1 et L. 621-1.
[4] C. rur., art. L. 226-3.
[5] C. rur., art. R.226-12.

biogaz doivent obtenir un agrément ou une autorisation auprès du préfet de leur département d'implantation[6].

Les contrôles officiels sont réalisés par les agents des services déconcentrés en charge de la protection des populations, depuis le point de départ en élevage, abattoir ou lieu de pêche jusqu'aux ateliers de traitement en passant par les phases d'entreposage ou d'élimination, et y compris dans certains cas jusqu'au lieu d'usage final.

Section 2. La réutilisation des sous-produits animaux

Les sous-produits animaux, c'est-à-dire les cadavres entiers ou parties de cadavres d'animaux et les produits d'origine animale non destinés à la consommation humaine, y compris les ovules, les embryons et le sperme, représenteraient plus de 15 millions de tonnes de produits. Ces matières sont soit éliminées soit transformées pour être réutilisées dans un grand nombre de domaines, y compris le secteur cosmétique ou pharmaceutique.

D'après le Règlement du 21 octobre 2009[7], l'élimination de tous les sous-produits animaux entraînerait des coûts non supportables et des risques majeurs pour l'environnement. Il préconise alors une utilisation sûre et durable de certains sous-produits animaux à diverses fins lorsque les risques sanitaires qu'ils engendrent peuvent être limités *autant que possible*. De nombreux sous-produits animaux sont aujourd'hui couramment utilisés dans des secteurs de production importants, tels que l'industrie pharmaceutique, la production d'aliments pour animaux, l'industrie du cuir ou encore la production d'énergie.

§ 1. Le champ d'application de la réglementation

En principe, toutes les matières animales ou d'origine animales, terrestres ou aquatiques, dès lors qu'elles ne sont pas ou plus destinées à l'alimentation humaine, sont par définition concernées par cette réglementation.

Toutefois, le Règlement européen exclut de son champ d'application certains sous-produits animaux. Sont exclus du champ d'application les sous-produits issus de cadavres entiers ou de parties de gibier sauvage qui ne sont pas collectés après la mise à mort, les ovocytes, les embryons et le sperme destinés à la reproduction, ou encore de lait cru, le colostrum ainsi que certains

---

[6] Arr., 8 déc. 2011 établissant des règles sanitaires applicables aux sous-produits animaux et produits dérivés en application du règlement (CE) n° 1069/2009 et du règlement (UE) n° 142/2011 ; NOR: AGRG1111735A.

[7] Règl., (CE) n° 1069/2009 du parlement européen et du conseil, 21 oct. 2009 établissant des règles sanitaires applicables aux sous-produits animaux et produits dérivés non destinés à la consommation humaine et abrogeant le règlement (CE) n° 1774/2002 (règlement relatif aux sous-produits animaux).

de leurs produits dérivés. Sont également exclus les carapaces de crustacés ou de coquilles de mollusques dont le corps mou et la chair ont été enlevés, certains déchets de cuisine et de table ainsi que certains aliments crus pour animaux familiers provenant de magasins de détail dans lesquels le découpage et l'entreposage sont effectués exclusivement en vue d'une vente directe sur place au consommateur ou dérivés d'animaux abattus dans l'exploitation d'origine à des fins de consommation privée domestique et des excréments et urines autres que le lisier et le guano non minéralisé[8].

§ 2. Les différentes catégories de sous-produits animaux

Les sous-produits animaux qui entrent dans le champ d'application du règlement n° 1069/2009 sont classés en trois catégories, en fonction de leur niveau de risque pour la santé publique et animale.

A. Les sous-produits de la catégorie 1

Les matières de la catégorie 1 sont celles qui présentent un risque important pour la santé publique. Elles comprennent, par exemple, les sous-produits animaux provenant d'animaux suspectés ou atteints d'infection par une encéphalopathie spongiforme transmissible (EST), d'animaux abattus dans le cadre de mesures d'éradication d'une EST, d'animaux familiers, d'animaux de zoo et de cirque, d'animaux utilisés à des fins expérimentales ou encore d'animaux sauvages suspectés d'infection par une maladie transmissible[9].

Ces matières doivent être collectées, transportées et identifiées sans délai et sont pour l'essentiel détruites par incinération ou par mise en décharge après transformation et marquage[10].

Par dérogation, l'autorité compétente peut autoriser l'utilisation des cadavres entiers ou de parties d'animaux morts contenant des matériels à risque spécifiés au moment de l'élimination et de matières provenant d'animaux de zoo, entrant dans cette catégorie 1, pour l'alimentation d'animaux de zoo, pour l'alimentation d'espèces d'oiseaux nécrophages menacées d'extinction ou protégées et d'autres espèces vivant dans leur habitat naturel, *afin d'encourager la biodiversité*[11].

---

[8] Règl., (CE) n° 1069/2009 du parlement européen et du conseil, 21 oct. 2009 établissant des règles sanitaires applicables aux sous-produits animaux et produits dérivés non destinés à la consommation humaine, art. 2.

[9] Règl., (CE) n° 1069/2009, 21 oct. 2009 préc., art. 8.

[10] Règl., (CE) n° 1069/2009, 21 oct. 2009 préc., art. 12.

[11] Règl., (CE) n° 1069/2009, 21 oct. 2009 préc., art. 18.

B. Les sous-produits de la catégorie 2

Les matières de la catégorie 2 comprennent les sous-produits animaux présentant un risque moins important pour la santé publique. Elles incluent, à titre d'exemple, le lisier et le contenu de l'appareil digestif ainsi que les produits d'origine animale contenant des résidus de médicaments vétérinaires et de contaminants, dont les concentrations excèdent les limites communautaires[12]. Ces produits sont éliminés par incinération ou enfouissement après transformation et marquage. Ils peuvent également être valorisés en vue de certaines utilisations autres que l'alimentation des animaux, en engrais organiques, en biogaz ou encore en compostage[13].

Par dérogation, l'autorité compétente peut autoriser, dans des conditions qui garantissent la maîtrise des risques pour la santé publique et animale, la collecte et l'utilisation des matières de catégorie 2, à condition qu'elles proviennent d'animaux qui n'ont pas été abattus ou qui ne sont pas morts en raison de la présence effective ou suspectée d'une maladie transmissible aux êtres humains ou aux animaux pour l'alimentation de certains animaux, tels que les animaux de zoo, de cirque, des reptiles et des rapaces autres que les animaux de zoo ou de cirque, des animaux à fourrure, des animaux sauvages, des chiens provenant d'élevages ou de meutes reconnus, des chiens et des chats dans des refuges et des asticots et des vers destinés à servir d'appâts de pêche[14].

C. Les sous-produits de la catégorie 3

Les matières de catégorie 3 ne présentent pas de risque sanitaire pour la santé animale ou la santé publique et sont les seules qui peuvent être valorisées en alimentation animale. Elles comprennent notamment des parties d'animaux abattus et jugés propres à la consommation humaine, mais que la chaîne alimentaire humaine ne valorise pas, des parties d'animaux abattus déclarées impropres à la consommation humaine, mais exemptes de tout signe de maladie transmissible, telle que les peaux, les sabots et les cornes, les soies de porc et les plumes issues d'animaux morts à l'abattoir et déclarés propres à la consommation humaine après inspection ante mortem, le sang issu d'animaux propres à la consommation humaine après inspection ante mortem autres que des ruminants mis à mort à l'abattoir, les poissons ou autres animaux marins, à l'exception des mammifères, capturés en haute mer afin de produire de la farine ainsi que les sous-produits frais de poissons provenant d'usines de produits destinés à la consommation humaine ou encore les coquilles d'œufs d'animaux

---

[12] Règl., (CE) n° 1069/2009, 21 oct. 2009 préc., art. 9.

[13] Règl., (CE) n° 1069/2009, 21 oct. 2009 préc., art. 13.

[14] Règl., (CE) n° 1069/2009, 21 oct. 2009 préc., art. 18.

exempts de tout signe de maladie transmissible et le sang, les peaux, les sabots, les plumes, la laine, les cornes, les poils et les fourrures issus d'animaux sains[15].

Ces matières peuvent être utilisées dans l'alimentation des animaux d'élevages, à fourrure ou familiers, après application d'un traitement approprié dans des installations de transformation agréées. Au sein des matières de cette catégorie 3, de nombreux produits sont également valorisés après des traitements spécifiques et utilisés dans la cosmétologie, la pharmacie, certains produits manufacturés, artisanaux, voire artistiques. Elles peuvent également être directement éliminées comme déchets par incinération, utilisées comme combustible ou converties en biogaz ou en compost[16].

Par dérogation, l'autorité compétente peut autoriser, dans des conditions qui garantissent la maîtrise des risques pour la santé publique et animale, la collecte et l'utilisation des matières de catégorie 3 pour l'alimentation de certains animaux, tels que les animaux de zoo, de cirque, des reptiles et des rapaces autres que les animaux de zoo ou de cirque, des animaux à fourrure, des animaux sauvages, des chiens provenant d'élevages ou de meutes reconnus, des chiens et des chats dans des refuges et des asticots et des vers destinés à servir d'appâts de pêche[17].

§ 3. Les farines animales

Le règlement de la Commission du 16 janvier 2013[18] fixe les précautions sanitaires pour l'éradication des encéphalopathies spongiformes transmissibles (EST). Ce règlement porte explicitement sur l'utilisation des farines animales, en fixant des restrictions d'emploi de certains sous-produits, comme les protéines et les graisses animales, pour l'alimentation des animaux d'élevage. Ainsi, le règlement interdit, entre autres, l'utilisation des protéines animales dans l'alimentation des ruminants et de certains non-ruminants.

La France maintient quelques dispositions plus strictes, en particulier sur l'utilisation des graisses animales dans l'alimentation des animaux d'élevages[19].

---

[15] Règl., (CE) n° 1069/2009, 21 oct. 2009 préc., art. 10.

[16] Règl., (CE) n° 1069/2009, 21 oct. 2009 préc., art. 14.

[17] Règl., (CE) n° 1069/2009, 21 oct. 2009 préc., art. 18.

[18] Règl., (UE) n°56/2013 de la Commission, 16 janv. 2013 modifiant les annexes I et IV du règlement (CE) n° 999/2001 du Parlement européen et du Conseil fixant les règles pour la prévention, le contrôle et l'éradication de certaines encéphalopathies spongiformes transmissibles

[19] Arr., 18 juillet 2006, portant interdiction de l'emploi de certaines protéines, phosphates et graisses d'origine animale dans l'alimentation et la fabrication d'aliments des animaux d'élevage et fixant des conditions supplémentaires aux échanges, aux importations et aux exportations de certains produits d'origine animale destinés à l'alimentation et à la fabrication d'aliments des animaux d'élevage ; NOR: AGRG0601441A.

Section 3. Les sanctions

§ 1. Les contraventions

La violation des règles relatives au fonctionnement des établissements d'équarrissage, aux délais et à la mise en œuvre des procédés d'élimination ou d'utilisation des sous-produits animaux constitue une contravention de la cinquième classe[20].

§ 2. Les délits

Constitue un délit puni de 3 750 euros d'amende le fait de jeter en quelque lieu que ce soit des sous-produits animaux ou produits dérivés[21]. Est puni des mêmes peines le fait de ne pas effectuer les déclarations prescrites à l'article L. 226-6 du Code rural ou de ne pas remettre à la personne chargée d'une activité d'équarrissage les sous-produits animaux ou les produits dérivés dont la collecte est obligatoire. Constitue également un délit puni des mêmes peines le fait d'exercer à la fois une activité d'équarrissage et une activité de commerce ou de transport d'animaux, de viandes ou de produits carnés destinés à la consommation humaine dans des conditions ne répondant pas à celles définies à l'article L. 226-7 du Code rural, d'exercer une activité d'équarrissage dans un établissement au sein duquel est exercée une activité de commerce ou de transport d'animaux, de viandes ou de produits carnés destinés à la consommation humaine ou encore le fait, pour une personne ne disposant pas d'un outil de traitement agréé, de ne pas avoir conclu un contrat ou cotisé à une structure ayant conclu un contrat lui garantissant, pendant une période d'au moins un an, la collecte et le traitement des animaux d'élevage morts dans son exploitation[22].

Par ailleurs, le fait, pour un exploitant, que l'établissement sous son contrôle[23] ne soit pas enregistré ou agréé et le fait d'utiliser ou d'éliminer des sous-produits animaux ou des produits dérivés dans des conditions autres que celles autorisées[24], constitue un délit puni de six mois d'emprisonnement et de 7 500 euros d'amende prévu par l'article L. 228-5, II du Code rural.

---

[20] C. rur., art. R. 228-12.

[21] au sens de l'article 3 du règlement (CE) n° 1069/2009 du Parlement européen et du Conseil du 21 octobre 2009 établissant des règles sanitaires applicables aux sous-produits animaux et produits dérivés non destinés à la consommation humaine.

[22] C. rur., art. L. 228-5, I.

[23] au sens du règlement (CE) n° 1069/2009 du 21 octobre 2009 préc.

[24] V. Règl. (CE) n° 1069/2009, 21 octobre 2009, préc., art. 11 à 20.

Chapitre 9. La mise à mort et l'abattage des animaux

Soixante-sept milliards. C'est le nombre d'animaux qui ont été abattus dans le monde en 2012 pour la consommation alimentaire selon la FAO[1]. En France, environ un milliard d'animaux sont abattus chaque année pour produire de la viande. En 2014, ont ainsi été tués dans les abattoirs français 747 900 000 poulets, 76 100 000 canards, dont 37 300 000 canards gras, 45 900 000 dindes, 36 800 000 poules, 31 700 000 lapins, 25 100 000 pintades, 23 653 000 cochons, 4 642 600 bovins, dont 1 305 300 veaux, 3 685 900 agneaux, 714 600 chèvres, 544 800 moutons adultes, 300 000 oies et 17 100 chevaux[2].

En ce qui concerne les animaux d'espèces aquatiques, les statistiques de la FAO concernant les poissons sauvages et les poissons d'élevages sont exprimées en tonnage seulement. Ainsi, d'après le rapport de la FAO de 2014 intitulé *la situation mondiale des pêches et de l'aquaculture*, les pêcheurs en mer et en eau douce ont capturé, en 2012, 91,3 millions de tonnes d'animaux marins. Une estimation du nombre de poissons capturés chaque année dans le monde a été effectuée par l'organisation fishcount.org. L'estimation totale serait comprise entre 970 et 2740 milliards d'individus[3].

En 2007, 42 % des abattoirs de boucherie et 46 % des abattoirs de volailles et de lapins ne respectaient pas les normes d'hygiène communautaires[4]. En 2016, il apparaît que la situation n'a guère changé. Après la diffusion de plusieurs vidéos-chocs diffusées par l'association L214 montrant des maltraitances et des actes de cruauté envers les animaux dans des abattoirs français, une commission d'enquête parlementaire a été créée. Les audits effectués par le Parlement ont révélé que 80 % des abattoirs présentent des non-conformités avec la réglementation française[5]. Le rapport d'enquête sur les

---

[1] de l'anglais : Food and Agriculture Organization of the United Nations.
FAO statistiques ; *Producing animals / slaughtered*, tableau statistique, données 2012 ; http://www.fao.org/faostat/en/#data/QL .

[2] FranceAgriMer, 2015b, *Les produits carnés, avicoles et laitiers*, Données et bilans, août 2015.

[3] Mood, A., Brooke, P., 2010. Estimating the number of fish caught in global fishing each year ;http://fishcount.org.uk/fish-count-estimates/study-to-estimate-the-global-annual-numbers-of-fish-caught, Traduit de l'anglais par Emmanuelle Barraud disponible sur http://www.cahiers-antispecistes.org/combien-de-poissons-sont-peches-par-an/.

[4] L'abattage dans les filières en circuits courts et dans les filières locales, Association permanente des chambres d'agriculture mai 2011, p. 6 et s.

[5] http://www.lexpress.fr/actualite/societe/cameras-dans-les-abattoirs-l214-n-attend-pas-de-miracle_1868657.html

conditions d'abattage des animaux de boucherie dans les abattoirs français, adopté par la commission d'enquête parlementaire, contenait 65 recommandations à mettre en place d'urgence dans tous les abattoirs français. Une proposition de loi ayant pour principal objectif de limiter la souffrance des animaux à l'abattoir a également été déposée à l'Assemblée nationale et a été débattue le 12 janvier 2017. La plupart des 65 recommandations du rapport d'enquête n'ont pas été retenues. Toutefois, si l'installation de caméras de contrôle avait été rejetée par la commission des affaires économiques, la proposition, réintroduite sous forme d'amendement par le député Olivier Falorni, a finalement été adoptée en première lecture par l'Assemblée nationale. Cette proposition comporte la vidéosurveillance du poste d'abattage avec des images accessibles uniquement au responsable de la protection animale du site et aux services vétérinaires, à compter de 2018 et après une période d'expérimentation. Le texte de la proposition de loi doit encore être soumis au Sénat avant de revenir à l'Assemblée nationale[6]. Cependant, l'abattoir de Houdan est l'un des premiers à s'être équipé d'un système de vidéosurveillance, et pourtant, des images tournées par les caméras cachées de L214 ont montré que la vidéosurveillance telle qu'elle est conçue par le projet de loi pourrait bien échouer à exercer le moindre contrôle.

La réglementation applicable aux abattoirs est issue des règlements communautaires, du Code rural et de la pêche maritime et de la réglementation des installations classées pour la protection de l'environnement.

Section 1. Le champ d'application de la réglementation

L'abattoir est « *tout établissement agréé par le préfet, utilisé pour l'abattage, ou exceptionnellement, la mise à mort sans saignée des ongulés domestiques, des volailles, des lagomorphes et du gibier d'élevage, y compris les installations destinées au déchargement, à l'acheminement ou à l'hébergement des animaux* »[7]. Les installations ou établissements non agréés réalisant l'abattage de volailles et de lagomorphes et les abattoirs sont qualifiés d'« établissements d'abattage ».

Selon l'article R. 231-12 du Code rural, les animaux de boucherie sont les « animaux vivant à l'état domestique des espèces bovine, ovine, caprine et porcine ainsi que des espèces chevaline et asine et de leurs croisements », alors que la catégorie des autres animaux englobe les volailles, c'est-à-dire « tous oiseaux vivant à l'état domestique », les lapins domestiques et le gibier.

---

[6] http://www2.assemblee-nationale.fr/14/autres-commissions/commissions-d-enquete/conditions-d-abattage-des-animaux-de-boucherie-dans-les-abattoirs-francais.

[7] C. rur., art. R. 214-64.

Les abattoirs peuvent être privés ou publics. Lorsqu'un abattoir est public, ou lorsque l'abattoir est exploité par une personne privée pour le compte d'une ou plusieurs communes, sa gestion et son exploitation constituent un service public à caractère industriel et commercial[8]. Par conséquent, ces abattoirs, affectés à un service public et spécialement aménagés à cette fin, sont incorporés au domaine public de la commune, tout comme les ateliers de découpe, qui sont indissociables des abattoirs et en constituent un accessoire indispensable[9]. Certaines règles, codifiées dans le code rural, sont spécifiques aux abattoirs publics[10].

Pour les abattoirs privés, seul l'article R. 654-1 du Code rural dispose qu'il « *est interdit à tout exploitant d'abattoirs privés de type industriel de laisser utiliser ses locaux et ses installations d'abattage par des tiers* ».

Section 2. Législations applicables aux abattoirs

§ 1. Les abattoirs soumis à la législation des installations classées

A. Les abattoirs concernés et les seuils de classement ICPE

Les abattoirs sont soumis à la réglementation des installations classées pour la protection de l'environnement (ICPE) sous la rubrique 2210 de la nomenclature.

Les abattoirs traitant quotidiennement plus de 5 tonnes de carcasses sont soumis à autorisation. Les abattoirs traitant une quantité journalière supérieure à 500 kg, mais inférieure ou égale à 5 tonnes sont soumis à déclaration.

La rubrique 3641 de la nomenclature soumet à autorisation l'exploitation d'abattoirs lorsque la capacité de production est supérieure à 50 tonnes de carcasses par jour, ce classement permettant l'application du régime juridique renforcé concernant les activités dites « IED ».

Lorsqu'un même établissement comporte un centre d'abattage et d'autres équipements servant à la production de biens à caractère alimentaire, ces diverses activités peuvent également relever de la nomenclature des installations classées, telle que la rubrique 2730 sur le traitement des cadavres, des déchets ou des sous-produits d'origine animale, la rubrique 2731 relative aux dépôts de

---

[8] T. confl., 8 nov. 1982, n° 02217.

[9] CE, 13 févr. 2015, n° 376864.

[10] C. rur., art. L. 654-4 et s.

chairs de cadavres, débris ou issues d'origine animale, la rubrique 2221 relative à la préparation ou à la conservation de produits d'origine animale ou encore la rubrique 2355 sur les dépôts de peaux y compris les dépôts de peaux salées, en annexe des abattoirs. Certaines de ces rubriques prévoient la combinaison des régimes d'autorisation et de déclaration.

B. Spécificités de la réglementation des installations classées applicable aux abattoirs

1. Les spécificités concernant les installations autorisées

L'arrêté du 30 avril 2004[11] fixe les règles relatives au fonctionnement des abattoirs d'animaux de boucherie, de volailles, de lapins et de gibier d'élevages. Ces dispositions portent principalement sur l'hygiène de l'abattage, les moyens de stockage des déchets et effluents, l'assainissement et le traitement des résidus. Les eaux résiduaires rejetées dans le milieu naturel après épuration doivent ainsi respecter les valeurs limites fixées en annexe de l'arrêté. Si l'exploitant n'est pas équipé de dispositifs épuratoires, les effluents prétraités peuvent faire l'objet d'un épandage ou être envoyés sur une station extérieure apte à les traiter. Cet arrêté définit également les règles d'aménagement qui ont trait pour l'essentiel aux distances d'implantation des bâtiments, au stockage des eaux usées et des déchets d'exploitation ou encore aux conditions d'alimentation en eau.

L'arrêté du 30 avril 2004 rappelle, par ailleurs, les principales obligations en vigueur en matière d'hygiène, de stockage et d'élimination des sous-produits animaux.

2. Les spécificités concernant les installations déclarées

Les abattoirs soumis au régime de la déclaration doivent respecter les prescriptions générales édictées au plan départemental par le préfet pour toutes les installations relevant de la catégorie concernée. Ces règles d'exploitation peuvent être complétées par des prescriptions spéciales. Toutefois, ces prescriptions préfectorales ne peuvent être en contradiction avec les

---

[11] Arr., 30 avril 2004 relatif aux prescriptions applicables aux installations classées pour la protection de l'environnement soumises à autorisation sous la rubrique n° 2210 abattage d'animaux ; NOR: DEVP0430124A ; JO 19 juin 2004.

dispositions de l'arrêté du 30 avril 2004 qui s'appliquent de plein droit aux abattoirs déclarés[12].

Cet arrêté précise les règles générales concernant la sécurité des installations, l'hygiène des opérations d'abattage, la prévention des odeurs et des nuisances sonores ainsi que la gestion des effluents et des déchets produits. Il fixe également des prescriptions concernant l'implantation, la conception et l'aménagement de ces installations sous l'angle de la sécurité et de la prévention des nuisances. Les effluents produits doivent notamment être récupérés et dirigés vers un réseau de collecte de type séparatif. Celui-ci est obligatoirement équipé d'un dispositif de prétraitement comportant, au minimum, un dégrillage et, le cas échéant, un tamisage, un dessablage et un dégraissage.

Les eaux résiduaires rejetées dans le milieu naturel, ou dans un réseau d'assainissement collectif, doivent respecter les valeurs limites fixées par l'arrêté. Les effluents prétraités peuvent également, le cas échéant, faire l'objet d'un épandage conformément à la réglementation en vigueur. Chaque exploitant doit, par ailleurs, mettre en place un programme de surveillance des effluents rejetés ou raccordés. L'arrêté du 30 avril 2004 précité précise également les principales obligations en vigueur en matière de stockage et d'élimination des sous-produits animaux.

§ 2. L'obtention de l'agrément sanitaire communautaire

La soumission à la rubrique 2210 de la nomenclature des installations classées précitée ne dispensera pas l'exploitant de solliciter, le cas échéant, l'agrément sanitaire qui est exigé.

Les établissements qui préparent, traitent, transforment, manipulent ou entreposent des produits d'origine animale ou des denrées alimentaires en contenant, destinés à la consommation humaine sont soumis, selon les cas, à agrément ou à autorisation, lorsque cela est requis par les règlements et décisions communautaires ou par des arrêtés du ministre chargé de l'agriculture. L'agrément ou l'autorisation est délivré par l'autorité administrative[13].

Le Règlement européen du 29 avril 2004 oblige les « *établissements manipulant les produits alimentaires* » à obtenir un agrément sanitaire. Cette obligation s'applique aux abattoirs[14]. Les conditions d'obtention de cet agrément ont été

---

[12] Arr., 30 avril 2004 relatif aux prescriptions générales applicables aux installations classées pour la protection de l'environnement soumises à déclaration sous la rubrique n° 2210 « abattage d'animaux » ; NOR: DEVP0430125A ; JO 5 juin 2004.

[13] C. rur., art. L. 233-2.

[14] Règl., CE n°852/2004 du Parlement européen et du Conseil, 29 avril 2004 relatif à l'hygiène des denrées alimentaires ; JO L.139, 30 avr. 2004.

fixées par arrêté[15] et codifiées aux articles L. 233-2 et suivants du Code rural. En vertu de ces textes, l'agrément est délivré par le préfet au vu d'un dossier de demande décrivant précisément les installations, les modalités d'exploitation, les produits pour lesquels il est sollicité et un plan sanitaire énumérant les mesures prises pour assurer l'hygiène et la sécurité des productions contre les dangers biologiques, physiques et chimiques. Ce plan doit exposer les bonnes pratiques retenues pour l'hygiène du personnel, les mesures de protection préconisées au cours de la production, l'évacuation des eaux résiduaires, les moyens d'analyse des dangers biologiques, chimiques et physiques et les conditions de surveillance. Pour les abattoirs et les ateliers de découpe, l'agrément ne sera accordé que si la conformité avec la réglementation sanitaire est constatée par un vétérinaire officiel. L'agrément peut être suspendu ou retiré « *en cas de méconnaissance des exigences sanitaires* »[16].

Les règles relatives à l'aménagement des abattoirs proviennent pour l'essentiel des règlements communautaires. Ainsi, l'annexe 3 du règlement du 29 avril 2004 précité prévoit des règles concernant la conception des lieux, qu'il s'agisse du parcage des animaux, de la séparation des locaux, des chaînes d'abattage ou des moyens de désinfection. L'annexe 2 du règlement du Conseil CE no 1099/2009 du 24 septembre 2009 pose également des règles relatives à la conception des locaux et les matériels destinés à l'immobilisation et à l'étourdissement des animaux. En vertu de ce règlement, les exploitants doivent notamment communiquer sur demande à l'autorité compétente les éléments tenant au nombre maximal d'animaux abattus par heure pour chaque chaîne d'abattage, aux catégories d'animaux et aux poids pour lesquels le matériel d'immobilisation ou d'étourdissement disponible peut être utilisé et à la capacité maximale de chaque emplacement d'hébergement. L'autorité compétente doit évaluer ces éléments lorsqu'elle procède à l'agrément de l'abattoir[17]. Toutefois, des dérogations peuvent être consenties pour les abattoirs mobiles.

§ 3. Les dispositions spécifiques aux établissements d'abattage non agréés

Les tueries de volailles et de lagomorphes, qui sont des établissements d'abattage non agréés[18], doivent également obtenir un agrément sanitaire

---

[15] Arr. 8 juin 2006 relatif à l'agrément sanitaire des établissements mettant sur le marché des produits d'origine animale ou des denrées contenant des produits d'origine animale ; NOR: AGRG0601032A ; (JO 8 août), mod. par Arr. du 27 avr. 2007 (JO 16 mai), Arr. du 7 juin 2007 (JO 16 juin), Arr. du 4 nov. 2008 (JO 7 nov.), Arr. du 17 nov. 2010 (JO 25 nov.), Arr. du 4 juin 2012 (JO 12 juin), Arr. du 24 sept. 2014 (JO 14 oct.).

[16] C. rur., art. L. 233-2.

[17] Règl., (CE) n°1099/2009 du Conseil, 24 sept. 2009 sur la protection des animaux au moment de leur mise à mort, art. 14.

[18] C. rur., art. D. 654-2.

conformément aux dispositions du règlement (CE) n° 852/2004 du 29 avril 2004 relatif à l'hygiène des denrées alimentaires précité[19].

Ces établissements d'abattage non agréés ne peuvent procéder à l'abattage que des volailles et des lagomorphes qui ont été élevés sur l'exploitation, à l'exclusion de toute autre espèce[20]. Le nombre d'animaux abattus ne doit pas dépasser 500 animaux par semaine et 25 000 par an. Pour la détermination du nombre d'animaux abattus, des coefficients multiplicateurs ont été établis pour chaque espèce ou groupe d'espèces[21].

Toutefois, le préfet peut autoriser l'exploitant d'activités soumises à de fortes variations saisonnières à dépasser la quantité maximale hebdomadaire de 500 animaux si des procédures spécifiques permettant de garantir l'absence de contamination directe ou indirecte des denrées sont établies[22].

Les établissements d'abattage de volailles et de lagomorphes non agréés doivent satisfaire à des conditions d'abattage, d'hygiène et de cessions des produits obtenus[23]. Ainsi, les animaux abattus dans ces établissements non agréés doivent être étourdis, saignés, plumés, dépecés et éviscérés partiellement ou en totalité et réfrigérés immédiatement.

Section 3. Les conditions d'abattage et de mise à mort

Le Règlement du Conseil CE n° 1099/2009 du 24 septembre 2009 sur la protection des animaux au moment de leur mise à mort établit les règles applicables à la mise à mort des animaux élevés ou détenus pour la production de denrées alimentaires, de laine, de peau, de fourrure ou d'autres produits ainsi qu'à la mise à mort des animaux à des fins de dépeuplement et aux opérations annexes. La mise à mort est définie comme tout procédé appliqué intentionnellement qui cause la mort d'un animal. L'abattage est la mise à mort d'animaux destinés à la consommation humaine[24].

En France, la réglementation relative à l'abattage des animaux est codifiée aux articles R. 214-63 à R. 214-81 du Code rural et de la pêche maritime. Elle reprend, pour l'essentiel, les prescriptions édictées par le Règlement européen susmentionné. La réglementation française s'applique à l'acheminement, à l'hébergement, à l'immobilisation, à l'étourdissement, à l'abattage et la mise à mort des animaux élevés ou détenus pour la production de viandes, de peaux, de fourrures ou d'autres produits et aux procédures de mise à mort des

---

[19] C. rur., art. D. 654-5.

[20] Règl. (CE) no 853/2004, 29 avril 2004 fixant des règles spécifiques d'hygiène applicables aux denrées alimentaires d'origine animale.

[21] C. rur., art. D. 654-3.

[22] C. rur., art. D. 654-3.

[23] C. rur., art. D. 654-4.

[24] Règl. (CE) N ◦ 1099/2009 du conseil, 24 septembre 2009 sur la protection des animaux au moment de leur mise à mort ; art. 2.

animaux en cas de lutte contre les maladies contagieuses[25]. Le législateur français n'a pas repris les définitions européennes. En effet, aux termes de l'article R. 214-64 du Code rural, la mise à mort est tout procédé qui cause la mort d'un animal et l'abattage est le fait de mettre à mort un animal par saignée[26]. Les procédés autorisés d'immobilisation, d'étourdissement et de mise à mort sont définis par l'arrêté du 12 décembre 1997[27].

§ 1. Prescriptions générales relatives aux animaux

Au titre des prescriptions générales, toute douleur, excitation, détresse ou souffrance évitable doivent être épargnées aux animaux lors de leur mise à mort[28]. Pour ce faire, les exploitants doivent prendre les mesures nécessaires pour faire en sorte que les animaux bénéficient d'un confort physique, notamment en étant maintenus propres, dans des conditions thermiques adéquates et en étant protégés contre les chutes ou glissades. Ils doivent être manipulés et logés en tenant compte de leur comportement normal, ne doivent pas présenter de signes de douleur ou de peur évitable, ou avoir un comportement anormal. Ils ne doivent pas non plus souffrir d'un manque prolongé d'aliments ou d'eau et doivent être empêchés d'avoir une interaction évitable avec d'autres animaux qui pourrait nuire à leur bien-être. Les installations utilisées pour la mise à mort doivent être conçues, construites, entretenues et exploitées de manière à garantir le respect de ces obligations.

§ 2. Le niveau et le certificat de compétence requis

Le Règlement européen précité requiert que la mise à mort et les opérations annexes soient effectuées uniquement par des personnes possédant le niveau de compétence approprié. Il requiert également que la mise à mort s'effectue sans causer aux animaux de douleur, détresse ou souffrance évitables.

Plus spécifiquement, le Règlement prévoit que certaines opérations d'abattage ne doivent être réalisées que par les personnes titulaires d'un certificat de compétence attestant leur capacité à effectuer ces opérations conformément aux règles fixées par le règlement. Ces opérations d'abattage comprennent, entre autres, l'immobilisation des animaux en vue de l'étourdissement ou de la mise à mort, l'étourdissement des animaux, l'accrochage ou le hissage d'animaux vivants, la saignée d'animaux vivants ou encore l'abattage rituel[29].

---

[25] C. rur., art. R. 214-63.

[26] C. rur., art. R. 214-64.

[27] Arr., 12 déc. 1997 relatif aux procédés d'immobilisation, d'étourdissement et de mise à mort des animaux et aux conditions de protection animale dans les abattoirs ; NOR:AGRG9702126A

[28] C. rur., art. R. 214-65.

[29] Règl. (CE) N ° 1099/2009 du conseil, 24 sept. 2009 sur la protection des animaux au moment de leur mise à mort ; art. 7.

L'article R. 214-68 du Code rural dispose qu'« il est interdit à tout responsable d'établissement d'abattage d'effectuer ou de faire effectuer l'abattage ou la mise à mort d'un animal si les dispositions convenables n'ont pas été prises afin de confier les opérations de déchargement, d'acheminement, d'hébergement, d'immobilisation, d'étourdissement, d'abattage ou de mise à mort des animaux à un personnel disposant d'une formation en matière de protection animale ou encadré par une personne ayant cette compétence ».

Ainsi, les personnes chargées de la mise à mort des animaux doivent disposer d'un certificat attestant de leurs compétences et de leurs connaissances au regard du respect de la réglementation en matière de protection des animaux. Le certificat de compétence est délivré par le préfet sous réserve du respect des exigences en matière de formation et de réussite à une évaluation[30].

§ 3. Un responsable du bien-être animal

Les exploitants doivent désigner, pour chaque abattoir, un responsable du bien-être des animaux qui les aide à assurer le respect des dispositions du Règlement européen précité. Le responsable du bien-être des animaux est placé sous l'autorité directe de l'exploitant et lui fait directement rapport sur les questions relatives au bien-être des animaux. Il est en mesure d'exiger que le personnel de l'abattoir prenne les mesures correctives nécessaires pour garantir le respect des dispositions dudit règlement. Il doit être titulaire d'un certificat de compétence délivré pour l'ensemble des opérations réalisées dans l'abattoir dont il est responsable. Enfin, il doit tenir un registre des mesures prises pour améliorer le bien-être des animaux dans l'abattoir où il exerce ses fonctions. Ce registre est tenu pendant au moins un an et doit être mis à disposition de l'autorité compétente sur demande.
L'exigence d'avoir un responsable du bien-être des animaux ne s'applique pas aux abattoirs qui abattent moins de mille unités de gros bétail ou 150 000 oiseaux ou lapins par an[31].

§ 4. L'inspection sanitaire

Les articles L. 231-1 et suivants du Code rural prévoient les règles relatives à l'inspection sanitaire des établissements du secteur alimentaire dont font partie les abattoirs. Selon l'article R. 231-7 dudit code les animaux introduits dans les abattoirs sont soumis à un contrôle vétérinaire *ante mortem* et *post mortem*, afin que soit vérifié le respect des règles sanitaires applicables en la matière. Cette conformité est attestée par l'apposition de la marque de salubrité

---

[30] Arr. du 31 juill. 2012, relatif aux conditions de délivrance du certificat de compétence concernant la protection des animaux dans le cadre de leur mise à mort (JO 21 août), mod. par Arr. du 23 déc. 2013 (JO 28 déc.) ; NOR: AGRG1231268A.

[31] Règl. (CE) N ° 1099/2009 du conseil, 24 sept. 2009 sur la protection des animaux au moment de leur mise à mort ; art. 17.

ou de la marque d'identification prévue à l'article 5 du Règlement (CE) nº 853/2004 du Parlement européen et du Conseil du 29 avril 2004 fixant des règles spécifiques d'hygiène applicables aux denrées alimentaires d'origine animale ou par arrêté du ministre chargé de l'agriculture.

L'exercice de la surveillance sanitaire des établissements est dévolu aux inspecteurs vétérinaires et techniciens des directions départementales de la protection des populations. Les modalités de l'inspection sanitaire sont plus généralement organisées par les articles L. 231-2-1 et suivants dudit code, lequel confère aux inspecteurs d'importants pouvoirs d'intervention.

Toutefois, le personnel des abattoirs de volailles et de lagomorphes peut être autorisé par le préfet à participer aux contrôles officiels de la production de viande de volailles et de lagomorphes, sous la responsabilité de l'inspecteur vétérinaire[32].

Section 4. Le processus de l'abattage des animaux

§ 1. L'obligation d'immobilisation des animaux avant l'abattage

L'immobilisation est l'application à un animal de tout procédé conçu pour limiter ses mouvements en vue de faciliter un étourdissement ou une mise à mort efficace[33]. L'immobilisation des animaux est obligatoire préalablement à leur étourdissement et à leur mise à mort[34]. Les exploitants doivent également faire en sorte que tous les animaux mis à mort sans étourdissement préalable soient individuellement immobilisés.

Les animaux ne doivent être immobilisés, y compris au niveau de la tête, qu'à partir du moment où la personne chargée de l'étourdissement ou de la saignée est prête à les étourdir ou à les saigner le plus rapidement possible[35].

Certaines méthodes d'immobilisation sont interdites. Ainsi, les systèmes d'immobilisation des bovins par renversement ou toute autre position non naturelle ne sont en principe pas autorisés. Toutefois, ils sont autorisés lorsque les animaux sont abattus après étourdissement et lorsque ces systèmes d'immobilisation sont munis d'un dispositif qui limite les mouvements latéraux et verticaux de la tête de l'animal et peuvent être adaptés à la taille de celui-ci[36]. Aussi, le fait de suspendre ou hisser des animaux conscients, de serrer ou attacher les pattes ou les pieds des animaux par un dispositif mécanique,

---

[32] C. rur., art. D. 231-3-1 et s.

[33] C. rur., art. R. 214-64.

[34] C. rur., art. R.214-69.

[35] Règl. (CE) N ° 1099/2009 du conseil, 24 septembre 2009 sur la protection des animaux au moment de leur mise à mort ; art. 9.

[36] Règl. (CE) N ° 1099/2009 du conseil, 24 septembre 2009 sur la protection des animaux au moment de leur mise à mort ; art. 15.

d'endommager la moelle épinière en utilisant, par exemple, un poignard ou une dague ou encore le fait d'employer, en vue d'immobiliser l'animal, des courants électriques qui n'étourdissent pas ou ne tuent pas de manière contrôlée, sont interdits.

Toutefois, les interdictions de suspendre ou hisser les animaux conscients et de serrer ou attacher les pattes ou les pieds des animaux par un dispositif mécanique ne s'appliquent pas aux crochets de suspension utilisés pour les volailles[37].

§ 2. L'obligation d'étourdissement des animaux avant leur mise à mort

L'étourdissement est le procédé qui, appliqué à un animal, le plonge immédiatement dans un état d'inconscience. Lorsque ce procédé permet un état d'inconscience réversible, la mise à mort de l'animal doit intervenir pendant l'inconscience de celui-ci[38].

En application du Règlement européen et de la réglementation française, les animaux doivent être mis à mort uniquement après étourdissement, sauf dans le cas de l'abattage rituel, de la mise à mort d'extrême urgence et de la mise à mort du gibier d'élevage lorsque le procédé utilisé entraîne la mort immédiate[39].

Les procédés autorisés par l'arrêté du 12 décembre 1997 pour l'étourdissement des animaux sont le pistolet à tige perforante, la percussion, l'électronarcose et l'exposition au dioxyde de carbone[40].

Les méthodes d'étourdissement autorisées par le Règlement européen, qui ont pour finalité de maintenir l'animal dans un état d'inconscience et d'insensibilité jusqu'à sa mort, sont détaillées à l'annexe I du règlement. Lorsque les méthodes visées n'entraînent pas la mort instantanée de l'animal, un procédé provoquant infailliblement la mort doit être prévu aussitôt que possible, comme la saignée, le jonchage c'est-à-dire la lacération du tissu nerveux central et de la moelle épinière au moyen d'un instrument allongé en forme de tige introduit dans la cavité crânienne, l'électrocution ou l'anoxie prolongée.

En outre, l'annexe I dudit règlement contient des prescriptions spécifiques applicables à certaines méthodes d'étourdissement autorisées. Ainsi, lorsque les exploitants utilisent le dispositif à tige non perforante, ils veillent à éviter toute fracture du crâne et cette méthode est utilisée exclusivement pour les ruminants de moins de 10 kg de poids vif.

---

[37] Règl. (CE) N ° 1099/2009 du conseil, 24 septembre 2009 sur la protection des animaux au moment de leur mise à mort ; art. 15.

[38] C. rur., art. R. 214-64.

[39] C. rur., art. R. 214-70.

[40] Arr., 12 déc. 1997 relatif aux procédés d'immobilisation, d'étourdissement et de mise à mort des animaux et aux conditions de protection animale dans les abattoirs ; NOR:AGRG9702126A ; art. 3.

Pour le broyage, méthode qui doit assurer le broyage instantané et la mort immédiate des animaux, le dispositif mécanique doit contenir des lames à rotation rapide ou des bosses en mousse et la capacité de l'appareil doit être suffisante pour que tous les animaux soient mis à mort immédiatement, même s'ils sont traités en grand nombre.

Autre exemple, pour les renards, les électrodes sont appliquées au niveau de la bouche et du rectum avec un courant minimal de 0,3 ampère et une tension minimale de 110 volts pendant au moins trois secondes et pour les chinchillas, les électrodes sont appliquées de l'oreille à la queue avec un courant minimal de 0,57 ampère pendant au moins soixante secondes.

Des règles relatives au contrôle de l'étourdissement sont également prévues par le règlement. Ainsi, il incombe aux exploitants de mettre en place et d'appliquer des procédures de contrôle appropriées dans les abattoirs. Ils doivent notamment veiller à ce que les personnes chargées de l'étourdissement, ou d'autres membres désignés du personnel, procèdent à des contrôles réguliers pour s'assurer que les animaux ne présentent aucun signe de conscience ou de sensibilité pendant la période comprise entre la fin de l'étourdissement et la mort. Lorsque les animaux sont mis à mort sans étourdissement préalable, les personnes chargées de l'abattage doivent procéder à des contrôles systématiques pour s'assurer que les animaux ne présentent aucun signe de conscience ou de sensibilité avant de mettre fin à leur immobilisation et ne présentent aucun signe de vie avant l'habillage ou l'échaudage.
En France, il appartient aux agents compétents[41] d'assurer un contrôle régulier des établissements d'abattage afin de vérifier le bon état de fonctionnement des matériels utilisés pour l'immobilisation, l'étourdissement et la mise à mort des animaux et leur utilisation dans des conditions conformes aux dispositions de la réglementation.

§ 3. La saignée des animaux

La saignée doit commencer le plus tôt possible après l'étourdissement et en tout état de cause avant que l'animal ne reprenne conscience[42].

À titre dérogatoire, les procédés de mise à mort sans saignée sont autorisés pour les volailles et les lagomorphes mis à mort au moyen de méthodes traditionnelles et pour les animaux dangereux mis à mort d'urgence et sur lesquels il est impossible d'effectuer une contention pour une saignée[43].

---

[41] V. C. rur., art. L. 221-5 et R. 221-21 et s.
[42] C. rur., art. R. 214-71.
[43] C. rur., art. R. 214-72.

§ 4. La mise à mort des animaux

Une fois immobilisé et étourdi, l'animal est mis à mort selon un procédé autorisé.

Pour la mise à mort des animaux autres que les animaux à fourrure, les procédés de mise à mort autorisés sont le pistolet ou fusil à balles libres, l'exposition au dioxyde de carbone, le caisson à vide, la dislocation du cou après étourdissement, l'électrocution, l'injection ou ingestion d'une dose létale d'un produit possédant, en outre, des propriétés anesthésiques et l'emploi d'une atmosphère gazeuse appropriée[44]. L'annexe IV de l'arrêté du 12 décembre 1997 précité énonce les conditions dans lesquelles ces différents procédés de mise à mort doivent avoir lieu.

Les animaux à fourrure, c'est-à-dire les mammifères principalement élevés pour la production de fourrure telle que les visons, les putois, les renards, les ratons laveurs, les ragondins et les chinchillas, peuvent être mis à mort à l'aide d'instruments mécaniques perforant le cerveau, par injection d'une dose létale d'un produit possédant des propriétés anesthésiques, par électrocution, et par exposition au monoxyde de carbone, au chloroforme ou au dioxyde de carbone. Les conditions énoncées à l'annexe VI de l'arrêté précité doivent être respectées lors de l'utilisation de l'un de ces procédés.

Les poussins et embryons en surnombre dans les couvoirs peuvent quant à eux être mis à mort à l'aide d'un dispositif mécanique entraînant une mort rapide ou par exposition au dioxyde de carbone. Ces deux procédés doivent satisfaire aux conditions énoncées à l'annexe VII de l'arrêté du 12 décembre 1997 susvisé. La pratique du broyage des poussins mâles inutiles dans l'industrie des œufs et inutilisable dans l'industrie des poulets à chair est courante et mondiale. L'Allemagne a annoncé que cette pratique serait dorénavant interdite et remplacée par la spectrométrie, méthode proposée par l'Université de Leipzig. Il s'agit de déterminer le sexe des poussins à partir du 3e jour de développement, de manière à empêcher leur naissance. La France a notamment recours au procédé du broyage des poussins dans le cadre de la production de foie gras, où l'on met à mort les canetons femelles, car leur foie est jugé trop nervuré et non utilisable ainsi que dans l'industrie de la production d'œufs, où plus de 40 millions de poussins mâles sont mis à mort suivant ces procédés chaque année[45]. Au niveau européen, le règlement relatif à la protection des animaux au moment de leur mise à mort autorise également le recours au broyage des poussins mâles par l'utilisation d'un dispositif mécanique entraînant une mort rapide et par l'exposition au dioxyde de carbone[46].

---

[44] Arr., 12 déc. 1997, relatif aux procédés d'immobilisation, d'étourdissement et de mise à mort des animaux et aux conditions de protection animale dans les abattoirs ; NOR: AGRG9702126A ; art. 4.

[45] pour plus d'informations http://www.l214.com/enquetes/broyage-poussins/.

[46] Règl. (CE) N ° 1099/2009 du conseil, 24 septembre 2009 sur la protection des animaux au moment de leur mise à mort.

Il n'existe pas de règles spécifiques pour la mise à mort des poissons. Le Règlement européen énonce que les poissons sont physiologiquement très différents des animaux terrestres et que les poissons d'élevage sont abattus et mis à mort dans un contexte très différent, notamment en ce qui concerne la procédure d'inspection et qu'il conviendrait d'établir des normes distinctes pour la protection des poissons au moment de leur mise à mort.

La recherche sur l'étourdissement des poissons étant moins avancée que pour les autres espèces d'élevage, le règlement prévoit que les dispositions applicables aux poissons devraient pour le moment se limiter aux principes clés. D'autres initiatives de la Communauté devraient être prises sur la base d'une évaluation scientifique des risques relative à l'abattage et à la mise à mort des poissons, réalisée par *l'European food and safety authority* (EFSA), et en tenant compte des incidences sociales, économiques et administratives[47]. D'après l'EFSA, le groupe scientifique sur la santé et le bien-être des animaux (AHAW) a adopté en 2009 sept avis sur des espèces spécifiques concernant l'aspect bien-être des méthodes d'étourdissement et d'abattage des poissons d'élevage. Ces avis scientifiques spécifiques concernent le thon rouge, la carpe commune, l'anguille européenne, le saumon atlantique, la truite arc-en-ciel, le turbot européen, le bar européen et la daurade royale[48].

Par ailleurs, le code sanitaire de l'Organisation mondiale de la Santé animale (OIE) pour les animaux aquatiques prévoit des recommandations relatives aux aspects du bien-être animal liés à l'étourdissement et à l'abattage des poissons d'élevages destinés à la consommation humaine[49]. Est notamment posé le principe général selon lequel les poissons d'élevage doivent être étourdis avant d'être abattus, et la méthode d'étourdissement doit engendrer une perte de conscience immédiate et irréversible.

Section 5. Les dérogations aux règles d'abattage

§ 1. Abattage et mise à mort des animaux hors des établissements d'abattage

La mise à mort hors d'un abattoir est autorisée dans certains cas. Ainsi, les tueries de volailles et de lagomorphes sont autorisées hors abattoirs lorsqu'elles sont effectuées par l'éleveur pour son seul usage et uniquement pour un nombre d'animaux inférieur à un certain seuil[50]. Aussi, la mise à mort hors abattoir des animaux des espèces caprine, ovine, porcine ainsi que des volailles et des lagomorphes d'élevage est autorisée dès lors que cet abattage est réalisé

---

[47] considérant 11 du Règl. (CE) N ° 1099/2009 du conseil, 24 septembre 2009 sur la protection des animaux au moment de leur mise à mort.

[48] https://www.efsa.europa.eu/fr/topics/topic/fish-welfare.

[49]http://www.oie.int/index.php?id=171&L=1&htmfile=chapitre_welfare_stunning_killing.htm.

[50] C. rur., art. L.654-3.

par la personne qui les a élevés et que la totalité des animaux abattus est réservée à la consommation de sa famille.
Est également autorisée la mise à mort hors d'un abattoir des animaux des espèces bovine, porcine et équine ainsi que des ratites abattus d'urgence pour cause d'accident, des taureaux mis à mort lors de corridas, du grand gibier ongulé d'élevage mis à mort dans l'exploitation d'origine et des animaux mis à mort car considérés comme dangereux ou susceptibles de présenter un danger[51].
Enfin, l'abattage et la mise à mort en dehors des établissements d'abattage sont autorisés en cas de lutte contre les maladies[52], pour les animaux élevés pour leur fourrure et pour les poussins et embryons refusés dans les couvoirs[53].

Lorsque la mise à mort hors d'un abattoir est autorisée, elle doit respecter les prescriptions relatives à l'obligation d'immobilisation de l'animal et de son étourdissement préalablement à son abattage. En outre, toutes les précautions visant à épargner aux animaux toute excitation, douleur ou souffrance évitables pendant les opérations de déchargement, d'acheminement, d'hébergement, d'immobilisation, d'étourdissement, d'abattage ou de mise à mort doivent être prises.

§ 2. L'abattage rituel

La réglementation actuelle rend obligatoire l'étourdissement des animaux destinés à la consommation humaine avant leur abattage. Toutefois, le Code rural[54] et le droit européen[55] prévoient une dérogation à cette obligation lorsque l'étourdissement n'est pas compatible avec la pratique de l'abattage rituel. L'abattage rituel doit obligatoirement être effectué après l'immobilisation des animaux des espèces bovine, ovine et caprine par un procédé mécanique et cette immobilisation doit être maintenue pendant la saignée[56].

L'abattage rituel doit obligatoirement être effectué dans un abattoir agréé. L'article R. 214-73 du Code rural dispose qu'« il est interdit à toute personne de procéder ou de faire procéder à un abattage rituel en dehors d'un abattoir. La mise à disposition de locaux, terrains, installations, matériel ou équipement en vue de procéder à un abattage rituel en dehors d'un abattoir est interdite ». Ainsi, est coupable de mise à disposition d'un terrain en vue de l'abattage rituel en dehors d'un abattoir, l'éleveur qui a vendu des moutons à des particuliers qui

---

[51] C. rur., art. L. 231-6.
[52] V. C. rur., art. D. 221-2.
[53] C. rur., art. R.214-78.
[54] C. rur., art. R. 214-70.
[55] Règl. (CE) N ° 1099/2009 du Conseil, 24 sept. 2009 sur la protection des animaux au moment de leur mise à mort.
[56] C. rur., art. R. 214-74.

ont procédé, sur sa propriété, à l'abattage des animaux à l'occasion d'une fête religieuse[57].

Aussi, un abattoir ne peut procéder à un abattage rituel que s'il a été préalablement autorisé[58]. Pour obtenir cette autorisation, l'abattoir doit justifier de la présence d'un matériel adapté et d'un personnel dûment formé. Il doit également mettre en œuvre des procédures garantissant des cadences et un niveau d'hygiène adaptés à cette technique d'abattage ainsi que d'un système d'enregistrements permettant de vérifier que l'usage de la dérogation correspond à des commandes commerciales qui le nécessitent. La demande d'autorisation est adressée au préfet du département du lieu d'implantation de l'abattoir qui dispose d'un délai de trois mois à compter de la réception complète du dossier pour statuer sur la demande. L'arrêté d'autorisation du préfet peut restreindre l'étendue de l'autorisation à certaines catégories d'animaux. Aussi, l'autorisation peut être suspendue ou retirée à la demande de l'établissement, ou par le préfet en cas de méconnaissance des conditions de l'autorisation ou des dispositions de la réglementation applicable.

Par ailleurs, l'abattage rituel ne peut être effectué que par des sacrificateurs habilités par les organismes religieux agréés, sur proposition du ministre de l'Intérieur, par le ministre chargé de l'agriculture. Si aucun organisme religieux n'a été agréé, le préfet du département dans lequel est situé l'abattoir utilisé pour l'abattage rituel peut accorder des autorisations individuelles sur demande motivée des intéressés. Toutefois, a été jugée illégale la délibération de la communauté urbaine qui autorise la passation d'un marché public en vue de la réalisation d'un abattoir provisoire pour les fêtes de l'Aïd-el-Kébir, car elle engage une dépense liée à l'exercice d'un culte, en violation de la loi de séparation des Églises et de l'État du 9 déc. 1905[59].

Enfin, les matériels et les équipements utilisés pour l'abattage rituel doivent être conformes aux prescriptions de l'arrêté du 12 décembre 1997 précité, autorisant les procédés d'immobilisation, d'abattage et de mise à mort.

Pour la Cour européenne des droits de l'Homme, la dérogation à l'obligation d'étourdissement des animaux destinés à la consommation humaine avant l'abattage constitue un engagement positif de l'État visant à assurer le respect effectif de la liberté d'exercice des cultes[60]. Le Conseil d'État a par la suite estimé que la possibilité de déroger à l'obligation d'étourdissement des animaux pour la pratique de l'abattage rituel ne portait pas atteinte au principe de laïcité[61]. Il a en effet estimé que ce mécanisme dérogatoire a été édicté « dans le but de concilier les objectifs de police sanitaire et l'égal respect des croyances et traditions religieuses ; que s'il résulte du principe de laïcité que

---

[57] Crim., 31 mai 2005, n°04-87.708.

[58] C. rur., art. R. 214-70.

[59] TA Nantes, 31 mars 2006, R. Mismetti, req. no 034569: AJDA 2006. 847.

[60] CEDH 27 juin 2000, *Cha'are Shalom Ve Tsedek c/ France: aff. nº 27417/95.*

[61] CE 5 juill. 2013, req. nº 361441: *AJDA 2013. 1415.*

celui-ci impose l'égalité de tous les citoyens devant la loi sans distinction de religion et le respect de toutes les croyances, ce même principe impose que la République garantisse le libre exercice des cultes ; que, par suite, la possibilité de déroger à l'obligation d'étourdissement pour la pratique de l'abattage rituel ne porte pas atteinte au principe de laïcité », et ne constitue pas un « mauvais traitement au sens de l'article L. 214-3 du Code rural et de la pêche maritime ».

La question de la souffrance animale lors de l'abattage rituel fait pourtant débat. En Europe, les Pays-Bas ont adopté des règles plus strictes, les abattoirs halal et casher sont obligés, depuis janvier 2017, d'étourdir l'animal si celui-ci n'a pas perdu connaissance dans les quarante secondes qui suivent l'égorgement. La Suisse, le Danemark ou la Norvège ont purement et simplement interdit l'abattage rituel sans étourdissement préalable[62].

Section 6. Les sanctions

La violation des différentes dispositions relatives à l'abattage et à la mise à mort des animaux constituent des contraventions[63].

Est puni de l'amende prévue pour les contraventions de la quatrième classe le fait de ne pas se conformer aux prescriptions relatives à la protection des animaux lors de l'abattage, aux procédés autorisés pour l'immobilisation, l'étourdissement et la mise à mort des animaux, à la conformité des locaux et à la qualification du personnel[64].

Est également puni de l'amende prévue pour les contraventions de la quatrième classe le fait d'utiliser des procédés d'immobilisation, d'étourdissement et de mise à mort non autorisés par arrêté, conformément aux articles R. 214-66, R. 214-72 et R. 214-74 du Code rural[65].

Est puni de la même amende prévue pour les contraventions de la quatrième classe le fait de procéder ou de faire procéder à une saignée dans des conditions contraires à l'article R. 214-71 du Code rural, le fait de ne pas immobiliser les animaux préalablement à leur étourdissement et, dans le cas de l'abattage rituel, préalablement et pendant la saignée, le fait de suspendre un animal conscient, contrairement aux dispositions de l'article R. 214-69 du Code rural, ou encore le fait de ne pas étourdir les animaux avant leur abattage ou leur mise à mort en dehors des cas prévus pour l'abattage rituel[66].

---

62 http://www.lemonde.fr/biodiversite/article/2016/06/29/l-abattage-rituel-fait-debat-sur-la-question-de-la-souffrance-animale_4960446_1652692.html#OjCDP1IFxibfWPAZ.99.

63 C. rur., art. R. 215-8.

64 C. rur., art. R. 215-8, II, 1°.

65 C. rur., art. R. 215-8, II, 2°.

66 C. rur., art. R. 215-8, II, 3°- 6°.

Le fait de pratiquer l'abattage rituel sans détenir l'autorisation exigée ou de ne pas respecter les conditions de délivrance de cette autorisation est puni de l'amende prévue pour les contraventions de la cinquième classe[67].

Est également puni de l'amende prévue pour les contraventions de la quatrième classe le fait de mettre à disposition des locaux, terrains, installations, matériels ou équipements en vue d'effectuer ou de faire effectuer un abattage rituel en dehors d'un abattoir, le fait d'effectuer un abattage familial sans respecter les conditions prévues à l'article R. 214-77 du Code rural ou encore le fait de pratiquer un abattage rituel sans y avoir été habilité[68]. Par ailleurs, le fait, pour tout sacrificateur, de ne pas être en mesure de justifier de son habilitation est puni de l'amende prévue pour les contraventions de la troisième classe[69].

---

[67] C. rur., art. R. 215-8, I.
[68] C. rur., art. R. 215-8, II, 7°-10°.
[69] C. rur., art. R.215-8, III.

N'ayez jamais, jamais peur de faire ce qui est juste,
surtout si le bien-être d'une personne ou d'un animal est en jeu.
Les punitions de la société sont faibles par rapport aux blessures
que nous infligeons à notre âme quand nous détournons le regard.

Martin Luther King
Pasteur et militant des droits de l'Homme américain (1929 - 1968)

QUATRIÈME PARTIE

LES ANIMAUX APPRIVOISÉS OU TENUS EN CAPTIVITÉ

Chapitre 1. L'expérimentation animale

Choisir entre l'utilisation des animaux dans la recherche ou la santé humaine semble être le dilemme posé par la question de l'expérimentation animale. Le choix en théorie semble évident, puisque quoi de plus important pour l'Homme que sa santé. Pourtant, dans la pratique, les choses ne semblent plus être aussi simples[1]. Il est indéniable que l'utilisation de modèles animaux a permis de comprendre les mécanismes du vivant, de trouver des traitements aux maladies humaines et de tester la nocivité de nouvelles substances. La quasi-totalité des médicaments que nous utilisons a été testée sur les animaux et la plupart se sont avérés utiles à l'Homme. Néanmoins, le modèle animal est loin d'être parfait. Les scandales du Médiator ou de la Thalidomide sont malheureusement là pour nous le rappeler. Leur efficacité sur différentes espèces animales avait pourtant été scientifiquement prouvée[2]. Si nous partageons de nombreuses similitudes avec les autres espèces vivantes, les connaissances scientifiques acquises par l'expérimentation animale ne sont pas toujours transposables à l'homme. On estime d'ailleurs que les effets secondaires des médicaments causeraient entre 13 000 et 34 000 morts chaque année en France[3]. Doit-on pour autant se passer de l'expérimentation animale pour acquérir de nouvelles connaissances scientifiques et découvrir de nouveaux traitements aux maladies humaines ? C'est le chemin que semble prendre, à long terme, l'Union européenne. L'utilisation des animaux dans les tests de produits cosmétiques est ainsi déjà, en théorie, interdite. La Directive européenne 2010/63 encourage également les États membres à soutenir le

---

[1] J'invite le lecteur à lire l'ouvrage de Audrey Jougla, *Profession, animal de laboratoire*, éd. Autrement, 2015 qui nous livre les dessous de l'expérimentation animale.

[2] Pour pouvoir être commercialisé, tout médicament doit faire l'objet d'une autorisation de mise sur le marché délivrée par les autorités compétentes européennes (Commission européenne, après avis de l'EMA) ou nationales (ANSM). Le dossier de demande d'autorisation de mise sur le marché doit comporter les résultats des recherches précliniques et cliniques. Les essais précliniques consistent à tester le médicament sur des systèmes vivants non humains et les essais cliniques sont les essais d'un médicament chez l'homme volontaire malade ou sain. http://ansm.sante.fr/Activites/Autorisations-de-Mise-sur-le-Marche-AMM/L-AMM-et-le-parcours-du-medicament/(offset)/0.

[3] http://www.ouvertures.net/medicaments-entre-13-000-et-34-000-morts-chaque-annee-en-france/ ; V. étude EMIR (Effets indésirables des Médicaments : Incidence et Risque), 20 mai 2008, du Réseau des centres régionaux de pharmacovigilance ; http://www.agoravox.fr/actualites/sante/article/medicaments-entre-13-000-et-34-000-107530#forum3176812.

développement de méthodes alternatives n'impliquant pas l'utilisation d'animaux. Si elle reconnaît qu'à l'heure actuelle le recours à des animaux vivants demeure nécessaire pour protéger la santé humaine, animale et l'environnement, elle ajoute que « *la présente directive représente une étape importante vers la réalisation de l'objectif final que constitue le remplacement total des procédures appliquées à des animaux vivants à des fins scientifiques et éducatives, dès que ce sera possible sur un plan scientifique* »[4].

La recherche et le développement de la médecine humaine, vétérinaire et la dentisterie ne sont pas les seuls domaines de la recherche scientifique. En effet, selon le 7e rapport établi par la Commission européenne, seulement 18,8 % des expériences menées sur des animaux sont consacrées aux maladies humaines. Sur ces 18,8 %, seuls 16,76 % des expériences concernent la recherche sur les cancers humains soit 2 ou 3 % de la recherche dans son ensemble[5]. Les autres domaines de l'expérimentation animale sont beaucoup plus discutables quant à leur utilité et leur finalité. Il en est ainsi des recherches menées sur des animaux dans le cadre de la psychologie expérimentale et de la recherche fondamentale. Harry Harlow a mené, à partir des années 1950, plusieurs expériences relatives aux effets de l'isolement social et de la privation d'amour maternel. Pour ce faire, il séparait par exemple des singes nouveau-nés de leur mère et les élevait en isolation totale afin de démontrer que l'isolement rendait les singes psychotiques[6]. Avec les professeurs Bowlby et Suomi, Harlow approfondit ses recherches en provoquant les symptômes de la dépression infantile chez les bébés singes. Il les faisait s'attacher à de fausses mères en peluche qui éjectaient sur commande des piques acérés en laiton[7]. Des expériences similaires sont encore pratiquées de nos jours comme l'a révélée l'investigation menée en 2014 par l'association PETA auprès du *National Institute of Health*. Il ressort de cette enquête que des expériences sur l'isolement social, impliquant l'enfermement dans des cages si petites que les singes peuvent à peine bouger, sur la privation maternelle ou encore sur le désespoir d'un bébé singe face à sa mère qu'il croit morte sont encore menées[8]. Il en va de même pour certaines expériences menées en recherche fondamentale, comme celle consistant à immobiliser un singe sur une chaise de contention, électrodes implantées dans le cerveau, contraint, pour obtenir de l'eau, à fixer son regard sur un point d'un écran[9]. De

---

[4] Considérant n°10.

[5] Audrey Jougla, *Profession, animal de laboratoire*, éd. Autrement, 2015, p. 104.

[6] Harlow Harry F, Dodsworth Robert O. et Harlow Margaret K., « *Total Social Isolation in monkeys* », Proceedings of the National Academy of Sciences, n°54, 1965, p. 90.
V. Peter Singer, *La libération animale*, éd. Payot, 2012 ; Aufrey Jougla, *Profession : Animal de Laboratoire*, ed. Autrement, 2015 ; Matthieu Ricard, *Plaidoyer pour les animaux*, ed. Allary 2014

[7] Harlow Harry F., « *The Nature of Love* » (1958) University of Wisconsin, published in American Psychologist, 13, p. 673-685.

[8] http://investigations.peta.org/nih-baby-monkey-experiments/.

[9] Audrey Jougla, *Profession : animal de laboratoire*, éd. Autrement, 2015.

telles expériences ont été justifiées en invoquant le rôle qu'elles auraient joué dans la mise au point, par exemple, de dispositifs commandés par la pensée.

Conscient de la nécessité de mieux encadrer les expérimentations animales, le législateur européen a adopté en 2010 la Directive 2010/63 relative à la protection des animaux utilisés à des fins expérimentales ou à d'autres fins scientifiques [10]. Tout en définissant les conditions dans lesquelles l'expérimentation animale peut être pratiquée dans l'Union européenne, la Directive affirme que les animaux ont une valeur intrinsèque qui doit être respectée et qu'ils doivent donc être traités comme des créatures sensibles[11]. Elle insiste sur la nécessité d'améliorer le bien-être des animaux utilisés dans les procédures expérimentales en tenant compte des nouvelles connaissances scientifiques notamment sur la capacité des animaux à ressentir de la douleur, de l'angoisse et de la souffrance[12]. Par ailleurs, la Directive a introduit une classification des procédures par degré de gravité sur la base du niveau estimé de douleur, de souffrance, d'angoisse et de dommage durable qui est infligé aux animaux[13].

La réglementation s'applique aux animaux vertébrés. ainsi qu'aux céphalopodes[14]. Le principe des 3 R[15], qui consiste à réduire le nombre d'animaux utilisés, remplacer les modèles animaux et améliorer la méthodologie utilisée est également rappelé. Par ailleurs, la Directive s'intéresse au sort des animaux après leur manipulation dans les laboratoires. Enfin, les établissements d'expérimentation et les établissements éleveurs doivent être agréés et enregistrés et chaque projet d'étude doit avoir reçu une autorisation préalable. La Commission européenne prévoit de réexaminer la Directive, au plus tard le 10 novembre 2017, en tenant compte des progrès dans la mise au point de méthodes alternatives qui n'impliquent pas l'utilisation d'animaux et notamment de primates non humains.

---

[10] Direc., 2010/63/UE, du Parlement européen et du Conseil, 22 sept. 2010 relative à la protection des animaux utilisés à des fins scientifiques révisant la directive n°86/609/CEE du Conseil du 24 novembre 1986.

[11] V. considérant n°12.

[12] Considérant n° 6.

[13] V. annexe VIII de la Directive 2010/63/UE préc..

[14] Les céphalopodes entrent désormais dans le champ d'application de la réglementation « car leur aptitude à éprouver de la douleur, de la souffrance, de l'angoisse et un dommage durable est scientifiquement démontrée », comme le rappelle le Considérant n°8 de la Directive.

[15] de l'anglais *Reduce, Refine* et *Replace.*

La directive 2010/63 a été transposée en droit français par le décret n° 2013-118 du 1er février 2013 et par quatre arrêtés du 1er février 2013[16]. La réglementation applicable à l'utilisation d'animaux à des fins expérimentales est codifiée aux articles R. 214-87 à R. 214-137 du Code rural et de la pêche maritime.

Section 1. Le champ d'application de la réglementation

Selon l'article R. 214-87 du Code rural, les règles relatives à l'utilisation des animaux à des fins expérimentales s'appliquent lorsque les animaux sont utilisés ou sont destinés à être utilisés dans des procédures expérimentales ou lorsqu'ils sont élevés pour que leurs organes ou tissus puissent être utilisés à des fins scientifiques. Elles s'appliquent à eux jusqu'à leur mise à mort, leur placement dans un système d'élevage approprié ou jusqu'à ce qu'ils soient relâchés dans un habitat approprié.

§ 1. Les espèces animales concernées

A. Quelques chiffres

Selon le 7ème rapport de la Commission européenne sur les statistiques concernant le nombre d'animaux utilisés à des fins expérimentales et à d'autres fins scientifiques dans les États membres de l'Union européenne, près de 11,5 millions d'animaux ont été utilisés dans les laboratoires européens en 2011[17]. Les rongeurs, notamment les souris, les rats et les lapins représentent 80 % du nombre total d'animaux utilisés dans l'Union européenne. Viennent ensuite les animaux à sang froid, qui représentent près de 12,5 %, suivis des oiseaux avec 5,9 % des animaux utilisés. Les carnivores, qui incluent les chiens et les chats, représentent 0,25 % de ce total et les primates non humains 0,05 %. Les chevaux, les ânes, les porcins, les caprins, les ovins et les bovins représentent

---

[16] Décret n° 2013-118 du 1er févr. 2013 relatif à la protection des animaux utilisés à des fins scientifiques ; NOR: AGRG1231951D ; Arr., 1er févr. 2013 fixant les conditions d'agrément, d'aménagement et de fonctionnement des établissements utilisateurs, éleveurs ou fournisseurs d'animaux utilisés à des fins scientifiques et leurs contrôles , NOR: AGRG1238753A ; Arr., 1er févr. 2013 fixant les conditions de fourniture de certaines espèces animales utilisées à des fins scientifiques aux établissements utilisateurs agréés , NOR: AGRG1238724A ; Arr., 1er févr. 2013 relatif à l'acquisition et à la validation des compétences des personnels des établissements utilisateurs, éleveurs et fournisseurs d'animaux utilisés à des fins scientifiques , NOR: AGRG1238729A ; Arr., 1er févr. 2013 relatif à l'évaluation éthique et à l'autorisation des projets impliquant l'utilisation d'animaux dans des procédures expérimentales , NOR: AGRG1238767A.

[17] Rapport de la Commission au Conseil et au Parlement européen; Septième rapport sur les statistiques concernant le nombre d'animaux utilisés à des fins expérimentales et à d'autres fins scientifiques dans les États membres de l'Union européenne /* COM/2013/0859 final */ n°52013DC0859.
http://eur-lex.europa.eu/LexUriServ/LexUriServ.do?uri=COM:2013:0859:FIN:FR:PDF.

quant à eux 1,2 % du nombre total d'animaux utilisés. Aucun singe anthropoïde n'a été utilisé à des fins expérimentales dans l'Union européenne en 2011[18].

En France, 1 769 618 animaux ont été utilisés à des fins scientifiques sur l'année 2014[19]. Parmi ces animaux, 48,2 % sont des souris. On compte également 524 024 poissons, 88 334 lapins, 11 665 poissons-zèbres, 2852 chiens, ou encore 629 chats. Les primates non humains représentent 0,06 % des animaux utilisés en 2014, soit 1085 primates non humains.

B. Les espèces animales utilisées à des fins expérimentales

La réglementation relative à l'utilisation d'animaux à des fins scientifiques s'applique aux céphalopodes vivants et aux animaux vertébrés vivants. Les formes larvaires autonomes et les formes fœtales de mammifères à partir du dernier tiers de leur développement normal sont incluses dans le champ d'application de la réglementation. Aussi, les formes larvaires autonomes et les formes fœtales de mammifères à un stade de développement antérieur au dernier tiers de leur développement normal sont incluses dans la réglementation lorsque l'animal doit être laissé en vie au-delà de ce stade de développement et risque, à la suite des procédures expérimentales menées, d'éprouver de la douleur, de la souffrance, de l'angoisse ou de subir des dommages durables après avoir atteint ce stade de développement[20]. La réglementation protège donc les animaux vertébrés, y compris les formes larvaires autonomes ou fœtales évoluées. Quant aux animaux invertébrés, ils n'entrent pas dans le champ d'application de la réglementation[21], à l'exception des céphalopodes depuis que leur aptitude à éprouver de la douleur, de la souffrance ou de l'angoisse a été scientifiquement démontrée.

Les animaux d'espèces domestiques errants ou vivants à l'état sauvage ne peuvent pas, en principe, faire l'objet d'expérimentations. Toutefois, et à titre exceptionnel, des dérogations peuvent être accordées par les ministres chargés de l'agriculture et de la recherche après avis favorable de la Commission nationale de l'expérimentation animale, à condition qu'il existe une nécessité essentielle de mener cette procédure expérimentale qui concerne la santé et le bien-être des animaux de la même espèce ou une menace sérieuse pour la santé humaine ou animale ou pour l'environnement et qu'il existe des éléments

---

[18] Le 7e rapport de la Commission ne fournit que les données statistiques concernant le nombre d'animaux utilisés à des fins scientifiques au cours de l'année 2011.

[19] Enquête statistique 2014 – Utilisation des animaux à des fins scientifiques dans les établissements utilisateurs français ; publiée par le Ministère de l'éducation nationale, de l'enseignement supérieur et de la recherche.

[20] C. rur., art. R. 214-87.

[21] C. rur., art. R. 214-88.

scientifiques démontrant que la finalité de la procédure expérimentale ne peut être atteinte qu'en utilisant un animal errant ou vivant à l'état sauvage[22].

Il en va de même pour les animaux sauvages, c'est-à-dire les animaux non domestiques et non tenus en captivité. S'ils ne peuvent pas, en principe, être utilisés dans des procédures expérimentales, des dérogations peuvent être accordées par les ministres chargés de l'environnement et de la recherche, s'il est démontré scientifiquement que l'objectif de la procédure expérimentale ne peut pas être atteint en utilisant un animal élevé à cet effet. L'article L. 412-2 du Code de l'environnement soumet à autorisation préfectorale la réalisation d'expériences biologiques, médicales ou scientifiques sur des animaux d'espèces non domestiques non tenus en captivité, lorsque ces expériences sont susceptibles de leur causer une douleur, une souffrance, une angoisse ou des dommages durables. Cette autorisation ne sera accordée que s'il est démontré que l'utilisation de tels animaux est nécessaire aux seules fins de la recherche effectuée. La capture de ces animaux dans la nature ne peut, dans ce cas, être effectuée que par une personne disposant des compétences spécifiques et employant des méthodes ne causant pas aux animaux de douleur, de souffrance, d'angoisse ou de dommages durables qui pourraient être évités[23].

Les espèces bénéficiant de la réglementation relative aux espèces protégées peuvent également faire l'objet d'expérimentation. En effet, pour certaines espèces menacées figurant à l'annexe A du Règlement du Conseil n° 338/97 du 9 décembre 1996 relatif à la protection des espèces de faune et de flore sauvages par le contrôle de leur commerce, autre que celles des primates, leur utilisation peut être autorisée pour la recherche en vue de la conservation de ces espèces ou pour un objectif biomédical, lorsque l'espèce se révèle exceptionnellement être la seule pouvant convenir à cet objectif[24].

En principe, les singes appartenant aux genres Gorilla, Pan et Pongo ne peuvent pas être utilisés dans des procédures expérimentales, mais des dérogations peuvent être accordées. Il est en effet prévu que si des motifs valables existent, il peut être adopté, par arrêté conjoint des ministres chargés de l'environnement, de l'agriculture et de la recherche, après consultation de la Commission nationale de l'expérimentation animale, une mesure provisoire permettant l'utilisation de singes appartenant à ces trois genres dans certaines procédures expérimentales. Celles-ci doivent avoir pour finalité la préservation de l'espèce ou être motivées par l'apparition imprévue, chez l'homme, d'une affection clinique invalidante ou susceptible d'être mortelle et elles doivent avoir pour objet la prévention, la prophylaxie, le diagnostic ou le traitement de maladies, de mauvais états de santé ou d'autres anomalies ou de leurs effets

[22] C. rur., art. R. 214-91.
[23] C. rur., art. R. 214-92.
[24] C. rur., art. R. 214-93.

chez l'Homme, les animaux ou les plantes ou la recherche en vue de la préservation des espèces ou encore la mise au point, la production ou les essais de qualité, d'efficacité et d'innocuité de médicaments à usage humain ou vétérinaire, de denrées alimentaires, d'aliments pour animaux et d'autres substances ou produits. Il faut enfin que l'objectif de la procédure expérimentale ne puisse pas être atteint en recourant à des espèces autres que les singes appartenant à ces trois genres ou à des méthodes alternatives. La Commission européenne devra être informée immédiatement de cette mesure provisoire et peut s'y opposer[25].

L'utilisation de primates dans des procédures expérimentales est autorisée, mais semble limitée. En effet, l'article R. 214-94 du Code rural prévoit que l'utilisation de primates ne sera autorisée que si, d'une part, la procédure expérimentale a pour finalité soit la prévention, la prophylaxie, le diagnostic ou le traitement d'affections invalidantes ou susceptibles d'être mortelles, soit la recherche fondamentale ou la préservation des espèces. D'autre part, il faut qu'il existe des éléments scientifiques démontrant que la finalité de la procédure expérimentale ne peut être atteinte en utilisant d'autres espèces que celles appartenant à l'ordre des primates. Toutefois, des dérogations peuvent être accordées. Il est en effet prévu que « si pour des motifs scientifiquement justifiables la finalité de la procédure expérimentale ne peut être atteinte qu'en utilisant des primates à des fins autres que la prévention, la prophylaxie, le diagnostic ou le traitement d'affections invalidantes ou susceptibles d'être mortelles, le responsable de projet dépose une demande écrite auprès du ministre chargé de la recherche. Après avis de la Commission nationale de l'expérimentation animale, le ministre chargé de la recherche peut faire adopter une mesure provisoire cosignée par les ministres chargés de l'environnement, de l'agriculture et de la recherche pour autoriser le projet. La Commission européenne est informée de cette mesure provisoire et peut s'y opposer »[26].

Par ailleurs, depuis le 1er février 2013, les espèces de ouistitis utilisés dans des procédures expérimentales ne peuvent provenir que d'un élevage en captivité ou de colonie entretenue sans apport d'effectifs extérieurs[27]. La même exigence s'appliquera aux espèces de Singe cynomolgus, de Singe rhésus et d'autres espèces de primates au plus tard avant le 10 novembre 2022[28].

Enfin, concernant la provenance des animaux, toutes les espèces animales concernées par cette règlementation doivent en principe provenir d'élevages ou

---

[25] C. rur., art. R. 214-94.

[26] C. rur., art. R. 214-94.

[27] C. rur., art. R. 214-89, 8° : colonie dont les animaux sont élevés uniquement au sein de la colonie ou proviennent d'autres colonies mais n'ont pas été prélevés dans la nature et sont détenus de manière à être habitués à l'être humain.

[28] Arr., 1er févr. 2013 fixant les conditions de fourniture de certaines espèces animales utilisées à des fins scientifiques aux établissements utilisateurs agréés ; NOR: AGRG1238724A ; Art. 2.

de fournisseurs agréés[29]. À cet effet, l'arrêté du 1er février 2013 fixe la liste des espèces animales qui doivent avoir été élevées à cette fin et provenir d'éleveurs ou de fournisseurs agréés[30]. Toutefois, des dérogations peuvent être accordées sur la base d'éléments scientifiques dûment justifiés lorsque la production des éleveurs agréés est insuffisante ou ne convient pas aux besoins spécifiques du projet[31].

§ 2. Les procédures expérimentales concernées

Par procédure expérimentale on entend toute utilisation, invasive ou non, d'un animal à des fins expérimentales, à d'autres fins scientifiques ou à des fins éducatives. Sont inclues les interventions de nature à aboutir à la naissance d'un animal ou à la création et à la conservation d'une lignée d'animaux génétiquement modifiés, dès lors que cette utilisation est susceptible de causer à cet animal une douleur, une souffrance, une angoisse ou des dommages durables équivalents ou supérieurs à ceux causés par l'introduction d'une aiguille effectuée conformément aux bonnes pratiques vétérinaires[32].

En vertu de l'article R. 214-88 du Code rural, plusieurs procédures ne sont pas considérées comme des procédures expérimentales soumises à la réglementation relative à l'utilisation d'animaux vivants à des fins scientifiques. Il s'agit de l'utilisation, invasive ou non, à des fins expérimentales ou à d'autres fins scientifiques, des animaux invertébrés autres que les céphalopodes, des formes embryonnaires des vertébrés ovipares et des formes fœtales de mammifères avant le dernier tiers de leur développement normal sous réserve des dispositions de l'article R. 214-87 du Code rural évoquées précédemment.

Ne sont pas non plus soumis à cette réglementation, les actes pratiqués dans les exploitations agricoles à des fins non expérimentales, les actes pratiqués dans le but d'identifier un animal, la pratique de la médecine vétérinaire à des fins non expérimentales, les essais cliniques vétérinaires nécessaires aux fins d'une autorisation de mise sur le marché d'un médicament vétérinaire et les pratiques qui sont susceptibles de causer une douleur, une souffrance, une angoisse ou des dommages durables inférieurs à ceux causés par l'introduction d'une aiguille effectuée conformément aux bonnes pratiques vétérinaires.

---

[29] C. rur., art. R. 214-90.

[30] Arr., 1er févr. 2013 fixant les conditions de fourniture de certaines espèces animales utilisées à des fins scientifiques aux établissements utilisateurs agréés, NOR: AGRG1238724A.

[31] C. rur., art. R. 214-90.

[32] C. rur., art. R. 214-89.

Section 2. Les dispositions relatives aux animaux utilisés à des fins expérimentales

Chaque procédure expérimentale choisie doit éviter ou limiter la douleur causée à l'animal. Les animaux doivent être hébergés dans des conditions propres à assurer leur bien-être et leur devenir après l'expérimentation doit être prévu.

§ 1. Les conditions de détention des animaux

Les responsables et le personnel des établissements d'expérimentation et des établissements d'élevage ou de fourniture des animaux utilisés ou destinés à être utilisés dans des procédures expérimentales sont tenus de respecter les dispositions relatives aux conditions d'hébergement et d'entretien de ces animaux.

En application de l'article R. 215-95 du Code rural, tous les animaux doivent bénéficier d'un logement, d'un environnement, d'une alimentation, d'un apport en eau et de soins appropriés à leur santé et à leur bien-être. Toute restriction de la capacité d'un animal à satisfaire ses besoins physiologiques et éthologiques doit être limitée au strict minimum. Les conditions d'environnement et les paramètres d'ambiance dans lesquels les animaux sont élevés, détenus ou utilisés doivent faire l'objet de vérifications quotidiennes et des mesures doivent être prises pour mettre fin, dans les délais les plus brefs, à toute anomalie ou à toute douleur, toute souffrance, toute angoisse ou tout dommage durable constatés qui pourraient être évités. Les animaux doivent également être transportés dans des conditions appropriées à leur santé et à leur bien-être[33].

Les normes de soins et d'hébergement des animaux communes aux établissements sont définies par l'annexe II de l'arrêté interministériel du 1er février 2013 fixant les conditions d'agrément, d'aménagement et de fonctionnement des établissements utilisateurs, éleveurs ou fournisseurs d'animaux utilisés à des fins scientifiques et leurs contrôles[34]. Ces normes sont notamment relatives aux installations matérielles, à l'éclairage, à la ventilation et au bruit, ainsi qu'aux soins à apporter aux animaux. Les lignes directrices pour la température des locaux pour les animaux hébergés en cages ou en enclos intérieurs et les dimensions des cages ou enclos pour chaque espèce figurent également à l'annexe II de l'arrêté du 1er février 2013 précité.

---

[33] C. rur., art. R. 214-95.

[34] Arr., 1er févr. 2013, fixant les conditions d'agrément, d'aménagement et de fonctionnement des établissements utilisateurs, éleveurs ou fournisseurs d'animaux utilisés à des fins scientifiques et leurs contrôles ; NOR: AGRG1238753A ; Annexe II.

Des dérogations à ces normes peuvent toutefois être accordées pour des raisons scientifiques ou des raisons liées au bien-être des animaux ou à la santé animale par décision conjointe des ministres chargés de l'environnement, de l'agriculture et de la recherche[35].

Par ailleurs, les chiens, les chats et les primates qui se trouvent dans ces établissements doivent être identifiés par un marquage individuel et permanent[36].

§ 2. Une souffrance limitée pendant l'expérimentation sauf dérogation

Chaque procédure expérimentale doit veiller à limiter la souffrance des animaux utilisés. En application du principe des 3 R, la procédure choisie doit utiliser le moins d'animaux possible pour atteindre les objectifs du projet et elle doit permettre l'utilisation d'animaux appartenant aux espèces les moins susceptibles de ressentir de la douleur, de la souffrance, de l'angoisse ou de subir des dommages durables. Elle doit également causer le moins possible de douleur, de souffrance, d'angoisse ou de dommages durables[37].

Les procédures sont désormais évaluées sur une échelle de gravité en fonction de la souffrance qu'un animal donné risque de subir[38]. Les procédures menées intégralement sous anesthésie générale, au terme desquelles l'animal ne reprend pas connaissance, relèvent ainsi de la classe *sans réanimation.* Les procédures en raison desquelles les animaux sont susceptibles d'éprouver une douleur, une souffrance ou une angoisse légère de courte durée, ainsi que celles sans incidence significative sur le bien-être ou l'état général des animaux, relèvent de la classe *légère.* Les procédures en raison desquelles les animaux sont susceptibles d'éprouver une douleur, une souffrance ou une angoisse modérée de courte durée ou une douleur, une souffrance ou une angoisse légère de longue durée, ainsi que celles susceptibles d'avoir une incidence modérée sur le bien-être ou l'état général des animaux, relèvent de la classe *modérée.* Enfin, les procédures en raison desquelles les animaux sont susceptibles d'éprouver une douleur, une souffrance ou une angoisse intense ou une douleur, une souffrance ou une angoisse modérée de longue durée, ainsi que celles susceptibles d'avoir une incidence grave sur le bien-être ou l'état général des animaux, relèvent de la classe *sévère.*

---

[35] C. rur., art. R. 214-95.

[36] C. rur., art. R. 214-96.

[37] C. rur., art. R. 214-106.

[38] Directive européenne 2010/63, L'annexe VIII ; Arr., 1er févr. 2013 relatif à l'évaluation éthique et à l'autorisation des projets impliquant l'utilisation d'animaux dans des procédures expérimentales, NOR: AGRG1238767A, Annexe.

Par ailleurs, toutes les procédures expérimentales doivent être pratiquées sous anesthésie générale ou locale et doivent avoir recours à des analgésiques ou à toute autre méthode appropriée, afin que la douleur, la souffrance et l'angoisse soient limitées le plus possible, surtout lorsque la procédure expérimentale entraîne des lésions graves susceptibles de causer une douleur importante[39]. Toutefois, si le recours à l'anesthésie est en principe obligatoire, des dérogations peuvent être accordées. En effet, l'article R. 214-109 du Code rural dispose qu'il est possible de ne pas recourir à l'anesthésie si celle-ci est jugée plus traumatisante pour l'animal que la procédure expérimentale elle-même ou si elle est incompatible avec la finalité de la procédure expérimentale.

Si une ou plusieurs substances ayant pour effet d'empêcher ou limiter la capacité des animaux à exprimer la douleur ont été administrées, un protocole anesthésique ou analgésique doit être prévu et doit figurer dans la demande d'autorisation du projet[40]. Si l'anesthésie cesse de produire son effet, l'animal susceptible d'éprouver de la douleur doit recevoir un traitement analgésique préventif, curatif ou postopératoire, ou doit être traité au moyen d'autres méthodes appropriées pour soulager la douleur dans la mesure où cela est compatible avec la finalité de la procédure expérimentale[41].

Une fois la finalité de la procédure expérimentale atteinte, des mesures appropriées sont prises afin de réduire le plus possible la douleur, la souffrance et l'angoisse de l'animal. À l'issue d'une procédure expérimentale, l'animal pourra ainsi être gardé en vie, être mis à mort, replacé en liberté ou être réutilisé dans une autre procédure.

§ 3. Le devenir de l'animal à l'issue de la procédure expérimentale

Un animal ne sera pas gardé en vie à l'issue d'une procédure expérimentale s'il est susceptible de continuer à éprouver une douleur, une souffrance ou une angoisse ou de subir l'effet de dommages durables de classe *modérée* ou *sévère*[42]. Dans ce cas, l'animal est mis à mort avant la fin de l'anesthésie ou le plus rapidement possible si l'expérience a été faite sans anesthésie. L'article R. 214-98 du Code rural précise que la mise à mort doit être effectuée en limitant le plus possible la douleur, la souffrance et l'angoisse de l'animal, par une personne compétente de l'établissement éleveur, fournisseur ou utilisateur.

Les méthodes de mise à mort des animaux utilisés à des fins scientifiques et notamment les techniques appropriées de mise à mort en fonction des espèces

---

[39] C. rur., art. R. 214-109.

[40] C. rur., art. R. 214-109.

[41] C. rur., art. R. 214-109.

[42] C. rur., art. R. 214-111.

animales sont listées à l'annexe IV de l'arrêté du 1er février 2013 fixant les conditions d'agrément, d'aménagement et de fonctionnement des établissements utilisateurs, éleveurs ou fournisseurs d'animaux utilisés à des fins scientifiques et leurs contrôles[43]. Des dérogations concernant les méthodes de mise à mort peuvent être accordées par le ministre chargé de la recherche à condition que, sur la base de données scientifiques, la méthode alternative soit considérée comme équivalente ou que sur la base d'éléments scientifiques il est démontré que la finalité de la procédure expérimentale ne peut être atteinte par le recours à une des méthodes spécifiées par l'arrêté précité.
Ces dispositions ne s'appliquent pas lorsqu'un animal est mis à mort en cas d'urgence pour des raisons liées au bien-être des animaux, à la santé publique, à la santé animale, à la sécurité publique ou à l'environnement[44].

L'animal peut également être gardé en vie. La décision de le garder en vie appartient au vétérinaire ou à toute autre personne compétente désignée par le responsable du projet. Dans ce cas, l'animal devra recevoir les soins nécessités par son état de santé et devra être placé sous la surveillance d'un vétérinaire ou d'une autre personne compétente désignée par le responsable du projet, dès la fin de la procédure expérimentale, en vue de garantir son bien-être[45].

L'animal utilisé ou destiné à être utilisé dans une procédure expérimentale peut être placé ou mis en liberté dans un habitat approprié et adapté à son espèce. Il en sera ainsi si l'état de santé de l'animal le permet, qu'il n'existe aucun danger pour la santé publique, la santé animale et l'environnement et que des mesures appropriées ont été prises pour préserver le bien-être de l'animal. La mise en liberté doit être autorisée par le préfet du département du lieu de ce placement[46].

En principe, un animal déjà utilisé dans une procédure expérimentale ne peut être réutilisé dans une nouvelle procédure expérimentale lorsqu'un autre animal auquel aucune procédure expérimentale n'a été appliquée précédemment pourrait être utilisé.
Toutefois, un animal pourra être réutilisé dans une autre procédure si quatre conditions cumulatives sont réunies. Premièrement, la gravité réelle des procédures expérimentales précédentes était de classe *légère* ou *modérée*. Deuxièmement, il doit être démontré que l'animal a pleinement recouvré son état de santé et de bien-être général. Troisièmement, la gravité de la nouvelle

---

[43] Arr., 1er févr. 2013, fixant les conditions d'agrément, d'aménagement et de fonctionnement des établissements utilisateurs, éleveurs ou fournisseurs d'animaux utilisés à des fins scientifiques et leurs contrôles ; NOR: AGRG1238753A, Annexe IV.

[44] C. rur., art. R. 214-98.

[45] C. rur., art. R. 214-110.

[46] C. rur., art. R. 214-112.

procédure expérimentale doit être de classe *légère*, *modérée* ou *sans réveil*[47]. Et enfin, quatrièmement, un avis favorable doit être donné par un vétérinaire en prenant en considération le sort de l'animal concerné sur toute sa durée de vie[48].

L'article R. 214-113 du Code rural prévoit également qu'un animal pourra être réutilisé dans des circonstances exceptionnelles et par dérogation à la première condition ci-dessus mentionnée relative à la gravité de la première procédure. En effet, après un examen de l'animal par un vétérinaire, le ministre chargé de la recherche peut autoriser la réutilisation de l'animal après avoir pris l'avis du comité d'éthique en expérimentation animale dont relève l'établissement, pour autant que l'animal n'ait pas été utilisé plus d'une fois dans une procédure expérimentale entraînant une douleur intense, de l'angoisse ou une souffrance équivalente.

Le pourcentage d'animaux réutilisés dans les procédures était de 0,75 % en 2014, soit 13 226 animaux réutilisés sur les 1 769 618 animaux ayant été utilisés à des fins scientifiques en 2014. Les animaux qui ont été le plus fréquemment réutilisés dans des procédures expérimentales sont les reptiles, avec 82 % des 312 reptiles utilisés, les chèvres avec 72 % des 444 chèvres utilisées, les furets (68 %) et les chevaux, ânes et animaux issus du croisement de ces équidés (65 %)[49].

Section 3. La provenance des animaux : les établissements d'utilisation, d'élevage et de fourniture

Les établissements dont il est question ici sont définis par l'article R. 214-89 du Code rural comme toute installation, tout bâtiment, tout groupe de bâtiments ou tout autre local, y compris, le cas échéant, un endroit non totalement clos ou couvert, ainsi que des installations mobiles. Les établissements sont dits d'élevage quand ils ont pour activité l'élevage en vue de la *production* d'animaux destinés exclusivement à être utilisés à des fins expérimentales ou à d'autres fins scientifiques. Ils sont dits fournisseurs quand leur activité consiste en la fourniture de ces mêmes animaux. Ces établissements doivent être agréés par le préfet et doivent se doter d'un vétérinaire et d'une structure chargée du bien-être des animaux. Ces établissements doivent être inspectés régulièrement afin de vérifier la bonne application des dispositions les concernant.

---

[47] Arr., 1er févr. 2013 relatif à l'évaluation éthique et à l'autorisation des projets impliquant l'utilisation d'animaux dans des procédures expérimentales ; NOR: AGRG1238767A, Annexe.

[48] C. rur., art. R. 214-113.

[49] Enquête statistique 2014 – Utilisation des animaux à des fins scientifiques dans les établissements utilisateurs français ; publiée par le Ministère de l'éducation nationale, de l'enseignement supérieur et de la recherche.

§ 1. L'agrément des établissements

L'ouverture des établissements d'utilisation, d'élevage ou de fourniture des animaux destinés à l'expérimentation est subordonnée à un agrément du préfet du département. L'agrément est donné pour une durée de six années[50]. Il est accordé en fonction de la vocation de l'établissement, de la nature de ses installations, des espèces animales hébergées, du type de procédures expérimentales mises en œuvre et de la qualification de son personnel. Le préfet peut également restreindre l'étendue de l'agrément demandé ou l'assortir de toute condition jugée utile.

Si l'établissement cesse son activité, l'agrément devient caduc et si les conditions qui ont permis l'octroi de l'agrément ne sont plus respectées, celui-ci pourra être suspendu ou retiré[51]. Dans ce cas et sauf urgence, l'autorité administrative doit mettre en demeure l'intéressé de satisfaire à ses obligations dans un délai qu'il détermine, elle l'invite à présenter ses observations écrites ou orales dans le même délai en se faisant assister, le cas échéant, par un conseil de son choix ou en se faisant représenter. Si, à l'expiration de ce délai, l'intéressé n'a pas obtempéré à cette injonction, ou sans délai en cas d'urgence, elle peut ordonner la suspension de l'activité en cause jusqu'à ce que l'exploitant se soit conformé à son injonction. Dans les mêmes conditions, l'autorité administrative peut suspendre ou retirer provisoirement ou définitivement l'agrément permettant l'activité en cause. Pendant la période de suspension de l'activité, l'intéressé est tenu d'assurer l'entretien des animaux qu'il détient.[52].

§ 2. Le bien-être animal dans ces établissements

Un vétérinaire sanitaire compétent pour les animaux concernés ou, au cas où cela serait plus approprié pour certaines espèces, un expert ayant les qualifications requises doit être désigné au sein de l'établissement. Ce vétérinaire ou, le cas échéant l'expert, est chargé de donner des conseils sur le bien-être et le traitement des animaux.

Au sein de chaque établissement, une structure chargée du bien-être des animaux doit également être créée. Cette structure est, au minimum, chargée de conseiller le personnel qui s'occupe des animaux sur des questions relatives à leur bien-être et sur l'application des exigences de remplacement, de réduction et de raffinement. Elle doit également le tenir informé des développements techniques et scientifiques relatifs à l'application de ces exigences. Cette structure doit notamment établir et réviser les processus opérationnels internes de contrôle, suivre l'évolution et les résultats des projets en tenant compte des

---

[50] C. rur., art. R. 214-99 ; art. R. 214-100 ; Arr. du 1er févr. 2013 fixant les conditions d'agrément, d'aménagement et de fonctionnement des établissements utilisateurs, éleveurs ou fournisseurs d'animaux utilisés à des fins scientifiques et leurs contrôles, préc.

[51] C. rur., art. R. 214-100.

[52] C. rur., art. L. 206-2.

effets sur les animaux utilisés et doit fournir des conseils sur les programmes de placement des animaux, y compris sur la nécessité de socialiser les animaux à placer[53]. Les documents relatifs aux conseils donnés ainsi que les décisions prises par la structure chargée du bien-être des animaux doivent être conservés pendant cinq ans et doivent être mis à la disposition des inspecteurs. Toutefois, un établissement éleveur, fournisseur ou utilisateur de très petite taille peut être autorisé par le préfet à réaliser les tâches confiées à cette structure par d'autres moyens[54].

§ 3. Inspections et contrôles des établissements

Des fonctionnaires et des agents habilités ont compétence pour exercer dans les établissements utilisateurs, les établissements éleveurs et les établissements fournisseurs, le contrôle de l'application des dispositions réglementaires[55]. Ces fonctionnaires et agents ont, en vertu de l'article L. 214-23 du Code rural, accès aux locaux et aux installations où se trouvent des animaux, à l'exclusion des domiciles et de la partie des locaux à usage de domicile, entre 8 heures et 20 heures ou en dehors de ces heures lorsque l'accès au public est autorisé ou lorsqu'une activité est en cours.

Ils ont autorité, entre autres, pour procéder ou faire procéder à l'ouverture des véhicules à usage professionnel dans lesquels sont transportés des animaux, faire procéder à l'ouverture de tout véhicule lorsque la vie de l'animal est en danger, ou pour se faire remettre copie des documents professionnels de toute nature propres à faciliter l'accomplissement de leur mission ou encore pour procéder à des prélèvements aux fins d'analyse sur des produits ou des animaux soumis à leur contrôle[56].

Section 4. La validité de l'expérimentation animale

En règle générale, seules les procédures expérimentales ayant un objet licite peuvent être pratiquées. Chaque procédure expérimentale utilisant des animaux doit respecter le principe des 3 R, c'est-à-dire remplacer autant que possible les animaux par des modèles alternatifs, réduire le nombre d'animaux utilisés et raffiner la méthodologie en utilisant des méthodes peu invasives. Par ailleurs, seules des personnes qualifiées sont habilitées à mener des expériences sur des animaux.

---

[53] Arr. du 1er févr. 2013 fixant les conditions d'agrément, d'aménagement et de fonctionnement des établissements utilisateurs, éleveurs ou fournisseurs d'animaux utilisés à des fins scientifiques et leurs contrôles, préc. ; art. 4.

[54] C. rur., art. R. 214-103.

[55] C. rur., art. R. 214-104.

[56] C. rur., art. L. 214-23.

§ 1. La licéité de la procédure expérimentale

Sont considérées comme licites les procédures expérimentales qui ont pour objet la recherche fondamentale, la protection de l'environnement dans l'intérêt de la santé ou du bien-être de l'homme ou de l'animal et la recherche en vue de la préservation des espèces. Sont également licites les procédures ayant pour objet l'enseignement supérieur et la formation professionnelle ou technique conduisant à des métiers qui comportent la réalisation de procédures expérimentales sur des animaux ou encore les soins et l'entretien de ces animaux ainsi que la formation professionnelle continue dans ce domaine et les enquêtes médico-légales.

Les procédures expérimentales doivent avoir pour objet les recherches translationnelles ou appliquées qui ont pour finalité soit pour la prévention, la prophylaxie, le diagnostic ou le traitement de maladies, de mauvais états de santé ou d'autres anomalies ou de leurs effets chez l'homme, les animaux ou les plantes, soit pour l'évaluation, la détection, le contrôle ou les modifications des conditions physiologiques chez l'homme, les animaux ou les plantes ou soit pour le bien-être des animaux et l'amélioration des conditions de production des animaux élevés à des fins agronomiques. Les procédures expérimentales ayant l'une des finalités décrites ci-dessus lors de la mise au point, de la production ou des essais de qualité, d'efficacité et d'innocuité de médicaments à usage humain ou vétérinaire, de denrées alimentaires, d'aliments pour animaux et d'autres substances ou produits sont également licites[57].

En Europe, plus de 60 % des 11,5 millions d'animaux utilisés en 2011 l'ont été à des fins de recherche et de développement dans les études de biologie fondamentale et dans les domaines de la médecine humaine, de la médecine vétérinaire, de la dentisterie. 14 % de ces animaux ont été destinés à la production et au *contrôle qualité* de ces mêmes médecines, 8,75 % ont servi à des essais toxicologiques et autres évaluations de sécurité. Enfin, 9 % ont couvert un large éventail d'utilisations expérimentales, telles que la virologie, l'immunologie pour la production d'anticorps monoclonaux ou polyclonaux, la physiologie de l'interaction materno-fœtale dans la transgénèse des gènes de souris, les traitements oncologiques, la recherche et le développement pharmaceutiques, les essais d'associations de médicaments et la génétique[58].

En France, 52 % de la totalité des animaux utilisés à des fins scientifiques en 2014 l'ont été pour la mise au point, la production ou les essais de qualité, d'efficacité et d'innocuité de médicaments à usage humain ou vétérinaire, de

---

[57] C. rur., art. R. 214-105.

[58] RAPPORT DE LA COMMISSION AU CONSEIL ET AU PARLEMENT EUROPÉEN ; Septième rapport sur les statistiques concernant le nombre d'animaux utilisés à des fins expérimentales et à d'autres fins scientifiques dans les États membres de l'Union européenne /* COM/2013/0859 final */ n°52013DC0859.

denrées alimentaires, d'aliments pour animaux et d'autres substances ou produits. La recherche fondamentale représente 27 % des animaux utilisés et les recherches translationnelles ou appliquées, 19 %. 1 % des animaux utilisés l'ont été à des fins éducatives. Précisions également que 51 % des animaux utilisés l'ont été dans le cadre de procédures imposées par la législation ou la réglementation, notamment pour les produits médicaux humains et vétérinaires[59].

§ 2. Le respect du principe des 3 R

Toutes les procédures expérimentales doivent respecter le principe des 3 R, que sont le remplacement, la réduction et le raffinement. Pour ce faire, elles doivent avoir un caractère de stricte nécessité et ne pas pouvoir être remplacées par d'autres méthodes expérimentales n'impliquant pas l'utilisation d'animaux vivants et susceptibles d'apporter le même niveau d'information. Par ailleurs, le nombre d'animaux utilisés dans un projet doit être réduit à son minimum sans compromettre les objectifs du projet. Le partage d'organes ou de tissus d'animaux mis à mort est d'ailleurs permis entre les différents établissements. Enfin, les conditions d'élevage, d'hébergement, de soins et les méthodes utilisées doivent être les plus appropriées pour réduire le plus possible toute douleur, souffrance et angoisse ou tout dommage durable que pourraient ressentir les animaux[60].

§ 3. Les compétences requises pour effectuer la procédure expérimentale

Tout établissement utilisateur, éleveur ou fournisseur d'animaux utilisés ou destinés à être utilisés dans des procédures expérimentales doit disposer d'un personnel en nombre suffisant et doté d'une qualification appropriée. Le niveau d'études et de formation requis pour exercer les fonctions relatives à la conception ou à la réalisation des procédures expérimentales, à l'application de procédures expérimentales aux animaux, aux soins et à leur mise à mort, est défini par l'arrêté du 1er février 2013 relatif à l'acquisition et à la validation des compétences des personnels des établissements utilisateurs, éleveurs et fournisseurs d'animaux utilisés à des fins scientifiques[61].

---

[59] Enquête statistique 2014 – Utilisation des animaux à des fins scientifiques dans les établissements utilisateurs français ; publiée par le Ministère de l'éducation nationale, de l'enseignement supérieur et de la recherche.

[60] C. rur., art. R. 214-105.

[61] C. rur., art. R. 214-114 ; R. 214-115 ; Arr., 1er févr. 2013, relatif à l'acquisition et à la validation des compétences des personnels des établissements utilisateurs, éleveurs et fournisseurs d'animaux utilisés à des fins scientifiques ; NOR: AGRG1238729A.

Section 5. L'autorisation des projets d'expérimentation animale

Tout projet de recherche impliquant l'utilisation d'animaux doit être soumis à un comité d'éthique et obtenir une autorisation ministérielle.

§ 1. Évaluation éthique obligatoire par le comité d'éthique

Avant sa mise en œuvre, un projet doit faire l'objet d'une évaluation éthique par un comité d'éthique en expérimentation animale agréé par arrêté du ministre chargé de la recherche[62]. Ces comités d'éthique sont créés par les établissements utilisateurs. Plusieurs établissements utilisateurs peuvent dépendre d'un même comité, mais un établissement ne peut relever que d'un seul comité d'éthique[63]. Les conditions et modalités de cet agrément sont définies à l'article R. 214-117 du Code rural et au chapitre 1er de l'arrêté du 1er février 2013[64]. Ainsi, pour être agréé, le comité doit notamment justifier de la compétence pluridisciplinaire de ses membres, garantir le respect de la charte nationale portant sur l'éthique de l'expérimentation animale, garantir le respect des principes relatifs à l'évaluation éthique, présenter des garanties d'indépendance et d'impartialité et disposer des moyens de fonctionnement permettant de réaliser l'évaluation éthique des projets dans les délais impartis.

L'objectif de l'évaluation éthique est de vérifier la justification du projet d'un point de vue scientifique, éducatif ou requis par la loi. L'utilisation d'animaux doit également être justifiée au regard des objectifs du projet qui doit être conçu de façon à permettre le déroulement des procédures expérimentales dans les conditions les plus respectueuses de l'animal et de l'environnement[65]. Le comité peut exiger en fin de procédure expérimentale une évaluation rétrospective du projet, laquelle est obligatoire quand le projet a utilisé des primates ou a impliqué des procédures de classe sévère ou des procédures dérogatoires provoquant une douleur, une souffrance ou une angoisse intense et susceptible de se prolonger sans qu'il soit possible de les soulager[66].

Aussi, chaque établissement utilisateur doit collecter et transmettre chaque année au ministre chargé de la recherche les informations statistiques sur l'utilisation d'animaux dans des procédures expérimentales, y compris des informations sur la gravité réelle des procédures expérimentales ainsi que sur

---

[62] C. rur., art. R. 214-117.

[63] C. rur., art. R. 214-117.

[64] Arr., 1er févr. 2013, relatif à l'évaluation éthique et à l'autorisation des projets impliquant l'utilisation d'animaux dans des procédures expérimentales ; NOR: AGRG1238767A.

[65] C. rur., art. R. 214-119.

[66] C. rur., art. R. 214-120.

l'origine et les espèces de primates utilisés dans des procédures expérimentales[67].

§ 2. L'autorisation ministérielle

Après avoir reçu une évaluation éthique favorable de la part du comité, la réalisation du projet comportant l'exécution d'une ou de plusieurs procédures expérimentales est soumise à l'obtention d'une autorisation accordée par le ministre chargé de la recherche[68]. Les modalités de dépôt et la composition du dossier de la demande d'autorisation sont précisées au chapitre II de l'arrêté du 1er février 2013 précité[69]. Cette autorisation est accordée pour une durée maximale de cinq ans[70].

Toute modification substantielle du projet ayant une incidence négative sur le bien-être des animaux doit faire l'objet d'une nouvelle évaluation éthique par le comité d'éthique et d'une nouvelle demande d'autorisation de projet. Cette demande doit faire apparaître les modifications apportées au projet préalablement autorisé et fournir les éléments scientifiques justifiant les changements[71].

§ 3. Les établissements relevant de la défense nationale

Les articles R. 214-127 à R. 214-129 du Code rural sont relatifs à l'expérimentation animale dans le domaine de la défense nationale. Lorsque les procédures expérimentales concernent les établissements relevant du ministre de la Défense, ce dernier est le seul à être compétent pour instruire, délivrer ou refuser les autorisations, les agréments et les dérogations. Les établissements utilisateurs d'animaux relevant du ministre de la Défense doivent également être agréés par l'inspecteur général des armées-armement ou par l'inspecteur général du service de santé des armées. Ces établissements doivent également créer des comités d'éthique en expérimentation animale et chaque projet doit être autorisé par l'inspecteur général des armées-armement lorsque les établissements relèvent de l'autorité de la direction générale de l'armement et par l'inspecteur général du service de santé des armées pour les établissements relevant de l'autorité de la direction centrale du service de santé des armées[72].

---

[67] C. rur., art. R. 214-121.

[68] C. rur., art. 214-122.

[69] Arr., 1er févr. 2013, relatif à l'évaluation éthique et à l'autorisation des projets impliquant l'utilisation d'animaux dans des procédures expérimentales ; NOR: AGRG1238767A.

[70] C. rur., art. R. 214-123.

[71] C. rur., art. R. 214-126 ; Arr., 1er févr. 2013, relatif à l'évaluation éthique et à l'autorisation des projets impliquant l'utilisation d'animaux dans des procédures expérimentales, Art. 9.

[72] Arr., 16 oct. 2013 relatif à la protection des animaux utilisés à des fins scientifiques dans les établissements relevant du ministre de la défense ; NOR: DEFD1320140A.

Les inspections sont effectuées par des vétérinaires spécialement habilités à cet effet par le ministre de la Défense, pour les établissements relevant de son autorité ou de sa tutelle.

Section 6. Vers la fin de l'utilisation des animaux à des fins expérimentales ?

Il est difficile à croire, à l'heure actuelle, qu'un jour l'homme pourra se passer des modèles animaux dans les procédures expérimentales. Et pourtant, c'est un des objectifs de la Directive européenne qui proclame que, dès que ce sera possible sur un plan scientifique, l'objectif final est de remplacer totalement les procédures appliquées à des animaux vivants à des fins scientifiques et éducatives. Cet objectif a déjà été amorcé avec l'interdiction d'effectuer des tests de produits cosmétiques sur les animaux. La Directive encourage également les États membres à soutenir le développement de méthodes alternatives n'impliquant pas l'utilisation d'animaux.

§ 1. L'interdiction des tests sur animaux des produits cosmétiques

Officiellement, les tests sur les animaux des produits cosmétiques sont interdits depuis 2009 dans l'Union européenne. En effet, la Directive 76/768/CEE du 27 juillet 1976 concernant le rapprochement des législations des États membres relatives aux produits cosmétiques, plus communément appelée « Directive Cosmétiques », règlemente le marché des produits cosmétiques au sein de l'Union européenne[73]. Elle établit des règles auxquelles doit satisfaire tout produit cosmétique mis à disposition sur le marché, afin de garantir le fonctionnement du marché intérieur et d'assurer un niveau élevé de protection de la santé humaine. Cette directive a connu plusieurs amendements, dont le septième en 2003 qui a introduit un échéancier pour interdire l'utilisation des animaux dans le secteur des cosmétiques[74].

Deux types d'interdiction ont été introduits par ce septième amendement, à savoir, une interdiction de réaliser des tests de produits cosmétiques sur les animaux au sein de l'Union européenne et une interdiction de mise sur le marché de produits cosmétiques testés sur les animaux.

---

[73] Directive 76/768/CEE du Conseil du 27 juillet 1976 concernant le rapprochement des législations des États membres relatives aux produits cosmétiques (directive «Cosmétiques») ; V. Règlement (CE) n° 1223/2009 du Parlement européen et du Conseil du 30 novembre 2009 relatif aux produits cosmétiques.

[74] Directive 2003/15/CE du Parlement européen et du Conseil du 27 février 2003 modifiant la directive 76/768/CEE du Conseil concernant le rapprochement des législations des États membres relatives aux produits cosmétiques.

Depuis le 11 mars 2009, il est en principe interdit de tester des ingrédients ou des combinaisons d'ingrédients cosmétiques sur les animaux en Europe. L'interdiction de l'expérimentation pour les produits cosmétiques finis est en vigueur depuis le 11 septembre 2004.
Concernant la deuxième interdiction, elle vaut depuis le 11 mars 2009 aussi bien pour les produits cosmétiques finis que pour les ingrédients de ces produits. Cependant, une dérogation était prévue jusqu'au 11 mars 2013 pour certains tests, notamment pour la toxicité des doses répétées, la toxicité pour la reproduction et la toxicocinétique.

Par conséquent, depuis le 11 mars 2013 il est en principe interdit en Europe de réaliser des tests sur les animaux pour des produits cosmétiques ainsi que de mettre sur le marché des produits ayant fait appel à ces tests.

La Cour de justice de l'Union européenne (CJUE) a été amenée à se prononcer sur l'interdiction de mise sur le marché de l'Union européenne de produits cosmétiques dont certains ingrédients ont fait l'objet d'expérimentations animales. Saisie d'une question préjudicielle par la haute cour de justice du Royaume-Uni, la CJUE a confirmé que lorsque ces expérimentations ont été menées hors de l'Union pour permettre la commercialisation du produit dans des pays tiers et que le résultat de ces expérimentations est utilisé pour prouver la sécurité du produit, la mise sur le marché de l'Union de ce produit peut être interdite[75].

Cette interdiction est toutefois à nuancer. En effet, certaines substances chimiques présentes dans les produits cosmétiques ont pu faire l'objet de test sur des animaux au titre de la réglementation européenne REACH[76] entrée en vigueur en 2007 pour sécuriser la fabrication et l'utilisation des substances chimiques dans l'industrie européenne[77]. Il s'agit de recenser, d'évaluer et de contrôler les substances chimiques fabriquées, importées et mises sur le marché européen. Toutes les substances chimiques sont concernées par cette réglementation, y compris les substances naturelles comme les huiles essentielles, les substances organiques comme les solvants, et les métaux comme le plomb ou le nickel. Tous les industriels doivent ainsi enregistrer au niveau européen les substances qu'ils fabriquent ou importent lorsque les quantités sont supérieures à 1 tonne/an.

---

[75] CJUE, arrêt du 21 septembre 2016, European Federation for Cosmetic Ingredients, C-592/14

[76] De l'anglais *Registration, Evaluation and Authorization of CHemicals*

[77] Règlement (CE) no 1907/2006 concernant l'enregistrement, l'évaluation et l'autorisation des substances chimiques, ainsi que les restrictions applicables à ces substances (REACH) et instituant une agence européenne des produits chimiques

§ 2. Le développement des méthodes substitutives à l'expérimentation animale

De nombreuses méthodes alternatives sont déjà disponibles. Elles permettent actuellement de réduire considérablement le nombre d'animaux utilisés pour la recherche et les tests de toxicité.

Parmi ces méthodes substitutives à l'utilisation d'animaux, on retrouve les méthodes dites *in silico,* basées sur la modélisation de données, les méthodes *in vitro* utilisant des éléments biologiques tels que les tissus, les cellules, les organites ou les molécules et les méthodes de chimie analytique ainsi que les méthodes *ex vivo,* utilisant des cellules, des tissus ou des organes prélevés d'organismes vivants. D'autres méthodes substitutives sont également développées, comme les cellules souches, les organes bio-artificiels ou encore les biopuces, dispositif reproduisant les interactions de dix organes humains, soit séparément soit interagissant entre eux[78]. OncoTheis, la société suisse de biotechnologie spécialisée en ingénierie tissulaire, développe également des solutions *in vitro* pour l'oncologie, en proposant par exemple des modèles 3D de tumeurs humaines[79]. À l'heure actuelle, ces méthodes alternatives sont déjà utilisées, la plupart du temps, en complément à l'expérimentation animale[80].

Il existerait, d'après le rapport du groupement d'intérêt scientifique FRANCOPA, deux utilisations majeures des méthodes alternatives. Il s'agit, d'une part, de la recherche fondamentale qui développe et utilise les outils alternatifs pour la compréhension du fonctionnement de base des cellules en biologie cellulaire et moléculaire ainsi qu'en complément de l'expérimentation animale pour l'étude des mécanismes biologiques intégrés. Ces méthodes n'ont pas à faire l'objet de validations au sens réglementaire. Toutefois, elles sont soumises à une validation scientifique, voire à une normalisation ou une certification afin de les crédibiliser aux yeux de la science et ainsi assurer leur reproductibilité dans des protocoles expérimentaux. D'autre part, on retrouve les études effectuées dans un contexte réglementaire qui ont pour objet de donner des réponses ciblées à des questions restreintes, comme la toxicité d'une substance ou le contrôle d'un lot de vaccin. Dans ce domaine, la validation est contraignante. En effet, afin d'être validée par les autorités, la preuve de sa pertinence, de sa capacité à détecter les effets observés chez l'animal ou chez l'homme et sa reproductibilité doit être apportée. Ces validations dites réglementaires sont essentiellement menées au niveau européen par l'ECVAM[81]

---

[78] Dr. Nahum Kovalski, « *Animal testing is so 2014* », 8 sept. 2014 ; http://blogs.timesofisrael.com/animal-testing-is-so-2014/.

[79] http://www.oncotheis.com/.

[80] Rapport, FRANCOPA, 2010 « Etat des lieux des méthodes alternatives dans le domaine de l'expérimentation animale en France ».

[81] European Center for the Validation of Alternative Methods.

pour les substances chimiques, par la Direction européenne de la qualité du médicament (EDQM) pour le médicament et au niveau international par l'ICCVAM[82] aux États-Unis. La durée moyenne du processus de validation tel que défini par l'ECVAM est supérieure à dix ans pour un coût dépassant les 200 000 euros. Certaines réglementations, comme REACH[83], ont déjà assoupli le processus de validation en acceptant dans certains cas les méthodes dites reconnues, c'est-à-dire qualifiées sans être validées réglementairement par ces instances.

Au niveau international, des méthodes alternatives ont également été approuvées par l'OCDE [84] dans plusieurs domaines tels que celui de la corrosion (6 tests validés), de l'irritation cutanée (1 test) ou encore de la photo-toxicité (1 test). D'après l'Office parlementaire d'évaluation des choix scientifiques et technologiques (OPECST), dans le domaine des produits chimiques par exemple, seule une quinzaine de méthodes aurait été validée par l'OCDE[85]. L'OPECST est un organe d'information commun à l'Assemblée nationale et au Sénat, créé par la loi n° 83-609 du 8 juillet 1983. Il a pour mission d'informer le Parlement français des conséquences des choix de caractère scientifique et technologique afin, notamment, d'éclairer ses décisions.

Section 7. L'expérimentation animale et les organismes nationaux

§ 1. La Commission nationale de l'expérimentation animale

La Commission nationale de l'expérimentation animale a été instituée par l'article 27 du décret du 19 octobre 1987 relatif aux expériences pratiquées sur les animaux, décret qui a transposé en droit français des dispositions de la directive du Conseil des communautés européennes 86/609/CEE du 24 novembre 1986 concernant le rapprochement des dispositions législatives, réglementaires et administratives des États membres relatives à la protection

V. EURL ECVAM status report on the development, validation and regulatory acceptance of alternative methods and approaches (2015).

[82] Interagency Coordinating Committee on the Validation of Alternative Methods.

[83] REACH est un règlement de l'Union européenne adopté pour mieux protéger la santé humaine et l'environnement contre les risques liés aux substances chimiques, tout en favorisant la compétitivité de l'industrie chimique de l'UE. Il encourage également des méthodes alternatives pour l'évaluation des dangers liés aux substances afin de réduire le nombre d'essais sur animaux.

[84] Organisation de coopération et de développement économiques.

[85] Rapport de MM. Michel LEJEUNE, député et Jean-Louis TOURAINE, député, fait au nom de l'Office parlementaire d'évaluation des choix scientifiques et technologiques n° 155 (2009-2010) - 9 décembre 2009.

des animaux utilisés à des fins expérimentales ou à d'autres fins scientifiques[86]. La directive est elle-même directement inspirée de la Convention européenne sur la protection des animaux vertébrés utilisés à des fins expérimentales ou à d'autres fins scientifiques, signée à Strasbourg le 18 mars 1986 par les États membres du Conseil de l'Europe et ratifiée par la France. Aujourd'hui, les dispositions relatives à la Commission nationale de l'expérimentation animale figurent aux articles R. 214-130 à R. 214-133 du Code rural.

Placée auprès des ministres chargés de la recherche et de l'agriculture, la Commission nationale de l'expérimentation animale est chargée de donner son avis sur tout projet de modification des dispositions législatives ou réglementaires relatives à l'expérimentation animale ainsi que sur les dérogations prévues aux articles R. 214-91 et R. 214-96 du Code rural vues précédemment[87]. Elle est chargée de conseiller les autorités compétentes et les structures chargées du bien-être des animaux sur des questions en rapport avec l'acquisition, l'élevage, l'hébergement, les soins et l'utilisation des animaux dans les procédures expérimentales et de veiller au partage des meilleures pratiques avec les comités nationaux des autres États membres[88].
La Commission nationale de l'expérimentation animale peut également être consultée par les ministres de la Recherche, de l'Agriculture, de la Santé et de la Défense, donner des avis ou faire toute proposition qu'elle juge utile sur l'élevage des animaux utilisés à des fins scientifiques, sur les méthodes de nature à améliorer les conditions de transport, d'hébergement et d'utilisation des ces animaux, sur la formation des personnes appelées à utiliser ces animaux, sur la mise au point, la validation et la promotion des approches alternatives n'impliquant pas l'utilisation d'animaux ainsi que sur le bilan annuel national de l'activité des comités d'éthique élaboré par le Comité national de réflexion éthique sur l'expérimentation animale[89].

La Commission se réunit deux fois par an et peut être réunie soit à la demande du ministre de la Recherche, de l'Agriculture, de la Santé, de la Défense ou de l'Environnement soit à la demande de la moitié de ses membres[90].

Il existe au niveau communautaire un organisme analogue, le Comité consultatif pour la protection des animaux utilisés à des fins expérimentales ou à d'autres fins scientifiques. Ce Comité, institué par la décision de la commission n° 90/67/CEE du 9 février 1990, a pour mission d'aider l'exécutif

---

[86] D., n° 87-848, 19 oct. 1987, JO, 20 févr., abrogé. ; Dir. n° 86/609/CEE, 24 nov. 1986 ; JOCE n° L 358, 18 déc. 1986.
[87] C. rur., art. R. 214-130.
[88] C. rur., art. R. 214-131.
[89] C. rur., art. R. 214-130.
[90] C. rur., art. R. 214-133.

communautaire, d'une part, à organiser l'échange d'informations en matière d'expérimentation sur les animaux vivants et, d'autre part à résoudre les difficultés d'application de la directive du Conseil 86/609/CEE du 24 novembre 1986 précitée[91].

§ 2. Le Comité national de réflexion éthique de l'expérimentation animale (CNREEA)

Le CNREEA a pour principale mission d'émettre des avis sur les questions éthiques soulevées par l'expérimentation animale. Il a été chargé de rédiger la Charte nationale portant sur l'éthique en expérimentation animale[92]. Il est également chargé de conduire l'élaboration et la mise à jour d'un guide de bonnes pratiques de fonctionnement des comités d'éthique, d'établir le bilan annuel national d'activité des comités d'éthique et de formuler des recommandations visant à améliorer leurs pratiques ainsi que d'adresser à la Commission nationale de l'expérimentation animale toute recommandation de méthode susceptible d'améliorer le bien-être des animaux utilisés à des fins expérimentales ou à d'autres fins scientifiques[93]. Le comité se réunit sur convocation de son président et au moins deux fois par an. Il peut également se réunir à la demande de l'un des ministres intéressés ou à la demande de la moitié de ses membres[94].

Section 8. Dispositions pénales

§ 1. Les contraventions de la quatrième classe

Le responsable d'un établissement utilisateur pourra se voir punir de la peine d'amende prévue pour les contraventions de la quatrième classe s'il ne s'est pas assuré que les animaux utilisés ou destinés à être utilisés provenaient d'établissements éleveurs ou fournisseurs agréés, que les animaux détenus recevaient les soins nécessaires à leur bon état d'entretien et que les chiens, les chats et les primates détenus étaient bien identifiés par un marquage individuel et permanent. La même peine sera prononcée à l'encontre du responsable d'un établissement utilisateur si son établissement ne dispose pas d'un agrément en cours de validité, si les projets mis en œuvre dans son établissement n'ont pas été dûment autorisés, si l'établissement n'est pas conforme aux normes

---

[91] Décis., n° 90/67/CEE, 9 févr. 1990, instituant un comité consultatif pour la protection des animaux utilisés à des fins expérimentales ou à d'autres fins scientifiques ; JOCE n° L 044, 20 févr. 1990.

[92] consultable en ligne : www.enseignementsup-recherche.gouv.fr.

[93] C. rur., art. R. 214-34.

[94] C. rur., art. R. 214-136.

auxquelles doivent être conformes les installations, si son personnel n'est pas en nombre suffisant ou s'il ne dispose pas de la qualification requise ou encore si les méthodes de mise à mort des animaux ne sont pas respectées[95].

De même, constitue une contravention de la quatrième classe le fait pour le responsable d'un établissement d'élevage ou de fourniture d'animaux destinés à être utilisés dans des procédures expérimentales de ne pas s'assurer que l'établissement dispose d'un agrément en cours de validité, de ne pas assurer aux animaux détenus les soins nécessaires à leur bon état d'entretien, de ne pas respecter les règles particulières applicables aux installations et au fonctionnement des locaux, de ne pas s'assurer de l'identification par un marquage individuel et permanent des chiens, des chats et des primates et de ne pas recourir aux méthodes de mises à mort autorisées lorsqu'il est procédé à l'euthanasie d'animaux[96].

§ 2. Les contraventions de la troisième classe

Sont des contraventions de la troisième classe le fait, pour toute personne responsable d'un établissement utilisateur dans lequel sont pratiquées des procédures expérimentales sur des animaux, de ne pas être en mesure de présenter aux agents chargés du contrôle, les éléments permettant de justifier que les agents placés sous sa responsabilité ont acquis une compétence et qu'ils maintiennent leurs compétences dans le domaine scientifique et spécifique des procédures expérimentales et des espèces animales concernées[97]. Constitue également une contravention de la troisième classe le fait, pour toute personne responsable d'un établissement utilisateur, éleveur ou fournisseur, de ne pas être en mesure de présenter aux agents chargés du contrôle le registre dûment renseigné permettant d'établir l'origine et la destination des animaux détenus lors du contrôle ou qui ont été détenus antérieurement[98].

§ 3. Les infractions pénales

Le fait de pratiquer des expériences ou des recherches scientifiques ou expérimentales sur les animaux sans se conformer aux prescriptions fixées par décrets en Conseil d'État constitue une infraction pénale punie d'une peine de deux ans d'emprisonnement et de 30 000 € d'amende[99]. Les décrets visés sont ceux qui ont été intégrés dans la partie réglementaire du Code rural sous les articles R. 214-87 à R. 214-137.

---

[95] C. rur., art. R. 215-10, I, 1°.
[96] C. rur., art. R. 215-10, I, 2°.
[97] C. rur., art. R. 215-10, II, 1°.
[98] C. rur., art. R. 215-10, II, 2°.
[99] C. pén., art. 521-2.

Chapitre 2. Les animaux de divertissement

Les animaux de divertissement sont ceux que l'homme utilise pour se divertir, c'est-à-dire pour son amusement, son loisir ou sa récréation. La plupart de ces animaux sont des animaux sauvages qui ont été apprivoisés et qui sont tenus en captivité. Depuis la loi du 16 février 2015[1], ils sont reconnus par le Code civil comme des êtres vivants doués de sensibilité. Le Code rural et de la pêche maritime leur reconnaît également le statut d'êtres sensibles. Ils doivent notamment être placés par leur propriétaire dans des conditions compatibles avec les impératifs biologiques de leur espèce[2]. Aussi, il est formellement interdit d'exercer des mauvais traitements envers ces animaux sauvages apprivoisés ou tenus en captivité[3]. Exigence pas toujours facile à respecter lorsque les animaux sont utilisés par l'homme à des fins de divertissement. En effet, la question du bien-être animal occupe régulièrement l'espace médiatique, souvent pour dénoncer des situations mettant en cause les mauvais traitements infligés à ces animaux. C'est ce qu'a révélé, par exemple, l'enquête menée par l'American Humane Association sur le traitement des animaux utilisés par l'industrie cinématographique, et notamment par Hollywood[4].

Face à cette reconnaissance juridique de leur caractère d'être sensible et face aux connaissances scientifiques aujourd'hui disponibles, qui prouvent que les animaux ressentent la douleur physique et psychologique et que la plupart ont une conscience d'eux même en tant qu'individu, comment l'usage de ces animaux dans l'unique but de nous divertir peut-il être justifié, aussi bien juridiquement que moralement. Ainsi, comment justifier, autrement que par la tradition, qu'un taureau, être sensible capable de ressentir la douleur, soit tué lentement par un matador dans une arène. Comment justifier également que des animaux par essence sauvages soient enfermés toute leur vie dans des installations qui ne peuvent, par définition, répondre à leurs impératifs biologiques. Ou encore, comment justifier que des éléphants, des félins, ou encore des singes exploités dans les cirques soient contraints de faire des numéros de clowns alors qu'il n'est pas dans leur nature d'effectuer de tels

---

[1] loi n° 2015-177, 16 févr. 2015, relative à la modernisation et à la simplification du droit et des procédures dans les domaines de la justice et des affaires intérieures.

[2] C. rur., art. L. 214-1.

[3] C. rur., art. L. 214-3.

[4] American Humane Association, Exclusive Investigation : *animals were harmed* ; http://www.hollywoodreporter.com/feature/index.html.

gestes[5]. Par ailleurs, les animaux sauvages tenus en captivité développent des comportements déviants, appelés stéréotypies, qui sont la conséquence de leur captivité. Ces comportements expriment l'incapacité pour l'animal d'exécuter une fonction habituelle. Ainsi, des ours, des félins, des loups ou des éléphants répètent constamment le même comportement, tel que le balancement, les allers et retours, l'apathie ou encore le léchage compulsif.

La réglementation française applicable aux animaux apprivoisés ou tenus en captivité utilisés à des fins de divertissement apporte-t-elle suffisamment de garanties propres à assurer leur protection ? La réglementation concerne d'abord les conditions de leur détention. Ainsi, l'arrêté du 25 mars 2004 prévoit les conditions de détention des animaux détenus pour la présentation au public dans des établissements fixes, tels que les zoos. Certaines dispositions de Code du sport sont relatives à l'utilisation des animaux dans des manifestations sportives et le Code rural prévoit certaines dispositions relatives aux animaux utilisés dans des spectacles publics et des jeux. Enfin, le Code pénal autorise les courses de taureaux et les combats de coqs.

Section 1. Les animaux dans les spectacles publics et les jeux

Certaines dispositions du Code rural et de la pêche maritime s'appliquent aux animaux de divertissement participant à des spectacles publics et des jeux. En principe, la participation des animaux à des jeux ou attractions pouvant donner lieu à mauvais traitements dans les foires, fêtes foraines et autres lieux ouverts au public est interdite, sous réserve des dispositions de l'article 521-1 du Code pénal relatif aux courses de taureaux et aux combats de coqs[6].

L'attribution en lot ou prime de tout animal vivant est en principe interdite. Par dérogation, un animal d'élevage dans le cadre de fêtes, foires, manifestations sportives, folkloriques et locales traditionnelles ainsi que dans le cadre de concours et manifestations à caractère agricole, peut être attribué en lot ou en prime[7]. La liste de ces manifestations sportives, folkloriques et locales traditionnelles doit être établie par le préfet du département.

Lors du maniement des animaux, l'usage d'un aiguillon, c'est-à-dire de tout objet terminé à l'une de ses extrémités par une fine pointe métallique ou une lame acérée pour exciter ou faire se déplacer des animaux est interdit[8].

---

[5] sur les conditions de dressage des animaux, v. Interview du dresseur d'ours Vladimir Deriabkine réalisée par Vladimir Kojemiakine ; Publié dans Courrier International n°641 du 13 /02/2003 ; http://www.cirques-de-france.fr/ce-quon-ne-vous-dit-pas.

[6] C. rur., art. R. 214-85.

[7] C. rur., art. L. 214-4.

[8] C. rur., art. R. 214-36.

Il est également interdit de faire participer à un spectacle un animal dont les caractéristiques ont été modifiées par l'emploi de substances médicamenteuses ou qui a subi une intervention chirurgicale telle que la castration des spécimens d'espèces sauvages ou le dégriffage pour toutes les espèces. Cette disposition ne s'applique pas lorsque ces interventions sont pratiquées par un vétérinaire pour des raisons sanitaires[9].

Aussi, sont interdits, en tous lieux, tous les jeux où un animal vivant sert de cible à des projectiles vulnérants ou mortels. Toutefois, cette interdiction ne s'applique pas aux activités relevant de la législation de la chasse[10]. Par ailleurs, le tir aux pigeons vivants, qui consiste à offrir ces animaux comme cibles à des tireurs après les avoir libérés, est interdit[11].

Les infractions à ces dispositions constituent des contraventions de la quatrième classe[12].

Section 2. Les animaux participant à de manifestations sportives

§ 1. L'interdiction relative au dopage des animaux

Les dispositions relatives à la protection des animaux contre le dopage sont codifiées au Code du sport, sous les articles L. 241-1 à L. 241-10 et R. 241-1 à R. 241-26.

L'agence française de lutte contre le dopage, autorité publique indépendante dotée de la personnalité morale, est chargée de définir et de mettre en œuvre les actions de lutte contre le dopage animal[13].

Le dopage des animaux est interdit. En effet, au cours des compétitions et manifestations sportives ou en vue d'y participer, il est interdit d'administrer ou d'appliquer aux animaux des substances ou des procédés de nature à modifier artificiellement leurs capacités ou à masquer l'emploi de substances ou procédés ayant cette propriété[14]. La liste de ces substances ou procédés est fixée par un

---

[9] C. rur., art. R. 214-84.
[10] C. rur., art. R. 214-86.
[11] C. rur., art. R. 214-35.
[12] C. rur., art. R. 215-9 ; art. R. 215-5-1.
[13] C. sport, art. L. 241-1.
[14] C. sport, art. L. 241-2.

arrêté conjoint des ministres chargés des sports, de l'agriculture et de la santé[15]. Les procédés de nature à modifier les capacités des animaux participant à des compétitions et manifestations sportives sont le dopage sanguin, défini comme l'administration de sang ou de produits du sang ou de produits susceptibles d'augmenter ou de stimuler la production de globules rouges, la névrectomie définie comme la section des nerfs des membres des animaux, l'usage d'appareillages infligeant des stimuli électriques ou thermiques aux animaux et l'usage des procédés dits « de barrage »[16].

Il est interdit de faciliter l'administration de ces substances et procédés ou d'inciter à leur administration ou à leur application, ainsi que de prescrire, offrir, produire, fabriquer, importer, exporter, transporter, détenir ou acquérir les procédés ou les substances visés à l'article L. 241-2 du Code du sport. Il est également interdit de falsifier, détruire ou dégrader tout élément relatif au contrôle, à l'échantillon ou à l'analyse et de tenter d'enfreindre ces interdictions[17]. Il est en outre interdit de soustraire un animal ou de s'opposer par quelque moyen que ce soit aux mesures de contrôle[18].

Si une substance prohibée ou un procédé interdit a été administré à un animal, une fédération sportive agréée ou l'Agence française de lutte contre le dopage peut interdire provisoirement, temporairement ou définitivement au propriétaire ou à l'entraîneur de faire participer son animal à des compétitions et des manifestations sportives[19]. Ainsi, un cheval à qui on avait administré un produit dopant a été disqualifié et interdit d'hippodrome pendant quarante-cinq jours et son propriétaire a été condamné à une amende. En l'espèce, le propriétaire-éleveur de chevaux de course, qui avait également des responsabilités au sein d'une fédération de sociétés de courses, se devait d'être particulièrement avisé et prudent sur la composition des produits qu'il administrait à son cheval. Pour la Cour de cassation, il ne pouvait pas ignorer la présence de caféine dans le kola, mentionné dans la composition du produit litigieux même si le produit était présenté comme non dopant[20].

§ 2. Les sanctions pénales

Sont habilités à procéder aux contrôles diligentés par l'Agence française de lutte contre le dopage ou demandés par les fédérations à l'Agence pour les entraînements, manifestations et compétitions, les officiers et agents de police

[15] Arr. 2 mai 2011, relatif aux substances et aux procédés mentionnés à l'article L. 241-2 du code du sport ; NOR: SPOV1120563A.

[16] Arr. 2 mai 2011, relatif aux substances et aux procédés mentionnés à l'article L. 241-2 du code du sport ; Art. 2.

[17] C. sport, art. L. 241-3, I.

[18] C. sport, art. L. 241-3, II.

[19] C. sport, art. L. 241-6.

[20] Civ. 1re, 5 mars 2002, n° 99-17.564.

judiciaire agissant dans le cadre du Code de procédure pénale ainsi que les agents relevant du ministre chargé des sports et les personnes agréées par l'Agence [21]. Cependant, les prélèvements destinés à mettre en évidence l'utilisation de substances et procédés prohibés ou à déceler la présence dans l'organisme de substances interdites ne peuvent être réalisés que sous la responsabilité d'agents ayant la qualité de vétérinaire et les examens cliniques et biologiques ne doivent être réalisés que par un vétérinaire[22].

Le fait d'administrer ou d'appliquer aux animaux des substances ou procédés de nature à modifier artificiellement leurs capacités ou à masquer l'emploi de substances ou procédés ayant cette propriété et le fait de faciliter ou inciter l'administration des ces substances ou procédés ainsi que le fait de les prescrire, les céder, les offrir, les produire, les fabriquer, les importer, les exporter ou les détenir sont punies d'une peine de cinq ans d'emprisonnement et d'une amende de 75 000 euros[23].

Le fait de soustraire un animal ou de s'opposer par quelque moyen que ce soit aux mesures de contrôle est puni d'une peine de six mois d'emprisonnement et de 7 500 euros d'amende[24]. La tentative de ces délits est punie des mêmes peines[25].

Les personnes physiques reconnues coupables de ces délits encourent également les peines complémentaires prévues à l'article L. 232-27 du Code du sport, telles que la confiscation des substances ou procédés ayant servi à commettre ou à facilité l'infraction ou la fermeture pour une durée d'un an au plus, de l'un, de plusieurs ou de l'ensemble des établissements de l'entreprise ayant servi à commettre l'infraction et appartenant à la personne condamnée[26].

Les personnes morales reconnues coupables de ces mêmes délits encourent les peines prévues par l'article L. 232-28 du Code de sport, telles que par exemple, la fermeture pour une durée d'un an au plus de l'un ou plusieurs des établissements de l'entreprise ayant servi à commettre l'infraction et appartenant à la personne morale condamnée[27].

Les fédérations sportives agréées ont la possibilité d'exercer les droits reconnus à la partie civile, mais chacune pour ce qui la concerne et sauf lorsque l'auteur de l'infraction relève de son pouvoir disciplinaire[28]. Aussi, lorsque des

---

[21] C. sport, art. L. 241-4 ; art. L. 232-11.

[22] C. sport, art. L. 241-4, al. 2.

[23] C. sport, art. L. 241-5, II.

[24] C. sport, art. L. 241-5, II.

[25] C. sport, art. L. 241-5, III.

[26] C. sport, art. L. 241-5, IV.

[27] C. sport, art. L. 241-5, V.

[28] C. sport, art. L. 232-30.

poursuites sont engagées, l'Agence française de lutte contre le dopage peut exercer les droits de la partie civile. Toutefois, elle ne peut à l'égard d'une même personne et s'agissant des mêmes faits, concurremment exercer les pouvoirs de sanction et les droits reconnus à la partie civile[29].

§ 3. Les sanctions administratives et sportives

L'Agence française de lutte contre le dopage ou les fédérations sportives agréées ont la possibilité d'interdire provisoirement, temporairement ou définitivement au propriétaire ou à l'entraîneur de faire participer son animal aux compétitions et manifestations sportives[30]. Le propriétaire, l'entraîneur ou le cas échéant le sportif qui a enfreint ou tenté d'enfreindre les dispositions de lutte contre le dopage encoure également des sanctions administratives telles que l'interdiction temporaire ou définitive de participer aux compétitions et manifestations sportives, de participer directement ou indirectement à leur organisation ou leur déroulement, ainsi que l'interdiction d'exercer certaines fonctions au sein des fédérations sportives agréées[31].

Section 3. Les animaux de combats : les courses de taureaux et les combats de coqs

Comme nous l'avons vu précédemment, l'article 521-1 du Code pénal réprime *« (le) fait, publiquement ou non, d'exercer des sévices graves, ou de nature sexuelle, ou de commettre un acte de cruauté envers un animal domestique, ou apprivoisé, ou tenu en captivité* (…) ». Toutefois, l'alinéa 7 de cet article précise que ces dispositions « *ne sont pas applicables aux courses de taureaux lorsqu'une tradition locale ininterrompue peut être invoquée. Elles ne sont pas non plus applicables aux combats de coqs dans les localités où une tradition ininterrompue peut être établie* ».
Par conséquent, si l'article 521-1 du Code pénal réprime les actes de cruauté commis envers les animaux, il prévoit une dérogation pour les courses de taureaux et pour les combats de coqs lorsqu'existe une tradition locale ininterrompue.

L'article R. 654-1 du Code pénal, qui dispose que « le fait, sans nécessité, publiquement ou non, d'exercer volontairement des mauvais traitements envers un animal domestique ou apprivoisé ou tenu en captivité est puni de l'amende prévue pour les contraventions de la 4e classe » et l'article R. 655-1 de ce code qui prévoit que « le fait, sans nécessité, publiquement ou non, de donner

---

[29] C. sport, art. L. 232-30 ; V. ex., Crim. 16 juin 2015, n° 13-82.285.
[30] C. sport, art. L. 241-6.
[31] C. sport, art. L. 241-7.
V. C. sport, art. R. 241-13 à R. 241-26 sur la procédure disciplinaire devant les fédérations sportives agréées et devant l'Agence française de lutte contre le dopage.

volontairement la mort à un animal domestique ou apprivoisé ou tenu en captivité est puni de l'amende prévue pour les contraventions de la 5e classe », ne s'appliquent ni aux courses de taureaux, ni aux combats de coqs lorsqu'une tradition locale ininterrompue peut être invoquée ou établie.

§ 1. Les courses de taureaux et les corridas

D'après l'Observatoire national des cultures taurines créé le 22 mars 2008 à Arles, l'introduction de la corrida en France daterait du milieu du XIXe siècle. Les origines de la corrida remonteraient au Moyen Âge, voire même à l'époque de l'Empire romain. En France, il existe trois spectacles taurins autonomes : la corrida, la course landaise et la course camarguaise. Toutes pratiques tauromachiques confondues, près de 1 700 spectacles d'arènes seraient programmés en France tous les ans. Douze départements seraient concernés par cette dérogation culturelle prévue à l'alinéa 7 de l'article 521-1 du Code pénal et plus de 85 % de ces corridas se dérouleraient dans six départements uniquement. Ces départements sont notamment, à l'ouest, Les Landes, les Pyrénées-Atlantiques, le Gers, la Gironde et les Hautes Pyrénées, et à l'est, les départements de l'Aude, de l'Hérault, du Gard, du Var et des Bouches-du-Rhône[32].

Le septième alinéa de l'article 521-1 du Code pénal trouve son origine dans la loi n° 51-461 du 24 avril 1951 qui créa, en matière de courses de taureaux, une exception au principe de la répression pénale des sévices graves envers les animaux *lorsqu'une tradition ininterrompue peut être invoquée*. L'adjectif « locale » a été ajouté par un décret du 7 septembre 1959[33]. La pénalisation des sévices graves envers les animaux procède de la loi Grammont du 2 juillet 1850, à laquelle les juges du fond des régions de tradition tauromachique s'étaient opposés[34], conduisant le législateur à prévoir, en 1951, une exception en matière de courses de taureaux.

Cette exception est celle qu'on retrouve aujourd'hui codifiée à l'article 521-1 du Code pénal. Aux termes de cet article, si les sévices graves et actes de cruauté envers les animaux sont sévèrement punis, l'alinéa 7 de cet article autorise les spectacles taurins avec mise à mort lorsqu'une « *tradition locale ininterrompue* » peut être invoquée. Les dispositions de l'article 521-1 du Code pénal ont été jugées conformes à la Constitution[35]. En effet, saisi d'une question prioritaire de constitutionnalité par le Conseil d'État, le Conseil

---

[32] http://culturestaurines.com/maudet_arenes .

[33] D., 7 sept. 1959, n° 59-1051.

[34] V. « A propos des rapports entre l'usage, la coutume et la loi. La « tradition locale ininterrompue » dans les textes et la jurisprudence consacrés aux corridas », P. Tifine, RFDA, 2002, p. 496.

[35] Cons. const. 21 sept. 2012, no 2012-271 QPC , JO 22 sept.

Constitutionnel a jugé que le septième alinéa de l'article 521-1 du Code pénal relatif aux courses de taureaux était conforme à la Constitution et ne méconnaissait pas le principe d'égalité posé à l'article 6 de la Déclaration des droits de l'homme et du citoyen de 1789[36].

La corrida ne fait pas non plus partie du patrimoine culturel immatériel français. Si en avril 2011, la corrida avait été inscrite à l'inventaire du patrimoine culturel immatériel de la France, cette inscription a depuis été retirée de l'inventaire par le ministère de la Culture. En effet, après cette inscription en 2011, plusieurs associations de défense des animaux, dont le comité radicalement anti-corrida Europe et l'association Droits des Animaux, avaient formé un recours gracieux contre la décision d'inscription de la corrida à l'inventaire du patrimoine culturel immatériel de la France. Le ministre de la Culture et de la Communication avait alors rejeté implicitement leur recours gracieux. Les associations saisissent le tribunal administratif de Paris d'une demande d'annulation de cette décision implicite. Le 3 avril 2013, le tribunal administratif de Paris rejette leur demande[37]. Les associations interjettent alors appel. Entre-temps, le Ministère de la Culture avait supprimé toute mention de l'inscription sur ses sites officiels en raison de l'émoi suscité par cette inscription. Le 1er juin 2015, la Cour administrative d'appel de Paris prononce un non-lieu à statuer aux motifs que « la décision d'inscription de la corrida à l'inventaire du patrimoine culturel immatériel de la France doit être regardée comme ayant été abrogée »[38]. L'association des villes taurines et l'Observatoire national des cultures taurines saisissent le Conseil d'État qui, par un arrêt du 27 juillet 2016, rejette leur pourvoi pour irrecevabilité[39].

Les courses de taureaux et les corridas sont alors autorisées à condition, d'une part, qu'il existe une tradition *locale*, et d'autre part, que cette tradition soit *ininterrompue*. Deux termes que la jurisprudence a été amenée à définir.

A. L'existence d'une tradition ininterrompue

On entend par tradition ininterrompue, une coutume ancienne et répétée de génération en génération, sans aucune interruption, et non de faits isolés ou plus ou moins intermittents[40]. Une habitude de quelques années est alors insuffisante à caractériser la tradition[41]. Toutefois, l'interruption d'une tradition ne peut résulter d'un fait purement matériel ou accidentel. Ainsi, une interruption en raison d'événements de guerre et de réquisition publique des

---

[36] V. commentaire de la décision Csl. const., n°2012-271, 21 sept. 2012.

[37] TA Paris, 3 avr. 2013, nos 1115219 ; 1115577/7-1.

[38] CAA, 1er juin 2015, n° 13PA02011.

[39] CE, 27 juill. 2016, n°392277.

[40] T. corr. Bordeaux, 27 avr. 1989, JCP 1989. II. 21344, 1re esp., note E. Agostini.

[41] Nîmes, 2 déc. 1965, JCP 1966. II. 14654, note M. Cambedouzou.

arènes [42] ou d'un d'effondrement des gradins entraînant la fermeture des arènes [43] ne saurait interrompre la tradition. Il a également été jugé qu'une décision administrative ne pouvait interrompre la tradition. En l'espèce, il s'agissait d'un arrêté préfectoral affirmant l'inexistence de la tradition taurine et interdisant les corridas avec mise à mort. Pour la Cour de cassation, cet arrêté n'avait pas interrompu la tradition taurine dans la localité concernée[44]. Aussi, dans un arrêt du 10 juin 2004, la deuxième chambre civile de la Cour de cassation a cassé l'arrêt de la cour d'appel de Toulouse qui reconnaissait l'existence d'une tradition locale ininterrompue dans la localité de Rieumes, aux motifs que celle-ci n'avait pas précisé si l'existence d'une tradition taurine ininterrompue se caractérisait par l'organisation régulière de corridas[45]. Il ressort de cet arrêt que l'adjectif « ininterrompue » impliquait que l'organisation de corridas soit régulière. Toutefois, en 2006, la première chambre civile de la Cour de cassation a admis que les juges du fond puissent déduire la persistance d'une tradition taurine de « l'intérêt que lui porte un nombre suffisant de personnes » [46].

B. Le caractère local de la tradition

La jurisprudence dominante a toujours assez largement interprété le caractère local, en retenant le concept d'ensemble démographique régional où existe une tradition ininterrompue, sans s'attacher à telle ou telle localité. Ainsi, puisque la commune de Floirac appartient à l'ensemble démographique dont Bordeaux est la capitale, où se retrouvent la permanence et la persistance d'une tradition tauromachique, des courses de taureaux peuvent y être organisées en toute légalité[47].

La même solution a été appliquée pour la ville de Tarascon, alors même qu'aucune corrida avec mise à mort n'y avait eu lieu depuis 1954, mais qui se trouve dans un ensemble démographique où existe une tradition taurine très ancienne et comprenant diverses villes, dont Arles, où se pratiquent des corridas avec mise à mort depuis 1893, formant une zone géographique où la population vit en suivant un ensemble de traditions et de coutumes locales, particulières et persistantes, dont celle d'organiser, de participer ou d'assister à des corridas dites espagnoles[48] . Une solution identique a été admise pour une

---

[42] CE 4 nov. 1959, S. 1960. 25, note M. Mimin.

[43] Bordeaux, 11 juill. 1989, JCP 1989. II. 21344, 2e esp., note E. Agostini.

[44] Crim. 16 sept. 1997, n° 96-82.649 , Bull. crim. n° 295, D. 1997. IR 239.

[45] Civ. 2e, 10 juin 2004, n° 02-17.121.

[46] Civ. 1re, 7 févr. 2006, n° 03-12.804.

[47] Crim. 16 sept. 1997, n° 96-82.649.

[48] Crim. 8 juin 1994, n° 93-82.459.

commune du Gers au motif de sa situation dans un département où les courses de taureaux sont répandues[49].

Toutefois, dans l'arrêt du 10 juin 2004 précité, la deuxième chambre civile de la Cour de cassation avait également reproché aux juges du fond de ne pas avoir précisé « si la localité de Rieumes se situait bien dans un ensemble démographique local où l'existence d'une tradition taurine ininterrompue se caractérisait par l'organisation régulière de corridas »[50]. La notion de « locale » nécessite, d'après cette décision, que soit constatée l'existence de la tradition dans la localité en cause.

§ 2. Les combats de coqs

Le combat de coqs est une pratique qui consiste à faire combattre deux coqs sur des gallodromes. En France, cette pratique est autorisée dans certaines localités où elle perdure traditionnellement, notamment dans le Nord–Pas-de-Calais et dans certaines régions d'outre-mer telles que la Réunion, la Martinique et la Guadeloupe.

Les combats de coqs sont expressément exclus du champ d'application des articles 521-1, R. 654-1 et R. 655-1 du Code pénal, dans les localités où une tradition ininterrompue peut être établie. L'article 521-1 du Code pénal interdit également expressément la création de nouveaux gallodromes. Cette interdiction a donné lieu à une saisine du Conseil constitutionnel au motif qu'il existerait une disparité de traitement avec les organisateurs de courses de taureaux[51]. Pour le Conseil constitutionnel, cette disposition est conforme à la Constitution aux motifs que « si le législateur a entendu, tant pour les courses de taureaux que pour les combats de coqs, fonder l'exclusion de responsabilité pénale sur l'existence d'une tradition ininterrompue, il s'agit toutefois de pratiques distinctes par leur nature, que le législateur a entendu encadrer plus strictement l'exclusion de la responsabilité pénale pour les combats de coqs afin d'accompagner et de favoriser l'extinction de ces pratiques et qu'en interdisant la création de nouveaux gallodromes, le législateur a traité différemment des situations différentes »[52].

Il n'existe pas de jurisprudence publiée à ce jour sur la notion de « tradition locale ininterrompue ». Toutefois, il pourrait être soutenu que la différence d'appréciation du caractère local entre combats de coqs et courses de taureaux n'a pas à être faite, puisque ce qui doit être recherché, c'est seulement la notion de tradition locale ininterrompue et que, par voie de conséquence, l'ensemble de la jurisprudence libérale développée à propos des activités tauromachiques devrait s'appliquer aux combats de coqs.

---

[49] Crim. 22 oct. 1996, n° 96-80.661.

[50] Civ. 2e, 10 juin 2004, n° 02-17.121, préc.

[51] Crim. 2 juin 2015, n° 15-90.004.

[52] Cons. const. 31 juill. 2015, n° 2015-477 QPC, JO 2 août.

Section 4. La présentation au public d'animaux : les cirques et les parcs zoologiques

L'article L. 413-3 du Code de l'environnement oblige les exploitants d'établissements destinés à la présentation au public de spécimens vivants de la faune locale ou étrangère, à solliciter une autorisation préfectorale d'ouverture des établissements, « *sans préjudice des dispositions en vigueur relatives aux installations classées pour la protection de l'environnement* ». L'autorisation d'ouverture des établissements détenant des espèces d'animaux non domestiques peut comporter des prescriptions destinées à la protection de la sécurité et la santé publiques et à la protection sanitaire des animaux. Aussi, l'article L. 413-2 du Code de l'environnement leur fait obligation d'obtenir un certificat de capacité. Enfin, ces établissements sont soumis à un contrôle administratif portant sur le respect des conditions de fonctionnement et l'application des règles de détention des animaux[53]. Ces règles sont fixées par l'arrêté du 25 mars 2004 relatif aux règles générales de fonctionnement des installations des établissements zoologiques à caractère fixe et permanent présentant au public des spécimens vivants de la faune locale ou étrangère[54] et par l'arrêté du 10 août 2004 fixant les conditions d'autorisation de détention de certaines espèces non domestiques dans ces établissements[55]. Des sanctions administratives allant jusqu'à la fermeture des établissements peuvent être prises en cas de manquement à ces prescriptions[56].

§ 1. Les règles communes aux établissements de présentation au public d'animaux

A. L'arrêté d'autorisation d'ouverture d'un établissement détenant des animaux d'espèces non domestiques

L'utilisation d'animaux d'espèces non domestiques au cours de spectacles itinérants, quelle que soit leur classe zoologique, doit faire l'objet d'une autorisation préfectorale préalable. La demande d'autorisation d'ouverture est adressée au préfet du département dans lequel est situé l'établissement ou, dans

---

[53] C. env., art. R. 413-42 et s.

[54] Arr. 19 mai 2009 modifiant l'arrêté du 25 mars 2004 fixant les règles de fonctionnement et les caractéristiques générales des installations des établissements zoologiques à caractère fixe et permanent, présentant au public des spécimens vivants de la faune locale ou étrangère et relevant de la rubrique 2140 de la nomenclature des installations classées pour la protection de l'environnement ; NOR: DEVN0830765A.

[55] Arr. 10 août 2004 fixant les conditions d'autorisation de détention d'animaux de certaines espèces non domestiques dans les établissements d'élevage, de vente, de location, de transit ou de présentation au public d'animaux d'espèces non domestiques ; NOR: DEVN0430298A.

[56] C. env., art. L. 413-5 ; C. env., art. R. 413-45 et s.

le cas des établissements mobiles, au préfet du département dans lequel le demandeur a son domicile[57]. La demande d'autorisation doit notamment mentionner l'identité de la personne physique ou morale et la nature des activités que le demandeur se propose d'exercer[58]. Par ailleurs, la demande doit comporter la liste des équipements fixes ou mobiles et le plan des installations, la liste des espèces et le nombre d'animaux de chaque espèce, dont la détention est demandée, ainsi que le plan de leur répartition dans l'établissement, une notice indiquant les conditions de fonctionnement prévues ainsi que le certificat de capacité du ou des responsables de l'établissement[59].

L'instruction de la demande sera différente selon qu'il s'agisse d'un établissement de présentation au public d'animaux vivants d'espèces non domestiques appartenant à la première catégorie ou à la deuxième catégorie[60]. La première catégorie regroupe les établissements qui présentent des dangers ou inconvénients graves pour les espèces sauvages et les milieux naturels ainsi que pour la sécurité des personnes. La seconde catégorie regroupe les établissements qui, ne présentant pas de tels dangers ou inconvénients, doivent néanmoins respecter les prescriptions relatives aux caractéristiques auxquelles doivent répondre les installations fixes ou mobiles ainsi que les règles générales de fonctionnement ou de transport et les méthodes d'identification des animaux détenus[61].

L'arrêté d'autorisation d'ouverture fixe la liste des espèces ou groupes d'espèces, le nombre des animaux de chaque espèce ou groupe d'espèces que l'établissement peut détenir ainsi que les activités susceptibles d'être pratiquées dans l'établissement. Il fixe également les règles concernant la détention des animaux dans des conditions visant à satisfaire les besoins biologiques et de conservation des différentes espèces, la promotion de l'éducation et de la sensibilisation du public en ce qui concerne la conservation biologique, notamment par la fourniture de renseignements sur les espèces exposées et leurs habitats naturels ainsi que la participation aux activités favorisant la conservation des espèces animales[62].

Précisons que des dérogations peuvent être prises par arrêté ministériel pour certaines catégories d'établissements, notamment en raison du faible nombre d'animaux ou d'espèces qu'ils hébergent, à la condition que ces exemptions ne portent pas atteinte aux objectifs de protection de la nature et des animaux[63].

---

[57] C. env., art. R. 413-10.
[58] C. env., art. R. 413-11.
[59] C. env., art. R. 413-13.
[60] V. C. env., art. R. 413-15 et s.
[61] C. env., art. R. 413-14.
[62] C. env., art. R. 413-19.
[63] C. env., art. R. 413-9.

Toute modification apportée au dossier de demande d'autorisation nécessite une nouvelle demande d'autorisation, soumise aux mêmes formalités que la demande initiale, sauf si les modifications tendent à améliorer les installations ou les conditions de fonctionnement, auquel cas seul l'accord du préfet est requis[64]. En cas de changement d'exploitant, le nouvel exploitant doit en faire la déclaration au préfet dans le mois qui suit la prise en charge de l'établissement. Enfin, toute cessation d'activité d'un établissement est déclarée au préfet, au plus tard dans le mois qui suit. Le titulaire de l'autorisation doit alors indiquer la destination qui sera donnée aux animaux, sous le contrôle de l'administration[65].

B. Le certificat de capacité

Pour détenir des animaux non domestiques, le responsable de l'établissement doit être titulaire d'un certificat de capacité[66]. Ce certificat doit préciser les espèces d'animaux et les types d'activités pour lesquels il est accordé ainsi que le nombre d'animaux dont l'entretien est autorisé[67]. Les conditions d'obtention du certificat de capacité sont définies par la circulaire DNP/CFF n° 2008-03 du 11 avril 2008.

Seuls les responsables des établissements destinés à la présentation au public de spécimens vivants de la faune locale ou étrangère doivent être titulaires d'un certificat de capacité pour l'entretien de ces animaux. D'après l'article R. 413-8 du Code de l'environnement, « sont considérés comme appartenant à des espèces non domestiques les animaux n'ayant pas subi de modification par sélection de la part de l'homme ». Rappelons que l'arrêté du 11 août 2006 fixe la liste des espèces, races ou variétés d'animaux domestiques qui sont, par conséquent, exclues du champ d'application de cette réglementation. Ainsi, les responsables des établissements de présentation au public qui ne détiennent que des animaux des espèces, races ou variétés fixés par l'arrêté susmentionné, ne sont pas astreints à la possession du certificat de capacité délivré en application de l'article L. 413-2 du Code de l'environnement

C. Le marquage des animaux non domestiques

Tous les animaux non domestiques utilisés dans un spectacle doivent, dans les 8 jours suivant leur arrivée dans l'établissement, être munis d'un marquage individuel et permanent. Cette obligation s'applique également aux animaux nés dans l'établissement, dans un délai d'un mois à partir de leur naissance. Les numéros d'identification individuels attribués aux animaux doivent être portés

---

[64] C. env., art. R. 413-22.
[65] C. env., art. R. 413-23.
[66] C. env., art. L. 413-2.
[67] C. env., art. R. 413-7.

sur le livre-journal où sont enregistrés chronologiquement tous les mouvements d'animaux détenus dans l'établissement et sur l'inventaire permanent des animaux de chaque espèce détenue.

Ce marquage doit en principe être effectué selon les modalités prévues par l'arrêté du 10 août 2004[68]. En application de cet arrêté, les établissements autorisés à détenir des animaux d'espèces non domestiques doivent les munir d'un marquage individuel et permanent, effectué selon les procédés et les modalités techniques définis en annexe A de l'arrêté, sous la responsabilité du détenteur et dans le délai d'un mois suivant leur naissance. Sont concernés par cette disposition les animaux des espèces inscrites à l'annexe A du règlement du Conseil des Communautés européennes n° 338/97 du 9 décembre 1996 modifié relatif à la protection des espèces de faune et de flore sauvages par le contrôle de leur commerce ainsi que toutes les espèces figurant sur les listes établies pour l'application des articles L. 411-1 et L. 411-2 du Code de l'environnement. En principe, les mammifères des espèces reprises à l'annexe A du règlement CE n° 338/97 modifié du Conseil du 9 décembre 1996 susvisé, doivent être marqués, en priorité, par transpondeurs à radiofréquences et les oiseaux nés et élevés en captivité des espèces reprises à l'annexe A du règlement CE n° 338/97 modifié du Conseil du 9 décembre 1996 susvisé, doivent être marqués, en priorité, par bague fermée.

Ces prescriptions et modalités techniques de marquage ne s'appliquent pas aux animaux des espèces de carnivores domestiques, équidés, suidés, cervidés et bovidés pour lesquels sont fixées des dispositions spécifiques d'identification[69].

D. Les conditions relatives à la détention des animaux non domestiques protégés

Les établissements détenant des espèces protégées doivent respecter les dispositions de la Convention sur le commerce international des espèces de faune et de flore sauvages signée à Washington le 3 mars 1973 (CITES) et le

---

[68] Arr., 10 août 2004, fixant les conditions d'autorisation de détention d'animaux de certaines espèces non domestiques dans les établissements d'élevage, de vente, de location, de transit ou de présentation au public d'animaux d'espèces non domestiques ; NOR: DEVN0430298A.

[69] Arr., 18 mars 2011, fixant les conditions de détention et d'utilisation des animaux vivants d'espèces non domestiques dans les établissements de spectacles itinérants ; NOR: DEVL1108130A ; Art. 18.

V. Arr., 2 juill. 2001, relatif à l'identification par radiofréquence des carnivores domestiques.

Arr., 21 mai 2004, relatif à l'identification complémentaire des équidés par la pose d'un transpondeur électronique.

Arr., 24 nov. 2005, modifié relatif à l'identification du cheptel porcin.

Arr., 19 déc. 2005, modifié relatif à l'identification des animaux des espèces ovine et caprine.

Arr., 9 mai 2006 relatif aux modalités de réalisation de l'identification du cheptel bovin.

Arr., 20 août 2009, relatif à l'identification des sangliers détenus au sein des établissements d'élevage, de vente ou de transit de catégorie A ou de catégorie B.

Arr., 8 févr. 2010, relatif à l'identification des cervidés et des mouflons méditerranéens détenus au sein des établissements d'élevage, de vente ou de transit de catégorie A ou de catégorie B.

Règlement (CE) n° 338/97 du Conseil du 9 décembre 1996 relatif à la protection des espèces de faune et de flore sauvages par le contrôle de leur commerce. Cette réglementation encadre les importations, les exportations et les activités commerciales en fonction du degré de menace induit sur les espèces. En France, elle est aujourd'hui mise en application à travers l'article L. 412-2 du Code de l'environnement et l'arrêté du 30 juin 1998[70].

En ce qui concerne l'application de la Convention CITES, les règles varient selon l'annexe à laquelle l'espèce est inscrite. Les exportations et importations à des fins commerciales de spécimens de l'annexe I sont ainsi interdites, sauf dérogations spécifiques portant notamment sur les animaux issus d'élevages agréés et sur les spécimens dits « pré-Convention », c'est à dire acquis avant l'application de CITES à l'espèce considérée. Le commerce des spécimens de l'annexe II est quant à lui autorisé sous certaines conditions. Les importations, exportations et réexportations, à but commercial ou pas, sont régulées au moyen de permis et de certificats délivrés par les autorités nationales. Ces documents sont en général délivrés sur preuve de la légalité des spécimens et sous réserve qu'un avis scientifique atteste que leur mode d'obtention n'est pas préjudiciable à l'espèce considérée. Enfin, l'inscription à l'annexe III est une décision unilatérale d'un pays qui protège cette espèce présente à l'état naturel sur son territoire, subit des exportations illicites et demande à la communauté internationale de vérifier que leurs importations de spécimens de cette espèce en provenance de son propre territoire sont bien accompagnées d'un permis CITES d'exportation attestant de la licéité de cette exportation.

Dans l'Union européenne, ce sont des règlements communautaires qui s'appliquent[71]. Ils harmonisent et renforcent l'application de CITES sur le territoire de l'Union européenne. Ainsi, toutes les espèces inscrites à la CITES, ainsi que d'autres espèces que l'UE protège sur son territoire sont inscrites dans quatre annexes, A, B, C, et D, correspondant respectivement au degré de

---

[70] Arr., 30 juin 1998, fixant les modalités d'application de la convention sur le commerce international des espèces de faune et de flore sauvages menacées d'extinction et des règlements (CE) n° 338/97 du Conseil européen et (CE) n° 939/97 de la Commission européenne ; NOR: ATEN9870251A.

[71] Règl. (CE), n° 338/97 du Conseil, 9 déc. 1996, relatif à la protection des espèces de faune et de flore sauvages par le contrôle de leur commerce.

Règl. (CE), n° 865/2006 de la Commission, 4 mai 2006, portant modalités d'application du règlement (CE) n° 338/97 du Conseil relatif à la protection des espèces de faune et de flore sauvages par le contrôle de leur commerce.

Règl. d'exécution (UE) n° 792/2012 de la Commission, 23 août 2012 établissant les règles relatives à la forme des permis, des certificats et autres documents prévus au règlement (CE) n° 338/97 du Conseil relatif à la protection des espèces de faune et de flore sauvages par le contrôle de leur commerce, et modifiant le règlement (CE) n° 865/2006 de la Commission.

Règl. (UE) n°1320/2014 de la Commission, 1er déc. 2014 modifiant le règlement (CE) n° 338/97 du Conseil relatif à la protection des espèces de faune et de flore sauvages par le contrôle de leur commerce.

protection le plus élevé au degré de protection le plus faible. En fonction de ce classement, différents documents de traçabilité sont requis, afin notamment de garantir l'origine légale des spécimens commercialisés. Par exemple, l'introduction dans l'Union européenne d'une espèce inscrite à l'annexe A ou B nécessite la présentation d'un permis CITES d'importation. Ce document est délivré en France par les directions régionales de l'environnement, de l'aménagement et du logement (DREAL) et est subordonné à la preuve de l'origine licite et de l'autorisation de sortie du pays exportateur. Le commerce dans l'Union européenne d'une espèce inscrite à l'annexe A nécessite également un certificat intracommunautaire (CIC) délivré par les DREAL. Ce certificat sera par exemple remis sur preuve de la naissance en élevage agréé, reproduisant depuis au moins deux générations l'espèce.

Afin de faciliter les mouvements transfrontaliers multiples d'un même spécimen, il existe des certificats spécifiques valables pour plusieurs passages en douanes, tels que le certificat pour exposition itinérante ou les certificats de propriété pour les animaux de compagnie. Ces certificats sont accompagnés d'une fiche de traçabilité délivrée par l'organe de gestion local en même temps que ce certificat. Précisions que les spécimens initialement présents dans l'Union européenne qui ont fait l'objet d'un certificat pour exposition itinérante doivent être réimportés en France avant la date d'expiration de ce certificat.

En application de l'article L. 415-3 du Code de l'environnement, l'absence des permis et certificats prévus par les « règlements CITES » constitue un délit passible de 150 000 euros d'amende et de deux ans d'emprisonnement depuis la loi du 8 août 2016 pour la reconquête de la biodiversité, de la nature et des paysages. Le fait de commettre ces infractions en bande organisée au sens de l'article 132-71 du Code pénal est passible de sept ans d'emprisonnement et de 750 000 euros d'amende[72]. Il appartient aux agents visés à l'article L. 415-1 du Code de l'environnement de constater ces infractions. Il s'agit par exemple, des agents de l'Office national de la chasse et de la faune sauvage, les gardes champêtres et les agents des douanes.

À cette réglementation relative au commerce international des espèces protégées s'ajoute des arrêtés édictant des prescriptions particulières pour les parcs zoologiques[73] et pour les cirques et autres établissements itinérants[74]. Ces

---

[72] C. env., art. L. 415-6.

[73] Arr., 25 mars 2004, fixant les règles générales de fonctionnement et les caractéristiques générales des installations des établissements zoologiques à caractère fixe et permanent, présentant au public des spécimens vivants de la faune locale ou étrangère ; NOR: DEVN0430016A.

[74] Arr., 18 mars 2011, fixant les conditions de détention et d'utilisation des animaux vivants d'espèces non domestiques dans les établissements de spectacles itinérants ; NOR: DEVL1108130A.

arrêtés imposent notamment des mesures particulières quant aux conditions de détention de ces animaux.

§ 2. Les établissements itinérants de spectacles : les cirques

Un spectacle est qualifié d'itinérant s'il est réalisé dans des lieux différents ou requérant le déplacement des animaux en dehors du lieu où ils sont habituellement hébergés[75].

L'arrêté en date du 18 mars 2011 fixe les conditions de détention et d'utilisation des animaux vivants d'espèces non domestiques dans les établissements de spectacles itinérants. Ces établissements doivent respecter certaines conditions pour détenir des animaux non domestiques, notamment obtenir un certificat de capacité, une autorisation de détention pour certains animaux et procéder au marquage des animaux. L'utilisation d'animaux d'espèces non domestiques, quelle que soit leur classe zoologique, est également, selon cet arrêté, soumise à autorisation préfectorale préalable. En revanche, il n'existe, à ce jour, en France, aucune interdiction générale de faire participer des animaux sauvages dans des cirques. Toutefois, certaines municipalités ont adopté des arrêtés municipaux interdisant l'installation de cirques faisant participer des animaux sauvages sur leur commune.

A. Les règles relatives à l'autorisation de détention de certains animaux de cirque non domestiques

Outre les règles relatives à la détention des animaux d'espèces protégées, au marquage des animaux et à l'obligation, pour le responsable de l'établissement, de détenir un certificat de capacité, le responsable doit également obtenir une autorisation de détention pour certains animaux d'espèces non domestiques.

En effet, l'ouverture d'un établissement de présentation au public d'animaux non domestiques est conditionnée par l'obtention d'une autorisation de détention. Les espèces soumises à cette autorisation sont listées à l'arrêté du 18 mars 2011 précité. Sont notamment concernées, pour les mammifères, le macaque, le babouin, le puma, le lion, la panthère, le léopard, le tigre, l'otarie à crinière, le lion de mer de Californie, l'otarie à fourrure d'Afrique du Sud, le zèbre de Chapmann, le zèbre de Grant ainsi que les spécimens femelles de l'espèce d'éléphant d'Asie et d'Afrique. Les espèces d'oiseaux dont l'autorisation peut être accordée sont les perroquets, les perruches, les autours, les éperviers, les buses, les aigles, le spizaètes, les faucons, le grand-duc et

---

[75] Arr., 18 mars 2011, fixant les conditions de détention et d'utilisation des animaux vivants d'espèces non domestiques dans les établissements de spectacles itinérants ; NOR: DEVL1108130A ; Art. 1.

l'autruche. Enfin, pour les reptiles, sont concernés le python royal, le python molure, le python réticulé, le boa constricteur, le crocodile du Nil et l'alligator du Mississippi.

L'autorisation de détention peut également être attribuée pour d'autres espèces à condition que l'exploitant de l'établissement démontre, d'une part, que l'hébergement et les conditions de présentation au public des animaux sont compatibles avec les dispositions du l'arrêté du 18 mars 2011 susmentionné et, d'autre part, que l'utilisation de ces autres espèces est justifiée notamment par l'intérêt artistique particulier du spectacle présenté, qui relève à la fois de la mise en scène du numéro et de la mise en valeur des caractéristiques et des aptitudes naturelles des animaux au cours du dressage[76].

Par ailleurs, la détention des espèces d'hippopotame amphibie, d'hippopotame nain et de girafe au sein d'un établissement de spectacles itinérants ne peut être autorisée qu'à condition que l'établissement respecte les prescriptions minimales d'hébergement fixées à l'annexe I de l'arrêté du 18 mars 2011.

En outre, seuls les animaux d'espèces non domestiques participant aux spectacles peuvent être détenus au sein de l'établissement. L'arrêté précise que les animaux en cours de dressage sont considérés comme participant aux spectacles. Les autres, tels que les animaux âgés qui ne peuvent plus participer aux spectacles et ceux qui se sont révélés inaptes à leur présentation au public lors de leur dressage doivent être placés en retraite dans des établissements fixes. L'arrêté susvisé précise également que certains animaux ne pourront pas participer aux spectacles en raison notamment de leur état de santé, ou si le type de participation est susceptible de nuire à leur état de santé ou encore si la sécurité du public et du personnel ne peut être assurée, en raison notamment du comportement de l'animal ou de l'insuffisance de sa maîtrise.

Enfin, les animaux malades doivent également être soustraits de toute présentation au public même en dehors des spectacles[77].

B. Les règles relatives aux installations des établissements de spectacles itinérants

Les installations, intérieures ou extérieures, mises en place à l'arrêt doivent être construites et équipées de manière à permettre à tous les animaux d'évoluer conformément à leurs besoins. Ainsi, les litières des installations intérieures ou encore la nature du sol des installations extérieures doivent être adaptées aux exigences de l'espèce. La température, l'hygrométrie, la qualité et la quantité de

---

[76] Arr., 18 mars 2011, fixant les conditions de détention et d'utilisation des animaux vivants d'espèces non domestiques dans les établissements de spectacles itinérants ; NOR: DEVL1108130A ; Art. 3.

[77] Arr., 18 mars 2011, fixant les conditions de détention et d'utilisation des animaux vivants d'espèces non domestiques dans les établissements de spectacles itinérants ; NOR: DEVL1108130A ; Art. 9.

l'éclairage et les autres paramètres physico-chimiques des installations où sont hébergés les animaux doivent être compris en permanence dans des limites adaptées aux exigences de l'espèce[78].

Aussi, lors de son stationnement, l'établissement doit établir un périmètre qui doit être circonscrit par une enceinte extérieure, qui peut être composée de barrières mobiles, de manière à prévenir les entrées non contrôlées de personnes ou d'animaux étrangers à l'établissement[79]. L'exploitant doit élaborer et faire respecter un plan de secours, un règlement de service et un règlement intérieur. Ce dernier doit notamment établir les périodes d'ouverture de l'établissement au public si la visite de la ménagerie est autorisée ainsi que la liste des interdictions et des consignes que doivent respecter les spectateurs ou les visiteurs de la ménagerie, portant en particulier sur le respect des zones et des distances de sécurité et sur les risques pouvant résulter de certains comportements des spectateurs ou des visiteurs. Il doit également appeler l'attention du public sur le respect des animaux et sur les dangers qu'ils présentent ainsi que sur la nécessité de surveiller étroitement le comportement des enfants[80].

En règle générale, les animaux doivent avoir la possibilité de se déplacer librement chaque jour dans les installations extérieures sauf si les conditions météorologiques ou leur état de santé ne le permettent pas. Cette disposition ne s'applique pas en cas d'arrêt momentané de l'établissement au cours d'un changement de lieu de représentation ou en cas d'exiguïté temporaire d'un lieu de stationnement. Toutefois, dans ce dernier cas, l'exiguïté du lieu ne doit pas faire obstacle à la mise en place des installations extérieures au-delà d'une période de sept jours. Cette impossibilité de mettre en place des installations extérieures ne doit pas se produire plus de huit semaines par an[81].

C. Les dispositions relatives aux conditions d'hébergements et de dressage des animaux

L'arrêté du 18 mars 2011 prévoit que les animaux doivent être entretenus et entraînés dans des conditions qui visent à satisfaire leurs besoins biologiques et

---

[78] Arr., 18 mars 2011, fixant les conditions de détention et d'utilisation des animaux vivants d'espèces non domestiques dans les établissements de spectacles itinérants ; NOR: DEVL1108130A ; Art. 26 à Art. 28.

[79] Arr., 18 mars 2011, fixant les conditions de détention et d'utilisation des animaux vivants d'espèces non domestiques dans les établissements de spectacles itinérants ; NOR: DEVL1108130A ; Art. 4.

[80] Arr., 18 mars 2011, fixant les conditions de détention et d'utilisation des animaux vivants d'espèces non domestiques dans les établissements de spectacles itinérants ; NOR: DEVL1108130A ; Art. 7.

[81] Arr., 18 mars 2011, fixant les conditions de détention et d'utilisation des animaux vivants d'espèces non domestiques dans les établissements de spectacles itinérants ; NOR: DEVL1108130A ; Art. 23.

comportementaux, à garantir leur sécurité, leur bien-être et leur santé[82]. En outre, il fixe, en annexe I et III les conditions d'hébergement des animaux, en fonction des espèces.

Ainsi, à titre d'exemple, l'hippopotame amphibie et l'hippopotame nain ne peuvent être transportés que dans un véhicule d'un espace d'au minimum 16 m² par animal avec une hauteur de deux mètres minimum. Lors du stationnement, ce véhicule de transport peut être utilisé pour l'hébergement de l'animal à condition d'être conforme aux caractéristiques prévues pour les installations intérieures. Ces dernières doivent ménager un espace d'au minimum 30 m² par animal, toujours avec une hauteur de deux mètres minimum. De plus, et excepté pendant le transport, les animaux doivent disposer en permanence d'une piscine d'une surface minimale de 30 m² par animal et d'une profondeur minimale de 1,50 mètre. L'eau de la piscine doit avoir une température de 22 °C au minimum. Les installations extérieures doivent quant à elle ménager un espace d'au minimum 200 m² par animal. Elles doivent être entourées d'une clôture électrique et d'une barrière de sécurité.

L'annexe II de l'arrêté susvisé du 18 mars 2011 fixe les règles minimales concernant la présentation au public de certaines espèces animales non domestiques. Ces règles ont pour objectif la sécurité du public pendant le spectacle. Les macaques et les babouins doivent ainsi être tenus en laisse et doivent pouvoir être maîtrisés de manière permanente. Les félidés doivent quant à eux être présentés dans une installation garantissant tout risque d'évasion, comme dans une cage circulaire. En cas de présentation des félidés en dehors d'une cage circulaire, notamment dans les spectacles de magie ou de music-hall, les animaux doivent être attachés par une longe reliée à un point fixe solidement implanté permettant d'éviter tout contact des animaux avec le public.

Concernant le dressage des animaux, l'article 34 de l'arrêté du 18 mars 2011 susvisé précise qu'au cours du dressage, il ne peut être exigé des animaux que les actions, les performances et les mouvements que leur anatomie et leurs aptitudes naturelles leur permettent de réaliser et qui entrent dans le cadre des possibilités propres à leur espèce. Pour ce faire, l'âge, l'état général, le sexe, la volonté à agir et le niveau de connaissance de chacun des animaux doivent être pris en compte.

Par ailleurs, un vétérinaire doit contrôler régulièrement l'état de santé des animaux dans ces établissements. Les animaux malades ou blessés doivent recevoir au plus tôt les soins d'un vétérinaire ou, sous son autorité, du

---

[82] Arr., 18 mars 2011, fixant les conditions de détention et d'utilisation des animaux vivants d'espèces non domestiques dans les établissements de spectacles itinérants ; NOR: DEVL1108130A ; Art. 22.

personnel de l'établissement et ne doivent pas participer aux spectacles jusqu'à leur guérison.

D. Le pouvoir du maire d'interdire l'installation d'un cirque sur le territoire de sa commune

De nombreuses communes ont interdit l'installation de cirques utilisant des animaux sauvages. Au 4 novembre 2016, on compterait, en France, 46 communes, dont 11 de plus de 20 000 habitants, ayant interdit les cirques avec animaux[83].

En vertu de l'article L.2212-1 du Code général des collectivités territoriales, le maire doit veiller, à travers ses pouvoirs de police municipale, à assurer le bon ordre, la sûreté, la sécurité et la salubrité publique dans sa commune. Par ailleurs, il a le devoir de s'assurer que les dispositions imposées par l'arrêté du 18 mars 2011 sont bien respectées. Le maire, et lui seul[84], peut ainsi refuser l'installation d'un cirque détenant des animaux d'espèces non domestiques sur le territoire de sa commune.

Notons également que les parades ne peuvent être autorisées qu'après accord du maire de la commune où elles se déroulent et qu'à la condition que toutes les mesures prises permettent de garantir la sécurité des personnes[85].

Enfin, plusieurs pays ont interdit aux cirques d'utiliser des animaux, comme la Chypre, la Grèce ou Malte, ou de détenir des animaux capturés dans la nature, tels que la Pologne, l'Estonie ou la Hongrie. D'autres encore ont interdit la détention d'animaux d'espèces sauvages, comme l'Autriche, la Croatie, la Slovénie ou le Pérou[86].

§ 3. Les parcs zoologiques et les aquariums

L'arrêté en date du 25 mars 2004 qui transpose en droit français la directive européenne dite « Directive zoos »[87] de mars 1999 fixe les caractéristiques générales des installations et les règles de fonctionnement que doivent satisfaire tous les établissements zoologiques fixes. Des obligations sont ainsi conférées aux parcs zoologiques en matière de sécurité des personnes et des animaux, de bien-être des animaux, mais également de pédagogie vis-à-vis du public sur la

---

[83] http://www.cirques-de-france.fr/les-communes-qui-agissent-en-faveur-des-animaux.

[84] V. CAA Marseille, juge des référés, 5 oct. 2016, n° 16MA03369.

[85] Arr., 18 mars 2011, fixant les conditions de détention et d'utilisation des animaux vivants d'espèces non domestiques dans les établissements de spectacles itinérants ; NOR: DEVL1108130A ; Art. 17.

[86] V. IFAW, Jordi Casamitjana, *Classement des pays interdisant le recours aux animaux dans les cirques* ; Juillet 31, 2015 ; http://www.ifaw.org/france/actualites/classement-des-pays-interdisant-le-recours-aux-animaux-dans-les-cirques.

[87] Directive 1999/22/CE du Conseil, du 29 mars 1999, relative à la détention d'animaux sauvages dans un environnement zoologique.

biodiversité et de participation à la conservation des espèces animales[88]. L'arrêté du 25 mars 2004 susvisé s'applique aux établissements zoologiques à caractère fixe et permanent, présentant au public des spécimens vivants de la faune locale ou étrangère, pendant au minimum sept jours par an.

A. Les formalités administratives

Les parcs zoologiques et les aquariums constituent des établissements de présentation au public d'animaux sauvages au sens de l'arrêté du 10 août 2004 précité[89]. À ce titre, ils sont autorisés à détenir certaines espèces à condition d'obtenir une autorisation d'ouverture et un certificat de capacité pour le responsable de l'entretien des animaux, comme vu précédemment[90].

Les établissements zoologiques présentant au public des animaux sauvages relèvent également de la réglementation relative aux installations classées pour la protection de l'environnement (ICPE) et doivent donc obtenir une autorisation d'ouverture au titre de cette réglementation[91]. En effet, les installations fixes et permanentes de présentation au public d'animaux d'espèces non domestiques relèvent de la rubrique 2140 de la nomenclature ICPE. Par ailleurs, ces établissements doivent inclure dans l'étude d'impact et l'étude des dangers prévues à l'article R. 512-6 du Code de l'environnement, une analyse portant sur les risques pour la sécurité et la santé des personnes du fait, notamment, des animaux d'espèces considérées comme dangereuses et des activités qui s'y rapportent[92].

Sont exclus de la nomenclature les installations présentant au public des animaux d'espèces non domestiques correspondant aux activités de présentation de poissons et d'invertébrés aquatiques, les capacités cumulées des aquariums et des bassins présentés au public étant inférieures à 10 000 litres de

---

[88] Arr., 25 mars 2004, fixant les règles générales de fonctionnement et les caractéristiques générales des installations des établissements zoologiques à caractère fixe et permanent, présentant au public des spécimens vivants de la faune locale ou étrangère ; NOR: DEVN0430016A.

[89] Arr., 10 août 2004, fixant les conditions d'autorisation de détention d'animaux de certaines espèces non domestiques dans les établissements d'élevage, de vente, de location, de transit ou de présentation au public d'animaux d'espèces non domestiques ; NOR: DEVN0430298A.

[90] Pour les modalités d'octroi de ces autorisations, V. C. env., art. R. 413-2 à R. 413-23 ; Arr., 12 déc. 2000, fixant les diplômes et les conditions d'expérience professionnelle requis par l'article R. 413-5 du code de l'environnement pour la délivrance du certificat de capacité pour l'entretien d'animaux d'espèces non domestiques ; NOR:ATEN0090478A ; Circ., DNP/CFF N°2008-03, 11 avr. 2008.

[91] C. env., art. L. 512-1.

[92] Arr., 25 mars 2004, fixant les règles générales de fonctionnement et les caractéristiques générales des installations des établissements zoologiques à caractère fixe et permanent, présentant au public des spécimens vivants de la faune locale ou étrangère ; NOR: DEVN0430016A ; Art. 6.

volume total brut. Sont également exclues les activités de présentation au public d'arthropodes et d'animaux dont les espèces figurent dans la liste prévue par l'article R. 413-6 du Code de l'environnement.

B. Les dispositions relatives aux installations et aux normes de sécurité

L'exploitant a l'obligation de réduire le risque d'accident et doit, à cet effet, prendre toutes les dispositions nécessaires dans la conception, la construction et l'exploitation du zoo pour éviter les risques d'accident[93]. La présence d'au moins un secouriste est d'ailleurs obligatoire et l'établissement doit disposer d'un local de poste de secours, équipé de façon à pouvoir dispenser les premiers soins[94]. Aussi, le public doit en principe être tenu à une distance suffisante de tout lieu et de toute activité pouvant présenter un risque pour sa santé et sa sécurité. Toutefois, dans les lieux où le public a accès et où il existerait des risques pour sa sécurité en raison du non-respect des règles, des consignes de sécurité doivent être présentées de façon claire, compréhensive et répétitive. L'accès du public doit être interdit dans les bâtiments, locaux et allées de service, les lieux où sont stockés le matériel, la nourriture, les déchets et les déjections animales, sauf lors de visites accompagnées organisées par les responsables des établissements[95]. Le contact entre le public et les animaux n'est possible que si tout risque a été examiné et écarté. S'il demeure un risque, un espace de sécurité doit séparer le public des enclos et des cages[96].

Il est également prévu que l'enceinte extérieure du zoo, distincte des enclos, doit avoir une hauteur d'au moins 1,80 mètre afin d'empêcher le passage des personnes et des animaux, sauf pour les aquariums et les vivariums[97]. Précisons que, sauf en cas d'autorisation spécifique du préfet, les clôtures électriques ne doivent être utilisées qu'en complément d'un dispositif principal permettant à lui seul la contention des animaux dans leur enclos[98].

Concernant les enclos des animaux, les aptitudes de chaque espèce doivent être prises en compte lors de leur construction et les animaux ne doivent pas

---

[93] Arr., 25 mars 2004, fixant les règles générales de fonctionnement et les caractéristiques générales des installations des établissements zoologiques à caractère fixe et permanent, présentant au public des spécimens vivants de la faune locale ou étrangère ; NOR: DEVN0430016A ; Art. 6.

[94] Arr., 25 mars 2004, Art. 7.

[95] Arr., 25 mars 2004, Art. 8.

[96] Arr., 25 mars 2004, Art. 36.

[97] Arr., 25 mars 2004, fixant les règles générales de fonctionnement et les caractéristiques générales des installations des établissements zoologiques à caractère fixe et permanent, présentant au public des spécimens vivants de la faune locale ou étrangère ; NOR: DEVN0430016A ; Art. 2.

[98] Arr., 25 mars 2004, Art. 33.

pouvoir franchir l'enceinte de leur enclos[99]. De même qu'ils ne doivent pas pouvoir ouvrir la porte de leur enclos ou réduire leur efficacité. Les portes des enclos et des cages ne doivent pouvoir être ouvertes que par des personnes autorisées[100].

Afin de préserver leur tranquillité, les animaux sensibles aux perturbations occasionnées par le public doivent pouvoir s'y soustraire dans des zones ou des structures adaptées à leur espèce. En principe, le public ne doit pas avoir accès à l'ensemble du périmètre des enclos, sauf si ceux-ci sont suffisamment vastes pour que les animaux aient la possibilité de se soustraire de manière permanente aux perturbations occasionnées par le public. Si l'accès du public aux limites de l'enclos ou des cages est susceptible de perturber les animaux, un espace suffisant séparant le public des animaux doit être prévu[101]. La distribution de nourriture par les visiteurs est d'ailleurs en principe interdite, hormis le cas où elle est organisée et contrôlée par le responsable de l'établissement[102]. Le public ne doit pas non plus être autorisé à toucher les animaux sauvages, sauf si cette opération ne nuit pas à leur bien-être, à leur santé et n'entraîne pas de manipulations excessives. Elle doit de plus être dûment justifiée d'un point de vue pédagogique en permettant une meilleure connaissance des animaux[103].

L'annexe II de l'arrêté du 25 mars 2004 fixe les règles particulières applicables aux parcs où les visiteurs peuvent circuler dans les lieux où sont hébergés les animaux. En règle générale, la circulation n'est possible que si les risques sont écartés et qu'une surveillance proportionnée à la nature des risques est organisée. Aussi, la circulation ne doit occasionner aucune perturbation du bien-être des animaux. Lorsque la circulation des visiteurs se fait à l'intérieur d'un véhicule, les établissements doivent obtenir une autorisation préfectorale et l'utilisation du véhicule, et notamment sa vitesse, ne doit pas nuire à la tranquillité des animaux. Si le parc propose un contact direct avec les animaux, les véhicules doivent protéger suffisamment les visiteurs, les décapotables et deux roues étant interdits. La circulation des visiteurs à pied dans les enclos est réservée aux parcs présentant des animaux qui n'appartiennent pas à des espèces considérées comme dangereuses. Les lieux où circule le public doivent être précisément délimités et matérialisés afin de les séparer et de les distinguer des lieux réservés aux animaux.

C. Les normes minimales de bien-être animal

Les installations doivent également prendre en compte le bien-être des animaux, en respectant les impératifs biologiques de chaque espèce. Même si

[99] Arr., 25 mars 2004, Art. 31.
[100] Arr., 25 mars 2004, Art. 34.
[101] Arr., 25 mars 2004, Art. 28.
[102] Arr., 25 mars 2004, Art. 23.
[103] Arr., 25 mars 2004, Art. 40.

aucun animal sauvage ne peut exprimer ses aptitudes ou comportements naturels au sein d'une cage ou d'un enclos, l'arrêté du 25 mars 2004 prévoit toutefois que les installations d'hébergement, leurs sols et leurs équipements doivent être adaptés aux mœurs de chaque espèce, doivent garantir la sécurité des animaux et permettre aux animaux d'exprimer largement leurs aptitudes naturelles. Il est également prévu que les animaux doivent pouvoir échapper aux attitudes hostiles d'autres animaux hébergés avec eux et exprimer un comportement normal de défense ou de fuite. Les interactions agressives ou les sources de stress entre les animaux hébergés dans des lieux différents doivent être évitées, en particulier en éloignant certaines espèces les unes des autres[104].

L'article 10 de l'arrêté du 25 mars 2004 prévoit que les conditions de détention doivent permettre la satisfaction des besoins biologiques et de conservation, de la santé et d'une large expression des comportements naturels. Ainsi, la température, l'hygrométrie, la quantité et la qualité de l'éclairage et les autres paramètres physico-chimiques des milieux où sont hébergés les animaux doivent être compris dans des limites adaptées aux exigences de l'espèce. Si les animaux sont détenus en extérieur, ils doivent avoir accès à des abris leur permettant d'échapper à des conditions climatiques inadaptées à leur espèce[105]. De même, les locaux où sont hébergés les animaux, leurs équipements, les dispositifs contenant de l'eau à la disposition des animaux doivent être maintenus dans un état d'hygiène permettant de prévenir l'apparition de risques sanitaires[106].

L'alimentation des animaux doit être suffisamment abondante, saine, équilibrée et adaptée aux besoins de chaque espèce et ils doivent avoir accès en permanence à une eau saine, renouvelée fréquemment et protégée du gel[107].

Par ailleurs, les animaux appartenant à la même espèce et vivant en groupe ne doivent pas être tenus isolés sauf pour des raisons sanitaires ou de dangerosité. La cohabitation d'espèces différentes n'est possible que si elle n'entraîne aucun conflit excessif et aucun stress excessif ou permanent[108]. Les animaux doivent également être protégés de la prédation d'animaux étrangers à l'établissement[109].

Lorsque des soins doivent être apportés aux animaux, ils doivent être effectués en réduisant les sources de stress, d'inconfort et les risques de blessure. Toute intervention ou perturbation inutile doit être proscrite et il est interdit d'exciter les animaux, en présence ou non du public. Les facteurs provoquant ou favorisant les anomalies comportementales doivent être recherchés afin de mettre en œuvre les mesures nécessaires à leur correction[110].

---

[104] Arr., 25 mars 2004, Art. 27.
[105] Arr., 25 mars 2004, Art. 29.
[106] Arr., 25 mars 2004, Art. 48.
[107] Arr., 25 mars 2004, Art. 19.
[108] Arr., 25 mars 2004, Art. 11.
[109] Arr., 25 mars 2004, Art. 13.
[110] Arr., 25 mars 2004, Art. 15 et Art. 16.

L'abattage d'un animal ne peut être effectué en cas de danger que s'il est de nature à éviter la blessure d'un être humain, et seulement après l'échec de tous les autres moyens de repousser ou capturer l'animal[111].

Enfin, il est interdit de vendre ou de proposer à la vente aux visiteurs des animaux du zoo[112].

D. Les rôles attribués aux zoos : de la conservation des espèces animales à l'information du public sur la biodiversité

D'après l'arrêté du 25 mars 2004, les établissements zoologiques participeraient à la conservation des espèces animales et à l'information du public sur la biodiversité. L'enfermement des animaux sauvages dans les zoos est en effet encore aujourd'hui justifié par la nécessité de conserver les espèces. D'après l'arrêté du 25 mars 2004, les établissements participent, entre autres, « *à la reproduction en captivité, au repeuplement et à la réintroduction d'espèces dans les habitats sauvages* » et ils doivent assurer le maintien de la qualité génétique des populations hébergées[113]. Or, dans la pratique, la réintroduction dans les habitats sauvages est quasiment impossible à conduire et les effectifs réduits des reproducteurs ne peuvent que favoriser les dérives génétiques. En effet, en l'absence de compétition sélective, alimentaire, sexuelle ou territoriale maintenant le caractère de l'espèce, on assiste à une dérive génétique. Si elle ne modifie pas le code génétique, elle rend les espèces captives inaptes à retourner dans leur environnement naturel. À cela s'ajoute un problème de consanguinité, malgré les politiques d'échanges d'animaux entre zoos. On se rappelle tous du girafon Marius, âgé d'un an et demi et en parfaite santé qui avait été abattu au zoo de Copenhague parce qu'il ne présentait pas un patrimoine génétique suffisamment original[114]. Cette pratique est assez courante puisque pour lutter contre le risque de consanguinité et donc de dérive génétique de leurs animaux, les zoos peuvent opter pour la limitation des naissances, l'organisation des populations et l'euthanasie.

1. La conservation des espèces par les zoos

Le terme conservation s'entend de toutes les opérations qui contribuent à la préservation des espèces animales sauvages, que leurs populations se trouvent

---

[111] Arr., 25 mars 2004, Art. 25.

[112] Arr., 25 mars 2004, Art. 63.

[113] Arr., 25 mars 2004 fixant les règles générales de fonctionnement et les caractéristiques générales des installations des établissements zoologiques à caractère fixe et permanent, présentant au public des spécimens vivants de la faune locale ou étrangère ; NOR: DEVN0430016A ; art. 53 et 54.

[114] http://www.lemonde.fr/planete/article/2014/02/10/5-questions-sur-l-euthanasie-d-un-girafon-au-zoo-de-copenhague_4363364_3244.html#LbMiEdmMOsRMUGCM.99.

dans leur milieu naturel ou hébergées en captivité. Ces opérations concernent la recherche ayant pour objectif une meilleure connaissance des espèces, la formation pour l'acquisition de qualifications en matière de conservation, l'échange d'informations sur la conservation des espèces, ou encore, le cas échéant, la reproduction en captivité, le repeuplement et la réintroduction d'espèces dans les habitats sauvages. Ces différentes actions doivent être compatibles avec les règles visant à assurer le bien-être des animaux ainsi qu'avec les activités d'élevage et de reproduction des animaux. Pour démontrer son rôle dans la conservation des espèces animales, l'exploitant de l'établissement doit fournir au préfet, à intervalles réguliers n'excédant pas trois ans, un rapport faisant état des différentes actions entreprises[115].

Cette conservation des espèces animales serait assurée par la reproduction des espèces au sein de l'établissement ou par leur participation aux activités des programmes nationaux, européens ou internationaux d'élevage lorsque l'établissement détient des animaux des espèces concernées par ces programmes, ou encore par la diffusion d'informations. En effet, dans le but de participer à la conservation des espèces et d'assurer le maintien de la qualité génétique des populations hébergées, les établissements peuvent participer à des échanges d'animaux[116]. Ils doivent également contribuer à la diffusion des informations qu'ils détiennent en ce qui concerne l'amélioration des techniques d'élevage des animaux sauvages en captivité, des connaissances de leur biologie ou des connaissances utiles à la conservation de la diversité biologique[117]. Par ailleurs, l'exploitant doit en principe tenir à la disposition des institutions à caractère scientifique ou pédagogique les cadavres d'animaux susceptibles de présenter un intérêt particulier notamment en ce qui concerne les espèces rares, menacées ou protégées dont il importe que tous les éléments soient conservés dans les archives et collections patrimoniales[118].

Concernant les activités de reproduction, elles ne peuvent être entreprises que si les responsables de l'établissement ont l'assurance que les animaux issus de ces activités seront élevés dans des lieux et des conditions qui respectent la réglementation relative à la protection de la nature. En fonction des exigences de l'espèce, les animaux gestantes, ceux ayant mis bas et les jeunes doivent faire l'objet de soins particuliers prévenant l'apparition des maladies périnatales et les agressions des autres animaux[119]. De plus, les programmes de reproduction doivent être maîtrisés et raisonnés dans l'intérêt de la conservation des populations animales captives viables de génération en génération et doivent favoriser le maintien de la diversité génétique de ces populations, notamment

[115] Arr., 25 mars 2004, Art. 53.
[116] Arr., 25 mars 2004, Art. 54.
[117] Arr., 25 mars 2004, Art. 55.
[118] Arr., 25 mars 2004, Art. 56.
[119] Arr., 25 mars 2004, Art. 18.

en ce qui concerne les animaux des espèces protégées[120]. Les croisements interspécifiques sont en principe interdits sauf lorsqu'ils sont pertinents d'un point de vue scientifique[121].

Si des animaux sont élevés et hébergés au sein de l'établissement dans le but d'être réintroduits dans la nature, ils doivent l'être dans des conditions qui préservent leurs capacités à s'adapter au milieu dans lequel ils seront introduits. Ces conditions sont déterminées selon un protocole précis d'élevage et, le cas échéant, sont conformes aux programmes collectifs existants et font l'objet d'une validation par les autorités scientifiques compétentes en la matière. Toutefois, les animaux destinés à être introduits dans la nature ne doivent pas être susceptibles d'y apporter de perturbations de nature écologique, génétique ou sanitaire[122].

2. L'information du public sur la biodiversité

Les établissements doivent promouvoir l'éducation et la sensibilisation du public en ce qui concerne la nature, la biologie des espèces et la conservation de la diversité biologique, notamment en fournissant des renseignements sur les espèces exposées et leurs habitats naturels[123]. Ils doivent en effet fournir au minimum certaines informations relatives au sujet des espèces présentées, telles que le nom scientifique, le nom vernaculaire, les éléments permettant d'appréhender la position de l'espèce dans la classification zoologique, la répartition géographique ou encore les éléments remarquables de la biologie et l'écologie de l'espèce dans son milieu naturel[124]. Si les établissements proposent des spectacles ou des animations requérant la participation d'animaux, ils doivent contribuer à la diffusion d'informations se rapportant à la biologie de ces animaux et, le cas échéant, à la conservation de leur espèce[125].

§ 4. Les normes spécifiques s'appliquant aux établissements détenant des cétacés vivants

Depuis plusieurs années, les conditions de vie des cétacés dans les parcs aquatiques ont fait l'objet de nombreux débats, notamment depuis le documentaire Blackfish, qui dénonce leurs conditions de captivité. Ce débat est d'autant plus animé que les dauphins sont depuis longtemps considérés comme une des espèces les plus intelligentes. Une série d'études comportementales a montré que les dauphins ont des personnalités distinctes, un fort sens de soi, et

---

[120] V. C. env., Art. L. 411-1 et L. 411-2 ; Règl. n° 338 / 97 du 9 décembre 1996 , annexe A.
[121] Arr., 25 mars 2004, Art. 17.
[122] Arr., 25 mars 2004, Art. 68.
[123] Arr., 25 mars 2004, Art. 57.
[124] Arr., 25 mars 2004, Art. 58.
[125] Arr., 25 mars 2004, Art. 62.

qu'ils sont capables de se projeter dans le futur. Dans une étude, Diana Reiss, professeur de psychologie au Hunter Collège, à l'Université de New York, a montré que les Grands Dauphins pouvaient se reconnaître dans un miroir et l'utiliser pour inspecter différentes parties de leurs corps, une capacité qu'on a longtemps cru réservée aux hommes et aux grands singes[126]. D'autres études ont par ailleurs démontré que les dauphins captifs avaient la capacité d'apprendre un langage rudimentaire basé sur les signes et de résoudre des problèmes difficiles. Les dauphins vivant dans la nature sont capables de coopérer d'une manière qui implique des structures sociales complexes et un haut niveau de sophistication émotionnelle. Des chercheurs qui les observent dans leur milieu naturel ont ainsi découvert que les dauphins coopèrent avec une précision militaire pour encercler des bans de poissons et les manger, ou encore que les dauphins vivant sur les côtes de l'Ouest de l'Australie ont appris à maintenir des éponges sur leurs rostres pour le protéger lorsqu'ils cherchent des poissons enfouis dans le sol marin[127].

En 2013, l'Inde a accordé aux dauphins le statut de personnes non humaines jouissant de droits, notamment de celui de ne pas être soumis à une forme d'exploitation commerciale quelconque.

En Europe, douze pays ont déjà renoncé aux delphinariums[128]. En France métropolitaine, 27 dauphins et 4 orques vivent encore en captivité dans trois delphinariums que sont le parc Astérix dans l'Oise, Planète sauvage en Loire-Atlantique et Marineland à Antibes. Mais cette situation ne devrait pas perdurer. En effet, le nouvel arrêté du 3 mai 2017 fixant les nouvelles conditions de captivité des cétacés dans les delphinariums signe la fin des delphinariums en France[129]. Ce nouvel arrêté, qui abroge et remplace l'arrêté du 24 août 1981[130], prévoit que, pour assurer la protection des espèces, améliorer le bien-être et supprimer la souffrance animale, la détention en captivité de spécimens de cétacés est interdite, à l'exception des spécimens de l'espèce Orcinus orca et de l'espèce Tursiops truncatus régulièrement détenus à la date d'entrée en vigueur du texte au sein d'établissements dûment autorisés sur le territoire national.

Par ailleurs, le nouveau texte prévoit diverses mesures d'amélioration des conditions de vie des spécimens de ces cétacés actuellement détenus,

---

[126] Reiss, D. & Marino, L. (2001). *Mirror self-recognition in the bottlenose dolphin: A case of cognitive convergence.* PNAS, 98, 5937-3942.

[127] Quentin Mauguit, *Un jour, un dauphin a inventé la technique de l'éponge protectrice…*, Futura, 25/10/2012, http://www.futura-sciences.com/planete/actualites/zoologie-jour-dauphin-invente-technique-eponge-protectrice-42115/.

[128] Autriche, Chypre, la République tchèque, l'Estonie, la Hongrie, la Lettonie, le Luxembourg, la Pologne, la République d'Irlande, la Slovaquie, la Slovénie et le Royaume-Uni.

[129] Arr., 3 mai 2017 fixant les caractéristiques générales et les règles de fonctionnement des établissements présentant au public des spécimens vivants de cétacés ; NOR: DEVL1701628A.

[130] Arr., 24 août 1981, relatif aux règles de fonctionnement, au contrôle et aux caractéristiques auxquelles doivent satisfaire les installations abritant des cétacés vivants .

notamment la réalisation de travaux et l'interdiction de l'utilisation des produits chlorés. Il prévoit également l'interdiction des contacts directs entre le public et les animaux ainsi que les immersions du public dans les bassins hébergeant des cétacés et enfin, l'interdiction de la reproduction, en captivité, des dauphins et des orques. Les trois centres aquatiques hébergeant en France des dauphins ou des orques ont demandé au juge des référés du Conseil d'État, statuant selon la procédure prévue à l'article L. 521-1 du code de justice administrative d'en suspendre l'exécution. Par l'ordonnance du 1er août 2017, le juge des référés du Conseil d'état a suspendu l'application de la mesure interdisant l'utilisation de produits chlorés dans un délai de six mois à compter de son entrée en vigueur[131]. Le Conseil d'État doit encore se prononcer sur le fond du texte. La question sera alors de savoir si la juridiction suprême confirme cet arrêté qui prévoit l'interdiction de la captivité de dauphins et d'orques sur le territoire français à l'exception de ceux actuellement détenus.

A. La règlementation relative aux installations accueillant des cétacés

La réglementation relative aux établissements de présentation au public des animaux de la faune locale ou étrangère s'applique aux delphinariums. Par conséquent, ces delphinariums doivent obtenir les autorisations préfectorales d'ouverture prévues à l'article L. 413-3 du Code de l'environnement et le responsable de l'entretien des animaux doit être titulaire d'un certificat de capacité délivré en application de l'article L. 413-2 du Code de l'environnement.

Aux termes de l'arrêté du 3 mai 2017, les établissements hébergeant des cétacés doivent disposer d'installations permettant aux animaux d'exprimer leurs besoins physiologiques et comportementaux, de recevoir le cas échéant les soins vétérinaires, de se soustraire à la proximité des visiteurs et de leurs congénères, tout ceci en assurant la sécurité des personnes et des animaux. Les installations dans lesquelles sont hébergés les animaux doivent permettre à ceux-ci de s'ébattre et de sauter sans risque de toucher le fond du bassin, de s'isoler du public ou de leurs congénères, d'être isolés en cas de besoin et de se soustraire au rayonnement lumineux en cas de fort ensoleillement. Pour les spécimens de l'espèce Orcinus orca, l'établissement doit disposer d'un ensemble d'au moins cinq bassins tous interconnectés entre eux et pour les spécimens de l'espèce Tursiops truncatus, il doit disposer d'un ensemble d'au moins trois bassins interconnectés entre eux. L'espace total minimal disponible pour chaque espèce de cétacés détenue doit tenir compte du nombre de spécimens et de la taille adulte moyenne d'un spécimen pour l'espèce concernée.

Aussi, conformément aux prescriptions de l'article 11 de l'arrêté du 25 mars 2004 modifié, les cétacés ne doivent pas être hébergés individuellement, sauf

---

131 http://www.conseil-etat.fr/Actualites/Communiques/Etablissements-presentant-au-public-des-specimens-de-cetaces.

temporairement pour des raisons médicales, sanitaires ou de conflits sociaux, et après avis du titulaire du certificat de capacité de l'établissement.

Dans un délai de trois ans à compter de la date d'entrée en vigueur du nouvel arrêté, les parcs devront augmenter la taille des bassins, pour avoir une surface minimale de 3 500 mètres carrés pour les orques, et de 2 000 mètres carrés pour les dauphins, contre 800 mètres carrés pour l'ensemble des cétacés sous l'ancienne législation de 1981. Quant à la profondeur, elle doit au moins atteindre, sur la moitié de la superficie totale, 11 mètres pour la première espèce et 6 mètres pour la seconde.

Par ailleurs, les delphinariums devront comporter des enrichissements de bassins, tels que des courants, des vagues ou encore des cascades, pour éviter l'ennui et la frustration des animaux ainsi que des zones d'ombre.

B. La réglementation relative aux cétacés

Contrairement à l'arrêté de 1981 qui ne prévoyait aucun nombre maximum de spécimens par espèces qui pouvait être détenues par un même établissement, l'arrêté du 3 mai 2017 dispose que les spécimens d'une même espèce sont hébergés en groupe d'au moins 3 spécimens pour l'espèce Orcinus orca et d'au moins 6 spécimens pour les spécimens de l'espèce Tursiops truncatus.

L'apprentissage des animaux n'est autorisé que s'il concourt à leur bien-être, s'il est inclus dans les présentations au public ou programmes pédagogiques, s'il contribue à établir des contacts sécurisés entre les hommes et les animaux et s'il est utilisé dans la réalisation et la mise en place de protocoles scientifiques et examens vétérinaires. Il doit comporter des exercices physiques, une stimulation mentale adaptée à chaque individu et participe à la valorisation de comportements coopératifs spontanément émis par les animaux.

La nouvelle réglementation interdit également, dans un délai de six mois à compter de l'entrée en vigueur, l'échouage des animaux pour les spectacles, les présentations nocturnes, les effets sonores et lumineux pouvant entraîner du stress pour les animaux et les contacts directs entre le public et les cétacés.

Précisons que seule la détention de spécimens de cétacés nés et élevés en captivité est autorisée. En effet, l'arrêté du 1er juillet 2011[132] fixant la liste des mammifères marins protégés sur le territoire national et les modalités de leur protection, interdit, d'une part, la capture dans les eaux marines sous souveraineté et sous juridiction française de certains cétacés dont la liste figure à l'article 2 de l'arrêté et, d'autre part, la détention, le transport, la vente, l'achat ou encore l'utilisation commerciale ou non de ces spécimens de cétacés, lorsqu'ils ont été prélevés dans le milieu naturel du territoire national et dans les eaux marines sous souveraineté et sous juridiction française après le 1er octobre

---

[132] Arr., 1er juill. 2011 fixant la liste des mammifères marins protégés sur le territoire national et les modalités de leur protection ; NOR: DEVL1110724A.

1995 ou du territoire européen, et dans les eaux marines sous souveraineté et sous juridiction des autres États membres de l'Union européenne, après la date d'entrée en vigueur de la directive du 21 mai 1992[133].

Par ailleurs, le règlement européen mettant en œuvre la convention sur le commerce international des espèces de faune et de flore sauvages menacées d'extinction (CITES) dans la Communauté européenne interdit l'introduction de cétacés dans la Communauté à des fins essentiellement commerciales[134].

Aussi, les espèces de cétacés sont inscrites en Annexe I ou II de la Convention sur le Commerce international des Espèces menacées (CITES) du 3 mars 1973. Ainsi, le commerce des espèces de dauphins inscrites à l'annexe I de la Convention, telles que les espèces Orcaella brevirostris, Orcaella heinsohni et Sotalia spp, n'est pas autorisé, d'une part, lorsque l'importation a un but principalement commercial ou est considérée comme nuisant à la survie de l'espèce et d'autre part, lorsque l'exportation est considérée comme nuisant à la survie de l'espèce ou les spécimens ont été obtenus illégalement ou le destinataire n'est pas correctement équipé pour abriter et prendre soin des animaux. Le commerce des espèces de cétacés inscrites à l'Annexe II de la Convention est autorisé à certaines conditions. Ainsi, l'exportation ne doit pas nuire à la survie de l'espèce et les animaux doivent avoir été obtenus et exportés légalement. Le pays d'importation n'est toutefois pas tenu de délivrer un permis d'importation.

---

[133] Directive (CEE) n° 92/43 du Conseil du 21 mai 1992 concernant la conservation des habitats naturels ainsi que de la faune et de la flore sauvages.

[134] Règlement (CE) no 338/97 du Conseil du 9 décembre 1996 relatif à la protection des espèces de faune et de flore sauvages par le contrôle de leur commerce.

Je crois que l'évolution spirituelle implique, à un certain moment, d'arrêter de tuer les êtres vivants que sont les animaux, simplement pour satisfaire nos désirs physiques.

Mahatma Gandhi
Dirigeant politique, Prix Nobel (1869 – 1948)

CINQUIÈME PARTIE

LES ANIMAUX DE LA FAUNE SAUVAGE

Chapitre 1. La protection des espèces de la faune sauvage

Les animaux sauvages sont ceux qui ne sont ni apprivoisés ni tenus en captivité et qui vivent à l'état naturel. Ils ne font l'objet d'aucun droit de propriété et sont considérés par le droit comme des *res nullius*. Seules certaines espèces animales sauvages reçoivent une protection juridique, tant au niveau national, qu'européen ou international. Parmi les espèces de la faune sauvage, on distingue les espèces classées nuisibles, qui ne reçoivent aucune protection juridique, des espèces menacées et des espèces protégées qui font l'objet de différentes mesures de protection. Ces mesures peuvent s'étendre à leurs habitats pour lesquels la réglementation peut prévoir des interdictions de destruction, de dégradation et d'altération. Aussi, afin de préserver les milieux naturels, différents espaces dits protégés existent, comme les sites Natura 2000, les parcs nationaux et régionaux ou encore les réserves naturelles. La réglementation de ces espaces protégés ne sera pas étudiée dans le cadre de cet ouvrage. Le commerce international de certaines espèces protégées fait également l'objet d'une réglementation stricte. Cependant, la protection de la faune sauvage, relative à la conservation de certaines espèces est généralement basée, non pas sur l'intérêt de l'animal lui-même, mais sur celui de la gestion de la biodiversité et des stocks cynégétiques ou halieutiques. Ainsi, la réglementation ne protège les espèces animales non domestiques que si un intérêt scientifique particulier est en jeu ou s'il existe des nécessités de conserver le patrimoine biologique.

Au niveau international, les oiseaux ont été les premiers à recevoir une protection à travers la Convention internationale de protection des espèces sauvages du 19 mars 1902 relative à la protection des oiseaux utiles pour l'agriculture, tels que les insectivores, de nombreux passereaux et les rapaces nocturnes à l'exception du grand-duc. Puis avec l'adoption, le 23 novembre 1972, de la Convention de l'UNESCO relative à la protection du patrimoine mondial culturel et naturel est née l'idée que l'humanité a le devoir de protéger le monde du vivant. Ce texte fondateur, dépourvu de valeur normative, affirme pour la première fois que la variété des espèces animales et végétales est une richesse commune de l'humanité dont la préservation doit être intégrée à tout effort de planification économique. La valeur intrinsèque de la diversité biologique ne sera reconnue qu'en 1992, avec l'adoption de la Convention sur la diversité biologique. D'autres Conventions internationales relatives à la protection des espèces sauvages ont été adoptées, comme la Convention de Bonn du 22 juin 1979 relative aux espèces migratrices, la Convention de Berne du 19 septembre 1979 relative à la conservation et à la préservation de la faune et de la flore sauvages et de leurs habitats naturels en Europe ou encore la Convention signée à Washington le 3 mars 1973 relative au commerce international des espèces de faune et de flore menacée d'extinction (CITES).

L'apport du droit de l'Union européenne relatif à la protection des animaux sauvages a également été essentiel et a abouti à une modification de notre droit national, notamment en raison de l'influence des directives 74/409 du 2 avril 1979 relatif à la protection des oiseaux sauvages et de la Directive 92/43 du 21 mai 1992 concernant la conservation des habitats naturels de la faune et de la flore.

En France, la protection de l'animal sauvage a été marquée par la loi du 10 juillet 1976 sur la protection de la nature. Elle énonce notamment que la protection des espèces animales et végétales, de la diversité et des équilibres biologiques est d'intérêt général. Les mesures de protection consistent principalement à interdire ou soumettre à autorisation certaines activités pouvant porter atteinte à la faune sauvage ou à interdire ou soumettre à autorisation l'introduction dans le milieu naturel d'espèces non indigènes.

L'évolution du droit de la faune sauvage est allée de pair avec une prise de conscience de la nécessité d'assurer une gestion des espèces qui soit conciliable avec des intérêts particuliers ou économiques. La protection des animaux sauvages peut être soit directe, c'est-à-dire qui vise à protéger l'espèce animale dont l'individu animal fait partie, soit indirecte, lorsque les mesures adoptées visent à protéger d'autres éléments de la biodiversité, comme les habitats.

Section 1. La protection directe des espèces protégées

L'article L. 411-1 du Code de l'environnement prévoit un système de protection stricte des espèces de la faune et de la flore sauvages dont les listes sont fixées par arrêtés ministériels. Il est notamment interdit de les capturer, de les transporter, de les perturber intentionnellement ou de les commercialiser.

§ 1. Les espèces animales concernées par la réglementation

La législation relative à la protection de la faune ne vise pas toutes les espèces animales. D'une part, ne sont concernés que les animaux non domestiques, c'est-à-dire ceux qui n'ont pas subi de modifications par sélection de la part de l'homme[1] et qui ne figurent pas sur la liste des espèces, races ou variétés d'animaux domestiques de l'arrêté interministériel du 11 août 2006. D'autre part, les espèces animales non domestiques bénéficiant d'une

---

[1] C. env., art. R. 411-5.

protection doivent figurer sur des listes établies par arrêté conjoint du ministre chargé de la protection de la nature et soit du ministre chargé de l'Agriculture, soit, lorsqu'il s'agit d'espèces marines, du ministre chargé des Pêches maritimes[2]. L'article R. 411-3 du Code de l'environnement prévoit également que, pour chaque espèce, ces arrêtés doivent préciser la nature des interdictions mentionnées aux articles L. 411-1 et L. 411-3 du Code de l'environnement qui sont applicables, ainsi que la durée de ces interdictions, les parties du territoire et les périodes de l'année où elles s'appliquent.

Trois arrêtés du 23 avril 2007 fixent la liste des mammifères, des insectes et des mollusques protégés sur le territoire national[3]. L'arrêté du 29 octobre 2009 fixe la liste des oiseaux protégés[4], la liste des amphibiens et des reptiles protégés est fixée par l'arrêté du 19 novembre 2007[5]. Certains insectes sont également protégés sur le territoire national, d'autres le sont uniquement en île de France[6]. Les animaux des espèces marines ne sont pas oubliés, puisque l'arrêté du 1er juillet 2011 fixe la liste des mammifères marins protégés[7], l'arrêté du 20 décembre 2004 est relatif aux animaux de la faune marine protégés[8], l'arrêté du 8 décembre 1988 fixe la liste des espèces de poissons protégées[9] et l'arrêté du 21 juillet 1983 est relatif à la protection des écrevisses autochtones. Enfin, l'arrêté du 14 octobre 2005 établit la liste des tortues marines protégées[10]. À titre d'exemple, la destruction ou l'enlèvement des œufs ainsi que la destruction, l'altération ou la dégradation des milieux particuliers, et notamment des lieux de reproduction, désignés par arrêté préfectoral, des poissons de certaines espèces,

---

[2] C. env., art. R. 411-1.

[3] Arr., 23 avr. 2007 fixant la liste des mammifères terrestres protégés sur l'ensemble du territoire et les modalités de leur protection ; NOR: DEVN0752752A ; Arr., 23 avr. 2007 fixant les listes des mollusques protégés sur l'ensemble du territoire et les modalités de leur protection ; NOR: DEVN0752758A ; Arr., 23 avr. 2007 fixant les listes des insectes protégés sur l'ensemble du territoire et les modalités de leur protection ; NOR: DEVN0752762A.

[4] Arr., 29 oct. 2009 fixant la liste des oiseaux protégés sur l'ensemble du territoire et les modalités de leur protection ; NOR: DEVN0914202A.

[5] Arr., 19 nov. 2007 fixant les listes des amphibiens et des reptiles protégés sur l'ensemble du territoire et les modalités de leur protection ; NOR: DEVN0766175A.

[6] Arr., 23 avr. 2007 fixant les listes des insectes protégés sur l'ensemble du territoire et les modalités de leur protection ; NOR: DEVN0752762A ; Arrêté du 22 juillet 1993 relatif à la liste des insectes protégés en région Ile-de-France complétant la liste nationale ; NOR: ENVN9320306A.

[7] Arr., 1er juill. 2011 fixant la liste des mammifères marins protégés sur le territoire national et les modalités de leur protection ; NOR: DEVL1110724A.

[8] Arr., 20 déc. 2004 fixant la liste des animaux de la faune marine protégés sur l'ensemble du territoire ; NOR: DEVN0540000A.

[9] Arr., 8 déc. 1988 fixant la liste des espèces de poissons protégées sur l'ensemble du territoire national ; NOR: PRME8861195A.

[10] Arr., 14 oct. 2005 fixant la liste des tortues marines protégées sur le territoire national et les modalités de leur protection ; NOR: DEVN0540395A.

telle que le saumon atlantique, les truites ou encore le brochet sont interdits en tout temps et sur tout le territoire national[11].

Précisons également que certaines de ces espèces protégées sur le territoire national le sont également en application des directives européennes dites Oiseaux et Habitats-Faune-Flore[12]. Ainsi, la directive Oiseaux interdit les activités qui menacent directement les oiseaux, comme la mise à mort ou la capture intentionnelle, la destruction des nids et l'enlèvement des œufs ainsi que les activités corollaires telles que le commerce des oiseaux morts ou vivants[13]. Si la France a intégré cette directive au sein de sa réglementation, il n'en demeure pas moins qu'elle ne cesse d'être condamnée par l'Union européenne pour violation des dispositions de la Directive. La Commission européenne a ainsi formé, en décembre 2016, un recours contre la France devant la Cour de justice de l'Union européenne afin de mettre fin aux violations persistantes de la législation relative à la protection des oiseaux sauvages, et notamment du bruant ortolan, espèce d'oiseau migrateur dont la population est en déclin en Europe. Malgré les engagements pris antérieurement par les autorités françaises, les pratiques illégales liées à la mise à mort ou à la capture intentionnelle du bruant ortolan se poursuivent.

Toutes les espèces figurant sur ces différentes listes sont concernées par certaines des interdictions visées à l'article L. 411-1 du Code de l'environnement, sauf si une dérogation est accordée.

§ 2. Les activités interdites

A. Des interdictions visant une protection intégrale

Aux termes de l'article L. 411-1 du Code de l'environnement, dès lors qu'un intérêt scientifique particulier ou que les nécessités de la préservation du patrimoine biologique justifient la conservation d'espèces animales non domestiques, sont interdits la destruction ou l'enlèvement des œufs ou des nids, la mutilation, la destruction, la capture ou l'enlèvement, la perturbation intentionnelle et la naturalisation d'animaux de ces espèces. Sont également interdits, qu'ils soient vivants ou morts, le transport de ces animaux, leur colportage, leur utilisation, leur détention, leur mise en vente, leur vente ou leur achat.

Le fait de porter atteinte à la conservation d'espèces animales non domestiques, à l'exception des perturbations intentionnelles, constitue un délit puni de deux ans d'emprisonnement et de 150 000 € d'amende. La tentative de

---

[11] Arr., 8 déc. 1988 fixant la liste des espèces de poissons protégées sur l'ensemble du territoire national ; NOR: PRME8861195A.

[12] Directive 92/43/CEE du Conseil, du 21 mai 1992, concernant la conservation des habitats naturels ainsi que de la faune et de la flore sauvages.

[13] Directive 79/409/CEE du Conseil, du 2 avril 1979, concernant la conservation des oiseaux sauvages.

ces délits est punie des mêmes peines. L'amende est doublée lorsque les infractions visées sont commises dans le cœur d'un parc national ou dans une réserve naturelle[14].

L'état de nécessité et l'erreur ne constituent pas une cause d'irresponsabilité. Par conséquent, un chasseur qui abat un bouquetin alors qu'il croyait tirer sur un chamois commet une imprudence fautive, la confusion qu'il prétend avoir faite ne pouvant le disculper[15]. Aussi, le délit d'atteinte à une espèce protégée est réalisé dans le cas du tir de tadornes de Belon pris par le chasseur pour des canards chassables, la seule erreur ne pouvant être invoquée dès lors que la pratique de la chasse impose d'identifier le gibier avant de faire feu[16].

Le fait de perturber de manière intentionnelle des espèces animales non domestiques protégées au titre de l'article L. 411-1 du Code de l'environnement est puni de l'amende prévue pour les contraventions de la quatrième classe.

B. L'octroi de dérogations à ces interdictions

Des dérogations aux interdictions de l'article L. 411-1 du Code de l'environnement peuvent être délivrées, à condition qu'il n'existe pas d'autre solution satisfaisante et que la dérogation ne nuise pas au maintien dans un état de conservation favorable des populations des espèces concernées dans leur aire de répartition naturelle[17]. Ces dérogations peuvent par exemple être délivrées pour prévenir des dommages importants notamment aux cultures, à l'élevage, aux forêts, aux pêcheries, aux eaux et à d'autres formes de propriété, à des fins de recherche et d'éducation, de repeuplement et de réintroduction de ces espèces ou encore pour la prise ou la détention d'un nombre limité et spécifié de certains spécimens[18].

En principe, ces dérogations sont accordées par le préfet[19]. Par exception, elles sont délivrées par le ministre chargé de la protection de la nature lorsqu'elles concernent des opérations à des fins de recherche et d'éducation conduites sur le territoire de plus de dix départements par des personnes morales placées sous la tutelle ou le contrôle de l'État ou lorsqu'elles concernent des animaux appartenant à une espèce de vertébrés protégée, menacée d'extinction en France et dont l'aire de répartition excède le territoire d'un département[20].

---

[14] C. env., art. L. 415-3.

[15] Crim., 20 mars 2001, n°00-87439.

[16] Crim. 18 sept. 1997, n°96-85939.

[17] C. env., art. L. 411-2, 4°.

[18] V. Arr., 19 févr. 2007 fixant les conditions de demande et d'instruction des dérogations définies au 4° de l'article L. 411-2 du code de l'environnement portant sur des espèces de faune et de flore sauvages protégées ; NOR: DEVN0700160A.

[19] C. env., art. R. 411-6.

[20] C. env., art. R. 411-7 et R. 411-8.

Par exemple, un arrêté du 13 février 2015 fixe les conditions dans lesquelles des dérogations à l'interdiction de destruction de spécimens de certaines espèces animales protégées peuvent être accordées par les préfets pour assurer la sécurité aérienne. Parmi les espèces animales protégées et concernées par cet arrêté on retrouve la mouette rieuse, le goéland argenté, le grand cormoran ou encore le héron cendré[21]. La dérogation accordée par le préfet doit préciser les espèces et le nombre maximal de spécimens pouvant être détruits. Ces mesures de destruction par tirs sont effectuées par le personnel pouvant justifier des formations prévues par l'arrêté du 10 avril 2007 et lorsque les risques persistent malgré la mise en œuvre préalable des mesures de prévention[22]. Il existe également des mesures d'accompagnement visant à limiter l'attractivité de ces terrains pour les oiseaux par exemple le traitement des parties herbeuses ou la gestion des zones humides.

Des arrêtés ont également été pris pour autoriser la destruction d'un certain nombre de loups, espèce protégée en France[23]. L'arrêté du 30 juin 2015 fixe les conditions et le nombre de dérogations aux interdictions de destruction de loups qui peuvent être accordées par les préfets en vue de la protection des troupeaux domestiques[24]. Le nombre maximum de spécimens de loups, qu'ils soient mâles ou femelles, jeunes ou adultes, dont la destruction est autorisée est fixé chaque année par arrêté ministériel. Ce nombre a été fixé à trente-six pour la période 2016-2017[25]. Deux autres arrêtés avaient été pris, autorisant à chaque fois l'élimination de deux spécimens supplémentaires. Pour l'année 2017-2018, le nombre maximum de loups dont la destruction pourra être autorisée a été fixé à quarante loups[26].

---

[21] Arr., 13 février 2015 fixant les conditions et limites dans lesquelles des dérogations à l'interdiction de destruction de spécimens de certaines espèces animales protégées peuvent être accordées par les préfets pour assurer la sécurité aérienne ; NOR: DEVL1414190A; JORF n°0055 du 6 mars 2015 page 4212.

[22] Arr., 10 avr. 2007 relatif à la prévention du péril animalier sur les aérodromes ; NOR: EQUA0700114A.

[23] Arr. 23 avril 2007 fixant la liste des mammifères terrestres protégés sur l'ensemble du territoire et les modalités de leur protection ; NOR: DEVN0752752A.

[24] Arr., 30 juin 2015 fixant les conditions et limites dans lesquelles des dérogations aux interdictions de destruction peuvent être accordées par les préfets concernant le loup (Canis lupus) ; NOR: DEVL1512754A ; V. Arr., 30 juin 2014 fixant la liste des départements dans lesquels peuvent être délimitées les unités d'action prévues par l'arrêté du 15 mai 2013 fixant les conditions et limites dans lesquelles des dérogations aux interdictions de destruction peuvent être accordées par les préfets concernant le loup (Canis lupus) ; NOR: DEVL1414188A.

[25] Arr., 5 juill. 2016 fixant le nombre maximum de spécimens de loups (Canis lupus) dont la destruction pourra être autorisée pour la période 2016-2017 ; NOR : DEVL1614781A.

[26] Arr., 18 juill. 2017, fixant le nombre maximum de spécimens de loups (Canis lupus) dont la destruction pourra être autorisée pour la période 2017-2018 ; NOR: TREL1715012A ; JO 20 juill.

§ 2. Les activités soumises à autorisation

A. Les autorisations pour la détention, le commerce ou l'utilisation de certaines espèces

Selon l'article L. 412-1 du Code de l'environnement, la production, la détention, la cession à titre gratuit ou onéreux, l'utilisation, le transport, l'introduction quelle qu'en soit l'origine, l'importation sous tous régimes douaniers, l'exportation, la réexportation de tout ou partie d'animaux d'espèces non domestiques et de leurs produits dont la liste est fixée par arrêtés doivent faire l'objet d'une autorisation[27]. La loi n° 2016-1097 du 8 août 2016 a modifié le système de l'autorisation et, depuis le 8 février 2017, ces activités sont soumises soit à autorisation soit à simple déclaration suivant « la gravité de leurs effets sur l'état de conservation des espèces concernées et des risques qu'ils présentent pour la santé, la sécurité et la salubrité publiques »[28].

La liste est fixée après avis du Conseil national de la protection de la nature par arrêtés conjoints du ministre chargé de la protection de la nature et, si besoin, du ou des ministres compétents en fonction de l'activité concernée. Les arrêtés précités du 23 avril 2007 fixant la liste des mammifères, insectes et mollusques protégés ont été adoptés sur le double fondement des articles L. 411-1 et L. 412-1 du Code de l'environnement. Aussi, ont été adoptés sur le fondement de l'article L. 412-1 du Code de l'environnement l'arrêté du 20 décembre 1983 relatif à la commercialisation de certaines espèces d'oiseaux et l'arrêté du 30 juin 1998 fixant les modalités d'application de la convention sur le commerce international des espèces de la faune et de la flore sauvages menacées d'extinction[29]. Ainsi, sont soumises à l'autorisation prévue à l'article L. 412-1 du Code de l'environnement l'introduction en provenance d'un territoire n'appartenant pas à l'Union européenne, l'exportation et la réexportation hors de l'Union européenne de spécimens des espèces figurant aux annexes A et B du Règlement européen n° 338/97 du 9 décembre 1996 relatif à la protection des espèces de la faune et de la flore sauvages par le contrôle de leur commerce. L'exportation et la réexportation hors de l'Union européenne de spécimens des espèces figurant à l'annexe C de ce règlement

---

[27] V. par ex. : Arr., 28 mai 1997 soumettant à autorisation la détention et l'utilisation sur le territoire national d'ivoire d'éléphant par des fabricants ou des restaurateurs d'objets qui en sont composés et fixant des dispositions relatives à la commercialisation des spécimens ; NOR: ENVN9760134A.

[28] Loi n°2016-1097, 8 aout 2016 pour la reconquête de la biodiversité, de la nature et des paysages ; NOR: DEVL1400720L, art. 153.

[29] Arr., 30 juin 1998 fixant les modalités d'application de la convention sur le commerce international des espèces de faune et de flore sauvages menacées d'extinction et des règlements (CE) n° 338/97 du Conseil européen et (CE) n° 939/97 de la Commission européenne ; NOR: ATEN9870251A.

sont également soumises à autorisation[30]. La détention en vue de la vente, le transport en vue de la vente, la mise en vente, la vente, l'achat, l'acquisition à des fins commerciales, l'exposition à des fins commerciales, l'utilisation dans un but lucratif des spécimens des espèces figurant à l'annexe A du Règlement du 9 décembre 1996 précité sont également soumis à l'autorisation prévue à l'article L. 412-1 du Code de l'environnement. Toutefois, cette autorisation ne sera accordée que si les spécimens remplissent certaines conditions[31].

Les modalités de délivrance de cette autorisation sont visées aux articles R. 412-1 à R. 412-6 du Code de l'environnement. L'autorisation est délivrée par le préfet et est strictement individuelle et incessible[32]. Elle peut être assortie de conditions particulières dont le non-respect permet sa suspension ou sa révocation.

Par ailleurs, lorsque les arrêtés ministériels le prévoient, les établissements qui élèvent, louent, vendent ou présentent au public des animaux d'espèces non domestiques et qui ont obtenus l'autorisation requise par l'article L. 413-3 du Code de l'environnement, peuvent être dispensés de l'autorisation prévue par l'article L. 412-1 de ce code[33].

Le non-respect des prescriptions de l'article L. 412-1 du Code de l'environnement constitue un délit puni de deux ans d'emprisonnement et de 150 000 € d'amende[34].

B. Les autorisations de ramassage ou de capture d'animaux

En vertu de l'article R. 412-8 du Code de l'environnement le ramassage, la capture et la cession de certaines espèces non domestiques ou de leurs produits figurant sur une liste arrêtée par le ministre chargé de la protection de la nature, peuvent être interdits ou autorisés dans certaines conditions sur tout ou partie du territoire et pour des périodes déterminées. Ces arrêtés doivent être, à la diligence du préfet, affichés dans chacune des communes concernées, publiés au recueil des actes administratifs et publiés dans deux journaux régionaux ou locaux diffusés dans tout le département[35]. Les espèces marines ne sont pas soumises à ces interdictions ou autorisations de ramassage ou de capture[36].

---

[30] Arr., 30 juin 1998 fixant les modalités d'application de la convention sur le commerce international des espèces de faune et de flore sauvages menacées d'extinction et des règlements (CE) n° 338/97 du Conseil européen et (CE) n° 939/97 de la Commission européenne ; NOR: ATEN9870251A ; Art. 2.

[31] Arr., 30 juin 1998 fixant les modalités d'application de la convention sur le commerce international des espèces de faune et de flore sauvages menacées d'extinction et des règlements (CE) n° 338/97 du Conseil européen et (CE) n° 939/97 de la Commission européenne ; NOR: ATEN9870251A ; Art. 3.

[32] V. Crim. 23 févr. 1999, n° 98-83.171.

[33] C. env., art. R. 412-5.

[34] C. env., art. L. 415-3.

[35] C. env., art. R. 412-9.

[36] C. env., art. R. 412-10.

C'est ainsi que le ramassage de certaines espèces d'escargots peut être soumis à autorisation ou interdit, dans chaque département, par un arrêté préfectoral permanent ou temporaire, qui fixe par espèces nommément désignées, l'étendue du territoire concerné, la période d'application de l'autorisation ou de l'interdiction, les conditions d'exercice du ramassage et de la cession, ainsi que la qualité des bénéficiaires des autorisations[37].

L'inobservation de ces prescriptions relatives au ramassage et à la cession des espèces désignées en application de l'article R. 412-8 du Code de l'environnement constitue une contravention de la quatrième classe[38].

C. La réglementation de la chasse photographique

La recherche et l'approche des animaux non domestiques pour la prise de vues ou de sons peuvent être réglementées soit dans le périmètre des cœurs des parcs nationaux, des réserves naturelles et des réserves nationales de chasse, soit à l'égard des espèces protégées au titre de l'article L. 411-1 du Code de l'environnement, pendant les périodes ou dans les circonstances où ces espèces sont particulièrement vulnérables, sur tout ou partie du territoire national, y compris le domaine public maritime et les eaux territoriales[39].

Ainsi, des arrêtés peuvent interdire, espèce par espèce, la prise de vues ou de sons pendant les périodes ou dans les circonstances où ces espèces non domestiques sont particulièrement vulnérables ou l'usage de certains procédés de recherche ou d'engins, instruments ou matériels pour la prise de vues ou de sons, de nature à nuire à la survie de ces animaux. Toutefois, des dérogations à ces interdictions peuvent être accordées, par autorisation spéciale et individuelle, dans l'intérêt de la recherche ou de l'information scientifique[40].

L'inobservation des prescriptions édictées sur le fondement des articles R. 411-19 et suivants du Code de l'environnement est punie de l'amende prévue pour les contraventions de la troisième classe[41].

Section 2. La protection indirecte des espèces

§ 1. La protection des espèces contre l'introduction des espèces exogènes

Les espèces exotiques envahissantes constituent l'une des principales menaces qui pèsent sur la biodiversité. Les risques que présentent ces espèces

---

[37] Arr., 24 avr. 1979 fixant la liste des escargots dont le ramassage et la cession à titre gratuit ou onéreux peuvent être interdits ou autorisés.

[38] C. env., art. R. 415-3.

[39] C. env. art. R. 411-19.

[40] C. env., art. R. 411-20.

[41] C. env., art. R. 415-2.

peuvent être accrus notamment par l'intensification des échanges mondiaux, des transports, du tourisme et du changement climatique. L'apparition d'une espèce exogène peut entrainer plusieurs types de désordres sur la biodiversité et sur les espèces indigènes. Elle peut être à l'origine d'une modification des habitats, créer une concurrence entre les espèces, transmettre des pathologies, ou encore remplacer des espèces indigènes sur une part importante de leur aire de répartition. Le règlement (UE) n° 1143/2014 du Parlement européen et du Conseil du 22 octobre 2014 relatif à la prévention et à la gestion de l'introduction et de la propagation des espèces exotiques envahissantes estime que sur les 12 000 espèces exotiques présentes dans l'environnement de l'Union, 10 à 15 % d'entre elles environ sont considérées comme envahissantes.

Le Règlement fixe des règles visant à prévenir, à réduire au minimum et à atténuer les effets néfastes sur la biodiversité de l'introduction et de la propagation au sein de l'Union, qu'elles soient intentionnelles ou non intentionnelles, de ces seules espèces exotiques considérées comme envahissantes. Le Règlement européen définit une espèce exotique comme tout spécimen vivant d'une espèce, d'une sous-espèce ou d'un taxon de rang inférieur d'animaux, de végétaux, de champignons ou de micro-organismes introduit en dehors de son aire de répartition naturelle, y compris toute partie, gamète, semence, œuf ou propagule de cette espèce, ainsi que tout hybride ou toute variété ou race susceptible de survivre et, ultérieurement, de se reproduire. Une espèce exotique envahissante est une espèce exotique dont l'introduction ou la propagation s'est révélée constituer une menace pour la biodiversité et les services écosystémiques associés, ou avoir des effets néfastes sur la biodiversité et lesdits services.

La liste des espèces exotiques envahissantes préoccupantes pour l'Union européenne a été adoptée le 13 juillet 2016 par la Commission européenne[42]. Cette liste concerne douze animaux terrestres ou amphibiens, tels que le Coati roux, l'écureuil à ventre rouge, l'écureuil fauve, l'écureuil gris, la grenouille-taureau, la mangouste de Java, le muntjac de Reeves, le ragondin, le raton laveur, le tamia de Sibérie et la tortue de Floride. Sont également listés des insectes et des espèces d'oiseaux, à savoir le Corbeau commun, l'érismature rousse, le frelon asiatique et l'ibis sacré ainsi que sept poissons et crustacés que sont l'écrevisse américaine, l'écrevisse de Californie, l'écrevisse de Louisiane, l'écrevisse des marais, l'écrevisse virile, la perche-soleil et le pseudorasbora.

En France, la loi n° 2016-1087 du 8 août 2016 pour la reconquête de la biodiversité, de la nature et des paysages, codifiée au Code de l'environnement, a introduit de nouvelles dispositions relatives à l'introduction de certaines espèces animales et végétales susceptibles de porter atteinte aux milieux

[42] Règlement d'exécution (UE) 2016/1141 de la Commission du 13 juillet 2016 adoptant une liste des espèces exotiques envahissantes préoccupantes pour l'Union conformément au règlement (UE) n° 1143/2014 du Parlement européen et du Conseil.

naturels. L'introduction de telles espèces est en principe interdite, sauf autorisation.

A. Les interdictions

Le principe est l'interdiction d'introduire dans le milieu naturel tout spécimen de l'une des espèces animales désignées par l'autorité administrative. L'introduction de ces espèces est interdite, qu'elle soit volontaire, par négligence ou par imprudence[43]. Ainsi, il appartient à l'autorité administrative de désigner les espèces animales susceptibles de porter préjudice aux milieux naturels, aux usages qui leur sont associés ou à la faune sauvage dont l'introduction dans le milieu naturel est interdite.

Afin de prévenir l'introduction et la propagation des espèces exotiques envahissantes, l'article L. 411-6 du Code de l'environnement interdit également, sauf autorisation, l'introduction sur le territoire national, la détention, le transport, le colportage, l'utilisation, l'échange, la mise en vente, la vente ou l'achat de tout spécimen vivant des espèces dont la liste est fixée par arrêté conjoint du ministre chargé de la protection de la nature et du ministre chargé de l'agriculture ou, lorsqu'il s'agit d'espèces marines, du ministre chargé des pêches maritimes.

L'arrêté ministériel du 30 juin 2010 établit la liste d'espèces animales dont l'introduction est interdite sur le territoire métropolitain. Il vise par exemple le chien viverrin, le vison d'Amérique, le rat musqué, la bernache du Canada ou encore la grenouille Taureau[44]. Une exception est apportée pour le cerf Sika dont l'introduction volontaire reste autorisée jusqu'au 31 décembre 2020, dans les enclos au sens de l'article L. 424-3 du Code de l'environnement et dans les établissements professionnels de chasse à caractère commercial formés de terrains clos au sens du même article.

B. Les autorisations

L'introduction dans le milieu naturel de spécimens d'espèces envahissantes peut être autorisée par l'autorité administrative pour des motifs d'intérêt général et après évaluation des conséquences de cette introduction[45]. En principe, l'autorisation d'introduction est délivrée par le préfet du département dans lequel l'opération doit être réalisée, après consultation du conseil scientifique régional du patrimoine naturel et de la commission départementale de la nature, des paysages et des sites siégeant en formation spécialisée[46]. Lorsque

---

[43] C. env., art. L. 411-4.

[44] Pour voir la liste complète : Arr., 30 juill. 2010 interdisant sur le territoire métropolitain l'introduction dans le milieu naturel de certaines espèces d'animaux vertébrés ; NOR: DEVN1016200A ; Art. 2.

[45] C. env., art. L. 411-4.

[46] C. env., art. R. 411-35 ; V. C. env., art. R. 411-36.

l'introduction est projetée dans le cœur d'un parc national, l'autorisation est délivrée après avis conforme du directeur de l'établissement public du parc national[47].

L'autorité administrative peut également autoriser l'introduction sur le territoire national, la détention, le transport, l'utilisation et l'échange de spécimens de ces espèces à condition que les spécimens soient conservés et manipulés en détention confinée. Cette autorisation concerne les établissements menant des travaux de recherche sur ces espèces ou procédant à leur conservation hors du milieu naturel ainsi que les établissements exerçant d'autres activités dans des cas exceptionnels, pour des raisons d'intérêt public y compris de nature sociale ou économique, et après autorisation de la Commission européenne.

C. Les mesures visant à lutter contre ces espèces

Afin de lutter efficacement contre certaines espèces animales introduites dans le milieu naturel, l'autorité administrative peut procéder ou faire procéder à la capture, au prélèvement, à la garde ou à la destruction des spécimens de cette espèce[48]. Depuis la loi n° 2016-1087 du 8 août 2016 précitée, des plans nationaux de lutte contre ces espèces doivent être élaborés et, après consultation du public, mis en œuvre sur la base des données des instituts scientifiques compétents[49].

D. Les sanctions

Le fait d'introduire volontairement dans le milieu naturel, de transporter, colporter, utiliser, mettre en vente, vendre ou acheter un spécimen d'une espèce animale en violation des articles L. 411-4 à L. 411-6 du Code de l'environnement est puni de deux ans d'emprisonnement et de 150 000 € d'amende[50]. Cette amende est doublée lorsque les infractions visées sont commises dans le cœur d'un parc national ou dans une réserve naturelle.

L'introduction dans le milieu naturel, par négligence ou par imprudence, de tout spécimen d'une de ces espèces est punie de l'amende prévue pour les contraventions de la quatrième classe[51].

---

[47] C. env., art. R. 411-31.
[48] C. env., art. L. 411-8.
[49] C. env., art. L. 411-9.
[50] C. env., art. L. 415-3.
[51] C. env., art. R. 415-1.

§ 2. La conservation des habitats des espèces protégées

La conservation des habitats naturels est une mesure d'accompagnement indispensable à la protection des espèces animales sauvages. En pratique, cette protection des habitats se traduit par la mise en œuvre d'un vaste arsenal de protection issue de diverses politiques de sauvegarde des sites, paysages et milieux naturels. Des règles internationales sont également intervenues dans le domaine de la conservation des habitats. Il s'agit essentiellement de la Convention de Ramsar de 1971 qui a pour mission la conservation et l'utilisation rationnelle des zones humides par des actions locales, régionales et nationales et par la coopération internationale, de la Convention de Berne de 1979 relative à la conservation de la vie sauvage et du milieu naturel de l'Europe et de la Directive européenne Habitats Faune Flore évoquée précédemment. La France doit désigner des sites comme zone spéciale de conservation et fait partie du réseau européen Natura 2000 dont la procédure de mise en œuvre est codifiée aux articles L. 414-1 à L. 414-7 et R.414-1 à R.414-29 du Code l'environnement.

Ne sera étudiée ici que l'interdiction de dégradation des habitats des espèces animales protégées prévue à l'article L. 411-1 du Code l'environnement et le dispositif des arrêtés de biotopes.

A. La protection des habitats des espèces animales protégées

L'article L. 411-1 du Code de l'environnement dispose que la destruction, l'altération ou la dégradation d'habitats d'espèces animales non domestiques sont interdits lorsqu'un intérêt scientifique particulier ou lorsque le rôle essentiel dans l'écosystème justifie leur conservation. La liste limitative des habitats naturels, la durée et les modalités de mise en œuvre des interdictions prises en application de l'article L. 411-1 du Code de l'environnement doivent être déterminées par décret en Conseil d'État[52]. Ce décret doit notamment préciser la partie du territoire sur laquelle ces interdictions s'appliquent, qui peut comprendre le domaine public maritime, les eaux intérieures la mer territoriale, la zone économique exclusive et le plateau continental.

Les arrêtés fixant la liste des espèces animales protégées étudiés précédemment[53] fixent les interdictions de destruction, d'altération ou de dégradation des sites de reproduction et des aires de repos des animaux, sur les

---

[52] C. env., art. L. 411-2.

[53] Arrêté du 23 avril 2007 fixant les listes des insectes protégés sur l'ensemble du territoire et les modalités de leur protection ; Arrêté du 23 avril 2007 fixant la liste des mammifères terrestres protégés sur l'ensemble du territoire et les modalités de leur protection ; Arrêté du 23 avril 2007 fixant les listes des mollusques protégés sur l'ensemble du territoire et les modalités de leur protection ; Arrêté du 29 octobre 2009 fixant la liste des oiseaux protégés sur l'ensemble du territoire et les modalités de leur protection ; Arrêté du 19 novembre 2007 fixant les listes des amphibiens et des reptiles protégés sur l'ensemble du territoire et les modalités de leur protection.

parties du territoire métropolitain où l'espèce est présente ainsi que dans l'aire de déplacement naturel des noyaux de populations existants[54].

Une dérogation à l'interdiction de détruire, altérer ou dégrader le milieu particulier de ces espèces animales peut être délivrée dans les mêmes conditions que la dérogation aux interdictions prévues à l'article L. 411-1 du Code de l'environnement étudiée précédemment. Par conséquent, une dérogation pourra être accordée à condition qu'il n'existe pas d'autre solution satisfaisante et que la dérogation ne nuise pas au maintien, dans un état de conservation favorable, des populations des espèces concernées dans leur aire de répartition naturelle. Cette dérogation pourra être délivrée dans l'intérêt de la conservation des habitats naturels, pour prévenir des dommages importants notamment aux cultures, à l'élevage, aux forêts, aux pêcheries, aux eaux et à d'autres formes de propriété, dans l'intérêt de la santé et de la sécurité publiques ou pour d'autres raisons impératives d'intérêt public majeur ou encore à des fins de recherche et d'éducation, de repeuplement et de réintroduction de ces espèces et pour des opérations de reproduction nécessaires à ces fins[55].

Le fait de porter atteinte à la conservation d'habitats naturels est puni de deux ans d'emprisonnement et de 150 000 € d'amende. L'amende est doublée lorsque l'infraction est commise dans le cœur d'un parc national ou dans une réserve naturelle[56].

B. Les arrêtés de protection biotope

L'arrêté préfectoral de protection de biotope (APPB) est un outil réglementaire visant à prévenir la disparition d'espèces protégées.

Aux termes de l'article R. 411-15 du Code de l'environnement, le préfet peut prendre par arrêté les mesures tendant à favoriser, sur tout ou partie du territoire d'un département, la conservation des biotopes, dans la mesure où ces biotopes sont nécessaires à l'alimentation, à la reproduction, au repos ou à la survie de ces espèces. Le terme biotope vise les mares, marécages, marais, haies, bosquets, landes, dunes, pelouses ou toutes autres formations naturelles peu exploitées par l'homme.

Le préfet peut également interdire toute action pouvant porter atteinte d'une manière indistincte à l'équilibre biologique des milieux, comme l'écobuage, le brûlage des chaumes, le brûlage ou le broyage des végétaux sur pied, la destruction des talus et des haies ou l'épandage de produits antiparasitaires[57].

---

[54] en application de la Directive européenne relative à la conservation des habitats naturels, de la faune et de la flore sauvage.

[55] C. env., art. L. 411-2.

[56] C. env., art. L. 415-3.

[57] C. env., art. R. 411-17.

Les arrêtés biotopes doivent être pris après avis de la commission départementale de la nature, des paysages et des sites, ainsi que de la chambre départementale d'agriculture. Lorsque de tels biotopes sont situés sur des terrains relevant du régime forestier, l'avis du directeur régional de l'Office national des forêts est requis[58]. Par ailleurs, ces arrêtés doivent être affichés dans chacune des communes concernées, publiés au Recueil des actes administratifs et dans deux journaux régionaux ou locaux diffusés dans tout le département.

L'article R. 415-1 du Code de l'environnement punit de l'amende prévue pour les contraventions de la quatrième classe les manquements aux arrêtés de protection des biotopes.

Section 3. Les espèces menacées d'extinction

La réglementation relative à la protection de la faune sauvage qui vient d'être étudiée ci-dessus vise à assurer le bon état de conservation des populations des espèces animales présentes sur le territoire français. Pour les espèces les plus menacées, des plans nationaux d'actions destinés à accompagner la restauration de ces espèces ou à réintroduire des espèces dans le milieu naturel sont en outre mis en œuvre. L'objectif est de maintenir ou de parvenir à un état de conservation favorable des espèces de la faune sauvage les plus menacées. Afin d'apprécier le degré de menace qui pèse sur les espèces de la faune sauvage, l'Union Internationale pour la Conservation de la Nature (UICN) a développé une méthodologie qui a conduit à l'établissement de listes rouges en fonction des groupes d'espèces et des territoires. Lors de la 13e session de la Conférence des Parties à la Convention sur la diversité biologique (CDB COP13), qui a eu lieu en 2016 à Cancún, au Mexique la liste rouge de l'UICN a été mise à jour. La girafe qui est le plus grand mammifère en hauteur est désormais classée dans la catégorie Vulnérable sur la Liste rouge. Actuellement, la Liste rouge de l'UICN comprend 85 604 espèces, dont 24 307 sont menacées d'extinction[59].

La Directive Habitats, faune, flore impose également aux États membres d'effectuer une évaluation de l'état de conservation des espèces et des habitats naturels visés par cette directive tous les six ans.

§ 1. Inventaire du patrimoine naturel français

Afin de mieux connaître le patrimoine naturel de la France et programmer la protection des espèces les plus sensibles, un inventaire du patrimoine naturel a été institué pour l'ensemble du territoire national terrestre, fluvial et marin.

---

[58] C. env., art. R. 411-16.

[59] http://uicn.fr/liste-rouge-uicn-girafes-de-nouvelles-especes-doiseaux-menacees/.

Cet inventaire, réalisé sous la responsabilité scientifique du Muséum national d'histoire naturelle, permet de recenser les espèces animales et végétales, actuelles et anciennes, continentales et marines, les habitats naturels, les espaces protégés et le patrimoine géologique, en métropole et en outre-mer. Les collectivités territoriales, les associations ayant pour objet l'étude ou la protection de la nature, les associations naturalistes et les fédérations de chasseurs et de pêcheurs peuvent également contribuer à la connaissance du patrimoine naturel en réalisant des inventaires locaux ou territoriaux[60]. En France métropolitaine, 9 % des mammifères, 24 % des reptiles, 23 % des amphibiens et 32 % des oiseaux nicheurs sont menacés de disparition. De même pour 22 % des poissons d'eau douce et 28 % des crustacés d'eau douce. En outre-mer, plus d'un tiers des espèces d'oiseaux de La Réunion sont menacées ou ont déjà disparu de l'île. Les trois reptiles terrestres de La Réunion sont menacés, ainsi que 14 % des papillons de jour, 21 % des libellules et demoiselles et 33 % des poissons d'eau douce de l'île[61].

§ 2. Les plans d'action nationaux

En sus de la réglementation des articles L. 411-1 et L. 411-2 du Code de l'environnement ayant pour objet la protection de la faune sauvage, les espèces menacées inscrites dans les arrêtés ministériels font parfois l'objet d'un plan d'action spécifique pour restaurer leurs populations et leurs habitats.

L'article L. 411-3 du Code de l'environnement, dans sa rédaction issue de la loi n° 2016-1087 du 8 août 2016, prévoit en effet que des plans nationaux d'action opérationnels pour la conservation ou le rétablissement des espèces protégées ainsi que des espèces d'insectes pollinisateurs doivent être élaborés, par espèce ou par groupe d'espèces.

Les espèces concernées par ces plans d'action sont choisies en fonction du risque d'extinction de ces espèces qui est déterminé en fonction de leur classement dans les listes rouges établies par l'Union internationale pour la conservation de la nature (UICN). Une liste annuelle des espèces ou groupes d'espèces devant faire l'objet d'un plan national d'actions l'année suivante est fixée par le ministère du Développement durable. Une direction régionale de l'environnement, de l'aménagement et du territoire (DREAL) est ensuite désignée afin de coordonner et mettre en œuvre chaque plan. Ainsi, à titre d'exemple, les abeilles ont fait l'objet en 2016 d'un plan d'une vingtaine d'actions visant à mieux connaître les insectes pollinisateurs et la pollinisation.

Les espèces marines sont également concernées. Ainsi, en 2015, un plan national d'actions en faveur des tortues marines sur les territoires français du sud-ouest de l'océan Indien, à savoir, Mayotte, La Réunion et les îles Éparses a été validé par le Ministère de l'Écologie, du Développement durable et de

---

[60] C. env., art. L. 411-1 A.

[61] http://uicn.fr/liste-rouge-france/.

l'Énergie. Il concerne cinq espèces, à savoir la Tortue verte, la tortue imbriquée, la tortue caouanne, la tortue et la tortue luth.

§ 3. La réintroduction des espèces menacées

La protection des espèces menacées s'effectue également par la réintroduction des espèces dans un milieu naturel. En effet, la Convention de Berne relative à la protection de la vie sauvage et du milieu naturel de l'Europe ainsi que la Directive Habitats, faune, flore prévoient que chaque partie contractante s'engage à encourager la réintroduction des espèces indigènes de la flore et de la faune sauvages lorsque cette mesure contribue à la conservation d'une espèce menacée d'extinction à condition de procéder au préalable, et au regard des expériences d'autres parties contractantes, à une étude en vue de rechercher si une telle réintroduction serait efficace et acceptable.

En droit français, rappelons que les articles R. 411-31 à R. 411-41 du Code de l'environnement fixent un dispositif qui permet de soumettre à autorisation administrative les introductions de certaines espèces dans le milieu naturel. Le dispositif prévoit notamment la composition du dossier de demande d'introduction, les modalités de l'information du public et des collectivités territoriales ainsi que les modalités d'instruction et de délivrance de l'autorisation.

Les premières opérations de renforcement ou de réintroduction d'espèces dans le milieu naturel sur le territoire français datent du XIXe siècle. Elles portaient notamment sur des espèces aquatiques, comme les saumons, les truites ou les écrevisses. S'agissant des mammifères, on peut citer les exemples de réintroduction du lynx d'Europe dans l'est de la France, du castor dans différentes régions métropolitaines, de l'ours brun dans les Pyrénées ou encore du hamster d'Alsace.

Section 4. Les espèces de la faune sauvage classées nuisibles

L'animal nuisible s'entend de celui qui est susceptible de porter atteinte à la santé ou la sécurité publiques, de causer des dommages importants aux activités agricoles, forestières et aquacoles ou de porter atteinte à la faune ou à la flore[62]. Une fois que l'animal est classé nuisible, sa destruction ou sa capture est soumise à une réglementation stricte. Le transport, le commerce et le lâcher des animaux nuisibles sont également encadrés par la législation. Enfin, sous certaines conditions, les bêtes fauves occasionnant des dégâts aux particuliers ou présentant un danger public peuvent être détruites sans pour autant être classées nuisibles.

---

[62] C. env., art. R. 427-7, abrogé.

Les règles relatives aux campagnes de dératisation ou de désinsectisation prévues aux articles L. 3114-5 et suivants du Code de la santé publique ne seront pas étudiées dans le cadre de cet ouvrage.

§ 1. Le classement des espèces animales nuisibles

La procédure de classement des animaux nuisibles a fait l'objet d'une réforme par le décret du 23 mars 2012 relatif aux espèces d'animaux classés nuisibles[63]. Avant cette réforme et de façon générale, le ministre chargé de la chasse fixait la liste des espèces animales susceptibles d'être classées nuisibles en fonction de certains critères. Il appartenait ensuite au préfet de chaque département de déterminer les espèces d'animaux nuisibles parmi celles figurant sur cette liste, en fonction de la situation locale et de ces mêmes critères. Ces critères concernaient l'intérêt de la santé et de la sécurité publiques, la nécessité de prévenir les dommages importants aux activités agricoles, forestières et aquacoles et la protection de la flore et de la faune sauvages.

Désormais, le ministre chargé de la chasse fixe par arrêté et après avis du Conseil national de la chasse et de la faune sauvage, trois listes d'espèces animales classées nuisibles[64]. Il inscrit les espèces d'animaux sur chacune de ces trois listes soit dans l'intérêt de la santé et de la sécurité publiques, soit pour assurer la protection de la flore et de la faune sauvages soit pour prévenir des dommages importants aux activités agricoles, forestières et aquacoles soit pour prévenir les dommages importants à d'autres formes de propriété sauf pour les espèces d'oiseaux[65].

Ainsi, l'arrêté du 2 septembre 2016[66] définit la liste des espèces classées nuisibles sur l'ensemble du territoire métropolitain, les périodes et les modalités de destruction des animaux. L'arrêté liste également les espèces non indigènes qui peuvent être chassées dans le cadre de mesures de gestion visant à leur éradication, au contrôle de leur population ou à leur confinement. Les six espèces envahissantes classées nuisibles sur l'ensemble du territoire métropolitain par arrêté ministériel annuel sont le chien viverrin, le raton laveur, le vison d'Amérique, le ragondin, le rat musqué et la bernache du Canada.

---

[63] D. n°2012-402, 23 mars 2012 relatif aux espèces d'animaux classés nuisibles ; NOR: DEVL1107126D ; V. ég. Circ., 26 mars 2012, relative à des modifications du code de l'environnement et à la procédure de classement des espèces d'animaux nuisibles ; NOR:DEVL1204370C, BOMEDDTL no 2012/8 du 10 mai 2012, p. 52.

[64] C. env., art. R. 427-6.

[65] C. env., art. R. 427-6 IV.

[66] Arr., 2 sept. 2016 relatif au contrôle par la chasse des populations de certaines espèces non indigènes et fixant, en application de l'article R. 427-6 du code de l'environnement, la liste, les périodes et les modalités de destruction des espèces non indigènes d'animaux classés nuisibles sur l'ensemble du territoire métropolitain ; NOR: DEVL1624858A.

L'arrêté du 30 juin 2015[67] indique la liste des espèces d'animaux classées nuisibles et les territoires concernés qui sont listés, pour chaque département, en annexe de l'arrêté. Cette liste comprend dix espèces susceptibles d'être classées nuisibles par arrêté ministériel triennal, qui sont la belette, la fouine, la martre, le putois, le renard, le corbeau freux, la corneille noire, la pie bavarde, le geai des chênes et l'étourneau sansonnet.

Enfin, l'arrêté du 3 avril 2012[68] indique que le Préfet peut décider du caractère nuisible du lapin de garenne, du pigeon ramier ou du sanglier en fonction des particularités locales et après avis de la Commission départementale de la chasse et de la faune sauvage.

§ 2. La destruction des espèces animales classées nuisibles

La destruction des espèces d'animaux nuisibles se fait au travers de battues dites administratives. Ces battues administratives sont des opérations collectives de régulation qui peuvent être des battues d'effarouchement, de décantonnement ou de destruction. Elles sont dirigées par les lieutenants de louveterie. Elles nécessitent la réunion d'un certain nombre de tireurs disposés à des endroits stratégiques du territoire où les animaux, dont la destruction apparaît nécessaire dans l'intérêt public, sont rassemblés. Les lieutenants de louveterie utilisent les moyens appropriés et notamment leur meute pour débusquer ces animaux et les pousser vers les tireurs.

Les battues administratives ne sont pas un acte de chasse, mais un acte de destruction qui relève du cadre réglementaire. En cas de dommages dûment constatés causés par certaines espèces de la faune sauvage, la destruction collective des animaux peut être décidée par l'autorité administrative. Les particuliers peuvent aussi procéder sous certaines conditions à la capture ou à la destruction des animaux classés nuisibles selon des moyens limités et réglementés.

A. Louveterie

La destruction des animaux nuisibles est confiée par l'article L. 427-1 du Code de l'environnement aux lieutenants de louveterie qui sont assermentés et nommés par le préfet pour une durée de six ans renouvelable. Leur nombre diffère en fonction de la superficie, du boisement et du relief du département. Seules peuvent être nommées des personnes de nationalité française, âgées de moins de 70 ans et jouissant de leurs droits civiques, justifiants de leur aptitude

---

[67] Arr., 30 juin 2015 pris pour l'application de l'article R. 427-6 du code de l'environnement et fixant la liste, les périodes et les modalités de destruction des espèces d'animaux classées nuisibles ; NOR: DEVL1515501A.

[68] Arr., 3 avr. 2012 pris pour l'application de l'article R. 427-6 du code de l'environnement et fixant la liste, les périodes et les modalités de destruction des animaux d'espèces susceptibles d'être classées nuisibles par arrêté du préfet ; NOR: DEVL1107123A.

physique et de leur compétence cynégétique, résidant dans le département ou un canton limitrophe et détenant un permis de chasser depuis au moins cinq ans. Chaque lieutenant de louveterie est tenu d'entretenir à ses frais soit un minimum de quatre chiens courants réservés exclusivement à la chasse au sanglier ou au renard, soit au moins deux chiens de déterrage[69].
Ils sont institués pour le service de la louveterie en vue d'assurer, sous le contrôle de la direction départementale de l'agriculture et de la forêt, l'exécution des destructions collectives ordonnées par le préfet. Des missions de destruction d'animaux nuisibles et de répression du braconnage peuvent leur être confiées par l'autorité préfectorale[70].

B. Les battues administratives

On distingue deux types de battues administratives dont l'objectif commun est de résoudre les difficultés représentées par les densités de population d'animaux dans un espace donné. Il s'agit des battues municipales et des battues préfectorales. Il existe également dans les communes situées à proximité des massifs forestiers des battues dites au sanglier.

1. Les battues municipales

Le maire de la commune est chargé de prendre « toutes les mesures nécessaires à la destruction des animaux d'espèces non domestiques pour l'un au moins des motifs mentionnés aux 1 ° à 5 ° de l'article L. 427-6 du code de l'environnement et de requérir, dans les conditions fixées à l'article L. 427-5 du même code, les habitants avec armes et chiens propres à la chasse de ces animaux, à l'effet de détruire ces derniers, de surveiller et d'assurer l'exécution de ces mesures, qui peuvent inclure le piégeage de ces animaux, et d'en dresser procès-verbal »[71]. Ces opérations de destruction peuvent s'effectuer dans l'intérêt de la protection de la faune et de la flore sauvages et de la conservation des habitats naturels, dans l'intérêt de la santé et de la sécurité publiques, pour prévenir des dommages importants, notamment aux cultures, à l'élevage, aux forêts, aux pêcheries, aux eaux et à d'autres formes de propriétés, ou encore pour d'autres raisons impératives d'intérêt public majeur, y compris de nature sociale ou économique ou pour des motifs qui comporteraient des conséquences bénéfiques primordiales pour l'environnement[72].

Lorsque ces opérations de destructions concernent le loup, l'article L. 427-6 du Code de l'environnement prévoit que la nécessité est constatée « dès lors qu'une attaque avérée survient sur des animaux d'élevage, que celle-ci soit le fait d'un animal seul ou d'une meute. En ce cas, le préfet délivre sans délai à chaque

---

[69] C. envir., art. R. 427-2 et R. 427-3.
[70] C. env., art. R. 427-1.
[71] CGCT, art. L. 2122-21, 9°.
[72] C. env., art. L. 427-6.

éleveur ou berger concerné une autorisation de tir de prélèvement du loup valable pour une durée de six mois ».

Ces opérations de destruction peuvent consister en des chasses, des battues générales ou particulières et des opérations de piégeage. Les battues s'effectuent sous le contrôle administratif du préfet ainsi que sous le contrôle et la responsabilité technique des lieutenants de louveterie[73].

2. Les battues préfectorales

Sans préjudice des pouvoirs du maire, le préfet peut ordonner des chasses et des battues générales ou particulières aux animaux nuisibles chaque fois qu'il est nécessaire et après avis du directeur départemental de l'agriculture et de la forêt et du président de la fédération départementale ou interdépartementale des chasseurs[74]. Ces battues peuvent porter sur des espèces soumises à plan de chasse en application de l'article L. 425-6 du Code de l'environnement et être réalisées sur les terrains visés à l'article L. 422-10 du même code ayant fait l'objet d'une opposition à la chasse de la part de leurs propriétaires.

L'article R. 427-4 du Code de l'environnement dispose que ces chasses et battues ne peuvent pas, en principe, être dirigées à l'encontre des animaux appartenant à une espèce dont la capture ou la destruction est interdite en application de l'article L. 411-1 du même code. Toutefois, il est possible qu'une dérogation à cette interdiction soit accordée lorsqu'il n'existe pas d'autre solution satisfaisante pour prévenir les dommages importants au bétail et assurer la sécurité publique[75].

Le préfet peut également autoriser toute l'année la destruction des animaux pouvant causer des atteintes graves à la sécurité aérienne dans les lieux où celle-ci est menacée[76].

3. Les battues au sanglier ou au renard dans les communes situées à proximité des massifs forestiers

Dans les communes situées à proximité des massifs forestiers où les cultures sont menacées périodiquement de destruction par les sangliers ou dans les communes où existent des formes d'élevage professionnel menacées périodiquement de destruction par les renards, le préfet peut déléguer ses

[73] C. env., art. L. 427-4 ; L. 427-5.

[74] C. env., art. L. 427-6.

[75] CE, 30 juin 2003, n° 236573.

[76] C. env., art. R. 427-5 ; V. Arr., 10 avr. 2007 relatif à la prévention du péril animalier sur les aérodromes, NOR: EQUA0700114A.

pouvoirs aux maires. Les battues sont organisées sous le contrôle et la responsabilité technique des lieutenants de louveterie[77].

C. Les droits des particuliers

Les particuliers peuvent aussi procéder sous certaines conditions à la capture ou à la destruction des animaux classés nuisibles. En effet, les propriétaires, possesseurs ou fermiers peuvent, en tout temps, détruire sur leurs terres les espèces animales malfaisantes ou nuisibles déterminées par l'autorité administrative compétente[78]. Pour ce faire, le propriétaire, possesseur ou fermier, procède personnellement aux opérations de destruction des animaux nuisibles ou y fait procéder en sa présence. Il peut également déléguer par écrit le droit d'y procéder, mais le délégataire ne peut pas percevoir de rémunération pour l'accomplissement de sa délégation[79].

Toutefois, le propriétaire, possesseur ou fermier n'est pas autorisé à détruire les sangliers et les grands gibiers dans les départements où est institué un plan de chasse[80].

Le propriétaire ou le gestionnaire d'un ouvrage hydraulique intéressant la sécurité publique peut également procéder à la destruction des animaux malfaisants ou nuisibles logés dans cet ouvrage et menaçant sa stabilité[81].

D. Les modes de destruction autorisés

Le Code de l'environnement réglemente trois modalités de destruction des espèces d'animaux classés nuisibles que le propriétaire, possesseur ou fermier peut utiliser. Il s'agit de la destruction par piégeage, par tir et par l'utilisation d'oiseaux de chasse en vol. Le déterrage, avec ou sans chien, est également autorisé pour la destruction de certaines de ces espèces[82]. La destruction par produits toxiques est désormais formellement interdite.

1. Produits toxiques

Depuis le décret n° 2012-402 du 23 mars 2012 susvisé, l'emploi de produits toxiques pour la destruction des espèces d'animaux classés nuisibles est

[77] C. env., art. L. 427-7.

[78] C. env., art. L. 427-8.

[79] C. env., art. R. 427-8.

[80] C. env., art. L. 427-9.

[81] C. env., art. L. 427-11.

[82] Arr., 2 sept. 2016 relatif au contrôle par la chasse des populations de certaines espèces non indigènes et fixant, en application de l'article R. 427-6 du code de l'environnement, la liste, les périodes et les modalités de destruction des espèces non indigènes d'animaux classés nuisibles sur l'ensemble du territoire métropolitain ; NOR: DEVL1624858A.

interdit[83]. Auparavant et à titre d'exemple, l'emploi de produits toxiques pour lutter contre le ragondin et le rat musqué, tel que la bromadiolone, avait pu être autorisé sous certaines conditions[84].

2. Piégeage

Le piège ne peut être utilisé que s'il fait partie de ceux dont l'emploi est autorisé selon une liste établie par décision ministérielle après avis du Conseil national de la chasse et de la faune sauvage. Ces pièges doivent être sélectifs par leur principe et leur mode d'emploi[85]. Le ministre chargé de la chasse fixe également les conditions d'utilisation des pièges, notamment de ceux qui sont de nature à infliger des traumatismes physiques à l'animal, afin d'assurer la sécurité publique, la sélectivité du piégeage et de limiter les souffrances infligées aux animaux[86].

Les catégories de pièges dont l'emploi est autorisé figurent à l'arrêté du 29 janvier 2007 fixant l'ensemble des dispositions règlementaires relatives au piégeage des animaux classés nuisibles[87]. Selon l'article 2 de cet arrêté, seul est autorisé l'emploi de pièges de certaines catégories, à savoir les boîtes à fauves et tous autres pièges ayant pour objet de capturer l'animal par contention dans un espace clos sans le maintenir directement par une partie de son corps, des pièges déclenchés par pression sur une palette ou par enlèvement d'un appât, ou tout autre système de détente et ayant pour objet de tuer l'animal, des collets munis d'un arrêtoir, des pièges à lacet déclenchés par pression sur une palette, ou tout autre système de détente, et ayant pour objet de capturer l'animal par une partie de son corps, sans le tuer et des pièges n'appartenant pas aux catégories précédentes et ayant pour effet d'entraîner la mort de l'animal par noyade. L'arrêté du 29 janvier 2007 précité interdit le piégeage des sangliers et l'utilisation de pièges à feu ou de batteries d'armes à feu.

Les modèles de piège de nature à provoquer des traumatismes physiques ne sont autorisés qu'après homologation d'un prototype présenté par le fabricant[88]. Cette homologation est prononcée ou retirée par le ministre chargé de la chasse[89].

Aussi, toute personne qui utilise ces pièges doit être agréée par le préfet. Cet agrément est subordonné à la reconnaissance de la compétence

---

[83] C. env., art. R. 427-10.

[84] Arr., 6 avril 2007 relatif au contrôle des populations de ragondins et de rats musqués ; NOR: AGRG0753551A.

[85] C. env., art. R. 427-13.

[86] C. env., art. R. 427-17.

[87] Arr., 29 janvier 2007 fixant les dispositions relatives au piégeage des animaux classés nuisibles en application de l'article L. 427-8 du code de l'environnement ; NOR: DEVN0700128A.

[88] C. env., art. R. 427-14.

[89] C. env., art. R. 427-15.

professionnelle ou à la participation du demandeur à une session de formation spécialisée sur la biologie des espèces prédatrices et leurs modes de capture. Ces dispositions ne s'appliquent pas à ceux qui capturent les ragondins et les rats musqués au moyen de boîtes ou de piège-cages[90]. L'agrément est valable pour une durée illimitée. Il peut toutefois être suspendu, par décision motivée du préfet, pour une durée n'excédant pas cinq années, au cas où l'intéressé aurait contrevenu à une des dispositions de cet arrêté ou se serait rendu coupable d'une infraction caractérisée aux dispositions législatives ou réglementaires relatives à la police de la chasse ou de la protection de la nature[91].

Une fois l'agrément obtenu, les opérations de piégeages doivent être déclarées. Ainsi, les piégeurs agréés sont tenus de marquer leurs pièges d'un numéro qui leur est attribué par le préfet et doivent tenir un relevé quotidien de leurs prises mentionnant, par commune, les espèces et le nombre d'animaux de chaque espèce capturés qu'ils envoient au préfet du département et à la fédération départementale des chasseurs du lieu du piégeage[92].

La pose des pièges doit également faire l'objet d'une déclaration en mairie de la commune du lieu où est pratiqué le piégeage. Il s'agit d'une déclaration préalable et au moins annuelle, qui est valable jusqu'au 30 juin de l'année cynégétique en cours[93]. De plus, le déclarant est tenu de signaler de manière apparente sur les chemins et voies d'accès les zones dans lesquelles sont tendus des pièges qui sont déclenchés par pression sur une palette ou par enlèvement d'un appât, ou tout autre système de détente, et ayant pour objet de tuer l'animal[94].

Il appartient au piégeur ou à un préposé désigné par lui à cet effet de visiter tous les pièges tous les matins. La mise à mort des animaux classés nuisibles capturés doit intervenir immédiatement et sans souffrance. En cas de capture accidentelle d'animaux non classés nuisibles, ces derniers doivent être relâchés sur-le-champ[95].

Les périodes et les modalités de destruction par piège des espèces classées nuisibles sont fixées par arrêté[96]. Ainsi, le chien viverrin, le vison d'Amérique, le

---

[90] C. env., art. R. 427-16.

[91] Arr., 29 janvier 2007 fixant les dispositions relatives au piégeage des animaux classés nuisibles en application de l'article L. 427-8 du code de l'environnement ; art. 9.

[92] Arr., 29 janvier 2007 fixant les dispositions relatives au piégeage des animaux classés nuisibles en application de l'article L. 427-8 du code de l'environnement ; art. 7 et 8.

[93] Arr., 29 janvier 2007 fixant les dispositions relatives au piégeage des animaux classés nuisibles en application de l'article L. 427-8 du code de l'environnement ; art. 11.

[94] Arr., 29 janvier 2007 fixant les dispositions relatives au piégeage des animaux classés nuisibles en application de l'article L. 427-8 du code de l'environnement ; art. 12.

[95] Arr., 29 janvier 2007 fixant les dispositions relatives au piégeage des animaux classés nuisibles en application de l'article L. 427-8 du code de l'environnement ; art. 13.

[96] Arr., 2 sept. 2016 relatif au contrôle par la chasse des populations de certaines espèces non indigènes et fixant, en application de l'article R. 427-6 du code de l'environnement, la liste, les périodes et les modalités de destruction des espèces non indigènes d'animaux classés nuisibles sur l'ensemble du territoire métropolitain ; NOR: DEVL1624858A.

raton laveur, le ragondin et le rat musqué, espèces classées nuisibles du premier groupe, peuvent être piégés toute l'année et en tout lieu. Le piégeage de la bernache du Canada est quant à lui interdit.

Pour les animaux classés nuisibles dans le deuxième groupe, la belette, la fouine, la martre et le putois peuvent être piégés toute l'année, uniquement à moins de 250 mètres d'un bâtiment ou d'un élevage particulier ou professionnel ou sur des terrains consacrés à l'élevage avicole, ou apicole dans le cas de la martre.

Le renard et l'étourneau sansonnet, ainsi que le corbeau freux et la corneille noire peuvent être piégés toute l'année et en tout lieu. Cependant, dans les cages à corvidés, l'utilisation d'appâts carnés est interdite sauf en quantité mesurée et uniquement pour la nourriture des appelants. La pie bavarde peut être piégée toute l'année dans les cultures maraîchères, les vergers, les enclos de pré-lâcher de petit gibier chassable et sur les territoires des unités de gestion cynégétiques désignées dans le schéma départemental de gestion cynégétique où sont conduites des actions visant à la conservation et à la restauration des populations de petit gibier chassable qui font l'objet de prédations par les pies bavardes nécessitant leur régulation[97].

3. Tir

La destruction à tir par armes à feu ou à l'arc s'exerce de jour dans les conditions fixées par le ministre chargé de la chasse[98].

En principe, seuls les agents de l'État, de l'Office national de la chasse et de la faune sauvage, de l'Office national de l'eau et des milieux aquatiques, du Domaine national de Chambord, de l'Office national des forêts, des parcs nationaux commissionnés pour la constatation des infractions forestière, de chasse ou de pêche, les lieutenants de louveterie ainsi que les gardes particuliers sont autorisés à détruire à tir les animaux nuisibles toute l'année de jour seulement et sous réserve de l'assentiment du détenteur du droit de destruction[99].

Les arrêtés du 2 septembre 2016 et du 30 juin 2015 fixent les périodes et les modalités de destruction par tir des espèces classées nuisibles[100].

---

[97] Arr., 30 juin 2015 pris pour l'application de l'article R. 427-6 du code de l'environnement et fixant la liste, les périodes et les modalités de destruction des espèces d'animaux classées nuisibles ; NOR: DEVL1515501A.

[98] C. env., art. R. 427-18.

[99] C. env., art R. 427-21.

[100] Arr., 2 sept. 2016 relatif au contrôle par la chasse des populations de certaines espèces non indigènes et fixant, en application de l'article R. 427-6 du code de l'environnement, la liste, les périodes et les modalités de destruction des espèces non indigènes d'animaux classés nuisibles sur l'ensemble du territoire métropolitain ; NOR: DEVL1624858A ; Arr., 30 juin 2015 pris pour l'application de l'article R. 427-6 du code de l'environnement et fixant la liste, les périodes et les modalités de destruction des espèces d'animaux classées nuisibles ; NOR: DEVL1515501A.

Ainsi, pour les espèces appartenant au premier groupe, le chien viverrin, le vison d'Amérique et le raton laveur peuvent être détruits à tir sur autorisation individuelle délivrée par le préfet entre la date de clôture générale et la date d'ouverture générale de la chasse. Le ragondin et le rat musqué peuvent, toute l'année, être détruits à tir. La bernache du Canada peut être détruite à tir entre la date de clôture spécifique de la chasse de cette espèce et le 31 mars au plus tard sur autorisation individuelle délivrée par le préfet. Le tir s'effectue à poste fixe matérialisé de la main de l'homme et le tir dans les nids est interdit.

Pour les espèces du deuxième groupe, la belette, la fouine, la martre et le putois peuvent être détruits à tir, hors des zones urbanisées, sur autorisation individuelle délivrée, sous certaines conditions, par le préfet. Le renard peut être détruit à tir sur autorisation individuelle délivrée par le préfet. Le corbeau freux et la corneille noire peuvent être détruits à tir entre la date de clôture générale de la chasse et le 31 mars au plus tard. Le tir du corbeau freux peut s'effectuer, sans être accompagné de chien, dans l'enceinte de la corbeautière ou à poste fixe matérialisé de main d'homme en dehors de la corbeautière. Le tir dans les nids de corbeaux freux ou dans les nids de corneilles noires est interdit. La pie bavarde peut également être détruite à tir sur autorisation individuelle délivrée par le préfet entre la date de clôture générale de la chasse et le 31 mars au plus tard. Le tir s'effectue à poste fixe matérialisé de main d'homme, sans être accompagné de chien, dans les cultures maraîchères, les vergers, les enclos de pré-lâcher de petit gibier chassable et sur les territoires des unités de gestion cynégétique désignées dans le schéma départemental de gestion cynégétique où sont conduites des actions visant à la conservation et à la restauration des populations de petit gibier chassable qui font l'objet de prédations par les pies bavardes nécessitant leur régulation. Le tir dans les nids est toutefois interdit.

Le geai des chênes peut être détruit à tir entre la date de clôture générale de la chasse et le 31 mars au plus tard, sur autorisation individuelle délivrée par le préfet et dès lors qu'il n'existe aucune autre solution satisfaisante. Le tir s'effectue à poste fixe matérialisé de main d'homme, sans être accompagné de chien. Le tir dans les nids est interdit.

L'étourneau sansonnet peut également être détruit à tir entre la date de clôture générale de la chasse et le 31 mars au plus tard. La période de destruction à tir peut être prolongée jusqu'à la date d'ouverture générale de la chasse, sur autorisation individuelle délivrée par le préfet et dès lors qu'il n'existe aucune autre solution satisfaisante et que l'un au moins des intérêts mentionnés à l'article R. 427-6 du Code de l'environnement est menacé. Le tir s'effectue à poste fixe matérialisé de main d'homme, sans être accompagné de chien, dans les cultures maraîchères, les vergers et les vignes et à moins de 250 mètres autour des installations de stockage de l'ensilage. Le tir dans les nids est également interdit.

4. Utilisation des oiseaux de chasse au vol

Pour la destruction des animaux classés nuisibles, peuvent aussi être utilisés les oiseaux de chasse au vol. Les conditions d'utilisation de ces oiseaux pour la destruction des animaux nuisibles sont arrêtées par le ministre chargé de la chasse. Cette destruction peut s'effectuer, sur autorisation préfectorale individuelle, depuis la date de clôture générale de la chasse jusqu'au 30 avril pour les mammifères et jusqu'à l'ouverture générale de la chasse pour les oiseaux[101].

5. Déterrage

Pour les espèces d'animaux classés nuisibles dans le premier groupe, la destruction par déterrage est autorisée toute l'année, avec ou sans chien, pour le ragondin et le rat musqué. Le renard est la seule espèce classée nuisible du deuxième groupe qui peut être déterré toute l'année avec ou sans chien[102].

§ 3. Dispositions pénales

Selon l'article R. 428-19 du Code de l'environnement, est puni de l'amende prévue pour les contraventions de la cinquième classe le fait de contrevenir aux dispositions relatives à la destruction, au lâcher, au transport et à la commercialisation des animaux nuisibles.

Les infractions aux conditions d'utilisation des pièges par tout piégeur agréé constituent une contravention de la quatrième classe prévue par l'article R. 428-19, II du Code de l'environnement.

Les personnes physiques encourent également les peines complémentaires visées à l'article 131-16 du Code pénal[103]. Les personnes morales déclarées responsables pénalement des infractions définies au présent chapitre encourent,

---

[101] C. env., art. R. 427-25 et Arr., 10 août 2004, fixant les règles générales de fonctionnement des installations d'élevage d'agrément d'animaux d'espèces non domestiques, NOR: DEVN0430297A ; Arr. 10 août 2004, fixant les conditions d'autorisation de détention d'animaux de certaines espèces non domestiques dans les établissements d'élevage, de vente, de location, de transit ou de présentation au public d'animaux d'espèces non domestiques, NOR: DEVN0430298A.

[102] Arr., 2 sept. 2016 relatif au contrôle par la chasse des populations de certaines espèces non indigènes et fixant, en application de l'article R. 427-6 du code de l'environnement, la liste, les périodes et les modalités de destruction des espèces non indigènes d'animaux classés nuisibles sur l'ensemble du territoire métropolitain ; NOR: DEVL1624858A ; Arr., 30 juin 2015 pris pour l'application de l'article R. 427-6 du code de l'environnement et fixant la liste, les périodes et les modalités de destruction des espèces d'animaux classées nuisibles ; NOR: DEVL1515501A.

[103] C. env., art. R. 428-22.

outre l'amende, la peine de confiscation de la chose qui a servi ou était destinée à commettre l'infraction ou de la chose qui en est le produit[104].

§ 4. Destruction des bêtes fauves

Lorsqu'une bête fauve cause un dommage, tout propriétaire ou fermier est en principe autorisé à le détruire. L'autorité administrative doit également prévenir tout dommage pouvant être causé par un animal présentant un danger grave. Enfin, si la destruction d'animaux appartenant à une espèce protégée est en principe interdite, elle peut être exceptionnellement autorisée, comme nous l'avons vu précédemment.

A. Pouvoir des propriétaires et des fermiers

Tout propriétaire ou fermier peut repousser ou détruire, même avec des armes à feu, mais à l'exclusion du collet et de la fosse, les bêtes fauves qui porteraient dommages à ses propriétés. Il n'est toutefois pas autorisé à détruire les sangliers ni les grands gibiers faisant l'objet d'un plan de chasse[105].

Cependant, l'article R. 427-27 du Code de l'environnement précise que le propriétaire ou le fermier n'est pas autorisé à détruire les bêtes fauves lorsqu'elles appartiennent à une espèce protégée dont la capture ou la destruction est interdite en application de l'article L. 411-1 du Code de l'environnement.

B. Pouvoir administratif

Rappelons que si un animal présente un danger grave pour les personnes ou les animaux domestiques, l'article L. 211-11, II du Code rural prévoit que le maire ou à défaut, le préfet, peut ordonner qu'il soit placé dans un dépôt adapté à sa garde et le cas échéant, faire procéder à son euthanasie. Celle-ci peut intervenir sans délai, après avis d'un vétérinaire désigné par la direction des services vétérinaires, avis qui doit être donné au plus tard dans les quarante-huit heures du placement de l'animal. Le lieu de dépôt des animaux des espèces non domestiques est un établissement d'élevage ou de présentation au public de spécimens d'animaux vivants[106].

---

[104] C. env., art. R. 428-21.
[105] C. env., art. L. 427-9.
[106] C. rur., art. R 211-4.

Chapitre 2. Les poissons et autres animaux marins dans le droit de la pêche

Le monde sous-marin est fascinant. Peuplé des centaines de milliers d'espèces marines, la biodiversité marine est aussi variée que fragile et méconnue. Seules 226 000 espèces marines des plus de 700 000 espèces marines réputées exister sont connues de l'Homme[1]. Les animaux marins les mieux connus, que sont les baleines et les dauphins, ne constituent qu'une infime partie de la biodiversité marine. Les poissons ne représenteraient que deux à trois pour cent des organismes vivants présents dans l'océan et même ici les experts estiment qu'il faudra environ encore une trentaine d'années pour parvenir à décrire les quelque 5000 espèces de poissons marins encore inconnues. Le nombre d'espèces à découvrir de macro-invertébrés comme les crustacés et les mollusques est estimé à plusieurs dizaines de milliers. Entre 1999 et 2008, 780 nouvelles espèces de crabes, 29 espèces de homards, 286 espèces de crevettes et 1565 espèces de poissons ont ainsi été répertoriées. Les chercheurs considèrent qu'entre deux à huit nouvelles espèces de cétacés et près de 10 espèces de reptiles marins pourraient également être découvertes.

La richesse de la biodiversité marine est toutefois en grand péril et risque de disparaître avant même que l'Homme ne puisse la découvrir dans son intégralité. On estime par exemple que d'ici 2050, les océans compteront plus de déchets plastiques que de poissons, avec tous les effets catastrophiques que cela implique pour la vie sous-marine[2]. Certaines techniques de pêche raclent les fonds marins en détruisant tout sur leur passage, dans l'espoir d'amasser dans leurs filets le plus grand nombre d'espèces marines qui seront consommées ou exploitées par l'Homme. Les législations internationale, européenne et nationale réglementent certes les techniques de pêche, instaurent des quotas et tentent de préserver les ressources halieutiques. Mais ces efforts seront-ils suffisants pour permettre la pérennisation de la vie sous-marine, la préservation des grands fonds marins et l'équilibre fragile des écosystèmes marins abritant une multitude d'espèces marines ?

---

[1] V. le registre des espèces marines (WoRMS), http://www.marinespecies.org/ ; et le Système d'information biogéographique des océans (OBIS) de la Commission océanographique intergouvernementale de l'UNESCO, http://www.iobis.org/.

[2] Selon une étude réalisée par la fondation de la navigatrice Ellen MacArthur, publiée lors du forum économique mondial de Davos, consultable en ligne : http://www3.weforum.org/docs/WEF_The_New_Plastics_Economy.pdf.

La dernière publication de la FAO sur la Situation mondiale des pêches et de l'aquaculture de 2016 indique que près d'un tiers des stocks de poissons commerciaux sont à présent pêchés à des niveaux biologiquement non viables, soit trois fois plus qu'en 1974[3]. En mer Méditerranée et en mer Noire 59 pour cent des stocks évalués ont été péchés à des niveaux biologiquement non viables. En 2014, la production mondiale de la pêche de capture s'élevait à 93,4 millions de tonnes et la production globale du secteur de l'aquaculture s'élevait à 73,8 millions de tonnes, dont un tiers de mollusques, crustacés et autres animaux hormis les poissons. Aussi, la consommation mondiale de poisson par habitant a dépassé les 20 kilos par an selon ce même rapport de la FAO.

Par ailleurs, il sera constaté à la lecture de la réglementation relative à la pêche qu'aucune disposition ne s'inquiète du bien-être des animaux d'espèces marines. Pourtant, une fois pêchés, les poissons meurent par suffocation dans d'atroces conditions. Certaines espèces de crustacés sont gardées en vie, entassées dans des boites jusqu'à ce qu'elles soient vendues vivantes, pour finir ébouillantées, et ce, dans la plus grande des souffrances. D'après les connaissances actuelles, le homard par exemple dispose d'un système nerveux complexe et est sensible à la douleur. À cet égard, il conviendrait de suivre l'exemple de la Suisse qui souhaite adopter une ordonnance interdisant de plonger le homard encore vivant directement dans l'eau bouillante, sans l'étourdir préalablement[4]. Les études scientifiques sont explicites, les animaux d'espèces marines sont aussi des êtres doués de sensibilité[5]. Toutefois, la réglementation ne reconnaît pas encore le statut juridique d'êtres vivants doués de sensibilité aux espèces marines sauvages non domestiques.

La législation relative à l'exercice de la pêche diffère selon que la pêche est exercée en eau douce ou en mer. Il existe également une réglementation relative à la chasse maritime.

Section 1. La pêche maritime

Face à la surpêche générale des fonds côtiers et hauturiers, qui a entraîné une surcapacité d'exploitation, la législation tente de restreindre l'activité de pêche dans un but de conservation. En effet, la gestion des ressources marines s'inscrit dans le maintien des stocks à un niveau de « production maximale équilibrée » (PME) autrement appelé « rendement maximum durable » (RMD), conformément aux engagements pris par la Communauté internationale lors du

---

[3] FAO. 2016., *La situation mondiale des pêches et de l'aquaculture* 2016. *Contribuer à la sécurité alimentaire et à la nutrition de tous.* Rome. 224 pages.

[4] https://www.parlament.ch/fr/ratsbetrieb/suche-curia-vista/geschaeft?AffairId=20153860

[5] Jonathan Balcombe, *What a fish knows, The inner lives of our underwater cousins,* Oneworld, 2016 ; Helen Proctor, *Sea life sentience: what do fish really feel?* , 27 May 2016, Animal sentience blog, https://www.worldanimalprotection.org/blogs/sea-life-sentience-what-do-fish-really-feel ; http://www.peta.org/issues/animals-used-for-food/factory-farming/fish/lobsters-crabs/.

sommet de Johannesburg, mais aussi à travers la convention des Nations unies sur le droit de la mer de 1982 et le Code de conduite pour une pêche responsable de 1995. Ainsi, certaines normes en matière de gestion et de conservation des ressources halieutiques ont été adoptées à l'échelon international et surtout communautaire depuis l'entrée en vigueur de la politique commune des pêches le 27 janvier 1983[6]. Ce texte s'applique dans les eaux relevant de la souveraineté ou de la juridiction des États membres et à l'activité de pêche des ressortissants communautaires dans les eaux des pays tiers. Il repose sur une limitation des captures par l'instauration de quotas nationaux, sur une limitation du nombre de licences de pêche et sur l'instauration de mesures techniques visant à limiter l'effort de pêche. Ce régime a été reconduit en 1992 puis pérennisé en 2002[7].

Le droit français a traditionnellement considéré la pêche maritime comme une activité libre. Ce n'est qu'avec le décret-loi du 9 janvier 1852 fixant les conditions générales d'exercice de la pêche maritime que naît en France un véritable droit de la pêche maritime. Depuis le décret du 10 mai 1862 portant réglementation de la pêche maritime côtière, on distingue entre les pêches pratiquées au-delà de trois milles de la laisse de basse mer et celles pratiquées en deçà de cette limite, lesquelles étaient soumises à un régime particulier. Ce texte organisait également les prémisses d'une police des pêches en autorisant les préfets à interdire temporairement certaines pêches sur une étendue de mer qu'ils déterminaient. Modifié à de nombreuses reprises depuis son entrée en vigueur, ce texte a été abrogé par l'ordonnance n° 2010-462 du 6 mai 2010 créant un livre IX du Code rural relatif à la pêche maritime et à l'aquaculture marine. La dernière réforme relative à la réglementation de la pêche maritime est intervenue récemment, avec les lois n° 2016-816 du 20 juin 2016 pour l'économie bleue et n° 2016-1087 du 8 août 2016 pour la reconquête de la biodiversité, de la nature et des paysages.

L'article L. 911-1 du Code rural définit la pêche maritime comme la capture des animaux et la récolte des végétaux marins, en mer, sur l'estran et dans la partie des fleuves, rivières, étangs et canaux où les eaux sont salées. L'aquaculture, qui inclut la conchyliculture, la pisciculture, les élevages marins et les autres cultures marines, constitue une activité d'exploitation du cycle biologique d'espèces aquatiques, végétales ou animales. L'activité de l'aquaculture comprend notamment le captage, l'élevage, la finition, la purification, l'entreposage, le conditionnement, l'expédition ou la première mise sur le marché des produits. Pour la FAO, l'aquaculture est l'élevage

---

[6] Règl. (CEE) n° 170/83, 25 janv. 1983, instituant un régime communautaire de conservation et de gestion des ressources de la pêche.

[7] Règl. (CE) n° 2371/2002, 20 déc. 2002, relatif à la conservation et à l'exploitation durable des ressources halieutiques dans le cadre de la politique commune des pêches.

d'organismes aquatiques dans les zones côtières et intérieures appelant une intervention dans le processus d'élevage en vue d'en améliorer la production[8].

Les activités de pêche maritime et d'aquaculture marine s'exercent dans un cadre strictement défini. Elles partagent une même organisation professionnelle et économique, mais répondent à des règles différentes quant à l'exercice même de l'activité.

§ 1. L'organisation professionnelle et économique

Au niveau national, l'élaboration, la mise en œuvre et le contrôle de la politique relative à la pêche maritime et aux cultures marines relèvent de la direction des pêches maritimes et de l'aquaculture (DPMA) et de la direction des affaires maritimes. La direction des pêches maritimes et de l'aquaculture, qui dépend du ministère de l'Environnement, de l'Énergie et de la Mer[9], est notamment en charge de la réglementation et du suivi des secteurs d'activité des pêches maritimes et des cultures marines et elle contribue aux négociations internationales et communautaires. L'administration des affaires maritimes a pour mission de veiller au respect des normes édictées par l'Union européenne et de réglementer les activités de pêche dans les eaux nationales, en liaison avec les organismes professionnels des pêches maritimes, des élevages marins et des cultures marines.

A. L'organisation professionnelle des pêches maritimes et des élevages marins

Les dispositions relatives à l'organisation professionnelle des pêches maritimes et des élevages marins sont codifiées aux articles L. 912-1 à L. 912-5 du Code rural et de la pêche maritime.

Aux termes de l'article L. 912-1 du Code rural et de la pêche maritime, les membres des professions qui se livrent aux activités de production des pêches maritimes et des élevages marins doivent obligatoirement adhérer à une organisation professionnelle des élevages marins. Cette organisation comprend un comité national, des comités régionaux et des comités départementaux ou interdépartementaux. Ces comités sont tous dotés de la personnalité morale et de l'autonomie financière[10].

Le comité national est un organisme de droit privé chargé d'une mission de service public dont les missions sont codifiées aux articles L. 912-2 à L. 912-5 du Code rural et de la pêche maritime. Par exemple, il représente et fait la

---

[8] http://www.fao.org/aquaculture/fr/.

[9] V. D., n° 2013-665, 23 juill. 2013 modifiant le décret n° 2008-680 du 9 juillet 2008 portant organisation de l'administration centrale du ministère de l'écologie, de l'énergie, du développement durable et de l'aménagement du territoire ; NOR: ETLK1309174D.

[10] C. rur. pêche marit., art. L. 912-1.

promotion des intérêts généraux des professionnels exerçant une activité de pêche maritime ou d'élevage marin et participe à l'élaboration des réglementations en matière de gestion des ressources halieutiques et des végétaux marins ainsi qu'à la protection, la conservation et la gestion des milieux et écosystèmes contribuant au bon état des ressources halieutiques. Il partage certaines de ses missions avec les comités régionaux, qui peuvent déléguer certaines de leurs compétences aux comités départementaux ou interdépartementaux de leur ressort[11]. Ces derniers ont pour mission, outre la représentation et la promotion des intérêts qu'ils défendent au niveau départemental, d'assurer auprès des entreprises de pêche et de leurs salariés une mission d'information et de conseil[12].

Le comité national est administré par un conseil composé de représentants des chefs d'entreprises de pêche maritime et d'élevage marin ainsi que de représentants des coopératives maritimes, de représentants des organisations de producteurs et des élevages marins. Il comprend également des représentants des comités régionaux[13]. Les comités régionaux et les comités départementaux ou interdépartementaux sont quant à eux administrés par un conseil composé de représentants des équipages et salariés des entreprises de pêche maritime et d'élevage marin et des chefs de ces entreprises, de représentants des coopératives maritimes ainsi que de représentants des organisations de producteurs. Les conseils des comités régionaux comportent également des représentants des comités départementaux et interdépartementaux[14].

Par ailleurs, il existe en Méditerranée des communautés de patrons pêcheurs dénommées Prud'homies, chargées d'organiser sur un territoire géographique délimité et pour une communauté de pêcheurs, les formes d'exploitation et de gestion des ressources halieutiques. On en dénombre aujourd'hui 33. Si leurs pouvoirs sont aujourd'hui limités, elles peuvent encore édicter des règlements prud'homaux concernant l'exercice de pêche dans la limite de la zone des 12 milles. Les prud'homies ont également un pouvoir d'arbitrage et un pouvoir disciplinaire. Elles font ainsi office de juridiction consulaire en jugeant des différends entre pêcheurs survenus à l'occasion de faits de pêche[15].

B. L'organisation professionnelle des cultures marines

Dans le secteur de la conchyliculture, l'organisation repose sur un comité national et sur des comités régionaux créés dans chaque bassin de production

---

[11] C. rur. pêche marit., art. L. 912-3, I.

[12] C. rur. pêche marit., art. L. 912-3, II.

[13] C. rur. pêche marit., art. L. 912-4, I.

[14] C. rur. pêche marit., art. L. 912-4, II.

[15] V. D., n°93-56, 15 janv. 1993 fixant les limites territoriales des prud'homies de pêche dans les eaux méditerranéennes ; NOR: MERP9200053D ; D., 19 nov. 1859 portant règlement sur la pêche maritime côtière dans le 5e arrondissement maritime.

ou ensemble de bassins de production[16] soumis à la tutelle du ministre chargé des pêches maritimes et de l'aquaculture marine[17]. Ils sont dotés de la personnalité morale et de l'autonomie financière. Ces comités sont chargés de représenter les intérêts généraux de leurs activités, de participer à l'organisation d'une gestion équilibrée des ressources ainsi qu'à la protection, la conservation et la gestion des milieux et écosystèmes contribuant au bon état des ressources conchylicoles. Ils participent également à l'amélioration des conditions de production et à la défense de la qualité des eaux conchylicoles. Ils ont également la faculté de réaliser des travaux d'intérêt collectif[18]. Par ailleurs, un registre d'immatriculation des entreprises conchylicoles, composé à partir de la déclaration obligatoire de toute personne physique ou morale exerçant des activités de cultures marines ainsi qu'un répertoire des candidats à l'installation dans le secteur de la conchyliculture sont créés par l'organisation interprofessionnelle de la conchyliculture[19].

C. L'organisation de producteur

Dans le secteur des pêches maritimes et de l'aquaculture marine, il existe également des organisations de producteurs ou des associations d'organisations de producteurs[20]. Ces organisations de producteurs sont créées par des pêcheurs ou des aquaculteurs qui s'associent librement pour mettre en œuvre des mesures garantissant les meilleures conditions de mise sur le marché de leurs produits. Ces mesures visent notamment à privilégier la planification de la production et son adaptation à la demande avec la mise en œuvre de plans de capture, de promouvoir la concentration de l'offre, de stabiliser les prix et d'encourager les méthodes qui favorisent une pêche durable. Il appartient aux États membres de reconnaitre en tant qu'organisation de producteurs les groupements qui en font la demande et qui remplissent certaines conditions[21].

Ces organisations de producteurs relèvent également de la réglementation européenne, et notamment du règlement européen du 17 décembre 1999 relatif au fonctionnement de l'organisation commune des marchés (OCM)[22]. Le règlement a notamment institué des normes communes de commercialisation afin d'éliminer du marché les produits de qualité non satisfaisante et d'améliorer la rentabilité de la production. Les produits de la pêche ne peuvent donc être

---

[16] C. rur. pêche marit., art. L. 912-6 ; V. D., n°2005-1042, 25 août 2005 relatif aux organismes interprofessionnels de la conchyliculture et modifiant les décrets n° 91-1276 du 19 décembre 1991 et n° 92-986 du 9 septembre 1992 ; NOR: AGRM0501279D.

[17] C. rur. pêche marit., art. L. 912-15.

[18] C. rur. pêche marit., art. L. 912-7.

[19] C. rur. pêche marit., art. L. 912-7-1.

[20] C. rur. pêche marit., art. 912-11 et s. et art. D. 912-144 et s.

[21] C. rur. pêche marit., art. D. 912-144 et s.

[22] Règlement (CE) n° 104/2000 du Conseil du 17 décembre 1999 portant organisation commune des marchés dans le secteur des produits de la pêche et de l'aquaculture.

vendus ou commercialisés que s'ils satisfont aux normes de commercialisation[23].

Un prix d'orientation est également fixé par le Conseil pour certains produits avant le début de la campagne de pêche. Il est calculé sur la moyenne des prix des marchés de gros ou dans les ports au cours des trois campagnes de pêche précédentes et suivant les perspectives d'évolution de la production et de la demande. Afin d'assurer un revenu minimal aux pêcheurs, les organisations de producteurs peuvent retirer les produits de la pêche du marché lorsque les prix tombent sous un niveau donné. Ce niveau, que l'on appelle prix de retrait communautaire, est défini annuellement par la Commission pour chaque type de produit commercialisé. Il est calculé en fonction du prix d'orientation ainsi qu'en fonction de la fraîcheur, de la taille et de la présentation du produit. Lorsque les prix chutent et que les mécanismes d'intervention sont déclenchés, les membres reçoivent une indemnité de l'organisation de producteur à laquelle ils sont adhérents[24]. Pour bénéficier des mesures de soutien du marché prévues, l'organisation de producteurs doit avoir fait l'objet d'une procédure de reconnaissance codifiée aux articles D. 912-144 et suivants du Code rural et de la pêche maritime.

Par ailleurs, le règlement (UE) n° 1379/2013 portant organisation commune des marchés dans le secteur des produits de la pêche et de l'aquaculture et le règlement d'exécution (UE) n° 1420/2013 de la Commission du 17 décembre 2013[25], obligent les producteurs à indiquer la dénomination commerciale de l'espèce, la méthode de production, l'engin de pêche utilisé ainsi que la zone de capture afin d'assurer la traçabilité des produits de la mer.

§ 2. L'exercice de la pêche maritime

La réglementation relative à l'exercice de la pêche maritime doit être conforme avec les dispositions prévues par le traité sur le fonctionnement de

---

[23] V. Règlement (CE) n° 790/2005 de la Commission du 25 mai 2005 modifiant le règlement (CE) n° 2406/96 du Conseil fixant des normes communes de commercialisation pour certains produits de la pêche.

[24] Règlement (CE) n° 104/2000 du Conseil du 17 décembre 1999 portant organisation commune des marchés dans le secteur des produits de la pêche et de l'aquaculture.

[25] Règlement (UE) n°1379/2013 du Parlement européen et du Conseil du 11 décembre 2013 portant organisation commune des marchés dans le secteur des produits de la pêche et de l'aquaculture, modifiant les règlements (CE) no 1184/2006 et (CE) no 1224/2009 du Conseil et abrogeant le règlement (CE) no 104/2000 du Conseil.
Règlement d'exécution (UE) n ° 1420/2013 de la Commission du 17 décembre 2013 abrogeant les règlements (CE) n ° 347/96, (CE) n ° 1924/2000, (CE) n ° 1925/2000, (CE) n ° 2508/2000, (CE) n ° 2509/2000, (CE) n ° 2813/2000, (CE) n ° 2814/2000, (CE) n ° 150/2001, (CE) n ° 939/2001, (CE) n ° 1813/2001, (CE) n ° 2065/2001, (CE) n ° 2183/2001, (CE) n ° 2318/2001, (CE) n ° 2493/2001, (CE) n ° 2306/2002, (CE) n ° 802/2006, (CE) n ° 2003/2006, (CE) n ° 696/2008 et (CE) n ° 248/2009 à la suite de l'adoption du règlement (UE) n ° 1379/2013 du Parlement européen et du Conseil portant organisation commune des marchés dans le secteur des produits de la pêche et de l'aquaculture.

l'Union européenne et avec les engagements internationaux de la France. La réglementation s'applique dans les zones sous juridiction ou sous souveraineté française et en tout lieu aux ressortissants français et aux navires battant pavillon français dans le respect des accords internationaux et de la souveraineté des pays tiers[26]. Elle concerne l'exercice de la pêche maritime embarquée, non embarquée, sous-marine et à pied, qu'elle soit exercée à titre professionnel ou de loisir. L'exercice de toutes ces formes de pêche peut être soumis à la délivrance d'autorisations[27].

A. L'exercice de la pêche maritime à titre professionnel

L'autorisation des activités de pêche maritime a pour objet de permettre à une personne physique ou morale pour un navire déterminé d'exercer ces activités pendant des périodes, dans des zones, pour des espèces ou groupes d'espèces et, le cas échéant, avec des engins et pour des volumes déterminés. L'autorisation est délivrée pour une période maximale de douze mois et n'est pas cessible[28].
Elle est délivrée par l'autorité administrative ou sous son contrôle, pour une durée déterminée, en tenant compte des trois critères que sont l'antériorité des producteurs, les orientations du marché et les équilibres économiques. Pour les espèces soumises à un total autorisé de captures ou à des quotas de captures en application de la réglementation européenne, ces autorisations sont délivrées par l'autorité administrative ou sous son contrôle, par des organisations de producteurs ou leurs unions. Pour les autres espèces, elles sont délivrées par l'autorité administrative ou, sous son contrôle, par le comité national ou par les comités régionaux des pêches maritimes et des élevages marins[29].

Un navire de pêche battant pavillon français ne pourra se voir délivrer une autorisation de pêche ou ne sera autorisé à pêcher sur les quotas nationaux que lorsqu'un lien économique réel avec le territoire de la République française sera établi et que s'il est dirigé et contrôlé à partir d'un établissement stable situé sur le territoire français[30]. Cette exigence du lien économique réel vise à encadrer la pratique désignée sous le nom de *quota hopping* qui consiste, pour des armements installés dans d'autres États membres, à immatriculer leurs navires sous pavillon français afin de bénéficier des quotas de pêche français. Ce lien économique réel sera établi si, d'une part, la personne identifiée en tant qu'armateur sur le certificat de francisation et le permis de navigation du navire, ou son représentant, a sur le territoire national un établissement comportant les

---

26 C. rur. pêche marit., art. L. 911-3.
27 C. rur. pêche marit., art. L. 921-1.
28 C. rur. pêche marit., art. L. 921-1 ; R. 921-20 et s.
29 C. rur. pêche marit., art. L. 921-2.
30 C. rur. pêche marit., art. L. 921-3.

infrastructures ainsi que les moyens matériels et humains nécessaires à la gestion et à l'exploitation du navire et, d'autre part, l'établissement de l'armateur sur le territoire français a pour objet l'exercice sur ce territoire d'une activité économique effective[31].

Les navires battant pavillon d'un État étranger ne peuvent pas, en principe, pratiquer la pêche maritime dans les eaux sous souveraineté ou sous juridiction française. Toutefois, par dérogation, des autorisations de pêche à bord des navires battant pavillon d'États étrangers peuvent être délivrées en application d'accords internationaux conclus par l'Union européenne ou par la France ou dans les conditions prévues par le traité sur le fonctionnement de l'Union européenne et les règlements pris pour son application[32].

Aussi, les navires de pêche professionnelle doivent obligatoirement disposer d'un permis de mise en exploitation de leur navire de pêche qui précise, s'il y a lieu, les zones d'exploitation autorisées[33].

Par ailleurs, tout producteur qui souhaite, pour un navire donné, obtenir une autorisation de pêche doit détenir une licence de pêche européenne en cours de validité pour ce même navire[34]. Sous certaines conditions, la licence de pêche européenne, qui est obligatoire pour tout producteur qui utilise un navire de pêche professionnelle pour l'exploitation commerciale de ressources aquatiques vivantes en mer, vaut autorisation d'exercer une activité de pêche sur ces ressources, sans préjudice des autres autorisations nécessaires[35].

B. L'exercice de la pêche maritime de plaisance, à pied ou à titre scientifique

1. La pêche maritime de plaisance

La pêche maritime de loisir est une pêcherie non commerciale qui est exercée soit à titre sportif, c'est-à-dire que ceux qui la pratiquent sont membres d'une organisation sportive nationale ou titulaires d'une licence sportive nationale, soit à titre récréatif.

Le produit de cette pêche ne peut être destiné qu'à la consommation exclusive du pêcheur et de sa famille et ne peut être colporté, exposé à la vente, vendu sous quelque forme que ce soit, ou acheté en connaissance de cause. La pêche maritime de loisir peut aussi consister en la relâche du poisson vivant immédiatement après la capture.

En général, elle est exercée à partir d'embarcations ou de navires, en action de nage ou de plongée, à pied sur le domaine public maritime ou encore sur la

---

[31] C. rur. pêche marit., art. R. 921-4 ; R. 921-35 et s.

[32] C. rur. pêche marit., art. L. 921-9.

[33] C. rur. pêche marit., art. L. 921-7 ; R. 921-7 et s.

[34] C. rur. pêche marit., art. R. 921-24.

[35] C. rur. pêche marit., art. R. 921-15 et s.

partie des fleuves, rivières ou canaux où les eaux sont salées. Elle peut également être exercée à partir de navires de pêche armés au commerce et transportant des passagers à titre onéreux en vue d'effectuer une activité de pêche de loisir[36].

La réglementation relative à la taille minimale des captures autorisées, aux caractéristiques et aux conditions d'emploi des engins de pêche, aux modes et aux procédés ainsi qu'aux zones, périodes, interdictions et arrêtés de pêche, leur est applicable. Toutefois, le ministre chargé des pêches maritimes et de l'aquaculture marine peut fixer des règles plus contraignantes relatives au poids ou à la taille minima de capture des espèces de poissons et autres animaux marins pour la pêche de loisir[37]. Aussi, sous certaines conditions, les activités de pêche maritime de loisir peuvent être soumises à un régime d'autorisations de pêche[38].

Pour l'exercice de la pêche maritime de loisir pratiquée à bord de navires et d'embarcations seuls sont en principe autorisés la détention et l'usage de deux palangres munies chacune de trente hameçons, de deux casiers, d'une foëne, d'une épuisette ou salabre. Peuvent également être autorisées des lignes agréées à condition que l'ensemble des lignes utilisées en action de pêche soit équipé au maximum de douze hameçons, un leurre étant équivalent à un hameçon. Des dispositions particulières s'appliquent lorsque la pêche a lieu en Méditerranée, où l'usage d'une grappette à dents est autorisé, ou en mer du Nord, de la Manche ou en Atlantique, ainsi que dans le ressort des circonscriptions des préfets des régions Bretagne, Pays de la Loire et Aquitaine[39]. La détention et l'utilisation de tout vire-casier, vire-filet, treuil, potence mécanisée ou mécanisme d'assistance électrique ou hydraulique permettant de remonter les lignes de pêche et engins de pêche à bord sont interdits[40].

En ce qui concerne la pêche sous-marine de loisir, l'article R. 921-92 du Code rural et de la pêche maritime interdit l'usage d'équipements respiratoire, la détention simultanée à bord d'un navire ou embarcation d'un équipement respiratoire et d'une foëne ou d'un appareil spécial pour la pêche sous-marine, sauf dérogation accordée par le préfet. Sont également interdits les engins de pêche sous-marine dont la force propulsive développée est empruntée au pouvoir détonant d'un mélange chimique ou à la détente d'un gaz comprimé, sauf si la compression de ce dernier est obtenue par l'action d'un mécanisme manœuvré par le seul utilisateur. De même, la détention à bord et l'usage simultané d'un appareil spécial pour la pêche sous-marine et d'un scooter sous-

---

[36] C. rur. pêche marit., art. R. 921-83.
[37] C. rur. pêche marit., art. R. 921-84.
[38] C. rur. pêche marit., art. R. 921-85 et s.
[39] C. rur. pêche marit., art. R. 921-88.
[40] C. rur. pêche marit., art. R. 921-89.

marin sont interdits. Par ailleurs, l'exercice de la pêche sous-marine au moyen d'un fusil-harpon est interdit aux personnes âgées de moins de seize ans[41].

2. La pêche maritime à pied à titre professionnel

La pêche maritime à pied professionnelle s'entend de celle dont l'action, en vue de la vente des animaux marins pêchés, s'exerce sur le domaine public maritime ainsi que dans la partie des fleuves, rivières, étangs ou canaux où les eaux sont salées. L'action de pêche s'exerce sans que le pêcheur cesse d'avoir un appui au sol et sans équipement respiratoire permettant de rester immergé[42].

L'exercice de la pêche maritime à pied professionnelle est soumis à la détention d'un permis de pêche national et le cas échéant à la détention d'une autorisation de pêche[43]. Les pêcheurs maritimes à pied professionnels sont également soumis à plusieurs obligations relatives notamment à la commercialisation, au transbordement, au débarquement et au transport de leurs produits[44].

3. La pêche scientifique ou expérimentale

Toutes les opérations de pêche à des fins scientifiques ou expérimentales réalisées par un navire battant pavillon français et immatriculé dans l'Union européenne sont soumises à la détention de l'autorisation de pêche à des fins scientifiques. Cette autorisation administrative est délivrée à un armateur pour un navire déterminé[45], et doit préciser l'objet et la finalité du programme de recherche scientifique concerné, le protocole scientifique suivi, la pêcherie concernée et, le cas échéant, les conditions de financement de l'opération[46].

§ 3. Les mesures de conservation

A. La limitation du volume des captures

Les stocks visés par les pêcheurs exerçant la pêche côtière peuvent être soumis à des quotas de captures et d'efforts de pêche, institués en vertu de la réglementation de l'Union européenne ou nationale. Il appartient au ministre chargé des pêches maritimes et de l'aquaculture marine de répartir ces quotas en sous-quotas, qui seront affectés soit à des organisations de producteurs ou à

---

[41] C. rur. pêche marit., art. R. 921-90.
[42] C. rur. pêche marit. art. D. 921-67.
[43] C. rur. pêche marit., art. R. 921-68 et s.
[44] C. rur. pêche marit., art. R. 921-74.
[45] C. rur. pêche marit., art. R. 921-77.
[46] C. rur. pêche marit., art. R. 921-78.

leurs unions qui en assurent la gestion, soit à des navires ou à des groupements de navires lorsque ces derniers n'adhèrent pas à une organisation de producteurs[47]. Le calcul de chaque sous-quota est effectué en tenant compte de l'antériorité des producteurs[48], l'orientation du marché[49] et les équilibres socio-économiques[50]. Ces sous-quotas sont valables pendant un an maximum et ne sont pas cessibles.

Afin d'assurer la meilleure utilisation possible des sous-quotas de pêche, les organisations de producteurs ou leurs unions doivent établir un plan de gestion durable des captures ou efforts de pêche. Ces programmes et plans fixent respectivement les règles de répartition des sous-quotas de captures et d'efforts de pêche entre les adhérents des organisations de producteurs[51]. Ces plans doivent notamment comporter des plans de capture destinés à prévenir les déséquilibres du marché, le calendrier prévisionnel de la consommation des sous-quotas et les règles de répartition de chacun des sous-quotas de captures et d'effort de pêche entre les adhérents[52].

Lorsqu'un quota ou un sous-quota de capture ou d'effort de pêche est épuisé, la poursuite de l'activité de pêche concernée est interdite[53]. Toutefois, des échanges de quotas ou de sous-quotas peuvent s'effectuer entre la France et un autre État membre de l'Union européenne[54], ou entre organisations de producteurs, groupements de navires ou avec des navires n'appartenant ni à un groupement de navires ni à une organisation de producteur[55].

B. La taille minimale et protection des juvéniles

La politique de gestion et de conservation des ressources impose que l'on permette au poisson de parvenir à maturité sexuelle afin que ce dernier puisse se reproduire et contribuer au renouvellement des stocks. Ainsi, le ministre chargé des pêches maritimes et de l'aquaculture marine peut fixer le poids ou la taille en dessous duquel la capture et le débarquement des poissons, crustacés, mollusques et autres animaux marins sont interdits[56].

Lorsque la réglementation européenne fixe un nombre de captures, un poids ou une taille minimale de capture et de débarquement d'une espèce[57], le ministre peut fixer pour les navires battant pavillon français et pour les

[47] C. rur. pêche marit., art. L. 921-4.
[48] C. rur. pêche marit., art. R. 921-38 et R. 921-39.
[49] C. rur. pêche marit., art. R. 921-49.
[50] C. rur. pêche marit., art. R. 921-50.
[51] C. rur. pêche marit., art. L. 921-5.
[52] C. rur. pêche marit., art. R. 921-61.
[53] C. rur. pêche marit., art. R. 921-53.
[54] C. rur. pêche marit., art. R. 921-52 et s.
[55] C. rur. pêche marit., art. R. 921-58.
[56] C. rur. pêche marit., art. L. 922-1 et D. 922-1 et s.
[57] V. Règlement (CE) n° 1626/94 du Conseil, du 27 juin 1994, prévoyant certaines mesures techniques de conservation des ressources de pêche en Méditerranée.

pêcheurs à pied professionnels, un poids ou une taille minimale de capture et de débarquement supérieurs à celui prévu par la réglementation européenne, en tenant compte des moyens à mettre en œuvre pour garantir une gestion durable des stocks, notamment en vue d'obtenir le rendement maximum durable. Pour les autres espèces, le ministre peut fixer, pour les seuls navires battant pavillon français et lorsqu'une bonne gestion de l'espèce le rend nécessaire, un poids ou une taille minimale de capture et de débarquement.

La taille minimale ou le poids minimal de capture et de débarquement des poissons et autres organismes marins pour la pêche professionnelle sont déterminés par l'arrêté du 28 janvier 2013[58] et par le règlement européen du 27 juin 1994 prévoyant certaines mesures techniques de conservation des ressources de pêche en Méditerranée[59].

Pour la pêche maritime de loisirs, la taille minimale ou le poids minimal de capture des poissons et autres organismes marins sont déterminés par l'arrêté du 29 janvier 2013[60].

Lorsque le poisson, le crustacé, le mollusque ou tout autre animal marin ne répond pas aux spécifications prévues par cet arrêté, il est en principe interdit de les pêcher, les transborder, les stocker, les débarquer, les transporter ainsi que les exposer à la vente, les vendre ou encore les acheter en connaissance de cause[61]. Toutefois, à titre dérogatoire, la pêche, le débarquement et le transport des poissons, crustacés, mollusques et autres animaux marins dont la taille ou le poids n'est pas conforme aux spécifications prévues par la réglementation européenne ou par l'arrêté susmentionné, peuvent être autorisés uniquement s'ils ont pour objet l'approvisionnement de parcs ou d'autres établissements d'élevage ou le repeuplement de certains espaces maritimes ou s'ils sont effectués à des fins exclusivement scientifiques[62]. Ces activités sont également autorisées lorsqu'il s'agit d'espèces pour lesquelles les rejets sont expressément interdits par la réglementation en vigueur. Toutefois, l'utilisation de ces captures est limitée à des fins autres que la consommation humaine directe[63]. Par ailleurs, l'utilisation, comme appât, de poissons, crustacés ou mollusques qui n'auraient pas atteint les dimensions minimales requises est interdite, sauf dérogation[64].

---

[58] Arr., 28 janv. 2013, déterminant la taille minimale ou le poids minimal de capture et de débarquement des poissons et autres organismes marins pour la pêche professionnelle ; NOR: TRAM1240494A.

[59] Règlement (CE) n° 1626/94 du Conseil, du 27 juin 1994, prévoyant certaines mesures techniques de conservation des ressources de pêche en Méditerranée.

[60] Arr., 29 janv. 2013 modifiant l'arrêté du 26 octobre 2012 déterminant la taille minimale ou le poids minimal de capture des poissons et autres organismes marins (pour une espèce donnée ou pour une zone géographique donnée) effectuée dans le cadre de la pêche maritime de loisir ; NOR: TRAM1240353A.

[61] C. rur. pêche marit., art. R. 922-2.

[62] C. rur. pêche marit., art. R. 922-3.

[63] C. rur. pêche marit., art. R. 922-4.

[64] C. rur. pêche marit., art. R. 922-5.

C. Les restrictions spatiales et temporelles

Afin d'assurer la conservation et la gestion durable des ressources, des mesures de restrictions visant à interdire de façon permanente ou temporaire la pêche de certaines espèces ou avec certains engins dans certaines zones peuvent être prises[65]. Ainsi, l'autorité administrative peut interdire la pêche de certaines ressources halieutiques, partiellement ou totalement, ou l'interdire avec certains filets, engins ou modes de pêche. Cette interdiction peut porter sur une zone géographique définie et/ou pour une période limitée[66].

Des mesures de classement des gisements naturels coquilliers et leurs conditions d'exploitation sont également prévues. L'autorité administrative doit ainsi, après consultation de l'Institut français de recherche pour l'exploitation de la mer, déterminer l'étendue des gisements naturels d'huîtres, moules et autres coquillages. Elle doit fixer les époques d'ouverture et de clôture de la pêche sur ces gisements ainsi que les conditions de leur exploitation lorsqu'ils ont été reconnus salubres[67].

Enfin, des mesures de délimitation des réserves ou cantonnements interdits à toute pêche, des mesures de restrictions de pêche destinées à favoriser l'implantation des structures artificielles aux fins d'exploitation et de mise en valeur des ressources biologiques ou des mesures visant à protéger les exploitations de cultures marines ont également été déterminées[68]. Dans ces réserves ou cantonnements, l'exercice de toute activité de pêche ou l'utilisation de navires d'un certain tonnage ou d'une certaine force motrice ou encore l'emploi de certains engins de pêche est interdit[69].

D. Les restrictions relatives à certaines espèces

1. Le marquage de certaines espèces

Dans le cadre de la pêche maritime de loisir, exercée à pied, du rivage, sous-marine ou embarquée, certains spécimens d'espèces pêchées dans les eaux sous souveraineté ou juridiction française doivent faire l'objet d'un marquage. La liste des espèces concernées par cette obligation est fixée à l'annexe de l'arrêté du 17 mai 2011[70]. Le marquage s'applique par l'ablation de la partie inférieure

---

[65] C. rur. pêche marit., art. L. 922-2.

[66] C. rur. pêche marit., art. R. 922-6.

[67] C. rur. pêche marit., art. R. 922-7 ; V. sur le classement : http://www.atlas-sanitaire-coquillages.fr/.

[68] C. rur. pêche marit., art. L. 922-2.

[69] C. rur. pêche marit., art. R. 922-8 ; V. ex., Arr., 1er juill. 2014 portant renouvellement des cantonnements de pêche devant les communes de Carry-le-Rouet et de Martigues (Bouches-du-Rhône) ; NOR: DEVM1415049A.

[70] Arr., 17 mai 2011 imposant le marquage des captures effectuées dans le cadre de la pêche maritime de loisir ; NOR: AGRM1107007A.

de la nageoire caudale. Par ailleurs, les spécimens pêchés doivent être conservés entiers jusqu'à leur débarquement et le marquage ne doit pas empêcher la mesure de la taille du poisson.

2. La règlementation relative à la gestion et à la pêche de certaines espèces

La pêche de certaines espèces aquatiques est soumise à une réglementation plus stricte. En effet, la pêche de loisir de certaines espèces, comme du Corb, du Mérou, de l'Espadon ou du Thon rouge, est soumise à l'obtention d'une autorisation préalable. L'arrêté du 19 mai 2014 précise les conditions d'exercice de la pêche de loisir réalisant des captures d'espadon de la Méditerranée. La pêche de loisir de l'espadon de la Méditerranée est ainsi soumise à la détention d'une autorisation de pêche annuelle. Cette autorisation concerne les navires de plaisance et les navires de pêche battant pavillon français opérant dans les eaux de la Méditerranée[71]. La pêche de loisir du thon rouge dans les eaux de l'Atlantique Est et de la Méditerranée est en principe également soumise à autorisation. Toutefois, certaines pratiques de pêche, telle que la pratique du pêcher-relâcher du thon rouge, ne sont pas soumises à la détention d'une autorisation[72].

3. Les restrictions locales

Afin d'assurer une bonne gestion des ressources halieutiques, le préfet du département ou de région[73] peut prendre des mesures limitatives visant à réglementer l'usage d'engins ou de procédés de pêches qui peuvent être utilisés. Il peut aussi interdire de façon permanente ou temporaire l'exercice de la pêche dans certaines zones ou à certaines périodes, ou encore interdire la pêche de certaines espèces ou en limiter les quantités pouvant être pêchées ou transportées et établir des zones de protection autour des établissements de cultures marines, des structures artificielles ou des dispositifs concentrateurs de poissons[74].

Ainsi, la pêche au Corb est interdite jusqu'au 23 décembre 2018 dans les eaux maritimes des régions Provence-Alpes-Côte d'Azur et Languedoc-

---

[71] Arr., 19 mai 2014 précisant les conditions d'exercice de la pêche de loisir réalisant des captures d'espadon de la Méditerranée ; NOR: DEVM1405481A.

[72] Arr., 23 février 2016 précisant les conditions d'exercice de la pêche de loisir réalisant des captures de thon rouge (Thunnus thynnus) dans le cadre du plan pluriannuel de reconstitution des stocks de thon rouge dans l'Atlantique Est et la Méditerranée pour l'année 2016 ; NOR: DEVM1601595A.

[73] V. C. rur. pêche marit., art. R.*911-3.

[74] C. rur. pêche marit., art. R. 921-93.

Roussillon[75]. Les pêches sous-marines, de loisir et professionnelle à l'hameçon des cinq espèces de mérou sont également interdites jusqu'en 2023[76].

§ 4. Les procédés de pêche

Les règles relatives à la dimension des maillages des filets, aux caractéristiques techniques des navires ainsi que les règles de définition des engins, instruments et appareils utilisés à des fins de pêche sont également prévues. Il en est de même des modes de pêche, des autorisations relatives à certains types ou procédés de pêche, de la définition du pourcentage de prises accessoires de certaines espèces pour certains types de pêche ou avec certains engins, de la réglementation relative à l'emploi des appâts ou encore de l'exécution des opérations accessoires de la pêche à bord des navires[77].

La liste des filets, engins et modes de pêche qui sont en principe autorisés pour la pêche maritime dans les eaux où l'exercice de la pêche n'est pas soumis à une réglementation européenne de conservation et de gestion, est fixée à l'article D. 922-9 du Code rural et de la pêche maritime. Sont ainsi autorisés les filets remorqués de type chalut ou gangui, les dragues à coquillages, les tamis à civelles, les lignes et les hameçons, les engins de pêche par accrochage ou par blessure, tels que couteaux, crochets, ciseaux, piochons, râteaux, pelles, harpons, ou encore certains pièges tels que casier, nasse ou fagots. La pêche à la lumière, à l'appât et à l'électricité sont également autorisées[78].

Certains de ces procédés de pêche sont particulièrement destructeurs des habitats nécessaires au maintien et à la diversité de la vie marine. En tant que tels, ils ont fait l'objet d'une réglementation plus encadrée. Le chalutage de fond, par exemple, consiste à lester d'immenses filets avec des poids afin de le positionner à proximité du fond. Les chaînes ou rouleaux fixés à l'avant des filets raclent le sol, arrachant la flore et endommageant ou détruisant les coraux et colonies d'éponges. Le nouveau Règlement européen n° 2016/2336 du 14 décembre 2016 relatif à la pêche profonde a introduit trois mesures de protection, à savoir, l'interdiction totale du chalut de fond au-delà de 800 mètres de profondeur, l'interdiction de la pêche ciblée d'espèces d'eau profonde en dehors des zones historiquement pêchées et l'obligation pour tout navire

---

[75] Arr. préfect., n°2013357, 23 déc. 2013 portant réglementation de la pêche au Corb dans les eaux territoriales en Méditerranée continentale.

[76] Arr. préfec., n° 2013357-0004, 23 déc. 2013, portant réglementation de la pêche de différentes espèces de mérous dans les eaux territoriales en Méditerranée continentale pour la région PACA et Languedoc-Roussillon.

[77] C. rur. pêche marit., art. L. 922-3.

[78] V. eg., Règlement (CE) n° 2550/2000 du Conseil du 17 novembre 2000 modifiant le règlement (CE) n° 1626/94 prévoyant certaines mesures techniques de conservation des ressources de pêche en Méditerranée.

pratiquant la pêche à des profondeurs supérieures à 400 mètres et rencontrant des écosystèmes marins vulnérables de s'éloigner des zones concernées puis de les signaler aux autorités en vue de leur fermeture[79].

Le Code rural et de la pêche maritime interdit également l'usage des filets remorqués à moins de trois mille de la laisse de basse mer des côtes du continent et de celles des îles ou îlots émergeant en permanence[80]. Cet usage peut toutefois être autorisé par l'autorité administrative[81], lorsque la profondeur des eaux le permet ou lorsqu'une telle mesure ne remet pas en cause les exigences de la protection des ressources[82].

Par ailleurs, l'utilisation des filets fixes dans la zone de balancement des marées, également appelés établissements de pêche, est soumise à autorisation[83] et l'utilisation du filet maillant dérivant d'une longueur inférieure ou égale à 2,5 kilomètres pour la capture de certaines espèces est interdite, sauf exception[84].

§ 5. Les cultures marines

On entend par aquaculture marine ou culture marine, l'ensemble des activités d'élevage d'animaux marins et de culture de végétaux marins. En termes de tonnage, la principale activité du secteur aquacole maritime est la conchyliculture, qui regroupe les activités d'élevage de coquillage, telles que l'ostréiculture (huîtres), la vénériculture (palourdes) ou encore l'échiniculture (oursins). Le second secteur d'activité est représenté par la pisciculture marine qui regroupe les activités d'élevages de poissons. D'autres élevages existent également, comme l'élevage de crustacés ou la culture d'algues marines.

Les activités aquacoles marines peuvent comporter des installations à terre et/ou des installations en mer. Par exemple, les installations piscicoles en mer sont constituées de cages flottantes ancrées qui sont implantées dans des zones côtières abritées des tempêtes. L'implantation de ces activités en mer ouverte est également rendue possible par l'utilisation de cages adaptées à l'offshore.

---

[79] Règlement (UE) 2016/2336 du Parlement européen et du Conseil du 14 décembre 2016 établissant des conditions spécifiques pour la pêche des stocks d'eau profonde dans l'Atlantique du Nord-Est ainsi que des dispositions relatives à la pêche dans les eaux internationales de l'Atlantique du Nord-Est et abrogeant le règlement (CE) n° 2347/2002 du Conseil.

[80] C. rur. pêche marit., art. D. 922-16.

[81] V. C. rur. pêche marit., art. R*911-3.

[82] C. rur. pêche marit., art. D. 922-17.

[83] Arr., 2 juill. 1992 fixant les conditions de délivrance des autorisations annuelles de pose de filets fixes dans la zone de balancement des marées ; NOR: MERP9200118A.

[84] Arr., 11 juillet 2011 relatif à l'interdiction de pêche à l'aide de filets maillants dérivants ; NOR: AGRM1116525A ; Règl. (CE) n° 1239/98 du Conseil du 8 juin 1998 modifiant le règlement (CE) n° 894/97 prévoyant certaines mesures techniques de conservation des ressources de pêche.

A. La réglementation applicable à l'aquaculture marine

Les installations de cultures marine et d'aquaculture marine sont soumises à autorisation. Elles doivent obtenir une concession et relèvent de la réglementation relative aux installations classées pour la protection de l'environnement.

1. Autorisation et concessions des exploitations de cultures marines

L'article L. 923-1 du Code rural et de la pêche maritime dispose que tous les établissements d'élevage d'animaux marins et toutes les exploitations de cultures marines ou de dépôt de coquillages peuvent être implantés sur le rivage de la mer, le long des côtes ou dans la partie des fleuves, rivières, étangs et canaux où les eaux sont salées à condition d'obtenir une autorisation spéciale, délivrée par l'autorité administrative à l'issue d'une enquête publique d'une durée de quinze jours au moins.

Les activités de culture marines doivent également faire l'objet d'une concession, lorsqu'elles sont exercées sur le domaine public maritime ainsi que dans la partie des fleuves, rivières, étangs et canaux où les eaux sont salées[85]. Ces concessions sont délivrées par le préfet, sur proposition du directeur départemental des territoires et de la mer, et après avis de la commission des cultures marines, pour une durée maximale de trente-cinq ans[86].

2. Le régime des installations classées pour la protection de l'environnement

Seules les activités de piscicultures sont soumises à la réglementation des installations classées. Elles relèvent de la rubrique 2130 de la nomenclature ICPE.

Elles doivent être déclarées auprès du préfet de département lorsque leur production est comprise entre 5 et 20 tonnes annuelles[87]. Cette déclaration implique l'élaboration d'une notice d'impact. Lorsque les volumes de production sont supérieurs à 20 tonnes annuelles, les piscicultures doivent faire l'objet d'une autorisation préfectorale, dont la délivrance est subordonnée à la réalisation d'une étude d'impact de l'activité sur le milieu et, le cas échéant, des conditions de son intégration dans l'environnement local.

---

[85] C. rur. pêche marit., art. R. 923-9.
[86] C. rur. pêche marit., art. R. 923-10.
[87] V. Arr., 5 déc. 2016 relatif aux prescriptions applicables à certaines installations classées pour la protection de l'environnement soumises à déclaration ; NOR: DEVP1628687A.

B. Les différents schémas de gestion de l'aquaculture marine

Inséré par la loi n° 2010-874 du 27 juillet 2010 de modernisation de l'agriculture et de la pêche, l'article L. 923-1-1 du Code rural et de la pêche maritime prévoit que des schémas régionaux de développement de l'aquaculture marine doivent être établis dans chaque région comportant une façade maritime afin de recenser les sites existants et les sites propices au développement d'une aquaculture marine durable. Ces schémas recensent également les possibilités d'installation de fermes aquacoles en milieu fermé. Ces schémas régionaux s'appliquent au domaine public maritime ainsi qu'aux eaux sous souveraineté ou juridiction française et au territoire des communes littorales[88].

Parallèlement, des schémas des structures des exploitations de cultures marines par département et par type d'activité doivent être établis[89]. Ce schéma est arrêté par le préfet ou, lorsqu'un bassin de production s'étend sur le territoire de plusieurs départements, par les préfets des départements riverains, au vu des éléments produits par les comités régionaux de la conchyliculture concernés et après avis de la ou des commissions des cultures marines.

§ 6. La police de la pêche maritime et de l'aquaculture marine

La police de la pêche maritime est assurée par les agents du dispositif de contrôle et de surveillance (DCS) des affaires maritimes qui participent à la mise en œuvre des objectifs de contrôle de la pêche professionnelle fixés dans le respect des engagements communautaires. La pêche maritime de loisir est également contrôlée afin de maintenir les équilibres environnementaux et garantir sa durabilité. L'article L. 941-2 du Code rural et de la pêche maritime précise que les contrôles effectués dans ce cadre portent sur toute activité de pêche maritime et d'aquaculture marine, de transformation, de commercialisation, d'importation et d'exportation des produits issus des activités de pêche maritime et d'aquaculture marine ainsi que de fabrication d'engins de pêche maritime.

A. Les agents habilités

Les agents habilités à rechercher et à constater les infractions figurent à l'article L. 942-1 du Code rural et de la pêche maritime. On retrouve parmi ces agents, les administrateurs, officiers du corps technique et administratif des affaires maritimes, les commandants, commandants en second ou officiers des bâtiments de la marine nationale et les commandants des aéronefs militaires affectés à la surveillance maritime ainsi que les officiers mariniers désignés par l'autorité administrative ou encore les agents des douanes, les inspecteurs de la santé publique vétérinaire et certains inspecteurs de l'environnement. Les

---

[88] C. rur. pêche marit., art. D. 923-2.

[89] C. rur. pêche marit., art. D. 923-6.

gardes jurés et les prud'hommes pêcheurs assermentés sont également habilités à rechercher et à constater les infractions dans le ressort territorial dont ils relèvent[90].

Ces agents pourront requérir directement la force publique pour la recherche et la constatation des infractions ainsi que pour l'appréhension et la saisie des filets, des engins, des matériels, des équipements utilisés en plongée et en pêche sous-marine, de tous instruments utilisés à des fins de pêche, des véhicules, des navires ou des engins flottants ayant servi à pêcher ou à transporter des produits obtenus en infraction, ainsi que des produits des pêches[91].

B. Les opérations de contrôle, recherche et constatation des infractions

Les agents chargés de la police des pêches maritimes peuvent effectuer leurs contrôles à toute heure à bord des navires et engins flottants[92]. Ils peuvent ainsi donner à tout navire ou engin flottant l'ordre de stopper. Tous les ponts et locaux du navire leur sont accessibles, qu'il s'agisse d'examiner les captures, les produits qui en sont issus, les engins de pêche, les installations de traitement ou de stockage, les équipements propulsifs ou encore les matériels de navigation, de localisation et de déclaration. Tous les documents présents à bord doivent, à leur demande, leur être communiqués, notamment ceux relatifs à l'enregistrement des captures[93].

L'accès aux halles à marées pour l'exercice de la police des pêches maritimes peut également se faire à toute heure. En revanche, l'accès aux locaux à usage professionnel ainsi qu'aux moyens de transport ne peut se faire qu'entre 8 heures et 20 heures ou en dehors de ces heures lorsque l'accès au public est autorisé ou lorsqu'à l'intérieur de ces locaux sont en cours des activités de transformation, de conditionnement, de transport ou de commercialisation des produits de la pêche[94]. Ils peuvent également procéder à des prélèvements aux fins d'analyse sur des produits ou des animaux soumis à leur contrôle[95]. En cas de refus d'accès ou si les locaux en cause comprennent des parties à usage d'habitation, l'accès peut être autorisé par le juge des libertés et de la détention[96]. Les constatations opérées sont rapportées dans un procès-verbal, qui fait foi jusqu'à preuve contraire[97].

---

[90] C. rur. pêche marit., art. L. 942-2.
[91] C. rur. pêche marit., art. L. 942-8.
[92] C. rur. pêche marit., art. L. 941-3.
[93] C. rur. pêche marit., art. L. 941-4 et L. 942-5.
[94] C. rur. pêche marit., art. L. 941-5 et L. 942-4.
[95] C. rur. pêche marit., art. L. 942-6.
[96] C. rur. pêche marit., art. L. 941-6.
[97] C. rur. pêche marit., art. L. 942-11.

C. Les mesures conservatoires

Les conditions dans lesquelles l'autorité maritime compétente peut prendre des mesures conservatoires, et notamment procéder à la saisie des produits de la pêche réalisée en infraction, sont codifiées aux articles L. 943-1 à L. 943-10 du Code rural et de la pêche maritime. Les agents habilités peuvent ainsi procéder à l'appréhension des filets, des engins, des matériels, des équipements utilisés en plongée ou en pêche sous-marine, de tous instruments utilisés à des fins de pêche, des véhicules, des navires, ou des engins flottants ayant servi à pêcher ou à transporter des produits obtenus en infraction [98] . Cette appréhension donne lieu à l'établissement d'un procès-verbal.

Dans les trois jours ouvrés à compter de la saisie, l'autorité compétente doit demander au juge des libertés et de la détention territorialement compétent de confirmer par ordonnance la saisie du navire, de l'engin flottant ou du véhicule. Le juge des libertés et de la détention peut alors soit confirmer la saisie, soit décider la remise en libre circulation du navire, de l'engin flottant ou du véhicule.[99].

En ce qui concerne les produits de la pêche réalisés en infraction et saisis, leur sort relève de l'autorité territorialement compétente pour le prononcé de la saisie. Ces produits peuvent ainsi être détruits, vendus aux enchères publiques ou de gré à gré, remis à titre onéreux à un établissement industriel, remis à titre gracieux à un établissement scientifique ou de bienfaisance, ou réimmergés s'il s'agit d'animaux vivants[100].

Est puni de deux ans d'emprisonnement et de 375 000 euros d'amende le fait de détruire, détourner ou tenter de détruire tout matériel ou produit de la pêche appréhendés ou saisis et confiés à sa garde. Est puni des mêmes peines le fait de faire obstacle à l'appréhension ou à la saisie des filets, engins, matériels, équipements, véhicules, instruments, navires, engins flottants utilisés pour la pêche en infraction à la réglementation, ainsi que le fait de ne pas donner aux produits saisis la destination décidée par le tribunal ou l'autorité compétente[101].

D. Les poursuites judiciaires

Pour les navires français, le tribunal compétent pour connaître des délits et contraventions en matière de pêche maritime est le tribunal du port où l'infraction est constatée, du port où le navire a été conduit ou, à défaut, le tribunal du port d'immatriculation. Pour les navires étrangers, le tribunal compétent est celui du port où le navire a été conduit ou, s'il n'a pas été conduit

---

[98] C. rur. pêche marit., art. L. 943-1.
[99] C. rur. pêche marit., art. L. 943-4.
[100] C. rur. pêche marit., art. L. 943-8.
[101] C. rur. pêche marit., art. L. 945-1.

au port, celui de la résidence administrative de l'agent qui a constaté l'infraction[102].

Les organisations professionnelles de la pêche sont habilitées à exercer les droits reconnus à la partie civile lorsque les faits en cause portent un préjudice direct ou indirect aux intérêts collectifs qu'elles ont pour objet de défendre[103].

E. Les sanctions pénales

L'article L. 945-2 du Code rural et de la pêche maritime est relatif à la pêche illégale. Ainsi, est puni d'un an d'emprisonnement et de 75 000 euros d'amende le fait, pour un capitaine de navire de dissimuler ou de falsifier les éléments d'identification d'un navire ou de naviguer avec un navire dont les éléments d'identification sont inexistants, dissimulés ou falsifiés et le fait, pour les capitaines de navire battant pavillon d'un État n'appartenant pas à l'Union européenne ou leurs représentants, de pêcher, de détenir à bord, de débarquer, de transborder, de transférer, de mettre en vente, de transporter ou d'acheter des organismes marins en l'absence d'autorisation ou en méconnaissance des termes de l'autorisation accordée, dans les eaux maritimes sous souveraineté ou juridiction française et dans la partie des fleuves, rivières, canaux, étangs où les eaux sont salées. Les mêmes peines sont encourues pour les capitaines de navire battant pavillon d'un autre État membre de l'Union européenne ou leurs représentants, qui pêchent en infraction aux dispositions définissant les modalités d'accès, dans les eaux maritimes sous souveraineté ou juridiction française et dans la partie des fleuves, rivières, canaux, étangs où les eaux sont salées.

Est également puni d'un an d'emprisonnement et de 75 000 euros d'amende le fait pour toute personne d'exploiter, gérer ou posséder un navire ayant pris part à des activités de pêche ou de faire commerce de produits qui en sont issus, lorsque le navire est sans immatriculation, lorsque l'immatriculation du navire a été retirée ou lorsque le navire est inscrit sur une liste mentionnée aux articles 27 et 30 du règlement (CE) n° 1005/2008 du Conseil du 29 septembre 2008 ou sur une liste issue d'une organisation régionale de gestion des pêches recensant les navires qui pratiquent la pêche illicite, non déclarée et non réglementée[104].

Le fait de contrevenir aux dispositions relatives aux conditions d'exercice de la pêche maritime, telles que celles relatives à l'autorisation de pêche, aux

---

[102] C. rur. pêche marit., art. L. 944-1.
[103] C. rur. pêche marit., art. L. 944-4.
[104] C. rur. pêche marit., art. L. 945-2, II.

engins de pêche autorisés ou encore au respect des quotas de pêche, est puni de 22 500 euros d'amende[105].

Les personnes coupables des infractions prévues par le Code rural et de la pêche maritime encourent également des peines complémentaires telles que l'affichage de la décision prononcée à leur encontre, la suspension ou le retrait de la licence de pêche, du permis de pêche spécial, du permis de mise en exploitation et de toute autre autorisation de pêche, la confiscation de la chose qui a servi ou était destinée à commettre l'infraction ou de la chose qui en est le produit ainsi que la confiscation de tout navire, installation, véhicule ou engin appartenant au condamné, l'interdiction d'exercer l'activité professionnelle ou sociale, à l'occasion de laquelle l'infraction a été commise, pour les personnes physiques, pour une durée qui ne peut excéder 5 ans ou encore la dissolution pour les personnes morales[106].

F. Les sanctions administratives

Enfin, les articles L. 946-1 à L. 946-8 du Code rural et de la pêche maritime prévoient la possibilité de prononcer, en plus des sanctions pénales, des sanctions administratives sous forme d'amende ou de retrait des droits de pêche. Les amendes doivent être proportionnées à la gravité des faits constatés et tiennent compte notamment de la valeur du préjudice causé aux ressources halieutiques et au milieu marin concerné. Les intéressés doivent être informés des faits relevés à leur encontre et doivent disposer d'un délai pour faire valoir leurs observations. Ils peuvent demander à être entendus et à être assistés d'un conseil de leur choix. La décision de l'autorité administrative doit être rendue dans un délai qui ne peut excéder un an à compter de la constatation des faits.

Section 2. La pêche en eau douce

Ici encore les espèces de poissons d'eau douce ne sont pas directement protégées en tant qu'être vivant doués de sensibilité par la législation relative à la pêche en eau douce, mais en tant qu'espèces appartenant à un milieu aquatique qu'il convient de préserver. En tant que *res nullius*, les poissons, crustacés et grenouilles présents dans ces eaux ainsi que leur frai[107], sont librement appropriables par le premier qui procède à leur capture.

En effet, depuis la loi du 10 juillet 1976 relative à la protection de la nature et la loi n° 84-512 du 29 juin 1984 relative à la pêche en eau douce et à la gestion des ressources piscicoles, le poisson n'est pas pris en considération en

---

[105] C. rur. pêche marit., art. L. 945-4.
[106] C. rur. pêche marit., art. L. 945-5.
[107] C. env., art. L. 431-2.

tant qu'individu, mais en tant qu'espèce écologiquement liée au milieu aquatique dans lequel il vit. L'article L. 430-1 du Code de l'environnement dispose ainsi que « la préservation des milieux aquatiques et la protection du patrimoine piscicole sont d'intérêt général. La protection du patrimoine piscicole implique une gestion équilibrée des ressources piscicoles dont la pêche, activité à caractère social et économique constitue le principal élément ». La loi n° 2016-1087 du 8 août 2016 pour la reconquête de la biodiversité, de la nature et des paysages a rajouté un alinéa à cet article précisant que « les dispositions du présent titre contribuent à une gestion permettant le développement de la pêche de loisir dans le respect des espèces piscicoles et du milieu aquatique ». Dans le prolongement de la loi du 10 juillet 1976 relative à la protection de la nature, de la loi sur l'eau du 30 décembre 2006 et des lois Grenelle, la loi du 8 août 2016 a également introduit de nouvelles mesures destinées à préserver la biodiversité aquatique.

Cette prise en considération de la nécessité de protéger le milieu aquatique est intervenue suite à la multiplication des menaces de détériorations qui pèsent sur le milieu aquatique, et par conséquent, sur la faune piscicole, comme la pollution des eaux, le réchauffement de l'eau, la multiplication des gravières et sablières dans le lit des cours d'eau ou encore la multiplication des centrales hydroélectriques qui créent un obstacle au passage des poissons migrateurs. La dégradation et la diminution de la faune piscicole d'eau douce ont également été aggravées par l'augmentation du nombre de pêcheurs et l'apparition de nouvelles techniques de pêche.

§ 1. Le champ d'application de la réglementation

A. Droit de pêche et protection des ressources piscicoles

La réglementation relative à la pêche s'articule autour de deux grands axes. D'une part, elle encadre l'exercice de la pêche en eau douce en garantissant la pérennité des ressources piscicoles par la limitation des prélèvements et la reconstitution du cheptel prélevé avec des règles déterminant les catégories de cours d'eau, les périodes d'ouvertures, les heures et temps de pêche, les modes et engins de pêche ou encore les espèces protégées. Ces règles ne concernent que les eaux libres et ne concernent pas les eaux closes, c'est-à-dire les fossés, canaux, étangs, réservoirs et autres plans d'eau dans lesquels le poisson ne peut passer naturellement[108]. D'autre part, elle vise à préserver les milieux aquatiques, la faune piscicole et son habitat et s'applique alors à l'ensemble des cours d'eau et plans d'eau qui font tous partie du même réseau hydrographique.

---

[108] C. env., art. L. 431-4 et R. 431-7 ; V. Circ. 29 janv. 2008 relative à la définition des eaux closes, DEVO0803145C.

Le titre III du livre IV du Code de l'environnement relatif à la pêche en eau douce et à la gestion des ressources piscicoles s'applique à tous les pêcheurs pratiquant leurs activités, à titre de loisirs ou à titre professionnel[109], dans les cours d'eaux, canaux, ruisseaux et plans d'eau avec lesquels ils communiquent, à condition qu'ils se trouvent en amont de la salure des eaux lorsque ces cours d'eaux et canaux sont affluents à la mer[110].

B. Exclusion des piscicultures

Les installations piscicoles sont des exploitations d'élevage de poissons destinées à la consommation, au repeuplement, à l'ornement, à des fins scientifiques ou expérimentales ou encore à la valorisation touristique[111]. La capture du poisson y est permise à l'aide de lignes dans ces plans d'eau pour tout usager ayant acquitté une taxe spécifique[112].

En principe, les installations piscicoles régulièrement installées et équipées de dispositifs permanents empêchant la circulation des poissons entre ces installations et les eaux avec lesquelles elles communiquent n'entrent pas dans le champ d'application de cette réglementation[113]. Par exception les dispositions relatives à la protection de la faune piscicole et de son habitat[114] et de celles relatives au contrôle du peuplement[115] peuvent s'appliquer aux installations piscicoles.

Une installation piscicole ne peut être créée que par le propriétaire du plan d'eau, qui doit répondre aux conditions définies à l'article L. 431-7 du Code de l'environnement. Le plan d'eau doit alors avoir été créé en vertu d'un droit fondé sur un titre comportant le droit d'intercepter la libre circulation du poisson[116], être constitué par la retenue d'un barrage établi en vue de la pisciculture avant le 15 avril 1829 en travers d'un cours d'eau non domanial ne figurant pas sur la liste prévue à l'article L. 214-17 du Code de l'environnement ou avoir obtenu soit une concession, lorsque le droit de pêche appartient à l'État, soit une autorisation lorsqu'il appartient à un propriétaire riverain[117]. La création d'une pisciculture sans autorisation ou sans concession est punie d'une peine de prison de deux ans ainsi que d'une amende de 18 000 euros avec remise en l'état des lieux sous astreinte[118].

---

[109] C. env., art. L. 431-1.
[110] C. env., art. L. 431-3.
[111] C. env., art. L. 431-6 et R. 431-8.
[112] C. env., art. L. 431-6.
[113] C. env., art. L. 431-7.
[114] C. env., art. L. 432-2.
[115] C. env., art. L. 432-10, L. 432-11 et L. 432-12.
[116] CE, 23 juin 1973, n° 94532, ville Saint-Brieuc.
[117] C. env., art. L. 431-7. – a contrario pour un défaut d'autorisation ou de concession, V. Cass. crim., 7 oct. 1992 : Bull. crim. 1992, n° 317 ; D. 1993.
[118] C. env., art. L. 216-8.

§ 2. Le droit de pêche en eau douce

A. Les titulaires du droit de pêche

Le titulaire du droit de pêche, c'est-à-dire du droit de capturer les poissons vivants et par extension, les crustacés, les grenouilles et leur frai[119], varie selon la nature juridique des eaux considérées.

Dans les eaux appartenant au domaine public de l'État et dans les parties non salées des cours d'eau et canaux non domaniaux affluant à la mer, qui se trouvaient compris dans les limites de l'inscription maritime antérieurement aux 8 novembre et 28 décembre 1926, le droit de pêche appartient à l'État et est exercé à son profit[120]. L'exercice du droit de pêche dans le domaine public fluvial est exercé après location ou adjudication dans les conditions prévues par l'arrêté du 6 janvier 2011[121]. Par exception, le droit de pêche appartient à un particulier lorsqu'il est fondé sur un titre[122].

D'après l'article 1er du Code du domaine public fluvial et de la navigation intérieure, le domaine public fluvial comprend « *les cours d'eau navigables ou flottables, depuis le point où ils commencent à être navigables ou flottables jusqu'à leur embouchure, ainsi que leurs bras, même non navigable ou non flottable, s'ils prennent naissance au-dessous du point où ces cours d'eau deviennent navigables ou flottables, les noues et boires qui tirent leurs eaux des mêmes cours d'eau, les dérivations ou prises d'eau artificielles même établies dans des propriétés particulières à condition qu'elles aient été pratiquées par l'État dans l'intérêt de la navigation ou du flottage ; les lacs navigables ou flottables ainsi que les retenues établies sur les cours d'eau du domaine public à condition que les terrains submergés aient été acquis par l'État ou par son concessionnaire à charge de retour à l'État en fin de concession, les rivières canalisées, les canaux de navigation, étangs ou réservoirs d'alimentation, contrefossés et autres dépendances ; les ports intérieurs et leurs dépendances ; les ouvrages publics construits dans le lit ou sur les bords des voies navigables ou flottables pour la sûreté et la facilité de la navigation ou du halage ; les cours d'eau, lacs et canaux qui, rayés de la nomenclature des voies navigables ou flottables, ont été maintenus dans le domaine public ; les cours d'eau et lacs ainsi que leurs dérivations classés dans le domaine public selon la procédure fixée à l'article 2-1 en vue d'assurer l'alimentation en eau des voies navigables, les besoins en eau de l'agriculture et de l'industrie, l'alimentation des populations ou la protection contre les inondations* » ainsi que « *les cours d'eau, canaux, lacs, plans d'eau et ports intérieurs appartenant au domaine public fluvial des collectivités territoriales et de leurs groupements* ».

---

[119] C. env., art. L. 431-2.

[120] C. env., art. L. 435-1.

[121] C. env., art. L. 435-1 ; V. Arr. 6 janv. 2011 portant approbation du modèle de cahier des charges fixant les clauses et les conditions générales pour l'exploitation du droit de pêche de l'État dans les eaux mentionnées à l'article L. 435-1 du Code de l'environnement pour la période du 1er janvier 2012 au 31 décembre 2016 ; NOR: DEVL1032761A.

[122] C. env., art. L. 435-1.

Dans le domaine public fluvial d'une collectivité territoriale ou d'un groupement de collectivités territoriales, le droit de pêche appartient à cette collectivité territoriale ou à ce groupement[123]. Dans les plans d'eau non domaniaux, le droit de pêche appartient au propriétaire du fonds[124].

Dans les cours d'eau et canaux non domaniaux, le droit de pêche appartient aux propriétaires riverains. En général, les propriétaires riverains ont, chacun de leur côté, le droit de pêche jusqu'au milieu du cours d'eau ou du canal, sous réserve de droits contraires établis par possession ou titres[125]. En contrepartie de ce droit, tout riverain doit participer à la protection du patrimoine piscicole et des milieux aquatiques, ce qui implique notamment d'effectuer sur les berges et dans le lit du cours d'eau les travaux nécessaires au maintien de la vie aquatique[126].

Si l'entretien d'un cours d'eau non domanial est financé majoritairement par des fonds publics, le droit de pêche du propriétaire riverain est exercé gratuitement et pour une durée de cinq ans, soit par l'association de pêche et de protection du milieu aquatique agréée pour cette section de cours d'eau soit par la fédération départementale ou interdépartementale des associations agréées de pêche et de protection du milieu aquatique. Pendant cette période, l'association ou la fédération est tenue de réparer tout dommage, résultant de l'exercice du droit de pêche, survenu pour le propriétaire riverain ou ses ayants droit[127]. Le propriétaire conserve toutefois le droit d'exercer la pêche pour lui-même, son conjoint, ses ascendants et ses descendants[128]. Pour le Conseil d'État, ce partage de l'exercice du droit de pêche entre le riverain et une association ou la fédération n'a pas pour effet de priver le riverain de son droit de propriété. L'obligation faite aux riverains de partager leur droit de pêche n'est que la contrepartie des aides financières dont ils bénéficient et ce partage implique seulement des limitations à leur droit d'usage qui ne sont pas disproportionnées au regard de l'objectif poursuivi de protection du patrimoine piscicole et des milieux aquatiques[129].

Le propriétaire riverain peut également transférer son droit de pêche à des tiers, souvent par location. Ce transfert emporte bénéfice d'un droit de passage, qui doit s'exercer, autant que possible, en suivant la rive du cours d'eau et à

---

[123] C. env., art. L. 435-3-1.

[124] C. env., art. L. 435-4.

[125] C. env., art. L. 435-4.

[126] C. env., art. L. 215-14 ; Décret, n° 2008-720, 21 juill. 2008 relatif à l'exercice du droit de pêche des riverains d'un cours d'eau non domanial ; NOR: DEVO0807178D.

[127] C. env., art. L. 435-7.

[128] C. env., art. L. 435-5.

[129] CE, 27 juill. 2001, n° 217329 et n° 223037, Assoc. des riverains de France.

moindre dommage. Le cas échéant, les modalités d'exercice de ce droit de passage peuvent faire l'objet d'une convention avec le propriétaire riverain[130].

B. L'exercice du droit de pêche

1. Les conditions préalables au droit de pêche

Pour pouvoir exercer le droit de pêcher, il faut être autorisé par le détenteur du droit de pêche, être affilié à une association de pêche et verser une cotisation statutaire ainsi qu'une taxe piscicole annuelle. Ainsi, toute personne pratiquant la pêche en eau douce, à titre de loisirs ou à titre professionnel, doit obligatoirement adhérer à une association agréée de pêche et de protection du milieu aquatique, à une association agréée de pêcheurs amateurs aux engins et aux filets sur les eaux du domaine public ou à une association agréée de pêcheurs professionnels [131]. Tout adhérent doit verser une cotisation statutaire dont le montant est librement fixé par chaque association et dont une partie est reversée à la fédération départementale de pêche. Tout pêcheur doit également s'être acquitté de la redevance visée à l'article L. 213-10-12 du Code de l'environnement[132]. Le produit de cette dernière est centralisé par la Fédération nationale et doit permettre de mettre en place des actions de préservation et de restauration du milieu aquatique.

Toutefois, cette obligation d'adhésion est écartée lorsque la personne pratique la pêche dans le cadre de la journée annuelle de promotion de la pêche et dans le cadre des activités organisées par les fédérations départementales ou interdépartementales des associations agréées de pêche et de protection du milieu aquatique[133].

Le fait de pratiquer la pêche sans avoir la qualité de membre d'une association agréée ou sans s'être acquitté de la redevance visée à l'article L. 213-10-12 du Code de l'environnement est une infraction punie de l'amende prévue

---

[130] C. env., art. L. 435-6.

[131] C. env., art. L. 436-1.

[132] C. env., art. L. 213-10-12 : « *I. - Une redevance pour protection du milieu aquatique est due par les personnes mentionnées au II. Elle est collectée par les fédérations départementales ou interdépartementales des associations agréées de pêche et de protection du milieu aquatique, les associations agréées de pêcheurs amateurs aux engins et filets, la commission syndicale de la Grande Brière Mottière et les associations agréées de pêche professionnelle en eau douce.*
II. - La redevance est fixée chaque année par l'agence de l'eau, dans la limite des plafonds suivants :
a) 10 euros par personne majeure qui se livre à l'exercice de la pêche, pendant une année, au sein d'une structure mentionnée au I ;
b) 4 euros par personne qui se livre à l'exercice de la pêche, pendant sept jours consécutifs, au sein d'une structure mentionnée au I ;
c) 1 euro par personne qui se livre à l'exercice de la pêche, à la journée, au sein d'une structure mentionnée au I ;
d) 20 euros de supplément annuel par personne qui se livre à l'exercice de la pêche de l'alevin d'anguille, du saumon et de la truite de mer au sein d'une structure mentionnée au I ».

[133] C. env., art. L. 436-1, al. 2.

pour les contraventions de la troisième classe[134]. Le fait de pêcher sans être porteur du document justifiant du paiement de cette redevance est également une infraction punie d'une amende de deuxième classe[135].

Une fois membre d'une association agréée de pêche, tout pêcheur a le droit de pêcher à l'aide d'une seule ligne dans les eaux du domaine public et dans les lacs domaniaux où le droit de pêche appartient à l'État[136].

Le fait de pratiquer la pêche sans la permission de celui à qui le droit de pêche appartient est puni de l'amende prévue pour les contraventions de la deuxième classe[137].

2. L'usage du droit de pêche

a) Classement des cours d'eau, canaux et plans d'eau en deux catégories

Afin de tenir compte de la biodiversité des espèces, les cours d'eaux, canaux et plans d'eau ont été classés en deux catégories piscicoles. La première catégorie comprend principalement les eaux peuplées de truites ainsi que ceux où il paraît désirable d'assurer une protection spéciale des poissons de cette espèce. La seconde catégorie regroupe tous les autres cours d'eau et plans d'eau [138]. Ce classement permet d'organiser la pratique de la pêche et conditionne les périodes d'ouverture de la pêche.

Dans les cours d'eau du domaine public classés dans la première catégorie, tout membre d'une association agréée de pêche et de protection du milieu aquatique ou d'une association départementale agréée de pêcheurs amateurs aux engins et filets a le droit de pêcher à partir de la rive ou en marchant dans l'eau[139]. Dans les cours d'eau classés en seconde catégorie ainsi que dans les plans d'eau, quelle que soit leur catégorie, où le droit de pêche appartient à l'État, le droit de pêche s'exerce à partir de la rive, en marchant dans l'eau ou en bateau. Dans ce cas, le ministre chargé de la pêche en eau douce ou, par délégation, le préfet, peut interdire la pêche à la ligne en bateau[140].

Pour la pêche au saumon, quelle que soit la catégorie du cours d'eau, le droit de pêche s'exerce en principe uniquement à partir de la rive. Toutefois, le ministre chargé de la pêche en eau douce, ou le préfet par délégation peut

---

[134] C. env., art. R. 436-3.
[135] C. env., art. R. 436-3.
[136] C. env., art. L. 436-4.
[137] C. env., art. R. 435-1.
[138] C. env., art. L. 436-5, 10°.
[139] C. env., art. L. 436-4, I, 1°.
[140] C. env., art. L. 436-4, I, 2°.

autoriser les pêcheurs de saumons à marcher dans l'eau sur des parcours déterminés[141].

b) Le nombre de captures autorisées

Pour les salmonidés autres que le saumon et la truite de mer, le nombre de captures autorisées par pêcheur et par jour est fixé à dix. Dans les eaux classées en seconde catégorie, le nombre de captures autorisées de sandres, brochets et black-bass, par pêcheur de loisir et par jour, est fixé à trois, dont deux brochets maximum. Le préfet peut diminuer le nombre de captures autorisées lorsque les caractéristiques locales du milieu aquatique justifient des mesures particulières de protection du patrimoine piscicole[142].

c) La taille minimale des poissons et des écrevisses

L'article R. 436-18 du Code de l'environnement fixe la taille minimale des poissons et des écrevisses qui peuvent être pêchés. Si leur longueur est inférieure aux tailles mentionnées, les poissons et écrevisses ne peuvent pas être pêchés et doivent être remis à l'eau immédiatement après leur capture. Ainsi, l'esturgeon doit avoir une longueur d'au moins 1,80 mètre pour pouvoir être péché, le huchon doit faire 0,70 mètre et le mulet 0,20 mètre. La longueur des poissons est mesurée du bout du museau à l'extrémité de la queue déployée et celle des écrevisses de la pointe de la tête, pinces et antennes non comprises, à l'extrémité de la queue déployée[143]. Pour certaines de ces espèces de poissons, le préfet peut augmenter la taille minimale de capture en prenant en compte les caractéristiques de leur développement dans certains cours d'eau et plans d'eau[144].

Par ailleurs, en cas d'épidémie ou de risque d'épidémie, le préfet peut lever temporairement l'interdiction de pêcher certaines espèces de poissons dont la longueur est inférieure au minimum prévu par l'article R. 436-18 du Code de l'environnement dans l'ensemble du département ou dans certains cours d'eau, canaux ou plans d'eau[145].

d) La protection de certaines espèces

Comme pour la pêche maritime, la pêche de certaines espèces aquatiques d'eau douce est soumise à une réglementation plus stricte. Ainsi, en vue d'assurer sa survie, la pêche d'anguille est soumise à une obligation de déclaration des captures d'anguille européenne par les pêcheurs en eau douce, à

---

[141] C. env., art. L. 436-4, I, 3°.
[142] C. env., art. R. 436-21.
[143] C. env., art. R. 436-18.
[144] C. env., art. R. 436-19.
[145] C. env., art. R. 436-20.

la mise en place d'autorisations de pêche de l'anguille en eau douce, à des dates de pêche et à des quotas de capture des anguilles[146].

e) La période d'ouverture de pêche

En principe, la pêche dans les eaux de première catégorie est autorisée du deuxième samedi de mars au troisième dimanche de septembre inclus. Cette période d'ouverture peut être prolongée d'une à trois semaines par le préfet dans les plans d'eau et les parties des cours d'eau ou les cours d'eau de haute montagne[147].

Dans les eaux de seconde catégorie, la pêche est en principe autorisée toute l'année, sauf pour certaines espèces de poissons telles que le brochet, l'ombre commun, la truite fario, de l'omble ou saumon de fontaine, de l'omble chevalier et du cristivomer, ainsi que la pêche de la truite arc-en-ciel. Pour ces espèces, les périodes d'ouverture de pêche varient en fonction de l'espèce[148]. Aussi, lorsque les caractéristiques locales du milieu aquatique justifient des mesures particulières de protection du patrimoine piscicole, ou lorsque l'état de conservation d'une espèce le justifie, le préfet ou le ministre chargé de la pêche en eau douce peut interdire la pêche pendant une durée qu'ils déterminent[149].

Par ailleurs, la pêche des écrevisses à pattes rouges, des torrents, à pattes blanches et à pattes grêles est quant à elle autorisée pendant une période de dix jours consécutifs commençant le quatrième samedi de juillet[150]. Enfin, la pêche de la grenouille verte et de la grenouille rousse est autorisée pendant une période maximum de dix mois fixée par le préfet[151].

Sauf exception, la pêche ne peut s'exercer plus d'une demi-heure avant le lever du soleil ni plus d'une demi-heure après son coucher[152]. La pêche de nuit est donc en principe interdite, sauf cas particulier de la pêche de nuit de la carpe qui peut être autorisée par le préfet, sous réserve de ne pas maintenir l'animal capturé en captivité ou de le transporter[153].

---

[146] V. Règl. (CE) n°1100/2007 du Conseil, 18 sept. 2007 instituant des mesures de reconstitutions du stock d'anguilles européennes ; Arr., 18 déc. 2013 fixant les obligations applicables aux pêcheurs professionnels en eau douce relatives à la tenue du carnet de pêche et à la déclaration des captures d'anguilles européennes (Anguilla anguilla) , NOR: DEVL1324086A ; Arr., 22 oct. 2010 relatif aux obligations de déclaration des captures d'anguille européenne (Anguilla anguilla) par les pêcheurs en eau douce , NOR: DEVN1024520A ; Arr., 4 oct. 2010 relatif à la mise en place d'autorisations de pêche de l'anguille en eau douce , NOR: DEVN1024522A.

[147] C. env., art. R. 436-6.

[148] C. env., art. R. 436-7.

[149] C. env., art. R. 436-8.

[150] C. env., art. R. 436-10.

[151] C. env., art. R. 436-11.

[152] C. env., art. R. 436-13.

[153] C. env., art. R. 436-14.

Le fait de pêcher pendant les temps d'interdiction ou pendant les heures d'interdiction est puni de l'amende prévue pour les contraventions de la troisième classe[154].

f) Les procédés et modes de pêche autorisés

Concernant la pêche à la ligne, les pêcheurs peuvent pêcher dans les eaux de seconde catégorie à l'aide de quatre lignes et dans les eaux de première catégorie à l'aide de deux lignes. Toutefois, dans les eaux appartenant au domaine public de l'État, les pêcheurs n'ont le droit qu'à une seule ligne[155]. Les lignes, qui doivent être montées sur canne, doivent être munies de deux hameçons ou de trois mouches artificielles au plus[156].

Pour la capture des écrevisses et des crevettes, les pêcheurs peuvent pêcher au moyen de la vermée et de six balances au plus[157]. Enfin ils peuvent pêcher au moyen d'une carafe ou bouteille destinée à la capture des vairons et autres poissons servant d'amorces dont la contenance ne peut être supérieure à deux litres, dans les eaux de seconde catégorie et de première catégorie uniquement si le préfet a autorisé ce moyen de pêche[158].

Dans les eaux de seconde catégorie, certains engins et filets dont la nature, les dimensions et le nombre sont fixés par le préfet, peuvent être utilisés[159], et dans certaines eaux de seconde catégorie désignées par le préfet, l'emploi d'un carrelet d'un mètre carré de superficie au plus et de lignes de fond munies pour l'ensemble de dix-huit hameçons au plus peut être autorisé[160].

L'article R. 436-24 du Code de l'environnement fixe les moyens de pêche qui sont autorisés dans les eaux appartenant au domaine public et l'article R. 436-35 du même code liste les moyens de pêche qui peuvent être utilisés dans les eaux de la seconde catégorie et dans certains plans d'eau de la première catégorie. Peuvent ainsi être autorisé l'usage de filets de type Araignée ou de type Tramail, d'épervier ou encore de nasses.

g) Les procédés et modes de pêche interdits

En règle générale, il est interdit d'utiliser les filets traînants, à savoir ceux qui sont entraînés dans l'eau sous l'action d'une force quelconque autre que

---

[154] C. env., art. R. 436-40.
[155] C. env., art. L. 436-4, II.
[156] C. env., art. R. 436-23, I, 1°.
[157] C. env., art. R. 436-23, I, 2°.
[158] C. env., art. R. 436-23, I, 3°.
[159] C. env., art. R. 436-23, II.
[160] C. env., art. R. 436-23, III.

l'action directe du courant, à l'exception de l'épervier jeté à la main, du tamis, du coul, de la coulette et de la senne[161].

Dans les cours d'eau ou dans leurs dérivations, il est interdit d'effectuer des manœuvres visant à rassembler le poisson afin d'en faciliter la capture[162]. De même qu'il est interdit de pêcher à la main, sous la glace, en troublant l'eau ou en fouillant sous les racines et autres retraites fréquentées par le poisson[163]. Il est également interdit d'employer des procédés destinés à accrocher le poisson autrement que par la bouche, de se servir d'armes à feu, de fagots sauf pour la pêche de certaines espèces d'écrevisses, de lacets ou de collets, de lumières ou feux sauf pour la pêche de la civelle ou encore de matériel de plongée subaquatique[164].

En principe, il est interdit d'utiliser comme appât ou comme amorce les œufs de poissons dans tous les cours d'eau et plans d'eau et les asticots et autres larves de diptères, dans les eaux de première catégorie[165].

Le fait d'employer un procédé ou un mode de pêche prohibé ou d'être trouvé, la nuit, porteur ou muni, hors de son domicile, d'instruments, filets ou engins de pêche prohibés destinés à être utilisés, est puni de l'amende prévue pour les contraventions de la troisième classe[166].

h) L'interdiction permanente de pêche

À l'exception de la pêche à la ligne autorisée dans les 50 mètres en aval de tous les ouvrages sur les cours d'eau du domaine public ou privé, tout autre mode de pêche est interdit à proximité des barrages et des écluses ainsi que sur une distance de 50 mètres en aval. Pour la pêche aux engins et aux filets, cette distance est portée à 200 mètres[167]. Toute pêche est également interdite dans les dispositifs assurant la circulation des poissons, dans les ouvrages construits dans le lit des cours d'eau ainsi que dans les pertuis, vannages et dans les passages d'eau à l'intérieur des bâtiments[168].

i) Les autorisations exceptionnelles

Par dérogation aux conditions d'exercice du droit de pêche vues précédemment, l'autorité administrative chargée de la pêche en eau douce peut

---

[161] C. env., art. R. 436-30.
[162] C. env., art. R. 436-31.
[163] C. env., art. R. 436-32.
[164] C. env., art. R. 436-32.
[165] C. env., art. R. 436-34.
[166] C. env., art. R. 436-40.
[167] C. env., art. R. 436-71.
[168] C. env., art. R. 436-70.

autoriser en tout temps la capture, le transport ou la vente de poissons, à des fins sanitaires, scientifiques et écologiques, notamment pour en permettre le sauvetage, le dénombrement, la reproduction, favoriser le repeuplement et remédier aux déséquilibres biologiques[169].

j) Les autres interdictions

Il est interdit de faire obstacle au passage du poisson. En effet, le fait de placer un barrage, appareil ou établissement quelconque de pêcherie ayant pour objet d'empêcher entièrement le passage du poisson ou de le retenir captif est puni de 3 750 euros d'amende[170].

Par ailleurs, le fait de jeter des drogues et appâts en vue d'enivrer le poisson ou de le détruire est puni de deux ans de prison et d'une amende de 4 500 euros. Ces mêmes peines sont également encourues par toute personne qui utiliserait des explosifs, des procédés d'électrocution ou des produits ou moyens non autorisés pour capturer ou détruire le poisson[171].

Enfin, l'exercice du droit de pêche pour les contremaîtres, employés de balisage et mariniers est limité sur les cours d'eau, canaux et lacs domaniaux. Seule la pêche à la ligne leur est autorisée[172].

§ 3. La préservation des milieux aquatiques et protection du patrimoine piscicole

A. Le principe de la protection du patrimoine piscicole

La protection des milieux aquatiques et la protection du patrimoine piscicole sont d'intérêt général [173]. En complément de ce principe de préservation des milieux aquatiques et de protection du patrimoine piscicole, l'article L. 215-14 du Code de l'environnement impose à tout propriétaire riverain de se livrer à un entretien régulier du cours d'eau, afin de maintenir celui-ci dans son profil d'équilibre, de permettre l'écoulement naturel des eaux et de contribuer à son bon état écologique ou, le cas échéant à son bon potentiel écologique. Si le propriétaire ne s'acquitte pas de cette obligation d'entretien régulier, la commune, le groupement de communes ou le syndicat

---

[169] C. env., art. L. 436-9.
[170] C. env., art. L. 436-6.
[171] C. env., art. L. 436-7.
[172] C. env., art. L. 436-8.
[173] C. env., art. L. 430-1.

compétent, après une mise en demeure restée infructueuse à l'issue d'un délai déterminé, peut y pourvoir d'office à la charge de l'intéressé[174].

Tout propriétaire d'un droit de pêche a également une obligation générale de participer à la protection du patrimoine piscicole et des milieux aquatiques[175]. Cette obligation se décompose en obligation de ne pas faire, telle que l'obligation de ne pas porter atteinte au patrimoine piscicole et aux milieux aquatiques et de faire, comme effectuer des travaux d'entretien sur les berges et dans le lit du cours d'eau, dès lors qu'ils sont nécessaires au maintien de la vie aquatique.

Lorsque le propriétaire n'est pas en mesure de s'acquitter de ces obligations, ces dernières peuvent être prises en charge, avec son accord, par une association agréée de pêche et de pisciculture ou par la fédération départementale des associations agréées de pêche et de pisciculture. En contrepartie, l'association ou la fédération bénéficie d'un usage gratuit du droit de pêche pendant toute la durée de prise en charge de cette obligation d'entretien[176]. L'autorité administrative peut également suppléer au propriétaire défaillant et faire effectuer aux frais de ce dernier les travaux nécessaires. Si le propriétaire a été déchargé de son obligation et que l'association ou la fédération qui l'a prise en charge est elle-même défaillante, les travaux seront effectués aux frais de cette dernière[177].

B. La protection de la faune piscicole et de son habitat

La nécessité de protéger les milieux aquatiques nécessaires à la reproduction et au développement de la faune piscicole impose d'interdire toute pollution des eaux et de contrôler les activités humaines susceptibles de les altérer voir de les détruire.

C'est ainsi que l'article L. 432-2 du Code de l'environnement punit de deux ans d'emprisonnement et de 18 000 euros d'amende le fait de jeter, déverser ou laisser écouler dans les cours d'eau, canaux, ruisseaux et plans d'eau, directement ou indirectement, des substances quelconques dont l'action ou les réactions ont détruit le poisson ou nuit à sa nutrition, à sa reproduction ou à sa valeur alimentaire.

L'article L. 432-3 du Code de l'environnement punit quant à lui la destruction de frayères ou de zones de croissance ou d'alimentation de la faune piscicole[178] de 20 000 euros d'amende, sauf si cette destruction résulte d'une

---

[174] C. env., art. L. 215-16.

[175] C. env., art. L. 432-1.

[176] C. env., art. L. 432-1, al. 2.

[177] C. env., art. L. 432-1, al. 3.

[178] V. C. env., art. R. 432-1 et s., relatifs à la protection des frayères, des zones de croissance et d'alimentation.

autorisation ou d'une déclaration dont les prescriptions ont été respectées ou de travaux d'urgence exécutés en vue de prévenir un danger grave et imminent[179].

C. Le contrôle des peuplements

Le repeuplement des rivières est indispensable au maintien d'une activité de pêche et au développement d'une activité de pêche de loisirs. Le repeuplement ne peut s'effectuer que dans des conditions garantissant le maintien des équilibres biologiques. C'est pourquoi, afin d'éviter tout déséquilibre biologique, l'article L. 432-10 du Code de l'environnement interdit toute introduction dans les eaux soumises à la réglementation en matière de pêche en eau douce et de gestion des ressources piscicoles, de poissons susceptibles de provoquer des déséquilibres biologiques dont la liste est fixée à l'article R. 432-5 du Code de l'environnement. Est également interdite toute introduction, sans autorisation, de poissons qui n'y sont pas représentés[180]. En outre, le troisième alinéa de l'article L. 432-10 du Code de l'environnement interdit d'introduire le brochet, la perche, le sandre et le black-bass dans les eaux classées en première catégorie. Cependant, cette disposition n'est pas applicable aux lacs Léman, d'Annecy et du Bourget. Ces interdictions ne concernent pas la remise à l'eau des poissons pêchés, lorsque celle-ci a lieu immédiatement après la capture. Le non-respect de ces dispositions est puni d'une amende de 9 000 euros.

Seuls des poissons provenant d'établissements de pisciculture ou d'aquaculture agréés peuvent être utilisés pour aleviner ou rempoissonner les eaux soumises à la réglementation précitée. Le non-respect de cette obligation est sanctionné d'une amende de 9 000 euros[181].

§ 4. La gestion des milieux aquatiques et des ressources piscicoles

Les associations agréées de pêche et de protection du milieu aquatique, de pêcheurs amateurs aux engins et aux filets sur les eaux du domaine public et les associations agréées de pêcheurs professionnels contribuent à la surveillance de la pêche et participent à la protection et à la gestion des milieux aquatiques et des ressources piscicoles.

Depuis la loi précitée du 8 août 2016, un plan départemental de protection du milieu aquatique et de gestion des ressources piscicoles doit être élaboré par la fédération départementale ou interdépartementale des associations agréées de pêche et de protection du milieu aquatique. Ce plan doit fixer, pour les

---

[179] V. C. env., art. L. 214-1 et s., sur les activités soumises aux régimes d'autorisation ou de déclaration.

[180] V. Arr. 17 déc. 1985 fixant la liste des espèces de poissons, crustacés et grenouilles représentées dans les eaux visées à l'article 413 du Code rural et de la pêche maritime.

[181] C. env., art. L. 432-12.

associations adhérentes à la fédération, les orientations de protection des milieux aquatiques et de mise en valeur piscicole. Il doit également être compatible avec le schéma directeur d'aménagement et de gestion des eaux et, quand ils existent, avec les schémas d'aménagement et de gestion des eaux[182].

Ces schémas directeurs d'aménagement et de gestion des eaux (SDAGE) sont des documents de planification qui fixent pour six ans les orientations qui permettent d'atteindre les objectifs attendus en matière de qualité des eaux. Il appartient à chaque bassin ou groupement de bassins hydrographiques de se doter d'un SDAGE, dont l'un des objectifs est de déterminer les aménagements nécessaires pour prévenir la détérioration et assurer la protection et l'amélioration de l'état des eaux et des milieux aquatiques[183].

Aussi, les titulaires du droit de pêche, qui ont une obligation de gestion des ressources piscicoles, doivent établir un plan de gestion. En cas de non-respect de cette obligation, les mesures nécessaires peuvent être prises d'office par l'administration aux frais de la personne physique ou morale qui exerce le droit de pêche[184].

Section 3. La chasse maritime

La chasse maritime est celle qui se pratique sur la mer dans la limite des eaux territoriales, sur les étangs ou plans d'eau salés, sur la partie des plans d'eau, des fleuves, rivières et canaux affluant à la mer qui est située en aval de la limite de salure des eaux et sur le domaine public maritime. Dans ces zones, la chasse maritime a pour objet la poursuite, la capture ou la destruction des oiseaux et autres gibiers[185].

§ 1. La réglementation de la chasse maritime

De nombreuses règles sont communes avec celles de la chasse terrestre, notamment en matière de police de la chasse. Ces règles faisant l'objet d'une étude dans la partie consacrée au droit de la chasse, seules les spécificités de la réglementation de la chasse maritime seront étudiées ici.

---

[182] C. env., art. L. 433-4, article créé par la loi n°2016-1087 du 8 août 2016 - art. 144.

[183] C. env., art. L. 212-1.

[184] C. env., art. L. 433-3.

[185] C. env., art. L. 422-28.

A. Les spécificités de la réglementation de la chasse maritime

1. Le permis de chasser maritime

Comme pour la chasse terrestre, les chasseurs doivent en principe détenir un permis de chasse. Toutefois, par exception, les marins-pêcheurs professionnels et les conchyliculteurs assimilés administrativement auxdits marins sont dispensés de validation de leur permis de chasser sous réserve d'être en possession d'une autorisation délivrée gratuitement par l'autorité administrative sur présentation d'une attestation d'assurance [186]. Le fait de chasser sans permis constitue une contravention de la cinquième classe prévue par l'article R. 428-3 du Code de l'environnement.

2. Temps et lieu de chasse

Dans le temps où la chasse est ouverte, le permis donne à celui qui l'a obtenu le droit de chasser le gibier d'eau à la passée, à partir de deux heures avant le lever du soleil et jusqu'à deux heures après son coucher[187]. Les espèces de gibier d'eau ne peuvent être chassées qu'en zone de chasse maritime, dans les marais non asséchés et sur les fleuves, rivières, canaux, réservoirs, lacs, étangs et nappes d'eau. Aussi, la recherche et le tir de ces gibiers ne sont autorisés qu'à distance maximale de trente mètres de la nappe d'eau sous réserve de disposer du droit de chasse sur celle-ci[188]. Par ailleurs, dans les départements où cette pratique est traditionnelle et dans le temps où la chasse est ouverte, le permis de chasser donne à celui qui l'a obtenu le droit de chasser le gibier d'eau la nuit à partir de postes fixes tels que hutteaux, huttes, tonnes et gabions existants au 1er janvier 2000[189].

B. L'exploitation de la chasse maritime sur le domaine public de l'État

1. La chasse sur le domaine public maritime

Sur le domaine public maritime, la chasse est exploitée au profit de l'État dans le souci d'améliorer les conditions de son exercice, de préserver la faune

---

[186] C. env., art. L. 423-3.

[187] C. env., art. L. 424-4.

[188] C. env., art. L. 424-6.

[189] C. env., art. L. 424-5 ; Ces départements sont : l'Aisne, les Ardennes, l'Aube, l'Aude, les Bouches-du-Rhône, le Calvados, la Charente-Maritime, les Côtes-d'Armor, l'Eure, le Finistère, la Haute-Garonne, la Gironde, l'Hérault, l'Ille-et-Vilaine, les Landes, la Manche, la Marne, la Meuse, le Nord, l'Oise, l'Orne, le Pas-de-Calais, les Pyrénées-Atlantiques, les Hautes-Pyrénées, la Seine-Maritime, la Seine-et-Marne et la Somme.

sauvage et de développer le capital cynégétique dans le respect des équilibres biologiques[190].

Cette exploitation se fait en principe par voie de location sur adjudication publique, par concession de licences à prix d'argent[191] ou lorsque l'adjudication a été tentée sans succès, par voie de location amiable[192]. Il appartient au préfet de déterminer les lots qui sont exploités par voie de location et ceux qui sont exploités par concession de licences, en dehors des réserves de chasse et de faune sauvage[193].

2. La chasse sur le domaine public fluvial

Sur le domaine public fluvial en amont et à l'aval de la limite de salure des eaux, la chasse est également exploitée au profit de l'État[194]. La chasse sur le domaine public fluvial est, en règle générale, mise en location par voie d'adjudication publique. Comme pour la chasse sur le domaine public maritime, elle peut être exploitée par concession de licences à prix d'argent, ou, lorsque l'adjudication a été tentée sans succès, par voie de location amiable[195]. Afin d'obtenir la location d'un ou plusieurs lots déterminés, une demande de participation à l'adjudication publique doit être adressée au préfet, dans les trente jours à compter de la publication de l'adjudication[196]. Un arrêté du 21 février 2013 a approuvé le cahier des charges qui fixe les conditions générales de la location par l'État du droit de chasse au gibier d'eau sur son domaine public fluvial pour la période du 1er juillet 2013 au 30 juin 2019[197]. Les locations sont conclues pour une durée de six ans et le locataire peut accorder des permissions nominatives de chasser le gibier d'eau valable pour une durée de douze mois.

Le préfet a compétence pour fixer l'assiette des lots de chasse et déterminer les lots qui seront exploités par voie de location et ceux qui seront exploités par concession de licences. Il doit toutefois consulter le gestionnaire du domaine public fluvial et le directeur départemental de l'agriculture et de la forêt. Le

---

[190] C. env., art. D. 422-115.

[191] V. C. env., art. D. 422-124 et s.

[192] C. env., art. D. 422-116.

[193] C. env., art. D. 422-117.

[194] C. env., art. D. 422-97 et D. 422-114.

[195] C. env., art. D. 422-98.

[196] C. envir. , Art. D422-100.

[197] Arr. 21 février 2013 portant approbation du cahier des charges fixant les conditions générales de la location par l'Etat du droit de chasse au gibier d'eau sur son domaine public fluvial pour la période du 1er juillet 2013 au 30 juin 2019 ; NOR: DEVL1243651A ; JORF n°0055 du 6 mars 2013.

préfet peut également décider de créer une réserve de chasse au sens de l'article L. 422-27 du Code de l'environnement sur le domaine public fluvial[198].

Par ailleurs, les lots dans lesquels le droit de chasse n'a pu être ni affermé ni concédé par voie de licences pendant une durée supérieure à un an sont obligatoirement constitués en réserve de chasse[199].

§ 2. L'interdiction de chasser certaines espèces marines

A. Les interdictions relatives à la chasse des cétacés

Il existe trois formes de chasse aux grands cétacés réglementées. Il s'agit de la chasse commerciale, qui est actuellement soumise à un moratoire, de la chasse pratiquée par les autochtones pour leur alimentation personnelle et de la chasse scientifique.

La chasse aux grands cétacés est réglementée par la Convention internationale pour la réglementation de la chasse à la baleine de 1946 qui a pour but la sauvegarde des peuplements baleiniers et leur protection contre une chasse excessive. La Commission baleinière internationale (CBI), instituée par la Convention, est notamment chargée d'élaborer des directives sur la chasse à la baleine, sur les instruments de capture et de fixer des quotas de capture. C'est ainsi qu'elle a imposé, depuis 1985, un moratoire interdisant la chasse commerciale à la baleine.

Aujourd'hui, seuls quelques pays pratiquent encore la chasse malgré le moratoire, comme le Japon qui pratique la chasse à la baleine dans le cadre de la procédure des permis spéciaux pour la recherche scientifique décrite à l'article 8 de la Convention baleinière, la Norvège et l'Islande exclusivement au large de leurs côtes ou encore les Inuits et quelques populations côtières de l'Alaska, de la Sibérie, du Canada ou des Caraïbes qui continuent à pratiquer une chasse aborigène de subsistance.

Soulignons toutefois que par un arrêt du 31 mars 2014, la Cour internationale de Justice a condamné le Japon pour avoir violé le moratoire interdisant de chasser la baleine à des fins commerciales et a ordonné que soient révoqués les permis spéciaux de tuer des baleines dans l'océan Antarctique, délivrés par les autorités japonaises, dans le cadre du programme scientifique JARPA II. Selon la Cour, les activités de JARPA II peuvent être qualifiées de recherches scientifiques. L'utilisation de méthodes létale en tant

---

[198] C. env., art. D. 422-98.

[199] C. env., art. D. 422-113.

que telle n'est pas déraisonnable et la vente de la chair de baleine obtenue dans le cadre du programme n'est pas en soi contraire aux dispositions de la convention. Cependant, il ne suffit pas que la mise à mort des baleines s'opère dans un cadre scientifique, il faut aussi vérifier concrètement que le recours aux méthodes létales se fait en vue de recherches scientifiques. Le gouvernement ne peut donc pas délivrer de permis spéciaux de tuer des baleines au-delà de ce qui est raisonnable au regard des objectifs de recherche annoncés et les objectifs de la recherche doivent pouvoir justifier le programme tel qu'il est conçu et mis en œuvre.

Par ailleurs, les cétacés sont inscrits à l'annexe I de la Convention de Washington qui regroupe les espèces menacées d'extinction et dont le commerce international est en principe interdit[200].

Au niveau européen, plusieurs mesures ont été adoptées pour protéger les cétacés contre la chasse, la capture ou la détention, ainsi que contre toute perturbation intentionnelle ou échange commercial, y compris des produits issus de ces animaux provenant de pays tiers. La protection des cétacés est assurée au niveau européen par plusieurs actes législatifs tels que la directive « habitats »[201], le règlement sur le commerce international des espèces de faune et de flore sauvages menacées d'extinction[202] et le règlement relatif à la conservation et à l'exploitation durable des ressources halieutiques[203].

En France, l'arrêté du 1er juillet 2011 fixant la liste des mammifères marins protégés sur le territoire national et les modalités de leur protection, interdit, dans les eaux marines sous souveraineté et sous juridiction française et en tout temps, la destruction, la mutilation, la capture, l'enlèvement et la perturbation intentionnelle de certains cétacés dont la liste figure à l'article 2 de l'arrêté. La destruction, l'altération et la dégradation des sites de reproduction et des aires de repos des animaux de ces mammifères marins sont également interdites. La détention, le transport, la naturalisation, le colportage, la mise en vente, la vente ou l'achat, l'utilisation commerciale ou non de ces spécimens de mammifères marins sont également prohibés, lorsqu'ils ont été prélevés dans le milieu naturel du territoire national et dans les eaux marines sous souveraineté et sous juridiction après le 1er octobre 1995 ou du territoire européen, et dans les eaux marines sous souveraineté et sous juridiction des autres États membres de

---

[200] Convention sur le commerce international des espèces de faune et de flore sauvages menacées d'extinction, 3 mars 1973.

[201] Directive 92/43/CEE du Conseil du 21 mai 1992 concernant la conservation des habitats naturels ainsi que de la faune et de la flore sauvages.

[202] Règlement (CE) no 338/97 du Conseil du 9 décembre 1996 relatif à la protection des espèces de faune et de flore sauvages par le contrôle de leur commerce.

[203] Règlement (CE) n° 2371/2002 du Conseil du 20 décembre 2002 relatif à la conservation et à l'exploitation durable des ressources halieutiques dans le cadre de la politique commune de la pêche.

l'Union européenne, après la date d'entrée en vigueur de la directive du 21 mai 1992[204].

B. Les interdictions relatives à la chasse aux phoques

Le droit de l'Union européenne interdit l'importation à des fins commerciales dans les États membres de peaux de bébés phoques harpés et de bébés phoques à capuchon et des produits qui en sont dérivés en vertu de la directive 83/129/CEE du Conseil du 28 mars 1983 concernant l'importation dans les États membres de peaux de certains bébés phoques et de produits dérivés.

L'Union européenne interdit également, depuis 2009, toute mise sur le marché des produits dérivés du phoque dans l'Union, à l'exception des produits dérivés du phoque provenant des chasses traditionnellement pratiquées par les communautés Inuites et d'autres communautés indigènes à des fins de subsistance et à l'exception des marchandises destinées à l'usage personnel des voyageurs ou des membres de leur famille[205].

Depuis 2015, la dérogation octroyée par le règlement de 2009 relative à l'importation de produits dérivés du phoque lorsque la chasse était pratiquée dans le seul objectif d'une gestion durable des ressources marines, dans un but non lucratif et à des fins non commerciales, a été abrogée, afin notamment de l'aligner sur une décision de l'Organisation mondiale du commerce (OMC) de 2014 qui remettait en cause cette dérogation[206].

En France, l'arrêté du 1er juillet 2011 fixant la liste des mammifères marins protégés sur le territoire national et les modalités de leur protection, interdit la destruction, la mutilation, la capture ou l'enlèvement intentionnels incluant les prélèvements biologiques, la perturbation intentionnelle ainsi que la destruction, l'altération ou la dégradation des sites de reproduction et des aires de repos des animaux et la détention, le transport, la naturalisation, le colportage, la mise en vente, la vente ou l'achat, l'utilisation commerciale ou non des spécimens de pinnipèdes prélevés dans le milieu naturel du territoire national, et dans les eaux marines sous souveraineté et sous juridiction après le 1er octobre 1995 et du territoire européen, et dans les eaux marines sous souveraineté et sous juridiction des autres États membres de l'Union européenne, après la date d'entrée en vigueur de la directive « Habitats » du 21 mai 1992 susvisée.

---

[204] Directive (CEE) n° 92/43 du Conseil du 21 mai 1992 concernant la conservation des habitats naturels ainsi que de la faune et de la flore sauvages.

[205] Règlement (UE) 2015/1775 du Parlement européen et du Conseil, 6 octobre 2015 modifiant le règlement (CE) no 1007/2009 sur le commerce des produits dérivés du phoque et abrogeant le règlement (UE) no 737/2010 de la Commission.

[206] Règlement (CE) n° 1007/2009 du Parlement européen et du Conseil du 16 septembre 2009 sur le commerce des produits dérivés du phoque.

Cet arrêté interdit également sur le territoire national, dans les eaux marines sous souveraineté et sous juridiction et en tout temps le colportage, l'utilisation commerciale, la mise en vente, la vente ou l'achat de tout produit, transformé ou non, obtenu à partir d'un animal d'une espèce d'otaridés, de phocidés ou d'odobénidés, notamment la viande, l'huile, la graisse, les organes, les pelleteries brutes et les pelleteries tannées ou apprêtées, y compris les pelleteries assemblées en nappes, sacs, carrés, croix et présentations similaires, et les articles fabriqués à partir de pelleteries.

Toutefois, l'arrêté prévoit les mêmes exceptions à ces interdictions que l'ancien Règlement (CE) n° 1007/2009 susvisé. Ainsi, l'interdiction ne s'applique ni aux produits provenant de formes de chasse traditionnellement pratiquées par les communautés Inuites et d'autres communautés indigènes à des fins de subsistance ni aux produits qui résultent d'une chasse réglementée par la législation nationale et pratiquée dans le seul objectif d'une gestion durable des ressources marines. Cette dernière exception devrait toutefois être abrogée afin de satisfaire à la nouvelle réglementation européenne susmentionnée.

C. Les interdictions relatives à la chasse des requins, des raies et des poissons-scies

La réglementation en vigueur relative à la pêche et à la commercialisation des raies, des poissons-scies et des requins est issue de la Convention de Washington (CITES) et de plusieurs règlements européens.

Certaines espèces de requins, tels que le requin marteau ou le requin-baleine, et de raies, comme la raie manta ou la manta géante, sont inscrites à l'annexe II de la Convention sur le commerce international des espèces de faune et de flore sauvages menacées d'extinction (CITES). Leur commerce international peut donc être autorisé s'il est couvert par un permis d'exportation ou un certificat de réexportation, délivré par les autorités compétentes qui doivent notamment s'assurer qu'une autorité scientifique de l'État d'exportation a émis l'avis que cette exportation ne nuit pas à la survie de l'espèce intéressée, qu'un organe de gestion de l'État d'exportation a la preuve que le spécimen n'a pas été obtenu en contravention aux lois sur la préservation de la faune et de la flore en vigueur dans cet État et qu'un organe de gestion de l'État d'exportation a la preuve que tout spécimen vivant sera transporté de façon à éviter les risques de blessures, de maladie, ou de traitement rigoureux.

La réglementation européenne en la matière s'applique aux navires immatriculés dans l'Union européenne, opérants dans tout ou partie des eaux de l'Union européenne ou dans l'ensemble des eaux y compris internationales, ainsi qu'aux navires battant pavillon d'un État tiers à l'Union européenne opérant dans les eaux de l'Union. Elle est notamment issue du Règlement (CE) n° 1185/2003 du Conseil du 26 juin 2003 relatif à l'enlèvement des nageoires de requin à bord des navires, tel que modifié par le règlement (UE) n° 605/2013 du Parlement européen et du Conseil du 12 juin 2013, du Règlement (UE) 2016/2285 du Conseil du 12 décembre 2016 établissant, pour 2017 et 2018, les possibilités de pêche ouvertes aux navires de pêche de l'Union pour certains stocks de poissons d'eau profonde et du Règlement (UE) n° 72/2016 du 22 janvier 2016 établissant pour 2016, les possibilités de pêche pour certains stocks halieutiques et groupes de stocks halieutiques, applicables dans les eaux de l'Union et, pour les navires de l'Union, dans certaines eaux n'appartenant pas à l'Union et du Règlement (UE) n° 2016/458 modificatif [207].

En vertu de cette réglementation, il est interdit d'enlever les nageoires de requin à bord des navires et de conserver à bord, de transborder ou de débarquer des nageoires de requin. Toutefois, les nageoires de requin peuvent être partiellement tranchées et repliées contre la carcasse, mais elles ne sont pas enlevées de la carcasse avant d'être débarquées.

Aussi, dans certaines zones de pêche délimitées par le Règlement (UE) n° 72/2016 du 22 janvier 2016 susmentionné, il est interdit aux navires de pêche de l'Union européenne de pêcher, de détenir à bord, de transborder ou de débarquer certaines espèces de raies, de requins et de poissons-scies listées à l'article 13 de ce Règlement, telles que la raie radiée, le grand requin blanc, le pèlerin ou encore certains squales. Si un spécimen de ces espèces est accidentellement capturé, il ne doit pas être blessé et doit être rapidement remis à la mer. Il est également interdit aux navires des pays tiers de pêcher, de détenir à bord, de transborder ou de débarquer des spécimens d'espèces de raies, de poissons-scies et de requins figurant à l'article 46 du Règlement, dès lors qu'ils se trouvent dans les eaux de l'Union.

Enfin, conformément à l'arrêté du 30 mars 2016 relatif aux modalités de capture à titre accessoire et de débarquement de la raie brunette dans certaines zones, et pour l'année 2016, les conditions de pêche non ciblée de cette espèce sont encadrées par un protocole scientifique annexé à l'arrêté [208]. Les débarquements de raie brunette pêchée dans les zones visées sont limités à 150 kilogrammes par jour dans la limite de 450 kg par semaine pour les navires exerçant dans le cadre des « métiers » que sont le chalut et la senne de fond, le filet et la palangre. Les autres engins sont interdits.

---

[207] V. Proposition de RÈGLEMENT DU CONSEIL modifiant le règlement (UE) 2016/1903 établissant, pour 2017, les possibilités de pêche pour certains stocks halieutiques et groupes de stocks halieutiques de la mer Baltique ; COM/2017/04 final - 2017/01 (NLE).

[208] Arr., 30 mars 2016 relatif aux modalités de capture à titre accessoire et de débarquement de la raie brunette (Raja undulata) dans les zones CIEM VII d et e, VIII a, b et c pour l'année 2016 ; NOR: DEVM1607305A.

Chapitre 3. Les animaux de la faune sauvage et la chasse

Deux tiers des quelque 30 millions d'animaux tués au fusil par an ont été élevés à cette fin[1]. En effet, d'après les données fournies par le syndicat national des producteurs de gibier de chasse, 14 millions de faisans, 5 millions de perdrix grises et rouges, 1 million de canards colvert, 40 000 lièvres de France, 100 000 lapins de garenne, 10 000 cerfs ou encore 7000 daims sont élevés annuellement en France afin d'être lâchés dans la nature puis chassés[2].

Pourtant, d'après le Code de l'environnement, la chasse est une activité à caractère environnemental, culturel, social et économique qui participe à la gestion durable du patrimoine faunique et de ses habitats et contribue à l'équilibre entre le gibier, les milieux et les activités humaines en assurant un véritable équilibre agro-sylvo-cynégétique[3]. Il pose également le principe de prélèvement raisonnable sur les ressources naturelles renouvelables en précisant que par leurs actions de gestion et de régulation des espèces dont la chasse est autorisée ainsi que par leurs réalisations en faveur des biotopes, les chasseurs contribuent au maintien, à la restauration et à la gestion équilibrée des écosystèmes en vue de la préservation de la biodiversité.

En termes de nombre d'adhérents, la chasse arrive en deuxième place des *sports* les plus pratiqués en France, derrière le football. Pour la saison 2011-2012, la France comptait 1 224 000 millions de détenteurs du permis de chasse. Leur nombre serait en baisse, mais les données relatives aux détenteurs du permis de chasse sont désormais tenues secrètes. La France n'en est pas moins le premier pays de chasseurs en Europe, devant l'Espagne et l'Italie. La chasse à tir est le type de chasse le plus pratiqué en France par 94 % des pratiquants. D'une manière générale, 90 % des chasseurs chassent plusieurs gibiers, le petit gibier sédentaire est privilégié (86 %), puis viennent les migrateurs terrestres (76 %) et le grand gibier (71 %). Le gibier d'eau attire 34 % d'entre eux[4]. Il existe

---

[1] ONCFS, *Enquête nationale sur les prélèvements de la saison de chasse 1998/1999*, http://www.oncfs.gouv.fr/Publications-et-rapports-ru72/Enquete-sur-les-prelevements-1998-1999-ar537; A noter que ce chiffre ne tient pas compte des animaux morts par piégeage, morts des blessures de la chasse et les animaux dits nuisibles.

[2] http://www.snpgc.fr/communiques_presse.php.

[3] C. env., art. L. 420-1.

[4] « Qui sont les chasseurs ? », enquête réalisée par téléphone, par système CATI, du 27 février au 6 mars 2006, auprès des chasseurs ayant validé leur permis au cours de l'année cynégétique 2005-2006, par la Fédération Nationale des chasseurs, http://www.chasseurdefrance.com/decouvrir-la-chasse-en-france/qui-sont-les-chasseurs/les-chasseurs-qui-sont-ils/.

différents modes de chasse qui dépendent notamment de la variété des gibiers, de la diversité des territoires, des saisons, des habitudes régionales, des armes employées, des moyens mis en œuvre ainsi que des équipements utilisés. Tous ces différents modes de chasse sont strictement réglementés.

Après une introduction portant sur l'histoire de la législation de la chasse, nous verrons comment s'organise la chasse, tant au niveau national que local, avant d'étudier le droit de la chasse et le droit de chasser. L'exercice de la chasse est encadré et est soumis à plusieurs conditions et obligations, qui, lorsqu'elles ne sont pas respectées, sont pénalement répréhensibles. Les départements d'Alsace et Moselle ont instauré un régime dérogatoire du droit de la chasse.

Section 1. La chasse : histoire et définitions

§ 1. L'histoire du droit de la chasse

L'exercice du droit de chasse en France s'est organisé, depuis la Révolution française, autour du foncier et du consentement du propriétaire. Deux conceptions se sont opposées à cet égard en 1789, l'une, soutenue par Mirabeau, liait droit de chasse et propriété, l'autre, soutenue par Robespierre, prônait une liberté de chasser en tous lieux, au bénéfice de tous citoyens et sans condition.

La formule actuelle de l'article L. 422-1 du code de l'environnement, *« Nul n'a la faculté de chasser sur le terrain d'autrui sans le consentement du propriétaire ou de ses ayants droit »*, est un héritage direct de ces conceptions, reprises par les lois du 3 mai 1844 et du 30 avril 1790, dont s'inspiraient les anciens articles L.222-1 et 365 du Code rural et de la pêche maritime relatifs à l'exercice de la chasse.

Les premières dispositions législatives relatives à la chasse tendaient essentiellement à la protection des intérêts agricoles et à la sécurité publique. Une première organisation des structures de la chasse avait été créée par les lois du 28 juin 1941 et du 19 juillet 1964. Puis, la loi du 30 juillet 1963 avait mis en place les premières règles de gestion du gibier, en consacrant les plans de chasse. Le décret du 27 avril 1972[5] a créé l'Office national de la chasse et de la faune sauvage (ONCFS), qui remplace le Conseil supérieur de la chasse et dont les missions ont été étendues par la loi relative au développement des territoires ruraux n° 2005-157 du 23 février 2005. Les dispositions législatives relatives à la chasse, qui figuraient dans le Code rural, ont été intégrées dans le Code de l'environnement par l'ordonnance n° 2000-914 du 18 septembre 2000.

[5] D. n° 72-334, 27 avr. 1972.

Sont ensuite intervenues des réglementations relatives aux accidents de chasse, notamment avec la loi du 31 décembre 1951[6] et le décret du 18 mars 1988[7] instituant le fonds de garantie et la loi du 11 juillet 1966 créant les règles d'indemnisation des dommages corporels du fait des actes de chasse[8], codifiées aux articles L. 421-8 et R. 421-21 et suivants du code des assurances. La réglementation propre aux dégâts causés aux récoltes par le gibier est issue de la loi n° 68-1172 du 27 décembre 1968, modifiée par la loi n° 2000-698 du 26 juillet 2000 et par le décret n° 2013-1221 du 23 décembre 2013, actuellement codifiée aux articles L. 426-1 à L. 426-8 et R. 426-1 à R. 426-29 du Code de l'environnement.

Certaines dispositions du droit européen et des conventions internationales sont relatives à la chasse et sont principalement axées sur la protection du gibier et des habitats naturels de la faune sauvage. Ainsi, la directive n° 79/409/CEE du Conseil du 2 avril 1979 sur la conservation des oiseaux sauvages, actuellement remplacée par la directive n° 2009/147/CE du Parlement européen et du Conseil du 30 novembre 2009 et la directive n° 92/43/CEE du Conseil du 21 mai 1992 sur la préservation des habitats naturels, ont posé des règles très protectrices, intégrées pour partie sous la section relative aux sites « Natura 2000 » du Code de l'environnement[9]. D'une façon plus générale, des conventions internationales sont venues réglementer la préservation du patrimoine biologique animal à travers la notion d'espèces protégées[10].

§ 2. Définitions

A. L'acte de chasse

Avant la loi n° 2000-698 du 26 juillet 2000, l'acte de chasse était exclusivement défini par la jurisprudence. La Cour de cassation définissait ainsi l'acte de chasse comme le fait de circuler de nuit, même sans être porteur d'une arme, spécialement hors des voies de circulation, dans un véhicule dont les phares allumés éclairent le terrain parcouru, et utilisé comme moyen de rabat pour débusquer le gibier[11]. Était également en attitude de chasse la personne porteuse d'un fusil non chargé accompagnée d'un chien de chasse, à la

---

[6] L. n° 51-1508, 31 déc. 1951.

[7] D. n° 88-260, 18 mars 1988.

[8] L. n° 66-497, 11 juill. 1966.

[9] C. env., art. L. 414-1 à L. 414-7 et R. 414-1 à R. 414-27.

[10] Convention de Paris du 19 mars 1902 sur la protection des oiseaux utiles à l'agriculture ; Convention de Washington du 3 mars 1973 sur le commerce international de la faune sauvage, Convention de Bonn du 23 juin 1979 sur les espèces migratrices, Convention de Berne du 19 septembre 1979 sur la préservation des habitats naturels en Europe.

[11] Crim., 17 janv. 1996, n° 95-81.863.

recherche de gibier dans une forêt où elle savait ne pas avoir le droit de chasser, qui s'enfuit à la vue des gardes nationaux de la chasse et de la faune sauvage[12].

L'article L. 420-3 du Code de l'environnement définit désormais l'acte de chasse comme « *tout acte volontaire lié à la recherche, à la poursuite ou à l'attente du gibier ayant pour but ou pour résultat la capture ou la mort de celui-ci* ». Selon ce même article, ne constitue pas un acte de chasse, mais un simple acte préparatoire antérieur à la recherche du gibier, le repérage non armé du gibier sur le territoire où s'exerce le droit de chasse. Le fait d'achever un animal mortellement blessé ou aux abois, de la curée ou de l'entraînement des chiens courants sans capture de gibier sur les territoires où s'exerce le droit de chasse de leur propriétaire durant les périodes d'ouverture de la chasse fixées par l'autorité administrative ne constitue pas un acte de chasse. Est également exclu de la définition de l'acte de chasse le fait pour un conducteur de chien de sang de procéder à la recherche d'un animal blessé ou de contrôler le résultat d'un tir sur un animal. De même, ne sont pas des actes de chasse les entraînements, concours et épreuves de chiens de chasse ou d'oiseaux de fauconnerie, autorisés par l'autorité administrative.

B. Le gibier

En droit, le gibier est tenu pour *res nullius*, soumis au régime des choses sans maître, à l'inverse de l'animal domestique, apprivoisé ou tenu en captivité qui est placé sous la main de l'homme et se trouve, de ce fait, soumis au régime juridique des biens, conformément à l'article 515-14 du Code civil.

Sont considérées comme gibier les espèces animales non domestiques qui figurent sur une liste établie par un arrêté du ministre chargé de la chasse après avis du Conseil national de la chasse et de la faune sauvage. Pour le gibier d'élevage, son appartenance à une espèce sauvage ne lui fait pas perdre sa qualité d'animal domestique, dès lors qu'il est né et élevé en captivité[13].

Sont exclus de cette définition les animaux classés nuisibles. En effet, d'après l'article L. 427-6 du Code de l'environnement, la destruction des animaux classés nuisibles dans un but de protection des activités humaines ou des équilibres biologiques n'est pas soumise au droit de la chasse[14]. Est également exclu le gibier à poil se trouvant sur une propriété clôturée. Au titre de l'article L. 424-3 du Code de l'environnement le propriétaire ou possesseur peut chasser ou faire chasser en tout temps le gibier à poil dans ses possessions attenantes à une habitation et entourées d'une clôture continue et constante faisant obstacle à toute communication avec les héritages voisins et empêchant

---

[12] Crim., 25 juill. 1995, n° 94-84.751.

[13] Crim. 18 nov. 2003, n° 02-87.386.

[14] C. envir., art. L. 427-6 et R. 427-6 et R. 427-28 ; Civ. 3e, 27 nov. 1979, n° 78-12.657.

le passage de ce gibier et celui de l'homme. Pour la Cour de cassation, ne constitue pas une clôture continue et constante, au sens de l'article L. 424-3 du code de l'environnement, le grillage non enterré permettant le passage du gibier[15].

Section 2. L'organisation de la chasse

La gestion de la chasse a été rattachée pendant très longtemps au Ministère de l'Agriculture. La création du Ministère de l'Environnement en 1971, symbolique des préoccupations de l'époque en la matière, a entraîné une modification importante des structures et a placé sous sa tutelle la gestion de la chasse. Ce dernier est chargé d'élaborer les textes et veiller à leur application, contrôler et orienter les missions d'étude et de recherche relatives à l'amélioration des techniques de gestion des territoires cynégétiques, assurer les liaisons nécessaires avec les services déconcentrés de l'État, les différents partenaires nationaux concernés par la protection de la nature et la chasse. Il doit également assurer le secrétariat du Conseil national de la chasse et de la faune sauvage, la tutelle de l'Office national de la chasse et de la faune sauvage, conjointement avec le ministère chargé de l'Agriculture, ainsi que le contrôle de la Fédération nationale des chasseurs. Ces trois entités participent à l'administration de la chasse au niveau national. Au niveau local, des fédérations de chasseurs et des associations communales de chasse agrées (ACCA) ont été créées.

§ 1. L'administration et les structures de la chasse

Au niveau national, la chasse est administrée par le Conseil National de la Chasse et de la Faune sauvage et les fédérations nationales des chasseurs. Au niveau local la gestion de la chasse est assurée par les préfets de départements et les fédérations départementales, interdépartementales et régionales des chasseurs.

A. L'administration nationale de la chasse

1. Le Conseil National de la Chasse et de la Faune sauvage

Le Conseil National de la Chasse et de la Faune sauvage est un organisme consultatif, placé auprès des ministres chargés respectivement de la chasse et de l'agriculture. Il a pour mission de se prononcer sur l'ensemble des textes relatifs à l'exercice de la chasse et la gestion de la faune sauvage, et à la protection de la

15 Crim., 3 mai 1990, Bull. crim. n°168.

nature lorsqu'ils ont une incidence directe ou indirecte sur l'exercice de la chasse[16].

2. L'Office National de la Chasse et de la Faune sauvage (ONCFS)

L'Office national de la chasse et de la faune sauvage est un établissement public de l'État à caractère administratif placé sous la double tutelle des ministres chargés de l'écologie et de l'agriculture[17].

Il a pour mission de réaliser des études, des recherches et des expérimentations concernant la conservation, la restauration et la gestion de la faune sauvage et ses habitats ainsi que la mise en valeur de celle-ci par le développement durable de la chasse et la mise au point de systèmes et pratiques de gestion appropriée des territoires ruraux. Il participe à la mise en valeur et la surveillance de la faune sauvage ainsi qu'au respect de la réglementation relative à la police de la chasse. Il apporte à l'État son concours pour l'évaluation de l'état de la faune sauvage ainsi que le suivi de sa gestion. Il élabore des documents de gestion de la faune sauvage et de l'amélioration de la qualité de ses habitats. Il est chargé pour le compte de l'État de l'organisation matérielle de l'examen du permis de chasser et de sa délivrance. L'Office national de la chasse et de la faune sauvage peut collaborer avec la Fédération nationale des chasseurs et avec les fédérations départementales des chasseurs sur des questions relatives à leurs domaines d'action respectifs. Le conseil d'administration de l'Office national de la chasse et de la faune sauvage est composé de vingt-six membres dont la moitié sont des représentants issus des milieux cynégétiques.

Les ressources de l'établissement sont constituées par les produits des redevances cynégétiques, par des subventions et contributions de l'État et d'autres personnes publiques aux missions régaliennes et d'intérêt patrimonial qu'il accomplit ainsi que par les redevances pour services rendus, par les produits des emprunts, par les dons et legs et par le produit des ventes qu'il effectue dans le cadre de ses missions.

3. La Fédération Nationale des Chasseurs (F.N.C.)

La fédération nationale des chasseurs est une structure associative qui regroupe l'ensemble des fédérations départementales, interdépartementales et régionales des chasseurs dont l'adhésion est obligatoire et dont elle coordonne les actions. Elle assure la représentation des fédérations départementales des

---

[16] C. env., art. L. 421-1-A, créé par la loi n° 2016-1087 du 8 août 2016 ; V. Arr., 27 avr. 1972 relatif à la désignation des membres du conseil national de la chasse et de la faune sauvage visés à l'article 3-B du décret n° 72-334 du 27 avril 1972 et des membres du conseil d'administration de l'office national de la chasse.

[17] C. env., art. L. 421-1.

chasseurs à l'échelon national et est chargée d'assurer la promotion et la défense de la chasse ainsi que la représentation des intérêts cynégétiques. La Fédération nationale des chasseurs détermine chaque année en assemblée générale les montants nationaux minimaux des cotisations dues à la fédération départementale ou interdépartementale des chasseurs par tout adhérent.

Elle gère en outre un fonds cynégétique national au profit de l'indemnisation des dégâts de grand gibier. Les associations de chasse spécialisées sont associées aux travaux de la fédération nationale[18].

La Fédération nationale des chasseurs élabore une charte de la chasse en France. Celle-ci expose les principes d'un développement durable de la chasse et sa contribution à la conservation de la biodiversité. Ce document établit un code de comportement du chasseur et des bonnes pratiques cynégétiques mis en œuvre par chaque fédération départementale des chasseurs et ses adhérents.

B. Les structures locales

1. Les Fédérations régionales des Chasseurs

Les fédérations régionales des chasseurs regroupent et assurent la représentation de l'ensemble des fédérations départementales et interdépartementales d'une même région administrative du territoire dont l'adhésion est constatée par le paiement d'une cotisation obligatoire. Elles conduisent et coordonnent des actions en faveur de la faune sauvage et de ses habitats et mènent, en concertation avec les fédérations départementales, des actions d'information et d'éducation au développement durable[19].

2. La Commission départementale de la Chasse et de la Faune sauvage

La Commission départementale de la chasse et de la faune sauvage concourt à l'élaboration, à la mise en œuvre et au suivi, dans le département, de la politique du gouvernement dans le domaine de la chasse et de la protection de la faune sauvage. Elle est notamment chargée d'émettre, dans le respect des équilibres biologiques et des intérêts agricoles et forestiers, un avis sur la gestion des espèces chassées et la préservation de leurs habitats, ainsi que sur la détermination des espèces d'animaux susceptibles d'occasionner des dégâts que le propriétaire, possesseur ou fermier peut, en tout temps, détruire sur ses terres[20]. La Commission peut se prononcer sur les périodes, les modalités et pratiques de chasse, ainsi que la destruction des espèces animales classées

---

[18] C. env., art. L. 421-14.

[19] C. env., art. L. 421-13.

[20] C. env., art. R. 421-29.

nuisibles. Elle est consultée sur l'attribution des plans de chasse et sur la gestion des lots de chasse sur les domaines publics fluvial et maritime et elle intervient en matière d'indemnisation des dégâts aux récoltes, aux cultures et aux forêts causés par le grand gibier[21].

La Commission départementale de la chasse et de la faune sauvage est présidée par le préfet et à Paris, par le préfet de police[22].

3. Les fédérations départementales des chasseurs

Les fédérations départementales des chasseurs participent à la mise en valeur du patrimoine cynégétique départemental, à la protection et à la gestion de la faune sauvage ainsi que de ses habitats. Elles assurent la promotion et la défense de la chasse ainsi que des intérêts de leurs adhérents. Elles apportent leur concours à la prévention du braconnage et conduisent des actions d'information, d'éducation et d'appui technique à l'intention des gestionnaires de territoires et des chasseurs. En outre, elles coordonnent les actions des associations communales et intercommunales de chasse agréées. Elles conduisent des actions de prévention des dégâts de gibier et en assurent l'indemnisation. Elles élaborent, en association avec les propriétaires, les gestionnaires et les usagers des territoires concernés, un schéma départemental de gestion cynégétique[23].

Enfin, les fédérations départementales des chasseurs peuvent exercer les droits reconnus à la partie civile en ce qui concerne les faits constituant une infraction de chasse et portant un préjudice direct ou indirect aux intérêts collectifs, matériels et moraux qu'elles ont pour objet de défendre[24].

4. Les associations communales et intercommunales de chasse agréées (ACCA)

Les associations communales et intercommunales de chasse agréées ont pour but d'assurer une bonne organisation technique de la chasse. Elles favorisent sur leur territoire le développement du gibier et de la faune sauvage dans le respect d'un équilibre agro-sylvo-cynégétique, l'éducation cynégétique de leurs membres, la régulation des animaux susceptibles d'occasionner des dégâts et veillent au respect des plans de chasse. Elles ont également pour objet d'apporter la contribution des chasseurs à la conservation des habitats naturels, de la faune et de la flore sauvages.

---

[21] C. env., art. R. 421-29 II.
[22] C. env., art. R. 421-30.
[23] C. env., art. L. 421-5.
[24] C. env., art. L. 421-6.

Leur activité s'exerce dans le respect des propriétés, des cultures et des récoltes et est coordonnée par la fédération départementale des chasseurs[25].

Les associations communales ou intercommunales de chasse agréées sont des associations régies par le droit commun des associations institué par la loi du 1er juillet 1901. Après l'obtention d'un agrément, elles sont soumises à la tutelle du préfet et remplissent une mission de service public.

§ 2. La gestion du gibier

La gestion cynégétique désigne la gestion de la faune sauvage dans le cadre de la chasse. Elle a pour objectif d'optimiser la production du gibier sur un territoire de façon à assurer une exploitation durable du gibier sans perturber l'équilibre agro-sylvo-cynégétique. Il appartient aux fédérations départementales des chasseurs d'élaborer un schéma départemental de gestion cynégétique fixant les dispositions relatives à l'équilibre agro-sylvo-cynégétique dans chaque département. Ces schémas doivent inclure un plan de chasse permettant la recherche de cet équilibre.

A. Le schéma départemental de gestion cynégétique

Un schéma de gestion cynégétique est mis en place dans chaque département. Il est élaboré pour une période de six ans renouvelable par la fédération départementale ou interdépartementale des chasseurs en concertation avec la chambre d'agriculture, les représentants de la propriété privée rurale et les représentants des intérêts forestiers. Il est soumis à l'approbation du préfet après avis de la commission départementale compétente en matière de chasse et de faune sauvage[26]. Doivent obligatoirement figurer parmi les dispositions du schéma départemental, les plans de chasse et les plans de gestion, les mesures relatives à la sécurité des chasseurs et des non-chasseurs, les actions en vue d'améliorer la pratique de la chasse telle que la conception et la réalisation des plans de gestion approuvés, la fixation des prélèvements maximum autorisés, la régulation des animaux prédateurs et déprédateurs, les lâchers de gibier, la recherche au sang du grand gibier et les prescriptions relatives à l'agrainée et à l'affouragement ainsi qu'à la chasse au tir du gibier d'eau à l'agrainée et les modalités de déplacement d'un poste fixe, les actions en vue de préserver, de protéger par des mesures adaptées ou de restaurer les habitats naturels de la faune sauvage. Doivent également figurer au schéma départemental, les dispositions permettant de surveiller les dangers sanitaires dans les espèces de gibier et de participer à la prévention de la diffusion de dangers sanitaires entre les espèces de gibier, les animaux domestiques et

---

[25] C. env., art. L. 422-2.

[26] C. env., art. L. 425-1.

l'homme ainsi que les dispositions permettant d'atteindre l'équilibre agro-sylvo-cynégétique[27]. Le schéma départemental de gestion cynégétique est opposable aux chasseurs et aux sociétés, groupements et associations de chasse du département[28].

Le fait de contrevenir aux dispositions du schéma départemental relatives à l'agrainage et à l'affouragement, à la chasse au tir du gibier d'eau et à l'agrainée, aux lâchers de gibiers et à la sécurité des chasseurs et non-chasseurs constitue une contravention de la quatrième classe[29].

B. Le plan de chasse

Le plan de chasse détermine le nombre minimum et maximum d'animaux à prélever sur les territoires de chasse. Il tend à assurer le développement durable des populations de gibier et à préserver leurs habitats, en prenant en compte les orientations du schéma départemental de gestion cynégétique [30]. Il est obligatoire pour les cerfs, daims, mouflons, chamois, isards et chevreuils[31]. Le préfet peut également décider que le plan de chasse sera obligatoire sur tout ou partie du département pour une autre espèce de gibier. Lorsqu'il s'agit du sanglier, le plan de chasse est soumis à l'avis des fédérations départementales ou interdépartementales des chasseurs. Pour le grand gibier, il est fixé après consultation des représentants des intérêts agricoles et forestiers pour une période qui peut être de trois ans et révisable annuellement[32]. Il est fixé pour une année pour le petit gibier[33].

Pour chacune des espèces de grand gibier soumises à un plan de chasse, le préfet fixe le nombre minimum et maximum de spécimens à prélever annuellement dans le département, répartis, le cas échéant, par sexe, par catégorie d'âge ou par catégorie de poids. Pour l'exercice de la chasse à courre, à cor et à cri, il n'est fait aucune distinction entre les animaux au sein d'une même espèce, sauf en ce qui concerne le cerf élaphe pour lequel il est fait une distinction par sexe[34]. Le fait de prévoir dans le plan de chasse annuel une répartition tenant compte de l'âge et du sexe des cerfs en privilégiant la protection des mâles plus âgés au détriment des biches et des jeunes cerfs mâles afin de favoriser le rééquilibrage des classes d'âge de cette population est compatible avec l'objectif du schéma départemental de gestion cynégétique d'assurer l'équilibre agricole, sylvicole et cynégétique[35].

[27] C. env., art. L. 425-2.
[28] C. env., art. L. 425-3.
[29] C. env., art. R.428-17-1.
[30] C. env., art. L. 425-6.
[31] C. env., art. R. 425-1-1.
[32] C. env., art. R. 425-1-1.
[33] C. env., L. 425-6.
[34] C. env., art. R. 425-2.
[35] CAA Nantes, 9 mars 2012, req. n° 10NT01292.

Lorsque l'équilibre agro-sylvo-cynégétique est perturbé ou menacé, le préfet suspend l'application des dispositions du plan de chasse précisant les caractéristiques des animaux à tirer, afin de faciliter le retour à des niveaux de populations compatibles avec cet équilibre et cohérents avec les objectifs du plan de chasse[36]. Dans les départements ou parties de département où une espèce est soumise à un plan de chasse, la chasse de cette espèce ne peut être pratiquée que par les bénéficiaires de plans de chasse individuels ou leurs ayants droit[37].

Le fait de chasser sans plan de chasse individuel lorsqu'il est obligatoire, de prélever un nombre d'animaux inférieur au minimum ou supérieur au maximum attribué par le plan de chasse individuel, de ne pas munir d'un dispositif de marquage ou de pré-marquage un animal tué en application du plan de chasse individuel, sur le lieu même où il a été abattu ou retrouvé et préalablement à tout transport ou de ne pas dater du jour de la capture le dispositif de marquage ou de pré-marquage préalablement à sa pose sur l'animal capturé, est puni de l'amende prévue pour les contraventions de la cinquième classe[38]. Le contrevenant au plan de chasse au grand gibier encourt aussi la peine complémentaire de la privation du droit de conserver ou d'obtenir un permis de chasser prévue par l'article L. 428-14 du Code de l'environnement[39].

L'infraction au plan de chasse a pour effet de porter atteinte à l'égalité des chasseurs qui y sont soumis et de ce fait, une fédération départementale de chasseurs est recevable à solliciter l'indemnisation de son préjudice du seul fait du dépassement du seuil des prélèvements de gibier autorisés par le plan de chasse[40].

C. Un dispositif de marquage

Pour permettre le contrôle de l'exécution des plans de chasse individuels, chaque animal abattu au titre du plan de chasse est muni d'un dispositif de marquage. Ces dispositifs sont délivrés par la fédération départementale des chasseurs au bénéficiaire du plan de chasse en nombre égal à celui du nombre maximum d'animaux à tirer qui lui a été accordé[41]. Chaque animal abattu est, préalablement à tout transport et sur les lieux mêmes de sa capture, muni du dispositif de marquage, à la diligence et sous la responsabilité du bénéficiaire du plan de chasse individuel[42]. Dans le cas où le titulaire d'un plan de chasse

[36] C. env., art. L. 425-10.
[37] C. env., art. R. 425-3.
[38] C. env., R. 428-13.
[39] Crim. 14 janv. 1986, n° 84-94.858.
[40] Civ. 2e, 24 oct. 2013, n° 12-14.384.
[41] C. env., art. R. 425-10.
[42] C. env., art. R. 425-11.

partage un animal, les morceaux ne peuvent être transportés que s'ils sont accompagnés d'une attestation établie par le bénéficiaire du plan sous sa responsabilité. Ce dispositif de marquage est également obligatoire pour tout animal ou partie d'animal destiné à la naturalisation[43].

Dans les départements ou parties de département où les caractéristiques du territoire et d'organisation de la chasse le justifient et pour les espèces qu'il détermine, le ministre chargé de la chasse peut, sur proposition du préfet de département instaurer un dispositif de pré-marquage précédant le marquage définitif[44].

Les mêmes règles s'appliquent pour le grand gibier tué à l'intérieur des enclos non munis d'un dispositif de marquage et pour les morceaux de grand gibier tué à l'intérieur des enclos non accompagnés d'une attestation justifiant leur origine, établie par le responsable de l'enclos[45]. La violation de ces obligations relatives au transport, au colportage, au commerce du gibier mort soumis à marquage ou de morceaux soumis à attestation d'origine constitue une contravention de la cinquième classe[46].

Lorsque des animaux tués au titre d'un plan de chasse ne sont pas munis du dispositif de pré-marquage ou de marquage ou lorsque des morceaux d'animaux tués au titre d'un plan de chasse ne sont pas accompagnés de l'attestation justifiant leur origine, leur transport, leur détention pour la vente, leur mise en vente, leur vente et leur achat sont interdits[47].

Il appartient au préfet d'arrêter les modalités de contrôle de l'exécution des plans de chasse après avis de la commission départementale de la chasse et de la faune sauvage. Sur tout ou partie du département et pour les espèces qu'il détermine, il peut notamment imposer au bénéficiaire d'un plan de chasse individuel une ou plusieurs obligations, et notamment de tenir à jour un carnet de prélèvements, de déclarer à un service de l'État chaque animal prélevé dans un délai déterminé après la réalisation du tir ou encore de conserver une partie de l'animal pendant une période déterminée[48]. En outre, dans les dix jours suivant la clôture de la chasse de l'espèce en cause, tout bénéficiaire d'un plan de chasse individuel transmet à la fédération départementale ou interdépartementale des chasseurs, le nombre d'animaux prélevés en application de ce plan[49]. La violation de ces dispositions constitue une contravention de la troisième classe[50].

Par ailleurs, le fait de chasser sans plan de chasse individuel lorsqu'il est obligatoire, de prélever un nombre d'animaux inférieur au minimum ou supérieur au maximum attribué par le plan de chasse individuel, de ne pas

---

[43] C. env., art. R. 425-11.
[44] C. env., art. R. 425-10.
[45] C. env., art. R. 424-21.
[46] C. env., art. R. 428-11.
[47] C. env., art. R. 424-20.
[48] C. env., art. R. 425-12.
[49] C. env. art. R. 425-13.
[50] C. env., art. R. 428-14.

munir d'un dispositif de marquage ou de pré-marquage un animal tué sur le lieu même où il a été abattu ou retrouvé et préalablement à tout transport ou encore le fait de ne pas dater du jour de la capture le dispositif de marquage ou de pré-marquage préalablement à sa pose sur l'animal capturé est puni de l'amende prévue pour les contraventions de la cinquième classe[51].

§ 3. Le territoire de chasse

Les associations communales de chasse agréées sont constituées sur des terrains de chasse, dont les conditions d'apport, de retrait et d'enclaves d'un fond du territoire de chasse sont réglementées. Les propriétaires ne souhaitant pas inclure leur fond dans le territoire de chasse des ACCA ont un droit d'opposition pour conviction personnelle.

A. La constitution du terrain de chasse des ACCA

Une fois que l'association communale ou intercommunale de chasse agréée a été créée, elle peut se constituer un terrain de chasse grâce à l'apport, par les propriétaires, de leur droit de chasse. Ces derniers peuvent toutefois s'opposer, sous certaines conditions, à l'apport de leur droit de chasse.

1. Création des ACCA

Les associations communales et intercommunales de chasse agréées ont pour but d'assurer une bonne organisation technique de la chasse. Elles favorisent sur leur territoire le développement du gibier et de la faune sauvage dans le respect d'un équilibre agro-sylvo-cynégétique, l'éducation cynégétique de leurs membres, la régulation des animaux nuisibles et veillent au respect des plans de chasse. Elles ont également pour objet d'apporter la contribution des chasseurs à la conservation des habitats naturels, de la faune et de la flore sauvages. Leur activité doit s'exercer dans le respect des propriétés, des cultures et des récoltes, et est coordonnée par la fédération départementale des chasseurs[52].

Ces associations sont constituées conformément à la loi du 1er juillet 1901 relative au contrat d'association après avoir reçu l'agrément du préfet[53].

Il ne peut être créé qu'une association agréée par commune. La fusion de communes n'entraîne ni la dissolution ni la fusion des associations communales de chasse agréées préalablement constituées dans les communes concernées, sauf décision contraire de ces associations[54]. La liste des départements où elles doivent être créées est fixée par arrêté ministériel sur proposition des préfets

---

[51] C. env., art. R. 428-13.

[52] C. env., art. L. 422-2.

[53] C. env., art. L. 422-3.

[54] C. env., art. L. 422-4.

après avis conforme des conseils généraux et consultation des chambres d'agriculture et des fédérations départementales des chasseurs [55]. Dans les départements ne figurant pas sur cette liste, une liste des communes où sera créée une association agréée est fixée par arrêté préfectoral sur demande justifiant de l'accord amiable de 60 % des propriétaires représentant 60 % de la superficie du territoire de la commune, cet accord étant valable pour une période de cinq années au moins[56].

2. Le territoire de chasse des ACCA

Dans les communes où une association communale de chasse doit être créée, une enquête est menée à la diligence du préfet pour déterminer les terrains soumis à l'action de l'association communale de chasse par apport des propriétaires ou détenteurs de droits de chasse[57]. L'arrêté du préfet fixant la liste des terrains soumis ou soustraits à l'action de l'ACCA ne constitue pas une décision créatrice de droit et ne doit donc pas être motivé[58].

À la demande de l'association, les apports de terrains sont réputés réalisés de plein droit pour une période renouvelable de cinq ans si les propriétaires n'ont pas fait connaître leur opposition justifiée à l'apport de leur territoire de chasse par lettre recommandée avec avis de réception[59]. Le délai d'opposition est de trois mois[60].

Aux termes de l'article L. 422-10 du Code de l'environnement sont exclus du territoire de chasse de l'association les terrains situés dans un rayon de 150 mètres autour de toute habitation. Il a été jugé qu'une cour et des bâtiments d'exploitation ne sont pas considérés comme des habitations susceptibles d'être prises en compte[61].

Sont également exclus les terrains entièrement clos au sens du droit de la chasse, c'est-à-dire ne laissant passer ni le gibier ni l'homme conformément à la définition de l'article L. 424-3 du Code de l'environnement, lequel indique que tout « propriétaire ou possesseur peut, en tout temps, chasser ou faire chasser le gibier à poil dans ses possessions attenantes à une habitation et entourées d'une clôture continue et constante faisant obstacle à toute communication avec les héritages voisins et empêchant complètement le passage de ce gibier et celui de l'homme ». Il a été jugé sur ce point que lorsqu'une vérification de l'état de la clôture par un agent de l'ONCFS révèle de nombreuses dégradations, consistant en des coulées à la base de la clôture permettant le passage des

[55] C. env., art. L. 422-6.
[56] C. env., art. L. 422-7.
[57] C. env., art. L. 422-8.
[58] CAA Nancy, 18 nov. 2013, ACCA de Bertrichamps, n° 12-NC-00302.
[59] C. env., art. L. 422-9
[60] C. env., art. R. 422-23
[61] CE 12 févr. 2003, Baudinière, req. n° 225092

animaux sauvages, il importe peu qu'un constat d'huissier ou des attestations postérieures fassent état d'observations contraires, car c'est à la date de l'arrêté soumettant ce territoire à l'action de l'ACCA que l'on doit se placer pour apprécier si les clôtures pouvaient ou non être regardées comme continues, constantes et de nature à faire obstacle à toute communication ou passage au sens de l'article L. 424-3 du Code de l'environnement[62].

Les terrains ayant fait l'objet de l'opposition des propriétaires ou détenteurs de droits de chasse sur des superficies d'un seul tenant supérieures aux superficies minimales mentionnées à l'article L. 422-13 du Code de l'environnement sont aussi exclus. Ici, les terrains qui sont exclus de plein droit du ressort des ACCA ne peuvent pas être pris en compte pour le calcul de la superficie permettant aux propriétaires ou aux détenteurs du droit de chasse de former opposition[63].

Enfin sont exclus les terrains faisant partie du domaine public de l'État, des collectivités locales, des forêts domaniales ou des emprises du Réseau ferré de France et de la SNCF ainsi que les terrains ayant fait l'objet de l'opposition de propriétaires, de l'unanimité des copropriétaires indivis qui, au nom de convictions personnelles opposées à la pratique de la chasse, interdisent, y compris pour eux-mêmes, l'exercice de la chasse sur leurs biens, sans préjudice des conséquences liées à la responsabilité du propriétaire, notamment pour les dégâts qui pourraient être causés par le gibier provenant de ses fonds.

3. Le droit d'opposition des propriétaires à l'apport de leur droit de chasse

Le droit d'opposition à l'apport du droit de chasse à une ACCA a fait l'objet d'une évolution législative et jurisprudentielle avant d'être pleinement consacré par la réglementation.

a) L'évolution législative et jurisprudentielle

Sous le régime de la loi Verdeille, les territoires de chasse étaient constitués après une procédure administrative d'enquête afin d'être confiés à la gestion de l'ACCA. Tous les propriétaires ou titulaires du droit de chasse étaient tenus d'apporter leur droit de chasse à l'association et de laisser s'exercer la chasse, sauf opposition motivée. Jusqu'à la loi n° 2000-698 du 26 juillet 2000, seuls les propriétaires d'un fonds d'une superficie importante, c'est-à-dire supérieure à un certain seuil fixé par la loi de 1964 en fonction des départements, pouvaient s'opposer à l'inclusion de leur fond dans le territoire de chasse de l'ACCA ou en demander le retrait. Cela revenait à obliger les propriétaires de fonds de petite superficie à apporter leur terrain à une ACCA, alors qu'ils étaient opposés

---

[62] CAA Bordeaux, 29 avr. 2014, A. c /Préfet de la Vienne, n° 12BX-00187.

[63] CE 22 juin 1987, GFA La Davière, req. n° 78803.

à la pratique de la chasse ou qu'ils souhaitaient affecter leur terrain à la création de réserves naturelles où la chasse est prohibée.

La jurisprudence nationale a d'abord considéré que l'organisation de la chasse à travers le régime des ACCA constituait une atteinte au droit de propriété non contraire à la Convention européenne des droits de l'Homme, car justifiée par l'intérêt général[64].

Saisie d'un contentieux relatif à cette situation, la Cour européenne des Droits de l'Homme a condamné la France le 29 avril 1999 pour violation de l'article 1 du Protocole n° 1 et de l'article 14 de la Convention européenne de sauvegarde des droits de l'homme et des libertés fondamentales[65]. La Cour considéra, d'une part, que la loi Verdeille relative aux ACCA était contraire à la liberté d'association dans la mesure où des opposants à la chasse étaient contraints de faire apport de leurs terres et d'adhérer de fait aux ACCA et, d'autre part, qu'en privant du droit d'opposition les propriétaires de petites parcelles ou de terres morcelées, la loi instituait une discrimination basée sur la fortune foncière.

Suite à cette condamnation, les articles L.422-10 et L.422-13 du Code de l'environnement ont été modifiés en élargissant le droit d'opposition et en introduisant un nouveau cas « d'opposition de conscience » pour les opposants à la chasse. Désormais, tout propriétaire a la possibilité de s'opposer à ce que ses terrains soient inclus dans le périmètre d'une ACCA au nom de ses convictions personnelles opposées à la pratique de la chasse. Cette opposition a obligatoirement pour effet l'interdiction de l'exercice de la chasse sur ses biens, y compris pour lui-même.

Toutefois, l'article L.422-13 du Code de l'environnement prévoit encore que « pour être recevable, l'opposition des propriétaires ou détenteurs de droits de chasse mentionnés au 3° de l'article L. 422-10 doit porter sur des terrains d'un seul tenant et d'une superficie minimum de vingt hectares ».

Dans l'affaire Chabauty contre France dont la CEDH a été saisie, un propriétaire de terrains de petite superficie inclus dans le périmètre d'une ACCA était mécontent de ne pas être le seul à détenir un droit de chasse sur ses propriétés. C'est tout d'abord en faisant état de ses convictions personnelles opposées à la pratique de la chasse qu'il demande au préfet des Deux-Sèvres en septembre 2002 le retrait de ses terres du périmètre de l'ACCA. Cependant, en décembre 2003, il revient sur la motivation initiale de sa demande, pour la refonder sur l'article 1 du Protocole n° 1 combiné à l'article 14 de la Convention européenne des Droits de l'Homme. Le préfet ne fait pas droit à sa demande. S'en suit alors un long contentieux entre le propriétaire des terrains et l'ACCA dans le périmètre de laquelle les terrains sont inclus.

---

64 Civ. 3e, 16 mars 1994, n° 91-16513.

65 CEDH 29 avr. 1999, Chassagnou, req. n°s 25088/94, 28331/95 et 28443/95.

Le Conseil d'État, par une décision du 16 juin 2008, déboute le propriétaire qui forme alors une requête devant la CEDH contre la France[66]. Il dénonce la discrimination opérée par la France entre les grands propriétaires et les petits propriétaires par le biais de l'article L.422-10 du Code de l'environnement comme violant l'article 14 de la Convention combiné avec l'article 1 du protocole de la Convention précitée.

En effet, il soutient que par l'arrêt Chassagnou et autres, la CEDH a « *condamné le principe même de l'apport forcé de terrains aux ACCA, que les propriétaires concernés soient ou non opposé à la chasse, au motif qu'aucune raison objective et raisonnable ne justifiait que seuls les petits propriétaires y soient astreints, d'autant moins que le système institué par cette loi n'est applicable que sur une partie du territoire national* ».

Cependant, la Cour va tout d'abord s'opposer à l'interprétation du requérant de l'arrêt Chassagnou et autres en retenant que les constats de violation auxquels est parvenue la Cour dans cet arrêt « *reposent de manière déterminante sur le fait que les requérants étaient des opposants éthiques à la chasse dont les choix de conscience étaient en cause* ». Elle poursuit en décidant que « *le requérant n'étant pas un opposant éthique à la chasse, on ne peut en l'espèce déduire de l'arrêt Chassagnou et autres une violation de l'article 14 combiné avec l'article 1 du Protocole n° 1* ».

La Cour va ensuite relever que « *les propriétaires fonciers dont les terrains sont inclus dans le périmètre d'une ACCA perdent uniquement l'exclusivité de la chasse sur leurs terres : leur droit de propriété n'est pas autrement altéré. En outre, en contrepartie, ils sont de droit membres de l'ACCA, ce qui leur donne la possibilité non seulement de chasser sur l'espace constitué par l'ensemble des terrains réunis dans ce périmètre, mais aussi de participer à la gestion collective de la chasse sur cet espace. Au surplus, les propriétaires qui tiraient des revenus de la chasse ou qui ont procédé à des aménagements cynégétiques avant leur affiliation à une ACCA peuvent obtenir une indemnisation à ce titre* ».

Elle décide alors que « *dans ces conditions et eu égard à la marge d'appréciation qu'il convient de reconnaître aux États contractants, obliger les seuls petits propriétaires à mettre en commun leurs territoires de chasse dans le but — légitime et d'intérêt général — de favoriser une meilleure gestion cynégétique n'est pas en soi disproportionné par rapport à ce but* ».

Enfin, « *Le requérant n'étant pas un opposant éthique à la chasse, il n'y a pas eu violation de l'article 14 de la Convention combiné avec l'article 1 du Protocole n° 1* ».

Par cette décision, la Cour européenne des Droits de l'Homme approuve les modifications apportées par la France aux règles définissant les territoires ne pouvant être soumis à l'action de l'ACCA suite à la décision Chassagnou et autres. Les dispositions contenues notamment aux 2 °, 3 ° et 5 ° de l'article L.422-1 du code de l'environnement, ne violent donc pas l'article 14 combiné avec l'article 1 du Protocole n° 1 de la Convention européenne des Droits de l'Homme[67].

---

[66] CE, 16 juin 2008, n° 296632.

[67] CEDH, 4 oct. 2012, Chabauty c. France, n°57412/08.

b) Le droit positif sur le droit d'opposition à l'apport du droit de chasse

La nécessité de constituer des territoires de chasse dans le but d'assurer une gestion équilibrée du gibier à travers des associations agréées de chasse doit se conjuguer avec le respect du droit de chaque propriétaire. Ainsi, la loi permet la constitution de territoires de chasse tout en définissant le droit des propriétaires de s'y opposer.

1°) Terrains concernés

Sont exclus par l'article L. 422-10 du Code de l'environnement les terrains ayant fait l'objet de l'opposition des propriétaires ou détenteurs du droit de chasse sur des terrains d'un seul tenant et d'une superficie minimum de vingt hectares[68]. Elle est abaissée pour la chasse au gibier d'eau à trois hectares pour les marais non asséchés, un hectare pour les étangs isolés, cinquante ares pour les étangs dans lesquels existaient, au 1er septembre 1963, des installations fixes, huttes ou gabions et abaissée pour la chasse aux colombidés à un hectare sur les terrains où existaient à cette même date, des postes fixes destinés à cette chasse. Ce minimum est porté à cent hectares pour les terrains situés en montagne au-dessus de la limite de la végétation forestière. Enfin, des arrêtés pris par département peuvent augmenter les superficies minimales ainsi définies, mais ces augmentations ne peuvent excéder le double des minima fixés[69]. C'est à celui qui veut exercer ce droit de retrait d'apporter la preuve de l'existence de ce poste fixe sur la parcelle objet du retrait et il importe peu qu'il ait existé sur une parcelle limitrophe[70]. Selon l'article R. 422-42 du Code de l'environnement, les voies ferrées, routes, chemins, canaux et cours d'eau non domaniaux ainsi que les limites de communes n'interrompent pas la continuité des fonds. Pour l'appréciation de cette condition, plusieurs parcelles appartenant au même propriétaire peuvent être agrégées, dès lors qu'elles forment un ensemble d'un seul tenant, et cette exigence de continuité des fonds est remplie si les différentes parcelles en cause se touchent ne serait-ce que par un seul point. Les voies ferrées, routes, chemins, canaux ou cours d'eau qui ne font que traverser ces parcelles n'interrompent pas la continuité. Mais ces voies ne sauraient créer une continuité entre des parcelles qu'elles relient, mais qui ne se touchent en aucun point[71]. De même, un fonds séparé par une autoroute ne constitue pas un terrain d'un seul tenant[72].

Aux termes de l'article R. 422-52 du Code de l'environnement, l'opposition doit être transmise au préfet par lettre recommandée avec demande d'avis de

---

[68] C. env., art. L. 422-13.
[69] C. env., art. L. 422-13.
[70] CE 1er mars 2013, n° 359318.
[71] CE 25 juin 2012, n° 335169.
[72] CE 15 oct. 1990, n° 86733.

réception avec les justificatifs mentionnés au premier alinéa de l'article R. 422-24 du même code.
Le préfet statue dans un délai de quatre mois, au cours duquel il consulte le président de l'association qui dispose de deux mois pour émettre un avis. La décision fait l'objet d'une publicité.

2°) Les détenteurs du droit de former opposition

La propriété doit être effective pour pouvoir former opposition. Ainsi, l'opposition formée par un futur propriétaire n'est pas recevable[73]. Le preneur soumis au statut du fermage n'ayant qu'un droit personnel de chasser n'est pas habilité à former opposition[74]. Toutefois, l'opposition peut être faite par un bailleur[75] ou un usufruitier[76]. Par ailleurs, le droit d'opposition peut appartenir à l'héritier qui, par la dévolution successorale, se trouve propriétaire, même indivis, de la parcelle sur laquelle peut s'exercer le droit de chasse, car ce droit est transmis individuellement aux ayants droit[77].

Le propriétaire ou le détenteur du droit de chasse ayant fait opposition est tenu, d'une part, de procéder à la signalisation de son terrain matérialisant l'interdiction de chasser et, d'autre part, de procéder ou de faire procéder à la destruction des animaux nuisibles et à la régulation des espèces présentes sur son fonds qui causent des dégâts[78]. Cependant, l'opposition à l'apport du droit de chasse n'exclut pas la mise en œuvre par l'ACCA de mesures de destruction de nuisibles et la rend responsable des dommages subis par des arboriculteurs du fait de la prolifération de lapins de garenne[79].

B. Le droit d'opposition à la chasse pour convictions personnelles

L'article L. 422-10 du Code de l'environnement prévoit la possibilité pour les propriétaires et les copropriétaires indivis à l'unanimité, de s'opposer à l'exercice de la chasse sur leur bien au nom de leurs convictions personnelles. Lorsque le propriétaire est une personne morale, l'opposition peut être formulée par le responsable de l'organe délibérant mandaté par celui-ci[80]. Cette opposition est souvent dénommée « opposition de conscience » ou « opposition éthique ». Pour être recevable, l'opposition doit porter sur l'ensemble des terrains appartenant aux propriétaires ou copropriétaires en cause. Aussi, elle

---

[73] Civ. 3e, 5 févr. 2003, n° 01-14150.
[74] C. env., art. R. 422-22, II.
[75] CE 12 févr. 1975, n° 93900.
[76] CE 30 sept. 1983, n° 19540.
[77] Civ. 3e, 3 oct. 2007, n° 06-16716.
[78] C. env., art. L. 422-15.
[79] Civ. 2e, 25 juin 1998, n° 96-19.153.
[80] C. env., art. L. 422-10, dern. al.

vaut renonciation à l'exercice du droit de chasse sur ces terrains. Par conséquent, cette opposition ne saurait être limitée qu'aux tiers et doit également être faite pour eux-mêmes[81].

Cette opposition n'a pas à être justifiée. En effet, il résulte de la réserve d'interprétation émise par le Conseil constitutionnel dans sa décision du 20 juillet 2000[82] que, pour l'application des dispositions de l'article L. 422-10 du Code de l'environnement, « lorsque le propriétaire déclare s'opposer à la pratique de la chasse sur ses biens au nom ou à raison de ses convictions personnelles, son opposition ne saurait faire l'objet d'aucune demande de justification ». Par conséquent, il n'appartient pas au préfet, saisi d'une demande d'un propriétaire tendant au retrait de ses terres du territoire dévolu à une ACCA en raison de ses convictions personnelles opposées à la chasse, de porter une appréciation sur la sincérité de ces convictions[83].

L'article L. 422-15 du Code de l'environnement prévoit que l'opposant à la chasse est tenu de procéder à la signalisation de son terrain matérialisant l'interdiction de chasser et qu'il reste tenu de procéder ou faire procéder à la destruction des nuisibles et à la régulation des espèces présentes sur son fonds qui causent des dégâts. En effet, l'opposition est sans préjudice des conséquences liées à la responsabilité du propriétaire, notamment pour les dégâts qui pourraient être causés par le gibier provenant de ses fonds[84].

Le passage des chiens courants sur son territoire n'est pas considéré comme un acte de chasse sur réserve ou sur le terrain d'autrui, sauf s'ils ont été poussés par le chasseur. Cette précision rejoint la jurisprudence constante qui ne voyait pas un acte de chasse sur terrain d'autrui dans le seul passage de chiens courants lancés à la poursuite d'un gibier, à la condition que leur maître soit dans l'impossibilité de les faire rompre et qu'il s'abstienne de participer à la poursuite[85].

En cas de cession du bien sur lequel l'ancien propriétaire avait exercé son droit d'opposition à la chasse, le nouveau propriétaire peut maintenir l'opposition en raison de ses convictions personnelles dans un délai de six mois à compter du changement de propriétaire. À défaut, les terrains sont intégrés dans le territoire de l'association[86].

---

[81] C. env., L.422-14.
[82] C. const., 20 juillet 2000, n°2000-434 DC.
[83] CE 3 avr. 2014, n° 364315.
[84] C. env., art. L. 422-15.
[85] Crim. 30 mars 1994, n° 93-83336.
[86] C. env., art. L. 422-19.

C. Les apports, retraits et enclaves du droit de chasse à l'ACCA

1. L'apport du droit de chasse

L'apport du droit de chasse entraîne l'extinction de tous les autres droits de chasser, sauf clause contraire passée entre les parties[87]. L'apport d'un terrain soumis à l'action d'une association communale de chasse est réalisé de plein droit pour une période renouvelable de cinq ans, sauf si le propriétaire a notifié à l'association, dans le délai de trois mois suivant sa constitution, son opposition à l'apport de son territoire de chasse. L'acquéreur d'une parcelle qui a ainsi été apportée de plein droit à une association communale de chasse agréée ne peut faire grief au vendeur ou au notaire de lui avoir causé un quelconque préjudice[88].

Si le bailleur n'a pas usé de son droit d'opposition, l'article R. 422-46 du Code de l'environnement autorise le locataire du droit de chasse à faire apport à l'association de son droit de chasse dans les conditions de l'article R. 422-45 de ce code, à la double condition que son contrat de location ait pour terme certain une date postérieure à l'expiration de l'une des périodes de six années prévues à l'article R. 422-41 du même code et que le bail ne comporte aucune réserve en faveur du propriétaire, ni clause interdisant au locataire de la chasse la cession de son droit. L'apport du locataire ne vaut que jusqu'au terme de la période de six années qui précédera l'expiration de son bail.

Dans tous les autres cas, l'apport du détenteur du droit de chasse ne peut être fait qu'avec l'accord du ou des propriétaires intéressés, qui devront alors faire apport des droits qu'ils s'étaient réservés[89].

Aussi, le propriétaire qui est demeuré en possession de la totalité de son droit de chasse et qui bénéficie du droit à opposition peut à tout moment proposer l'apport de son territoire à l'association, soit par une adhésion sans réserve à l'association communale, soit par un contrat écrit avec l'association, qui précise les conditions de cet apport[90]. L'engagement est conclu pour valoir jusqu'à l'expiration de périodes successives de six années chacune, la première ayant pour point de départ la date d'agrément de l'association communale[91]. Cet

[87] C. env., art. L. 422-16.
[88] Civ. 1re, 16 oct. 2013, n° 12-21880.
[89] C. env., art. R.422-46.
[90] C. env., art. R. 422-45.
[91] C. env., art. R. 422-47.

apport est soumis à publicité par affichage en mairie, selon les modalités prévues par l'article R. 422-35 du code de l'environnement.

Le droit de chasse étant apporté à l'association, seuls ses membres peuvent exercer le droit de chasser. Peuvent être membres de l'association, dans les conditions fixées aux statuts de celle-ci, les titulaires du permis de chasser qui sont soit domiciliés dans la commune ou y ayant une résidence pour laquelle ils figurent, l'année de leur admission, pour la quatrième année sans interruption, au rôle d'une des quatre contributions directes, soit propriétaires ou détenteurs de droits de chasse ayant fait apport de leurs droits de chasse ainsi que, s'ils sont titulaires d'un permis de chasser, leurs conjoints, ascendants et descendants, gendres et belles-filles du ou des conjoints apporteurs, soit personnes ayant fait apport de leurs droits de chasse attachés à une ou des parcelles préalablement au transfert de la propriété de celles-ci à un groupement forestier, ainsi que, s'ils sont titulaires d'un permis de chasser, leurs conjoints, ascendants et descendants, gendres et belles-filles du ou des conjoints apporteurs, soit preneurs d'un bien rural lorsque le propriétaire a fait apport de son droit de chasse ou encore soit propriétaires d'un terrain soumis à l'action de l'association et devenu tels en vertu d'une succession ou d'une donation entre héritiers lors d'une période de cinq ans et soit acquéreurs d'un terrain soumis à l'action de l'association et dont les droits de chasse qui y sont attachés ont été apportés à cette association à la date de sa création[92].

Par conséquent, un propriétaire ayant apporté ses droits de chasse à une ACCA ne peut faire acquérir la qualité de membre de cette association qu'aux personnes désignées par la loi et que s'il est lui-même titulaire du permis de chasser. Dès lors, ni la mère ni des grands-parents ne peuvent faire attribuer la qualité de membre à un fils ou à un petit-fils, si eux-mêmes ne sont pas détenteurs du permis de chasser[93]. Aussi, en cas de transmission successorale du bien faisant l'objet de l'apport, devenu indivis, les droits de chasse attachés à la propriété de ce bien doivent être considérés comme ayant été transmis individuellement aux ayants droit[94].

Aussi, l'acquéreur d'une fraction de propriété, dont les droits de chasse y sont attachés, qui ont été apportés à l'association à la date de sa création et représentant au moins 10 % de la surface, est membre de droit de l'association sur sa demande[95]. Les statuts de chaque ACCA peuvent également prévoir le nombre minimum des adhérents à l'association et l'admission d'un pourcentage minimum de chasseurs ne rentrant dans aucune des catégories définies ci-dessus. L'article R. 422-63, 6 ° du Code de l'environnement prévoit que les

[92] C. env., art. L. 422-21.
[93] Civ. 3e, 1er févr. 2012, n° 10-14.393 ; Civ. 3e, 1er févr. 2012, n° 10-14.392.
[94] Civ. 3e, 3 oct. 2007, n° 06-16.716.
[95] C. env., art. L. 222-21, I bis.

statuts doivent indiquer les modalités d'admission et les conditions de présentation et d'instruction des demandes de cette dernière catégorie de membres, dont la liste est arrêtée par le conseil d'administration en donnant priorité, au besoin par tirage au sort entre les demandes, aux chasseurs non propriétaires et non titulaires de droits de chasse. Il résulte de ces dispositions que le président d'une association communale de chasse agréée ne peut attribuer des cartes de chasse, sans procéder à un tirage au sort, dès lors qu'il y a plus de candidatures que de places disponibles, et une décision d'attribution sans tirage au sort doit être considérée comme non avenue[96].

Le droit de chasser est détenu personnellement par chaque membre de l'association. Il ne peut donc pas être cédé à titre onéreux à des tiers sous peine des sanctions civiles prévues dans le règlement intérieur de chaque ACCA[97]. Selon une jurisprudence constante, lors de la transmission d'un terrain dont le droit de chasse a été apporté à une ACCA, le nouveau propriétaire n'est pas membre de droit de l'ACCA[98]. Aussi, les ayants cause à titre particulier d'un propriétaire titulaire d'un droit de chasse, par suite de l'apport de ses terres à l'association, ne figurent pas parmi les bénéficiaires pouvant être admis comme membres de l'association[99]. Notons toutefois que le nouveau propriétaire peut, au terme de la période de réserve, apporter le droit de chasse et devenir membre de l'ACCA[100].

Si le propriétaire subit une perte de recettes du fait de la privation des revenus antérieurs ou s'il a apporté des améliorations sur le territoire dont il avait la jouissance cynégétique, l'apport de son terrain donne lieu à une indemnité à la charge de l'association[101]. Le montant de celle-ci est fixé par le tribunal compétent[102]. À défaut de versement de l'indemnité dans le délai de trois mois à compter du jour de l'accord amiable ou du jour où le jugement est devenu définitif, l'exercice du droit de chasse par l'association est suspendu[103].

2. Le retrait du droit de chasse

Selon l'article R. 422-54, I du Code de l'environnement, cessent de faire partie du territoire de chasse de l'ACCA les terrains qui postérieurement à la

---

[96] Civ. 3e, 14 mai 2013, n° 12-18.808 ; Civ. 3e, 28 mai 2013, n° 12-18.807.
[97] Civ. 1re, 19 déc. 1995, n° 94-10.478.
[98] Civ. 3e, 6 juill. 1983, n° 82-10.335 ; Civ. 3e, 16 mars 1994, n° 92-18.304 ; Civ. 3e, 28 sept. 2005, n° 04-17.014 ; Civ. 3e, 9 déc. 2009, n° 09-11.333.
[99] Civ. 3e, 16 févr. 2000, n° 98-14.444.
[100] Civ. 3e, 10 mai 1990, n° 88-15.697.
[101] C. env., art. L. 422-17.
[102] C. env., art. R. 422-50 « *A défaut d'accord amiable, les indemnités (…), sont fixées par les juridictions de l'ordre judiciaire, conformément aux règles de droit commun en matière de compétence et de procédure applicables devant ces juridictions aux actions personnelles ou mobilières* ».
[103] C. env., art. R. 422-51.

constitution de son territoire se trouvent situés dans un rayon de 150 mètres autour de toute habitation nouvelle, sont entourés d'une clôture telle que définie à l'article L. 424-3 du Code de l'environnement[104], font l'objet pour ceux faisant partie du domaine privé de l'État d'une décision administrative d'exclusion [105] ou sont classés dans le domaine public de l'État, des départements ou des communes, ou dans les forêts domaniales, ou dans les emprises de la SNCF ou du Réseau ferré de France.

Les propriétaires de ces terrains ne sont tenus au versement d'aucune indemnité à l'occasion de ce retrait, qui prend effet dès achèvement des travaux en cas d'habitation nouvelle ou de clôture et dès notification de la décision administrative dans les cas d'exclusion ou de classement[106]. Les ACCA ne peuvent, à leur initiative, obtenir le retrait de leur territoire de parcelles qui en font partie de plein droit ou dont les propriétaires n'ont pas exercé le droit d'opposition[107]. A contrario, lorsque des terrains ne répondent plus aux critères posés à l'article R. 422-54 du Code de l'environnement, ils sont incorporés au territoire de l'association. En d'autres termes, sont incorporés au territoire de l'ACCA, les terrains qui, postérieurement à la constitution de son territoire, sont situés dans un rayon de 150 mètres de toute construction qui n'est plus affectée à usage d'habitation, ne sont plus entourés d'une clôture répondant à la définition de l'article L. 424-3 du Code de l'environnement, font l'objet, pour ceux dépendant du domaine privé de l'État, d'une décision administrative abrogeant leur exclusion du territoire de chasse de l'association ou cessent de faire partie du domaine public de l'État, départements ou communes, des forêts domaniales ou des emprises du Réseau ferré de France et de la SNCF.

L'apport de ces terrains prend effet dans les deux premiers cas, au terme d'un délai de trois mois à compter de la notification faite par lettre recommandée avec avis de réception au propriétaire intéressé par le préfet sur proposition du président de l'ACCA et, dans les autres cas, à compter de la notification de la décision au président de l'association, par l'autorité administrative[108].

Si un territoire de chasse pour lequel il a été fait opposition vient à être morcelé, toute fraction du territoire qui ne justifierait plus à elle seule le droit à

[104] C. env., art. L. 424-3 « Toutefois, le propriétaire ou possesseur peut, en tout temps, chasser ou faire chasser le gibier à poil dans ses possessions attenant à une habitation et entourées d'une clôture continue et constante faisant obstacle à toute communication avec les héritages voisins et empêchant complètement le passage de ce gibier et celui de l'homme ».

[105] V. C. env., art. L. 422-11 « Dans les forêts domaniales, et par dérogation aux dispositions de l'article L. 422-10, certains terrains peuvent, par décision de l'autorité compétente, être amodiés à l'association communale ou intercommunale. Les autres terrains faisant partie du domaine privé de l'État peuvent, par décision de l'autorité compétente, être exclus, quelle que soit leur superficie, du champ d'application de la présente section ».

[106] C. env., art. L. 422-54, II.

[107] CE, 5 mars 2003, n° 223948.

[108] C. env., art. R. 422-57.

opposition est, par arrêté du préfet ou à la diligence du président de l'association, soit comprise immédiatement dans le territoire de l'association, soit soumise à la procédure concernant les enclaves, prévue aux articles R. 422-59 à R. 422-61 du Code de l'environnement[109]. Toutefois, avant de statuer, le préfet informe le propriétaire du projet d'intégration de son territoire au sein de l'association. Celui-ci dispose alors d'un délai de trois mois à compter de la réception de cette lettre pour formuler ses observations ou, le cas échéant, son opposition[110].

Par ailleurs, tout propriétaire peut demander le retrait de son terrain du territoire de chasse de l'ACCA en formulant une opposition soumise à des conditions de délai. En effet, l'opposition doit être notifiée six mois avant l'expiration de la période de cinq ans en cours, date à laquelle elle prend effet. À défaut, elle prend effet à l'expiration de la période suivante[111]. L'opposition doit être notifiée au préfet. L'association peut réclamer une indemnité correspondant à la valeur des améliorations qu'elle a apportées[112].

Pour le Conseil d'État, l'obligation de limiter les retraits selon les modalités de délai fixées par l'article L. 412-18 du Code de l'environnement n'est pas contraire aux dispositions de la Convention européenne des droits de l'Homme relatives à la protection du droit de propriété. En effet, le Conseil d'État a estimé que l'atteinte portée au droit de propriété et à la liberté d'association, pendant une durée susceptible de se prolonger cinq ans, ne revêtait pas un caractère disproportionné par rapport au but d'intérêt général poursuivi par les ACCA, de sorte qu'il n'y a pas méconnaissance des dispositions de la Convention[113].

3. Les enclaves de chasse

D'après l'article R. 422-59 du Code de l'environnement, sont considérés comme enclaves les terrains d'une superficie inférieure à celles prévues par l'article L. 422-13 du même code[114] et entièrement entourés par une ou plusieurs chasses organisées, même si le terrain a, sur la voie publique, une issue suffisante pour son exploitation. Constitue également une enclave tout ensemble de terrains contigus, répondant aux conditions des articles L. 422-20 et R. 422-59, alinéa 2 du Code de l'environnement et sur lequel le droit de chasse est détenu par une ou plusieurs personnes. L'article L. 422-20 du Code de l'environnement prévoit que dans les chasses organisées telles que les

[109] C. env., art. R. 422-55.
[110] C. env., art. R. 422-55.
[111] C. env., art. L. 422-18.
[112] C. env., art. L. 422-18.
[113] CE, 9 nov. 2007, n° 296858 ; CE, 30 déc. 2002, n° 240430.
[114] C. env., art. L. 422-13 « *I. — Pour être recevable, l'opposition des propriétaires ou détenteurs de droits de chasse mentionnés au 3o de l'article L. 422-10 doit porter sur des terrains d'un seul tenant et d'une superficie minimum de vingt hectares. (…)* ».

sociétés communales ou les chasses privées, le droit de chasse dans les enclaves doit être obligatoirement cédé à la fédération des chasseurs qui doit, par voie d'échange, d'accord ou de location, le céder au détenteur du droit de chasse sur le territoire duquel sont comprises ces enclaves ou les mettre en réserve de chasse. C'est à la fédération départementale des chasseurs qu'il revient de décider si elle entend céder à l'enclavant le droit de chasse sur l'enclave par voie d'échange ou de location, ou si elle entend mettre en réserve ladite enclave[115].

Le droit de chasse dans ces enclaves est dévolu à l'association communale qui doit obligatoirement le céder à la fédération des chasseurs si elle lui en fait la demande[116]. Le propriétaire ou le détenteur du droit de chasse dans ces enclaves a alors droit à l'indemnité. Pour ce faire, le propriétaire ou le détenteur du droit de chasse dont l'apport a été fait à l'association doit justifier d'une privation de revenus antérieurs ou d'améliorations apportées au territoire dont il avait la jouissance cynégétique[117].

En cas de cession du droit de chasse à la fédération, celle-ci doit rembourser à l'association le montant des sommes qu'elle a pu verser à l'intéressé[118].

Les litiges sur les conditions d'échange, de location, sur le montant des soultes ou loyer sont réglés dans les conditions prévues aux articles R. 422-50 et R. 422-51 du code de l'environnement. Ainsi, à défaut d'accord amiable, les indemnités sont fixées par les juridictions de l'ordre judiciaire, conformément aux règles de droit commun en matière de compétence et de procédure applicables devant ces juridictions aux actions personnelles ou mobilières[119]. À défaut du versement de l'indemnité dans le délai de trois mois à compter du jour de la signature d'un accord amiable ou du jour où le jugement fixant les droits des parties est devenu définitif, et aussi longtemps que l'indemnité n'est pas payée, l'exercice du droit de chasse par l'association sur le territoire intéressé est suspendu. Le propriétaire ou le détenteur du droit de chasse continue à user de leurs droits jusqu'au paiement de l'indemnité[120]. Les conventions ou la mise en réserve de chasse n'ont d'effet qu'autant que le terrain conserve son caractère d'enclave[121].

---

[115] C. env., art. R. 422-61.
[116] C. env., art. R. 422-60.
[117] C. env., art. R. 422-49.
[118] C. env., art. R. 422-60.
[119] C. env., art. R. 422-50.
[120] C. env., art. R. 422-51.
[121] C. env., art. R. 422-61.

Section 3. Le droit de chasse et le droit de chasser

Bien que se rapportant à l'activité de la chasse, il s'agit de deux droits distincts, l'un tenant à la disposition d'un fonds, l'autre tenant à la personne.

§ 1. Le droit de chasse

Le droit de chasse est un attribut du droit de propriété, qui appartient au propriétaire du fonds, qui peut se le réserver, le donner en location à un tiers ou le louer au preneur de l'immeuble rural en même temps que le bien sur lequel il s'exerce, ou le confier à une association communale de chasse agréée (ACCA).

A. L'étendue du droit de chasse

Le droit de chasse comporte le droit d'appropriation du gibier, le droit à sa conservation, à son développement, au repeuplement et le droit au gardiennage du territoire de chasse. Toutefois, le droit à l'appropriation du gibier n'est pas exclusif au titulaire du droit de chasse, puisque le gibier étant *res nullius*, il peut faire l'objet d'une appropriation par occupation. Rappelons toutefois que certains animaux étant soumis au régime des immeubles par destination, ils sont, de ce fait, considérés comme *res propriae*[122]. Ces animaux deviennent la propriété du propriétaire de la garenne ou du colombier où ils s'établissent librement sans y avoir été attirés par fraude ou artifice[123].

L'appropriation du gibier sur le terrain d'autrui est réglementée par les règles de la police de la chasse. Ainsi, l'occupation du gibier se réalise sans avoir à rechercher si le chasseur était en action de chasse licite. Si le gibier est tué accidentellement, en dehors d'une action de chasse, il est approprié par celui qui le tue ou le ramasse, mais celui-ci s'expose éventuellement aux sanctions prévues par la police de la chasse en matière de transport et colportage du gibier. L'acte constitutif de l'occupation du gibier n'est pas nécessairement son appréhension manuelle. Par conséquent, le gibier appartient au chasseur qui l'a tué ou qui est saisi par ses chiens. Ainsi, le gibier qui a été mortellement blessé, de telle sorte que sa capture soit imminente et certaine, peut être ramassé sur le terrain d'autrui où il est venu expirer. À l'inverse, le chasseur n'a aucun droit sur le gibier qui n'a fait que fuir ou qui est légèrement blessé. De même, la seule levée par les chiens ou la poursuite du gibier ne réalise pas son occupation.
Dans l'hypothèse où deux chasseurs tirent en même temps ou successivement le même animal, il devient la propriété de celui qui l'a tué, quand bien même l'autre l'aurait levé le premier. Enfin, le gibier recherché en vain et abandonné par le chasseur devient *res derelictae*. Par conséquent, puisque l'abandon volontaire éteint la propriété, un tiers peut se l'approprier.

---

[122] V. C. civ., art. 524.

[123] C. civ., art. 564.

B. Les titulaires du droit de chasse

Le titulaire de droit de chasse ne se confond pas forcément avec celui qui l'exerce. Il ne se définit qu'en fonction de son droit sur la propriété sur laquelle s'exerce le droit de chasse.

1. Le droit de chasse comme droit réel

Le droit de chasse appartient au propriétaire du sol. En effet, en tant qu'attribut de la propriété[124], et sauf convention en attribuant temporairement l'usage à un tiers, le droit de chasse appartient exclusivement au propriétaire du fonds et ne peut être aliéné indépendamment du fonds. Par conséquent, en cas d'indivision du fonds, le droit de chasse appartient à tous les copropriétaires, le consentement de tous est alors en principe exigé pour sa mise en location. La possession établit au profit du possesseur une présomption de propriété et d'exercice et de jouissance des droits qui en sont les attributs. Ainsi, la Cour de cassation a pu en déduire qu'« en l'absence de preuve du droit de propriété apportée par le demandeur qui revendique la propriété d'une parcelle, une cour d'appel peut estimer que le défendeur qui est en possession doit être considéré comme le propriétaire »[125].

2. Le droit de chasse comme droit personnel

Le droit de chasse peut être transmis par un bail de chasse ou affermage de chasse. Le bail de chasse donne au preneur, le fermier de chasse, un droit personnel d'exercice de la chasse sur le territoire de chasse et de jouissance de ses éventuelles infrastructures appartenant au bailleur.

L'article L. 415-10 du Code rural et de la pêche maritime exclut du statut du fermage le bail de chasse. Le seul fait que le preneur exerce certaines activités de nature agricole tolérées par le bailleur sur le terrain donné à bail de chasse n'est pas suffisant à permettre la requalification de ce bail en bail de fermage, dès lors que ces activités demeurent accessoires[126]. Cette exclusion du statut du fermage ne fait pas obstacle à ce que le bail de chasse soit généralement considéré comme le bail d'un bien rural. Le preneur jouit alors d'une situation similaire à celle du preneur à bail rural. Dès lors, il doit raisonnablement jouir du droit loué et est protégé des troubles apportés à sa jouissance par le bailleur.

Toutefois, si le bail a réservé au bailleur la possibilité de modifier, pendant toute la durée du bail, la nature des biens composant sa propriété, d'administrer

---

[124] Civ. 3e, 4 déc. 2002, n° 01-70.122.

[125] Civ. 3e, 25 mars 1992, n° 90-18.894.

[126] Civ. 3e, 3 oct. 2007, n° 06-17.848.

celle-ci, de défricher, d'exploiter et de débarder les bois, le fermier de chasse peut être sans recours en indemnisation de son trouble de jouissance[127].

Le preneur à bail rural soumis au statut du fermage ou du métayage n'est pas titulaire du droit de chasse par l'effet de son bail, mais il bénéficie du droit de chasser sur le fonds loué concurremment avec le bailleur qui continue de jouir de son droit de chasse[128]. Ainsi, le preneur à bail rural qui dispose du droit de chasser en vertu de son bail ne peut faire grief à une association de chasse de lui en refuser l'adhésion dès lors que ses statuts réservent le droit de chasse aux fermiers et métayers titulaires d'un bail de chasse[129].

Cependant, le preneur peut bénéficier d'une convention de location du droit de chasse ou d'une stipulation du bail lui louant ce droit. Les deux droits du preneur, le droit de chasse et le droit de chasser, doivent être regardés alors comme indivisibles. Cette indivisibilité étant laissée à l'appréciation souveraine des juges du fond[130]. Quant au tribunal compétent, la Cour de cassation a rappelé que les actions relatives aux baux de chasse relevaient du tribunal d'instance et celles relatives aux baux à ferme étaient de la compétence du tribunal paritaire des baux ruraux[131].

Il résulte également de la distinction entre ces deux baux qu'en cas de cessation du bail de chasse, le fermier conserve son droit personnel de chasser au titre du bail de fermage[132]. Il a de même été jugé que la location à un tiers du droit de chasse consenti dans le bail rural n'ayant pas pour effet de substituer au preneur un autre exploitant dans tout ou partie du fonds donné à bail ne constitue pas une sous-location interdite au sens de l'article L. 411-35 du Code rural[133].

C. Les conventions relatives au droit de chasse

Le droit de chasse peut en principe faire l'objet de conventions au profit d'un non-propriétaire. Il peut notamment être cédé ou loué.

1. La cession du droit de chasse

La cession du droit de chasse peut être faite à titre gratuit ou onéreux, mais elle ne peut être que temporaire. Le droit de chasse ne peut être cédé définitivement qu'en même temps que la propriété à laquelle il est attaché.

---

[127] Civ. 3e, 8 avr. 2014, n° 13-10.656.
[128] C. rur., art. L. 415-7.
[129] Civ. 3e, 27 nov. 2002, n° 01-12.573.
[130] Civ. 3e, 19 mai 1976, n° 75-10.054.
[131] Civ. 3e, 3 oct. 2007, n° 06-17.848.
[132] Civ. 3e, 20 juill. 1994, n° 92-18.573.
[133] Civ. 3e, 16 juin 1999, n° 97-20.044.

Seul le propriétaire du fonds, titulaire du droit de chasse, peut céder ce droit et, en cas d'indivision, l'accord de tous les coïndivisaires est requis conformément à l'article 815-3 du Code civil.
Il appartient au vendeur d'une propriété d'informer l'acquéreur, quelle que soit l'utilisation envisagée pour l'immeuble, de la situation juridique de la propriété vis-à-vis de l'exercice du droit de chasse. Le vendeur doit donc informer l'acheteur de l'existence d'un droit de chasse sur le terrain cédé[134].

En cas de vente du fonds, le vendeur peut se réserver la jouissance temporaire du droit de chasse. Cette clause de réserve de chasse constitue un droit réel opposable aux acquéreurs successifs du bien. En effet, la réserve instituée la vie durant du vendeur revêt le caractère, non pas d'un droit de chasser conféré à titre personnel, mais d'un attribut de droit de propriété s'analysant en un droit réel d'usage viager attaché au fonds[135]. De même, « la concession d'un droit de chasse ne saurait avoir le caractère d'une servitude réelle, car le fonds en faveur duquel il est accordé n'en recueille aucune utilité et le profit ou l'agrément que ce droit peut amener ne concerne que la personne du propriétaire du fonds et non le fonds lui-même »[136].

Le droit de chasse peut également être donné en usufruit. Ainsi, l'usufruit confère à son bénéficiaire l'exercice du droit de chasse, celui-ci étant un des éléments de l'usage du bien qui lui est dévolu. L'usufruitier ne peut jouir de son droit d'usage qu'à charge d'en conserver la substance et sans commettre d'abus de jouissance[137]. Il ne peut donc pas entreprendre des travaux de défrichement ou des modifications entraînant la disparition du gibier. De même, le nu-propriétaire ne peut procéder à des défrichements et poses de clôtures qui ont pour résultat d'anéantir toute possibilité de chasse[138]. L'usufruitier peut consentir un bail de chasse sur le bien dont il a l'usufruit, à condition d'obtenir le concours du nu-propriétaire ou, à défaut, de solliciter l'autorisation en justice[139], sous peine de nullité d'un tel bail à l'égard du nu-propriétaire, laquelle peut être invoquée sans attendre la fin de l'usufruit[140].

En présence d'un bail emphytéotique, le preneur bénéficie du droit de chasse sur le fonds qui est l'objet du bail, ce droit lui étant exclusif[141].

2. Le bail de chasse

Le droit de chasse peut être transmis à un tiers par un bail de chasse. Les règles applicables au contrat de louage des choses prévues par l'article 1709 du Code civil s'appliquent au bail de chasse. Il peut, sauf clause contraire, être cédé

---

[134] Civ., 3e, 20 mars 1996, no 94-12.704 ; Civ., 3e, 21 févr. 2001, no 99-17.666.
[135] Civ., 3e, 2 oct. 2002, n° 00-14.029.
[136] Civ. 3e, 22 juin 1976, n° 74-14.148.
[137] C. civ., art. 578.
[138] C. civ., art. 599 ; Civ. 1re, 28 nov. 1972, n° 71-14.664.
[139] C. civ., art. 595.
[140] Civ. 3e, 11 févr. 1975, n° 74-10.893.
[141] C. rur., art. L. 451-11.

ou sous-loué[142]. Lorsque le droit de chasse provient d'un contrat de bail, le preneur détient un droit mobilier et personnel[143].

a) La nature du bail de chasse

Le bail de chasse est un contrat par lequel le bailleur s'engage à faire jouir au preneur du droit de chasse sur un terrain dont il dispose.

Le bail de chasse ne peut être consenti que par le titulaire de droits réels sur ce bien. Lorsque le bien est en copropriété, le consentement de tous est requis si le bail porte sur l'ensemble du droit de chasse. En cas d'indivision, l'accord de tous les indivisaires est requis. Ainsi, un co-indivisaire ne peut consentir de bail de chasse portant sur sa part indivise sans le consentement des autres[144]. Toutefois, lorsqu'une commission syndicale a été instituée en vue de la gestion de biens indivis appartenant à plusieurs communes, elle a, en vertu de l'article L. 162-2 du Code des communes, seule qualité et pouvoir de passer un bail sur ces biens[145].

Le bail de chasse peut également être conclu à titre commercial et être soumis au statut des baux commerciaux, permettant ainsi au preneur de solliciter le paiement d'une indemnité d'éviction en cas de non-renouvellement par le bailleur[146].

Pour que le bail de chasse soit valide, il doit être conclu moyennant un prix, réel et sérieux conformément à l'article 1709 du Code civil. L'obligation faite au preneur de s'acquitter du montant de toutes les charges fiscales et locales, de l'impôt foncier ainsi que des tâches d'entretien des terrains objet du bail, constitue une contrepartie suffisante[147]. Le prix du bail peut également résider dans le remboursement de l'impôt foncier resté à la charge du propriétaire bailleur à ferme[148].

Le bail de chasse peut, comme pour la cession du droit de chasse, comporter au profit du bailleur une clause de réserve personnelle du droit de chasser. Lorsque la clause de réserve au profit du bailleur est ambiguë, la preuve par présomption est admise. En effet, pour la Cour de cassation, « en présence d'une clause du bail donnant au preneur "le droit de chasser, le propriétaire se réservant un fusil", c'est par une interprétation souveraine que les juges estiment que la modification de cette clause par la suppression de ses derniers mots implique un droit de chasse exclusif et absolu, la preuve par présomption étant recevable eu égard au caractère ambigu de l'acte à interpréter »[149].

Conformément au droit commun du louage de choses, le bail de chasse n'est soumis à aucune forme particulière et peut être verbal[150]. Les modes de preuve entre les parties sont ceux admis par l'article 1715 du Code civil. Le bail peut être conclu pour une durée n'excédant pas quatre-vingt-dix-neuf ans.

---

142 Civ. 3e, 19 mai 1976, n° 75-10.054.
143 Civ. 3e, 29 juin 1994, n° 92-16.429.

Toutefois, à défaut d'avoir été fixée, la durée du bail est présumée consentie à l'année[151].

b) Les droits et obligations du bailleur

Dans le cadre d'un bail de chasse, le bailleur bénéficie de droits et doit respecter certaines obligations[152]. En effet, il perçoit un loyer et s'engage à délivrer la chose louée, entretenir le bien et protéger le locataire contre les troubles de jouissance pendant toute la durée du bail. Si une clause de réserve n'est pas insérée au contrat, le bailleur ne peut pratiquer la chasse concurremment avec le preneur et pourrait même être poursuivi pour l'infraction de chasse sur terrain d'autrui. Pendant la durée du bail, le bailleur ne peut exécuter de travaux sur sa propriété qui auraient pour résultat de diminuer les possibilités de chasse, tels que la pose de grillages entravant anormalement la circulation du gibier ou des chasseurs, ou portant atteinte à la tranquillité et au repeuplement naturel du gibier tels que des défrichements importants[153].

Toutefois, une clause réservant au bailleur la possibilité de modifier, pendant toute la durée du bail, la nature des biens composant sa propriété, d'administrer celle-ci, de défricher, d'exploiter en dehors de la période de nidification peut être insérée au bail de chasse[154].

c) Les droits et obligations du preneur

Le preneur dispose du droit de chasse tel que défini par le contrat de bail. Aux termes de l'article 1728 du Code civil, le preneur est tenu au respect de deux obligations principales, celle « d'user de la chose louée raisonnablement, et suivant la destination qui lui a été donnée par le bail, ou suivant celle présumée d'après les circonstances, à défaut de convention » et celle de « payer le prix du bail aux termes convenus ». Ainsi, le preneur devra répondre de tous les dommages causés par sa négligence ou ses abus de jouissance et, sauf convention contraire, des dégâts causés par une multiplication excessive du gibier.

---

[144] Civ. 3e, 16 mai 2006, n° 05-14.862.
[145] Civ. 3e, 27 juin 1984, n° 83-10.319.
[146] Civ. 3e, 9 nov. 2004, n° 03-15.698.
[147] Civ. 3e, 3 mai 2012, n° 11-10.509.
[148] Civ. 3e, 20 juill. 1994, n° 92-18.573.
[149] Civ. 3e, 26 févr. 1970, n° 68-11.954.
[150] C. civ., art. 1714.
[151] C. civ., art. 1774.
[152] C. civ., art. 1719.
[153] Civ. 1re, 26 oct. 1964, Bull. civ. I, no 467.
[154] Civ. 3e, 8 avr. 2014, n° 13-10.656.

Au titre de la seconde obligation à laquelle il est tenu, le preneur s'engage à payer le prix selon le montant et les termes convenus. Toutefois, conformément à l'article 1722 du Code civil, cette obligation peut être réduite ou cesser s'il ne peut jouir normalement du droit de chasse, par suite de la destruction totale ou partielle de la chose louée ou de tout événement affectant notablement sa jouissance[155]. Le preneur ne peut opposer au bailleur l'exception d'inexécution qu'à la condition de prouver que le manquement qu'il invoque rend impossible l'utilisation du droit loué. Il appartient au juge du fonds d'apprécier souverainement le bien-fondé de l'exception d'inexécution invoquée par le preneur[156].

Dans la mesure où le bail de chasse obéit au droit commun du louage de choses, les dispositions de l'article 1717 du Code civil qui donnent au preneur la faculté de céder ou sous-louer son bail, sauf stipulation contraire, doivent recevoir application. Toutefois, la sous-location du droit de chasse a posé des difficultés lorsque le preneur de ce droit est également preneur rural. La jurisprudence est constante sur ce point, l'indivisibilité du bail de chasse et du bail rural n'a pas pour effet de soumettre la location du droit de chasse au statut des baux ruraux qui interdit la sous-location, et celle-ci reste possible pour le seul droit de chasse, si elle n'est pas prohibée par le bail de chasse[157].

d) La cessation du bail

Si le bail comprend un terme, il prend fin de plein droit à son arrivée[158]. La tacite reconduction du bail repose sur une présomption de volonté des parties dont l'existence est appréciée souverainement par les juges du fond[159].

En présence d'un bail non écrit, le bail du fonds rural est censé fait pour « le temps qui est nécessaire afin que le preneur recueille tous les fruits de l'héritage affermé » et, s'il s'agit de fruits qui se recueillent en entier dans le cours de l'année, il est censé fait pour un an. Les fruits du bail de chasse sont constitués par le gibier que le preneur s'approprie par l'action de chasse[160].

Les autres causes de cessation du bail, telles que la perte de la chose louée ou la résiliation pour manquement aux obligations contractuelles, obéissent au droit commun du louage de choses. La perte du droit de chasse loué réside dans l'impossibilité d'exercer le droit de chasse pour des causes extérieures à la personne du preneur, notamment en cas d'épizootie décimant le gibier. À ce propos, l'article 1722 du Code civil prévoit que la résiliation du bail est de plein

---

[155] Civ. 3e, 22 janv. 1997, n° 95-12.410.

[156] Civ. 3e, 11 janv. 2006, n° 04-30.240.

[157] Civ. 3e, 16 juin 1999, n° 97-20.044 ; Civ. 3e, 5 nov. 2014, n° 13-24.503.

[158] C. civ., art. 1737.

[159] Civ. 3e, 9 mai 1979, n° 77-15.124.

[160] C. civ., art. 1774.

droit en cas de destruction totale de la chose louée et que le preneur peut opter entre la résiliation du bail et une diminution du prix lorsque la destruction n'est que partielle.

§ 2. Le droit de chasser

Le droit de chasse se distingue du droit de chasser qui se définit comme un droit, accordé par un propriétaire ou un détenteur de droit de chasse, à une personne déterminée, de chasser sur une propriété. Le droit de chasser ne peut être ni loué ni transmis à un tiers, car il matérialise la relation personnelle existant entre le titulaire du droit de chasse et la personne autorisée à chasser.

L'article L. 422-1 du Code de l'environnement dispose que « nul n'a le droit de chasser sur la propriété d'autrui sans le consentement du propriétaire ou de ses ayants droit ». Le droit de chasser peut être exercé, sous certaines conditions, par celui qui n'est pas titulaire du droit de chasse. Comme vu précédemment, le preneur du bail de chasse dispose d'un droit personnel et incessible de chasser sur l'exploitation rurale donnée à bail. Par conséquent, tous tiers, y compris un membre de la famille du preneur, ne peut chasser sur les terres objet du bail, sans commettre l'infraction de chasse sur le terrain d'autrui, sauf si une clause de réserve du droit de chasse est insérée au bail au profit du bailleur.

Diverses conventions relatives au droit de chasser sont issues de la pratique de la chasse, connues sous les appellations d'autorisation, de permission de chasser ou d'invitation de chasse. Le titulaire du droit de chasse est libre de délivrer des autorisations de chasser sur son terrain, à la condition que son droit n'ait pas déjà été cédé ou affermé. À défaut d'être titulaire du droit de chasse, le chasseur doit posséder une autorisation de chasser sur le terrain d'autrui. Les permissions de chasser sont des autorisations de chasser que le titulaire du droit de chasse accorde à des personnes déterminées. Enfin, le droit de chasser découlant de l'invitation ne peut s'exercer que selon les modalités établies par l'invitant. L'invité reste cependant tenu des conséquences dommageables de ses actes au cours de la partie de chasse menée par l'invitant.

Section 4. L'exercice de la chasse et dispositions pénales

L'exercice de la chasse est soumis à des dispositions spéciales, concernant par exemple l'obligation d'obtenir un permis de chasse ou sur les moyens autorisés de chasse. L'inobservation de ces dispositions constitue une infraction dont l'étude préalable du régime juridique des circonstances aggravantes et de la procédure de poursuite de ces infractions est essentielle.

§ 1. Le régime juridique des infractions de chasse

Les infractions aux dispositions réglementant l'exercice de la chasse constituent des contraventions ou des délits en fonction des circonstances de leur commission. Des peines complémentaires peuvent également être appliquées. La procédure de constatations et de poursuites de ces infractions est strictement encadrée.

A. Le régime des contraventions et délits

Dans leur majorité, les infractions de chasse obéissent à un régime particulier tenant aux circonstances de leur commission et à la récidive.

1. Les circonstances aggravantes

Le régime des circonstances aggravantes aux infractions à la police de la chasse a pour conséquence d'en transformer la nature et d'en augmenter la répression.

La plupart des infractions de chasse, à l'exception de celle d'acte de chasse après le retrait du permis et celle du refus de restituer un permis retiré, sont susceptibles d'être aggravées par des circonstances aggravantes réelles qui demeurent propres au droit de la chasse. L'article L. 428-5, I du Code l'environnement établi quatre circonstances aggravantes réelles qui sont, le fait d'être déguisé ou masqué, d'avoir pris une fausse identité, d'avoir usé envers des personnes de violences n'ayant entraîné aucune interruption totale de travail ou une interruption totale de travail inférieure à huit jours et d'avoir fait usage d'un véhicule, quelle que soit sa nature, pour se rendre sur le lieu de l'infraction ou pour s'en éloigner.

La dernière circonstance aggravante, celle de l'usage d'un véhicule, est celle qui est la plus appliquée. Il faut entendre par véhicule tout moyen de transport, par terre, par eau ou par air. Il n'est pas nécessaire que l'auteur ait chassé depuis le véhicule. Il suffit que soit constatée son utilisation pour se rendre sur le lieu de chasse ou pour s'en éloigner. Ainsi, il a été retenu que l'usage d'un véhicule jusqu'au point extrême de la route carrossable à la limite de la zone de chasse constitue une circonstance aggravante lorsque l'auteur a ensuite poursuivi à pied dans la zone de chasse[161]. Il en est de même du chasseur qui transporte dans son véhicule un sanglier abattu et non marqué[162].

Ces circonstances aggravantes ont pour conséquence la transformation de la contravention en délit. Lorsque commis avec une de ces circonstances

---

[161] Crim. 4 juill. 1978, n° 77-92.437.

[162] Crim. 22 mars 2005, n° 04-85.887.

aggravantes, sont punis d'un an d'emprisonnement et de 15 000 euros d'amende le fait de chasser sur le terrain d'autrui sans son consentement, si ce terrain est attenant à une maison habitée ou servant d'habitation, et s'il est entouré d'une clôture continue faisant obstacle à toute communication avec les héritages voisins, le fait de chasser dans les réserves de chasse approuvées par l'État, le fait de chasser de nuit ou par temps prohibé, de chasser à l'aide d'engins, d'instruments ou tout autre moyen prohibé ou de chasser dans le cœur ou les réserves intégrales d'un parc national ou dans une réserve naturelle en infraction à la réglementation qui y est applicable, d'employer des drogues ou appâts qui sont de nature à enivrer le gibier ou à le détruire, ou encore le fait de détenir ou d'être trouvé muni ou porteur, hors de son domicile, de filets, engins ou autres instruments de chasse prohibés[163].

L'article L. 428-5, II du Code de l'environnement puni des mêmes peines, le fait de commettre, lorsque le gibier provient d'actes de chasse commis avec l'une des circonstances aggravantes, le fait de mettre en vente, vendre, acheter, transporter ou colporter du gibier en dehors des périodes autorisées et en toute saison, le fait de mettre en vente, vendre, transporter, colporter ou acheter sciemment du gibier tué à l'aide d'engins ou d'instruments prohibés.

Aussi, lorsqu'un acte de chasse est commis de nuit ou en temps prohibé, sur le terrain d'autrui ou dans une réserve de chasse approuvée par l'État ou les réserves intégrales d'un parc national ou dans une réserve naturelle en infraction avec la réglementation qui y est applicable, à l'aide d'engins ou d'instruments prohibés ou en employant des drogues ou appâts de nature à enivrer le gibier ou à le détruire, et lorsque l'un des chasseurs est muni d'une arme apparente ou cachée, l'article L. 428-4 du Code de l'environnement prévoit que l'infraction de chasse constitue un délit, passible d'une peine de deux ans d'emprisonnement et de 30 000 € d'amende. Cette circonstance aggravante s'applique à tous les chasseurs dès lors qu'un seul d'entre eux était armé. Selon l'article L. 428-4 du Code de l'environnement ces mêmes peines s'appliquent au fait de mettre en vente, vendre, acheter, transporter ou colporter du gibier en dehors des périodes autorisées, lorsque le gibier provient d'actes de chasse commis avec l'une des circonstances listées ci-dessus et en toute saison, mettre en vente, vendre, transporter, colporter ou acheter sciemment du gibier tué à l'aide d'engins ou d'instruments prohibés, lorsque ce gibier provient d'actes de chasse commis dans l'une des ces mêmes circonstances.

Si l'infraction de chasse réunit les quatre circonstances spéciales de chasse de nuit ou en temps prohibé, avec usage d'un véhicule, en étant muni d'une arme apparente ou cachée et en réunion, l'article L. 428-5-1 du Code de l'environnement prévoit une peine de quatre ans d'emprisonnement et de

---

[163] C. env., L. 428-5

60 000 € d'amende. Est également puni des mêmes peines le fait de mettre en vente, vendre, acheter, transporter ou colporter du gibier en dehors des périodes autorisées et le fait, en toute saison, de mettre en vente, vendre, transporter, colporter ou acheter sciemment du gibier tué à l'aide d'engins ou d'instruments prohibés, lorsque dans ces deux hypothèses, le gibier provient du délit prévu ci-dessus[164].

2. La récidive

La répression de la récidive des contraventions de la cinquième classe s'exerce conformément aux articles 132-11 et 132-15 du Code pénal[165]. La récidive a pour conséquence de faire encourir à l'auteur des faits le doublement de la peine encourue.

B. Les peines complémentaires propres à la police de la chasse et de la protection de la faune

À côté des peines d'amende et d'emprisonnement prévues pour les contraventions et délits, la législation de la protection de la faune et de la police de la chasse connaît des peines complémentaires et accessoires particulières telles que la confiscation et la perte du permis de chasser.

1. Confiscations et immobilisations

Ces peines complémentaires ne peuvent être prononcées que par le juge et entraînent le transfert de propriété au profit de l'État. L'article L. 173-7 du Code de l'environnement prévoit à titre de peine complémentaire pour les personnes physiques, le prononcé de la confiscation de la chose qui a servi ou était destinée à commettre l'infraction, ou de la chose qui en est le produit direct ou indirect. La confiscation étant soumise aux dispositions de l'article 131-21 du Code pénal elle ne peut porter que sur les biens dont le prévenu est propriétaire ou, sous réserve des droits du propriétaire de bonne foi, dont il a la libre disposition.

La confiscation ne porte pas sur le gibier, pour lequel la saisie a valeur confiscatoire. La confiscation du gibier ne peut être prononcée par la juridiction répressive. Ainsi a été cassé un arrêt qui avait ordonné la confiscation du trophée d'un cerf tué en contravention avec un plan de chasse au grand gibier[166].

---

[164] C. env., art. L. 428-5-1.

[165] C. env., art. R. 428-20.

[166] Crim. 17 nov. 1993, n° 92-82.659.

En ce qui concerne les moyens de transport, la confiscation n'est soumise à aucune limitation, en sorte que le véhicule peut être confisqué qu'il ait été utilisé comme moyen principal ou auxiliaire de l'infraction de chasse, comme moyen de transport des auteurs ou de transport illicite du gibier, et pour une quelconque des infractions de chasse. Le tribunal peut aussi prononcer la peine d'immobilisation pour une durée maximum d'un an du véhicule, du navire, du bateau, de l'embarcation ou de l'aéronef, utilisé pour commettre l'infraction si le condamné en est le propriétaire[167].

2. La privation du permis de chasser

L'article L. 428-14 du Code de l'environnement donne la possibilité au tribunal de prononcer le retrait du permis de chasser pour toute infraction à la police de la chasse. Cette même disposition s'applique également aux faits de blessures ou d'homicide involontaire survenus à l'occasion de la chasse. La durée de ce retrait ne peut excéder cinq ans, mais lorsqu'il s'agit d'homicide ou de blessures involontaires par tir direct sans identification préalable de la cible, les tribunaux peuvent ordonner le retrait définitif du permis de chasser de l'auteur. Si celui-ci était titulaire seulement de l'autorisation de chasser en présence d'un titulaire du permis il peut être privé du droit de solliciter un permis pour un temps qui ne peut excéder dix ans.

Le retrait peut, pour certaines infractions, être précédé d'une suspension provisoire du permis ou de l'autorisation de chasser ordonnée par le juge du tribunal d'instance saisi par l'envoi d'une copie certifiée conforme du procès-verbal d'infraction[168]. La suspension ne peut être prononcée que dans le cas d'homicide involontaire ou de coups et blessures involontaires survenus à l'occasion d'une action de chasse ou de destruction d'animaux nuisibles, ou lorsqu'a été constatée que l'acte de chasse a été commis de nuit sur le terrain d'autrui avec un véhicule à moteur, dans les réserves approuvées et dans les cœurs des parcs nationaux où la chasse est interdite, dans les enclos, attenant ou non à des habitations, sans le consentement du propriétaire. Le permis de chasser peut également être suspendu si l'acte de chasse a provoqué la destruction d'animaux des espèces protégées, a été effectué en infraction au plan de chasse du grand gibier, ou suite à des menaces ou violences contre des personnes commises à l'occasion de la constatation d'une infraction de chasse[169].

La suspension s'opère par simple ordonnance du juge du tribunal d'instance, au vu du procès-verbal d'infraction et elle est prononcée sans que l'intéressé ne soit entendu. Elle n'a d'effet que jusqu'à la décision de la juridiction statuant en premier ressort sur l'infraction constatée. Toutefois,

---

[167] C. env., art. L. 173-7.

[168] C. env., art. L. 428-15 et L. 428-16.

[169] C. env., art. L. 428-15.

l'auteur de l'infraction peut, à tout moment avant cette décision, demander au juge du tribunal d'instance la restitution provisoire de son permis[170]. La suspension provisoire n'est pas une sanction pénale, mais une simple mesure de police et de sûreté, prise à titre conservatoire, en sorte que la juridiction pénale saisie du fond ne peut substituer à la suspension la peine de retrait[171].

3. Les autres peines complémentaires

a) Le paiement des redevances cynégétiques et des cotisations

Selon l'article L. 428-12 du Code de l'environnement, ceux qui ont chassé sans être titulaires d'un permis valable et dûment validé sont condamnés au paiement des cotisations statutaires à la fédération départementale des chasseurs et à la Fédération nationale des chasseurs ainsi qu'au paiement des redevances cynégétiques. Après le prononcé de la peine, le président de la juridiction doit avertir le condamné présent des conséquences qui entraînent cette condamnation sur le paiement de ces cotisations et redevances. Le recouvrement de cette condamnation est poursuivi même si la peine principale est assortie du sursis prévu par l'article 734 du Code de procédure pénale. Ces dispositions s'appliquent aussi pour les faits de chasse en temps prohibé[172].

b) La suspension du permis de conduire

L'article L. 428-18 du Code de l'environnement prévoit pour certaines infractions la peine de la suspension pour une durée de trois ans au plus du permis de conduire. Cette peine ne peut être prononcée qu'à la condition que l'infraction ait été commise en faisant usage d'un véhicule à moteur. Cette suspension peut être limitée à la conduite en dehors de l'activité professionnelle.

C. La procédure

1. La recherche et constatation des infractions

En vertu de l'article L. 428-20 du Code de l'environnement, sont habilités à rechercher et constater les infractions de chasse dans l'étendue des circonscriptions pour lesquelles ils sont assermentés, les agents des services de l'État chargés des forêts commissionnés à raison de leurs compétences en matière forestière, les agents de l'Office national des forêts commissionnés à raison de leurs compétences en matière forestière, les agents du domaine

---

[170] C. env., art. L. 428-17.
[171] Crim. 28 mars 2000, n° 99-86.197.
[172] C. env., art. L. 428-13.

national de Chambord commissionnés pour constater les infractions en matière forestière, de chasse ou de pêche, les gardes champêtres, les lieutenants de louveterie, les agents des réserves naturelles habilités à rechercher et constater les infractions sur le territoire des réserves naturelles dans lesquelles ils sont affectés, ainsi que sur leur périmètre de protection et les gardes du littoral chargés d'assurer la garderie du domaine administré par le Conservatoire de l'espace littoral et des rivages lacustres. Tous ces agents ont une compétence générale dans la limite de leur circonscription administrative. En outre, sont compétents les inspecteurs de l'environnement visés à l'article L. 172-1 du code de l'environnement.

Par ailleurs, les gardes-chasse particuliers, qui sont des agents recrutés par un particulier pour la surveillance de ses propriétés, peuvent constater par procès-verbaux les infractions à la police de la chasse. Ils sont agréés et assermentés par l'autorité préfectorale[173]. Sont également habilités à constater des infractions les agents de développement de la fédération départementale des chasseurs, lorsqu'une convention a été passée entre elle et les propriétaires et détenteurs du droit de chasse pour que la garderie particulière de leurs terrains soit assurée par ces agents[174]. Pour exercer leurs missions, les gardes-chasse et les agents de développement des fédérations doivent être titulaires du permis de chasser[175]. Ils sont chargés de certaines fonctions de police judiciaire et sont de ce fait placés sous la direction du procureur de la République. Leur compétence est limitée au territoire pour lequel ils sont commissionnés par le détenteur du droit de chasse qui les emploie.

2. Les actes de la police de la chasse

a) Perquisition, visite, fouille

Les fonctionnaires et agents recherchent et constatent les infractions en tout lieu. Toutefois, ils sont tenus d'informer le procureur de la République, qui peut s'y opposer, avant d'accéder aux établissements, locaux professionnels et installations dans lesquels sont réalisées des activités de production, de fabrication, de transformation, d'utilisation, de conditionnement, de stockage, de dépôt, de transport ou de commercialisation. Ils ne peuvent pénétrer dans ces lieux avant 6 heures et après 21 heures. En dehors de ces heures, ils y accèdent lorsque les locaux sont ouverts au public ou lorsqu'une des activités prévues ci-dessus est en cours. Ils sont également tenus d'informer le procureur de la République, qui peut s'y opposer, avant d'accéder aux véhicules, navires, bateaux, embarcations et aéronefs professionnels utilisés pour la détention, le transport, la conservation ou la commercialisation des animaux ou de tout autre produit susceptible d'être l'objet d'une infraction prévue par le Code de

[173] C. env., art. L. 428-21 et R. 428-25.

[174] C. env., art. L. 428-21 et R. 428-26.

[175] C. env., art. R. 428-28.

l'environnement. Les domiciles et les locaux comportant des parties à usage d'habitation ne peuvent être visités qu'entre 6 heures et 21 heures, avec l'assentiment de l'occupant ou à défaut, en présence d'un officier de police judiciaire agissant conformément aux dispositions du Code de procédure pénale relatives aux visites domiciliaires, perquisitions et saisies des pièces à conviction. Cet assentiment doit faire l'objet d'une déclaration écrite de la main de l'intéressé ou, si celui-ci ne sait écrire, il en est fait mention au procès-verbal[176].

Lorsqu'ils recherchent des animaux, ou leurs parties et produits, prélevés en violation des dispositions relatives à la chasse, les fonctionnaires et agents peuvent les suivre dans tous les lieux où ils ont été transportés. Toutefois, ils ne peuvent pénétrer dans les domiciles ou les locaux comportant des parties à usage d'habitation qu'avec l'assentiment de l'occupant exprimé dans les conditions prévues à l'article L. 172-5 du Code de l'environnement, ou, à défaut, avec l'autorisation du juge des libertés et de la détention du tribunal de grande instance dans le ressort duquel sont situés les lieux à visiter[177].

Toutefois, les règles générales du code de procédure pénale relatives aux perquisitions n'ont pas à s'appliquer aux huttes, gabions, cabanes de chasse, qui ne sont que des instruments de chasse. Par conséquent, la fouille des cabanes, huttes, gabions, postes, servant exclusivement à la chasse et ne pouvant être assimilés à un domicile par leurs équipements ou installations est permise[178].

Par ailleurs, en application de l'article L. 428-29 du Code de l'environnement, hors de leur domicile, les chasseurs et les personnes les accompagnant sont tenus d'ouvrir leurs carniers, sacs et poches à gibier sur simple réquisition de tout agent ou officier de police judiciaire, des inspecteurs de l'environnement. Le refus est constitutif d'une contravention de la cinquième classe[179].

b) Les saisies

Les agents peuvent également procéder à la saisie de l'objet de l'infraction, y compris les animaux, ou les parties et les produits obtenus à partir de ceux-ci, les armes et munitions, les instruments et les engins ayant servi à commettre l'infraction ou y étant destinés ainsi que des embarcations, automobiles et autres véhicules utilisés par les auteurs d'une infraction pour commettre l'infraction, pour se rendre sur les lieux où l'infraction a été commise ou s'en éloigner ou encore pour transporter l'objet de l'infraction[180]. L'article L. 172-12 du Code de l'environnement prévoit que les animaux vivants saisis peuvent être remis dans le milieu où ils ont été prélevés ou dans un milieu compatible avec leurs exigences biologiques, tandis que l'article L. 172-13 du Code de

---

176 C. env., art. L. 172-5.

177 C. env., art. L. 172-6.

178 Crim., 9 janv. 1992, n° 90-87.381 ; Crim., 6 mai 2002, n° 01-85.565.

179 C. env., art. R. 428-11.

180 C. env., art. L. 172-12.

l'environnement indique que les animaux morts ou non viables peuvent être immédiatement détruits.

Tous les instruments et engins de chasse peuvent ainsi être saisis par les agents de constatation, quelle que soit l'infraction de chasse commise. Le juge des libertés et de la détention du tribunal de grande instance territorialement compétent peut ordonner, par une décision motivée prise à la requête du procureur de la République, la destruction des instruments et engins interdits ou prohibés[181].

c) L'arrestation des auteurs

Les auteurs peuvent être appréhendés par les officiers et agents de police judiciaire dans les conditions prévues par le Code de procédure pénale. Ils peuvent aussi être retenus par les fonctionnaires ou agents des services de l'État habilités pour la constatation des infractions à la police de la chasse, lorsque l'intéressé refuse ou se trouve dans l'impossibilité de décliner son identité. En ce cas, il est fait application de l'article 78-3 du Code de procédure pénale et pendant le temps nécessaire à l'information et à la décision de l'officier de police judiciaire, l'intéressé est tenu de demeurer à la disposition de l'agent de constatation[182].

d) Les procès-verbaux

Les infractions sont constatées par procès-verbaux qui font foi jusqu'à preuve contraire[183]. Les procès-verbaux sont destinés au procureur de la République, à qui ils doivent être directement transmis dans le délai de cinq jours qui suivent leur clôture[184]. Pour les procès-verbaux dressés par les agents de développement des fédérations de chasseurs, il doit y être joint une copie de la convention passée entre le propriétaire ou détenteur du droit de chasse sur le territoire duquel a été constatée l'infraction et la fédération qui les emploie[185].

A été admis comme mode de preuve un cahier sur lequel le prévenu avait collationné les dates et lieux de tirs de chamois, les trophées correspondants et les armes et munitions qui ont été trouvés à son domicile, ainsi que ses propres aveux aux gardes de l'Office national de la chasse et de la faune sauvage lors de la perquisition, d'une activité de braconnage de ces animaux[186].

---

[181] C. env., art. L. 172-13.
[182] C. env., art. L. 172-7.
[183] C. env., art. L. 172-16.
[184] C. env., art. L. 172-16.
[185] C. env., art. R. 428-27.
[186] Crim. 5 juin 2007, n° 06-83.385.

D. L'exercice de l'action civile

Tout groupement de chasseurs doté de la personnalité civile peut se constituer partie civile à l'occasion de la poursuite des infractions au titre de la police de la chasse et demander la réparation de son préjudice personnel. C'est notamment le cas des fédérations départementales de chasseurs et des associations communales de chasse agréées (ACCA). L'article L. 421-6, alinéa 1er du Code de l'environnement prévoit expressément que les fédérations départementales des chasseurs peuvent exercer les droits reconnus à la partie civile en ce qui concerne les faits constituant une infraction à la police de la chasse et portant un préjudice direct ou indirect aux intérêts collectifs, matériels et moraux qu'elles ont pour objet de défendre. À cette fin, une copie des procès-verbaux et rapports est adressée au président de la fédération. Ainsi, l'infraction poursuivie doit avoir porté atteinte aux intérêts défendus et représentés par ces groupements, tels que les atteintes à la protection et au repeuplement du gibier, le braconnage ou encore la gestion cynégétique.

Cependant, lorsque le litige concerne l'infraction de chasse sur le terrain d'autrui, n'est recevable à se constituer partie civile que le propriétaire ou le détenteur du droit de chasse personnellement victime de l'infraction, à l'exclusion des fédérations départementales de chasseurs, au motif que cette infraction n'est susceptible de causer un préjudice qu'aux parties intéressées[187].

Les constitutions de partie civile des associations de protection des animaux et de protection de la nature sont recevables à la condition de justifier d'un préjudice direct et personnel, ce qui paraît être le cas pour les infractions à la police de la chasse portant atteinte au maintien du peuplement, au commerce de gibier prohibé ou encore aux infractions au plan de chasse relatives aux limites du prélèvement autorisé[188].

§ 2. La réglementation de l'exercice de la chasse et dispositions pénales

Pour pratiquer la chasse, il faut être titulaire d'un permis de chasser valable et d'une assurance. Tout chasseur doit respecter la réglementation relative au temps d'ouverture de la chasse, aux lieux ouverts à la chasse et aux modes et moyens de chasse autorisés. Pour des raisons de sécurité ou afin de permettre le repeuplement du gibier, la chasse peut être interdite pendant une période donnée. Enfin, le chasseur souhaitant vendre, acheter ou transporter le gibier doit se soumettre à la réglementation en vigueur.

Le fait de tenter d'empêcher le déroulement d'un ou plusieurs actes de chasse est passible d'une contravention de la cinquième classe.

---

[187] Crim. 10 nov. 1992, n° 91-81.268 ; Crim. 19 juin 1996, n° 95-84.145 ; Crim. 30 janv. 2007, n° 06-81.024.

[188] Civ. 2e, 7 déc. 2006, n° 05-20.297.

A. Le Permis de chasser et le droit de chasse

1. L'obligation d'être titulaire du permis de chasser

Nul ne peut pratiquer la chasse s'il n'est titulaire et porteur d'un permis de chasser valable[189]. La validité du permis repose, d'une part, sur le paiement des redevances cynégétiques et du droit de timbre[190] et, d'autre part, sur le paiement des cotisations prévues par les statuts de la fédération de chasse[191] et d'une contribution par animal à tirer destinée à financer l'indemnisation et la prévention des dégâts de grand gibier[192].

Toutefois, certaines personnes sont dispensées d'obtenir un permis de chasser lorsqu'elles sont titulaires et porteuses d'une autorisation de chasser. Elles peuvent alors pratiquer la chasse en présence et sous la responsabilité civile d'un accompagnateur titulaire depuis au moins cinq ans du permis de chasser et n'ayant jamais été privé du droit d'obtenir ou de détenir un permis de chasser par décision de justice[193]. Pour la chasse à tir, la personne autorisée et l'accompagnateur ne peuvent disposer, sur le lieu de chasse, que d'une arme pour deux. L'autorisation de chasser est délivrée gratuitement, pour un an et une fois par personne, aux mineurs de plus de quinze ans et aux majeurs, ayant bénéficié d'une formation pratique élémentaire délivrée par la fédération départementale ou interdépartementale des chasseurs, avec le concours de l'Office national de la chasse et de la faune sauvage[194].

La délivrance du permis de chasser est subordonnée à l'admission à un examen qui porte notamment sur la connaissance de la faune sauvage, sur la réglementation de la chasse ainsi que sur les règles de sécurité qui doivent être respectées lors du maniement des armes dont la maîtrise sera évaluée à l'occasion d'une épreuve pratique[195]. Pour être admis à prendre part à l'examen, il faut avoir au moins quinze ans révolus le jour de l'épreuve et avoir participé préalablement à au moins une séance de préparation aux questions écrites et une séance de formation aux exercices pratiques[196]. Pour l'inscription à l'examen du permis de chasser, le candidat doit présenter un certificat médical attestant que son état de santé physique et psychique est compatible avec la détention d'une arme et une déclaration sur l'honneur attestant qu'il n'est pas privé du droit de détention ou de port d'armes par décision préfectorale ou par suite d'une condamnation[197].

En cas de réussite à l'examen, le permis de chasser est délivré à titre permanent par le directeur général de l'Office national de la chasse et de la

[189] C. env., art. L. 423-1.

[190] V. C. env., art. L. 423-12.

[191] C. C. env., art. L. 423-13.

[192] C. env., art. L. 423-1.

faune sauvage[198]. Si le permis de chasser a été délivré sur une fausse déclaration, il est nul de plein droit. Dans ce cas, il doit être remis à l'Office national de la chasse et de la faune sauvage à sa demande. Les peines prévues contre ceux qui ont chassé sans permis valable s'appliquent[199].

Aux termes de l'article L. 423-11 du Code de l'environnement, ne peuvent obtenir la délivrance d'un permis de chasser, les personnes âgées de moins de seize ans, les majeurs en tutelle, sauf autorisation du juge des tutelles, celles qui par suite d'une condamnation sont privées du droit de port d'armes, ou celles qui n'ont pas exécuté les condamnations prononcées contre elle pour l'une des infractions à la police de la chasse. Ne peuvent pas non plus obtenir la délivrance d'un permis de chasser tout condamné en état d'interdiction de séjour, les personnes qui n'ont pas pu produire le certificat médical, celles ayant formé l'opposition à la pratique de la chasse, les personnes privées du droit de conserver ou d'obtenir un permis de chasser et celles qui sont inscrites au fichier national des personnes interdites d'acquisition et de détention d'armes visé à l'article L. 2336-6 du Code de la défense[200].

Par ailleurs, il existe un fichier central des permis délivrés, des validations et des autorisations de chasser dont la gestion est confiée à la Fédération nationale des chasseurs sous le contrôle de l'Office national de la chasse et de la faune sauvage. Les fédérations départementales et interdépartementales des chasseurs transmettent chaque année au gestionnaire du fichier la liste de leurs adhérents titulaires du permis de chasser, d'une validation et d'une autorisation de chasser. L'autorité judiciaire informe l'Office national de la chasse et de la faune sauvage et renseigne le fichier central sur les peines prononcées en application des articles L. 428-14 et L. 428-15 du Code de l'environnement ainsi que des retraits du permis de chasser. L'autorité administrative informe l'Office national de la chasse et de la faune sauvage et renseigne le fichier central sur les inscriptions au fichier national automatisé des personnes interdites d'acquisition et de détention d'armes prévu à l'article L. 2336-6 du Code de la défense[201].

Le fait de chasser sans être titulaire d'un permis de chasser valable ou de l'autorisation de chasser constitue une contravention de la cinquième classe prévue par l'article R. 428-3 du Code de l'environnement.

---

[193] C. env., art. L. 423-2.
[194] C. env., art. L. 423-2.
[195] C. env., art. R. 423-2 à 423-7.
[196] C. env., art. R. 423-3.
[197] C. env., art. L. 423-6.
[198] C. env., art. L. 423-9.
[199] C. env., art. L. 423-11.
[200] C. env., art. L. 423-11.
[201] C. env., art. L. 423-4.

2. L'exercice de la chasse malgré le retrait ou la suspension du permis de chasser

Le fait de refuser de remettre son permis ou son autorisation de chasser retiré ou suspendu est puni de deux ans d'emprisonnement et de 30 000 euros d'amende[202]. Est puni des mêmes peines le refus de restituer le permis de chasser lorsque celui-ci a cessé d'être valable dans l'hypothèse où le contrat d'assurance garantissant la responsabilité civile du chasseur a été résilié, ou quand la garantie prévue au contrat a été suspendue[203]. Le fait de chasser, soit après avoir été privé du droit d'obtenir ou de conserver un permis ou une autorisation de chasser, soit après avoir reçu notification de l'ordonnance prononçant la suspension du permis ou de l'autorisation de chasse est également puni de deux ans d'emprisonnement et de 30 000 euros d'amende[204].

L'obtention indue d'un permis de chasser par une personne qui ne déclare pas les causes d'interdiction qui peuvent lui être opposées constitue un délit punissable d'une peine de deux ans d'emprisonnement et 30 000 euros d'amende[205].

B. L'obligation de souscrire une assurance

En application de l'article L. 423-16 du Code de l'environnement, tout chasseur doit obligatoirement souscrire une assurance qui garantisse sa responsabilité civile pour une somme illimitée et sans qu'aucune déchéance ne puisse être opposée aux victimes ou à leurs ayants droit, en raison des accidents corporels occasionnés par tout acte de chasse ou tout acte de destruction d'animaux nuisibles. L'assurance doit aussi couvrir, dans les mêmes conditions, la responsabilité civile encourue par le chasseur du fait de ses chiens. Le défaut d'assurance est une contravention de la cinquième classe prévue par l'article R. 428-3 du Code de l'environnement[206].

C. Le temps de chasse

1. Les périodes d'ouverture de la chasse

Selon l'article L. 424-2 du Code de l'environnement, nul ne peut chasser en dehors des périodes d'ouverture de la chasse fixées par l'autorité administrative.

---

[202] C. env., art. L. 428-3.
[203] C. env., art. L. 423-18.
[204] C. env., art. L. 428-2.
[205] C. env., art. L. 423-11.
[206] V. C. assur., art. R. 421-23.

Les oiseaux ne peuvent être chassés ni pendant la période nidicole ni pendant les différents stades de reproduction et de dépendance. En outre, les oiseaux migrateurs ne peuvent être chassés pendant leur trajet de retour vers leur lieu de nidification[207]. Toutefois, des dérogations peuvent être accordées pour permettre, dans des conditions strictement contrôlées et de manière sélective, la capture, la détention ou toute autre exploitation judicieuse de certains oiseaux migrateurs terrestres et aquatiques en petites quantités, conformément aux dispositions de l'article L. 425-14 du Code de l'environnement.

La chasse à courre, à cor et à cri est ouverte du 15 septembre au 31 mars[208]. La chasse au vol est ouverte à compter de la date d'ouverture générale de la chasse dans le département considéré jusqu'au dernier jour de février. Pour la chasse aux oiseaux, ces dates sont fixées par arrêté du ministre chargé de la chasse[209]. La clôture de la vénerie sous terre intervient le 15 janvier, mais la vénerie au blaireau peut être autorisée par arrêté préfectoral pour une période complémentaire à partir du 15 mai[210].

Concernant la chasse à tir, elle est ouverte pendant les périodes fixées chaque année par arrêté préfectoral et pour les oiseaux de passage par arrêté ministériel[211]. Les articles R. 424-7 et R. 424-8 du Code l'environnement déterminent les périodes d'ouverture générale pendant lesquelles peuvent être autorisées la chasse en fonction des départements et des espèces de gibier concernées[212].

Par ailleurs, l'article L. 424-3 du Code de l'environnement autorise le propriétaire ou possesseur à chasser ou faire chasser, en tout temps, le gibier à poil dans ses possessions attenantes à une habitation et entourées d'une clôture continue et constante faisant obstacle à toute communication avec les héritages voisins et empêchant complètement le passage de ce gibier et celui de l'homme.

Un établissement professionnel de chasse à caractère commercial fournit, sur des territoires dans lesquels il dispose d'un droit de chasse, des prestations de services cynégétiques sous forme d'actes de chasse réalisés en contrepartie d'une rémunération[213]. Dans ces établissements, les dates d'ouverture et de fermeture de la chasse des perdrix grises, perdrix rouges et faisans de chasse issus d'élevage sont les dates d'ouverture générale et de clôture générale de la chasse dans le département[214]. Lorsque le responsable de l'établissement entend

---

207 C. env., L. 424-2.

208 C. env., R. 424-4.

209 C. env., art. R. 424-4.

210 C. env., art. R. 424-5.

211 C. env., art. R. 424-6 et R. 424-9.

212 V. C. env., art. R. 424-10 à R. 424-13 sur les périodes d'autorisation de la chasse dans les départements et collectivités territoriales de la Guadeloupe, la Martinique, la Réunion et Saint-Pierre-et-Miquelon.

bénéficier, pour une saison de chasse et une espèce données, de la période de chasse qui est prévue par l'article L. 424-3 du Code de l'environnement, les oiseaux de cette espèce lâchés pendant la période de chasse dérogatoire aux dates applicables dans le département sont munis d'un signe distinctif aisément visible à distance. Pendant la période de chasse dérogatoire, seuls les oiseaux porteurs de ce signe distinctif peuvent être chassés[215]. La violation de ces prescriptions relatives à la chasse des établissements commerciaux est punie de l'amende prévue pour les contraventions de la cinquième classe[216].

2. La chasse en temps prohibé ou de nuit

Selon l'article L. 424-4 du Code de l'environnement, la chasse doit avoir lieu de jour, c'est-à-dire du temps qui commence une heure avant le lever du soleil au chef-lieu du département et finit une heure après son coucher[217].

Le fait de chasser en temps prohibé ou de nuit est par conséquent interdit et est puni de l'amende prévue pour les contraventions de la cinquième classe[218]. La récidive de la contravention de chasse de nuit ou en temps prohibé constitue un délit puni d'un an d'emprisonnement et de 15 000 euros d'amende[219]. Lorsque l'infraction de chasse en temps prohibé ou de nuit est commise avec l'une des quatre circonstances aggravantes de l'article L. 428-5 du Code de l'environnement, l'auteur des faits encourt une peine d'un an d'emprisonnement et de 15 000 euros d'amende[220]. Si le fait de chasse en temps prohibé ou de nuit s'accompagne des circonstances aggravantes de l'article L. 428-4 du Code de l'environnement, qui sont, pour rappel, le fait de chasse sur le terrain d'autrui ou dans une réserve ou les espaces protégés d'un parc national, à l'aide d'engins ou d'instruments prohibés, emploi de drogues ou appâts et l'un des chasseurs est muni d'une arme apparente ou cachée, la peine est de deux ans d'emprisonnement et de 30 000 euros d'amende[221]. Enfin, en cas de cumul de la chasse en temps prohibé ou de nuit avec les circonstances d'usage d'un véhicule, de port d'arme et de réunion, la peine est de quatre ans d'emprisonnement et de 60 000 euros d'amende[222].

Aussi, quand la chasse de nuit a lieu sur le terrain d'autrui sans son consentement, attenant à une maison habitée ou servant à l'habitation et entouré d'une clôture continue faisant obstacle à toute communication avec les

---

[213] C. env., art. R. 424-13-1.
[214] C. env., art. L. 424-3.
[215] C. env., art. R. 424-13-3.
[216] C. env., art. R. 428-7-1.
[217] C. env., art. L. 424-4.
[218] C. env., art. R. 428-7 et R. 428-8.
[219] C. env., art. L. 428-5, III.
[220] C. env., art. L. 428-5.
[221] C. env., art. L. 428-4.
[222] C. env., art. L. 428-5-1.

héritages voisins, il s'agit alors d'une cause d'aggravation du délit prévu à l'article L. 428-1 du Code de l'environnement et la peine de trois mois d'emprisonnement initialement prévue est portée à deux ans en plus de l'amende de 3 750 euros[223].

3. La chasse en temps de neige

La chasse en temps de neige est spécialement interdite à titre de mesure de protection du gibier par l'article R. 424-2 du Code de l'environnement. Par exception, le préfet peut autoriser en temps de neige la chasse au gibier d'eau en zone de chasse maritime, sur les fleuves, rivières, canaux, réservoirs, lacs, étangs ou dans les marais non asséchés, l'application du plan de chasse légal, la chasse à courre et la vénerie sous terre, la chasse du sanglier, du lapin, du renard et du pigeon ramier et la chasse des animaux dont la liste est établie pour chaque département, par le ministre chargé de la chasse[224].

Le préfet fixe également les conditions restrictives d'exercice de ces chasses nécessaires à la protection des différentes espèces de gibier[225].

La violation des dispositions relatives à la chasse en temps de neige constitue une contravention de la quatrième classe[226].

D. Les lieux de chasse

Nul n'a la faculté de chasser sur la propriété d'autrui sans le consentement du propriétaire ou de ses ayants droit[227]. Par ailleurs, il existe des lieux où la chasse est interdite soit pour des raisons tenant à la sécurité publique soit parce qu'il s'agit de zones de protection de la faune sauvage.

L'absence de consentement du propriétaire ou du détenteur du droit de chasse est un élément essentiel de l'infraction de chasse sur terrain d'autrui. Pour rappel, le propriétaire du droit de chasse qui s'en est dessaisi ne peut plus chasser sur ses propres terres sans commettre l'infraction de chasse sur le terrain d'autrui. En cas de bail rural, le droit de chasser du preneur est strictement personnel, ce dont il résulte que tout tiers, y compris un membre de la famille du preneur, ne peut chasser sur les terres objet du bail, sans commettre l'infraction de chasse sur le terrain d'autrui. La même solution s'applique si le droit de chasse a été apporté à une association communale de chasse agréée dont le propriétaire n'est pas membre[228]. Il en est de même dans le cas d'un chasseur qui a été exclu temporairement de l'association communale

---

[223] C. envi., art. L. 428-1.
[224] C. env., art. R. 424-2, I.
[225] C. env., art. R. 424-2, II.
[226] C. env., art. R. 428-6.

de chasse[229]. Le fait de chasser sur un terrain ayant fait l'objet d'une opposition est également réprimé en tant que contravention de la cinquième classe par l'article R. 428-1 du Code de l'environnement.

L'infraction est constituée dans le cas d'une chasse à courre pendant laquelle l'animal chassé suivi de la meute de chiens traverse un territoire mis en opposition en dépit des nombreuses pancartes réglementaires signalant l'opposition à la chasse[230].

Toutefois, le passage des chiens courants sur le terrain d'autrui peut ne pas être considéré comme une infraction lorsque ces chiens sont à la poursuite d'un gibier lancés depuis la propriété de leur maître[231]. Néanmoins, l'article R. 428-1 du Code de l'environnement ne constitue pas une excuse absolutoire. Ainsi, cet article ne peut pas être invoqué par le maître de chiens courants qui n'a ni essayé de rompre les chiens partis à la quête de gibier sur le territoire d'autrui ni prouvé qu'il lui aurait été impossible de le faire[232]. Par ailleurs, selon l'article L. 420-3 du code de l'environnement, le fait, à la fin de l'action de chasse, de récupérer sur le terrain d'autrui ses chiens perdus n'est pas considéré comme une infraction.

L'infraction de chasse sur le terrain d'autrui ou sur un terrain frappé d'opposition à la chasse par son propriétaire en application de l'article L. 422-10 du Code de l'environnement est punie de l'amende prévue pour les contraventions de la cinquième classe[233]. Le fait de chasse sur le terrain d'autrui devient un délit puni de deux ans d'emprisonnement et de 30 000 euros d'amende lorsqu'il est accompli pendant la nuit ou en temps prohibé[234].

Lorsque fait de chasse à lieu sur le terrain d'autrui sans le consentement du propriétaire et si ce terrain est attenant à une maison habitée ou servant à l'habitation et s'il est entouré d'une clôture continue faisant obstacle à toute communication avec les héritages voisins, l'article L. 428-1 du Code de l'environnement prévoit une peine de trois mois d'emprisonnement et de 3 750 euros d'amende. Si ce même délit est commis de nuit, la peine d'emprisonnement encourue est de deux ans[235]. Par ailleurs, ce même délit est puni d'un an d'emprisonnement et de 15 000 euros d'amende lorsqu'il est commis en étant déguisé ou masqué, en ayant pris une fausse identité, en ayant usé envers des personnes de violence n'ayant entraîné aucune interruption totale de travail ou une interruption totale de travail inférieure à huit jours ou en ayant fait usage d'un véhicule[236]. L'aggravation de la peine encourue prévue par

---

227 C. env., art. L. 422-1.
228 Crim. 15 déc. 1982, n° 82-91.243.
229 Crim. 30 oct. 2000, n° 00-81.751.
230 Crim. 25 janv. 2011, n° 10-83.074.
231 C. env., art. R. 428-1, II.
232 Crim. 30 mars 1994, n°93-83336, Bull. crim. no 125.
233 C. env., art. R. 428-1.
234 C. env., art. L. 428-4.
235 C. env., art. L. 428-1.
236 C. env., art. L. 428-5.

l'article L. 428-5 du Code de l'environnement s'applique également, en dehors de l'existence de l'une des circonstances aggravantes qu'il énonce, dans le cas de récidive de la contravention de chasse sur terrain d'autrui[237].

E. Les modes et moyens de chasse

La chasse peut s'effectuer soit à tir, soit à courre, à cor et à cri, soit au vol, suivant les distinctions établies par des arrêtés du ministre chargé de la chasse[238]. L'utilisation d'autres modes et moyens de chasse consacrés par les usages traditionnels pour la chasse de certains oiseaux de passage peut être autorisée par le ministre chargé de la chasse, dans des conditions strictement contrôlées et de manière sélective[239]. Tous les autres moyens de chasse, y compris l'avion et l'automobile, même comme moyen de rabat, sont prohibés. On doit entendre par engins et moyens prohibés, les instruments ou méthodes ayant intrinsèquement pour finalité d'effectuer ou de faciliter la capture ou la destruction du gibier[240].

1. La chasse à tir

La chasse à tir de la perdrix ou du faisan au poste, soit à l'agrainée, soit à proximité d'abreuvoirs est interdite. Sont également interdits la chasse à tir du gibier d'eau à l'agrainée, la chasse de la bécasse à la passée ou à la croule, le déterrage de la marmotte ainsi que la chasse à tir des ongulés à proximité immédiate de dépôts de sel ou de dispositifs d'affouragement[241].

2. Les armes à feu et le tir à l'arc

Pour la chasse de tout gibier et pour la destruction des animaux nuisibles, l'emploi d'armes à feu et d'arc est autorisé sauf s'il est interdit par la réglementation. En règle générale, la chasse à l'arc obéit aux mêmes règles que celle avec armes à feu[242]. Aussi, les cerfs, daims, mouflons, chamois ou isards, chevreuils et sangliers ne peuvent être tirés qu'à balle ou au moyen d'un arc de chasse conformément aux prescriptions réglementaires relatives à l'exercice de la chasse à l'arc[243]. Les armes, munitions et autres moyens de chasse qui sont interdits pour la pratique de la chasse sont réglementés par l'arrêté du 1er août

---

237 C. env., art. L. 428-5, III.

238 C. env., art. L. 424-4 ; Arr., 1er août 1986 relatifs à divers procédés de chasse, de destruction des animaux nuisibles et à la reprise du gibier vivant dans un but de repeuplement ; modif. Arr., 21 mai 2015, NOR: DEVL1510248A.

239 C. env., art. L. 424-4.

240 Crim. 19 juin 2007, n° 07-80.816.

241 Arr., 1er août 1986 relatifs à divers procédés de chasse, de destruction des animaux nuisibles et à la reprise du gibier vivant dans un but de repeuplement ; modif. Arr., 21 mai 2015, NOR: DEVL1510248A ; art. 8.

1986 relatif à divers procédés de chasse, de destruction des animaux nuisibles et à la reprise du gibier vivant dans un but de repeuplement.

À titre d'exemple sont interdites la canne-fusil, les armes à gaz ou à air comprimés ainsi que celles non susceptibles d'être épaulées sans appui ou encore celles à rechargement automatique permettant de tirer plus de trois coups sans réapprovisionner. Est également interdit l'emploi sur les armes à feu et les arcs d'appareils disposant de fonctions de capture photographique ou vidéo.

L'usage d'une arme ou d'un élément d'arme non autorisé est puni de l'amende prévue pour les contraventions de la cinquième classe par l'article R. 428-8 du Code de l'environnement. Le fait de contrevenir aux arrêtés relatifs à l'utilisation de certaines munitions est puni de l'amende prévue pour les contraventions de la quatrième classe par l'article R. 428-9 du Code de l'environnement.

3. L'usage de chiens et de furets

Les chiens et les furets sont autorisés pour la chasse avec certaines restrictions. Sont en effet interdits les chiens lévriers, pur sang ou croisés, des chiens molossoïdes pur sang ou croisés ainsi que les chiens classés comme dangereux au sens de la réglementation[244]. Pour la chasse du chamois ou isard, l'emploi des chiens est interdit sauf dans les départements de la Haute-Savoie et des Vosges. L'usage de chiens est également interdit pour la chasse du mouflon, sauf dans les départements de l'Aveyron, la Dordogne, le Gard, l'Hérault, la Savoie, la Somme et les Vosges. L'emploi de furets est autorisé pour la chasse du lapin.

L'arrêté du 1er août 1986 précité autorise également les dispositifs de localisation des chiens, dès lors qu'ils ne sont utilisés qu'après l'action de chasse dans le seul but de rechercher les chiens, pour la chasse de la bécasse des bois, les dispositifs de repérage des chiens qui marquent l'arrêt ainsi que les colliers de dressage de chiens.

L'infraction aux règles d'emploi des chiens est punie de l'amende prévue pour les contraventions de la cinquième classe par l'article R. 428-6 du Code de l'environnement. Ainsi, dans le cas d'une chasse au chamois en battue avec des chiens, le chasseur peut parfaitement être poursuivi pour chasse par moyen prohibé[245].

---

[242] C. env., art. R. 427-18.

[243] Arr. 18 août 2008, relatif à l'exercice de la chasse à l'arc ; NOR: DEVN0815462A.

[244] Arr., 1er août 1986 relatifs à divers procédés de chasse, de destruction des animaux nuisibles et à la reprise du gibier vivant dans un but de repeuplement ; modif. Arr., 21 mai 2015, NOR: DEVL1510248A.

[245] Crim. 15 mai 2001, n° 00-87.034.

4. L'usage d'appelants, des appeaux et chanterelles

Le droit de la chasse interdit également en principe l'usage des appelants vivants ou artificiels, des appeaux et chanterelles[246]. Toutefois, l'article R. 424-15 du Code de l'environnement donne compétence au ministre chargé de la chasse pour autoriser, « dans les conditions qu'il détermine, l'usage des appeaux, appelants vivants ou artificiels, chanterelles pour la chasse des oiseaux de passage et du gibier d'eau ainsi que des corvidés suivants : corbeau freux *(Corvus frugilegus)*, corneille noire *(Corvus corone corone)* et pie bavarde *(Pica pica)* ». Le ministre chargé de la chasse peut également autoriser, par arrêté, l'emploi d'appeaux pour la chasse à tir du grand gibier soumis à un plan de chasse[247].

5. L'usage de moyens d'assistance électronique

Tous les moyens d'assistance électronique à l'exercice de la chasse, autres que ceux autorisés par l'arrêté du 1er août 1986 précité[248]. Sont ainsi autorisés pour la chasse et la destruction des animaux nuisibles les moyens d'assistance électronique tels que les appareils de repérage des rapaces de chasse au vol, certains viseurs à point rouge, les casques atténuant le bruit des détonations, les lunettes à réticule lumineux fixées sur les armes à feu ou encore pour la chasse collective au grand gibier et pour la destruction du sanglier lorsque cette espèce est classée nuisible l'emploi d'émetteurs ou de récepteurs radiophoniques ou radiotéléphoniques.

6. L'usage de véhicules, d'embarcations et d'aéronefs

L'article L. 424-4 du Code de l'environnement interdit également l'usage de véhicules, d'embarcations et d'aéronefs, que ce soit pour la recherche, la poursuite, le rabat ou la capture du gibier. L'utilisation d'embarcations à moteur est toutefois autorisée en période de crue pour la destruction à tir du ragondin et du rat musqué[249]. Aussi, le déplacement en véhicule à moteur d'un poste de tir à un autre est autorisé dès lors que l'action de chasse est terminée et que l'arme de tir est démontée ou placée sous étui[250]. Par dérogation, le déplacement en véhicule à moteur d'un poste de tir à un autre peut être autorisé pour la chasse au chien courant dans les conditions fixées par le schéma départemental de gestion cynégétique dès lors que l'arme de tir est démontée ou placée sous étui. Par ailleurs, les personnes souffrant d'un handicap moteur peuvent faire

---

246 C. env., art. R. 428-9.

247 C. env., art. R. 424-14-1.

248 C. env., art. L. 424-4.

249 Arr., 1er août 1986 relatifs à divers procédés de chasse, de destruction des animaux nuisibles et à la reprise du gibier vivant dans un but de repeuplement ; modif. Arr., 21 mai 2015, NOR: DEVL1510248A.

250 C. env., art. L. 424-4.

usage d'un véhicule à moteur pour se rendre à leur poste. Elles ne peuvent tirer à partir de leur véhicule qu'après avoir mis leur moteur à l'arrêt[251].

7. Les autres moyens de chasse

Les drogues ou substances enivrant le gibier ou permettant sa destruction sont prohibées, sauf dans les cas autorisés par l'article L. 427-8 du Code de l'environnement[252]. L'emploi de toxiques, poisons ou drogues est ainsi interdit pour enivrer ou empoisonner le gibier.

L'emploi d'engins tels que pièges, cages, filets, lacets, hameçons, gluaux, nasses et de tous autres moyens ayant pour but d'effectuer ou de faciliter la capture ou la destruction du gibier est interdit sauf dans les cas autorisés par le ministre chargé de la chasse pour la chasse des oiseaux de passage et pour la destruction des animaux nuisibles[253]. Selon l'article L. 424-7 du Code de l'environnement, nul ne peut détenir ou être muni hors de son domicile de filets, engins ou autres instruments prohibés. Cette interdiction s'applique aussi bien aux marchands et fabricants qu'aux particuliers[254].

Il existe aussi des modes traditionnels particuliers à certaines régions ou à certains types de gibier, pour lesquels des dérogations à l'interdiction d'engins normalement prohibés sont possibles conformément aux prévisions de l'article L. 424-4, alinéa 3, du Code de l'environnement. C'est le cas de la chasse traditionnelle aux oiseaux de passage, où est permis l'emploi de certains filets, lacets, pièges, selon des prescriptions administratives spéciales.

8. Dispositions pénales

Selon l'article R. 428-8 du Code de l'environnement, est puni de l'amende prévue pour les contraventions de la cinquième classe le fait de contrevenir aux dispositions législatives et réglementaires relatives à l'emploi de modes, de moyens, d'engins ou d'instruments pour la chasse du gibier. Lorsque cette contravention s'accompagne des circonstances aggravantes des articles L. 428-5 et L. 428-4 du Code de l'environnement, elle devient alors un délit puni d'une peine d'emprisonnement. La récidive d'emploi de moyens prohibés est également une infraction délictuelle punie d'un an d'emprisonnement et de 15 000 € d'amende[255].

---

[251] C. env., art. L. 424-4.

[252] C. env., art. L. 427-8 : « Un décret en Conseil d'Etat désigne l'autorité administrative compétente pour déterminer les espèces d'animaux malfaisants ou nuisibles que le propriétaire, possesseur ou fermier peut, en tout temps, détruire sur ses terres et les conditions d'exercice de ce droit. ».

[253] Arr. 1er Août 1986, préc., art. 9.

[254] Crim., 4 févr. 1846, S. 1846. 294.

[255] C. env., art. L. 428-5, III.

F. La chasse interdite pour des raisons de sécurité publique

1. Les interdictions spécifiques

Dans le cadre de leurs pouvoirs de police, le maire ou le préfet peuvent, par arrêté, interdire la chasse dans certains lieux, pour des raisons tenant à la sécurité publique. Il est ainsi permis d'interdire par voie d'arrêté le tir en certains lieux ou dans leur direction, comme les routes et chemins publics, les voies ferrées ainsi qu'en direction des stades, terrains de sport, lieux de réunions publiques et habitations particulières ou encore de bâtiments d'aéroports.

En principe, la règlementation de la chasse relève de la compétence du préfet. Toutefois, si le maire ne dispose que de pouvoirs réduits en la matière, il peut faire usage de ses prérogatives de police municipale pour réglementer la chasse lorsque des circonstances locales le justifient. La cour administrative d'appel de Bordeaux a ainsi rappelé que le maire ne peut restreindre le droit de chasser, au titre de ses pouvoirs de police qu'il tient de l'article L. 2212-2 du Code général des collectivités territoriales, que si de telles mesures sont nécessaires pour assurer la sécurité des personnes[256].

Ainsi, sous réserve d'une motivation particulière et au regard de circonstances avérées, un maire a pu interdire la chasse auprès des habitations en établissant un périmètre de 200 mètres en deçà duquel toute chasse est interdite en raison d'incidents opposant des chasseurs et des non-chasseurs dans sa commune[257]. Il lui est également possible d'interdire la chasse sur le site d'une station d'épuration et dans un rayon de 150 mètres eu égard d'une part, à la nécessité d'assurer la sécurité des personnels intervenants quotidiennement sur le site et de protéger les installations techniques en raison de leur coût élevé, et, d'autre part, à la circonstance que près de 80 hectares demeuraient accessibles à la pratique de la chasse sur la parcelle du requérant[258]. Les infractions aux arrêtés pris pour la tranquillité et la sécurité publiques, sont des contraventions de la première classe[259].

Ces interdictions qui procèdent d'arrêtés pris en vue d'assurer la tranquillité et la sécurité publiques doivent être distinguées de l'interdiction générale de la chasse dans certains lieux prévue par l'article L. 422-10 du Code de l'environnement, c'est-à-dire sur les terrains situés dans un rayon de cent cinquante mètres autour de toute habitation, sur les terrains enclos, sur ceux ayant fait l'objet d'une opposition à la chasse par les propriétaires détenteurs du droit de chasse sur des superficies d'un seul tenant supérieures à certaines superficies, sur ceux faisant partie du domaine public de l'État, des départements et des communes, des forêts domaniales ou des emprises de

---

[256] CAA Bordeaux, 3è ch., 17 mai 2005, n°01BX01274.

[257] CE, 13 sept. 1995, n° 127553.

[258] CE, 26 juin 2009, n°309527.

[259] C. pén., art. R. 610-5.

Réseau ferré de France et de la SNCF ou encore sur les terrains ayant fait l'objet de la part de leur propriétaire d'une opposition à la chasse pour convictions personnelles, y compris pour eux-mêmes.

2. La chasse dans les réserves

Selon l'article L. 422-27 du Code de l'environnement, les réserves de chasse et de faune sauvage ont vocation à protéger les populations d'oiseaux migrateurs conformément aux engagements internationaux, à assurer la protection des milieux naturels indispensables à la sauvegarde d'espèces menacées, à favoriser la mise au point d'outils de gestion des espèces de la faune sauvage et de leurs habitats et à contribuer au développement durable de la chasse au sein des territoires ruraux. Elles sont créées par l'autorité administrative à l'initiative du détenteur du droit de chasse ou de la fédération départementale ou interdépartementale des chasseurs. Les réserves nationales de chasse et de faune sauvage sont organisées en un réseau national sous la responsabilité de l'Office national de la chasse et de la faune sauvage et de la Fédération nationale des chasseurs [260]. Les autres réserves peuvent être organisées en réseaux départementaux dont la coordination est assurée par les fédérations départementales ou interdépartementales des chasseurs[261]. Peuvent être constituées en réserves nationales les réserves de chasse et de faune sauvage qui présentent une importance particulière soit en raison de leur étendue, soit parce qu'elles abritent des espèces dont les effectifs sont en voie de diminution sur tout ou partie du territoire national ou des espèces présentant des qualités remarquables, soit en fonction des études scientifiques, techniques ou des démonstrations pratiques qui y sont poursuivies[262].

Aussi, afin de favoriser la protection et le repeuplement du gibier, la décision administrative instituant la réserve peut réglementer l'exercice des activités humaines ou certaines pratiques agricoles susceptibles de porter atteinte aux habitats naturels notamment l'écobuage, le broyage des végétaux, la destruction des talus ou encore l'épandage[263].

La chasse est par principe interdite dans les réserves de chasse et de faune sauvage. Toutefois, quand le maintien des équilibres biologiques et agro-sylvo-cynégétiques le rend nécessaire, il peut être appliqué un plan de chasse sur le territoire de la réserve dans des conditions d'exécution compatibles avec la protection du gibier et la préservation de sa tranquillité. Ce plan doit faire l'objet d'un arrêté préfectoral annuel[264]. En dehors de l'exécution d'un plan de chasse, l'interdiction de chasse dans les réserves de chasse et de faune sauvage

---

[260] C. env., L. 422-27.

[261] C. env., art. R. 422-82 à R. 422-85.

[262] C. env., art. R. 422-92.

[263] C. env., art. R. 422-89 et s.

[264] C. env., art. R. 422-86.

est absolue. Il a ainsi été jugé que la signalisation insuffisante ou irrégulière en mairie ou aux abords de la réserve n'en rendait pas moins la chasse interdite ce qui justifiait la condamnation du chasseur s'y trouvant[265]. L'infraction à cette interdiction est punie de l'amende prévue pour les contraventions de la cinquième classe [266]. Les circonstances aggravantes vues précédemment s'appliquent également au fait de chasser en infraction à la réglementation en vigueur dans les réserves de chasse et de faune sauvage[267].

Par ailleurs, dans certains autres lieux, tels que les parcs nationaux et les réserves naturelles, la chasse peut être interdite ou réglementée. Le fait de contrevenir aux dispositions relatives à la chasse dans les parcs nationaux[268] et notamment le fait de se livrer, dans le cœur d'un parc, à des activités interdites ou en méconnaissance de la réglementation dont elles sont l'objet, est puni de deux ans d'emprisonnement et 75 000 euros d'amende[269]. L'article L. 332-25 du Code de l'environnement prévoit une peine de six mois d'emprisonnement et une amende de 9 000 euros pour le fait de ne pas respecter la réglementation ou l'interdiction de la chasse dans la réserve naturelle. Est également puni de l'amende prévue pour les contraventions de la cinquième classe le fait, en infraction à la réglementation applicable au cœur du parc ou à la réglementation d'une réserve naturelle, de chasser ou détenir une arme pouvant être utilisée pour la chasse[270].

G. La chasse interdite pour favoriser le repeuplement du gibier

L'article L. 424-1 du Code de l'environnement donne au ministre chargé de la chasse la possibilité de prendre des arrêtés pour prévenir la destruction ou favoriser le repeuplement des oiseaux ou de toutes espèces de gibier et de reporter la date de broyage de la jachère de tous les terrains à usage agricole afin de prévenir la destruction ou favoriser le repeuplement des espèces de gibier. Par ailleurs, l'article R. 424-14 du Code de l'environnement permet au ministre de suspendre pendant une durée maximale de cinq ans la possibilité de chasser certaines espèces de gibier qui sont en mauvais état de conservation.

Afin de favoriser la protection et le repeuplement du gibier le préfet peut aussi, dans l'arrêté annuel qui fixe les dates d'ouverture et de fermeture générales de la chasse à tir, interdire l'exercice de la chasse d'une ou de plusieurs

---

[265] Crim. 4 mars 1970, n° 69-93.409.
[266] C. env., art. R. 428-1.
[267] C. env., art. L. 428-5.
[268] C. env., art. L. 331-4-1.
[269] C. env., art. L. 331-26.
[270] C. env., art. R. 331-67 pour les parcs nationaux.
C. env., art. R. 332-73 pour les réserves naturelles.

espèces de gibier. Il peut également limiter le nombre de jours de chasse et fixer les heures de chasse du gibier sédentaire et des oiseaux de passage[271].
Il peut suspendre l'exercice de la chasse de tout gibier ou seulement de certaines espèces de gibier, en cas de calamité, incendie, inondation, gel prolongé, susceptible de provoquer ou de favoriser la destruction du gibier. Cette suspension s'étend sur une période renouvelable de dix jours maximum[272].

Le fait de chasser une espèce de gibier dont la chasse n'est pas autorisée et le fait de chasser en méconnaissance des arrêtés préfectoraux pris pour prévenir la destruction et favoriser le repeuplement du gibier constituent une contravention de la cinquième classe [273].

H. Les dispositions relatives au transport, au colportage et au commerce du gibier

1. L'autorisation de transporter, colporter et vendre du gibier

Le transport, la vente, la mise en vente, la détention pour la vente et l'achat des animaux vivants d'espèces dont la chasse est autorisée ou des animaux licitement tués à la chasse sont libres toute l'année pour les mammifères[274].

Le transport, la vente, la mise en vente, la détention pour la vente et l'achat des animaux vivants ou morts d'espèces dont la chasse est autorisée et qui sont nés et élevés en captivité sont libres toute l'année à la condition que ces animaux respectent les dispositions relatives à la traçabilité des produits prévues à l'article 18 du Règlement CE n° 178/2002 du Parlement européen et du Conseil du 28 janvier 2002 et s'ils ont fait l'objet d'une inspection sanitaire conformément aux articles L. 231-1, L. 231-2 et L. 231-3 du Code rural et de la pêche maritime[275].

La violation de ces dispositions constitue une contravention de la cinquième classe[276]. Lorsque le gibier provient d'actes de chasse commis avec l'une des quatre circonstances aggravantes prévues à l'article L. 428-5, I du Code de l'environnement, est puni d'un an d'emprisonnement et de 15 000 euros d'amende le fait de le mettre en vente, de le vendre, de l'acheter, de le transporter, de le colporter ou de l'acheter sciemment alors qu'il a été tué à l'aide d'engins ou d'instruments prohibés[277]. Les peines sont portées à quatre

---

271 C. env., art. R. 424-1.
272 C. env., art. R. 424-3.
273 C. env., art. R. 428-5.
274 C. env., art. L. 424-8.
275 C. env., art. L. 424-8.
276 C. env., art. R. 428-11.
277 C. env., art. L. 428-5.

ans d'emprisonnement et 60 000 euros d'amende lorsque le gibier provient d'un acte de chasse commis dans les circonstances cumulées de nuit ou en temps prohibé, en utilisant un véhicule quelle que soit sa nature pour se rendre sur le lieu de l'infraction ou s'en éloigner en étant muni d'une arme apparente ou cachée et en réunion. Il y a également délit puni d'un an d'emprisonnement et de 15 000 euros d'amende en cas de récidive de l'infraction[278].

Lorsque le grand gibier est tué accidentellement et en tout temps à la suite d'une collision avec un véhicule automobile, il peut être transporté sous réserve que le conducteur en ait préalablement averti les services de la gendarmerie nationale ou de la police nationale. Toute cession de ce gibier est cependant interdite[279]. La violation de ces dispositions constitue une contravention de la troisième classe prévue par l'article R. 428-12 du Code de l'environnement.

2. Les interdictions générales au transport, colportage et commerce du gibier

Le transport, la vente, la mise en vente, la détention pour la vente et l'achat des animaux vivants d'espèces dont la chasse est autorisée ou des animaux licitement tués à la chasse sont interdits pour les oiseaux et leurs œufs, sauf pour leur transport à des fins non commerciales[280]. Il est également interdit de détruire, d'enlever ou d'endommager intentionnellement les nids et les œufs, de ramasser les œufs dans la nature et de les détenir[281]. Aussi, il est interdit de détruire, d'enlever, de vendre, d'acheter et de transporter les portées de tous mammifères dont la chasse est autorisée, sous réserve des dispositions relatives aux animaux nuisibles. Les détenteurs du droit de chasse et leurs préposés ont toutefois le droit de recueillir, pour les faire couver, les œufs mis à découvert par la fauchaison ou l'enlèvement des récoltes[282]. La violation des dispositions de l'article L. 424-10 du Code de l'environnement constitue une contravention de la cinquième classe, prévue par l'article R. 428-11 du même code.

3. Les restrictions spécifiques pour prévenir la destruction ou favoriser le repeuplement du gibier

En vue d'assurer la survivance d'espèces de gibiers de montagne menacées, le ministre chargé de la chasse peut interdire totalement, et pour une durée maximum de trois ans, la mise en vente, la vente et l'achat sous toutes leurs formes, et notamment celles de pâtés et conserves, le transport en vue de la

---

[278] C. env., art. L. 428-5.
[279] C. env., art. L. 424-9.
[280] V. Arr. du 20 déc. 1983 relatif à la commercialisation de certaines espèces d'oiseaux.
[281] C. env., art. L. 424-10.
[282] C. env., art. L. 424-10.

vente ou le colportage de ces gibiers[283]. La violation de ces interdictions constitue la contravention de la cinquième classe prévue par l'article R. 428-11 du Code de l'environnement.

Pour sauvegarder certaines espèces particulièrement menacées, le préfet peut, exceptionnellement, dans chaque département pendant le temps où la chasse y est permise et pour une période n'excédant pas un mois, en interdire la mise en vente, la vente, l'achat, le transport en vue de la vente ou le colportage[284]. La violation de l'interdiction préfectorale constitue une contravention de la cinquième classe[285].

4. Les dispositions spécifiques au commerce du gibier destiné à la consommation

Afin de contrôler les commerçants, l'article R. 424-22 du Code de l'environnement prévoit que toute personne qui commercialise du gibier mort, y compris sous la forme de préparations alimentaires, doit disposer de registres, documents ou autres moyens permettant de connaître l'origine des animaux ou morceaux d'animaux qu'elle détient ou qu'elle a utilisés et indiquant notamment, la date d'acquisition, l'identité du vendeur, l'espèce de l'animal ou la nature des morceaux. L'arrêté du 12 août 1994[286] relatif aux modalités de commercialisation de certaines espèces de gibier pour la consommation détermine les conditions dans lesquelles les entreprises qui se livrent en métropole au commerce ou à la transformation en gros du gibier pour la consommation peuvent être autorisées à exercer leurs activités en période de fermeture de la chasse. Il précise que seules peuvent être autorisées les activités portant sur certains mammifères tels que le cerf élaphe ou sika, le chevreuil, le daim ou encore le lapin de garenne ou le sanglier, sur certains oiseaux comme le canard colvert, le faisan de chasse, la perdrix grise ou rouge ou encore le pigeon ramier et l'étourneau sansonnet ainsi que sur des spécimens soit provenant d'élevages conformes à la réglementation, soit chassés ou élevés dans d'autres pays de l'Union européenne, soit importés de pays tiers. Seules peuvent être autorisées les entreprises exerçant en gros le commerce ou la transformation du gibier pour la consommation et se livrant aux activités d'importation et exportation, de commercialisation, de transport, de mise en place de stocks, d'abattage, de découpe, de fabrication de produits à base de gibier et de conditionnement. Les autorisations sont délivrées pour une durée maximale de cinq ans renouvelable par le préfet du département dans lequel est situé l'établissement.

---

[283] C. env., art. L. 424-13.

[284] C. env., art. L. 424-12.

[285] C. env., art. R. 428-11.

[286] Arr. 12 août 1994, NOR: ENVN9430371A.

Ces entreprises peuvent, dans les limites fixées par l'autorisation, exercer leurs activités en tout temps. Les produits transformés à base de gibier et les pièces de gibier, produits ou importés conformément à la réglementation sanitaire en vigueur par les entreprises autorisées, peuvent être commercialisés, même au détail, en tout temps, sous réserve d'être présentés au consommateur final, soit munis d'une marque indélébile comportant les références de l'entreprise autorisée, soit dans le conditionnement d'origine comportant ces mêmes références. Par dérogation, les restaurateurs, fermiers-aubergistes, gérants de cantines, bouchers, charcutiers, traiteurs, peuvent mettre en vente au détail dans leurs établissements des produits cuisinés à base de gibier.

§ 3. L'obstruction à l'exercice de la chasse

Le fait par des actes concertés, de faire obstruction à l'exercice de la chasse en empêchant le déroulement d'un ou plusieurs actes de chasse, constitue une contravention de la cinquième classe prévue par l'article R. 428-12-1 du Code de l'environnement.

Section 5. Le droit de la chasse applicable dans les départements d'Alsace et Moselle et dans les départements et les collectivités d'outre-mer

Les départements d'Alsace et Moselle connaissent un régime juridique particulier du droit de la chasse. En effet, des dispositions spéciales sont applicables à la gestion des territoires de chasse et à l'exploitation du droit de chasse ainsi qu'à la police de la chasse. Par ailleurs, certaines règles d'indemnisation des dégâts causés par le gibier diffèrent également du régime juridique général vu précédemment. Enfin, il existe également un droit de la chasse dérogatoire s'appliquant aux départements et collectivités d'outre-mer.

§ 1. La gestion des territoires de chasse dans les départements d'Alsace et de Moselle

Dans les départements d'Alsace et Moselle, un régime particulier de gestion des territoires de chasse et d'exploitation du droit de chasse par adjudication a été mis en place. Dans ces départements, le droit de chasse est administré par la commune. Sous certaines conditions, le propriétaire peut se réserver l'exercice du droit de chasse sur ses terrains. L'exploitation du droit de chasse est également soumise à des dispositions particulières.

A. Le ban communal

La loi Verdeille avait exclu de son champ d'application les départements du Bas-Rhin, du Haut-Rhin et de la Moselle. L'article L. 429-1 du Code de l'environnement maintient cette exclusion en précisant que ne s'appliquent pas à ces départements les articles L. 422-2 à L. 422-26 du Code de l'environnement. Ainsi, en principe, le régime des associations communales ou intercommunales de chasse agréées et celui des apports et retraits ainsi que les règles de constitution du territoire de chasse de ces associations ne s'appliquent pas à ces départements. À titre d'exception, l'article L. 422-7 du Code de l'environnement prévoit la possibilité de constituer une association communale de chasse sur la demande d'une majorité qualifiée de propriétaires.

En application de ce régime particulier, le droit de chasse sur les terres et espaces couverts d'eau est administré sur le ban communal, c'est-à-dire par la commune au nom et pour le compte des propriétaires[287]. Le ban communal comprend l'intégralité des biens des particuliers et ceux des collectivités publiques[288]. Une commission consultative communale de chasse, représentant les différentes parties intéressées, est présidée par le maire. Le cas échéant, il peut être institué une commission intercommunale[289]. Toutefois, sont exclus du ban communal, les terrains militaires, les emprises de Réseau ferré de France et de la SNCF, les forêts domaniales, les forêts indivises entre l'État et d'autres propriétaires ainsi que les terrains entourés d'une clôture continue faisant obstacle à toute communication avec les propriétés voisines[290]. C'est à la personne publique qui se prévaut du caractère domanial d'une forêt en vue de la faire échapper à l'exercice du droit de chasse sur le ban communal, de rapporter la preuve de ce caractère[291].

B. La réserve du droit de chasse dans les départements d'Alsace et de Moselle

En vertu de l'article L. 429-4 du Code de l'environnement, le propriétaire peut se réserver l'exercice du droit de chasse sur les terrains d'une superficie d'au moins 25 hectares et d'un seul tenant ainsi que sur les lacs et étangs d'une superficie d'au moins 5 hectares. Le droit de réserve appartient à tout

---

[287] C. env., art. L. 429-2.
[288] Civ. 3e, 3 juill. 1979, n° 78-10.288.
[289] C. env., art. L. 429-5.
[290] C. env., art. L. 429-3.
[291] Civ. 3e, 25 sept. 2002, n° 01-11.141.

propriétaire remplissant cette condition, y compris les collectivités publiques[292]. Les chemins de fer, voies de circulation ou cours d'eau n'interrompent pas la continuité d'un fonds, sauf en cas d'aménagements empêchant le passage du grand gibier[293].

Le propriétaire, qui veut se réserver le droit de chasse en application de ces dispositions, doit en aviser le maire par déclaration écrite dans les dix jours qui suivent la date de publication de la décision relative au produit de la location de la chasse[294]. Si les fonds se situent sur plusieurs territoires communaux, la déclaration est adressée au maire de chaque commune[295].

Les propriétaires qui se sont réservé l'exercice du droit de chasse sont tenus de verser à la commune une contribution proportionnelle à l'étendue cadastrale des fonds qu'ils se sont réservés. Cette contribution est ajoutée au produit de la location du ban communal[296]. Ces propriétaires sont également astreints au paiement d'une contribution annuelle au fonds départemental d'indemnisation des dégâts de sanglier[297]. Le régime local du droit de réserve des propriétaires a été jugé conforme à la Convention européenne des droits de l'homme, dès lors, notamment, que les loyers acquittés par les locataires de chasse sont réservés au propriétaire foncier, de telle sorte qu'il existe une contrepartie au mandat légal conféré aux communes et qu'ils peuvent échapper à la location de la chasse en clôturant leur propriété[298].

C. L'exploitation du droit de chasse

Le principe posé par l'article L. 429-2 du Code de l'environnement est que le droit de chasse sur les terres et les espaces couverts d'eau est administré par la commune au nom et pour le compte des propriétaires. La loi fait obligation à la commune de mettre les territoires en location de chasse, car elle agit comme mandataire légal des propriétaires privés. L'inexécution de cette obligation, sauf force majeure, est constitutive d'une faute, même si elle répond au vœu d'une majorité de propriétaires[299].

1. La location par adjudication publique

L'exploitation du droit de chasse sur les départements d'Alsace-Moselle peut se faire par location par adjudication publique. Dans ce cas, le droit de

---

[292] Civ. 3e, 3 juill. 1979, n° 78-10.288.
[293] C. env., art. L. 429-4.
[294] C. env., art. L. 429-6.
[295] C. env., art. L. 429-6.
[296] C. env., art. L. 429-14.
[297] C. env., art. L. 429-30.
[298] Civ. 3e, 25 sept. 2002, n° 01-11.141.
[299] Civ. 3e, 19 mars 1997 nos 95-10.163 et 95-13.051, Bull. civ. III, no 65.

chasse sur le ban communal est loué pour une durée de neuf ans par adjudication publique.

Le locataire qui est en place depuis au moins trois ans bénéficie au terme du bail d'un droit de priorité de relocation[300]. Il peut également bénéficier, s'il est locataire depuis au moins trois ans, par convention de gré à gré et après avis de la commission consultative, d'un renouvellement de son bail pour une même durée, conclu au plus tard trois mois avant l'expiration du bail en cours[301]. En ce cas, la consultation de la commission est obligatoire sous peine de nullité de l'adjudication[302]. Par conséquent, la décision prise à l'issue du bail sur adjudication, de louer de gré à gré à un autre que le preneur sortant, sans nouvelle adjudication, est illégale[303]. De même, viole l'article L. 429-7 du Code de l'environnement, la commune qui attribue le droit de chasse par appel d'offres à un nouveau locataire alors que l'ancien locataire avait sollicité un nouveau bail de gré à gré en ayant indiqué qu'il entendait se prévaloir de son droit de priorité[304].

Lorsque le bail a été renouvelé par une convention de gré à gré, le loyer ne peut être inférieur à celui calculé sur la base du loyer moyen à l'hectare obtenu à l'occasion de l'adjudication de lots de caractéristiques cynégétiques comparables et situés dans la même commune ou dans le même département. Le loyer conventionnel doit être, le cas échéant, majoré à due concurrence et le défaut d'acceptation par le locataire vaut renonciation à la convention. Dans ce cas, son lot est offert à la location par adjudication publique[305]. Si le locataire en place ne fait pas connaître son intention de solliciter le renouvellement de la location, le droit de chasse peut être loué, après avis de la commission consultative, pour une durée de neuf ans par procédure d'appel d'offres[306].

Par ailleurs, le ban communal peut être divisé en lots d'au moins deux cents hectares chacun[307]. Il a été jugé que le respect du seuil de 200 hectares conditionne, non la location du domaine chassable, mais la création de districts au sein de celui-ci et n'exclut pas la mise en location du ban communal lorsque celui-ci est, en entier, inférieur à 200 hectares[308].

Précisons également que les conditions de la location, les règles de gestion de la chasse, le rôle, la composition et le fonctionnement de la commission consultative communale ou intercommunale de chasse ainsi que les modalités de révision des baux doivent être définis dans un cahier des charges type, arrêté

---

[300] C. env., art. L. 429-7.
[301] C. env., art. L. 429-7.
[302] Civ. 3e, 29 janv. 2002, n° 00-19.982.
[303] CAA Nancy, 26 nov. 2012, n° 12NC-00160.
[304] Civ. 3e, 25 févr. 2004, n° 02-20.181.
[305] C. env., art. L. 429-7.
[306] C. env., art. L. 429-7.
[307] C. env., art. L. 429-7.
[308] Civ. 3e, 24 mars 2004, n° 02-18.826.

par le préfet, après consultation des organisations représentatives des communes, des chasseurs, des agriculteurs et des propriétaires agricoles et forestiers[309]. Dans les communes appartenant à une agglomération de plus de 100 000 habitants, c'est le conseil municipal qui délibère sur les conditions d'exercice de la chasse sur les terrains soumis à une forte fréquentation du public[310]. Les communes peuvent aussi s'associer pour constituer un ou plusieurs lots de chasse intercommunaux formant un territoire plus homogène ou plus facile à exploiter. Il est constitué dans ce cas une commission consultative intercommunale de chasse présidée par le maire de l'une des communes[311].

2. Qualité du locataire

Peuvent être locataires d'une chasse communale ou intercommunale les personnes physiques dont le lieu de séjour principal répondent à des conditions de distance par rapport au territoire de chasse et qui sont définies par le cahier des charges type. Peuvent également être locataires les personnes morales dûment immatriculées ou inscrites, dont au moins 50 % des membres remplissent la condition de domiciliation prévue pour les personnes physiques. Ces conditions doivent persister pendant toute la durée du bail de chasse sous peine de résiliation de plein droit[312].

Les litiges relatifs à la location de la chasse, y compris le refus d'une commune de mettre le droit de chasse en location, sont de la compétence des juridictions de l'ordre judiciaire[313]. Le conseil municipal agissant comme le mandataire légal des propriétaires, les contestations relatives à ses délibérations sur les dossiers de candidature à l'adjudication des lots de chasse relèvent également de la compétence des juridictions de l'ordre judiciaire[314].

3. Le produit de la location de la chasse

Le produit de la location de la chasse est versé à la commune et, en cas de création de lots intercommunaux, réparti au prorata des surfaces apportées par chaque commune[315]. La répartition du produit de la location de la chasse entre les propriétaires se fait ensuite proportionnellement à la contenance cadastrale des fonds compris dans le lot affermé. Les sommes qui n'ont pas été retirées dans un délai de deux ans à partir de la publication de l'état indiquant le

---

309 C. env., art. L.429-7 II.

310 CGCT, art. L. 2541-12.

311 C. env., art. L. 429-8.

312 C. env., art. L. 429-9.

313 Civ. 3e, 25 sept. 2002, n° 01-11.141.

314 CAA Nancy, 9 mai 2005, n° 03NC01102.

315 C. env., art. L. 429-11.

montant de la part attribuée à chaque propriétaire sont acquises à la commune[316].

Toutefois, le produit de la location de la chasse peut être abandonné à la commune sur décision expresse des deux tiers au moins des propriétaires représentant les deux tiers au moins des fonds situés sur le territoire communal et soumis à location du droit de chasse[317]. En cas d'abandon, les propriétaires qui s'étaient réservé l'exercice du droit de chasse sont tenus de verser à la commune une contribution proportionnelle à l'étendue cadastrale des fonds réservés. Cette contribution s'ajoute au produit de la location du ban communal[318].

4. Les enclaves

Quand des terrains de moins de 25 hectares sont enclavés en totalité ou en majeure partie, dans des terrains ayant fait l'objet de la réserve du droit de chasse, le propriétaire du fonds réservé le plus étendu, a la priorité pour louer le doit de chasse sur les terrains enclavés[319]. Cette location est consentie sur demande du propriétaire pour toute la durée du bail et moyennant une indemnité proportionnelle au prix de location de la chasse sur le ban communal. Si ce propriétaire ne manifeste pas l'intention d'user de ce droit en adressant au maire une déclaration écrite dans les dix jours suivant la publication de la décision relative au produit de la location de la chasse, les terrains enclavés restent compris dans le lot communal de chasse[320].

Par ailleurs, le propriétaire est libre de donner en location à un tiers le droit de chasse sur un terrain enclavé de plus de 25 hectares sur lequel il s'est réservé l'exercice de ce droit[321].

§ 2. L'exercice de la chasse et les dispositions pénales dans les départements d'Alsace et de Moselle

La période d'ouverture générale de la chasse doit être comprise entre, au plus tôt le 23 août et au plus tard, le 1er février[322]. Par dérogation à cette règle, certaines espèces peuvent être chassées à des dates différentes, telles que le chevreuil mâle, du 15 mai au 1er février ou le cerf mâle et le daim mâle, du 1er août au 1er février. Le préfet peut autoriser le tir de nuit du sanglier. Il peut aussi dans l'arrêté annuel, réglementer ou interdire la chasse en temps de neige[323]. La

---

316 C. env., art. L. 429-12.
317 C. env., art. L. 429-13.
318 C. env., art. L. 429-14.
319 C. env., art. L. 429-17.
320 C. env., art. L. 429-17.
321 Civ. 3e, 16 juin 1999, n° 97-20.769.

nuit s'entend du temps qui commence une heure après le coucher du soleil et qui finit une heure avant son lever. Dans le temps où la chasse est ouverte pour cette espèce, l'autorité administrative peut autoriser, dans les conditions qu'elle détermine, le tir de nuit du sanglier, à l'affût ou à l'approche, sans l'aide de sources lumineuses[324].

Les dispositions législatives et réglementaires relatives à la police de la chasse sont, sauf exceptions, applicables aux départements du Bas-Rhin, du Haut-Rhin et de la Moselle[325]. L'ensemble du régime local a été jugé conforme à la Convention européenne des droits de l'Homme[326].

Il est interdit de poursuivre le gibier blessé ou de s'emparer du gibier tombé sur un domaine de chasse appartenant à autrui, sans l'autorisation de celui à qui le droit de chasse appartient[327]. Le fait de chasser sur un terrain d'autrui est un délit puni de trois mois d'emprisonnement et de 3 750 euros d'amende. La poursuite ne peut avoir lieu que sur plainte de la personne à qui appartient le droit de chasse[328]. Les peines peuvent être portées au double si l'auteur a fait usage de lacets, filets, pièges ou autres engins, ou si le délit a été commis en temps prohibé, ou dans les forêts, ou pendant la nuit, ou par plusieurs personnes réunies[329].

De même, constitue une contravention de la cinquième classe prévue par l'article R. 429-19 du Code de l'environnement, le fait de laisser des chiens courants placés sous sa surveillance rechercher ou poursuivre le gibier sur le terrain de chasse d'autrui, sans le consentement du propriétaire.

Le fait de chasser en se servant de moyens, d'engins ou selon un mode prohibés par l'autorité administrative en application de l'article L. 429-20 du Code de l'environnement est une contravention de la cinquième classe prévue par l'article R. 429-20 du Code de l'environnement. Aussi, il y a récidive au sens du chapitre relatif aux dispositions spéciales aux départements du Bas-Rhin, du Haut-Rhin et de la Moselle, lorsque dans les deux ans qui ont précédé l'infraction le délinquant a été condamné en vertu de ce chapitre[330].

---

322 C. env., art. R. 429-2.
323 C. env., art. R. 429-3 et R. 429-5.
324 C. env., art. L. 429-19.
325 C. env., art. L. 429-1 et R. 429-1.
326 Civ. 3e, 25 sept. 2002, n° 01-11.141, Bull. civ. III, n° 178.
327 C. env., art. L. 429-33.
328 C. env., art. L. 429-34.
329 C. env., art. L. 429-35.
330 C. env., art. L. 429-38.

§ 3. Le régime d'indemnisation des dégâts causés par le gibier applicable aux départements d'Alsace et Moselle

Les départements d'Alsace et Moselle connaissent un régime propre d'indemnisation fondé sur la responsabilité du détenteur du droit de chasse et qui prévoit l'intervention de fonds départementaux d'indemnisation quand les dégâts sont causés par certaines espèces de gibier

A. Le régime général

Le régime d'indemnisation institué dans ces départements se trouve codifié aux articles L. 429-23 à L. 429-32 et R. 429-8 à R. 429-14 du Code de l'environnement.

Si un fonds, sur lequel le droit de chasse n'est pas détenu par celui qui en est le propriétaire, a été endommagé par des sangliers, des cerfs, des élans, des daims, des chevreuils, des faisans, des lièvres ou des lapins, le titulaire du droit de chasse est obligé de réparer le dommage à la personne lésée. Ce devoir de réparation s'étend au dommage que les bêtes ont causé aux produits du fonds déjà séparés du sol, mais non encore rentrés[331]. La responsabilité du détenteur du droit de chasse est substituée à celle du propriétaire lorsque ce dernier est légalement privé de l'exercice de son droit de chasse et qu'en raison de la situation du fonds qui ne peut être exploité qu'en commun avec le droit de chasse d'un autre fonds, il a affermé son droit au propriétaire de cet autre fonds[332].

Toutefois, le dommage qui est causé aux jardins, vergers, pépinières et arbres isolés ne donne pas lieu à réparation lorsqu'on a négligé d'établir des installations protectrices qui suffisent habituellement à empêcher les dégâts[333]. Ainsi, une plantation d'arbres fruitiers en plein vent, même étendue, constitue un verger et doit être munie d'installations protectrices qui suffisent habituellement à empêcher les dégâts pour ouvrir droit à réparation[334]. N'a pas été considéré comme un jardin soumis à l'obligation d'installations protectrices, une culture maraîchère de haricots en plein champ de plusieurs hectares[335]. La vigne n'a pas non plus été assimilée à un verger, son propriétaire n'étant donc pas soumis à l'obligation d'installer des protections contre le gibier[336].

En principe, pour la réparation des dégâts causés par le gibier, à l'exception de ceux qui sont commis par les sangliers, le locataire de la chasse est substitué à la commune qui a donné la chasse en location. Cependant, la commune peut

[331] C. env., art. L. 429-23.
[332] C. env., art. L. 429-24.
[333] C. env., art. L. 429-25.
[334] Civ. 2e, 15 janv. 1997, n° 94-15.434.
[335] Civ. 2e, 28 mars 1990, n° 89-12.401.
[336] Civ. 2e, 6 nov. 1996, n° 93-19.399.

être tenue à la réparation des dégâts causés par d'autres animaux que les sangliers, dans le cas où le locataire de la chasse et la caution sont insolvables[337].

Pour obtenir réparation des dommages causés par le gibier, à l'exception de ceux qui sont causés par les sangliers, la réclamation doit être adressée au maire de la commune qui, dès réception, convoque une réunion avec le demandeur, le fermier de la chasse et l'estimateur sur les lieux afin de constater et d'évaluer les dommages et de rechercher un accord[338]. Chacun des intéressés peut demander que les dommages soient évalués à la date de la récolte, demande à laquelle il doit être fait droit[339]. Un procès-verbal de la réunion doit être dressée, constatant l'évaluation des dommages et qui fixe, le cas échéant, le montant des indemnités, signé par l'estimateur et déposé en mairie[340]. Il peut être formé opposition à l'estimation auprès du maire, dans les deux semaines qui suivent la réunion et, à défaut d'action intentée dans les deux semaines qui suivent l'opposition, les dommages sont réputés définitivement fixés[341]. L'estimateur est désigné dans chaque commune parmi les habitants d'une commune voisine pour la durée de la location de la chasse, afin d'évaluer les dommages causés par le gibier. Il est nommé par le maire avec l'accord du conseil municipal et des locataires de la chasse communale, sous réserve de l'approbation du préfet, qui est révocable. À défaut d'accord, il est nommé d'office par le préfet[342].

B. L'indemnisation des dégâts causés par les sangliers

Selon l'article L. 429-27 du Code de l'environnement, il est constitué dans les départements du Bas-Rhin, du Haut-Rhin et de la Moselle un fonds départemental d'indemnisation des dégâts imputables aux sangliers, doté de la personnalité morale. Ce fonds a pour objet d'indemniser les exploitants agricoles des dégâts causés aux cultures par les sangliers. Il est composé des titulaires du droit de chasse et notamment de tous les locataires de chasse domaniale ou communale, de tous les propriétaires qui se sont réservé l'exercice du droit de la chasse dans les forêts leur appartenant, de l'Office national des forêts pour les lots exploités en forêt domaniale par concessions de licence ou mis en réserve ainsi que des titulaires, personnes physiques ou morales, d'une location ou d'une autorisation temporaire de chasser sur le domaine militaire[343]. L'adhésion au fonds départemental d'indemnisation des dégâts de sanglier est obligatoire pour toute personne listée ci-dessus à l'exception de la dernière catégorie[344].

337 C. env., art. L. 429-26.
338 C. env., art. R. 429-9.
339 C. env., art. R. 429-10.
340 C. env. art. R. 429-11.
341 C. env., art. R. 429-12.
342 C. env., art. R. 429-8.
343 C. env., art. L. 429-27.
344 C. env., art. L. 429-29.

La constitution et le fonctionnement du fonds d'indemnisation obéissent aux dispositions de l'article L. 429-28 du Code de l'environnement. Le fonds est alimenté, selon l'article L. 429-30 du même code par une contribution annuelle de ses membres, dont le montant qui est fixé par une assemblée générale[345]. En cas d'insuffisance de ses ressources, le fonds peut lever des contributions supplémentaires selon des modalités définies par l'article L. 429-31 qui prévoit également qu'en cas d'excédent, celui-ci est reversé à un compte de réserve. Il est d'ailleurs prévu que le fait de chasser sans s'être acquitté de la contribution personnelle fixée par le fonds départemental d'indemnisation des dégâts du grand gibier est une contravention de la quatrième classe prévue par l'article R. 429-20-1 du Code de l'environnement.

Selon l'article L. 429-32 du Code de l'environnement, toute demande d'indemnisation pour des dommages causés par les sangliers est adressée dès la constatation des dégâts, au fonds départemental qui délègue un estimateur pour examiner contradictoirement les cultures agricoles endommagées. Cet estimateur remet ses conclusions sur l'imputabilité des dégâts aux sangliers, leur ancienneté, la superficie affectée, son taux d'atteinte et la perte de récolte prévisible. À défaut d'accord sur ses conclusions, l'exploitant agricole ou le fonds départemental saisit dans les huit jours suivant la date de l'estimation, et sous peine de forclusion, le tribunal d'instance du lieu des cultures agricoles endommagées, d'une demande en désignation d'expert. En cas de désaccord sur les conclusions de l'expert judiciaire, dans le délai de huit jours suivant la date du dépôt de son rapport, et ce, sous peine de forclusion, la partie qui le souhaite saisit le même tribunal d'instance d'une demande d'indemnisation. L'article L. 429-32 du Code de l'environnement prévoit également qu'aucune demande d'estimation ou d'expertise judiciaire n'est recevable après la récolte des cultures agricoles endommagées.

§ 4. Les dispositions particulières aux départements et collectivités territoriales d'outre-mer

A. L'exercice de la chasse dans les départements d'outre-mer

1. Martinique, Guadeloupe et Réunion

La législation de la chasse a été introduite dans les départements de la Martinique, la Guadeloupe et la Réunion par la loi du 7 juillet 1953[346]. Outre les dispositions spéciales relatives aux espèces sauvages locales protégées, il existe dans le Code de l'environnement des dispositions particulières d'adaptation des règles de la police de la chasse. C'est le cas pour l'application des dispositions

---

345 C. env., art. L. 429-30.

346 Loi n°53-602, 7 juill. 1953, introduction de la législation métropolitaine en matière de chasse dans les départements de la Guadeloupe, de la Martinique et de la Réunion.

relatives au territoire de chasse des articles R. 422-1 à R. 422-80 du Code de l'environnement qui doivent être adaptées à la situation par décret après avis des conseils généraux intéressés[347].

Les périodes d'ouverture générale de la chasse sont spécifiques à chaque département. Pour la Guadeloupe, la période d'ouverture générale est au plus tôt le 14 juillet et la clôture est au plus tard le 1er dimanche de janvier. Il est prévu des dates plus restrictives pour la tourterelle et la grive[348]. Pour la Martinique, la période d'ouverture générale est au plus tôt le dernier dimanche de juillet et la clôture est au plus tard le 15 février. Il est prévu des dates plus restrictives pour la tourterelle, l'ortolan, le ramier, la perdrix et la grive[349]. Pour la Réunion enfin, il n'existe pas de période d'ouverture générale, mais seulement des périodes spécifiques à certaines espèces[350].

2. Guyane

La législation de la chasse est formellement exclue dans le département de la Guyane par l'article L. 420-4 du Code de l'environnement sauf pour l'article L. 421-1 de ce code relatif aux missions et au fonctionnement de l'Office national de la chasse et de la faune sauvage et sauf pour l'application de l'article L. 428-5, I, 4 o, du même code qui vise la chasse dans le cœur ou les réserves intégrales d'un parc national ou dans une réserve naturelle en infraction à la réglementation qui y est applicable. Les autres dispositions pénales applicables à ce département sont celles relatives à la protection de la faune et de la flore sauvages, au titre des espèces sauvages locales protégées en conformité avec les conventions internationales.

3. Mayotte

Le Code de l'environnement est applicable au département de Mayotte[351]. Les arrêtés relatifs aux mesures destinées à prévenir la destruction et à favoriser le repeuplement du gibier, prévus par l'article L. 424-1 du Code de l'environnement et aux modes de chasse traditionnels aux oiseaux de passage, prévus par l'article L. 424-4 du même code, sont de la compétence du préfet du département en lieu et place du ministre[352].

---

[347] C. env., art. R. 422-81.
[348] C. env., art. R. 424-10.
[349] C. env., art. R. 424-11.
[350] C. env., art. R. 424-12.
[351] C. env., art. L. 651-1.
[352] C. env., art. L. 654-3.

B. L'exercice de la chasse dans les collectivités territoriales d'outre-mer

1. Saint-Pierre-et-Miquelon

La législation de protection de la nature a été étendue à la collectivité territoriale de Saint-Pierre-et-Miquelon par l'ordonnance n° 77-1104 du 26 septembre 1977. Les dispositions de la police de la chasse y sont applicables. La période d'ouverture générale de la chasse est au plus tôt le 31 août et la clôture au plus tard le 31 mars, mais il existe un certain nombre de dates spécifiques pour certaines espèces et aussi en fonction du climat en cas de prise des eaux par les glaces[353]. La liste des espèces chassables à Saint-Pierre-et-Miquelon est fixée par l'arrêté du 27 juin 1985 modifié par les arrêtés des 14 mars 1986 et 4 juill. 2005.

2. Saint-Martin et Saint-Barthélemy

Selon les articles L.O. 6213-1 et L.O. 6313-1 du code général des collectivités territoriales, les dispositions législatives et réglementaires sont applicables de plein droit à Saint-Barthélemy et à Saint-Martin, à l'exception de celles intervenant dans les matières qui relèvent de la loi organique en application de l'article 74 de la Constitution ou de la compétence de la collectivité. L'applicabilité de plein droit des lois et règlements ne fait pas obstacle à leur adaptation à l'organisation particulière des collectivités de Saint-Barthélemy et de Saint-Martin.

C. L'exercice de la chasse sur les terres australes et antarctiques françaises

Les dispositions relatives à la police de la chasse n'y sont pas applicables. Seules s'appliquent les dispositions relatives aux espèces protégées.

D. L'exercice de la chasse sur les territoires et pays d'outre-mer

La Nouvelle-Calédonie et les îles Wallis-et-Futuna sont des collectivités territoriales d'outre-mer, tandis que la Polynésie française a le statut de pays d'outre-mer au sein de la République. En raison du principe de spécialité législative, les dispositions relatives à la police de la chasse n'y sont pas applicables.

---

[353] C. env., art. R. 424-13.

Index

Table des matières

L'HARMATTAN ITALIA
Via Degli Artisti 15; 10124 Torino
harmattan.italia@gmail.com

L'HARMATTAN HONGRIE
Könyvesbolt ; Kossuth L. u. 14-16
1053 Budapest

L'HARMATTAN KINSHASA
185, avenue Nyangwe
Commune de Lingwala
Kinshasa, R.D. Congo
(00243) 998697603 ou (00243) 999229662

L'HARMATTAN CONGO
67, av. E. P. Lumumba
Bât. – Congo Pharmacie (Bib. Nat.)
BP2874 Brazzaville
harmattan.congo@yahoo.fr

L'HARMATTAN GUINÉE
Almamya Rue KA 028, en face
du restaurant Le Cèdre
OKB agency BP 3470 Conakry
(00224) 657 20 85 08 / 664 28 91 96
harmattanguinee@yahoo.fr

L'HARMATTAN MALI
Rue 73, Porte 536, Niamakoro,
Cité Unicef, Bamako
Tél. 00 (223) 20205724 / +(223) 76378082
poudiougopaul@yahoo.fr
pp.harmattan@gmail.com

L'HARMATTAN CAMEROUN
TSINGA/FECAFOOT
BP 11486 Yaoundé
699198028/675441949
harmattancam@yahoo.com

L'HARMATTAN CÔTE D'IVOIRE
Résidence Karl / cité des arts
Abidjan-Cocody 03 BP 1588 Abidjan 03
(00225) 05 77 87 31
etien_nda@yahoo.fr

L'HARMATTAN BURKINA
Penou Achille Some
Ouagadougou
(+226) 70 26 88 27

L'HARMATTAN SÉNÉGAL
10 VDN en face Mermoz, après le pont de Fann
BP 45034 Dakar Fann
33 825 98 58 / 33 860 9858
senharmattan@gmail.com / senlibraire@gmail.com
www.harmattansenegal.com

www.ingramcontent.com/pod-product-compliance
Lightning Source LLC
LaVergne TN
LVHW021142061026
849535LV00002B/326
* 9 7 8 2 3 4 3 1 2 8 7 3 3 *